D1665699

# DAS SPANISCHE THEATER
Vom Mittelalter bis zur Gegenwart

# DAS SPANISCHE THEATER
## Vom Mittelalter bis zur Gegenwart

Herausgegeben von
Volker Roloff
und
Harald Wentzlaff-Eggebert

Schwann Bagel, Düsseldorf

CIP-Titelaufnahme der Deutschen Bibliothek

*Das spanische Theater:*
vom Mittelalter bis zur Gegenwart / hrsg. von Volker Roloff
u. Harald Wentzlaff-Eggebert.
1. Aufl. – Düsseldorf: Schwann-Bagel, 1988
ISBN 3-590-02192-6
NE: Roloff, Volker [Hrsg.]


1. Auflage 1988
Gesamtherstellung: Boss-Druck, Kleve
ISBN 3-590-02192-6

# INHALT

# EINLEITUNG

Solange Lope de Vega, Calderón und García Lorca noch immer die einzigen auf deutschsprachigen Bühnen häufiger gespielten spanischen Dramatiker sind, hat eine Darstellung des spanischen Theaters vom Mittelalter bis zur Gegenwart zunächst vor allem die Aufgabe, vielfach unvollständige und einseitige Vorstellungen zu korrigieren. Dies geschieht im folgenden dadurch, daß außer den genannten noch 21 weitere Autoren in exemplarischen Werkinterpretationen vorgestellt werden. Neben Texten von anerkannt hohem literarischem und innovatorischem Wert wurden dabei Beispiele für zeittypische Dramenformen und beim Publikum besonders erfolgreiche Stücke ausgewählt, so daß auch Autoren wie Ramón de la Cruz, José Echegaray, Carlos Arniches und Joaquín Calvo Sotelo vertreten sind. Eine solche Erweiterung des Blickfeldes erscheint für das spanische Theater umso mehr gerechtfertigt, als schon die comedia und das auto sacramental des siglo de oro im Grunde ›Volkstheater‹ waren. Da andererseits auch im Werk eines einzelnen Autors ganz verschiedene Tendenzen der Theaterproduktion einer Epoche zum Ausdruck kommen können, ist etwa Calderón mit einem philosophischen Werk, mit einem Ehrendrama, mit einem Mantel- und Degenstück sowie mit einem Fronleichnamsspiel vertreten. Insgesamt wird versucht, die Qualität ebenso wie die Vielgestaltigkeit des spanischen Theaters im historischen Wandel sichtbar zu machen.

Die Konzeption als Sammelband gibt den Verfassern der Beiträge Gelegenheit, vor dem Hintergrund des aktuellen Forschungsstandes jeweils eine eigenständige Interpretation zu entwickeln*. Das Prinzip der repräsentativen Analyse von Einzelwerken führt – mit jeweils unterschiedlichen Akzentuierungen – zur Erläuterung der Entstehungsbedingungen, der gattungsgeschichtlichen, kulturellen und gesellschaftlichen Voraussetzungen. Gerade beim Theater sind soziologische und mentalitätsgeschichtliche Fragestellungen von besonderem Interesse: mit ihrer Hilfe können etwa die Theaterstücke des siglo de oro, die in Deutschland bis in die jüngste Zeit zu vagen romantisierenden Betrachtungen (und entsprechenden Inszenierungen) verführen, in ihrer Abhängigkeit von Aufführungssituation und

* Der von Klaus Pörtl herausgegebene Band *Das spanische Theater – Von den Anfängen bis zum Ausgang des 19. Jahrhunderts* (Darmstadt 1985) zielt demgegenüber stärker auf möglichst umfassende literarhistorische Information.

Publikumsstruktur besser verstanden werden. Verschiedene Beiträge zeigen darüber hinaus, wie diskursgeschichtliche und diskurskritische Ansätze genutzt werden können: bei Klassikern des spanischen Theaters ebenso wie bei dem Erfolgsautor Echegaray oder dem radikalen Neuerer Valle-Inclán.

Die großen Figuren, Mythen und Motive, die das spanische Theater im Zuge der Romantik in ganz Europa berühmt machten, haben ihre Faszination – für das moderne Theater ebenso wie für die gegenwärtige Literaturwissenschaft – bewahrt. Dies betrifft nicht nur Figuren wie Don Juan oder die Celestina, sondern auch Leitmotive, die im siglo de oro entstehen, und die gerade im Theater des 20. Jahrhunderts aktualisiert werden und neue Auslegungen erfahren. Ein berühmtes Beispiel ist der christliche Topos des theatrum mundi, der schon bei Lope de Vega zur Darstellung von ›Theater im Theater‹ führt und von Calderón über Moratín und Benavente bis hin zu Valle-Inclán, Sastre und Arrabal immer wieder abgewandelt wird. Nur vor diesem Hintergrund kann der Stellenwert, den dieser Motivkomplex etwa für Hofmannsthal, Claudel oder Pirandello gewinnt, adäquat beurteilt werden.

Solche intertextuellen und interkulturellen Perspektiven unterstreichen die europäische Bedeutung des spanischen Theaters. Andererseits entwickelt sich jedoch in Spanien ein Gattungsspektrum, das erheblich von der Situation im übrigen Europa abweicht. Dies betrifft die tragicomedia nach dem Modell der *Celestina*, die comedia selbst, das auto sacramental ebenso wie das entremés und das sainete – und auch das von Valle-Inclán geschaffene esperpento, das verschiedenen Entwicklungen des europäischen Theaters der 20er Jahre deutlich voraus ist. Das spanische Theater zeigt dabei eine Neigung zu farcenhaften und grotesken Mischformen, die den traditionellen Gegensatz von Komödie und Tragödie, von literarischem Theater und Volkstheater relativieren.

Diese Tendenzen sind besonders im 20. Jahrhundert wirksam, das im vorliegenden Band breit dokumentiert wird. In der Franco-Zeit, die auch für das Theater eine Zäsur darstellt, spielt die Opposition zwischen den mehr oder weniger sich anpassenden und den sich ganz verweigernden Autoren eine wesentliche Rolle, wie die Diskussion zwischen Buero Vallejo und Sastre belegt. Dabei geht es nicht zuletzt um die Auseinandersetzung mit einem mythischen Spanienbild, von dem sich Autoren wie Valle-Inclán und auch García Lorca längst distanziert hatten, das aber gerade in Deutschland immer noch oft reproduziert wird, wie zahlreiche verfälschende Lorca-Inszenierungen und -Übersetzungen beweisen.

In diesem Sinne möchte der Sammelband dem Studenten und Liebhaber der spanischen Literatur eine kritische Sicht bekannter und weniger bekannter

Stücke vermitteln. Er bietet die Möglichkeit, Werke, die im deutschsprachigen Raum noch nicht genügend beachtet werden, zu entdecken, und möchte so nicht zuletzt auch zu neuen Übersetzungen und Aufführungen Anlaß geben.

Volker Roloff, Harald Wentzlaff-Eggebert

## Hinweis für den Benutzer

Die ANMERKUNGEN, die den einzelnen Beiträgen folgen, sind in drei Rubriken unterteilt:

T – Texte (die zitierte Ausgabe, z. T. weitere Ausgaben und ggf. Übersetzungen)
L – Literaturhinweise (Auswahl aus der Sekundärliteratur)
A – Anmerkungen

*KONRAD SCHOELL*

# JUAN DEL ENCINA · ÉGLOGA EN RECUESTA DE UNOS AMORES

Die Anfänge des Theaters und des Dramas auf der iberischen Halbinsel sind weniger klar erkennbar als etwa in Frankreich. Texte von lateinischen liturgischen Spielen oder ersten volkssprachlichen geistlichen Stücken sind nur sehr spärlich vorhanden, so daß manche Schlüsse der Literatur- und Theaterhistoriker auf Analogie vor allem zu Entwicklungen in Frankreich beruhen[1]. Andererseits liegen Dokumente in Form von Erlassen kirchlicher und weltlicher Autoritäten zur Einschränkung und zum Verbot von Aufführungen vor[2], die beweisen, daß liturgische Spiele in der Kirche, daß karnevaleske Kinderbischofsspiele u. ä. in einzelnen Diözesen und Städten im Osten der Halbinsel seit dem 12. Jh. stattgefunden haben.

Als einziger früher volkssprachlicher Text ist ein Dreikönigsspiel vom Ende des 12. Jahrhunderts erhalten, das die Forscher *Auto de los Reyes Magos* genannt und als Fragment eines längeren Weihnachts- und Epiphaniasspiels erkannt haben[3]. Dieses eine Stück von 147 erhaltenen Versen reicht aber nicht aus, um eine Tradition des volkssprachlichen geistlichen Theaters zu begründen, zumal danach bis zu den vier erhaltenen Spielen von Gómez Manrique, von denen auf jeden Fall die *Representación del Nacimiento de Nuestro Señor* als ein Theaterstück mit Rollenverkörperung (Impersonation) und einem Minimum an dramatischer Handlung angesehen werden kann, und zu dem neu entdeckten *Auto de la Pasión* von Alfonso del Campo eine Lücke von fast 300 Jahren klafft[4]. Die Entdeckung von Dokumenten, die beweisen, daß seit Anfang oder Mitte des 15. Jahrhunderts in Toledo Fronleichnamsspiele stattgefunden haben[5], von denen keine Texte erhalten sind, verkürzt diese Lücke nur wenig. Man braucht sich zum Vergleich nur die Situation in Frankreich vor Augen zu halten, wo etwa zur gleichen Zeit mit den rudimentären Spielen von Gómez Manrique und Alfonso del Campo und einige Jahre vor den ebenfalls sehr einfachen geistlichen Hirtenspielen des Juan del Encina in Angers das große Passionsspiel Jean Michels (1486) als Höhepunkt einer langen Entwicklung aufgeführt wurde[6].

Der Hauptgrund für diesen Rückstand der iberischen Halbinsel muß sicher in den besonderen Verhältnissen – der jahrhundertelangen Araberherrschaft und den Kämpfen der Reconquista – gesehen werden, die die Entwicklung der eigenständigen romanischen Literaturen verzögert haben. Umgekehrt ist aus der historischen Situation auch zu erklären, daß mittelalterliche Denkweise sich in Spanien länger erhalten hat als in den anderen romanischen Ländern und sich auch im Drama mit Zügen der Renaissance, die großenteils aus Italien vermittelt waren, mischen konnte. Die Autoren der Jahrhundertwende und des frühen 16. Jahrhunderts, die man zu Recht an den Beginn der dramatischen Entwicklung auf der iberischen Halbinsel stellt[7], Juan del Encina, Lucas Fernández und Gil Vicente bilden mit ihren Werken einen Übergang vom Mittelalter zur Renaissance. Sie haben auch alle sowohl geistliche als profane Stücke geschrieben.

Wenn wir die Entwicklung des *profanen* Dramas für sich betrachten, dessen Zeugnisse ja auch in den anderen Literaturen später und vereinzelter einsetzen als die des geistlichen Spiels, weil sie vermutlich kaum je für würdig befunden wurden, überliefert zu werden[8], so sind die Verhältnisse auf diesem Gebiet in Spanien noch extremer. Mit Ausnahme einiger dialogisierter satirischer Verse aus den 70er Jahren des 15. Jahrhunderts, den *Coplas de Mingo Revulgo,* die aber nicht als Theaterstück gelten können, sondern nur wegen der erstmaligen Verwendung einer Hirtensprache interessant sind, ist kein profanes Drama aus der Zeit vor Juan del Encina erhalten. Es hat also fürs weltliche noch viel mehr als fürs geistliche Theater seine Berechtigung, in Juan del Encina den »Vater des spanischen Theaters« zu sehen, wie er schon traditionellerweise bezeichnet wird. Sein Salmantiner Freund und Rivale Lucas Fernández und der portugiesische Hofdichter Gil Vicente schreiben und produzieren ihre ersten geistlichen und weltlichen Stücke einige Jahre nach Juan del Encina (ab 1498 bzw. 1502). Obschon die beiden jüngeren Dramatiker Juan del Encinas Stücke kannten und von ihnen gelernt haben, ist der Grund für das plötzliche Aufblühen der dramatischen Kunst natürlich nicht derart im persönlichen Bereich zu sehen, daß etwa Juan del Encina der einzige originale Schöpfer und sein Einfluß ausschlaggebend gewesen wäre. Die wichtigste Voraussetzung für die Entstehung und Entwicklung des Theaters lag vielmehr in den politischen und sozialen Verhältnissen, die sich unter der Herrschaft der Katholischen Könige nach den vorausgehenden Machtkämpfen stabilisierten[9]. Sicher ist es ein Zufall, daß die ersten dramatischen Eklogen Juan del Encinas ausgerechnet in dem für die spanische Geschichte bedeutsamen Jahr 1492 aufgeführt wurden, denn sie haben direkt weder mit der Einnahme Granadas noch mit der Entdeckung Amerikas zu tun, aber die hiermit begründete Großmachtstellung Spaniens, für die die Einigung im eigenen Land durch den Zusammenschluß von Kastilien und Aragon wiederum Voraussetzung war, schuf das politische Klima, in dem auch kulturelle Leistungen leichter möglich wurden und eher ihr Publikum fanden. Die entstehende Hofkultur an den Königssitzen sowie bei einzelnen Fürsten wie dem Herzog Fadrique von Alba, bei dem Juan del Encina 1492 als Musiker und Dichter in den Dienst getreten war, war eine günstige Voraussetzung für das Theater. Vor der Zeit der Katholischen Könige war Spanien gespalten und in Machtkämpfe der vielen kleinen Despoten verwickelt gewesen. Zu den sozialen Gegensätzen zwischen Adligen, Bürgern und Bauern, zwischen Stadt- und Landbevölkerung und damit vermischt kam in Spanien gravierend der religiöse Gegensatz zwischen Mauren, Juden und Christen, zwischen alten Christen und Konvertierten (cristianos nuevos) hinzu. In diesem Bereich versuchte die Herrschaft Ferdinands und Isabellas auch durch die Einrichtung der Inquisition Ordnung zu schaffen, die allerdings auf das soziale und kulturelle Klima einen destruktiven Einfluß hatte.

## Hofmann, Kleriker und Dichter

Juan del Encina steht auf Seiten der Ordnungsmächte der Kirche und der Monarchie[10]. Der in Salamanca oder in der Nähe 1468 oder 1469 geborene Sohn eines Schusters Juan studierte in Salamanca Jura bis zum Baccalaureus und trat dann in den Dienst des Herzogs von Alba. Hier hat er zwischen 1492 und 1496 seine ersten acht dramatischen Eklogen aufgeführt, die 1496 in seinem *Cancionero* veröffentlicht wurden. Juan del Encina war ein Hofmann, der später an den päpstlichen Hof unter Alexander VI und Leo X wechselte. Er war aber auch sein Leben lang ein clericus im mittelalterlichen doppelten Sinn, einmal als ein Gebildeter, dessen Vergil-Übertragung zeigt, daß er sich in antiker Literatur auskennt, zum anderen im Sinn der kirchlichen Hierarchie, da er nach seinem Dienst in Alba de Tormes viele kirchliche Würden vom Erzdiakon in Malaga bis zum Prior in León wahrnahm, wobei er allerdings diese zum Teil der direkten päpstlichen Protektion verdankten Posten am liebsten aus der Ferne von Rom aus versah, erst 1519 ordiniert wurde und auf einer Pilgerfahrt nach Jerusalem im selben Jahr zum ersten Mal die Messe las. Der Hofmann und Kleriker Juan del Encina war schließlich auch Musiker, Dichter und Schauspieler. Außer den dramatischen Werken und der Übersetzung der Vergilschen *Bucolica* hat Juan vor allem in jungen Jahren eine Poetik und in späterer Zeit den erbaulichen Bericht seiner Pilgerfahrt *Trivagia o sacra via de Hierusalem* geschrieben. Die dramatischen Werke sind zum Teil geistliche Spiele, zum Teil profane Stücke, unter denen man wieder die mehr mittelalterlich inspirierten von den dem Geist der Renaissance verpflichteten unterscheiden könnte[11]. Versucht man eine gemeinsame Intention oder daraus die mentale Struktur des Autors zu erkennen, so ist es sicher richtig, in Juan del Encinas Werk einen bestätigenden Grundzug herauszustellen. Temprano hebt das Harmoniestreben des Dichters hervor, sein Bedachtsein auf Ausgleich in den Konflikten zwischen Stadt und Land, zwischen alten und neuen Christen, während Andrews dahinter das persönliche Interesse sieht, das von starkem Ehrgeiz, von Ruhmsucht geprägt sei. Die Kritiker weichen auch stark von einander ab, wenn es um die Einschätzung der Vorbilder und

Traditionen geht, die Juan del Encina aufgenommen hat. Während Kohler und Mia Gerhardt die Tradition des (wenig dokumentierten) geistlichen Dramas Spaniens hervorheben, betont Temprano die Nachwirkung Vergils und Beysterveld sieht als entscheidend die Tradition der spanischen Lyrik in den Cancioneros.

Von den 14 Eklogen des Dichters haben wir für die genauere Betrachtung die Egloga 7 *Égloga representada en requesta de unos amores* (in engem Zusammenhang mit der Replik Égloga 8 *Égloga representada por las mesmas personas)* gewählt, weil diese Stücke vielleicht der originellste Beitrag Juans sind, für den er verdient, »Vater des spanischen Theaters« genannt zu werden[12], und die seine Stellung am Übergang vom Mittelalter zur Renaissance am besten aufzuzeigen vermögen. Wir können bei der folgenden Interpretation nicht umhin, von den Ausprägungen der pastoralen Dichtung die Richtung hervorzuheben, die in der Trobador-Lyrik durch die pastorela (nordfranzösisch: pastourelle) als lyrischer Gestaltung des Standesgegensatzes vertreten ist, ohne daß sich allerdings direkte Einflüsse nachweisen lassen. Ein Zwischenglied der Überlieferung könnte durch die *Serranillas* des Marqués de Santillana repräsentiert sein, die ebenfalls den Standesgegensatz zwischen Ritter (oder Städter) und Hirtin (Bauernmädchen) thematisieren.

## Pastorale Dichtung

Unter dem Oberbegriff »pastorale Dichtung« verstehen wir die gesamte Hirtendichtung einschließlich ihrer mittelalterlichen Varianten: die Bukolik in ihrer antiken lyrischen Form bei Vergil sowie in der ein halbes Jahrhundert nach Juan del Encina in Spanien entstehenden epischen Form des Schäferromans, das christliche Hirtenweihnachtsspiel und die genannte pastorela/ pastourelle. Natürlich ist die Inspiration, die hinter diesen drei Ausprägungen der Hirtendichtung steht, durchaus verschieden; natürlich ist die Intention, die der Dichter verwirklichen kann, durch die Funktion der Dichtung in der Zeit und durch die Stellung der bestimmten Gattung im System der Gattungen geprägt, aber dennoch bringt die Situierung in der Hirtenwelt auch gemeinsame Züge über Epochen- und Gattungsgrenzen hinweg mit sich[13].

Dieses Gemeinsame und Verbindende der verschiedenen Formen pastoraler Dichtung kommt bei den spanischen Dichtern am Ende des 15. und zu Beginn des 16. Jahrhunderts darin zum Ausdruck, daß sie nur einen Begriff verwenden für das Hirtenspiel der Weihnacht, den Liebesdialog ›echter‹ oder stilisierter Schäfer und den selteneren Fall der Ritter-Schäferin-Gegenüberstellung, der uns hier vor allem beschäftigt, nämlich »égloga«[14]. Sicher äußert sich in der Verbreitung dieser Gattungsbezeichnung durch Juan del Encina seine klassische Bildung und die intendierte Vergil-Nachfolge, aber daß die

Zeitgenossen und Nachfolger sie für dramatische Werke übernommen haben, beweist die Erweiterung des Begriffs und den Vorrang, den thematische Aspekte hier haben. »Égloga« ist eine die Situierung in der Natur, das Personal aus Hirten und fast durchweg den Inhalt (Liebe und Liebesklage) betreffende Bezeichnung, die die Grenzen der Seinsweisen der Dichtung übersteigt. Dennoch schließt die Bezeichnung ihrem ursprünglichen Sinn entsprechend breite epische Darstellung wie in der neu entstehenden Hauptgattung des Pastoralen, dem Schäferroman, aus. Dafür tritt seit Montemayor »novela pastoril«.

Juan del Encinas dramatisches Werk trägt zu allen drei genannten Ausprägungen der pastoralen Dichtung bei. Das macht seine Einmaligkeit aus und zeigt seine verbindende Stellung zwischen mittelalterlicher und von der Renaissance inspirierter Dichtung.

Hirtenspiele in der christlich-mittelalterlichen Tradition sind am deutlichsten die Weihnachtsspiele (Égl. 2, 9) sowie das Passionsspiel (Égl. 3) und das Auferstehungsspiel (4). Bukolisch-arkadische Schäferspiele sind die späteren Églogas 10 und 11 sowie 13 und 14. Dazwischen stehen neben panegyrischen Églogas (1, 5), einem allegorischen Karnevalspiel (6) und einer Art Farce *Coplas del Repelón* die Pastorela-Égloga 7, *Égloga en recuesta de unos amores*, und ihre Replik 8, die uns hier interessieren[15].

Für alle Stücke, sogar einschließlich der farcenhaften *Coplas del Repelón*[16], wird der Begriff égloga verwendet. Neben der Situierung in der Hirtenwelt hat »égloga« nämlich auch einen anderen, mehr formalen Aspekt: die égloga ist in Monolog oder Dialog abgefaßt, mit einer Rollenverteilung, die bei Juan del Encina Rollenspiel ermöglicht und nahelegt. Seine ersten acht Stücke wurden, wie erwähnt, wohl alle am Hof des Herzogs von Alba aufgeführt, der in Egl. 8 ganz direkt angesprochen wird[17]. Der Zeitgenosse und Konkurrent Lucas Fernández verwendet die Bezeichnung »égloga« ebenso wie Encina für Dialogtexte aus dem Hirtenmilieu. Unterstützt wird bei ihm die beabsichtigte Zuordnung zum Drama durch Doppelbezeichnungen wie »égloga o farsa ...«[18]. Bei anderen Dichtern, wie Garcilaso de la Vega, dem etwas jüngeren berühmten Eklogendichter, sind die églogas hingegen stärker Liebesklagemonologe von geringem dramatischen Charakter und ohne Notwendigkeit der »Impersonation«.

Obzwar strukturelle Gattungsabgrenzungen dem Mittelalter selbst fremd sind, sind die beiden mittelalterlichen Ausprägungen der pastoralen Dichtung in ihrem Kern eindeutig auf Gattungen beziehbar. Der Schnittpunkt, an dem aus den Ergänzungen zur Liturgie eine dramatische Form geworden ist, braucht uns nicht zu beschäftigen. Aber die zugrundeliegende Intention der Veranschaulichung von Heilswahrheit hat zu gestischen Einlagen und zu Handlungsteilen, zu Dialog und Rollenspiel im Hirtenspiel geführt. Die

»Impersonation« ist der Endpunkt einer allmählichen Entwicklung der Konkretisierung.

Die pastorela ihrerseits ist als Thematisierung von Standesgegensätzen von vornherein dialogisch angelegt. Dennoch ist sie eine »lyrische«, von einem Jongleur vorgetragene Dichtung. Sie hat aber bei etwas Ausweitung zu mehreren Rollen in Nordfrankreich in Adam de la Halles *Jeu de Robin et Marion* zur dramatischen Form gefunden. In der lyrischen Gestaltung des Standesgegensatzes zwischen Ritter und Landmädchen (serrana, villana, gelegentlich auch vaquera) ist das Genre »serranilla« der Pastorela verwandt. Es ist nach frühen Ausformungen beim Arcipreste de Hita zu Anfang des 15. Jahrhunderts durch den Marqués de Santillana zu einer eigenen Gattung geprägt worden. Neben der durchgängigen Thematik des Standesgegensatzes ist sie durch die – ebenfalls der Pastorela vergleichbare – dialogische Struktur gekennzeichnet, wobei die Perspektive, das lyrische Ich des Beginns, die des Ritters ist. Die serrana allerdings tritt nicht selten auch noch beim Marqués de Santillana als aktive, wilde Bäuerin auf[19]. Das mag seinen Grund – neben archetypischen antifeministischen Vorstellungen – in der Situierung in den Kämpfen zwischen Christen und Mauren, zwischen den einzelnen Herrschaften in Spanien haben (worauf auch die zahlreichen topographischen Namen hinweisen), unterscheidet aber die serranilla deutlich von der pastorela.

## Egloga

Die *Égloga representada en requesta de unos amores* (7) und die auf sie folgende mit dem Titel *Égloga representada por las mesmas personas* ... (8) sind nach Andrews' Überzeugung in Alba de Tormes im Abstand von einem Jahr aufgeführt worden; aber er hat für diese Auffassung, soviel ich sehe, nur den immanenten Beweis, daß in Égloga 8 im argumento und im Text von diesem einen Jahr (gespielter Zeit!) die Rede ist. Seine These baut darauf auf, daß in der Entwicklung des ehrgeizigen Autors Égloga 8 eine weitere Stufe, die der Enttäuschung über den Herzog und der beginnenden Loslösung aus seinen Diensten, anzeigt[20]. Encinas Praxis in anderen durch dieselben Personen verbundenen Églogas (1 und 2 sowie 5 und 6) legt hingegen die Hypothese einer engeren Zusammengehörigkeit und auch einer gemeinsamen Aufführung der Stücke, wie zwei Akte einer Handlung, nach dem Schema der Umkehr und mit deutlicher Akzentverlagerung nahe[21].

In Égloga 7 finden wir die typische Personenkonstellation der pastorela: Die Hirtin Pascuala wird von dem Knappen ohne Namen (Escudero) angesprochen und umworben, der damit zum Rivalen des Schäfers Mingo wird. Im Mittelpunkt steht traditionellerweise die Begegnung von Ritter und Schäferin, die Annäherung der Vertreter entfernter Stände im Zeichen des sexuellen Interesses oder der Liebe[22]. Daß bei Encina anstelle des Ritters ein Knappe auftritt, ist wohl schon als eine Milderung des Standesgegensatzes zu sehen. Der männliche Hirt ist in der pastorela und in der serranilla keine Hauptgestalt, er dient höchstens als Gegenpol zur ritterlichen Welt, als wirklichkeitsnaher Hintergrund. Hier zeigt sich eine deutliche Akzentverlagerung bei Encina. Die Perspektive ist in der pastorela und serranilla schon durch die erste Person und das Tempus der Vergangenheit als die des Ritters gekennzeichnet, der ein eigenes zufälliges oder gesuchtes Abenteuer wiedergibt. Im dramatischen Aufbau bei Encina ist die Perspektive vor allem dadurch geändert, daß dem Auftritt des Knappen eine reine Schäferszene vorausgeht: Mingo macht Pascuala Liebesanträge (V. 1–48). Die reine Hirtenszene, die immerhin fast ein Viertel des kurzen Stücks (ohne den von der Handlung gelösten abschließenden villancico gerechnet) ausmacht, geht in ihrer Funktion über die Situierung des Milieus weit hinaus. Das eigentliche Pastorela-Motiv (Escudero-Pascuala) ist hingegen recht knapp ausgeführt; der Streit der beiden Rivalen ist umfangreicher als die Begrüßung und Überredung des Mädchens. Am deutlichsten wird die Bevorzugung der Hirtenrolle aber in dem Katalog der Geschenke, die Mingo Pascuala verspricht (116–160, mehr als ein Fünftel des Stücks), womit die konkrete Wirklickeit betont wird, umso mehr als die für die Gegenstände verwendeten Wörter zum Teil dem Dialekt entstammen[23]. Der typische Bauerndialekt des entstehenden spanischen Theaters, das sayagués, ist in diesem Stück aber sonst wenig verwendet. Die Hirten sind auch keine Bauern oder komische Figuren wie in den *Coplas de Repelón*, sie werden auch nicht verprügelt. Im Gegenteil: Mingo ist in der 1. Szene in seinem Liebesantrag ein durchaus »höfischer« Liebhaber, der es in der Wahl der Liebessprache fast mit dem Escudero aufnehmen kann:

> ¡Ay, Pascuala, que te veo
> tan loçana y tan garrida,
> que yo te juro a mi vida
> que deslumbro si te oteo! (21ff.)

Und er weiß eine sophistische Aufhebung des Hindernisses seiner Ehe: Pascuala muß ihn umso mehr lieben, denn daß er ihretwegen seine Frau verlassen will, zeigt doch, wie groß seine Liebe zu ihr ist:

> quiereme, quiereme mas,
> pues por tí dexo a mi esposa (27f.)

Im Kompliment des Escudero hingegen ist eine Note der Herablassung enthalten:

> Tienes mas gala que dos
> de las de mayor beldad. (53f.)

Der Ort der Handlung und die ständige Anwesenheit Mingos lassen durch das ganze Stück hindurch die Schäferwelt präsenter bleiben als die höfische. Es gehört zur Tradition der pastorela ebenso wie der serranilla und letztlich zu den Grundlagen einer jahrhundertelang gültigen Poetik und Weltsicht *(Rota Vergilii)*, daß die Wirklichkeit dem niederen Stand zugeordnet ist, daß die Umgebung, die Kleidung, Geräte und die Tätigkeiten der Hirten konkret und real sichtbar werden, während der höhere Stand abstrakter, vor allem in seiner Redeweise, charakterisiert wird. Es ist ja geradezu das Kennzeichen dieser die Standesgrenzen übersteigenden, aber nicht aufhebenden Gattungen, daß die gegensätzlichen Bereiche der höfischen und abstrakten Sprache und der alltäglichen konkreten Gegenstandswelt durch die Erotik zusammengebracht werden, ohne zum Ausgleich zu kommen. Die typischen Standesattribute dürfen erwähnt werden: Pferd, Schwert, Jagdfalke; zumindest Rüstung und Waffen doch auch beim Knappen. Hier bei Encina bleibt der Knappe aber ganz auf die Rede beschränkt. Das geht so weit, daß er Mingos langer Aufzählung der versprochenen Geschenke (und dem realen Geschenk einer Rose) nichts entgegenzusetzen hat als leere Quantität:

Calla, calla, que es grossero
todo quanto tu le das.
Yo le dare mas y mas,
porque mas que tu la quiero. (161ff.)

## Standesgegensätze

Die pastorela des Hochmittelalters betont den Standesgegensatz: Der Ritter macht im allgemeinen selbst deutlich, daß er sich herabläßt, mit dem Landmädchen zu sprechen. In Marcabrus kritischer Überspitzung wird das in der wiederholten Anrede »vilana« besonders deutlich; beim Marqués de Santillana stellt der Ritter in Frage, daß das Mädchen wirklich (nur) eine »villana« sei[24].

Die Anrede des Escudero wirkt dagegen sachlich wie die reine Standesbezeichnung: »pastora«, wird aber ein wenig schmeichelnder und schließlich fast intim: »pastorcica«, »carilla«. Das Mädchen nennt ihn sachlich »señor« und »escudero«.

Anders ist es im Verhältnis der beiden Rivalen. Hier wird von beiden Seiten mit Schmähungen nicht gespart, vorsichtiger in der dritten Person als Aussage zu Pascuala gewandt von Mingo: este traydor, palaciego, burlador (V 70f.) und gröber und direkt vom Escudero:

¡Hi de puta, avillanado,
grossero, lanudo, brusco! (73f.)

Das ist eine deutliche Herauskehrung des Standes in seinen negativen Aspekten: »palaciego« (Höfling) gegen »avillanado« (Bauerntölpel). Aber diese Art verbaler Auseinandersetzung findet nur einmal kurz statt und ist ebenso aus der Rivalität zweier Männer wie aus Standesgegensätzen zu verstehen. Sie führt ja auch nicht zu Handgreiflichkeiten.

Im ganzen sind die Standesgegensätze hier eher verwischt: der Schildknappe ist kein auftrumpfender Ritter, und der Hirte ist kein bäurischer Grobian. Die Hirtin allerdings steht über den doch vorhandenen Gegensätzen. Ihr wird die freie Entscheidung zwischen den beiden Rivalen überlassen. In dieser Hochschätzung der Frau – sei sie auch niederer Herkunft – und der Unterwerfung der Männer unter ihren Willen sehen wir einen Zug höfischer Literatur[25].

Aber ist es für Pascuala denn eine freie Entscheidung? In bezug auf eine Person, auf Mingo, hat sie längst und negativ entschieden. Sie konnte gar nicht anders, denn Mingo ist verheiratet, und eine Auflösung der Ehe wäre im Spanien der Katholischen Könige bestimmt nicht vorführbar gewesen:

> Pues eres ya desposado,
> tu querer no lo desseo. (19f.)

Die Entscheidung war gefallen, ehe der Escudero auftrat, und es gibt keinen Grund sie zu ändern. Das ist eine bedeutsame Änderung des Pastorela-Schemas. Beim abenteuer- oder trostsuchenden Ritter spielt der Zivilstand keine Rolle, da eine Ehe mit dem Mädchen ohnehin nicht ins Auge gefaßt wird. Aber sowohl die Schäferin als auch ihr Freund, der Schäfer, wo er auftritt, sind als junge Liebende unverheiratet. Auch die arkadische Literatur spielt unter unverheirateten Mädchen und Herren, denn die Disponibilität ist entscheidend, die Wahlmöglichkeit muß gegeben sein. Umgekehrt ist es Kennzeichen »realistischer« Literaturgattungen, verheiratete Helden und deren Konflikte, Ehestreit, Ehebruch darzustellen, wie etwa in der Farce.

Die pastorela kennt im wesentlichen drei Lösungsmöglichkeiten für die Beziehung zwischen Ritter und Schäferin. Bei der häufigsten bleibt der Standesgegensatz unvermindert erhalten, die Beziehung des Ritters zur Schäferin wird von beiden Seiten als ein einmaliges Abenteuer angesehen. Durch Versprechungen oder durch Gewalt gelingt es dem Ritter, seine Lust mit dem Mädchen zu befriedigen, das sich der Übermacht beugt. Der Standesgegensatz bleibt ebenfalls erhalten in jener Form der pastorela, für die Marcabru das erste und beste Beispiel geliefert hat und worin mindestens die Serranillas 1 und 6 des Marqués de Santillana ihm folgen. Der Standesgegensatz wird hier von der Seite der Hirtin betont, Gemeinsamkeit ist nicht möglich.

Die Aufhebung des Standesgegensatzes findet sich nur in jener seltenen Form der pastorela, in der Ritter und Hirtin sich auf der Ebene der »amistat« treffen, wie bei Gavaudan[26], oder wo eine Aufnahme der Schäferin in den höheren Stand durch ein Eheversprechen angedeutet ist[27]. Eine Autonomie der Hirtenwelt ist nur in der zweiten der angesprochenen Lösungsmöglichkeiten angedeutet: Stolz und Eigenständigkeit. Die Hirtenperspektive, die wir in Juan del Encinas pastorela-égloga finden, führt zu einer besonderen Form der Autonomie der Hirtenwelt. Hier wird möglich, was 200 Jahre früher in der pastorela nicht sein konnte, daß der höfische Held sich an die Welt der Hirtin anpaßt. Pascualas Bedingung:

> Escudero, mi señor,
> si os quereys tornar pastor,
> mucho mas os quiero a vos. (182ff.)

wird vom Escudero ohne weiteres akzeptiert:

> Pues me quieres y te quiero,
> quiero cumplir tu mandado. (187f.)

Die alte Stadt-Land-Antinomie bleibt hier präsent, jedoch ist ihr Gewicht nicht so drückend. Der Knappe ist zwar Städter und Höfling, aber kein erhabener Ritter. Und die Schäfer sind in ihrem Auftreten von dem Höfling nicht völlig unterschieden. Diese frühe Anerkennung der Hirtenwelt in Spanien hängt sicher mit der großen wirtschaftlichen Bedeutung der Schafzucht zusammen[28]. Als Idealisierung der Hirtenwelt ist sie andererseits gerade bei dem Übersetzer Vergils auch als Verstärkung des bukolischen Elements zu sehen. Zwar sind die Hirten in dieser Fiktion noch nicht verkleidete Höflinge, aber auf dem Stand von Bauern, die ohne Frage betrogen, vergewaltigt, verspottet und verprügelt werden können, sind sie längst nicht mehr. Der Escudero seinerseits ist nur einer der ersten Höflinge, die um eines Mädchen willen aus der Gesellschaft in die Utopie Arkadiens entfliehen. Denn die Liebe ist als Macht über den Ständen anerkannt.

## Höfisches Spiel

Juan del Encina möchte mit der harmonistischen Lösung der pastorela-égloga gewiß nicht anachronistisch einer generellen Aufhebung der Standesunterschiede und schon gar nicht einer Standeserniedrigung der höfischen Welt das Wort reden. Das zeigt die unmittelbar anschließende Égloga 8. Hier treten vor dem Herzogspaar, das als Zuschauer direkt angesprochen wird, nur noch Schäfer auf: Gil, der ehemalige Escudero, Pascuala, Mingo und jetzt auch seine Frau Menga. Das Stück hat eine apologetische und poetologische Funktion: Mingo, unmittelbare Verkörperung des Autors hier, kommt schüchtern und vorsichtig, von Gil ermuntert, um den Gönnern, der Herzogin und dem Herzog von Alba, Juan del Encinas gesammeltes Werk zu überreichen. Nach Andrews kommt in den hyperbolischen Bemerkungen wie »me han hecho mercedes mil« (105) ironisch die Enttäuschung des Autors über seine Mäzene zum Ausdruck, die ihn eben nicht angemessen entlohnt und gefördert haben. Das wurde von Temprano heftig bestritten und braucht in diesem Zusammenhang nicht so biographisch zu interessieren, aber auf der wörtlichen Ebene zeigt sich eine übermäßige Betonung des Standesgegensatzes in Mingos Furcht, den Palast nur zu betreten. Man erinnert sich an die Ereignisse vor einem Jahr, als Gil um Pascualas willen zum Hirten wurde. Wie ungewöhnlich und prekär diese Situation war, zeigt die schnelle Rückverwandlung: Gil wird wieder zum Höfling und zieht Pascuala unmittelbar nach. Es ist die Macht Amors, die ihre Wandlung zustande bringt:

Es tan huerte zagalejo
miafe, Menga, el amorio,
que con su gran poderio
haze mudar el pellejo
haze tornar moço al viejo (273 ff.)

Mingo und Menga fühlen sich von Gil betrogen, werden aber bald auch überredet, die Kleider zu wechseln und städtisch bzw. höfisch zu werden: »ser de villa« (407) »ya pareces cortesano» (437), was eng mit dem richtigen Liebesverhalten zusammenhängt[29]. Gil beendet die Handlung mit einer Tirade über Amor, bevor der gemeinsam gesungene villancico ebenfalls die Allmacht Amors preist. Dieser Schluß verbindet das Stück mit den späteren bukolischen Églogas, in denen die Rolle Amors zentral wird. Hier macht die Liebe aber töricht, so töricht, wenn auch entschuldbar, wie Gil selbst war, als er aus Liebe Schäfer wurde:

Ningun galan namorado
no tenga quexa de mi,
que en pastor me converti
porque fue de amor forçado.
Donde amor pone cuydado
luego huye la razon,
y muda la condicion
con su fuerça, y aun de grado. (490 ff.)

Die Standeserniedrigung aus Égloga 7 wird im nachhinein als Liebestorheit zur Unvernunft erklärt. Die Standeserhöhung in Égloga 8 für Pascuala, Mingo und Menga, die indirekt auch gemeint sein könnte, wird aus der Unvernunft ausgenommen. Man kann hierin auch die subjektive Sicht der Standesgesellschaft durch den ehrgeizigen Autor sehen, der selbst dabei ist, sich nach höheren Posten umzusehen[30].

Die pastorela-égloga aus der Hirtenperspektive (7) wird jedoch durch ihre Fortsetzung als ein ebenso höfisches Spiel gekennzeichnet. Die Standesvertreter der pastorela sind in der um sozialen Ausgleich bemühten Regierungszeit der Katholischen Könige zwar nicht mehr antagonistisch gegenübergestellt, sondern treffen sich auf einer gesellschaftslosen Ebene. Die Fiktion der gesellschaftslosen Ebene der Freiheit, der Muße und der Liebe konnte ihrerseits aber nur als Wunschbild einer höfischen Gesellschaft entstehen. Sie wird in den nachfolgenden Generationen in der arkadischen Literatur zu der beherrschenden Vorstellung vom Goldenen Zeitalter zurückführen.

## ANMERKUNGEN

T: *Egloga representada en requesta de unos amores, adonde se introduze una pastorcica llamada Pascuala* ... zit. nach der Ausg. *Eglogas completas*, Hrsg. Humberto López Morales, New York 1968. Vgl. auch *Obras dramaticas, I. Cancionero de 1496.* Hrsg. Rosalie Gimeno. Madrid 1975 (Ediciones Istmo).

L: J.R. Andrews, *Juan del Encina. Prometheus in Search of Prestige*, Berkeley 1959; A. van Beysterveldt, *La poesia amatoria del siglo XV y el teatro profane de Juan del Encina*, Madrid 1972; J. P. W. Crawford, *The Spanish Pastoral Drama*, Philadelphia 1915; M.I. Gerhardt, *Essai d'analyse de la pastorale dans les littératures italienne, espagnole et française*, Assen 1950; F. González Ollé, »Die Anfänge des spanischen Theaters«, in: K. Pörtl (Hrsg.), *Das spanische Theater*, Darmstadt 1985, 30–90; E. Kohler, *Sieben spanische dramatische Eklogen*, Dresden 1911; D. Lessig, *Ursprung und Entwicklung der spanischen Ekloge bis 1650*, Genf 1962; H. López Morales, *Tradición y creación en los orígenes del teatro castellano.* Madrid 1968; E. Marbán, *El teatro español medieval y del Renacimiento*, New York 1971; J. C. Temprano, *Móviles y metas en la poesía pastoril de Juan del Encina*, Oviedo 1975.

A: 1 Auch intensive Suche, vor allem von R. B. Donovan, *The Liturgical Drama in Medieval Spain* (Toronto 1958), konnte keine Texte zum Vorschein bringen.

2 López Morales, *Tradición*, s. L., zitiert u. a. S. 68 den Text aus den *Partidas* von Alfonso el Sabio, in dem Klerikern das Aufführen und Anschauen von »juegos de escarnios« verboten wird und der zumeist als Beweis für die Existenz solcher Spiele gewertet wird.

3 Das Stück gibt aber auch sprachlich Rätsel auf, so daß v. a. Lapesa und nach ihm López Morales, *Tradición*, s. L., 65f. einen Gaskogner als Autor annehmen.

4 González Ollé, s. L., 84ff.

5 Vgl. ebd., 80ff.

6 Einen vergleichenden Überblick über die Entwicklung in den romanischen Ländern gibt R. Hess, »Das religiöse Drama der Romania« und »Das profane Drama der Romania«, in: *Neues Handbuch der Literaturwissenschaft*, Bd. 8, *Europäisches Spätmittelalter.* Hrsg. W. Erzgräber, Wiesbaden 1978, 657–712.

7 López Morales, *Tradición*, s.L., vertritt am prononciertesten die Auffassung, daß das spanische Theater erst im 15. Jahrhundert beginnt.

8 Eine ähnliche Erklärung haben wir für die Überlieferungslücke des französischen profanen Theaters im 14. Jahrhundert vorgeschlagen, vgl. K. Schoell, *Das komische Theater des französischen Mittelalters*, München 1975, 156.

9 Ein kurzer Überblick über die historische Situation unter den Katholischen Königen findet sich bei J. H. Elliott, »Monarchy and Empire 1474–1700«, in: *Spain. A Companion to Spanish Studies.* Hrsg. P. E. Russel, London 1973.

10 Die beste sozialhistorische Einordnung und Interpretation für Juan del Encina und sein Werk bietet J. C. Temprano, s. L.

11 Beysterveldt, s.L., rechnet kurzerhand die Eglogas 7 und 8 mit zu den geistlichen Spielen der ersten Schaffensperiode, mit denen er sich nicht beschäftigt, weil sie noch nicht die Renaissance-typische Rolle der Liebe zeigen.

12 Vgl. Beysterveldt, s. L., 286.

13 Der Stadt-Land-Gegensatz etwa spielt in jeder Form der pastoralen Dichtung eine große Rolle, sei es als Verachtung des Städters (oder Höflings) für alles Ländliche, sei es als Sehnsucht nach Ursprünglichkeit.

14 Die Geschichte des Begriffs »égloga« verfolgt D. Lessig, s. L.

15 Thematisch geordnet werden die Stücke etwa bei Temprano, s. L., vorgestellt.

16 Nach O. T. Myers, »Juan del Encina and the *Auto del Repelón«,* in: *Hispanic Review* 32, 1964, 189–201, sind die *Coplas del Repelón* vor allem wegen stilistischer Differenzen kein Werk Juan del Encinas.

17 Neue Datierungen der 8 ersten Eglogas versucht J. C. Temprano, »Cronología de las ocho primeras églogas de Juan del Encina«, in: *Hispanic Review* 43, 1975, 141–151. Danach wäre Egloga 7 am 31. Dezember 1492 und Egloga 8 am 31. Dezember 1493 aufgeführt worden.

18 Lucas Fernández verwendet für seine Stücke alle möglichen Bezeichnungen offenbar nahezu synonym: comedia, diálogo, farsa o cuasi comedia, égloga o farsa, auto o farsa, coplas, s. *Farsas y églogas,* Hrsg. M. J. Canellada, Madrid 1976.

19 Die Texte der Serranillas und ausführliche Erklärungen finden sich in H. Flasche, *Geschichte der spanischen Literatur,* Bd. I. Bern, München 1977, 315 ff.

20 Andrews, s. L., 129.

21 Wir sind mit der älteren Darstellung von E. Kohler, s. L., 26 f., und M. I. Gerhardt, s. L., 133, der Meinung, daß die beiden Stücke unmittelbar nacheinander aufgeführt wurden.

22 Mit Hilfe alter Definitionen von Raimon Vidal und Guillaume Molinier kommt M. Zink, *La pastourelle,* Paris, Montréal 1972, 29, zu folgender Formel für die Gattung: »la requête d'amour d'un chevalier à une bergère, l'échange de propos moqueurs et piquants, et le dénouement favorable ou non au séducteur qui s'en suivent, le tout raconté sur le mode plaisant par le chevalier lui-même.«

23 Worterklärungen finden sich in der Ausgabe von R. Gimeno, s. T.

24 E. Köhler, »Marcabrus ›L'autrier jost'una sebissa‹ und das Problem der Pastourelle«, in: E. K.: *Trobadorlyrik und höfischer Roman.* Berlin 1962, weist auf die Hervorhebung des Wortes »vilana« hin. Beim Marqués de Santillana: Serranilla 3.

25 M. I. Gerhardt, s. L., 37 u. a., sieht überall, wo die Hirtin selbstsicher auftritt und von sich aus den Standesunterschied betont oder einfach die Hirtenliebe vorzieht, vom höfischen Dichter und seinem Publikum aus Ironie.

26 Vgl. E. Köhler, »Die Pastourellen des Trobadors Gavaudan«, in: E. K., *Esprit und arkadische Freiheit.* Frankfurt 1966.

27 Feierliches, aber nachträglich als Betrug enthülltes Eheversprechen findet sich in der altfranzösischen Pastourelle »Quant pert la froidure«, Nr. II, 19 in der Sammlung von K. Bartsch, *Romances et pastourelles françaises des XIIe et XIIIe siècles,* 1870 Nachdruck Darmstadt 1967.

28 Der Sozialaufstieg ist eine Wunschvorstellung der cristianos viejos, hier durch die Hirten repräsentiert. Vgl. J. C. Temprano, s. L., 58 f.

29 Das höfisch-feine Liebeswerben »requebrar, requebrado« (450 ff) wird zu einem Schlüsselwort für den Aufstieg.

30 M. I. Gerhardt, s. L., 135, sieht im Gegensatz zu Andrews, s. L., diese Intention des Autors zu wenig, wenn sie feststellt: »Le poète ne songe pas à prendre parti. Son arrêt final, c'est que toutes les conditions sont égales devant l'Amour: elles se troquent comme des vêtements, dès que ce dieu tout-puissant l'ordonne.«

ALBERT GIER

# RODRIGO COTA (?) UND FERNANDO DE ROJAS · (TRAGI-)COMEDIA DE CALISTO Y MELIBEA (CELESTINA)

## Eine komplexe Entstehungsgeschichte

Der schwerfällige Titel dieser Studie spiegelt die meisten der Probleme wider, mit denen sich die philologische Forschung zu dem Werk, das *Celestina* zu nennen wir uns angewöhnt haben, seit vielen Jahrzehnten beschäftigt: Als es 1499 in Burgos erstmals im Druck erschien[1], trug es vermutlich[2] den Titel *Comedia de Calisto y Melibea,* umfaßte 16 Autos und war anonym; im folgenden Jahr wurde in Salamanca eine neue Ausgabe gedruckt, der ein Brief des Autors an einen jungen und offenbar vornehmen Freund vorangestellt ist. Dort wird erläutert, daß der Verfasser, ein Jurist, ein Manuskript mit dem Anfang des Textes in die Hände bekam; wer ihn geschrieben hat, weiß er nicht, aber Juan de Mena und Rodrigo Cota kommen, so heißt es, dafür in Frage. Weil ihn das Werk des Unbekannten faszinierte, schrieb er es in zwei Ferienwochen zu Ende. – Auf diesen Brief folgt ein Gedicht, das über ein Akrostichon den Namen jenes Fortsetzers verrät: *el bachiller Fernando de Rojas,* aus Montalbán in der Nähe von Toledo. Über sein Leben sind wir heute zumindest in groben Umrissen informiert[3]: Er wurde etwa 1465 geboren, stammte aus einer Converso-Familie, studierte Jura in Salamanca und lebte seit etwa 1507 in Talavera de la Reina, wo er seit 1538 Bürgermeister war; er starb 1541. Die Fortsetzung der *Celestina* muß er (da er die in Basel 1496 erschienene Ausgabe der *Opera* Petrarcas benutzt[4]), etwa 1497/98 geschrieben haben; weitere Werke sind unter seinem Namen nicht überliefert.

Manche ältere Forscher haben den Aussagen Rojas' keinen Glauben geschenkt und ihn für den alleinigen Verfasser der *Celestina* gehalten; dagegen hat sich heute allgemein die Auffassung durchgesetzt, daß es in der Tat den ersten Entwurf eines anderen gab und daß dieser den (ungewöhnlich langen) ersten Auto umfaßte. Spekulationen darüber, wer der Verfasser dieses Entwurfs gewesen sein könnte, gelten allgemein als wenig erfolgversprechend; aber kürzlich hat sich Miguel Marciales in der neuen kritischen Ausgabe der *Celestina*[5] vehement für die Autorschaft Rodrigo Cotas ausgesprochen, der ebenfalls aus einer Converso-Familie stammte (geb. ca. 1435 in Toledo, gest. 1505 in Torrijos) und neben anderen Werken den *Diálogo entre el Amor y el Viejo* schrieb[6] (Marciales glaubt übrigens, daß der Entwurf nicht nur den ersten Auto, sondern auch noch die kurze erste Szene des zweiten umfaßte).

Vermutlich 1504[7] erschien die *Celestina* erstmals in erweiterter Form, mit dem neuen Titel *Tragicomedia de Calisto y Melibea* und einem langen Einschub in den ursprünglichen Auto XIV, der das Werk auf 21 Autos anwachsen läßt. Am Ende des neu hinzugekommenen Prologs (Ag. Marciales, S. 13) erläutert Fernando de Rojas, das Publikum habe Anstoß daran genommen, daß in der *Comedia* auf die Vereinigung der Liebenden Calisto und Melibea unmittelbar das tragische Ende folgte; deshalb habe er (wenn auch gegen seine Überzeugung) den Text so erweitert, daß die beiden eine Zeitlang (genau einen Monat) ihr Glück genießen dürfen. In dieser erweiterten Fassung hatte das Werk einen gewaltigen Erfolg beim zeitgenössischen Publikum: Von der *Comedia* sind drei Drucke überliefert, mindestens drei weitere sind mit Sicherheit zu erschließen; die *Tragicomedia* dagegen wurde bis 1634 etwa hundertmal neu aufgelegt[8], hinzu kommen italienische (1506), deutsche (1520), französische (1527), englische (1527, 1631) und holländische (1574) Übersetzungen, die nicht zuletzt durch ihre Verwendung im Sprachunterricht für Ausländer wichtig sind[9], eine lateinische Version des Deutschen Gaspar von Barth (*Pornobodidascalus latinus,* 1624) und eine Reihe von als Fortsetzungen der *Celestina* konzipierten spanischen Bühnenstücken (seit 1534)[10].

Die meisten Forscher haben, gestützt auf die Aussagen des Prologs, in Fernando de Rojas den einzigen Autor der Zusätze in der *Tragicomedia* gesehen; nur Marciales geht neuerdings von zwei Verfassern aus. Seiner Ansicht nach umfaßt die ›Gran Adición' Fernando de Rojas' nur wenige Szenen, in denen Calisto, Melibea und deren Eltern auftreten[11]; dazwischen seien Teile eines ursprünglich selbständigen Werkes eingeschoben. Dieser sogenannte ›Tratado de Centurio‹[12] spielt im Milieu der Prostituierten und ihrer Liebhaber, neu eingeführt wird Centurio, ein prahlerischer und dabei feiger Raufbold, der Freund Areúsas, von der wir in Rojas' Text erfahren haben, daß sie von einem (namenlosen und nicht auf der Bühne auftretenden) Soldaten ausgehalten wird (VII. 73/74). Centurio jedoch läßt sich von ihr aushalten (XV. 2), und dieser Widerspruch scheint in der Tat darauf hinzudeuten, daß die Centurio-Szenen ursprünglich selbständig konzipiert und erst nachträglich mit der *Celestina* verbunden wurden.

Mehr als zwanzig Jahre nach dem Erstdruck der *Tragicomedia*[13] erscheint erstmals der sogenannte *Auto de Traso,* der nach Auto XVIII eingeschoben wird und mit dem Maulhelden Traso ein alter ego Centurios einführt; dieser Auto fehlt in den meisten späteren Drucken und gilt allgemein als unecht, zumal da es im Argumento heißt: »El cual fue sacado de la Comedia que ordenó Sanabria.« In diesem sonst unbekannten Sanabria möchte nun Marciales den Verfasser des gesamten *Tratado de Centurio* sehen[14]: Dieser habe eine selbständige Comedia verfaßt, die Rojas 1504 in Toledo zu sehen bekam und zu deren Integration in die *Celestina* (in der von ihm erweiterten Fassung, deren Veröffentlichung gerade vorbereitet wurde) er seine Zustimmung gab – Sanabrias Figuren hätten lediglich die Namen erhalten, die ihre Entsprechungen bei Rojas trugen, und natürlich mußten manche Verweise auf die Vorgeschichte ergänzt, Widersprüche im Detail beseitigt werden etc. Ob die künftige Forschung diese Sichtweise akzeptiert, bleibt abzuwarten (sie hat Marciales dazu veranlaßt, in seiner Edition den *Tratado de Centurio,* wie er ihn abgrenzt, als Anhang zu geben).

## Dramatische Form und didaktische Intention

Gleichgültig, ob in 16 oder 21 Autos – die *Celestina* ist ein sperriges, ungefüges Werk, dessen integrale Aufführung schon durch den schieren Umfang unmöglich wird; die (in den letzten Jahrzehnten zahlreichen) Versuche, das Stück auf die Bühne zu bringen, sind denn auch stets von Bearbeitungen des Originaltextes ausgegangen[15]. Fernando de Rojas schrieb ganz offenbar nicht mit dem Gedanken an eine Aufführung, für die in seiner Zeit auch die materiellen Voraussetzungen (Vorhandensein einer Bühne mit der entsprechenden Technik, etc.) nicht gegeben waren[16]; intendiert gewesen sein dürfte vielmehr eine *szenische Lesung,* und zwar durch einen einzigen Rezitator, wenn man dem versifizierten Nachwort Glauben schenken darf, das Alonso de Proaza, ein Humanist aus Salamanca, dem von ihm korrigierten zweiten Druck der *Comedia* beigab:

> Si amas y quieres a mucha atención
> leyendo a *Calisto* mover los oyentes,
> cumple que sepas hablar entre dientes,
> a vezes con gozo, esperança y passión,
> a vezes airado con gran turbación.
> Finge leyendo mil artes y modos,
> *pregunta y responde por boca de todos*
> llorando y riendo en tiempo y sazón[17].

Gegen Versuche neuerer Forscher, der *Celestina* den dramatischen Charakter überhaupt abzusprechen und sie als Roman in Dialogform oder ähnlich zu verstehen, hat María Rosa Lida de Malkiel[18] zweifelsfrei nachgewiesen, daß der Text die Merkmale eines ›echten‹ Theaterstücks aufweist. Freilich muß man sich darüber klar sein, daß die Vorstellung, die man sich vom Dramatischen oder Theatralischen macht, ebenso Veränderungen von einer Epoche zur anderen unterliegt wie das bei anderen literarischen Gattungen der Fall ist. In seinem Einleitungsgedicht setzt Rojas das von ihm vollendete Werk in Beziehung zur lateinischen Komödie des Terenz[19]; María Rosa Lida hat die Verbindungen schärfer herausgearbeitet und außerdem auf die Nähe der *Celestina* zur lateinischen elegischen Comedia des 12. Jahrhunderts und zur humanistischen Komödie hingewiesen[20]. In diesem Zusammenhang ist nun von entscheidender Bedeutung, daß sich das Mittelalter »die Terenzstücke nicht dialogisch agiert dachte, sondern rezitiert oder als Rezitation, die von maskierten Schauspielern pantomimisch begleitet wurde«[21]; dementsprechend sind auch die elegischen Comediae nicht zur szenischen Aufführung bestimmt. Die mittelalterliche Vorstellung hält sich bis weit ins 15. Jahrhundert: Erst 1486, wenige Jahre vor Erscheinen der *Celestina*, wurde in Italien die erste Plautus-Komödie auf die Bühne gebracht[22]; wenn Cota und Rojas ihr Stück zur Rezitation bestimmten, taten sie das aller Wahrscheinlichkeit nach nicht mangels anderer Möglichkeiten, sondern in dem Bewußtsein, dem bewunderten Vorbild der Antike genau zu entsprechen.

Diese Vorstellung von der dramatischen Kunst bestimmt nun auch die Art und Weise, wie das Geschehen auf der Bühne dargestellt wird. Die tragisch endende Liebesgeschichte läßt sich in wenigen Sätzen zusammenfassen: Calisto, ein vermögender, vermutlich adliger junger Mann von 23 Jahren, hat sich in die schöne Melibea verliebt, wird aber von ihr abgewiesen. In seiner Verzweiflung sucht er auf Anraten seines Dieners Sempronio die Hilfe der alten Kupplerin Celestina; dabei geht es Sempronio, der der Liebhaber der bei Celestina wohnenden Prostituierten Elicia ist, vor allem darum, gemeinsam mit der Alten aus Calistos Verliebtheit materiellen Vorteil zu ziehen. Der Diener Pármeno, der Calisto vergeblich zu warnen versucht, läßt sich später von Celestina auf ihre Seite ziehen, da sie ihm die Prostituierte Areúsa zuführt. Die Kupplerin sucht Melibea auf und verkauft ihr Garn, in das sie vorher in einer nächtlichen Beschwörung den Teufel gebannt hat, damit der ihr hilft, den Widerstand der jungen Frau zu brechen. Melibea reagiert erzürnt auf die Erwähnung Calistos, aber ihre Stimmung schlägt bald um: Beim nächsten Besuch der Alten entreißt diese ihr das Geständnis, daß sie den jungen Mann liebt; Calisto belohnt Celestinas Dienste mit einer goldenen Kette. Nach einem ersten nächtlichen Rendez-vous der Liebenden an der Tür von Melibeas Elternhaus suchen Sempronio und Pármeno Celestina auf, um ihren Anteil an der Kette zu fordern; sie weigert sich zu teilen und wird in dem folgenden Streit von Sempronio erstochen. Die beiden Diener versuchen zu fliehen, werden aber gefaßt und hingerichtet. Einen Monat lang genießt Calisto ein heimliches Glück mit Melibea, während deren Eltern über die Verheiratung ihrer Tochter nachdenken. (*Tratado de Centurio:* Elicia und Areúsa wollen den Tod ihrer Liebhaber Sempronio und Pármeno an den Liebenden rächen und beauftragen Centurio, Calisto zu töten; der will sich den Gefahren dieses Unternehmens nicht aussetzen und bittet seinen Kumpan Traso, Calisto und seine neuen Diener in die Flucht zu schlagen.) Während Calisto im Garten bei Melibea ist, hört er den Tumult draußen; bei dem Versuch, seinen Leuten zu Hilfe zu kommen, stürzt er sich zu Tode. Am folgenden Tag tötet sich Melibea durch einen Sprung vom Turm vor den Augen ihres Vaters. Das Stück endet mit dessen Klage über die Schlechtigkeit der Welt und die zerstörerische Macht der Liebe.

Schon diese Zusammenfassung läßt deutlich werden, daß in diesem Werk mehr argumentiert als agiert wird: Gelegenheiten zu szenischem Spiel gibt es kaum - nur Celestinas Teufelsbeschwörung, die Ermordung der Alten, Calistos Todessturz und Melibeas Selbstmord fordern das gestische neben dem verbalen Element. Die weitaus meisten Szenen leben allein von der Sprache: Es gibt eine Reihe großer Monologe, in denen eine Figur über ihre Lage oder ihre Gefühle Klarheit zu gewinnen sucht (Calisto nach einer Nacht bei Melibea, XIV. 25-50; Pleberios Klage über Melibeas Tod, XXI. 8-34 ...); daneben stehen Szenen, in denen Informationen witergegeben werden (Pármeno klärt Calisto über Celstina auf, I. 89-109; Celestina schildert Calisto ihre Besuche bei Melibea, VI, XI. 6-25 ...). Vor allem aber versuchen die Figuren ständig, einander zu überreden oder zu überzeugen[23]: Sempronio sucht Calisto seine Liebe, oder wenigstens die bedingungslose Hingabe an dieses Gefühl, auszureden (I. 34-67); Celestina sucht Pármeno auf ihre und Sempronios Seite zu ziehen (I. 125-172); sie bringt nicht nur Melibea dazu, ihrem Gefühl für Calisto nachzugeben, sondern veranlaßt auch Areúsa, Pármeno zum Liebhaber zu nehmen (VII. 57-90); und vieles andere mehr. Der Austausch von Argumenten bedingt den hochgradig rhetorischen Charakter des Textes: Ein typisches Beispiel ist Sempronios Versuch, Calisto zu einer rationaleren Einstellung gegenüber Melibea und dem weiblichen Geschlecht allgemein zu bewegen (I. 41-49). Zunächst verweist er auf Beispiele aus der antiken Mythologie für die Bereitschaft der Frauen, sich mit Männern niederen Standes und selbst mit Tieren einzulassen wie Pasiphae mit dem Stier (I. 42). Dann führt er Autoritäten wie Salomo, Seneca und Aristoteles an, die sich einig sind in ihrer negativen Beurteilung des anderen Geschlechts (I. 43/44). Die folgende Aufzählung von dessen Fehlern (I. 45-47: *quién te contaría sus mentiras, sus trafagos, sus cambios, su liviandad ...*) füllt nicht weniger als sieben Zeilen; drei anaphorische Ausrufe[24] steigern den Affekt noch weiter, bis dann ein Zitat aus der Liturgie (I. 49) die Argumentation abschließt. In solchen Passagen verbinden sich humanistische Gelehrsamkeit[25] und die Erfahrungen der nichtalphabetisierten Masse, wie sie sich vor allem in Sprichwörtern niederschlagen[26]; alle Figuren haben gleichermaßen Zugang zum Wissen des Volkes wie zu dem der ›Intellektuellen‹, so wie Calisto Sprichwörter anführt, zitiert die Kupplerin Celestina Vergil und Seneca. Das macht hinreichend deutlich, daß es dem Autor nicht um die realistische Darstellung eines Milieus, um die genaue Wiedergabe der Reden von Prostituierten und ihren Freunden ging[27]; vielmehr sollen offenbar Argumentationsstrategien vorgeführt werden. Das bedeutet selbstverständlich auch, daß die Figuren die Wahrheit verfälschen oder zumindest einseitig darstellen können, wenn dies ihren egoistischen Interessen dient: Sprichwörter etwa vermögen zu kaschieren, daß das, was der Sprecher vorschlägt, nur ihm selbst, nicht aber dem Angesprochenen nützt[28]; und auch wenn Fakten mitgeteilt werden, kann es, muß aber nicht ganz genau so sein: Was Celestina z. B. über Claudina, Pármenos Mutter, sagt, hat einzig den Zweck, Einfluß auf den jungen Mann zu gewinnen; zu diesem Zweck scheint es ihr geraten, Claudina als Prostituierte und Kupplerin, das heißt als ihr alter ego (und ihre beste Freundin) darzustellen[29]. Es ist durchaus möglich, daß sie Pármeno auf diese Weise täuschen will – er wurde früh von seiner Mutter getrennt und scheint keine klare Erinnerung an sie zu haben, ein solcher Versuch hätte also Aussicht auf Erfolg.

Im Brief an den Freund nennt Rojas als Ziel seines Werkes, den Zeitgenossen, vor allem aber dem Angesprochenen selbst, Waffen in die Hand zu geben, mit denen sie sich gegen die Macht der Liebe verteidigen können (S. 3); das Schlußgedicht des Autors (S. 269) bestätigt dies: Das schlimme Ende Calistos und Melibeas soll das Publikum veranlassen, der eitlen weltlichen Liebe zu entsagen und sich Gott zuzuwenden. In dieser Einsicht ist wohl die *suma* der Geschichte zu sehen, die der aufmerksame Leser erfassen und für sich nutzbar machen soll, wie es im Prolog heißt (S. 12). Dort werden auch zwei falsche Rezeptionshaltungen gegen die richtige abgegrenzt: Aus dem Werk wird keinen Nutzen ziehen, wer seine Aufmerksamkeit nur auf den *cuento de la istoria para contar,* auf die bloße Abfolge der Ereignisse, richtet, ohne nach dem Sinn zu fragen; ebenso falsch ist es, den Text nur als Steinbruch für *donaires y refranes comunes* zu betrachten; diese Elemente sind zwar wichtig, aber man darf über ihnen nicht das Ganze aus den Augen verlieren, im übrigen kommt es auf die richtige Anwendung an: Die verständigen Leser *ríen lo donoso, las sentencias y dichos de filósofos guardan en su memoria para trasponer en lugares convenibles a sus actos y propósitos* (S. 12).

Von den *donaires* und *deleitables fontezicas de filosofía* (worunter wohl die Sentenzen zu verstehen sind) spricht auch der Brief des Autors an seinen Freund; dort werden als ein weiteres nützliches Element noch *avisos y consejos contra lisongeros y malos sirvientes y falsos mugeres hechizeras* genannt (S. 3). In der Tat scheint neben der Liebe das Verhältnis zwischen Herren und Dienern ein wichtiges Thema; es wird mehrfach erörtert, so wenn Celestina Pármeno vor der Illusion warnt, es könne Freundschaft zwischen ihm und Calisto geben, und ihm empfiehlt, gegen den Egoismus der Herren seinen eigenen zu setzen (I. 146–149), und vor allem in der langen, in keiner Verbindung zum Geschehen stehenden Tirade Areúsas, die drastisch die schlechte Behandlung weiblicher Dienstboten durch die Herrschaft schildert (IX. 45–52). Wesentlich wichtiger ist allerdings, daß Calisto und seine Leute ein eindrucksvolles Negativbild der Herr-Diener-Beziehung bieten. Calisto macht einen Fehler nach dem anderen: Er durchschaut Sempronios eigennützige Motive nicht und verbietet Pármeno den Mund, als der ihn aus aufrichtiger Sorge vor der Kupplerin warnen will (II. 16–23); ganz und gar erfüllt von seiner Liebe, übt er keinerlei Kontrolle über seine Diener aus, zeigt sich gegen Sempronio (I. 68) wie gegen Celestina von verschwenderischer Großzügigkeit[30] und läßt sich von Pármeno Lebensmittel stehlen (VIII. 31/32); er schätzt die beiden absolut falsch ein, da er keine Vorstellung von ihrer Feigheit hat und sie Melibea gegenüber als Raufbolde rühmt (XII. 54/55). Als sie vor Gericht gestellt und hingerichtet worden sind, fordert er keine Rechenschaft, wodurch er seine Fürsorgepflicht verletzt und an seiner Ehre Schaden nimmt (XIV. 26–34); und als Ersatz für die beiden Toten nimmt er neben Tristán den dümmlichen Sosia, der unfähig ist, ein Geheimnis zu bewahren, und sich von Areúsa aushorchen läßt (XVII. 13–31), wodurch die Rache der beiden Prostituierten und als deren (indirekte) Folge Calistos Tod erst möglich wird.

Calisto demonstriert damit eindrucksvoll, wie sich ein Herr gegenüber seinen Dienern nicht verhalten soll. Texte, die in Form von Ratschlägen und praktischen Beispielen Hinweise zur ›Menschenführung‹, Auswahl und Behandlung von Ratgebern[31] und Helfern vor allem für Mächtige, geben, haben auf der Pyrenäenhalbinsel Tradition – man denke etwa an die alfonsinischen Übersetzungen von *Calila e Digna* und dem *Libro de los engaños* oder an den *Conde Lucanor* des Don Juan Manuel[32]. Besonders vor diesem Hintergrund ist es durchaus möglich, nicht nur Rojas' lehrhafte Intention[33], sondern auch die Aussagen des Briefes an den jungen Freund wörtlich zu nehmen: Aus dem Werk lassen sich in der Tat konkrete Verhaltensmaßregeln für jene Bereiche des Lebens gewinnen, deren Bewältigung für einen jungen Mann von Stand zugleich besonders wichtig und ausnehmend schwierig war: für den Umgang mit den Bedienten, von denen er ähnlich abhängig war wie sie von ihm; und für die Bewältigung der ersten Liebe und des ersten sexuellen Verlangens.

## Die Frau zwischen Göttin und Dirne

Calisto ist (nach seinem Tod wird Melibea ihren Vater daran erinnern) *cavallero* und aus vornehmer Familie (*claro linage*, XX. 24); deshalb liebt er wie ein Ritter, das heißt: wie ein Held jener Ritterromane, die Fernando de Rojas in seiner Bibliothek in Talavera verwahrte[34], und ganz konkret wie Amadís, dessen Geschichte in eben den Jahren, in denen Rojas den Entwurf des ersten Autors fortsetzte, von dem Ratsherrn Garci Rodríguez de Montalvo in die uns bekannte Form gebracht wurde[35]. Montalvo steht der ritterlichen Liebe ähnlich kritisch gegenüber wie Rojas, und das deutet darauf hin, daß die

Haltung beider typisch ist für das geistige Klima in der Epoche der reyes católicos Isabella und Fernando; aber während Montalvo den älteren Roman mit nur wenigen Veränderungen übernommen und durch eingeschobene moralisierende Kommentare entschärft hat, geht Rojas[36] zwar von der Konstellation der ritterlich-höfischen Liebe aus, führt das Geschehen aber so weiter, daß sich diese Art der Liebe als unrealisierbar erweist.

So wie Oriana Amadís' Gott ist[37], ist Melibea Calistos Gott – er sagt es zu wiederholten Malen mit hinreichender Deutlichkeit (I. 29: *Melibeo só, y a Melibea adoro, y en Melibea creo, y a Melibea amo;* vgl. I. 37). Während Sempronio dies als Ketzerei tadelt (I. 27/28; 37), besteht für Calisto die Ketzerei darin, einen anderen Gedanken zu haben als den an Melibea (VI. 72). Wenn die geliebte Frau ein Gott ist, muß der Liebende als ein schwacher Mensch ihrer unwürdig sein; Calisto fühlt sich Melibea in jeder Hinsicht unterlegen und verzweifelt an der Möglichkeit, jemals ihre Liebe zu erringen (I. 39; 57; VI. 47; XI. 17). Gerade diese maßlos übersteigerte Verehrung hindert ihn nun aber daran, seine Rolle als höfisch-ritterlich Liebender zu spielen: Seine Aufgabe wäre es eigentlich, sich als tapferer Kämpfer allen Herausforderungen durch übermächtige Feinde zu stellen und durch seine Siege der Geliebten würdig zu werden, damit sie ihm schließlich ihre Hand reichen kann; aber Calisto unternimmt nicht einmal einen Versuch in dieser Richtung – vielleicht weil in die Lebenswelt des Autors und seiner Leser der *caballero andante* nicht mehr so recht paßte (in der Universitätsstadt Salamanca des Jahres 1499 hätte Amadís vermutlich ähnliches Aufsehen erregt wie d'Artagnan in Meun[38]), vor allem aber, weil es aussichtslos ist, sich aus eigener Kraft zur Gottgleichheit aufschwingen zu wollen: Calisto hat Melibea so hoch erhoben, daß sie für ihn unerreichbar geworden ist.

Um sie doch noch für sich zu gewinnen, muß er sich eines Mittels bedienen, das eines Ritters eigentlich unwürdig ist: Die Figur der Kupplerin kommt im höfischen Roman praktisch nicht vor[39]; eine Frau durch die Überredungskünste eines alten Weibes statt durch den Zauber der eigenen Persönlichkeit für sich zu gewinnen, scheint eher den Geistlichen als den Männern des Schwertes angemessen, so wie die Geistlichen auch die besten Kunden der Bordellbesitzerin Celestina waren (vgl. IX. 59–61).

Freilich ist Melibea ebensowenig eine vollendete Dame, wie Calisto ein vollendeter Ritter ist. Voraussetzung für die Macht, die die Geliebte über ihren höfischen Verehrer hat, ist, daß sie für ihn unerreichbar bleibt; das impliziert, daß sie keine eigenen sexuellen Bedürfnisse oder Wünsche haben darf. Die *Celestina* entlarvt die Existenz solcher Frauen ohne Unterleib als Mythos: Für die alte Kupplerin ist die Geilheit des weiblichen Geschlechts eine erwiesene Tatsache; natürlich versuchen sie, sich dem Mann zu entziehen, aber wenn sie die Lust erst einmal kennengelernt haben, können sie nicht mehr aufhören (III. 26). Der einzige Unterschied zwischen ehrbaren Frauen und Prostituierten besteht darin, daß die ersten sich ein bißchen länger zieren (VI. 13–15). Dabei liegt es durchaus im Interesse des schwachen Geschlechts, die Männer möglichst lange hinzuhalten, denn die körperliche Vereinigung verändert die Beziehung zwischen Mann und Frau radikal: Durch sie wird die vormalige Herrin zur Sklavin ihres Geliebten (III. 28).

Celestina und die Diener wissen um die weibliche Natur und ihre Schwächen; das unterscheidet sie von Calisto und führt dazu, daß sie ihm überlegen sind. Sempronio wirft Calisto vor: *Que sometedes la dinidad del ombre a la imperfeción de la flaca muger* (I. 36; ähnlich I. 65). Solange ein Mann um eine Frau wirbt, spielt er unvermeidlich eine eher klägliche Rolle; bei Sempronio selbst war das nicht anders, als er sich um Elicia bemühte (vgl. IX. 37/38)[40]. Der Unterschied liegt nur darin, daß ein Mann wie er seines endlichen Erfolges sicher ist und deshalb niemals in die Extravaganzen Calistos verfallen kann. Der erfahrene Sempronio hält nicht nur Calisto, sondern auch den jungen Pármeno für verrückt, als der ihm verrät, er sei verliebt (VIII. 11); aber zu diesem Zeitpunkt weiß er noch nicht, daß sein Gefährte dank Celestina bei Areúsa bereits zum Ziel gekommen ist. Als er das erfährt, bessert sich seine schlechte Laune auf der Stelle, und er ist auch bereit, endgültig mit Pármeno Freundschaft zu schließen – offenbar deshalb, weil ein befriedigter Liebhaber den Kopf frei hat und für eine erfolgreiche Zusammenarbeit auf Calistos Kosten gut ist.

Im übrigen stellt Calisto selbst eindrücklich unter Beweis, wie die Liebeserfüllung und schon die Hoffnung auf sie sich auf den Mann auswirkt. Noch bevor er zum ersten Mal mit der verliebten Melibea geschlafen hat, ist für ihn die Vorstellung, auf die Vereinigung zu verzichten, zur *covardía* geworden (XIV. 10), die Befriedigung seines Verlangens ist seine *gloria*, bei der er gern Melibeas Dienerin als Zeugin hätte (XIV. 14). Als er bei einem späteren Besuch beginnt, die widerstrebende Melibea auszuziehen, begründet er das mit dem kruden Satz *Señora, el que quiere comer el ave, quita primero las plumas* (XIX. 23), in dem niemand den demütigen Verehrer des ersten Auto wiedererkennt.

Das Verhalten der ausgehaltenen Frau Areúsa gegenüber Pármeno zeigt, daß die weibliche Libido stärker ist als Vernunft und Eigennutz[41]: Sie hat einen Liebhaber, der ihr alles gibt, was sie braucht und sie gut behandelt (VII. 74); es liegt in ihrem Interesse, ihm treu zu sein, zumal da sie von Pármeno keinerlei Geschenke zu erwarten hat. Trotzdem nimmt sie ihn nach anfänglichem Sträuben in ihr Bett, und am nächsten Morgen ist ihr Verlangen noch nicht gestillt (vgl. VIII. 2/3), womit sich Celestinas Urteil über das weibliche Geschlecht als richtig erweist (s. o.). Natürlich ist diese Areúsa eine Prostituierte; ob für Melibea das gleiche gilt wie für sie, bleibt zu untersuchen.

Man hat die These vertreten, Melibea sei im Grunde ein ehrbares junges Mädchen, das nur durch Calistos brennende Begierde angesteckt werde[42]; im übrigen habe sie bis zuletzt eigentlich keinen Spaß an den handfesten Genüssen des Geschlechtlichen und lasse nur geschehen, was Calisto mit ihr tue[43]. Es stimmt, daß Melibea ihren Geliebten bei der ersten (XIV. 8/9) wie bei der zweiten heimlichen Begegnung im Garten (XIX. 21) bittet, nicht mit ihr zu schlafen, aber gerade diese Wiederholung gibt zu denken – was beim ersten Mal seinen Sinn hat, verkommt danach zur Pose; im übrigen erinnert sich Calisto nach der ersten Liebesnacht in seinem Monolog daran, daß ihre Umarmungen und Küsse ihre Worte Lügen straften (XIV. 48/49), und auch das Lied, das Lucrecia und Melibea singen, während Melibea ihren Liebhaber erwartet (XIX. 12–16), enthält mehrere eindeutige sexuelle Anspielungen.

Daß Melibea Calisto liebt, ist offensichtlich; aus der kühlen, arroganten Jungfrau ist noch vor der ersten Vereinigung seine *sierva*, seine *cativa, la que más (s)u vida que la suya estima* geworden (XIV. 6), und schon beim ersten Rendez-vous an der Tür ihres Elternhauses fordert sie ihn auf: *te suplico ordenes y dispongas de mi persona según querrás* (XII. 36). Eigentlich kann das auch gar nicht anders sein, denn daß Männer und Frauen einander lieben und sich geschlechtlich vereinigen, ist gottgewollt, wie Celestina ausführt (I. 127); für eine schöne Frau ist es geradezu eine Verpflichtung, das Verlangen der Männer zu erfüllen (VII. 68/69). Es bleibt freilich die Frage, ob Melibea der Neigung ihres Herzens folgt oder durch Celestinas Hexenkünste veranlaßt wird, Calisto zu lieben. Bei ihrem Gesinnungswandel spielt das mit Schlangenöl präparierte Garn zweifellos eine Rolle: Celestina spricht in ihrer Beschwörung von *la áspera* ponçoña *de las bívoras de que este azeite fue hecho* (III. 42), Melibea erwähnt später, als sie sich ihre Liebe zu Calisto eingesteht, *el* ponçoñoso *bocado, que la vista de su presencia de aquel cavallero me dio* (X. 5), und die *ponçoña*, die im Namen Calisto enthalten sei (X. 18). Daß die Zeitgenossen an die Möglichkeit derartigen Liebeszaubers geglaubt haben, steht außer Zweifel[44]; trotzdem kann der Einfluß des Teufels schwerlich allein an Melibeas Gefühlen schuld sein: Celestina verkauft ihr, bzw. ihrer Mutter Alisa, das Garn (vgl. IV. 31), danach spricht sie zu Melibea von Calisto, und diese reagiert scharf ablehnend (IV. 58–67); als sie dann aber Calistos Zahnschmerzen erwähnt und seine Vorzüge rühmt, wird die junge Frau schnell zugänglicher (IV. 82–85). Es ist nicht einzusehen, warum der Zauber mit Verzögerung wirken sollte: Weit wahrscheinlicher ist, daß Celestina auf durchaus natürliche Weise der latent vorhandenen Sympathie Melibeas für den jungen Mann zum Durchbruch verhilft.

Im übrigen ist es letztlich gleichgültig, ob hier ein Zauber wirkt oder nicht: Die Unbedingtheit von Melibeas Liebe, die *no admite sino solo amor por paga* (XVI. 12) und keine andere Reue kennt als die, den Geliebten erst spät kennengelernt und kostbare Lebenszeit ohne ihn vergeudet zu haben (XVI. 14), kann unmöglich ganz von dieser Welt sein; ein solcher amour fou läßt sich nicht in die geordneten Bahnen einer bürgerlichen Existenz zwingen und ist deshalb unvereinbar mit einer Ehe; die Katastrophe ist unvermeidlich. Vor dieser Katastrophe hat Rojas sein Publikum warnen wollen; aber er hat (und darin liegt zweifellos eine Stärke seines Werkes) keine wohlfeile Alternative angeboten: Der sexuelle Hedonismus der Diener und Prostituierten kommt dafür ohnehin nicht in Frage, und die vernünftig respektable Ehe bleibt ausgespart. Insofern ist in der Kritik an Calistos ›romantischer‹ Leidenschaft[45] vielleicht doch auch ein Teil Sympathie oder Bewunderung enthalten – die erstaunliche Modernität des Textes liegt nicht zuletzt hierin begründet.

## ANMERKUNGEN

T: *Celestina,* Tragicomedia de Calisto y Melibea, Fernando de Rojas, introd. y ed. crít. de M. Marciales, 2 Bde., Urbana – Chicago 1985 (verbindliche kritische Ausgabe, vgl. A. Gier, in: *Zeitschrift für romanische Philologie* 104, 1988, 112–123; zitiert wird nach Auto [röm. Ziffer] und Versikel [arab. Ziffer] dieser Ed.; Prolog, Einführungs- und Schlußgedicht etc. mit Seitenzahl); beste Taschenbuch-Studienausgabe: *Celestina,* ed. de D. S. Severin, Madrid [11]1985 [[1]1969]; dt. Übers.: *Celestina,* Tragikomödie von Calisto und Melibea, dt. von E. Hartmann und F. R. Fries, Bremen 1959.

L: Bibliographie: J. T. Snow, *Celestina by Fernando de Rojas: An Annotated Bibliography of World Interest 1930–1985,* Madison 1985.

M. Bataillon, La Célestine *selon Fernando de Rojas,* Paris 1961; A. Deyermond, *The Petrarchan Sources of* La Celestina, Oxford 1961; M. R. Lida de Malkiel, *La originalidad artística de* La Celestina, Buenos Aires [2]1970; E. Leube, *Die »Celestina«,* München 1971; D. Briesemeister, »Die Sonderstellung der ›Celestina‹«, in: *Das spanische Theater. Von den Anfängen bis zum Ausgang des 19. Jahrhunderts,* hgg. von K. Pörtl, Darmstadt 1985, S. 91–107.

A: 1 Dem Druck Burgos 1499 (= *A*) ging vermutlich ein im gleichen Jahr in Burgos oder Salamanca entstandener, heute verlorener, voraus; vgl. Marciales, s. T., Bd. I, S. 5.

2 Beim einzigen erhaltenen Exemplar von *A* fehlt das Titelblatt.

3 Vgl. vor allem St. Gilman, *The Spain of Fernando de Rojas. The Intellectual and Social Landscape of* La Celestina, Princeton 1972.

4 Vgl. Deyermond, s. L., S. 36 und ff.

5 S. L., Bd. I, S. 31ff.; 274f.

6 Vgl. über ihn F. Cantera Burgos, *El poeta Rodrigo Cota y su familia de judíos conversos,* Madrid 1979.

7 Der vermutlich erste Druck der *Tragicomedia,* Toledo 1504 (= *E*) ist verloren; ältester Zeuge für den erweiterten Text ist die italienische Übersetzung von Alfonso Ordóñez, Rom 1506, der erste erhaltene Druck des spanischen Originals ist der von Zaragoza 1507 (= *F*). (Mehrere Drucke der *Tragicomedia* tragen das Datum 1502, aber es ist heute erwiesen, daß sie sämtlich später, zwischen 1510 und 1520, entstanden sind; vgl. Marciales, s. T., Bd. I, 6f.)

[8] Vgl. das Verzeichnis der Drucke bei Marciales, s.T., Bd. I, S. 5–12; einige Präzisierungen und Ergänzungen bieten I. GALLO/E. SCOLES, »Edizioni antiche della »Celestina« sconosciute o non localizzate dalla tradizione bibliografica«, in: *Cultura Neolatina* 43, 1983, 103–119.

[9] Vgl. BRIESEMEISTER, s. L., S. 103 f.

[10] Vgl. ebd., S. 101; zum Nachleben auch LEUBE, s. L., S. 53–57.

[11] Es handelt sich um Auto XIV Szene 5–7, Auto XVI und Auto XIX Szene 2–4 seiner Ausgabe, s.T.

[12] Auto XIV Szene 8, Autos XV, XVII, XVIII, Auto XIX Szene 1; vgl. MARCIALES, s.T., Bd. I, S. 129–175.

[13] Im Druck Toledo 1526 (= *R*).

[14] Marciales, s.T., Bd. I, S. 167 und passim.

[15] Reichhaltige Dokumentation zu den Bühnenadaptationen in und außerhalb Spaniens bei SNOW, s. L., S. 71–87.

[16] Vgl. BRIESEMEISTER, s. L., S. 91.

[17] Ed. MARCIALES, S. 271; Hervorhebung A. G.

[18] S. L. 29–78 (zum Gattungsproblem); S. 79–280 (zur dramatischen Technik).

[19] Ed. MARCIALES, S. 7: *Jamás yo no vi (una) terenciana,* Text der Comedias.

[20] S. L., S. 29–50.

[21] J. SUCHOMSKI unter Mitarbeit von M. WILLUMAT, *Lateinische Comediae des 12. Jahrhunderts,* ausgewählt und übersetzt mit einer Einleitung und Erläuterungen, Darmstadt 1979, 16.

[22] Vgl. ebd.

[23] Vgl. LEUBE, s. L., S. 20

[24] »¡Considera *qué* sesito está debaxo de aquellas grandes y delgadas tocas! ¡*Qué* pensamientos *so* aquellas gorgueras, *so* aquel fausto, *so* aquellas largas y autorizantes ropas! ¡*Qué* imperfeción, *qué* alvañares debaxo de templos pintados! (I. 48)«

[25] Vgl. dazu LEUBE, s. L., S. 19, BRIESEMEISTER, s. L., S. 94.

[26] Vgl. die Liste bei J. GELLA ITURRIAGA, »444 refranes de *La Celestina*«, in: *La Celestina y su contorno social. Actas del I Congreso Internacional sobre la Celestina,* Dirección: M. Criado de Val, Barcelona 1977, S. 245–268.

[27] Vgl. LEUBE, s. L., S. 22.

[28] Vgl. G. A. SHIPLEY, »Usos y abusos de la autoridad del refrán en *La Celestina*«, in: *La celestina y su contorno social* (wie Anm. 26), S. 231–244, speziell S. 233 f.

[29] Vgl. dazu im einzelnen J. T. SNOW, »Celestina's Claudina«, in: *Hispanic Studies in Honor of Alan D. Deyermond. A North American Tribute,* ed. by J. S. Miletich, Madison 1986, S. 257–277.

[30] Vgl. BATAILLON, s. L., S. 116; das Kapitel über Calisto, S. 108–134, macht überzeugend deutlich, daß der Autor diese Figur negativ sieht.

[31] Daß Sempronio als der Ältere als Ratgeber seines Herrn fungiert, stellt LIDA DE MALKIEL, s. L., S. 595 heraus.

[32] Vgl. A. GIER/J. E. KELLER, *Les formes narratives brèves en Espagne et au Portugal* (Grundriß der romanischen Literaturen des Mittelalters, Bd. V, Les formes narratives brèves, Fasz. 2), Heidelberg 1985, S. 105–128; 137–151.

[33] Vgl. BRIESEMEISTER, s. L., S. 98.

[34] Vgl. GILMAN (wie Anm. 3), 439.

[35] Vgl. A. GIER, »Garci Rodríguez de Montalvo, Los quatro libros del virtuoso cavallero Amadís de Gaula«, in: *Der spanische Roman vom Mittelalter bis zur Gegenwart,* hgg. von V. Roloff und H. Wentzlaff-Eggebert, Düsseldorf 1986,

16–32; zu Gemeinsamkeiten zwischen der *Celestina* und dem *Amadís* Lida de Malkiel, s. L., 384f.

36 Die Ausgangssituation ist durch den ersten Autor vorgegeben; obwohl schon im ersten Auto Sempronio Calisto als *loco* bezeichnet (I. 27 u. ö.), ist nicht zu entscheiden, ob dieser Autor eine ebenso radikale Kritik der ritterlichen Liebe intendierte wie Rojas.

37 Vgl. Gier (wie Anm. 35), 21.

38 H. Sieber, »The Romance of Chivalry in Spain. From Rodríguez de Montalvo to Cervantes«, in: *Romance. Generic Transformation from Chrétien de Troyes to Cervantes,* ed. by K. Brownlee and M. Scordilis Brownlee, Hanover – London 1985, S. 203–219, nimmt an, daß die Veränderungen, die zum Nachlassen des Interesses an den Ritterromanen führten (Verstädterung, Ablösung der Rittertruppen durch Massenheere ...) Mitte des 16. Jhs. beendet waren.

39 Vgl. Lida de Malkiel, s. L., 551–557.

40 Lida de Malkiel, s. L., 598–600, die davon ausgeht, daß Sempronio Elicia wirklich liebt, hat den Text gründlich mißverstanden; vgl. dagegen Bataillon, s. L., 149f.

41 Insofern sind Leubes, s. L., S. 24f., Bemerkungen über die Bedeutung des Geldes in der *Celestina* zu relativieren.

42 So Bataillon, s. L., S. 179f.

43 Ebd., 198.

44 Vgl. P. E. Russell, »La magia, tema integral de La Celestina«, in: P. E. R., *Temas de* La Celestina *y otros estudios del* Cid *al* Quijote, Barcelona – Caracas – México 1978, S. 241–276; M. J. Ruggerio, *The Evolution of the Go-Between in Spanish Literature Through the Sixteenth Century,* Berkeley – Los Angeles 1966, S. 44–63.

45 Vgl. Bataillon, s. L., 108.

*RAINER HESS*

# GIL VICENTE · TRAGICOMEDIA DE DON DUARDOS

Seinetwegen, so berichtet die Anekdote, wollte der genaue Zeitgenosse Erasmus von Rotterdam Portugiesisch lernen[1]. Was die Mühe gelohnt hätte. Als größter Dramatiker des 16. Jahrhunderts neben Shakespeare wurde er gerühmt. Was übertrieben ist. Aber zu den größten, in europäischer Sicht, vor Shakespeare und vor Lope de Vega muß er gerechnet werden. Welche Person freilich mit dem Namen Gil Vicente bezeichnet wird, ist kaum gesichert, vergleichbar der Frage nach der Identität Shakespeares. Es bleibt unbekannt, ob der Dramatiker auch jener Goldschmied ist, der aus dem ersten indischen Gold, das nach Portugal gebracht wurde, die sogenannte »Kustodie von Belém« gefertigt hat; unbekannt bleiben die genauen Lebensdaten (etwa 1465/70 bis 1536)[2]. Überhaupt weiß man von seinem Leben so gut wie nichts. Fest steht allein, daß ein gewisser Gil Vicente Dichter im Dienst mehrerer portugiesischer Könige war und verantwortlich für die Organisation der höfischen Festlichkeiten, dazu, daß er wohl manche Rolle seiner Stücke selber spielte. Die dreifache Personalunion des Autors, des Bühnenorganisators und des Schauspielers macht ihn Molière im 17. Jahrhundert vergleichbar, dem er auch in komischer und satirischer Kraft nicht nachsteht, trägt man nur dem unterschiedlichen Entwicklungsstand der dramatischen Gattung zu beiden Zeiten Rechnung. Molière war eingebunden in das rigide Gesellschafts- und Literatursystem der französischen Klassik, Gil Vicente erlebte den epochalen Umbruch vom Mittelalter zum Renaissancehumanismus. Die Merkmale beider Epochen prägen sein Werk, das beinahe ganz dramatisch ist.

## Werk- und Autorensoziologie

Erst nach seinem Tod wurde es durch den Sohn Luís 1562 in Lissabon veröffentlicht unter dem Titel »Compilação de todalas obras de Gil Vicente«. Der Sohn hat das Werk »gereinigt«, wie er selber bekennt, und er hat gesammelt, was ihm erreichbar war. Daher konnten Gil Vicente mehrere andere Theaterstücke zugeschrieben werden, nicht immer zweifelsfrei[3]. Auf den Sohn gehen wohl falsche Datierungen zurück, die Didaskalien zu den Stücken sowie textliche Veränderungen. Weitere Entstellungen sind dem Buchdrucker zuzuschreiben sowie der kirchlichen Inquisition, die sich seit 1536 in Portugal durchsetzte, weswegen eine weitere Werkausgabe von 1586 in geradezu verstümmelter Form erschien.

Geschrieben ist das Werk in portugiesischer und in spanischer Sprache. Von den Dramen sind 19 portugiesisch gehalten, 12 spanisch (kastilisch) und 15 in beiden Sprachen[4]. Das hat mehrere Gründe. Zwischen Portugal und Spanien, aufgrund ihres überseeischen Kolonialbesitzes die beiden großen Weltmächte des 16. Jahrhunderts, bestanden engste dynastische Verbindungen, so daß mehrere Spanierinnen mit portugiesischen Königen verheiratet waren. Die Ausländerinnen zogen ihr Gefolge an den portugiesischen Hof und neben der Sprache spanische Sitten und Gebräuche. Denn die spanische Kultur und insbesondere die Literatursprache galt als der portugiesischen überlegen. Es war daher Notwendigkeit und Konvention für zahlreiche portugiesische Autoren bis ins 17. Jahrhundert, auch, wenn nicht ausschließlich, spanisch zu schreiben. Die kulturellen und höfischen Bedingungen hatte Gil Vicente einzuhalten. Dazu mag kommen, daß er manche Rolle für spanische und portugiesische Laienschauspieler schrieb[5]. Schließlich ist zu beobachten, daß er die eine und die andere Sprache zum Zweck der stilistischen Charakterisierung verwandte. Alle Umstände zusammen haben zu dem zweisprachigen Ergebnis seines Werkes geführt. Folgerichtig zählt er, ähnlich den modernen Dramatikern Beckett oder Arrabal, zur Literaturgeschichte zweier Länder, Gil Vicente zu der Portugals genauso selbstverständlich wie zu der Spaniens. Die spanische Zuordnung rechtfertigt sich zusätzlich dadurch, daß er bis in die neuere spanische Literatur einen erheblichen Einfluß ausgeübt hat.

Unter dem Gesichtspunkt der Autorensoziologie erscheint Gil Vicente, nach Auskunft seines Werkes, der einzigen einigermaßen sicheren Quelle, als ein Hofdichter bürgerlicher Herkunft, der das Volksleben genau kannte. Höhere, universitäre Bildung humanistischer und theologischer Art hat er mit einiger Gewißheit nicht erfahren. Seine Bildung ist eher dem gehobenen Allgemeingut zuzurechnen. Er besaß einen kritischen Geist, zeigt sich stellenweise geradezu aufgeklärt, etwa in seiner Ansprache vor den abergläubischen Mönchen in Santarém, denen er nach dem Erdbeben von 1531 auseinandersetzte, in Anlehnung an Augustinische Gedanken, daß es sich um ein Naturereignis gehandelt habe, nicht um ein Wunder. Seine Gesellschaftskritik konnte bissig ausfallen, aber sie richtet sich immer gegen Auswüchse des Gesellschaftssystems, nie gegen das System selber. Häufig vertritt er den Standpunkt seiner höfischen Umgebung und schrieb von deren Warte aus, sozusagen von oben nach unten. Denn dem literarischen Brauch der Zeit folgend, sind auch bei ihm die Vertreter der niederen und mittleren Stände bevorzugte Ziele von Spott und derber Komik. Der Dramatiker schöpft aus der portugiesischen Überlieferung genauso wie aus der zeitgenössischen Literatur, vorzugsweise der spanischen. Unverkennbar ist am Anfang das Vorbild der Hirtenstücke von Juan del Encina. Auch Lucas Fernández und womöglich Bartolomé de Torres Naharro verdankt er einiges. Aber der Begründer des literarischen Theaters in Portugal hat alle seine Vorbilder bald weit übertroffen.

## Gattungstypologie

Das dramatische Werk ist in der postumen Erstausgabe von 1562 in vier Gattungen gegliedert, zweifellos eine Einrichtung durch den Sohn Luís. Denn der Autor selber spricht nur von drei Gattungen: »Comedias, farças, y moralidades«. So steht in der prologischen Widmung zu *Don Duardos* in der Ausgabe von 1586. In der Tat ist diese Einteilung, ohne den zusätzlichen Gattungstyp der »tragicomedias«, ausreichend. Denn es darf nicht übersehen werden, daß Gil Vicente die humanistische Regelpoetik pseudoaristotelischer Herkunft, auch wenn er sie kannte, wofür es Hinweise gibt, nicht befolgte. So liegt eine normative Gattungstrennung auch nicht vor, vielmehr weist jede ›Gattung‹ heterogene Elemente auf. Die Befunde stehen sehr im Gegensatz zur Poetik der französischen Klassik, wie sie zuletzt von Boileau in seinem *Art poétique* (1674) zur rigiden Doktrin erhoben worden sind. Romanisten, denen das klassische französische Drama als Inbegriff dramatischer Kunst gilt, übersehen leicht, daß die Beurteilung nichtklassischer Dramen nach klassischen Normen die Eigenart der Sache verfehlt. Nicht verbindliche formale und inhaltliche Regeln sind maßgeblich, sondern auf die dramatische Intention der Autoren und, damit verbunden, auf die Funktion, die ein Drama beim Publikum ausüben soll, kommt es an. So sind die Gattungsbezeichnungen im nichtklassischen Drama, durchaus vergleichbar dem modernen Drama etwa eines Ionesco, oft trügerisch. Die »moralidades« von Gil Vicente bezeichnen seine religiösen Dramen, die »farças« ähneln wiederholt dem Typus der französischen Farce, die »comedias« sind vorwiegend Dramen höfischen Charakters. Gemeint sind solche Dramen, deren Werkintention auf die höfische Welt gerichtet ist: Sie enthalten Wertvorstellungen der höfischen Gesellschaft, haben Adlige als Handlungsträger, erhöhen höfische Feste, wie Geburten oder Vermählungen, ohne daß Inhalte und Themen der Dramen selbst das Ereignis behandeln. Darauf verweisen dann laudatorische Monologe, Dialoge, Lieder und Tänze. Der Feiercharakter gebot eine angemessene Inszenierung. Nur wenige Einzelheiten sind bekannt. Aber einige Regieanweisungen und Bemerkungen im Text lassen vermuten, daß der inszenatorische Aufwand erheblich gewesen sein muß. Man weiß auch, daß Gil Vicente wiederholt Elemente der traditionellen höfischen Maskenaufzüge (»momos«) verwendet hat.

## Das höfische Drama von Don Duardos

Die *Tragicomedia de Don Duardos* ist das reinste Beispiel der höfischen Dramen. Auch ist sie mit 2054 Versen in spanischer Sprache das bei weitem längste aller Dramen Gil Vicentes. Die zweite Werkausgabe von 1586 enthält eine etwas kürzere, zum Teil erheblich abweichende Fassung, ohne daß sie als die originale gelten kann[6]. Zu datieren ist das Stück nur unsicher auf die erste Hälfte der 20er Jahre. Ob es jemals aufgeführt wurde, ist unbekannt, trotz der Didaskalie. Aber aufführbar ist es. Allerdings muß die noch mittelalterliche Praxis der Simultanbühne berücksichtigt werden, wonach die Schauplätze oder Bühnenorte nebeneinander angeordnet und gleichzeitig sichtbar werden. Die Hinweise auf Schauplätze und Tages- und Nachtzeiten im Text können nicht gegen eine Aufführung sprechen. Sie sind zumindest Indizien dafür, daß keine naturalistische Illusionsbühne mit deutlich orientierenden Kulissen und Lichteffekten vorgesehen war. Außerdem kennt das Drama, wie seit dem Mittelalter üblich, keine strenge formale Gliederung in Akte und Szenen. Die philologische Gliederung ergibt weit über 20 mögliche Szenen, die oft nur locker zusammenhängen und sehr kurz sein können. Auch der rasche Szenenwechsel erfordert das Prinzip der Simultanbühne, wenn das Stück nicht als Lesedrama gedacht war. Zum abschließenden »romance« heißt es ausdrücklich, er sollte dargestellt werden (»representado«), obwohl er narrative Einschübe enthält. Dies widerspricht zwar der heutigen, konventionellen Auffassung vom rein dialogischen Drama, nicht aber der mittelalterlichen, wie Texte auch aus Spanien und Frankreich bezeugen.

## Höfische und unhöfische Liebesauffassung

Thema des Stückes ist die Allmacht der Liebe. Als Stoffvorlage diente Gil Vicente fast ausschließlich der spanische Ritterroman *Primaleón* (1512), der unter anderem von der Liebe des englischen Königssohnes Don Duardos zu Flérida, Tochter des Kaisers Palmerín von Konstantinopel und Schwester des Primaleón, erzählt. Don Duardos umwirbt sie unermüdlich, wozu er sich als Gärtner verdingt, um in ihrer Nähe zu sein. Schließlich besiegt er ihren Widerstand und kann sie übers Meer nach England heimführen. Auf die Liebesgeschichte hat Gil Vicente sein Drama konzentriert. Die Dramatisierung belegt die anhaltende Bekanntheit und Beliebtheit dieses Ritterromans wie der ganzen Gattung, obwohl sie bereits als verlogen und schädlich galt. Die erste Szene des Dramas zeigt zuerst den Einzug des Kaisers mit seinem Hofstaat, dann folgt der Auftritt des Don Duardos, der Primaléon wegen der Beleidigung einer Dame zum Duell fordert. Flérida trennt die Kämpfer, was Don

Duardos als den Beginn eines weit schlimmeren Kampfes, eines Liebeskriegs mit ihr, erlebt. Er, der unbekannte fahrende Ritter, wollte das Liebesunglück einer anderen schönen Dame rächen, nun soll ihm das Schicksal der »Liebe auf den ersten Blick« selber tiefe Leiden bringen. Zurückkehren will er zu Flérida, sobald er Ruhm erworben hat – sofern die Liebe ihn leben läßt. Das sind erst Hinweise auf den weiteren Verlauf des Stückes, auch die Bemerkung von Artada, einer Gesellschaftsdame Fléridas, der fremde Ritter müsse wohl Don Duardos sein. Die Hinweise dienen der Rezeptionslenkung, aber sie dürften überflüssig gewesen sein, da der Stoff des Ritterromans als bekannt vorausgesetzt werden konnte. Innerhalb des Dramas freilich fungieren sie als expositorische Elemente, die in den nächsten Szenen vermehrt werden. Die zweite Szene handelt von Camilote und Maimonda. Camilote ist, in der volkstümlichen Tradition des »wilden Mannes«[7], ein »wilder«, ein unhöfischer Ritter, denn im Lobpreis seiner, auch in religiösen Formeln, angebeteten Dame Maimonda läßt er jedes Maß der höfischen Gesittung vermissen. Unter größten Gefahren hat er einen Kranz aus Bergrosen für sie errungen. Aber, so erfährt man in der dritten Szene, die wieder vor dem Kaiser spielt, der Blumenkranz wurde nicht in ritterlichem Kampf gewonnen, sondern im rauhen Gebirge voller wilder Tiere. Seit Beginn der zweiten Szene weiß der Leser durch eine Regiebemerkung und sieht der (mögliche) Zuschauer, daß Maimonda der »Gipfel der Häßlichkeit« ist. Doch sie ist überzeugt, sie sei die schönste Frau der Welt, und wird darin von Camilote bestärkt. Dazu befindet sie sich, heißt es nun wieder in der dritten Szene, im fortgeschrittenen Alter von vierzig Jahren. Die Feststellung dieses Alters zeigt an, daß es sich nach der damaligen Lebenserwartung um ein erhebliches Alter handelte. Die dritte Szene verdeutlicht in vollem Umfag das unhöfische Verhalten der beiden, denn sie pervertieren das höfische Liebes- und Schönheitsideal. Die beiden sind verblendet. Ihr unhöfisches, weil maßloses Verhalten zeugt von moralischer Häßlichkeit, das nach Platonischer und neuplatonischer Auffassung sich auch in leiblicher Häßlichkeit äußert. Der Widerspruch oder die Inkongruenz zwischen hyperbolischer Selbsteinschätzung und den wirklichen Umständen, wie sie vom Kaiser und seiner Umgebung, aber auch vom Leser oder Zuschauer, wahrgenommen werden, führt zur Lächerlichkeit. Daher reagieren innerhalb der Szene mehrere Hofdamen mit Spott gegen die beiden. Der höfische Humor, so kann man sagen, fungiert als Korrektiv eines Defekts. Die Bemerkung des Kaisers von den Wundern der Liebe und von der Allmacht Amors wirken in der gegebenen Situation ironisch, aber sie bezeichnet auch wieder das Thema des ganzen Dramas. Der verblendete Camilote beleidigt die anerkannte Schönheit Fléridas, indem er sie mit einem Spatz vergleicht und Maimonda mit einem Stern. Daraufhin verteidigt Don Robusto energisch Flérida und wirft Camilote »locura« vor, Verrücktheit

(171). Hier geht die unhöfische Maßlosigkeit zusammen mit der philosophischen Unbesonnenheit, die schon von der stoischen Affektenlehre herausgestellt worden ist. Der Liebeswahn Camilotes ist beides. Er hatte sich in Maimonda verliebt, noch bevor er sie kennengelernt hatte. Das ist das altprovenzalische Motiv der Fernliebe, während D. Duardos sich »auf den ersten Blick« in Flérida verliebt hatte. Als Camilote seinerzeit Maimonda erblickte, erblickte er Gott. An solchen Stellen besonders griff die kirchliche Zensur in den Text ein. In anderen Texten der zeitgenössischen Literatur wird davor gewarnt, die Geliebte mit Gott gleichzusetzen. So heißt es schon im Erzähltitel der *Comedia o Tragicomedia de Calisto y Melibea,* nach der Hauptgestalt kurz *La Celestina* genannt (1499), dem bekanntesten Beispiel. Ihm mag Gil Vicente einiges verdanken. Sein Camilote geht nun gegen D. Robusto vor. Der läßt nichts unerwidert, so daß kräftige Beschimpfungen und Herausforderungen wechseln. Die Tradition des altprovenzalischen Streitgedichts, der Tenzone, und der altportugiesischen »cantigas d'escarnho e de mal-dizer«, der Spott- und Lästerlieder, ist unverkennbar. Die dritte Szene endet damit, daß der Streit um die größere Schönheit der Frauen im Duell entschieden werden soll, und alle ziehen hinaus. Die vierte Szene zeigt, wie die erste, D. Duardos und dazu die Infantin Olimba. Ihr klagt D. Duardos sein ungestilltes Liebesleid. Und sie weiß, daß dieses für die höchsten Stände eine Auszeichnung (»loor«) ist, und rät D. Duardos, alles für Flérida aufzugeben, Lebensführung, Namen, Stand und Kleidung (175). Olimba rät ihm auch, einfache Kleider anzulegen und sich beim Gärtner der Flérida zu verdingen. Nur eine solche List helfe. Außerdem gibt sie ihm Goldstücke und einen kostbaren Zauberbecher mit auf den Weg. Der verkleidete Prinz, der Zauberbecher: Das sind Märchenmotive, auch solche schon des altfranzösischen höfischen Romans, der auf die übrigen romanischen Literaturen einwirkte und seine veränderte Fortsetzung in den Ritterromanen gefunden hat. Das Ganze dient aber auch der dramentechnischen Exposition. So auch die Voraussage der Olimba, D. Duardos werde »Mohrennächte« verbringen, das heißt besonders anstrengende Nächte, und tränenreiche Tagesanbrüche, aber er werde Flérida gewinnen.

## Begriff der Tragikomödie

Die ersten vier Szenen sind symmetrisch angelegt. Die erste und vierte beherrscht die Gestalt des D. Duardos, die zweite und dritte Camilote, der Inbegriff des höfischen Ritters einerseits, andererseits die Verkörperung des unhöfischen Ritters. Alle vier Szenen enthalten verschiedene Vorgänge und Dinge, die sie mit der fünften und weitaus längsten, der Gartenhandlung, nur locker verbinden, so daß die Frage nach der Einheit des ganzen Dramas nicht, wie geschehen, überanstrengt werden sollte[8]. Mit leichten Veränderungen in der fünften, der Großszene, käme diese auch ohne die voranstehenden vier aus. Außerdem enthalten die ersten vier Szenen mehr Handlung im Sinne von äußerem Geschehen als die fünfte, in der das innere Geschehen, die seelische Verfassung des D. Duardos und bald auch Fléridas überwiegt. Daher läßt sich mit einigem Recht von einem Drama in zwei Teilen sprechen, von einem ersten Teil mit den Szenen 1 bis 4, und von einem zweiten Teil, den die vielfach gegliederte Gartenhandlung ausmacht. Sie verdeutlicht am sinnfälligsten die These von der Allmacht der Liebe, so daß das ganze Drama auch ein Thesenstück ist oder, mittelalterlich gesprochen, ein Exemplum. Exempla sind »Musterbeispiele menschlicher Vorzüge und Schwächen«[9], deren Stoffe aus Mythologie, Heroensage und Geschichte, zumal der des Christentums, stammen und zur moralischen Erbauung in gewöhnlich kurzen, einprägsamen Erzählungen dargeboten werden. Gil Vicente bietet einen vergleichsweise säkularisierten Begriff des Exempels. Sein »Musterbeispiel« der Liebe als Vorzug und Schwäche von Menschen ist unchristlich ausgefallen und doch oft in Formeln der christlichen Religion gefaßt. Auch entspicht er einer heidnischen Tendenz des Renaissance-Humanismus, die auf Vergil zurückführt. Bei ihm heißt es in der 10. Ekloge, Vers 69: »omnia vincit Amor: et nos cedamos Amori.« (Amor besiegt doch alles, so weichen auch wir denn dem Amor)[10]. In der Tat muß Flérida, am Ende des Stückes, Amor weichen, wenn sie D. Duardos folgt. Damit nimmt die Handlung ein »glückliches« Ende, und so rechtfertigt sich auch der Begriff »comedia« in der vollständigen Bezeichnung »tragicomedia«. Aber die Gesamtbezeichnung ist mehrfach gerechtfertigt. Neben dem Verlauf der Handlung von den Liebesleiden zum Liebesglück weist das Stück gemischte Redestile auf, nach dem triadischen Muster von Antike und Mittelalter[11]: die preziöse Liebessprache eines D. Duardos und Camilote gegenüber den derben Invektiven der beiden Ritter Camilote und D. Robusto, die kurze verbale Freßkomik des Gärtnersohnes Juan gegenüber dem – nicht immer – feineren höfischen Humor der Gesellschafterinnen Fléridas, die sich ihrerseits, wie D. Duardos, stets der hohen Liebessprache mit petrarkistischen Elementen bedient. Schließlich sind auch die sozialen Bereiche gemischt. Es treten Adlige auf, die nach der mittelalterlichen Poetik und der des Renaissancehumanismus der hohen Dichtung vorbehalten bleiben; mit der Gärtnerfamilie kommt niederes Personal vor, das seinen Platz in niederer Dichtung hat, seit der Renaissancepoetik etwa in der Komödie. Beide Bereiche, der hohe und der niedere, sind zusätzlich in der Gestalt des D. Duardos vereint, der wie ein Gärtner erscheint, aber wie ein Mann von edler Gesittung spricht. Die nachträgliche Gattungsbezeichnung »Tragikomödie« hat durchaus ihren Sinn. Dennoch behält die nur dreifache Gattungseinteilung durch Gil Vicente selbst ihre Berechtigung. Das Stück ist eine »comedia«, weil auf das glückliche Ende des Geschehens abgehoben wird, aber auch, von den eigentlichen komischen Effekten einmal abgesehen, weil das Thema der Liebe in verschiedenen Formen (Camilote und Maimonda, D. Duardos und Flérida, kurz der Gärtner und seine Frau) gegeben ist. Denn der Affekt der Liebe, da der Vernunft entzogen, gehört seit der Spätantike zum niederen oder mittleren, jedenfalls zum »komischen« Stil[12]. Aber die Mischung der Stile, sozialen Bereiche sowie anderer Inhalte, namentlich Lieder und instrumentalmusikalische, mit dem inneren und äußeren Geschehen funktional verbundene Einlagen, sind bereits Merkmale der späteren spanischen »comedia«. Sie ist nicht einfach Lustspiel, sie ist Schauspiel schlechthin, nach der Art eines Lope de Vega oder Calderón, deren Vorläufer Gil Vicente also ist. Bei ihm haben auch das Komische und das Tragische ihren Platz. Aber das Tragische wird erst in der Gartenszene sichtbar.

## Der Liebesgarten

Die zentrale Gartenhandlung beginnt, wo D. Duardos den Garten betritt[13]. Dieser zweite Teil des Stückes, er selber in über 20 mögliche Auftritte untergliedert, macht ziemlich genau Dreiviertel vom Gesamtumfang aus. Der allgemeine Schauplatz heißt »huerta« und enthält mehrere Gartenbereiche: einen Baumgarten, einen Fruchtgarten, einen Orangenhain; am Anfang des Teiles werden auch mehrere Früchte genannt, wie Birnen und Äpfel, Granatäpfel und Quitten, dazu Blumen: Rosen und Jasmin. Alles steht in Blüte, gemäß der Jahreszeit des Frühlings. Das spanische Wort »verano« in diesem Text und in anderen hat in jener Zeit und noch bis ins 17. Jahrhundert die etymologische Bedeutung des lateinischen »veranum tempus«. Der Schlußromance nennt ein genaues Datum: Es war der 30. April, als Flérida nach England abreiste. Unbestimmte Zeit davor spielt die leidvolle Liebesbegegnung zwischen D. Duardos und Flérida. Auf die Liebe verweisen schon am Anfang mehrere Merkmale. Die Frühlingszeit ist nach volkstümlicher, halbheidnischer Tradition auch die Zeit der Liebe, alle Blumen und Früchte sind ebenfalls im Volksglauben, aber oft literarisch verwendet, Liebessymbole. Das Motiv des Gartens reicht bis auf die Anfänge der europäischen Dichtung zurück: es ist die topische Tradition des locus amoenus, die in der ersten Hälfte des 13. Jahrhunderts in den Liebesgarten des Rosenromans von Guillaume de Lorris einging, in zahlreiche französische »dits d'amour« und in die iberische Lyrik des 15. Jahrhunderts. Es folgen die *Celestina* mit dem Garten Melibeas und die *Comedia Aquilana* von Bartolomé de Torres Naharro, der einen nächtlichen Garten beschreibt. Gil Vicente konnte sich von dieser Tradition anregen lassen oder auch von den »momos«, zu denen die Beschreibung eines Zaubergartens überliefert ist. Nach seiner Schilderung ist der Garten vom

Typus des spanisch-maurischen und Frührenaissancegartens, der vor allem anderen als Lustgarten angelegt ist. Aber neben der literarhistorischen Tradition ist die religionshistorische Bibelexegese zu vermerken. Mehrmals wird im Text betont, der Garten Fléridas sei fest verschlossen, so daß kein Fremder Zugang findet. Auch D. Duardos wird erst nach zweimaligem Rufen geöffnet. Den Einlaß muß er sich bei dem Gärtnerpaar erkaufen, zur Gegenleistung wird er als heimgekehrter Sohn ausgegeben. Daß im Zusammenhang mit Flérida oder in unmittelbarem Bezug auf sie wiederholt von »huerta« gesprochen wird, legt nahe, an die urbildliche Formel für die weibliche Unberührtheit zu denken, an den »hortus conclusus« des Hohen Liedes (4, 12–13), auch er voller Blumen und Früchte. In anderen Stücken zitiert Gil Vicente die Formel. Hier kann sie verändert und in profaner Liebesallegorese wiedergekehrt sein. Darauf deuten schon die ersten Worte des D. Duardos. Der Garten ist ihm Glückseligkeit und schmerzliches Grab zugleich (179). Der natürliche Ort garantiert die Nähe zur Geliebten, eine leidvolle Nähe. An einer späteren Stelle verabschiedet sich Flérida von D. Duardos mit den Worten (202):

¡Adiós, adios, Julián!
Esta huerta te encomiendo
por tu fe.

D. Duardos, als Gärtnersohn »Julián«, legt dem Satz sofort allegorischen Sinn bei und gibt zur Antwort:

Mis ojos la mirarán,
mas sospirando y gemiendo
la veré.

Auffällig ist gerade an dieser Stelle, daß der Garten mit dem femininen Wort bezeichnet wird, nicht als »huerto« oder »jardín«. Kein Zweifel, daß die Worte des D. Duardos auf die anwesende Person Fléridas anspielen, und so reduziert sich die Allegorie des Liebesgartens auf die Metapher für die geliebte Dame. Sie ist so unzugänglich, wie der Garten als Ort fest verschlossen bleibt. Deshalb wünscht D. Duardos seine Zerstörung, und ebenso Flérida, nachdem auch sie der Liebe verfallen ist. Das allegorische Verfahren betrifft nicht weniger die Schatzsuche. D. Duardos' Mühen Tag und Nacht (»cavar«, »trabajar«) sind Liebesbemühungen um die Geliebte. Wieder wird die Natur miteinbezogen. Im zweiten nächtlichen Monolog klagt D. Duardos den Bäumen des Gartens sein Leiden (195):

¡Oh, floresta de dolores,
árboles dulces, floridos,
inmortales ⟨...⟩

Die Liebesklage vor Bäumen kennt schon die bukolische Dichtung Vergils. Juan del Encina vermittelt das Motiv durch seine freie Übersetzung der Eklogen. Gil Vicente hat es abgewandelt. Eine der eigentlichen Bedeutungen des Wortes »floresta« meint: »El lugar que tiene en sí amenidad«[14]. D. Duardos spricht vom Grün und von den Blüten des lieblichen Baumgartens. Er bleibt als Naturding gleichgültig gegenüber der Liebesklage. Auf ihn hat D. Duardos seinen Liebesschmerz projiziert, so daß der Baumgarten über die andere eigentliche Bedeutung von »floresta« (»selva o monte espesso«) zum Sinnbild der Herzenswirrnis wird, wodurch das Wort uneigentliche Bedeutung erhält. Analog klagt Flérida den frohen Bäumen ihr Leid (214), eine zweite Symmetrie der Gefühlsäußerung, nach beider Wunsch, der Garten möge zerstört werden. Wiederum bleiben die Bäume unberührt vom Liebesleid. In diesem Drama, auch in vielen anderen, verwendet Gil Vicente häufig Teile der Natur. Aber die Natur bildet lediglich den Hintergrund für göttliches und - hier - menschliches Dasein. Das ist die noch mittelalterliche Seite von Gil Vicentes Naturauffassung. Originelle Naturbeobachtung und Wertschätzung der Natur um ihrer selbst willen sind ihm gänzlich fremd.

### Liebe zur Schönheit

Bald nachdem D. Duardos sich Zugang zu dem Garten verschafft hat, wird er Flérida vorgestellt. Für sie ist es die erste Begegnung, denn den unbekannten Ritter in Arbeitskleidung erkennt sie nicht wieder. D. Duardos lobpreist sie, vergöttert sie in hochrhetorisierter Rede, ein durchgehendes Merkmal seines sprachlichen Verhaltens, das in scharfem Gegensatz steht zu seinem ärmlichen Äußeren. Darauf macht Flérida sofort aufmerksam (184), und oft verwundern sie und ihre Gesellschafterinnen sich über die klugen Reden des einfachen Mannes, auch darüber, daß er es wagt, vor der Kaiserstochter so bewegend von der Liebe zu sprechen. Die Liebe gilt der Schönheit Fléridas, wie D. Duardos immer aufs neue hervorhebt. Dahinter steht letztlich platonisches Gedankengut, wonach Eros und Schönheit zusammengehören[15]. Auch für Augustin ist die Verbindung unerläßlich (*Confessiones*, IV. 13), später im Florentinischen Neuplatonismus eines Marsilio Ficino[16]. So legitimiert erst Fléridas Schönheit die Liebe zu ihr, ja ihre Verehrung als Göttin, das wiederum auf die platonische Seelenlehre zurückgeht. Die legitime Liebe macht, daß sie ernsthaft dargestellt wird. Die lächerliche Inkongruenz der Liebe des verblendeten Camilote zu der ebenso verblendeten häßlichen Maimonda entfällt. D. Duardos wird von der Unrast seiner Liebe auch zur Nachtzeit verzehrt. Das hatte ihm die Infantin Olimba vorhergesagt. Es handelt sich um ein altes Motiv, das in der volkstümlichen Dichtung genauso begegnet wie in der hochliterarischen. Petrarca nutzt es verschiedentlich; aber schon die altprovenzalische und von da her die galizisch-portugiesische Lyrik kennen es, dann der »Rosenroman«, in dem auch steht, nach den tausend Qualen der Nacht werde der Liebende den Morgen herbeisehnen (V. 2424–2427, 2497ff.). Der Morgen verheißt dem Liebenden, obwohl nicht Heilung seines Leides, so doch Linderung. Aus solcher Tradition schöpft Gil Vicente bei der Gestaltung seines D. Duardos. Flérida empfindet entsprechende Gefühle erst, nachdem sie aus dem Zauberbecher der Olimba getrunken hat, den ihr D. Duardos zum Geschenk machte (193). An dieser Stelle erfährt die Handlung einen gewissen Wendepunkt insofern, als nun beide unglücklich lieben. An der geichen Stelle wird auch die Ursache für das Liebesleiden auf beiden Seiten vollends deutlich. Auf ihre Frage, ob er nicht höheren Standes sei, antwortet D. Duardos (194):

> Oh, señora, ansí me quiero:
> hombre de baxas maneras;
> que el estado
> no es bienaventurado,
> que el precio está en la persona.

D. Duardos formuliert den Gegensatz zwischen ständischer Liebesauffassung, die Flérida vertritt, und der natürlichen Liebesauffassung, die seine eigene ist, obwohl er selber dem englischen Hochadel angehört. Gil Vicente konfrontiert durch die beiden Personen die höfische Konzeption des Mittelalters mit dem individualitischen Anspruch der Renaissance. Er scheint eine zweite These aufzustellen, die, mit Blick auf das hierarchische Gefüge von Staat und Kirche, geradezu revolutionär und häretisch anmutet. Aber da sie eingebunden bleibt in die Generalthese von der Allmacht der Liebe, dient das humane, auch humanistische, Argument, wiederum der neuplatonischen Erosphilosophie entnommen, lediglich der Demonstration der Generalthese. Die Liebenden äußern ihre Leiden in mehreren nächtlichen Selbstgesprächen, die wie Ausrufungszeichen die Dialogszenen markieren. Ein kurzes Beispiel, aus dem zweiten nächtlichen Monolog des D. Duardos, soll die Stilhöhe veranschaulichen, die auch Fléridas ebenso differenzierte Liebessprache auszeichnet (196):

> Pues acuérdesete, Amor,
> que recuerdes mi señora
> que se acuerde
> que no duerme mi dolor,
> ni soledad sola una hora
> se me pierde.

Die Strophe ist eine »sextilla«, bestehend aus sechs Versen, je zwei Achtsilbern mit je einem Viersilber, die nach dem doppelten Schema a b c reimen. Sie gehört somit zu dem traditionellen, mittelalterlichen »arte menor«. Wie so viele andere, enthält diese Strophe zahlreiche sprachliche Effekte, wodurch

Gil Vicente seinen stilistischen Ehrgeiz erfüllt, den er im Widmungsbrief der Ausgabe von 1586 programmatisch geäußert hatte. Er verwendet die figura etymologica (acuérdesete – recuerdes – acuerde), dazu das Polyptoton, die verschiedene Aussageform desselben Wortes (acuérdesete: apostrophischer, optativer Imperativ; se acuerde: Konjunktiv der 3. Person im Singular). Eine etymologische Figur bilden auch die Wörter soledad und sola und außerdem fast eine Paronomasie, das Spiel mit der Klangähnlichkeit und unterschiedlichen Bedeutung von Wörtern (soledad = Einsamkeit, sola = nur). Weitere Klangeffekte rühren von den s-Alliterationen (*s*oledad – *s*ola – *s*e) und von den o-Lauten (s*o*ledad – s*o*la – h*o*ra). Besonders stark ist die Klangwirkung der steigenden Diphthonge »ué« und »ié«, die miteinander reimen oder Binnenassonanzen darstellen (acuerde – duerme). Zu den klanglichen Elementen gehören schließlich die Anaphern mit der Konjunktion »que«, so daß zugleich eine triadische Kette aus untergeordneten Nebensätzen entsteht. Der Reim »Amor« – »dolor« ist ein signifikanter Reim, denn er verweist auf den trostlosen Gemütszustand des Liebenden. Alle Merkmale werden im petrarkistischen Stil bevorzugt, der auch ein Antithesenstil ist. An dieser Stelle liegt eine sachliche Antithese vor, gegeben durch die Situation: D. Duardos wacht und leidet einsam, während Flérida ruht. In seinem ersten Monolog spricht er gleichfalls davon (188).

## Tragik und Komik

Folgenreich ist die Begegnung im Orangenhain, in dem alle die heißen Tagesstunden verbringen wollen (200–202). Der Ort symbolisiert die Situation, denn D. Duardos und Flérida sprechen verhüllt von ihrer uneingestandenen Liebe zueinander. Die Bedeutung des Gesprächs wird betont durch die Begleiterinnen, die musizieren und von der Liebe singen. Beide sind tief gerührt. Flérida, deren Augen und Seele weinen, vertraut D. Duardos beim Abschied ihre »huerta« an. Das ist schon besprochen worden. D. Duardos trifft nun die Erkenntnis, daß der Trunk aus dem Zauberbecher, der das Mittel zum Liebesglück sein sollte, das Gegenteil bewirkt hat. D. Duardos hat sich gegen seine todunglückliche »Göttin« versündigt, die er im stillen um Verzeihung bittet. Im Paradox der Liebessprache scheint tragische Schuld auf (203) – wenn man »tragisch« definiert als Verfolgung des individuellen Vorteils, des Liebesglücks, und Erzeugung des Gegenteils. Das ist modern gedacht und so nicht tragisch, sondern traurig, obschon traurig genug. Denn die Schicksalsmacht der Liebe hat D. Duardos mit dem Zauberbecher Olimbas in voller Absicht herbeigerufen. Andererseits erfuhr er selber bei der ersten Begegnung mit Flérida die Liebe, die er sofort als Lebensbedrohung erkannte (164). Er wurde ungewollt einer unpersönlichen Macht ausgeliefert, die gemäß älterer

Auffassung den tragischen Konflikt herbeizuführen pflegt. Die verhängnisvolle Täuschung Fléridas kann deshalb als gewollte, aber zwanghafte Tat und dann auch als tragische Folge, als sekundäre Tragik eingeschätzt werden. Freilich hat Gil Vicente kein psychologisches Drama geschrieben, sondern eben ein Thesendrama, das allerdings psychologische Erkenntnisse von zeitloser Gültigkeit enthält.

In der nachfolgenden Kontrastszene soll D. Duardos durch die Verheiratung mit einem Mädchen aus dem Dorf getröstet werden, eine »gute Partie« aus der Sicht des Gärtners, eine Erniedrigung durch das Schicksal für D. Duardos (206). Zwar liebt er bereits eine andere, ihm Ebenbürtige (was nur er weiß), aber das begüterte Bauernmädchen ist ein rechter Trampel und überdies neuchristlicher Abstammung, ihr Vater war noch Jude. Es ist nicht auszuschließen, daß die Klage des D. Duardos über das Angebot des Gärtnerpaars auch sozial motiviert ist, da sowohl die Unansehnlichkeit wie die Herkunft des Mädchens nach damaliger, nicht nur höfischer Auffassung als soziale Makel galten. Nach gleicher Auffassung gehören alle Merkmale zusammen in den Bereich des Lächerlichen. Die Szene bildet überdies einen symmetrischen Gegensatz zu einem gleichartigen Vorschlag an die ebenfalls ungetröstete Flérida, die ihre hochadligen Verehrer in ganz Europa nicht vergessen sollte (198). Auch Flérida spricht seither vom Liebeskrieg, den »Julián« ausgelöst habe, nachdem der gemeinte D. Duardos am Anfang des Stückes (164) ebendies von ihr gesagt hatte, eine weitere, verbale Symmetrie.

## Herrin ohne Gnade

Die Lösung des Liebeskonflikts wird vorbereitet und eingeleitet durch Fléridas Vertraute Artada (208 ff.). Auf Fléridas Geheiß begibt sie sich zu D. Duardos, um ihn endlich zum Bekenntnis seiner Herkunft zu bewegen. Als er mit Flérida zum ersten Mal den Grund seiner Liebesklage benennt, horcht Artada sofort auf, drängt aber weiter. D. Duardos hebt auf den Standesunterschied ab: Die Herrin müsse »flanqueza« üben (»franqueza«, Großmut), denn sie sei eine »kaiserliche Göttin«, sie sei Gott (211). Er beruft sich auf eine höfische Tugend und auf ihre Macht, die sie als Inbegriff der Liebe ausübt. Die ständische und die religiöse Komponente sind im Begriff der »merced«, der Gnade, zusammengefaßt. Eine Herrin muß genauso Gnade walten lassen wie Gott. Deutlich klingt auch das alte Motiv von der »belle dame sans merci« im Gedicht gleichen Titels von Alain Chartier an (1424, Werkausgabe 1490), das bis ins 16. Jahrhundert zu heftigen Debatten führte. Artada, die ihrer Herrin berichtet, spielt die Rolle einer Vermittlerin und übernimmt somit eine der möglichen Funktionen der Dienerin in der Komödie (als Lustspiel). Ausgestattet mit praktischem Lebenssinn, hat sie D. Duardos bald durchschaut, klagt nicht wie ihre Herrin, sondern handelt, so daß sie die andere Rollenfunktion der Beraterin in der humanistischen Komödie und Tragödie ausübt. Ihrer Herrin empfiehlt sie ein Gespräch mit D. Duardos. Der verharrt in seiner anonymen Liebesleidenschaft, weswegen sie die weitere höfische und dazu christliche Tugend der »piedad« zeigt, Mitleid, ohne die früher von ihm geforderte Gnade zu üben. Verzweifelt wünscht sie die Zerstörung der »huerta sin consuelo« herbei (217). Der Garten ist ohne Trost für sie, aber auch für ihn, weil er die Bestimmung, Ort der erfüllten Liebe zu sein, verloren hat. Es kommt zum letzten, entscheidenden Gespräch zwischen den scheinbar ungleichen Liebenden, nachdem wiederum Artada D. Duardos nahegelegt hat, standesgemäße Kleidung anzulegen, um Flérida von erneuter Pein zu verschonen und die Lösung des Liebeskonflikts auch in seinem Sinn zu erleichtern (218).

## Zwiespältige Lösung

Die eigentliche Auflösung erfolgt dramentechnisch und psychologisch nur einigermaßen hinreichend. Sie beginnt mit einer Didaskalie, die inhaltliche Elemente vom Anfang des Stückes aufgreift (173). Jetzt erfährt man, daß Camilote den Verteidiger der Schönheit Fléridas und andere Ritter tötete und seinerseits von D. Duardos getötet wurde (219). Wann D. Duardos dies getan haben soll, entzieht sich der dramatischen Wahrscheinlichkeit. Nach der Didaskalie erzählt Amandria, die zweite Vertraute Fléridas, auch dem Rang nach, in einer Art Botenbericht, was sich zutrug. Flérida frohlockt, sie sieht ein baldiges Ende der »querellas de los dos« voraus (220). Damit kann sie nur ihren Liebeskrieg mit D. Duardos meinen, den sie als solchen, in seiner wahren Identität, jedoch nicht kennt und nicht liebt. Sie liebt den Gärtnersohn »Julián«, in dem sie allerdings einen großen Fürsten vermutet. D. Duardos erscheint richtig in der Kleidung eines Fürsten (221), Maimondas Kranz aus Rosen tragend, den er Flérida darbringt. »Por la hermosura de las gentes«, wolle er sterben, so sagt er (222), um der menschlichen Schönheit willen. Das kann christlich-platonisch gemeint sein, wonach der Mensch Ebenbild Gottes ist und Gott auch von höchster Schönheit. Das kann aber ebenso höfisch gemeint sein, wie der Kontext nahelegt: Es geht D. Duardos um die Schönheit der Edlen. Im Text steht nicht »hombres«, sondern »gentes«, welches Wort im älteren Spanisch die Bedeutung von »gentil« und »gentileza« tragen kann. Wahrscheinlich liegt wieder eine Kreuzung von religiösen, ethischen und sozialen Vorstellungen vor. Camilote, der »wilde« Ritter, mußte jedenfalls wegen einer unwürdigen, an Seele und Leib häßlichen und deshalb unhöfischen Dame fallen. Für D. Duardos, der weiterhin seinen Namen verschweigt, zählt, wenig später, einmal mehr allein die Schönheit, nicht der soziale Stand – obwohl er in fürstlicher Pracht vor Flérida steht. Wie auch immer, sie muß unter dem Zwang der Liebe alles aufgeben, überstürzt und ohne Abschied. Es ergeht ihr, wie es D. Duardos ergangen ist. Sie muß eine neue Identität annehmen. Dieselbe Person wird zu einer anderen Persönlichkeit. Dazu stimmt das Lied Artadas von der Allmacht der Liebe und des Schicksals, in das Flérida sich ergibt. Als der Schiffsführer das Paar zum Aufbruch mahnt, wird dies für Flérida zu einer Abreise ins Ungewisse, auch in der Hinsicht, daß ihr die wahre Person des Geliebten und der Zielort unbekannt bleiben. So endet das Geschehen zwiespältig.

Das unbeschwerte glückliche Ende wird außerhalb der Handlung mitgeteilt, sobald Artada den vielgerühmten »romance« beginnt, in dem jeder zweite Vers von insgesamt 56 auf »ía« reimt. Ein solcher Dramenschluß durch nachgesetzte Verse und Lieder ist im älteren Theater beinahe die Regel. Der »romance«, auf drei Personen verteilt, wurde wohl zuerst durch die Personen dargestellt (»representado«), wie die abschließende Didaskalie besagt, szenisch gesprochen, danach auch gesungen, worauf der Schiffsführer hinweist. Der Inhalt, so zeigt der Tempusgebrauch an, ist Rückblick und Ausblick zugleich. Artada spricht die erzählenden Passagen, die im mittelalterlichen Drama ebenfalls mehrfach vorkommen. Sie erinnert, ähnlich dem sogenannten »Natureingang« schon in der altprovenzalischen Lyrik, an die liebliche Jahreszeit des Frühlings, als die Abreise erfolgte. Flérida erwähnt zum letzten Mal ihren Abschiedsschmerz und daß sie dem Schicksal folgen müsse, der Liebe, nicht der eigenen Entscheidung. D. Duardos, von Artada nunmehr mit seinem Namen vorgestellt, nennt endlich den Bestimmungsort England, wo er größte Pracht verspricht. Der kostbare Palast mit Tafeln, die sein Schicksal erzählen sollen, verweist auf das Motiv vom Palast Amors (vgl. 187, 217) und auf die Tafeln, die an den Mauern des Liebesgartens im »Rosenroman« angebracht sind[17]. Artada ihrerseits erläutert, was der (mögliche) Zuschauer als »tableau vivant« miterleben konnte, daß nämlich Flérida, schließlich getröstet, in den Armen des D. Duardos eingeschlafen sei.

Der heutige Leser, der nie gänzlich von seiner Erfahrung mit neuerer, auch technisch perfekter und logisch und psychologisch schlüssiger Dramenliteratur abzusehen vermag, bemerkt logische Widersprüche in dem Stück, Unwahrscheinlichkeiten der Sache und dramentechnische Mängel. Aber darum kann es nicht gehen. Der heutige Leser muß, mit Blick auf ältere Literatur, sein Urteil, historisch vergleichend, relativieren. Gil Vicente und die ganze Epoche mit ihm und nach ihm konnte kaum anders schreiben. Die epochalen Bedingungen erzeugen Stilzwang. Gil Vicente hat eine These dramatisieren, ein Exempel demonstrieren wollen: die Ohnmacht des Menschen vor der Liebe, auch vor dem Tod, wie Artada ein allerletztes Mal sentenziös ausspricht. Und dies ist ihm vollauf gelungen in einer »Tragikomödie«, reich an internationalen Motiven und innerdramatischen Verflechtungen, symmetrischen Entsprechungen und sprachlichen Feinheiten.

## ANMERKUNGEN

T: Zugänglichste spanische Ausgabe: GIL VICENTE, *Obras dramáticas castellanas.* Hg. von THOMAS R. HART. »Clásicos castellanos«, Nr. 156. Madrid 1962. Beste Ausgabe, aber beinahe unzugänglich: GIL VICENTE, *Tragicomedia de Don Duardos.* Texto, estudios y notas. Hg. von DÁMASO ALONSO. Madrid 1942. Facsimile-Ausgabe der Werkfassung von 1562: *Copilaçam de todalas obras de Gil Vicente.* Publicações da Biblioteca Nacional, reimpressões III. Lisboa 1928. Geläufigste Werkausgabe: GIL VICENTE, *Obras completas.* 6 Bde. Hg. von MARQUES BRAGA. Lisboa (seit 1942 mehrere Auflagen).

L: Matilde Rosa ARAÚJO, *Gil Vicente,* Lisboa 1975; A. E. BEAU, *Estudos,* Vol. I. Coimbra 1959; A. E. BEAU, »Sobre el bilingüismo en Gil Vicente«, in: *Studia Philologica.* Homenaje ofrecido a Dámaso Alonso, vol. I. Madrid 1960; A. BRAANCAMP FREIRE, *Vida e obras de Gil Vicente, »Trovador, Mestre da Balança«,* Lisboa [2]1944; P. W. CRAWFORD, *Spanish Drama before Lope de Vega,* Philadelphia [3]1967; E. R. CURTIUS, *Europäische Literatur und lateinisches Mittelalter,* Bern [2]1954; H. FRIEDRICH, *Epochen der italienischen Lyrik,* Frankfurt/M. 1964; TH. R. HART, *Casandra and Don Duardos,* London 1981; R. HESS, »Die Naturauffassung Gil Vicentes«, in: *Portugiesische Forschungen der Görres-Gesellschaft. Erste Reihe: Aufsätze zur portugiesischen Kulturgeschichte,* 5. Band 1965, S. 1–64; R. HESS, *Das romanische geistliche Schauspiel als profane und religiöse Komödie* (15. und 16. Jahrhundert), München 1965 (spanische Übersetzung: Madrid 1976); H. HOUWENS POST, »As obras de Gil Vicente como elo de transição entre o drama medieval e o teatro do Renascimento«, in: *Arquivos do Centro Cultural Português,* vol. IX, Paris 1975, S. 101–121; L. KEATES, *The Court Theatre of Gil Vicente,* Lisbon 1962; R. KÖHLER, *Der Einfluß Gil Vicentes auf das spanische Theater des »Goldenen Zeitalters«,* Diss. phil. Göttingen 1968; C. S. LEWIS, *The Allegory of Love,* New York 1960; H. LOPEZ-MORALES, *Creación y tradición en los orígenes del teatro castellano,* Madrid 1968; H. J. PARKER, *Gil Vicente,* Toronto 1967; J. V. de PINA MARTINS, *Humanismo e erasmismo na cultura portuguesa do século XVI,* Paris 1973; O. DE PRATT, *Gil Vicente. Notas e comentários,* Lisboa 1931; ST. RECKERT, *Gil Vicente: Espíritu y letra. I Estudios,* Madrid 1977; I. S. RÉVAH, »Deux »autos« de Gil Vicente restitués à leur auteur«, in: *Biblioteca de Altos Estudos da Academia das Ciências,* Lisboa 1949; E. L. RIVERS, »The Unity of »Don Duardos«, in: *Modern Language Notes,* vol. 76, Baltimore 1961, S. 759–766; A. J. SARAIVA, *Gil Vicente e o fim do teatro medieval,* Lisboa [3]1970; A. J. SARAIVA, *Testemunho social e condenação de Gil Vicente,* Lisboa 1975; N. D. SHERGOLD, *A History of the Spanish Stage from Medieval Times until the End of the Seventeenth Century,* Oxford 1967; C. STATHATOS, *A Gil Vicente Bibliography (1940–1975),* London 1980; Luciana STEGAGNO PICCHIO, *Storia del teatro portoghese,* Roma 1964 (portugiesische Übersetzung: Lisboa 1969); Luciana STEGAGNO PICCHIO, *Ricerche sul teatro portoghese,* Roma 1969; P. TEYSSIER, *La langue de Gil Vicente,* Paris 1959; P. TEYSSIER, *Gil Vicente – o autor e a obra,* Lisboa 1982; Carolina Michaëlis de VASCONCELOS, *Notas vicentinas (I–V),* Neuausgabe Lisboa 1949; B. W. WARDROPPER, »Approaching to the Metaphysical Sense of Gil Vicente's Chivalric Tragicomedies«, in: *Bulletin of the Comediantes*, vol. 16, 1964, S. 1–9.

A: [1] Vasconcelos, S. 50.
[2] Zur Biographie ist noch immer maßgeblich: Braamcamp.
[3] Z. B.: »Auto da festa«. Zwei weitere Zuschreibungen durch: Révah.
[4] Vgl. Teyssier, Langue.
[5] Vgl. Beau, Bilingüismo.
[6] Kritischer Vergleich der Fassungen von 1562 und 1586 bei Reckert.
[7] Vgl. Reckert, S. 45–49.
[8] Vgl. Rivers.
[9] Curtius, S. 69.
[10] Deutsch von Johannes und Maria Götte (Hg.), Vergil, *Landleben*, Tusculum-Bücherei, München 1977, S. 58/59.
[11] Vgl. z. B. Curtius S. 80, 238.
[12] Vgl. Hess, Schauspiel, S. 120–121.
[13] Damit Nachweise hier eingespart werden können, vgl. Hess, Naturauffassung, besonders S. 9–25.
[14] S. de Covarrubias Horozco, *Tesoro de la Lengua Castellana o Española* (Madrid 1611), hg. von M. de Riquer. Barcelona 1943, unter dem Wort »floresta«. Vgl. auch: *Diccionario de la Lengua Española*, hg. von der Real Academia Española, Madrid [18]1956, unter demselben Wort.
[15] Vgl. besonders: Platon, *Symposion* und *Phaidros*.
[16] Vgl. die zusammenfassende Darstellung von: Friedrich, S. 286–293.
[17] Vgl. Lewis.

*BERNHARD KÖNIG*

# MIGUEL DE CERVANTES SAAVEDRA · ENTREMESES

A la memoria
de Angel Valbuena Prat

Der Verfasser des *Don Quijote* und der *Novelas ejemplares* war stolz darauf, in den Jahren nach seiner Rückkehr aus der algerischen Gefangenschaft (1580) zwanzig bis dreißig Dramen verfaßt und ihre erfolgreiche Aufführung erlebt zu haben[1]. Seine Lebensumstände, vor allem aber wohl die ungeheure Produktivität Lope de Vegas und der ebenso ungewöhnliche Anklang, den dessen Stücke beim Publikum fanden, haben Cervantes dann aber das Theater für eine Weile hintanstellen lassen, und als er später erneut einige comedias verfaßte, da wollte, so hat er es selbst dargestellt, niemand mehr etwas davon wissen. Gleichwohl hielt er seine dramatischen Werke für nicht so schlecht, daß er sie ganz hätte verbergen müssen; so konnte schließlich 1615, ein Jahr vor seinem Tode, in Madrid ein *Ocho comedias y ocho entremeses nuevos nunca representados* betitelter Band ausgewählter Stücke im Druck erscheinen. Die comedias haben auch seither, bei allem Interesse, das einzelnen von ihnen aus unterschiedlichen Gründen zuteil wurde, wenig Beifall gefunden. Die Zwischenspiele dagegen gelten als Muster ihrer Gattung; sie sind literarhistorisch bedeutsam und werden auch heute noch (zumeist von Studenten- und Laientruppen) mit Erfolg aufgeführt. Mit zwei von ihnen, *La guarda cuidadosa* und *La cueva de Salamanca*, eröffnete im Juli 1932 Federico García Lorca die Serie der Aufführungen seiner legendären »Barraca«, deren Repertoire später noch durch *El retablo de las maravillas* erweitert wurde[2].

Cervantes' Dramensammlung ist der erste Druck, in dem ein Autor sich mit seinem Namen zu Stücken des beim breiten Publikum ebenso beliebten wie bei Gebildeten offensichtlich verachteten Genre des entremés bekennt. Der einzige Titel, in dem das Wort zuvor auftritt, scheint eine Anthologie dramatischer Werke zu sein, die der vielseitige Valencianer Joan de Timoneda im Jahre 1565 ediert hatte: *Turiana. En la cual se contienen diversas comedias y Farças muy elegantes y graciosas, con muchos entremeses, y passos apazibles;* es handelt sich dabei aber wohl um eine Sammlung von Stücken anderer Autoren. Zwei Jahre später, 1567, veröffentlichte der gleiche Timoneda einen Band mit vier comedias und zwei coloquios des ein bis zwei Jahre zuvor verstorbenen, aus Sevilla stammenden und durch Aufführungen in vielen Städten Spaniens bekannt gewordenen Schauspielers, Stückeschreibers und Schauspieldirektors, d. h. Leiters einer Wandertruppe (autor de comedias) Lope de Rueda. Ans Ende dieses Bandes ließ Timoneda eine *Tabla de los passos graciosos que se pueden sacar de las presentes comedias y colloquios y poner en otras obras* setzen, ein Verzeichnis der aus den Stücken herauslösbaren, von deren Handlungsgang unabhängigen und bei Bedarf im Rahmen anderer Stücke als Einlage verwendbaren selbständigen komischen Szenen *(passos graciosos).* Im gleichen Jahr 1567 gab er, ebenfalls in Valencia, das folgende Werk heraus: *Compendio llamado* El Deleitoso, *en el cual se contienen muchos passos graciosos del excellente poeta y gracioso representante Lope de Rueda, para poner en principios y entremedias de colloquios y comedias;* eine Auswahl selbständiger komischer Szenen, kurzer lustiger Stücke also, aus dem Werk Lope de Ruedas, zur beliebigen Verwendung als Vorspiel oder als Zwischenspiel zwischen den Akten größerer Stücke. Eine weitere Sammlung derartiger pasos, nicht nur von Lope de Rueda, legte Timoneda schließlich 1570 vor, den *Registro de representantes*[3]. Alle diese pasos (der Name hat sich nur für die burlesken Einakter Lope de Ruedas durchgesetzt) sind formal und gattungsmäßig nichts anderes als das, was andere, gleichzeitige und spätere, Autoren entremeses nannten: Kurze schwankartige Stücke in einem Akt, Possen oder Farcen, die in sich gerundet, jedoch nicht zur selbständigen Aufführung bestimmt sind. Vielmehr hatten sie ihren festen Platz, wie das aus dem Titel von Timonedas *El Deleitoso* (und aus vielen andern Zeugnissen hervorgeht), als Teil einer Theaterveranstaltung; zur Zeit von Cervantes pflegten sie in der Regel nach der ersten jornada einer comedia, bei geistlichen Spielen, insbesondere also am Fronleichnamstag, jeweils nach einem auto sacramental aufgeführt zu werden. Das Publikum, ein bekanntlich alle Schichten der Gesellschaft umfassendes, nach Bildung und Gesittung sehr heterogenes Publikum, war diese komischen Einlagen seit langem gewohnt (wie andere das eigentliche Schauspiel umrahmende und ergänzende Unterhaltungen: den musikalischen introito und die Aufmerksamkeit heischende und Ruhe anmahnende loa zu Beginn, den baile oder die jácara entremesada nach der zweiten jornada, den Kehraus des fin de fiesta am Ende) – und manch einer mag ihnen mehr Gefallen abgewonnen haben als der comedia selbst. Ein spritziger und gut gespielter entremés konnte die Aufführung einer mittelmäßigen comedia zum Erfolg werden lassen[4].

Die Geschichte der Bedeutungsentwicklung des Wortes entremés (die vom Zwischengang bei einem Mahl bis zum charadenartigen stehenden Bild reicht) braucht hier nicht näher verfolgt zu werden[5]. Als Terminus für die Bezeichnung einer komischen dramatischen Kurzgattung mit der skizzierten Funktion begegnet es seit der Mitte des 16. Jahrhunderts. Formgeschichtlich liegen die Wurzeln des entremés (oder, in der Terminologie Timonedas, des paso) in den in die geistlichen Spiele des Mittelalters eingeschobenen komischen Szenen sowie in den Karnevals- und Hirtenstücken der Frührenaissance (wie z.B. den *Églogas* Encinas, die ihrerseits Anregungen aus Mummenschanz und geistlichem Spiel, speziell dem Weihnachtsspiel, aufgreifen); aber auch die Berührung mit der italienischen Renaissancekomödie und der commedia dell'arte hat ihre Spuren hinterlassen, nicht zuletzt in den Stücken Lope de Ruedas[6].

Cervantes verdankt seine frühesten Theatereindrücke diesem Sevillaner, an den er sich (und damit seine Leser) noch im Prolog seines Dramenbandes von 1615 bewundernd erinnert. Von Lope de Ruedas pasos ausgehend wird sich auch Cervantes' Konzeption des entremés entwickelt haben. Der Vergleich einiger zentraler Figuren, charakteristischer Figurenkonstellationen und Handlungsabläufe bei den beiden Autoren kann am ehesten deutlich machen, worin die Neuartigkeit und Besonderheit der cervantinischen Kunstleistung besteht. Dabei ist aus Raumgründen die Beschränkung auf wenige entremeses geboten; zwei Stücke sollen im Vordergrund stehen: Der *Entremés de la cueva de Salamanca* und der *Entremés del rufián viudo, llamado Trampagos;* der eine ist, wie fünf weitere, in Prosa verfaßt, der andere (wie nur noch ein weiterer, der *Entremés de la elección de los alcaldes de Daganzo)* in Versen. Das gesamte spanische Drama vor und neben Lope de Rueda ist Versdrama. Die Wahl der Prosa für den komischen Dialog der pasos ist vielleicht die wichtigste, ästhetisch bedeutsamste Neuerung Lope de Ruedas. Cervantes hält, im Unterschied zu vielen Zeitgenossen, Rueda folgend im entremés am Prosadialog fest; nur in den zwei genannten Stücken entscheidet er sich um der spezifisch parodistischen Intention willen für den Vers, und zwar einen zuvor im entremés nicht üblichen Vers, den reimlosen Elfsilber. Natürlich lassen sich daraus keine Schlüsse hinsichtlich der Entstehungszeit dieser Stücke ziehen. Man nimmt heute ohnehin an, daß alle acht entremeses in den der Publikation unmittelbar vorhergehenden Jahren entstanden sind; Anspielungen auf exakt fixierbare zeitgeschichtliche Ereignisse sind freilich selten[7].

Stofflich gibt es zwischen den cervantinischen entremeses und Ruedas pasos Gemeinsamkeiten, aber auch deutliche Unterschiede. Ehebruchsschwank und Gaunerposse finden sich, wie wir noch im Detail sehen werden, bei beiden. Doch Ruedas zahlreiche Konflikte zwischen Herrn und Dienern (oder zwischen den Dienern eines Herrn), die mit der Rolle von Stock und Prügeln als beliebten Wirkungsmitteln der Gattung zu tun haben, aber auch mit der auf Karnevalsbelustigungen zurückverweisenden Rolle von Essen und Trinken, bleiben bei Cervantes ohne Entsprechung. Der entremés verliert dadurch viel von seiner ursprünglichen farcenhaften Grobschlächtigkeit; an deren Stelle treten die bei Rueda noch fehlenden Wirkungsmittel von Musik, Gesang und Tanz, zugleich aber auch eine abgetöntere Dialogführung auf der Grundlage wechselnder stilistischer Register und bewegterer Szenenkomposition. Bei der Wahl seiner Stoffe bedient sich Cervantes der folkloristischen Tradition[8] ebenso wie der spanischen und italienischen Exempel- und Novellenliteratur[9]; für kaum ein Stück oder eine Szene läßt sich freilich der Nachweis der Abhängigkeit von einer bestimmten Quelle mit absoluter Sicherheit führen.

Ihrem Formtypus nach kann man die cervantinischen entremeses, dem Vorschlag E. Asensios folgend, in drei Gruppen einteilen: das Intrigenstück (»pieza de acción«) auf der einen, die Figurenportrait-Revue auf der anderen Seite (»pieza estática, sin anécdota, [...] en la cual desfila uns serie de personajes [...]«), dazwischen die Übergangsform des Stückes, das eine Figurenreihe im Rahmen einer rudimentären Handlung vorführt[10]. Zur ersten Gruppe zählt Asensio die entremeses *La cueva de Salamanca* und *El viejo celoso,* zwei Ehebruchsschwänke, und *El vizcaíno fingido,* ein Stück, in dem ein Gauner einer Kurtisane einen, jedenfalls im Ergebnis, harmlosen Streich spielt; zur zweiten *La elección de los alcaldes de Daganzo* und *El juez de los divorcios* (im ersten dieser Stücke präsentieren sich vier »villanos« als Kandidaten fürs Alkaldenamt, im andern vier Ehepaare, die unter ihrer Ehe leiden und vom Scheidungsrichter, einer natürlich von Cervantes erfundenen Instanz, getrennt werden wollen). Für die dritte Gruppe bleiben dann *El rufián viudo, La guarda cuidadosa* und *El retablo de las maravillas;* das zuletzt genannte satirische Stück, eines der wirkungsvollsten und tiefsinnigsten, ließe sich wohl auch der Gruppe der Intrigenstücke zuordnen: Puppenspieler bringen die Honoratioren eines Dorfes und ihre Familienangehörigen dazu, etwas gar nicht Dargestelltes nicht nur als gesehen zu erklären, sondern sogar darauf mit Handlung zu reagieren, weil man sonst, wenn man nichts sähe (wo de facto ja auch gar nichts zu sehen ist) überführt wäre, entweder unehelicher Abkunft zu sein oder nicht christlicher, genauer: jüdisches Blut in den Adern zu haben, wovor den sich ständig als »cristianos viejos« brüstenden Dorfleuten denn doch graust. Die beiden andern Stücke kommen in der Tat ohne eigentliche Intrige aus, doch enden sie, im Unterschied zu den entremeses vom Scheidungsrichter und von der Alkaldenwahl, in einer gegenüber ihrem Anfang veränderten Situation: das doppelt umworbene Dienstmädchen Cristina heiratet den Küster und läßt damit den miles gloriosus leer ausgehen, der das Stück hindurch alle möglichen Männer daran gehindert hat, das Haus zu betreten, in dem sie lebt; der »verwitwete« Zuhälter findet, wie gleich noch eingehender dargelegt werden soll, nachdem er Heerschau über die in Frage kommenden Dirnen gehalten hat, eine neue »Frau«.

In den pasos Lope de Ruedas hat Cervantes in seiner Kindheit insbesondere einige typische Figuren kennengelernt, die er in seinen entremeses weiter entwickeln sollte. In dem schon erwähnten Prolog erinnert er sich an den eklogenartigen Charakter von Ruedas comedias, und bemerkt dann weiter:

> adereçauanlas y dilatauanlas con dos o tres entremeses, ya de negra, ya de rufian, ya de bobo y ya de vizcaino: que todas estas quatro figuras y otras muchas hazía el tal Lope con la mayor excelencia y propiedad que pudiera imaginarse[11].

Gemeinsam ist diesen vier Figuren, daß es sich um Vertreter von »Randgruppen« der Gesellschaft handelt oder um aus ihr Ausgeschlossene, um Menschen, die »anders« sind als »normale« Bürger es sind, anders nach Aussehen, Kleidung, Verhalten und, für den komischen Dialog am wichtigsten, nach ihrer Sprache. Ihre Eigenheiten, ihr Auftreten und Sprechen gelten als komisch, weil es ihnen nicht gelingt (und im Falle der rufianes ist dies auch gar nicht ihre Absicht), sich dem allgemeinen Tun und Reden »anzupassen«. Cervantes verzichtet in den entremeses auf Negerin oder Neger (eine Variante der Rolle präsentiert er jedoch in den mit der entremés-Tradition vielfältig verknüpften *Novelas ejemplares*, in Gestalt des musikbesessenen Hauswächters des *Celoso extremeño*). Der Biskayer (Baske), an dessen Stelle bei Rueda auch ein des Kastilischen nicht ganz mächtiger Sprecher einer andern benachbarten Sprache treten kann (ein Katalane, ein Gaskogner), muß nicht wirklich ein Biskayer sein; die Rolle kann auch von einem gerissenen Betrüger gespielt werden, mit Wissen des Publikums, das auf diese Weise doppelten Grund zum Lachen hat: über das Radebrechen und darüber, daß der vermeintliche Dummkopf jemanden, der sich klüger vorkommt, mit seinem Spiel hereinlegt. Ein solch künstlicher, gespielter Dummkopf ist dann, wie schon aus der Überschrift hervorgeht, der Titelheld von Cervantes' *Vizcaíno fingido*.

Die Rolle des bobo, des Tölpels, wird von Cervantes häufiger eingesetzt, dabei aber deutlich verändert. Lope de Rueda kennt ihn, der bei ihm den Rollennamen des simple, des Einfältigen trägt, im wesentlichen in zwei Funktionen: der des Dieners und der des Ehemanns. In beiden Fällen ist er der Dummkopf, auf dessen Kosten die andern ihre Späße treiben. Als Diener ist er natürlich stets auch das Objekt von Prügeln. Er ißt und trinkt gern, läßt sich leicht zu Streichen überreden, z.B. dazu, das zum Einkauf bestimmte Geld zu vernaschen, versagt dann aber kläglich, wenn es darum geht, die zuvor vereinbarte Ausrede vorzubringen; überhaupt fällt es ihm schwer, diese Welt zu verstehen und sich in ihr verständlich zu machen[12]. Er läßt sich leicht ins Bockshorn jagen oder etwas vormachen; wenn sein Herr ihn mit Geld losschickt, um einen Schuldner zu befriedigen, wird es ihm natürlich abgenommen[13]. In dieser Form hat Cervantes den simple nicht übernommen; allenfalls Spuren davon sind in einzelnen Figuren aufgehoben, wie etwa in diesem oder jenem Kandidaten fürs Alkaldenamt in *La elección de los alcaldes de*

*Daganzo.* Die Herr-Diener-Konstellation, bei Rueda in zahlreichen Beispielen vertreten, kommt bei Cervantes gar nicht vor. Damit ist zugleich ein wesentlicher Milieu-Wandel angedeutet. Der Verzicht auf Herr-Diener-Konflikte hängt gewiß auch mit Cervantes' Absicht zusammen, die obligate Prügelei des entremés-Schlusses durch eine musikalische Schlußnummer zu ersetzen. Dazu mußten des Guitarrenspiels und Singens kundige Figuren eingeführt werden, seien es nun professionelle Musiker, Zigeuner oder Dilettanten; die eleganteste Lösung, die nicht die Regel ist, bestand natürlich darin, die Musikanten aus ganz anderen Gründen zu Protagonisten zu machen, um ihnen dann gegen Ende Gelegenheit zum Konzert zu geben. So geschieht es im Falle der *Cueva de Salamanca* mit Küster und Barbier (traditionellen Sänger-, Tänzer- und Guitarristenrollen).

## Entremés de la cueva de Salamanca

In diesem entremés treffen wir auch den cervantinischen Nachfahren des zweiten simple-Typs Ruedas an, den des naiven, ältlichen und dümmlichen Ehemanns einer jüngeren, resoluten und lebenslustigen Frau. Der Typus des Stückes, in dem er auftritt, ist der Ehebruchsschwank, eine Gattung mit vielfältigen literarhistorischen Verbindungen; Fäden führen ebenso zur orientalischen und mittelalterlich-christlichen Erzählliteratur der exempla wie zur italienischen Novellistik der Renaissance, zur Farce, zur Humanistenkomödie, zur commedia dell'arte[14].

Vergewissern wir uns, ehe wir uns intensiver der *Cueva de Salamanca* zuwenden, am Beispiel des dritten paso aus *El Deleitoso,* wie Lope de Rueda mit dem Ehebruchsschwank umgeht[15]. Sein »simpler« Ehemann, Martín de Villalba, ist mit Bárbara verheiratet, die den Studenten Gerónimo liebt; Helfer des Paares ist der Arzt Lucio, der sich diese Hilfe vom betrogenen Alten gut bezahlen läßt. Seinem Rollentyp entsprechend wirft er (auch dies ist ein Mittel der Komik der ›deformierten‹ Sprache) mit lateinischen Brocken um sich und hat es darauf abgesehen, seine Klienten bis aufs Hemd auszuziehen. Er weiß, daß Bárbara ihre Krankheit nur vortäuscht, doch, wie er sagt: solange Geflügel auf dem Hof ihres törichten Mannes herumläuft, wird ihr Fieber nicht sinken. Martín seinerseits beweist auf Schritt und Tritt, daß er nicht mit Geist gesegnet ist. Den studentischen Liebhaber seiner Frau hält er für einen heilkundigen Helfer und Verwandten; seine Naivität geht so weit, daß er sich vom Studenten einreden läßt, der seiner Frau verordneten Purgier-Kur könne mit dem gleichen Nutzen, da er ja durchs Sakrament der Ehe »una misma carne« mit ihr sei, *er* sich unterziehen, und so leidet (und hungert) er denn, damit sie sich mit ihrem Liebsten erfreuen (und sattessen) kann. Da das Publikum von vornherein (durch einen einleitenden Monolog des Arztes) über den wahren Sachverhalt informiert ist, gerät jede Äußerung des armen Dummkopfs doppelt drollig. Wie dumm Martín ist, zeigt sich am Ende, als der Student mit seiner Frau für einige Tage das Haus verlassen will (unter dem Vorwand einer Wallfahrt): Martín erkennt zunächst nicht einmal die eigene Frau, fordert dann das junge Paar auf, ruhig etwas länger auf Pilgerfahrt zu gehen, und erklärt sich bereit, während der Abwesenheit Bárbaras nur Brot und Wasser zu sich zu nehmen, um ihre Heilung durch solches Fasten zu beschleunigen. Aus gutem Grund also hat L. Fernández de Moratín unserem Stück in seiner Ausgabe (Madrid 1830) den seither üblichen Titel *Cornudo y contento* gegeben. Wer so dumm ist wie Martín, dies scheint die »Moral« des Stückes, hat kein besseres Schicksal verdient. Einen anderen Makel als seine simpleza hat Martín nicht, und auch über diesen klagt oder schimpft seine Frau nicht eigentlich: die Rechtfertigung ihres Handelns ist offenbar mit dem Typus ihres Mannes gegeben; weitere Explikationen wären im paso wohl auch schon aus Zeitgründen kaum möglich, entscheidend ist aber, daß sie im Rahmen der Gattung überhaupt nicht erforderlich sind.

Cervantes nimmt sich zwar etwas mehr Zeit – seine entremeses sind durchweg ein paar Minuten länger als die Lope de Ruedas –, aber auch ihm geht es nicht um psychologisierende Verhaltensstudien von Individuen. Auch seine Figuren sind Typen, allerdings durchaus differenziertere Typen und sehr viel feiner gezeichnete. Vor allem ihr sprachliches Ausdrucksvermögen, und damit der Dialog im ganzen, ist nuancenreich und vielgestaltig; Fehlgriffe im Wortgebrauch einfacher villanos, die sich bei gelehrteren Wörtern und alltäglichen Redensarten verheddern, bilden auch bei ihm eine wichtige Quelle komischer Wirkungen, eine andere aber, und dies ist neu und ein Zeichen im übrigen auch für eine inzwischen entstandene literarische Kultur auf breiter Publikumsbasis, eine andere aber entspringt der Parodie hochartifizieller poetischer Rhetorik und ganz bestimmter literarischer Texte.

Ein gutes Beispiel für die komplexere Kunst, mit der Cervantes den Ehebruchsschwank behandelt, ist wie gesagt *La cueva de Salamanca* (ein nicht minder gutes Beispiel, in dem der simple nun allerdings eindeutig zum komischen Alten, zum vejete geworden ist, der eben wegen seiner Altersgebrechen seiner blutjungen Frau Anlaß für den Wunsch nach einem jungen Liebhaber gibt, wäre der *Entremés del viejo celoso*). Als erstes fällt auf, daß die Zahl der Rollen in diesem Stück wesentlich größer ist als im paso Ruedas; auch sonst pflegt Cervantes weitaus mehr Personal einzusetzen als sein bekanntester Vorläufer[16]. Er schafft sich damit nicht nur die Möglichkeit einer Erweiterung der Typenskala, sondern auch die einer komplexeren, geschickteren und anspruchsvolleren Gestaltung des Handlungsgefüges. Lope de Rueda praktiziert sehr oft das – uns heute noch aus dem Kasperletheater geläufige –

Verfahren, seine Akteure, zumal die einen Streich (eine »burla«) aushecken-den und durchführenden, zu Anfang und (bisweilen mehrfach) im Verlauf eines paso ihre Absichten in einem Monolog darlegen zu lassen, der allzu offenkundig für das Publikum bestimmt ist und diesem einen für die Rezeption wichtigen Wissensvorsprung vor den anderen Figuren des Stückes vermittelt[17]. Das ist ein Verfahren, das ein schnelles Tempo ermöglicht, dazu eine Art Komplizität zwischen dem moralisch oft problematischen, aber aktiv gegen einen ihm (und dem Durchschnitt des Publikums) unterlegenen Dummkopf oder sonst mit Gebrechen Geschlagenen vorgehenden Protagonisten stiftet; aber es ist doch auch ein wenig gewandtes, ein – wenn man so will – primitives Verfahren. Cervantes verwendet es nirgends mehr, so wie er auch den primitiven simple nirgends mehr verwendet. Er merzt also allzu grobe Effekte aus, und was konkret die Handlungstruktur angeht, so schafft er sich durch Verdoppelung der wichtigsten Figurentypen, bei gleichzeitiger Differenzierung, die Möglichkeit, den Zuschauer indirekt, also entschieden eleganter, mit den Absichten der Gestalten vertraut zu machen. Indem sie sich auf der Bühne einander mitteilen, teilen sie sich – unaufdringlich und plausibler – auch dem Publikum mit, dessen Wissen nun aber auch zeitweise unvollkommen bleiben muß, da nicht jede Figur in jeder Situation sich ganz offenbaren kann oder will. So mag sich gelegentlich nach einer Szene herausstellen, daß jemand gar nicht gemeint hat, was er sagte; wobei im übrigen das Spiel dies bereits gegen die Rede deutlich gemacht haben kann. In jedem Fall lassen sich so auch Elemente der »Spannung« entwickeln.

Im entremés von der *Cueva de Salamanca* gibt es folglich nicht nur *eine* Liebschaft, die der Ehebrecherin Leonarda; parallel dazu, und auf einem gesellschaftlich nur wenig niedrigeren Niveau (anders also als in der comedia, wo derartige Parallel-Verhältnisse von Herrschaft und Dienerschaft geläufige Kost sind), verläuft das Liebesverhältnis des Dienstmädchens Cristina, und beide Frauen bemühen sich gemeinsam, Leonardas Mann Pancracio die Komödie ehelicher Treue vorzuspielen. Ein Dialog informiert über Pancracios bevorstehende Abreise zur Hochzeit seiner Schwester und den Schmerz, den die kurze Trennung der Gattin zufügt; sie fällt buchstäblich in Ohnmacht und umschmeichelt ihn mit Ausdrücken verliebter Zuneigung: »mi Pancracio y mi señor« nennt sie ihn, »bien mío«, »descanso mío« und »mi gusto«. »Mi ángel« und »lumbre destos ojos«, so repliziert Pancracio gerührt, und pathetisch kommentiert die Zofe Cristina: »Oh espejo del matrimonio« (S. 185ff.). Natürlich spielen die Frauen Komödie. Kaum ist Pancracio aus dem Zimmer, da faucht Leonarda hinter ihm her: »Allá darás, rayo, en casa de Ana Díaz. Vayas, y no vuelvas; la ida del humo« (S. 187). Damit wird nicht nur die Abschiedsszene als Komödie entlarvt, es werden auch zwei Stilformen gegeneinander gestellt, die sogleich die ganz andere sprachliche Flexibilität der cervantinischen entremés-Diktion dokumentieren: der Parodie des hohen Pathos, die (unter zitierender Anspielung übrigens auf einen ganz bestimmten lyrischen Text[18]) den Fiktionscharakter der ins Leben geholten Literatur offenbar, steht das redensartlich gefärbte, energische, lebensnahe (aber als solches auch wieder stilisierte) Sprechen gegenüber. Pancracio, der das Komödienspiel nicht durchschaut, bleibt ein simple; aber der Dummkopf, der sich ausnehmen läßt und nicht bis drei zählen kann, ist er nicht mehr. Er wirkt gutmütig, gar zu gutgläubig, aber er wird nicht eigens lächerlich gemacht – wenigstens im Text nicht. Es reicht fürs erste, daß er der Ehemann ist, um ihn gegenüber einem Liebhaber ins Hintertreffen geraten zu lassen.

Auch dieser Liebhaber nun – das ist ein weiterer Unterschied zwischen unserm Stück und gängigen Ehebruchsschwänken (auch dem *Entremés del viejo celoso* von Cervantes selbst übrigens) – ist eine eindeutig komische Figur, keine »Identifikations«-Rolle. Auch er verfügt um der Symmetrie willen über einen Doppelgänger auf sozial kaum niedrigerer Stufe: den Liebhaber Cristinas. Allerlei Nachrichten über die beiden Männer erfährt der Zuschauer vor ihrem ersten Auftritt aus dem Dialog der beiden Frauen: daß sie – mit Hilfe der Waschfrau (Cervantes legt großen Wert auf die plausible Motivierung solcher Details) – in einem Korb Verpflegung für das also sorgfältig geplante Liebestreffen vorgeschickt haben, daß sie offensichtlich Lebemänner und Genießer, daß sie der Küster Reponce und der Barbier Nicolás sind. Erwartet werden mit ihnen zwei schon traditionelle Typen: der des zum Liebhaber geborenen Geistlichen oder dem geistlichen Leben nahestehenden sacristán und der des fröhlichen, musikbegabten barbero. »Sacristán de las telas de mis entrañas« nennt Leonarda ihren Küster; »barbero de mis hígados y navaja de mis pesadumbres« ist daraufhin für Cristina ihr Barbier (S. 188). Parallelismen (mit parodistischen Steigerungen) dieser Art sind charakteristisch für den stilistischen Habitus der beiden Paare. Ein witziger, pointierter, durchaus nicht »realistischer« Dialog ergibt sich daraus; er gehorcht bis ins Detail rhetorischen Regeln und wirkt doch spontan und fast »natürlich«.

Ehe die beiden Liebhaber erscheinen, tritt als vierte Gestalt der Student Carraolano auf. Ein Zufall hat ihn hergeführt, er ist arm und sucht ein Nachtquartier, sei's auch nur im Stroh. Schnell weckt er das Mitleid der Frauen, und wiederum erweist sich Cristina als die Gewandtere, der im redensartlichen wie im metaphorischen Ausdruck preziösere Nuancen zu Gebote stehen. Während ihre Herrin nüchtern feststellt: »(...) me ha movido a lástima el estudiante«, klingt ihre Zustimmung kultistisch überhöht – und wirkt eben deswegen in Anbetracht des Sachverhalts komisch:

> Ya me tiene a mí rasgadas las entrañas. Tengámosle en casa esta noche, pues de las sobras del castillo se podrá mantener el real; quiero decir, que en las reliquias de la canasta habrá en quien adore su hambre (S. 189).

Der Student darf also bleiben und im Stroh schlafen, nachdem er versprochen hat, Stillschweigen zu bewahren und – Cristina denkt bei aller metaphorischen Ausdrucksweise sehr praktisch – beim Rupfen des Geflügels zu helfen (in diesem Zusammenhang ergibt sich ein heiteres Geplänkel um die Doppeldeutigkeit des Verbums »pelar«).

Nun schließlich erscheinen die Liebhaber, der sacristán Reponce mit einer hochgestochen-preziösen Metaphernkette, die Cristina zusagen müßte, ihrer Herrin Leonarda, der Geliebten Reponces, aber anscheinend weniger zusagt. Cristinas Barbier dagegen rühmt sich, »mas llano que una suela de zapato« zu sprechen: »pan por vino y vino por pan, o como suele decirse« (S. 190) – das Spiel mit Redensarten ist eine alte Tradition des entremés und wird von Cervantes souverän gespielt.

Auch im weiteren Verlauf des Stückes ist nicht das Geschehen als solches wichtig, sondern die Bewältigung der Ereignisse im Gespräch, die Reaktion insbesondere des Sprechens auf das Sprechen. Hier, in den Korrespondenzen der Repliken und den Kontrasten der Stilebenen, in der Parodie und satirischen Verfremdung literarischer Modelle liegt Cervantes' besonderer Beitrag zur Entwicklung des entremés.

Die beiden entscheidenden noch ausstehenden Handlungsmomente des Stücks von der *Cueva de Salamanca* sind formal durch die traditionelle Struktur des Ehebruchsschwanks vorgegeben: die unerwartete, daher gefährliche, verfrühte Heimkehr des Ehemannes und die Rettung des Liebhabers (hier: der Liebhaber). Pancracios Rückkehr wird, wie alles, gut motiviert: schuld ist ein gebrochenes Wagenrad. Wichtiger ist, daß Pancracio sich, dank einer weiteren Figuren-Doppelung (er erscheint zusammen mit einem compadre, seinem Reisebegleiter), lobend über die eheliche Treue Leonardas auslassen kann, während sie, wie der Zuschauer weiß, sich gerade mit ihrem Liebhaber vergnügt. Noch allerdings ist das Essen nicht aufgetischt, Küster und Barbier sorgen zunächst für Stimmung durch Guitarrenspiel und Gesang; doch auch dies ist *komische* Unterhaltung:

> Sale el sacristán con la sotana alzada y ceñida al cuerpo,
> danzando al son de su misma guitarra; y, a cada cabriola,
> vaya diciendo estas palabras:
> SAC. ¡Linda noche, lindo rato, linda cena y lindo amor! (S. 192)

Komischer noch ist dann die parodierende Umkehrung des Satzes durch den Studenten in dem Moment, da das Klopfen des Ehemannes alle durcheinanderscheucht:

> EST. ¡Fea noche, amargo rato, mala cena y peor amor! (S. 192).

In Windeseile müssen nun die drei Männer und der Korb mit dem Essen verschwinden. Der Student sucht sich sein Strohlager, Küster und Barbier samt Korb werden in der Kohlenkammer versteckt. Leonarda öffnet erst nach gründlicher Prüfung seiner Identität, die sie erneut als treue und umsichtige Ehefrau ausweist (das Publikum allein weiß es besser), ihrem Mann die Haustür.

Dann wird es erst recht lebendig: der Student ist unters Stroh geraten, droht zu ersticken, schreit und wird erlöst; Pancracio ist ungehalten, akzeptiert schließlich die Erklärung der Frauen. Der Student hat Hunger und möchte gern den Essenkorb herbeizaubern; ja, wenn er nicht befürchten müßte, bei der Inquisition angezeigt zu werden, könnte er wohl tatsächlich, so sagt er, zwei Teufel in Menschengestalt herbeizaubern, die ihrerseits einen Korb mit Speisen herbeischaffen würden. Die Kunst habe er in der bekannten Höhle von Salamanca gelernt. Die Frauen bekommen es bei diesen Andeutungen verständlicherweise mit der Angst zu tun, Pancracio aber wird neugierig und möchte die – harmlosen, wie der Student beteuert – Teufel sehen. Als Küster und Barbier werden sie angekündigt und erscheinen sie schließlich nach einer merkwürdigen Beschwörung (mit der der Student eine bekannte Szene aus Juan de Menas *Laberinto de Fortuna* parodiert): kohlegeschwärzt, aber gefaßt und schon wieder zu Späßen aufgelegt. Mit Gesang und Tanz der Teufel klingt das Stück aus – das gute Essen wird man gleich einnehmen.

Das ist, der Schluß bestätigt es, ein furioser, vielgestaltiger, heiterer Spaß mit mehrmaligem spannungsreichen Auf und Ab der Handlung, sich verstellenden Frauen und Männern, witzigen Dialogen, komisch-burlesken Zügen und mancherlei parodistischen Elementen, rhetorischen Wiederholungs- und Kontrastierungsverfahren, mit Wortspielen, Zitaten, Musik und Tanz. Während in der comedia die verletzte Ehre tödliche Gefahren heraufbeschwört, gilt sie dem zwischen den Akten einer comedia gespielten entremés als quantité négligeable. Exaltation und Ridikülisierung, so wie sie an einem Theater-Nachmittag dem Publikum des siglo de oro zusammen vor Augen traten, relativieren einander und erweisen dadurch, daß wir es in diesem Theater nicht mit dem Leben selbst, sondern einem hier ins Idealische, dort ins Groteske deformierten Abbild, mit einem Wunschbild oder Zerrbild des Lebens zu tun haben.

### Entremés del rufián viudo

Mit noch gesteigerter Artifizialität, wie sie der Einsatz der Versform ermöglicht, gestaltet Cervantes jenen Figurentyp, den er selbst mit rufián bezeichnet und der bei Lope de Rueda, je nach seiner spezifischen Funktion, ladrón, lacayo ladrón oder einfach lacayo hieß. Davon soll abschließend anhand des

*Entremés del rufián viudo* kurz noch die Rede sein. Die ladrones aus Ruedas *El Deleitoso* sind aktive Gestalten: sie hecken einen Streich (eine »burla«) aus, etwa einen Diebstahl durch Überlistung eines Tölpels, und führen ihn aus[20]; der Protagonist Solórzano in Cervantes' *Vizcaíno fingido* ist aus ihrem Geschlecht. Anders Ruedas lacayos (das Wort bedeutet zugleich ›Dieb‹ und ›Zuhälter‹) aus den pasos des *Registro de representantes:* sie dienen vorrangig der Präsentation einer komischen Figur und eines als komisch dargestellten Milieus, dem der »Unterwelt«, der »hampa«[21]. Entscheidend für die Wirkung ist die dieser Figur und diesem Milieu eigene Sprache. Sie kann derb und ungeschminkt sein und reicht bis zum Skatologischen, zur Unflätigkeit; sie kann, durch Elemente des Rotwelsch (»germanía«), Zonen dunkler Unverständlichkeit enthalten; sie kann, zur durchsichtigen Verschleierung der Abweichung des Lebens, dem sie dient, vom »normalen Leben«, euphemistische Metaphern und Periphrasen einsetzen: der zu harter Ruderarbeit auf einer königlichen Galeere verurteilte Sträfling wird dann zum »escribano real«[22]. Solche Diskrepanzen zwischen sprachlichem Ausdruck und Lebenswirklichkeit werden also bereits von Lope de Rueda verwendet, um den Zuschauer zum Lachen zu bringen. Die gleiche Absicht verfolgt das Spiel mit dem Thema der Ehre, wenn eigentlich Ehrlose einander beleidigen und auf Satisfaktion pochen, oder wenn »Handwerker« des Gauner-Gewerbes sich mit ihrer Meisterschaft brüsten. Ein feiger miles gloriosus in diesem Milieu übertrifft den normalen Maulhelden noch an Lächerlichkeit. Ein paso wie *El rufián cobarde* kommt mit einem minimalen Handlungskern aus: gerade soviel, wie unerläßlich ist, um Typen und Milieu im komischen Wort vorzustellen[23].

Hier knüpft Cervantes mit dem *Entremés del rufián viudo, llamado Trampagos* an. Nicht von ungefähr ist das Stück in Versen verfaßt. Der reimlose endecasílabo bietet eine hervorragende Möglichkeit, die Diskrepanz zwischen der Realität des Diebes- und Zuhältermilieus und dessen stilisierter Selbstdarstellung in der Sprache seiner Bewohner ins Burlesk-Absurde zu steigern. Auch Cervantes begnügt sich mit einem Rudiment von Handlung; auch sein Zwischenspiel lebt ganz von der Figuren- und Milieu-Präsentation, die alles andere als »realistisch« ist[24]. Wir haben es mit einer Form von Karikatur zu tun, zu deren wichtigsten Wirkungsmitteln die literarische Parodie gehört und das der vorgestellten Welt inadäquate Pathos des hohen Verses.

Parodistisch ist im Grunde bereits der metaphorische Euphemismus des Titels; »verwitwet« ist der rufián mit dem sprechenden Namen Trampagos (fast alle Figuren tragen derart »sprechende« Namen) deshalb, weil die Dirne Pericona, von deren Einkünften er recht gut gelebt zu haben scheint (immerhin kann er sich einen Diener leisten), das Zeitliche gesegnet hat. Auch dieses Stück wird durch einen Dialog eröffnet, ein Gespräch zwischen dem Titelhelden und seinem Diener Vademecum: der Zuhälter im Trauer-Umhang – ein erster burlesker Effekt natürlich – läßt die Wohnung leerräumen. Eine denkwürdige Haushaltsauflösung, die noch Bert Brecht beeindruckt hat[25], bei der nach und nach zuerst die Degen, dann die spärlichen und schadhaften Möbel und Küchengeräte zur Ausstaffierung der Bühne herbeigeschleppt werden. Und dann, vor dieser Kulisse, der erste große Klageschrei im Elfsilber (im Hintergrund tönt Garcilasos »Quien me dijera, Elisa, vida mía«): »¡ Ah Pericona, Pericona mía« – mit dem Zusatz: »Y aun de todo el concejo!« (S. 76, V. 9 f.) Auf diesen sarkastischen Bruch läuft alles hinaus, er setzt das Maß für den weiteren Einsatz lächerlicher Stil- und Sinndiskrepanzen: alle haben Pericona zu beklagen, weil sie allen gehörte – ein erster indirekter, dem hohen Pathos ganz unangemessener Hinweis auf ihren Huren-Status. In diesem ambivalenten, burlesk-pathetischen Trauerton entfaltet sich die weitere Todes-Meditation des Zuhälters bis hin zu einer anderen parodistischen Anspielung: »Ayer fuí Pericona, hoy tierra fría (S. 77, V. 23)[26].

Der hinzukommende rufián Chiquiznaque beherrscht die Kunst des gehobenen Sprechens ebenso souverän; das Hin und Her der Reden lebt vom Witz der Inadäquatheit des Ausdrucks, vom Witz auch der Ausdrucksmängel und der Stilregisterbrüche. Synonymenreihen, kunstvolle Stellungs- und Wiederholungsfiguren (»So Trampagos, basta/Tanto gemir, tantos suspiros bastan«, V. 29 f.), hyperbolische Metaphern (»el sol hampesco«, V. 29, für Trampagos) stehen im Kontrast zu Gaunersprachlichem und Ungepflegtem (»Voacé ha garlado como un tólogo«, V. 25). Auch bei dem anschließenden Lob der Verstorbenen, ihrer mit allen Mitteln der Kunst bewahrten Jugendlichkeit, ihrer »Leistungsfähigkeit« klaffen Form und Inhalt auf das drolligste auseinander. Auf fast berneske Weise werden Elemente petrarkistischer Schönheitspoesie anzitiert und parodiert (»¡Oh qué teñir de canas!, ¡Oh qué rizos, / Vueltos de plata en oro los cabellos!«, S. 79, V. 59 f.), und viele burleske Brechungen ergeben sich gerade aus der bewußten Entpoetisierung traditioneller Schmuckformen des Ausdrucks. Wenn er von »las perlas de su boca« (i. e. der Verstorbenen) spricht, ergänzt Chiquiznaque vorsichtshalber: »Quiero decir, sus dientes y sus muelas« (S. 81, V. 110 f.), und diese ebenso überflüssige wie witzige Spezifizierung wird anschließend noch gesteigert durch Trampagos' genaue Zahlenangaben zu den falschen Zähnen.

Je mehr sich im weiteren Verlauf des Stückes die Bühne füllt, umso wirkungsvoller variiert und steigert Cervantes diese Techniken der Sprachkomik, um sie dann noch durch musikalische Wirkungsmittel zu ergänzen. Zunächst erscheinen, um zu kondolieren und sich als Nachfolgerin für die Verblichene anzuempfehlen, in Begleitung des Zuhälters Juan Claros drei Prostituierte, die Repulida, die Pizpita und die Mostrenca. Sie nehmen das petrarkistische Motiv der verdunkelten Sonne (für Trampagos im Trauergewand) wieder auf, doch Trampagos, der die Vermummung noch nicht ablegen möchte, faucht sie an, kultistische Diktion parodierend:

> Fuera yo un Polifemo, un antropófago,
> Un troglodita, un bárbaro Zoílo,
> Un caimán, un caribe, un come-vivos,
> Si de otra suerte me adornara en tiempo
> De tamaña desgracia (S. 83, V. 134 ff.).

Eine letzte Steigerung dieser virtuosen Serie von Stilparodien, Stilmischungen und Stilbrechungen bringt dann – nach dem fast in Rauferei ausartenden Streit der drei Huren, nach einem falschen (und angesichts der bekannten guten Zusammenarbeit zwischen Verbrechen und Ordnungsmacht auch überflüssigen) Polizeialarm, nach der Wahl der Repulida zur neuen »Gattin«, nach dem Erscheinen der Musiker, die zum »Hochzeits«-Tanz aufzuspielen kommen – einen letzten Höhepunkt nach diesem ungemein bewegten und bunten Bühnengeschehen bringt schließlich der Auftritt von »Uno, como cautivo, con una cadena al hombro« (S. 93). Es ist die »coluna de la hampa« (V. 270), der große Escarramán, der Held der sprachlich so virtuosen Jácara-Romanzen Quevedos[27]. Das Geflecht der literarischen Anspielungen wird nun noch engmaschiger, das Spiel mit der Literatur und der Sprache, besser: den Sprachen der Literatur rückt noch weiter in den Vordergrund. Der erfundene Held als leibhaftige Bühnengestalt, der sich (wie Don Quijote im zweiten Teil seiner Lebenschronik) berichten lassen kann, zu welchem literarischen Ruhm er es während seiner Gefangenschaft in der Fremde gebracht hat, krönt durch sein Erscheinen, durch die mit ihm in das Stück einziehende Jácara-Sprache und durch seine virtuose, allen Moderhythmen gewachsene Tanzkunst diesen entremés, der als burleske Genreskizze beginnt und wie ein Variétévergnügen endet und der zugleich ein wirkungsvolles Schau-Spiel und ein Leckerbissen für Freunde der literarischen Parodie ist. Nicht alle Literarhistoriker beurteilen das Stück so positiv; aber wenn man ihm »su falta de gusto« ankreidet[28], müßte man dann nicht auch an der hinreißenden Literaturparodie in der Episode von Don Quijotes Aufenthalt in der cueva de Montesinos Anstoß nehmen? Praktiker des Theaters haben sich jedenfalls von diesem wie von andern entremeses des Cervantes gerne anregen lassen[29]. Im 17. Jahrhundert fand *La cueva de Salamanca* viele Nachahmer; Calderón und der bekannteste entremés-Autor jener Zeit, Luis Quiñones de Benavente, zählen zu ihnen. Ein Nachdruck der cervantischen Dramentexte lag damals noch nicht vor; die erste Neuausgabe nach dem Tod des Dichters erschien erst 1749. Zwanzig Jahre später wurde in Madrid die Parodie einer neoklassizistischen Tragödie aufgeführt, die zu den wirkungsvollsten Theaterstücken des 18. Jahrhunderts überhaupt gehört und viele ihrer besten Effekte dem *Entremés del rufián viudo* verdankt: *El Manolo* von Ramón de la Cruz[30]. Formal ist auch dieses Stück ein entremés, aber inzwischen hat sich erneut ein anderer Name für die Gattung des kurzen, heiteren Einakters durchgesetzt: nun heißt er sainete.

## ANMERKUNGEN

T: Zitiert wird nach der Ausgabe: MIGUEL DE CERVANTES, *Entremeses.* Edición, introducción y notas de E. ASENSIO, Madrid [3]1982 (Clás. Castalia). Philologisch grundlegend die Ausg. v. R. SCHEVILL-A. BONILLA, *Obras completas* de M. de Cervantes Saavedra, *Comedias y entremeses,* 6 Bde., Madrid 1915–1922 (Text der entremeses in Bd. IV, Madrid 1918), sowie v. F. YNDURÁIN, *Obras* de M. de C. S., II, *Obras dramáticas,* Madrid 1962 (BAE, 126). Grundlegender Kommentar in der Ausg. v. A. BONILLA Y SAN MARTÍN, *Entremeses* de M. de C. S., Madrid 1916; wichtige neuere Kommentare auch in den *Entremeses*-Editionen von M. HERRERO GARCÍA, Madrid 1947 (Clás. Cast., 125); A. DEL CAMPO, Madrid 1948; J. CANAVAGGIO, Madrid 1981 (Temas de España, 114). – Dt. Übers.: *Acht Schauspiele und acht Zwischenspiele, alle neu und nie aufgeführt,* von A. M. ROTHBAUER, Stuttgart, Goverts, 1970 (M. de C. S., Gesamtausgabe in vier Bänden, Bd. IV).

L: E. ASENSIO, *Itinerario del entremés desde Lope de Rueda a Quiñones de Benavente,* Madrid [2]1971; E. ASENSIO, *Entremeses,* in: J. B. AVALLE-ARCE – E. C. RILEY (Hrsg.), *Suma Cervantina,* London 1973, S. 171–197; J. CANAVAGGIO, *Cervantès dramaturge. Un théâtre à naître,* Paris 1977; J. CASALDUERO, *Sentido y forma del teatro de Cervantes,* Madrid 1951; G. CIROT, »Gloses sur les *maris jaloux* de Cervantes«, in: *BHi* 31 (1929), S. 1–74; E. COTARELO Y MORI (Hrsg.), *Colección de entremeses, bailes, jácaras y mojigangas desde fines del siglo XVI a mediados del XVIII,* Bd. I, Madrid 1911 (NBAE, 17); A. COTARELO Y VALLEDOR, *El teatro de Cervantes. Estudio crítico,* Madrid 1915; J. M. DÍEZ BORQUE, *Sociedad y teatro en la España de Lope de Vega,* Barcelona 1978; J. V. FALCONIERI, »Historia de la commedia dell'arte en España«, in: *Revista de Literatura* XI (1957), S. 3–37, u. XII (1957), S. 69–90; W. L. FICHTER, »*La cueva de Salamanca* de Cervantes y un cuento de Bandello«, in: *Studia Philologica. Homenaje a Dámaso Alonso,* Bd. I, Madrid 1960, S. 525–528; M. GARCÍA BLANCO, »*La cueva de Salamanca*«, in: M. G. B., *Seis estudios salmantinos,* Salamanca 1961, S. 71–104; H. F. GONZÁLEZ OLLÉ – V. TUSÓN (Hrsg.), *Lope de Rueda: Pasos,* Madrid [2]1983 (Letras Hispánicas, 139); J. HAZAÑAS Y LA RÚA, *Los rufianes de Cervantes. »El rufián dichoso« y »El rufián viudo« con un estudio preliminar y notas,* Sevilla 1906; H. HEIDENREICH, *Figuren und Komik in den spanischen Entremeses des goldenen Zeitalters,* Diss. München 1962; W. S. JACK, *The Early Entremés in Spain,* Philadelphia 1923; J. HUERTA CALVO, »Los géneros teatrales menores en el Siglo de Oro: status y prospectiva de la investigación«, in: *El teatro menor en España a partir del siglo XVI. Actas del Coloquio celebrado en Madrid, 20–22 de mayo de 1982,* Madrid (CSIC) 1983, S. 23–62 (mit umfangreichen »Referencias bibliográficas«, S. 51–62); J. HUERTA CALVO, »Para una poética de la representación en el Siglo de Oro: función de las piezas menores«, in: *1616,* III (1980), S. 69–81; E. MÜLLER-BOCHAT, »Juan de la Cueva und Cervantes«, in: K. PÖRTL (Hrsg.), *Das spanische Theater. Von den Anfängen bis zum Ausgang des 19. Jahrhunderts,* Darmstadt 1985, S. 108–132; H. RECOULES, »Les personnages des Intermèdes de Cervantes«, in: *Anales Cervantinos* 10 (1971), S. 51–168; A. VALBUENA PRAT (Hrsg.), *Obras completas de Miguel de Cervantes,* con estudio, prólogos y notas, Madrid (Aguilar) [14]1965.

A: 1 Dies und das Folgende nach Cervantes' eigenen Angaben im Vorwort seines Dramenbandes von 1615; vgl. die Ausgabe von SCHEVILL-BONILLA, s. T., Bd. I, S. 5–10 (hier: bes. S. 7ff.).

2 Vgl. M. LAFFRANQUE, »Bases cronológicas para el estudio de Federico García Lorca«, in: I.-M. GIL (Hrsg.), *Federico García Lorca,* Madrid ²1975, S. 421–469 (hier: S. 444 u. S. 455). Zum ersten Programm der »Barraca« gehörte auch (ebda. S. 444) der entremés *Los dos habladores,* vermutlich der mehrfach überlieferte, jedoch nur einmal (in einem Druck von 1646) Cervantes zugeschriebene *Entremés famoso de los habladores;* das Stück ist als einziges von mehreren in der unübersichtlichen Dramenüberlieferung des Siglo de Oro sonst noch Cervantes attribuierten Zwischenspielen abgedruckt in der Ausgabe von BONILLA Y SAN MARTÍN, s. T., S. 165–178.

3 Zu Timonedas Rueda-Ausgaben, zur Bedeutungsgleichheit der Termini paso und entremés, zur Position Ruedas in der Geschichte des entremés und zu den Mitteln der Komik, insbesondere der Sprachkomik, in Ruedas Zwischenspielen vgl. das Vorwort von GONZÁLEZ OLLÉ zu der von ihm gemeinsam mit TUSÓN besorgten *Pasos*-Edition, s. L.

4 Reiche Materialien über die zahlreichen Arten des komischen Kurzschauspiels und ihre (wechselnden) Funktionen enthält die Einleitung zum 1. Band der *Colección de entremeses* von COTARELO Y MORI, s. L.; zum Publikum und zur Aufführungspraxis vgl. (neben den bekannten theatergeschichtlichen Standardwerken von H. A. RENNERT und N. D. SHERGOLD) vor allem die theatersoziologische Studie von DÍEZ BORQUE, s. L.

5 Vgl. dazu COTARELO Y MORI, s. L., s. LIV ff.

6 Vgl. A. L. STIEFEL, »Lope de Rueda und das italienische Lustspiel«, in: *ZrPh* 15 (1891), S. 183–216 u. S. 318–343 (und generell FALCONIERI, s. L.); zur Übereinstimmung der Situation eines paso mit der einer commedia dell'arte: E. M. WILSON – D. Moir, *Siglo de Oro: Teatro (1492–1700),* Barcelona 1974 (*Historia de la Literatura Española,* dir. por R. O. JONES, Bd. 3), S. 54f. m. Fn. 6 (Hinweis auf A. NICOLL).

7 Hierzu wie überhaupt zum neuesten Forschungsstand vgl. insbesondere die Arbeiten von ASENSIO, s. T. u. L.

8 Sie ist in den Vordergrund gerückt worden durch CANAVAGGIO; s. L. u. T.

9 Vielfältige Hinweise bereits im Kommentar von BONILLA, s. T.; neuerdings u. a. noch: FICHTER, s. L., und S. ZIMIC, »Bandello y *El viejo celoso* de Cervantes«, in: *Hispanófila* 31 (1967), S. 29–41.

10 ASENSIO, s. T., S. 18.

11 Ed. SCHEVILL-BONILLA (wie Anm. 1), S. 6. – Zu den Figuren der cervantinischen entremeses vgl. RECOULES, s. L., zu denen des Zwischenspiels im allgemeinen HEIDENREICH, s. L., und die immer noch nützlichen Materialien bei COTARELO Y MORI, s. L., S. CXLVIII ff.

12 Vgl. insbesondere die ersten beiden pasos aus *El Deleitoso,* ed. GONZÁLEZ OLLÉ – TUSÓN, s. L., S. 91ff. u. S. 119ff.

13 Vgl. ebda. S. 167ff. den sechsten paso.

14 Vgl. neben der in Anm. 9 genannten Literatur auch die Hinweise bei ASENSIO, s. T. u. L., sowie bei CANAVAGGIO, s. T. u. L.

15 Ed. GONZÁLEZ OLLÉ – TUSÓN, s. L., S. 137ff.

16 Zur Erweiterung des Personals vgl. ASENSIO, s. T., S. 14 u. S. 23. Ebda. S. 19ff. auch ein Vergleich der *Cueva de Salamanca* mit einem stofflich verwandten Fastnachtspiel von Hans Sachs, der hier nicht aufgegriffen werden kann, aber aus

stoff- und formgeschichtlichen Gründen wenigstens erwähnt werden muß; wichtig zur Stoffgeschichte auch García Blanco, s. L.

17 Das beste Beispiel sind die Monologe des »ladrón« Samadel in dem bereits oben (Anm. 13) erwähnten sechsten paso.

18 Nämlich eine volkstümliche letrilla; vgl. den Kommentar von Asensio, s. T., S. 187 Fn. 2 (unter Verweis auf A. Blecua).

19 Zur Sprachkomik bei Lope de Rueda vgl. González Ollé – Tusón, s. L., S. 34 ff., sowie ebda. die (in hohem Maße auch Redensartliches berücksichtigenden) kommentierenden Fußnoten zu den einzelnen pasos.

20 Ebda. S. 157 u. S. 167 (der fünfte und sechste paso).

21 Ebda. S. 189 u. S. 201 (der achte und neunte paso der Ausgabe von González Ollé – Tusón). Zur Sprache der lacayos vgl. ebda. S. 189 ff. die kommentierenden Fußnoten.

22 Ebda. S. 203 mit Fn. 10 bis.

23 Ebda. S. 201 ff.

24 Dennoch gibt es natürlich einen zeitgenössisch-zeitgeschichtlichen Hintergrund; vgl. Hazañas y la Rúa, s. L.

25 Vgl. J. Canavaggio, »Brecht, lector de los entremeses cervantinos: la huella de Cervantes en los *Einakter*«, in: M. Criado de Val (Hrsg.), *Cervantes, su obra y su mundo,* Madrid 1981, S. 1023–1030, sowie Asensio, s. T., S. 47 f.

26 Vgl. Bonilla, s. T., S. 189 Anm. 36 (Hinweis auf die bekannte Romanze vom letzten Gotenkönig Don Rodrigo: »Ayer era rey de España, – hoy no lo soy de una villa,...«).

27 Vgl. F. de Quevedo, *Poesía original completa,* ed. J. M. Blecua, Barcelona 1981, S. 1199 ff., sowie Asensio, *Itinerario ...,* s. L., S. 102 ff.

28 So – im Anschluß an Máinez – Valbuena Prat (s. L., S. 545), dessen Andenken dieser Beitrag post tot annos und trotz allem Widerspruch in Dankbarkeit gewidmet ist.

29 Zur Wirkungsgeschichte der cervantinischen entremeses vgl. Cotarelo y Mori, s. L., S. LXVIII.

30 Dazu bereits Bonilla, s. T., S. XXVI; vgl. jetzt die Ausgabe von J. Dowling, Ramón de la Cruz, *Sainetes,* I, Madrid 1981 (Clás. Castalia), S. 175–193.

*ILSE NOLTING-HAUFF*

# LOPE DE VEGA · LO FINGIDO VERDADERO

Die »tragicomedia« *Lo fingido verdadero* wurde wahrscheinlich um 1608 geschrieben und trug ursprünglich den Titel *El mejor representante*[1]. Als Märtyrerdrama gehört sie zu einer Dramengattung, auf der nach allgemeiner Ansicht, anders als bei Calderón, nicht unbedingt der quantitative und qualitative Schwerpunkt der überaus reichhaltigen Dramenproduktion Lope de Vegas liegt. Trotzdem blieb das Stück nicht ohne weltliterarische Wirkung: die französische Bearbeitung *Le Véritable Saint-Genest* von Rotrou (1647) gehört zu den bekanntesten Dramen der französischen Barockliteratur[2]. Als Drama des desengaño und als dramatische Umsetzung der Metapher vom Welttheater kann *Lo fingido verdadero* neben *La vida es sueño* und *El gran teatro del mundo*, den beiden berühmteren themenverwandten Stücken Calderóns, durchaus bestehen. Darüber hinaus zeichnet es sich durch einen erstaunlichen Ideenreichtum bei der strukturellen Umsetzung des Leitkonzepts und eine noch erstaunlichere Verwandtschaft zu Dramenformen des 20. Jahrhunderts aus. Wenn *Lo fingido verdadero* in der Forschungsliteratur bisher nicht ganz die Beachtung gefunden hat, die ihm seinem ästhetischen Rang nach zukommt[3], so könnte dies auch bedeuten, daß die Kanonbildung für das spanische Barockdrama, die ja aus dem 19. Jahrhundert stammt, in der Perspektive moderner Ästhetik einer Überprüfung bedarf.

Das Stück macht zunächst einen äußerst kompositen, um nicht zu sagen »heterogenen«[4] Eindruck. Die Handlung basiert auf einer Heiligenvita, und zwar auf der Vita des hl. Genesius, Märtyrer unter Diokletian und Schutzpatron der Schauspieler, die zur Zeit Lopes noch als historisch authentisch angesehen wurde[5]. Jedoch wird nur der 3. Akt des Dramas mit den Ereignissen der Vita bestritten.

Thema des ersten Aktes ist zunächst der Aufstieg Dioclecianos[6] zum römischen Kaiser. Diocleciano nimmt als Soldat der römischen Armee unter dem Kaiser Aurelio Caro an einem Feldzug in Mesopotamien teil. Das Bauernmädchen Camila weissagt ihm, er werde Kaiser werden, sobald er einen Eber erlegt habe. Kurz danach wird Caro während eines Gewitters vom Blitz erschlagen. Numeriano, der Sohn des Caro, findet den Leichnam. Sein Oheim Apro will ihn überreden, gleich den Kaisertitel anzunehmen. Numeriano begnügt sich jedoch mit dem Titel eines Konsuls und übernimmt die Führung des Heeres. – Der älteste Sohn und Mitregent des Caro, der lasterhafte Carino, durchstreift nachts die Straßen Roms in Begleitung des

Kupplers Celio, der als Mann verkleideten Kurtisane Rosarda und einiger Musiker. Bei der Diskussion des Damenangebots kommt die Rede auch auf einige Schauspielerinnen. Celio zieht einen witzig gemeinten Vergleich zwischen der Existenz seines kaiserlichen Herrn und der Rolle eines Schauspielers. Carino weist jedoch den Vergleich schroff zurück. Zur Ablenkung läßt er den Poeten und Schauspieldirektor Ginés auf die Straße rufen, beschenkt ihn und ernennt ihn zum Hofschauspieler. Als er seinen Streifzug fortsetzen will, wird Carino von dem Konsul Lelio, dessen Frau er vergewaltigt hatte, als ein »neuer Nero« angegriffen und niedergestoßen. Sterbend erkennt er, daß sein Kaisertum doch nur eine Rolle in einer Tragödie war, die nun zuende ist:

Representé mi figura:
César fuí, Roma, Rey era;
acabóse la tragedia,
la muerte me desnudó:
sospecho que no duró
toda mi vida hora y media. (174a)

Das römische Heer ist unter der Führung Apros nach Italien zurückgekehrt. Numeriano wird in einer Sänfte transportiert, weil er angeblich krank ist; in Wirklichkeit hat der ehrgeizige Apro ihn vergiftet. Kurz vor Rom trifft die Nachricht von der Ermordung des Carino ein. Die Soldaten wollen Numeriano als Kaiser huldigen und entdecken, daß er tot ist. Apro empfiehlt sich selbst als Nachfolger. Die Soldaten beschuldigen ihn als Mörder, Diocleciano erinnert sich der Prophezeihung, stößt den »Eber« nieder und ruft das Heer zum Richter über seine Tat auf. Er wird als Kaiser akklamiert und verteilt den Besitz von Apro und Numeriano unter die Soldaten.

(2. Akt) Der neue Kaiser will sich in Rom durch Brot und Spiele beliebt machen. Nachdem er seinen früheren Kameraden Maximiniano zum Mitregenten ernannt und Camila auf ihren Wunsch als Belohnung jederzeit freien Zutritt zu seinen kaiserlichen Gemächern gewährt hat, beauftragt er Ginés mit der Aufführung einer comedia am gleichen Nachmittag. Die Auswahl des Stückes macht einige Schwierigkeiten, Diocleciano entscheidet sich schließlich für eine Liebeskomödie im spanischen Stil (!), die Ginés selbst geschrieben hat. In den anschließenden Szenen stellt sich heraus, daß Ginés in seine Hauptdarstellerin Marcela verliebt ist und in der Komödie seine eigene Situation verarbeitet hat. Er hofft nämlich, Marcela dadurch für sich zu gewinnen, daß er die Heldin des Stückes mit einem Rivalen fliehen und die Flucht ein böses Ende nehmen läßt. Die geplante Wirkung tritt aber in anderer Weise ein als erhofft, indem Marcela während der Aufführung wirklich mit Octavio, dem Rivalen des Ginés, die Flucht ergreift. Da Marcela und Octavio auf ihr Stichwort hin nicht erscheinen, muß Ginés zunächst seinen Verzweiflungsmonolog aus dem Stehgreif verlängern. Ein Schauspieler bringt die Nachricht von

der Flucht. Ginés bittet den Kaiser, die Geflohenen zurückbringen zu lassen, da die Aufführung sonst nicht beendet werden könne. Diocleciano meint, diese Bitte sei noch Teil des Schauspiels und ein besonders raffinierter Kunstgriff des Ginés. Er erklärt, er werde diesmal zum Ausgleich für sein eigenes unfreiwilliges Mitspiel die Schauspieler nicht entlohnen, befiehlt Ginés jedoch zugleich, am nächsten Tag seine Paraderolle als Christ und Märtyrer zu spielen.

(3. Akt) Camila und Diocleciano gestehen sich gegenseitig ihre Liebe. Auf Bitten Camilas verzichtet Diocleciano darauf, bei den bevorstehenden Spielen den wilden Tieren, die gerade eingetroffen sind, ›Sklaven und Übeltäter‹ vorwerfen zu lassen. Ginés wird gerufen und berichtet, Marcela und Octavio seien inzwischen verheiratet, er habe ihnen verziehen und sie wieder in seine Truppe aufgenommen. Diocleciano meint, so viel Großmut gäbe es wohl nur bei Poeten, und wiederholt seinen Auftrag vom Vortag. Anschließend unterhält Ginés sich mit Marcela, die sich recht kokett benimmt und sich dadurch eine Eifersuchtsszene von seiten Octavios einhandelt. Ginés bereitet sich auf seine Rolle vor und versetzt sich mit solcher Intensität in die Situation des Märtyrers, daß er, von Begeisterung fortgerissen, um die Gnade der Taufe bittet. Daraufhin öffnet sich der Himmel und ›die Jungfrau Maria, Christus, Gottvater und einige Heilige‹ werden sichtbar (192b). Ginés macht sich klar, daß seine Bitte nicht im Text steht. Er wiederholt sie jedoch noch einmal, in dem Gedanken, als Christ seine Rolle noch besser spielen zu können. Eine Stimme verkündet ihm, er werde nicht vergeblich spielen, sondern seine Seele retten. Ginés erlebt daraufhin eine innere Wandlung und wird wirklich von dem Wunsch ergriffen, die Taufe zu empfangen. Dieser Gedanke beschäftigt ihn so, daß er kaum zuhört, als der junge Schauspieler Fabio, dem Marcela die Rolle des Engels zugeschoben hat, sich über seine mangelnde Textkenntnis beklagt und das Scheitern der Aufführung vorhersagt. Der Wunsch des Ginés und die Prophezeihung Fabios gehen gleich zu Beginn der Aufführung in Erfüllung. Ein Engel erscheint und vollzieht die Taufe. Die Zuschauer loben die Szene, während die Schauspieler die Abweichungen vom Text konstatieren und nach dem Souffleur rufen. Als Fabio als Engel auftritt, um die im Stück selbst vorgesehene Taufe zu vollziehen, kommt es zu einem Streit auf der Bühne. Diocleciano protestiert gegen die Mißachtung seiner kaiserlichen Gegenwart. Ginés erklärt das Vorgefallene und bekennt sich als Christ. Diocleciano macht ›die Szene zum Tribunal‹ (197a): er verurteilt Ginés zum Tod und ordnet eine Untersuchung gegen die übrigen Schauspieler an. Das Verhör bringt vor allem interessante Details über die Praxis der Rollenverteilung in spanischen Wandertruppen des 17. Jahrhunderts zutage. Die Schauspieler werden als harmlos befunden, da sie im Gegensatz zu ihrem Prinzipal offenbar keine Christen sind; sie müssen jedoch Rom verlassen. Unterwegs

beraten sie, wie sie ihr Repertoire ohne Ginés aufrechterhalten können. Das Schlußwort spricht der zum Tode verurteilte Ginés. Er blickt auf die »humana comedia« zurück, die nur aus Ungereimtheiten bestand, bis sie durch seine Bekehrung (den ›Wechsel des Spielleiters‹) in eine »comedia divina« verwandelt wurde, und sieht nun der »segunda parte« des ewigen Lebens entgegen.

## Märtyrerdrama

Als Vorlage des Dramas hat Lope, wie bereits angedeutet, die Vita des Schauspielers Genesius benutzt, und zwar vermutlich in der spanischen Version der *Flos sanctorum* des P. Pedro de Rivadeneyra (1599)[7]. Die Handlung der Vita wird aber keineswegs auf das gesamte Stück verteilt, sondern bestreitet nur den dritten Akt, ein quantitatives Verhältnis, das als ungewöhnlich bezeichnet werden kann, auch wenn in der »comedia de santos« dem Weltleben des Protagonisten allgemein mehr Raum zugestanden wird, als es in der Märtyrervita und im mittelalterlichen Märtyrerdrama der Fall zu sein pflegt. Im übrigen weisen sowohl die Vita als auch ihre dramatische Version das typische Verlaufsschema der Märtyrervita auf: Bekehrung, Bekenntnis, Ablehnung des Widerrufs, standhaftes Ertragen von Foltern, Todesurteil, Hinrichtung, Glorifizierung[8]. Jedoch werden die verschiedenen Stadien dieses Verlaufs bei Lope mit sehr unterschiedlicher Ausführlichkeit realisiert. Amplifiziert wird vor allem die Bekehrung, die in der Vita ein punktueller Vorgang ist. Bei Lope wird sie auf mehrere Szenen verteilt und kann so, in Übereinstimmung mit der zeitgenössischen Gnadentheologie[9], als komplexe Wechselwirkung von menschlicher Initiative und Einwirkung von oben dargestellt werden. Das bedeutet zugleich, daß das Hauptmotiv der Schauspielervita, nämlich das Umschlagen von Fiktion in Wirklichkeit, bei Lope durch eine längere Phase des Alternierens zwischen beiden Ebenen vorbereitet wird.

Auch dem Verhör der Schauspieler und den Schlußreden des Ginés wird relativ viel Raum zugestanden, während Prozeß und Todesurteil in sehr komprimierter Form abgehandelt werden. Abweichungen von der Vorlage betreffen vor allem die Vorgeschichte und die Figur des Protagonisten, der in der Vita zunächst ein Christenfeind ist und seine Rolle dazu benutzt, die christlichen Sakramente in drastischer Weise zu verspotten. Bei Lopes Ginés fehlt der antichristliche Affekt fast völlig, er ist vor allem als Weltkind und Poet stilisiert[10]. Das Binnenstück, das in der Vita offenbar farcenhaften Charakter hat, wird bei Lope, dem der Spiegeleffekt[11] wichtiger zu sein scheint als historische Plausibilität, zum Märtyrerstück. Dabei werden einzelne typische Handlungsmomente der Märtyrervita, wie die Gefangennahme des Helden und die Konfrontation zwischen dem Märtyrer und dem obersten Christenverfolger, im Binnenstück sogar in markanterer Form aktualisiert als im Außenstück[12].

Entsprechend umakzentuiert wurde auch der Schlußpassus, der die jeweilige Botschaft thesenhaft formuliert. In der Vita wird der Akzent auf die Allmacht Gottes gelegt, der auch seine extremsten Gegner in leidenschaftliche Anhänger zu verwandeln vermag[13], während *Lo fingido verdadero* mit einem visionären Ausblick auf das Jenseits und den zweiten Teil der »comedia divina« endet, der dem Märtyrer Ginés den verdienten Lohn bringen wird (199b).

Der Vergleich zeigt, welche Momente bei der dramatischen Bearbeitung der Vita im Vordergrund standen: das Wechselspiel von Fiktion und Wirklichkeit und die metatheatralische Spiegelung des Textes im Text selbst waren offenbar wichtiger als die Bekehrung eines Christenverfolgers und die abschließende Predigt über die Allmacht Gottes. Das heißt allerdings nicht, daß *Lo fingido verdadero* kein didaktisches Drama mehr wäre, sondern nur, daß die Didaktik des spanischen Barockdramas raffinierter ist und mehr ästhetische Momente inkorporiert als die der Heiligenvita.

## Paradigmatik

In *Lo fingido verdadero* werden, wie wir sahen, der Vitenhandlung mehrere selbständige Geschichten vorgeschaltet, die untereinander auf syntagmatischer Ebene nur schwach, dafür aber umso stärker durch Analogiebeziehungen verknüpft sind. Die Handlungsstruktur des Stückes ist also primär eine paradigmatische in dem Sinne, daß Handlungssequenzen sich mehrmals in ähnlicher Form wiederholen. Diese Erscheinung ist in narrativen Texten allgemein verbreitet, näher analysiert wurde sie bisher vor allem für die Komödie, wo sie vorzugsweise Kleinstrukturen der Handlung (Szenen und einzelne »gags«) betrifft[14]. Sie ist jedoch noch charakteristischer für das didaktische Drama, das häufig auch auf makrostruktureller Ebene paradigmatisch angelegt ist. Auch in *El gran teatro del mundo* von Calderón und in modernen Thesenstücken wie *Traumspiel* und *Der kaukasische Kreidekreis* besteht die Handlung aus mehreren analog strukturierten Geschichten, die untereinander kaum mehr kausal verknüpft sind.

Die Handlung von *Lo fingido verdadero* setzt sich aus zwei Hauptparadigmen zusammen. Im ersten Akt wird das Paradigma »Tod eines Kaisers oder Kaiseraspiranten« viermal variiert, im zweiten und dritten Akt je einmal das Paradigma »Spiel, das Wirklichkeit wird«. Dieses zweite Paradigma wird ebenfalls im ersten Akt schon andeutungsweise vorweggenommen, und zwar mit dem Aufstieg Dioclecianos, durch den seine und Camilas »burlas«, d. h. seine scherzhaften Versprechungen und Camilas scherzhafte Prophezeiung,

Wirklichkeit werden[15]. Die Verbindung zwischen den Paradigmen wird auf Handlungsebene dadurch gewährleistet, daß die Hauptfiguren Diocleciano und Ginés jeweils innerhalb beider Paradigmen auftreten. Außerdem sind beide Paradigmen auf die gleiche didaktische Botschaft bezogen, die in der Carino-Szene des ersten Aktes und den Schlußszenen des letzten Aktes ausdrücklich formuliert ist: der Fall eines Fürsten bezeugt ebenso wie das Umschlagen des Spiels in Wirklichkeit die Scheinhaftigkeit des Irdischen. Das Märtyrerdrama wird damit zum Drama des desengaño. Dabei ergibt sich noch die Paradoxie, daß der Kaiser nur eine Rolle spielt, während der Schauspieler in das wahre Leben eingeht.

Die Handlung des ersten Aktes entspricht übrigens trotz der extremen Paradigmatisierung im wesentlichen den historischen Fakten: die Quadruplizität der Fälle war sozusagen in der historischen Realität der Jahre 283–285 schon angelegt und wurde von Lope de Vega durch einige Modifikationen, die vor allem die zeitliche Abfolge betreffen, nur stärker herausgearbeitet[16]. Dabei wird die Darstellung schon aus räumlichen Gründen extrem komprimiert: von den Expositionsszenen abgesehen, werden auf den Tod der vier Herrscher und den Aufstieg Dioclecianos nur insgesamt vier Szenen verwendet. Auf die im historischen Drama übliche Ausmalung der bekannten Fakten durch mehr oder weniger erfundene Begleitumstände wird fast völlig verzichtet.

Vervierfachung und Komprimierung bedeuten natürlich zugleich, daß das Sujet »Fall der Fürsten« hier in ungewöhnlicher Weise bagatellisiert wird. Normalerweise reichte im europäischen Drama seit der Renaissance *ein* Fall eines Fürsten aus, um ein ganzes, eventuell sogar ein mehrteiliges Drama zu bestreiten. Im Grunde signalisiert also bereits die Vervierfachung der ›Fälle‹ in *Lo fingido verdadero,* daß es sich hier um religiöses Welttheater und nicht, in dem begrenzten Sinne, in dem dergleichen in der spanischen Literatur des 17. Jahrhunderts möglich war, um ein historisches Profandrama handelt[17].

Während der Handlungsverlauf in allen vier ›Fällen‹ so ziemlich der gleiche ist, wird die szenische Aktualisierung jeweils stark variiert. Aurelio Caro fordert den Himmel in einer pompösen Tirade zum Kampf heraus und wird vom Blitz getroffen. Carino wird auf einem Streifzug durch die nächtlichen Straßen Roms (einer Standardsituation der Dramen Lopes[18]) gezeigt und ergeht sich in witzigen Gesprächen mit seiner Begleitung und mit Ginés, bevor er zur Strafe für seine Missetaten von Lelio und seiner Begleitung überfallen und erschlagen wird. In der letzten Szene des ersten Aktes entdeckt dann Diocleciano, der hier zum Träger der dramatischen Perspektive avanciert, die Ermordung des Numeriano, die selbst nicht auf der Bühne gezeigt wird, tötet den Mörder Apro und wird selbst zum Kaiser ausgerufen. Die Variation der szenischen Aktualisierung dient vermutlich in erster Linie dazu, die Reduktion, die mit der Vervierfachung eines normalerweise sinntragenden Sujets verbunden ist, ästhetisch akzeptabel zu machen. Das paradigmatische Prinzip und die damit verbundenen didaktischen Implikationen werden dadurch keineswegs abgeschwächt.

Das zweite Hauptparadigma von *Lo fingido verdadero* besteht aus den zwei ›Spielen im Spiel‹ in Akt 2 und 3[19]. Bei den beiden Spielen handelt es sich um eine Liebeskomödie (»comedia amorosa« bzw. »celosa«) und ein Märtyrerdrama (»tragedia«)[20], sie entsprechen also zwei sehr verschiedenen Untergattungen der spanischen comedia, werden allerdings als solche jeweils nur fragmentarisch realisiert. Weitgehend analog ist dagegen die jeweilige Aufführungssituation auf der ersten Spielebene: technische Vorgespräche, jeweils ein Monolog, in dem der Hauptdarsteller Ginés sich auf seine Rolle einstimmt, ein panegyrischer Prolog (»loa«), der von einem Schauspieler – Ginés bzw. Marcela – gesprochen wird, die Kommentierung des Spiels durch die Schauspieler und die Zuschauergruppe, schließlich der vorzeitige Zusammenbruch der Aufführung durch Umschlagen der Fiktion in Wirklichkeit bzw. der Fiktion zweiter Potenz in fiktionsinterne Wirklichkeit. Gemeinsam ist beiden Binnenstücken also auch der ständige Wechsel zwischen den Spielebenen, der durch die Desorientierung der Zuschauer und Mitspieler markiert und auch zusätzlich kompliziert wird, d. h. der systematisch praktizierte Illusionsbruch und die Thematisierung des Mediums Theater im Dialog der ersten Spielebene. Diese Ebene fungiert damit im Verhältnis zum Binnenstück als »Kommentar- und Reflexionsebene«, d. h. das »Spiel im Spiel« wird bereits hier – wie in vielen Dramen des 20. Jahrhunderts – als ›epische‹ Technik eingesetzt[21].

Natürlich besteht auch auf der Ebene der didaktischen Bedeutungszuweisung eine Analogie zwischen den beiden Spielen, und zwar in dem Sinne, daß das erste Spiel das zweite im Sinne einer Typologisierung ›präfiguriert‹. Sowohl auf den typologischen wie auch auf den epischen und metatheatralischen Aspekt von *Lo fingido verdadero* wird im folgenden noch genauer einzugehen sein.

## Analogismus

J. Küpper hat kürzlich in einer umfassenden diskurstheoretisch fundierten Untersuchung gezeigt, daß die spanische Barockliteratur, speziell das spanische Barockdrama, sich noch (bzw. wieder) innerhalb der ›analogischen‹ Diskursordnung bewegt, wie sie sich in der christlichen Spätantike und im Mittelalter herausgebildet hat. Das bedeutet, daß das Weltmodell dieser Dramen ein theozentrisches ist: die Welt wird als Wiederholung von Mustern verstanden, die auf das göttliche Wollen verweisen, und die dem Menschen

u. a. in den heiligen Schriften offenbart worden sind. Die wesentlichen diskursiven Techniken, die dieses Weltverständnis sprachlich vermitteln, sind Typologie und Allegorie. Wie Küpper am Beispiel von *El castigo sin venganza* und *El médico de su honra* nachweist, erstreckt die Herrschaft der analogischen Formen sich nicht nur auf das Fronleichnamspiel und die »comedia de santos«, sondern auch auf das ›weltliche‹ Drama der Epoche, das als »Drama über Welt im Stande der Erbsünde« ebenfalls eine theologische Dimension erhält[22].

In einem religiösen Drama wie *Lo fingido verdadero* ist natürlich erst recht zu erwarten, daß allen Verfahren, die einen Bezug zwischen den weltlichen Dingen und den christlichen Glaubenswahrheiten herstellen, ein zentraler Stellenwert zukommt. In der Tat wird in *Lo fingido verdadero* sehr stark mit typologisierenden Zuordnungen gearbeitet, d. h. Ereignisse und Figuren der Handlung werden als Wiederholungen heilsgeschichtlicher Ereignisse und Figuren oder aber ihrer alttestamentarischen ›Vorwegnahmen‹ aufgefaßt[23]. Die Zuordnungen bleiben aber – wie auch sonst in den frühen Dramen Lopes – eher punktuell, sie werden nicht zur zentralen Komponente der Dramenstruktur ausgebaut wie etwa der Absalom-Typos in Lopes spätem Drama *El castigo sin venganza* oder die eschatologischen Typoi (Erbsünden-Typos, Christus-Typos) in den Dramen Calderóns[24].

So erwähnt Ginés im 1. Akt eine Schauspielerin seiner Truppe namens Lisarda, die sich kürzlich zum Christentum bekehrt hat und nun als »neue Büßerin« in den Felsen von Marseille lebt (172 a). Die Schauspielerin wird damit als Magdalena-Typos charakterisiert, zugleich ›präfiguriert‹ ihr Lebensweg die spätere Bekehrung des Schauspielers Ginés[25]. Andere auf Ginés bezogene Typoi sind 1. mythologische Liebhaber, die ein tragisches Ende nehmen (Adonis und Paris, 199 b), 2. weitere Typoi des geretteten Sünders (der wiederauferstandene Lazarus, der zweite Schächer, Jonas, alle 195 b, s. auch 198 b–199 a), 3. Verkünder Gottes (Amos, 195 b, der Evangelist Johannes, David, 198 b). Diese Typoi, die nur kurz in Form von Exempelreihungen genannt werden, interpretieren im Gegensatz zum Magdalena-Typos jeweils nur eine Phase im Leben des Protagonisten: die Phase der ›falschen Liebe‹ vor der Bekehrung (Adonis und Paris) oder die Phase der Bekehrung, der ›wahren Liebe‹ und des christlichen Lebens (bekehrte Sünder und Verkünder Gottes). Sie signalisieren damit die Tatsache, daß die Vita des Protagonisten insgesamt nach dem typologischen Schema des doppelten Kursus, d. h. nach dem grundlegenden analogischen Verlaufsschema, gestaltet ist: eine Ereignissequenz wird zweimal durchlaufen, einmal als Vorstufe, einmal als Erfüllung[26]. Dabei fungiert nicht nur die ›irdische Liebe‹ als Vorstufe der caritas, auch die »humana comedia« und die Gunst Dioclecianos präfigurieren die jeweilige Erfüllung in Form der »comedia divina« bzw. der Gunst des himmlischen Herrschers. Die Analogie der Phasen wird vor allem in den Schlußreden des Ginés ausgiebig thematisiert (198a/b und 199b; s. auch 197a).

Neben Ginés sind es vor allem die Kaiserfiguren, die eine typologisierende Interpretation erfahren, indem sie, meistens in eher beiläufiger Weise, jeweils entweder dem Paradigma des guten Herrschers (d. h. Gottes) oder dem des schlechten Herrschers (d. h. dem des Teufels) zugeordnet werden: Carino ist ein ›neuer Nero‹ (173b, vgl. auch 167a), Aurelio rivalisiert mit Alexander dem Großen (167b) und stirbt wie er in Mesopotamien, nachdem er sich – ein luciferischer Zug – vermessen hat, den Aufstand der Titanen gegen Jupiter zu erneuern (169b–170a). Auch Apro, der seinen Konkurrenten vergiftet, weist sich durch sein Verhalten als Lucifer-Typos aus. Von Numeriano wird gesagt, er hätte als Kaiser die Zeiten Trajans erneuert (168a, 175a, 176b) und regiert wie Romulus und Remus (177a), Diocleciano wird als würdig erklärt, den Lorbeer des Aeneas zu empfangen, und vereint die Feldherrnqualitäten von Pyrrhus und Alkibiades in sich (177a/b). Durch die Nennung von Aeneas und Romulus wird die heilsgeschichtliche Rolle Roms evoziert, das als Präfiguration der »civitas dei« in der typologischen Exegese bekanntlich eine zentrale Rolle spielt. Die Tatsache, daß Diocleciano, der in den beiden ersten Akten des Stückes eher als positive Figur dargestellt wird, später als Christenverfolger auf die Seite Neros und Lucifers überwechselt, wird nicht mehr in gleicher Weise durch mythologische und historische Anspielungen markiert, wohl aber allegorisch: im 3. Akt wird Diocleciano nämlich von Ginés der »Zorn« als dominierende Eigenschaft sogar explizit zugewiesen (»en la segunda jornada / está vuestro *enojo* escrito«, 197a; vgl. auch 199a)[27].

Auch sonst sind allegorische Verweisstrukturen im Text von *Lo fingido verdadero* relativ reich vertreten. Akt 2 und 3 enthalten z. B. mehrere Prunkreden, die nach dem Usus des 17. Jahrhunderts mit emblematischen Anspielungen durchsetzt und daher für die intendierte ›Botschaft‹ des Stückes sehr aufschlußreich sind[28].

In der »loa« des ersten Binnenstücks (182b–183b) vergleicht Ginés seine Situation mit der des Poeten Tebano, der während einer Audienz bei Alexander dem Großen seine Handschuhe verlor, sie wieder aufhob und in der Verwirrung dem Herrscher als die seinigen überreichte. Das Gleichnis wirkt zunächst ziemlich vordergründig, man kann es jedoch ohne allzugroße Gewaltsamkeit auch als »mise en abyme« der Handlung von Akt 2 und 3 insgesamt verstehen: auch Ginés verwechselt etwas, indem er seine Rolle als Christ ›wörtlich nimmt‹, und erwirbt damit die Gnade des himmlischen Herrschers.

In der »loa« des zweiten Binnenstücks (194a–195a) wird das geläufige Emblem der Elefanten, die die Lämmer vor sich den Fluß passieren lassen, von den Schauspielern im Sinne alter panegyrischer Traditionen für einen Appell an die Großmut der beiden anwesenden Cäsaren benutzt[29]. Damit ist der allegorische Hintersinn des Gleichnisses aber keineswegs ausgeschöpft: dieses besagt im Sinne des Autors offenbar vor allem, daß den beiden heidnischen Kaisern das Gegenbild ihrer zum Christentum bekehrten Nachfolger vorgehalten wird[30].

Die Rede des Rutilio über die Ankunft der wilden Tiere, die für die Zirkusspiele bestimmt sind (189a–190b), legt ebenfalls eine allegorische Interpretation nahe; diese wird aber nicht explizit gegeben. Die Tiernamen sind aufgrund ihrer notorischen Polyvalenz nicht leicht interpretierbar, jedoch deuten die traditionellen emblematischen Motive, die in einigen Fällen mitgeliefert werden, darauf hin, daß es hier wieder um den Aufstieg Dioclecianos und seine Wandlung zum Tyrannen geht. Die Rede ist nämlich u.a. von dem Affen, der seine Tiernatur offenbart, als er auf einen Baum klettert, dem Krokodil, das seine Opfer beweint, der Hyäne, die die Hirten irreführt, indem sie ihre Stimmen nachahmt, und dem Drachen, der einen Elefanten tötet und selbst dabei umkommt. Sensus allegoricus bzw. emblematicus: »hochstehende Dummheit wird entlarvt«, »falsche Freundschaft«, »der falsche Schmeichler« und »bestrafte Tyrannen«[31]. Die übrigen Tiernamen scheinen ebenfalls vorwiegend auf Zorn und Undankbarkeit des Tyrannen zu verweisen[32]. Dies könnte auch auf Fabelwesen wie »cinoprosopo«, Pegasus, »onocentauro« und »catobleto« zutreffen, die aber einer eigenen Untersuchung bedürften[33].

Das analogische Moment wird in *Lo fingido verdadero* zwar primär punktuell eingesetzt, d.h. in Form von kurzen narrativen Einschüben oder von Vergleichen und Exempelreihungen. Es manifestiert sich aber auch auf makrostruktureller Ebene, da, wie gezeigt wurde, alle strukturellen Analogien, die oben unter »Paradigmatik« behandelt wurden, letztlich durch typologisierende Wiederaufnahmen bedingt sind. Als analogisch im weiteren Sinne kann schließlich auch die Metapher des Welttheaters verstanden werden, die die eigentliche Strukturdominante des Textes bildet. Die Besonderheit von *Lo fingido verdadero* liegt allerdings darin, daß diese Metapher gerade nicht, wie in Calderóns *El gran teatro del mundo,* allegorisch, d.h. in Verbindung mit einem traditionellen Verfahren des Analogismus realisiert, sondern in eher vordergründiger Weise aus der Figurenpsychologie und der Handlung des Stückes entwickelt wird.

## *Lo fingido verdadero* als Welttheater

*Lo fingido verdadero* ist zunächst (im 2. Akt) ein Stück über das Theater, bevor es (im 3. Akt) ein Stück über die Welt als Theater wird, d.h. ein Stück, in dem die Fiktionalität, die vom Medium Theater produziert wird, in spezifisch barocker Potenzierung dazu benutzt wird, die Grundthese der Epoche, nämlich die Irrealität der diesseitigen Welt, abzubilden und zu demonstrieren[34]. Es inkorporiert also sowohl eine poetologische als auch eine didaktische Form von Metatheater, die beide in höchst geistreicher Form verknüpft werden. Dabei reicht die Thematisierung des Theaters von einer dramentheoretischen Diskussion und einer kritischen Auflistung realer und erfundener Dramenautoren über die Aufführung von Theaterstücken auf der Bühne und dem damit verbundenen Blick hinter die Kulissen bis zur systematischen Verunklärung der Grenzen zwischen theatralischer Fiktion und Realität.

In der dramentheoretischen Diskussion im 2. Akt (179b–180b) geht es natürlich nur scheinbar um spätantike Theaterverhältnisse, in Wirklichkeit aber um das spanische Drama des frühen 17. Jahrhunderts[35]. Der Wortführer Diocleciano vertritt mit erstaunlicher Konsequenz den »gusto español« und spielt Erfindung (»invención«) und Naturbegabung des Dichters (»natural«) gegen die ›Regeln‹ der humanistischen Poetik aus. Thema und Formulierungen der Rede klingen deutlich an den vieldiskutierten poetologischen Traktat *Arte nuevo de hacer comedias* an, den Lope de Vega wohl nur wenig später geschrieben hat als *Lo fingido verdadero,* und in dem er das Verhältnis der spanischen comedia zu den humanistischen »preceptos«, das bekanntlich wenig orthodox war, mit einer irritierenden Mischung von apologetischem Humor und Programmatik charakterisiert[36]. Die Äußerungen Dioclecianos sind sogar wesentlich stärker »prospanisch« akzentuiert als der *Arte nuevo,* da die Apologetik fast völlig entfällt und von den »preceptos« nur noch die Wahrscheinlichkeit als unabdingbar hingestellt wird (»y como me le dé lo verosímil / nunca reparo tanto en los preceptos«, 179b). Im Widmungsbrief zu *Lo fingido verdadero,* der an Tirso de Molina gerichtet und vermutlich 1621 verfaßt ist[37], formuliert Lope seine Stellung zwischen Aristotelismus und ästhetischer Rechtfertigung einer nur teilweise aristotelischen Dramenpraxis wieder vorsichtiger: wünschenswert seien humanistische Bildung und künstlerische Spontaneität, »arte« und »natural«, gleichermaßen (166a)[38].

Das anachronistische Plädoyer für den »gusto español« wird in der kritischen Autorenrevue etwas differenziert. Diocleciano lehnt hier nämlich zunächst die Klassiker der römischen Komödie ab – die *Andria* mit der lapidaren Feststellung »es vieja«, den *Miles gloriosus,* bei dem ihn wohl die Assoziationsmöglichkeiten zu seiner soldatischen Vergangenheit stören, ohne nähere Begründung. Er will aber auch von drei ›modernen‹ Autoren nichts wissen, die sich durch ausgesprochen barocke Tendenzen wie exotischen Metaphernprunk, pathetische Verssprache oder Kulissenzauber und Maschinenkünste auszeichnen. Andererseits werden drei Tragödien über klassische mythologische Themen, die ihre griechischen und römischen Vorbilder übertreffen sollen, zunächst in Betracht gezogen und nur auf Rat Camilas verworfen, weil Tragödien den ›Untergang von Königreichen‹ darstellten und daher als Festspiele nicht geeignet seien. Gewählt wird schließlich eine Liebeskomödie, also ein Stück, das einer poetologisch relativ wenig kontroversen und in Lopes eigenem Œeuvre reich vertretenen Gattung angehört[39]. Die Revue ist zweifellos als Plädoyer pro domo auf Lope und seine Zeitgenossen gemünzt und würde als solches eine eigene Untersuchung lohnen.

Die an Anachronismen reiche Diskussion schließt mit einem erlebnisästhetischen Credo von Ginés, in dem dieser behauptet, daß ein Schauspieler, ebenso wie ein Poet, nur diejenigen »pasiones de amor« darstellen könne, die er selber fühle. Das Credo ist weniger durch seine Formulierung bemerkenswert, die im 17. Jahrhundert zahlreiche Parallelen hat, als durch die sehr weitreichenden Konsequenzen, die im Verlauf der Handlung daraus gezogen werden. Die mehr technischen Aspekte des Theaterlebens, wie das Rollen- und Stückrepertoire der Truppe, das Vergessen und Wiederholen des Textes oder das Versäumen des Stichworts kommen in diesem metatheatralischen Text nämlich eher beiläufig zur Sprache[40]. Dagegen werden am Beispiel des Ginés diejenigen Tätigkeiten des Autors und Schauspielers, die zwischen Wirklichkeit und Fiktion vermitteln, besonders hervorgeoben: Ginés »literarisiert« – wie der Fernando der *Dorotea* – »das Leben und lebt die Literatur«[41], indem er seine eigene Situation literarisch umsetzt und Stücke schreibt, die ihrerseits die Wirklichkeit in seinem Sinne beeinflussen sollen[42]. Als Schauspieler ist er ein genialer Improvisator und geht völlig in seiner Rolle auf, im wirklichen Leben neigt er dazu, tatsächliche Begebenheiten für gespielte zu halten (192a, s. auch 193a–194a) oder selbst zu spielen (181b). Die Amalgamierung von Literatur und Leben im Text des Binnenstücks führt dazu, daß Ginés auch während der Aufführung beide Ebenen verwechselt und Marcela eine ›reale‹ Eifersuchtsszene macht (184a/b), während Marcela und Octavio dadurch angeregt werden, ihre Rolle ganz bewußt in Wirklichkeit umzusetzen (186b). Im 3. Akt wird das analoge Umschlagen von Fiktion in Wirklichkeit ebenfalls durch die Schauspielerqualitäten und die extreme Rollenidentifikation des Protagonisten induziert, außerdem allerdings auch durch das ›Mitspielen‹ der himmlischen Erscheinungen.

Für die Kommentare, mit denen die Zuschauer auf das Verhalten der Hauptdarsteller reagieren, ist charakteristisch, daß sie die Situation meistens falsch einschätzen und daher das Verhältnis von Fiktion und Wirklichkeit zusätzlich komplizieren: als Ginés aus der Rolle fällt, wird dies von Maximiniano als Versehen interpretiert, von Diocleciano dagegen als Kunstgriff (»artificio«), bzw. als besonders realistisches Spiel (184b, s. auch 195b und 196a). Anläßlich der Apartes von Marcela und Octavio diagnostiziert Diocleciano scharfsinnig, die beiden ›spielten wohl ihre eigene Wahrheit‹, während

Maximiniano meint, sie hätten improvisiert (186 b)[43]. Die Schauspieler interpretieren die Abweichungen vom Text im ersten Binnenstück durchweg richtig[44], angesichts der Bekehrung des Ginés und der Engelserscheinung im zweiten Binnenstück verlieren sie jedoch ebenfalls den Überblick[45]. Den Höhepunkt der Fehlinterpretationen erreicht Diocleciano, wenn er meint, die Nachricht von der Flucht der Schauspieler im 2. Akt sei Teil des Stückes (188 b), und damit dem Binnenstück eine Form des Illusionsbruchs zuschreibt, die nur in *Lo fingido verdadero* als Ganzem praktiziert wird. Wie man sieht, ist die »Virtuosität«, die hier der Darstellung von »höchst verwickelten Mischungen von Illusion und Wirklichkeit« gewidmet wird, beträchtlich[46]. Die Selbstthematisierung des Theaters, die Potenzierung und die fiktionsironische Bloßlegung der Fiktionalität und die Destabilisierung des Wirklichkeitsbewußtseins nehmen hier bereits Formen an, die sich in der europäischen Dramengeschichte vor allem mit dem Namen Pirandello verbinden, in Wirklichkeit aber für das barocke Metatheater in etwas anderer Weise mindestens ebenso charakteristisch sind wie für das romantische und nachromantische Drama.

Während Diocleciano im 2. Akt Ginés ein Zuviel an »artificio« zutraut, wird er im 3. Akt, zumindest auf metaphorischer Ebene, wirklich zum Mitspieler, indem er die ›Szene zum Tribunal macht‹ und die Rolle des ›zornigen‹ Tyrannen übernimmt, die Ginés ihm durch sein Bekenntnis nahegelegt hat. Er erklärt damit seinerseits die Wirklichkeit zur Fortsetzung der Fiktion, vollzieht also das Umschlagen der Fiktion in Wirklichkeit nach, das Ginés ihm sozusagen vorgemacht hat. Auch die Begründung, die er dafür gibt, zeugt von erstaunlicher Einsicht in den Charakter des Komödianten: (»y morirás en comedia / pues en comedia has vivido«, 197 a).

Zumindest in der metaphorischen Auslegung der Ereignisse sind Protagonist und Antagonist sich hier einig: auch Ginés beschreibt in seinen Schlußreden seine Bekehrung und sein weiteres diesseitiges und jenseitiges Schicksal als Fortsetzung der »comedia« und setzt damit nach dem Ende der Theateraufführung die Grenzverwischung zwischen Fiktion und Wirklichkeit auf sprachlicher Ebene fort, wobei er im Gegensatz zu Diocleciano sorgfältig zwischen ›menschlicher Komödie‹ (für das Leben vor der Bekehrung) und ›göttlicher Komödie‹ bzw. »comedia a lo divino« (nach der Bekehrung) unterscheidet (198 b–199 b, s. auch 195 b und 196 a/b). Damit wird die Metapher des ›Welttheaters‹, die bereits im 1. Akt eingeführt worden war, als Fazit der Dramenhandlung nochmals explizit formuliert: die angebliche Realität ist nur ›Theater‹, d. h. Schein (»cesó la humana comedia / que era toda disparates«, 199 b). Die Metapher wird zugleich auch etwas überdehnt, indem sie zur Umschreibung des »ewigen Lebens« weiterverwandt wird, das im Sinne der desengaño-Botschaft des Stückes nicht als ›Schein‹, sondern als ›Wahrheit‹ aufgefaßt werden müßte (in Calderóns *Gran teatro del mundo* endet die Theateraufführung beim Eintritt ins Jenseits). Man kann die theologische Inkonsequenz, die an dieser entscheidenden Stelle entsteht, wahlweise der subjektiven Perspektive des theaterbesessenen Protagonisten oder einer gewissen Eigendynamik des Theater-Concetto zuschreiben. Sie ist jedenfalls charakteristisch für die Dramenproduktion Lopes, deren Vorzüge, wie oft beobachtet worden ist, im Unterschied zu der Calderóns nicht so sehr in der strengen Unterordnung aller Einzelheiten unter ein vereinheitlichendes Konzept liegen, auch nicht allein in der Vermittlung einer »Poesie des natürlichen Lebens«[47], sondern vorrangig in der Vielfalt der Einfälle und der künstlerischen Mittel.

Obgleich *Lo fingido verdadero* das erste Welttheaterdrama des spanischen Barock ist und die spezifisch barocke Sein- und Schein-Thematik bereits mit außerordentlicher Virtuosität literarisch umsetzt, ist es nicht im gleichen Maß zum Paradestück des Barockdramas geworden wie sein klassizistisch abgewandelter französischer Nachfolger *Le véritable Saint-Genest* von Rotrou und wie Calderóns *La vida es sueño* und *El gran teatro del mundo.* Das ist wohl nicht nur ein historischer Zufall. Das Stück Rotrous vertritt im Kontext einer von der »doctrine classique« geprägten Nationalliteratur das barocke Gegenparadigma, während sein spanisches Vorbild in seinem literarischen Kontext einer sehr viel stärkeren Konkurrenz von literarisch hochrangigen Stücken ähnlicher Thematik ausgesetzt war.

Daß die Literaturkritik des 19. Jahrhunderts die gedanklich und formal strengere Variante des Calderónschen ›Welttheaters‹ kanonisierte, die schon von der deutschen Romantik bevorzugt worden war, ist danach nicht erstaunlich. Die Kritik des 20. Jahrhunderts könnte hier durchaus anders verfahren, und zwar vor allem aufgrund der Dramenform von *Lo fingido verdadero,* von der man heute nicht mehr wie Vossler sagen würde, daß sie »unordentlich« sei[48], wohl aber, daß sie sogar im Kontext der spanischen comedia als höchst unaristotelisch erscheint. Ein im Ansatz extrem ›offenes‹ Drama, das mit beträchtlichen Spannweiten der Zeit- und Raumerstreckung arbeitet und fast alle wichtigen Untergattungen der comedia von der Liebeskomödie über das historische Drama bis zum Märtyrerdrama enthält, wird nur durch sekundäre Vereinheitlichungsverfahren und durch ein zentrales didaktisches Konzept zusammengehalten. Die Vereinheitlichung bleibt schon deshalb begrenzt, weil die Verfahren selbst vielfältig sind: neben mittelalterlichen Verfahren der Paradigmatisierung und Analogisierung stehen Techniken des Illusionsbruchs, der Fiktionsironie und der ›epischen‹ Kommentierung der Ereignisse durch die Figuren selbst, die im Barockdrama zum Teil neu entwickelt werden, und die in ähnlicher Form und anderer Funktionalisierung im modernen Metatheater wieder aufleben.

Dabei hat *Lo fingido verdadero* weit größere Ähnlichkeit mit dem modernen Drama als mit mittelalterlichen Märtyrerdramen oder Mysterienspielen. Ein wesentlicher Unterschied zum modernen Drama besteht allerdings darin, daß die Verunklärung der Grenzen von Fiktion und Wirklichkeit in *Lo fingido verdadero* auf eine dogmatisch fundierte Relativierung der diesseitigen Welt zugunsten des Jenseits hinausläuft, und nicht auf eine Problematisierung des Wirklichkeitsbegriffs überhaupt wie bei Pirandello. Das Drama endet daher mit einem Ausblick auf das ›wahre Leben‹ und nicht mit universeller Desorientierung und Sinnverweigerung.

Auch wenn die didaktische Pointierung vergleichsweise diskret gehandhabt wird, könnte *Lo fingido verdadero* also keinesfalls für ein Drama des 20. Jahrhunderts gehalten werden. Das Stück repräsentiert aber zweifellos eine Variante des spanischen Barockdramas, die dem Drama der Moderne typologisch und genetisch[49] besonders nah verwandt ist, und die daher ein wesentlich größeres Interesse für sich beanspruchen kann, als es ihr in der einschlägigen Forschung bisher zuteil geworden ist.

## ANMERKUNGEN

T: *Lo fingido verdadero,* in: Lope Felix de Vega Carpio, *Obras escogidas* Bd. 3, Madrid (Aguilar) ³1967, S. 165–199. – Dt. Bearbeitung (nur mit Vorbehalt zu empfehlen): *Sein ist Schein,* in: Lope de Vega, *Ausgewählte Werke,* Deutsche Nachdichtungen von H. Schlegel, 12 Bde., Emsdetten 1960–1975, Bd. 2, S. 1–84.

L: R. Alewyn/K. Sälzle, *Das große Welttheater – Die Epoche der höfischen Feste in Dokument und Deutung,* Hamburg 1959; P. Bürger, »Illusion und Wirklichkeit im ›Saint Genest‹ von Jean Rotrou«, in: *Germanisch-Romanische Monatsschrift* (Neue Folge) 45 (1965), S. 241–267; H. Friedrich, *Der fremde Calderón,* Freiburg ²1966; A. Henkel/A. Schöne, *Emblemata – Hauptbuch zur Sinnbildkunst des XVI. und XVII. Jahrhunderts,* Stuttgart 1967; J. Jacquot, »Le Théâtre du monde de Shakespeare à Calderón«, in: *Revue de littérature comparée* 31 (1957), S. 341–372; J. Küpper, *Diskursrestauration bei Lope de Vega und Calderón – Untersuchungen zum spanischen Barockdrama* (ungedr. Münchener Habilitationsschrift von 1987); B. von der Lage, *Studien zur Genesiuslegende – Erster Teil,* Berlin 1898; M. Menéndez y Pelayo, *Estudios sobre el teatro de Lope de Vega,* 6 Bde., Santander 1949, Bd. 1, S. 264–283; M. Pfister, *Das Drama – Theorie und Analyse,* München 1977, L. C. Poteet-Bussard, »Algunas perspectivas sobre la primera época del teatro de Lope de Vega«, in: M. Criado de Val (Hg.), *Lope de Vega y los orígenes del teatro español,* Madrid 1981, S. 341–354; H. W. Sullivan, *Tirso de Molina and the Drama of the Counter Reformation,* Amsterdam ²1981; E. Szarota, *Künstler, Grübler und Rebellen – Studien zum europäischen Märtyrerdrama des 17. Jahrhunderts,* Bern und München 1967; A. S. Trueblood, »Rôle-Playing and the Sense of Illusion in Lope de Vega«, in: *Hispanic Review* 32 (1964), S. 305–318; J. Voigt, *Das Spiel im Spiel – Versuch einer Formbestimmung an Beispielen aus dem deutschen, englischen und spanischen Drama,* ungedr. Göttinger Dissertation von 1954; K. Vossler, *Lope de Vega und sein Zeitalter,* München ²1947.

A: 1 Vgl. S. G. MORLEY und C. BRUERTON, *The Chronology of Lope de Vega's »Comedias«*, New York/London 1940, S. 198 und 364.

2 Zu einigen späteren spanischen Bearbeitungen der Genesiusvita vgl. M. MENÉNDEZ Y PELAYO, s. L., S. 283.

3 MENÉNDEZ Y PELAYO hält das Stück immerhin für ›eines der bedeutendsten der religiösen Dramen Lopes' (s. L., S. 266), während SZAROTA, die dem Stück eine ausführliche Interpretation widmet, von »einer besonders eindrucksvollen Entfaltung und Darstellung des Künstlerthemas« spricht (s. L., S. 24). Vgl. auch die Interpretationen bei VOSSLER, s. L., S. 251–253, VOIGT, s. L., S. 121–131 und TRUEBLOOD, s. L., S. 312–315. Dem französischen Nachfolger von *Lo fingido verdadero* ist, wohl vor allem aufgrund seiner Zugehörigkeit zu einer vielbeschriebenen Literatur, von seiten der Forschung etwas mehr Aufmerksamkeit zuteil geworden. Auch das Verhältnis der beiden Stücke zueinander wurde bisher fast nur aus französischer Perspektive dargestellt. Vgl. u. a. BÜRGER, s. L., S. 242–244.

4 Vgl. SZAROTA, s. L., S. 40 und VOSSLER, s. L., S. 251f. Zum ›losen Aufbau‹ vor allem der früheren, d. h. der vor 1610 geschriebenen Stücke Lope de Vegas vgl. D. W. MOIR, »The Classical Tradition in Spanisch Dramatic Theory and Practice in the Seventeenth Century«, in: M. J. ANDERSON (Hg.), *Classical Drama and its Influence – Essays presented to H. D. F. Kitto*, London 1965, S. 191–228, hier S. 206. Vgl. auch VOSSLER, s. L., S. 306–308, und POTEET-BUSSARD, s. L., S. 349.

5 Zur mutmaßlichen orientalischen Herkunft der Legende und ihrer nachträglichen Lokalisierung im Rom der Zeit Diokletians vgl. VON DER LAGE, s. L., passim.

6 Die Namen der historischen Dramenfiguren werden im folgenden in hispanisierter Form wiedergegeben.

7 »La Vida de san Gines el Representante, Martir«, in: *Flos sanctorum* (1599), Venedig 1604–06, S. 359b–361b.

8 Zum typischen Verlaufsschema der Märtyrervita vgl. das Kapitel »Legende« bei A. JOLLES, *Einfache Formen*, Tübingen [4]1968, S. 23–59.

9 Die Bedeutung der Gegenreformation für das spanische Barockdrama hat vor allem H. SULLIVAN (s. L.) herausgearbeitet. Vgl. auch KÜPPER, s. L., S. 20–27 und passim. Zum Gnadenstreit s. SULLIVAN, S. 28–34.

10 Vgl. VOSSLER, s. L., S. 252 (»Auch sonstige Charakterzüge des Ginés legen die Vermutung nahe, daß Lope sich dabei ein wenig mitzeichnet«). – Daß auch Ginés bei früheren Aufführungen die Christen verspottet hat, allerdings nicht ihre Riten, sondern ihre »martirios vanos«, ergibt sich aus einer Bemerkung des Kerkermeisters (S. 198b). Vgl. auch die Äußerung von Ginés selbst auf S. 193a.

11 Zu der häufigen Erscheinung, daß ein Spiel im Spiel die Handlung des Außenstücks thematisch und situativ abbildet, vgl. PFISTER, s. L., S. 304f., sowie VOIGT, s. L., S. 99–132. Das Binnenstück wird damit zu einem Mikrotext, der den Makrotext abbildet, d. h. zu einer »mise en abyme« des Makrotextes (zum Verfahren der »mise en abyme« s. L. DÄLLENBACH, *Le récit spéculaire – Essai sur la mise en abyme*, Paris 1977).

12 S. 192a/b und S. 195a.

13 *Flos sanctorum*, S. 361b.

14 Zum »paradigmatische[n] Prinzip komischer inventio« im Verhältnis zur sog. »anderweitigen Handlung« der Komödie vgl. R. WARNING, »Elemente einer Pragmasemiotik der Komödie«, in: W. PREISENDANZ und R. W. (Hg.), *Das Komische*, Poetik und Hermeneutik Bd. 7, München 1976, S. 279–333, hier S. 287–297.

[15] Vgl. den Kommentar Camilas S. 179a.

[16] Carus starb 283 auf einem Feldzug gegen die Sassaniden, seine Söhne Numerianus und Carinus wurden nach seinem Tod beide Augustus. Numerianus wurde 284 ermordet, Carinus einige Monate später (285), nachdem er zunächst noch erfolgreich gegen Diokletian gekämpft hatte, der vom Ostheer nach dem Tod des Numerianus zum Kaiser ausgerufen worden war. Vgl. *Lexikon der Alten Welt,* Zürich/Stuttgart 1965, Sp. 551 und 745f.

[17] Wie H. FRIEDRICH in seinem wegweisenden Calderón-Aufsatz darlegt, steht das *gesamte* spanische Barockdrama im Zeichen des desengaño, d. h. es bezeugt »die Nichtigkeit des Irdischen«. Dies geschieht aber in den Untergattungen der comedia in je unterschiedlicher Weise: im auto sacramental wird der desengaño völlig explizit (dies gilt auch für die »comedia de santos«, die FRIEDRICH nicht eigens berücksichtigt, also z. B. auch für *Lo fingido verdadero*). Die Vergänglichkeit irdischer Macht im historischen Drama und die Irrungen und Wirrungen der »comedia de capa y espada« demonstrieren die gleiche theologische Weltsicht, aber jeweils in »verkürzte[r] Perspektive« (s. L., S. 34–42, hier S. 39 und 37).

[18] Dem gleichen Szenentyp entsprechen z.B. die Eingangsszenen von *La bella malmaridada* und von *El castigo sin venganza.*

[19] Zur Parallelität der beiden Binnenstücke vgl. SZAROTA, s. L., S. 40f. und VOIGT, s. L., S. 123, zum verwendeten Formtyp (»Identität von Spiel- und Dramenpersonen« und »Einbruch [des Spiels] in die Dramensphäre«) s. VOIGT, S. 91 und 110–132.

[20] Vgl. S. 180a, 182a, 194a. – Lope versuchte bekanntlich, wie auch andere Dramenautoren des Siglo de oro, einen Kompromiß zwischen dem nichthumanistischen Gattungssystem der comedia und der humanistischen Poetik zu finden, indem er die alten Gattungsbezeichnungen »tragedia«, »tragicomedia« und »comedia« für Untergattungen der comedia beibehielt. Dabei verfuhr er natürlich nicht immer konsequent. Märtyrerdramen bezeichnet Lope mehrfach als »tragicomedia« (*Lo fingido verdadero* wird im Untertitel als »tragicomedia«, in den Schlußversen als »comedia« bezeichnet, s. S. 166 und S. 199b). Vgl. E. S. MORBY, »Some Observations on *tragedia* and *tragicomedia* in Lope«, in: *Hispanic Review* 11 (1943), S. 185–209, hier S. 190 und S. 201, und M. NEWELS, *Die dramatischen Gattungen in den Poetiken des Siglo de Oro,* Wiesbaden 1959, S. 77.

[21] Zur Definition des epischen Dramas als eines Dramas mit vermittelnden Kommunikationsstrukturen vgl. PFISTER, s. L. S. 103–122, zur Typologie und möglichen episierenden Verwendung des Spiels im Spiel s. S. 302–307. Im Fall des spanischen Barockdramas muß allerdings berücksichtigt werden, daß bestimmte epische Kommunikationsstrukturen dort in verallgemeinerter und konventionalisierter Form vorkommen: das gilt z.B. für Prologe, Epiloge und Musikeinlagen. Episierung durch Spiel im Spiel findet sich dagegen nur in einer begrenzten Anzahl von Dramen des 17. Jahrhunderts: außer *Lo fingido verdadero* wären hier vor allem *El gran teatro del mundo* von Calderón und im französischen Bereich *Le Véritable Saint-Genest* von Rotrou und *L'Illusion comique* von Corneille zu nennen.

[22] S. L., v. a. (zur These) S. 15–34 und S. 328–429. Zur Auseinandersetzung mit Foucault vgl. v. a. S. 17–20, zum weltlichen Drama s. S. 113f., S. 567–69 und S. 653f.

[23] Die Typologie bzw. Figuraldeutung diente bekanntlich ursprünglich vor allem der christlichen Reinterpretation der vorchristlichen Geschichte, d. h. zunächst des Alten Testaments, später auch der griechischen Mythologie und des gesam-

ten antiken Wissens. In der spanischen Barockliteratur – auch in *Lo fingido verdadero* – geht es meistens um Postfiguration, d. h. um die Übertragung des typologischen Schemas auf den Geschichtsverlauf *nach* der Zeitenwende. Vgl. KÜPPER, s. L., v. a. S. 90–92 und 329–336 (dort auch Verweise auf die maßgebliche Forschungsliteratur, insbesondere die grundlegenden Arbeiten von Auerbach und Ohly), sowie, zum Problem der Postfiguration, S. 236ff.

24 Zum höheren Abstraktionsgrad der Typoi bei Calderón vgl. KÜPPER, s. L., S. 485.

25 Der mittelalterlichen Legende zufolge reiste Maria Magdalena mit ihren Geschwistern Lazarus und Martha als Missionarin nach Marseille und lebte danach als Büßerin im Wald von Sainte-Baume. Vgl. *Lexikon der Namen und Heiligen,* Innsbruck/Wien 1984, S. 553b. – Zu der Parallele zwischen den Schicksalen von Lisarda und Ginés vgl. auch SZAROTA, s. L., S. 33.

26 Der Terminus »doppelter Kursus« wurde von H. KUHN in seinem grundlegenden Aufsatz über spiegelbildliche (d. h. letztlich: typologisierende) Strukturen im höfischen Roman eingeführt. Vgl. »Erec« in H. K., *Dichtung und Welt im Mittelalter,* Stuttgart 1959, S. 133–150, hier S. 142 und 147f.

27 Auch für drei der Kaiserfiguren des 1. Aktes wird die Deutung als Lasterfiguren nahegelegt, da von den Eigenschaften des Teufels-Typos (s. o.) jeweils eine dominiert: bei Aurelio Caro die »superbia«, bei Carino, der ebenfalls »superbus« ist (vgl. die Rede S. 171b), die »concupiscentia«, und bei Apro die »invidia«.

28 Zur Bedeutung der Emblematik für das Drama des 17. Jahrhunderts vgl. u. a. A. SCHÖNE, *Emblematik und Drama im Zeitalter des Barock,* München 1964, und H. BAUER, *Der Index pictorius Calderóns – Untersuchungen zu seiner Malermetaphorik,* Hamburg 1969, S. 189–215.

29 Vgl. HENKEL/SCHÖNE, s. L., Sp. 414–416.

30 Vgl. den bei Hieronymus Lauretus angegebenen sensus allegoricus von »elephantes«: »immanes peccatores, quos convertens Christus, utitur illis ad ornamentum Ecclesiae«, *Silva allegoriarum totius Sacrae Scripturae* (1570), Fotomechanischer Nachdruck der Ausgabe Köln 1681, München 1971, S. 384.

31 Vgl. HENKEL/SCHÖNE, s. L., Sp. 433, 672f., 407 und 412f. Auch die anschließende Bemerkung Camilas, das grausamste und unbesiegbarste aller Ungeheuer sei die Liebe (S. 190b), spielt auf traditionelle Embleme an (vgl. HENKEL/SCHÖNE, Sp. 385f.).

32 Dies könnte etwa auf Eber, Luchs, Bison, Tiger und Rhinoceros zutreffen, vgl. das Bildregister bei HENKEL/SCHÖNE, s. L., Sp. 2120, 2160, 2125, 2190 und 2178.

33 Der »onocentauro« (›Eselscentaur‹) ist ein biblisches Tier dämonischen Charakters (*Jes.* 13.21 und 34.14); »catobleto« (»Traen, de terrible vista, El temido catobleto«) dürfte eine falsche Lesung für das bei Plinius erwähnte Fabeltier »catoblepas« sein, das die teuflische Eigenschaft des tödlichen Blickes besitzt (zum catoblepas vgl. J. L. BORGES und M. GUERRERO, *Manual de zoología fantástica,* Mexico [3]1980, S. 49f.).

34 Zur Vorgeschichte der Welttheatermetapher vgl. E. R. CURTIUS, *Europäische Literatur und lateinisches Mittelalter,* Bern [2]1954, S. 148–151. Eine besonders suggestive Darstellung des Konzepts und seiner zentralen Stellung innerhalb des europäischen Barockdramas gibt ALEWYN, s. L., S. 48–70. Vgl. auch FRIEDRICH, s. L., S. 35–37 und JACQUOT, s. L., passim (zum Jesuitendrama s. S. 368).

35 Zu den zahlreichen Anachronismen von *Lo fingido verdadero* vgl. MENÉNDEZ Y PELAYO, s. L., S. 273 und SZAROTA, s. L., S. 25.

36 Eine relativ ausgewogene Darstellung des ambivalenten Traktats gibt J. DE JOSÉ PRADES im Schlußkapitel ihrer ausführlich kommentierten Ausgabe, in der auch

die frühere Forschungsdiskussion berücksichtigt wird (*El arte nuevo de hacer comedias en este tiempo*, Madrid 1971, S. 243–278, v. a. S. 253–261).

[37] Zur Datierung des Briefes vgl. S. G. MORLEY und C. BRUERTON, »Addenda to the Chronology of Lope de Vega's *comedias*«, in: *Hispanic Review* 15 (1947), S. 49–71, hier S. 60.

[38] Natürlich waren die Begriffe »natural« und »invención«, die hier als Gegenbegriffe zur humanistischen Ästhetik verwendet werden, in Wirklichkeit zumindest peripher in dieser enthalten und wurden von Lope nur neu akzentuiert. Zur Verbreitung insbesondere der Dichotomien von Kunst und Natur und von Nachahmung und Erfindung in der poetologischen Diskussion des späteren 16. Jahrhunderts vgl. E. C. RILEY, *Cervantes's Theory of the Novel*, Oxford 1964, S. 57–61. – Der größere Konformismus des Widmungsbriefes von 1621 erklärt sich möglicherweise durch die Literaturfehde der Jahre 1617/18 zwischen der aristotelischen Partei und Freunden Lope de Vegas, die von J. de ENTRAMBASAGUAS ausführlich beschrieben wurde (vgl. *Una guerra literaria del Siglo de Oro – Lope de Vega y los preceptistas aristotélicos*, Madrid 1932).

[39] Nach POTEET-BUSSARD sind Liebeskomödien im Frühwerk Lope de Vegas in besonders großer Zahl vertreten (zur relativ großen Freizügigkeit der Sujets und zur Bevorzugung ›asymmetrischer Konfigurationen‹ in den Stücken dieser frühen Phase s. L., S. 346–349). Insofern könnte das erste Binnenstück von *Lo fingido verdadero* durchaus als parodistisch gefärbte Wiederaufnahme der früheren Dramenproduktion Lope de Vegas in einem Stück der mittleren Phase angesehen werden.

[40] Vgl. S. 197b–199b, 192a, 193b–194a.

[41] VOSSLER, s. L., S. 185.

[42] Auch diesen Zug teilt Ginés mit seinem Autor Lope de Vega, der in einem für seine Zeit ungewöhnlichen Ausmaß persönliche Erfahrungen in seinen Stücken verarbeitete und als solche signalisierte (zu Ginés als möglichem Selbstporträt Lopes vgl. oben, Anm. 10). Bei dieser Erscheinung, die in der Lope-Forschung immer wieder hervorgehoben wird, geht es allerdings vor allem um eine spielerische »Literarisierung des Lebens«, die selbst Thema von Literatur wird, und noch nicht um ›Erlebnisdichtung‹ im romantischen Sinne (vgl. u.a. L. SPITZER, *Die Literarisierung des Lebens in Lopes »Dorotea«*, Köln 1932, S. 7, 10, 13 und 19, und VOSSLER, s. L., S. 182–186, 252f., 272 und 274).

[43] Die Äußerung wird in den Textausgaben von *Lo fingido verdadero* Marcela zugeschrieben, kann aber sinnvollerweise nur von Maximiniano stammen. Der Text enthält auch sonst zahlreiche Druckfehler dieses Typs. Z. B. ist der Celio des ersten Aktes offenbar nicht mit dem des zweiten Aktes identisch. Der zweite Celio wird einmal als »Lelio« bezeichnet, das gleiche passiert dem Senator Léntulo, der einige Kommentare zur Aufführung abgibt (S. 187b). Beide Celios und einige weitere Nebenfiguren werden im Personenverzeichnis nicht aufgeführt.

[44] Vgl. S. 184b und 188a.

[45] Vgl. S. 195a–196b.

[46] Vgl. (zum Barockdrama allgemein) ALEWYN, s. L., S. 66. S. auch die abschließenden Ausführungen von P. BÜRGER zu Rotrous *Saint Genest* (s. L., S. 265–67), die ebensogut zu *Lo fingido verdadero* passen würden.

[47] VOSSLER, s. L., S. 325; s. auch S. 333.

[48] Ebd., S. 251.

49 Eine genetische Verbindung besteht vor allem über Calderón und die Calderón-Rezeption, die bekanntlich eine bedeutende Rolle für die Entwicklung des romantischen Dramas und der romantischen Dramenpoetik in Deutschland gespielt hat. Hierzu und auch zu den prinzipiellen Unterschieden zwischen barockem und romantischem Drama vgl. vor allem S. L. HARDY, *Goethe, Calderón und die romantische Theorie des Dramas,* Heidelberg 1965, S. 44–105.

*WOLFGANG MATZAT*

# LOPE DE VEGA · LA DAMA BOBA

Lope de Vegas *La dama boba* handelt davon, wie die Verbindungen zwischen zwei jungen Paaren zustandekommen, zwischen den Töchtern eines Madrider Edelmannes, Nise und Finea, und den jungen Edelleuten Liseo und Laurencio. Es liegt hier also ein typisches Komödiensujet vor. Betrachtet man die Hindernisse, die der glücklichen Lösung im Wege stehen und die komische Verwirrung verursachen, so wird erkennbar, daß dieses Sujet zwei Komponenten hat. Zu einem Teil erwachsen die Komplikationen aus den Charakteren bzw. den besonderen Eigenschaften der beiden Töchter: Finea ist von bodenloser Dummheit, Nise dagegen hat ausgeprägte intellektuelle Interessen, was sie – zumindest in den Augen ihres Vaters – ebenfalls zu einem schwierigen Fall macht. Fineas Einfalt hat zur Folge, daß der ihr zugedachte Bräutigam Liseo nicht zu der Heiratsvereinbarung stehen will, als er die Braut persönlich kennengelernt hat. Nise andererseits lockt nur literarische Schöngeister ins Haus, die dem Vater als Heiratskandidaten wenig geeignet erscheinen. Ein zweiter Grund für die komische Verwirrung ist die Figurenkonstellation mit den in ihr enthaltenen Wahlmöglichkeiten für die Partnersuche. So können die beiden männlichen Protagonisten bei ihrer Werbung im Verlauf der Komödie zwischen den Schwestern wechseln. Liseo beschließt angesichts von Fineas Dummheit, sich an ihrer Stelle um Nise zu bemühen; Laurencio wendet sich von Nise ab und Finea zu, da ihn deren stattliche Mitgift reizt. Dabei wird vor allem Nise zum Hindernis, da sie dieses Wechselspiel nicht mitmachen will. Entsprechend dieser doppelten Anlage des Komödiensujets hat das Stück eine doppelte Lösung. Mit Fineas liebebedingtem Lernprozeß wird das ursprüngliche Ehehindernis im Hinblick auf Liseo beseitigt, zugleich wird aber auch der Partnerwechsel vollzogen, da Nise ihren Widerstand gegenüber der Werbung Liseos aufgibt und auch der Vater Otavio der neuen Konstellation zustimmt. *La dama boba* weist damit Elemente einer Typen- und einer Intrigenkomödie auf. Als Typenkomödie entspricht das Stück in wesentlichen Zügen der von N. Frye beschriebenen Komödienform: Der Verwirklichung des Liebeswunsches steht die Unvernunft einzelner Figuren entgegen, und diese Unvernunft muß überwunden werden, bevor am Komödienende mit der Heirat der jungen Paare die gesellschaftliche Ordnung wiederhergestellt werden kann[1]. Auf der anderen Seite aber ist die sich überkreuzende Liebeshandlung ein typisches Merkmal der comedia de capa y espada, der für das spanische Barocktheater spezifischen Form der Intrigenkomödie.

## *La dama boba* als Typenkomödie

Bezieht man *La dama boba* auf das Strukturmodell von N. Frye, so wird neben der genannten Entsprechung – die Wiederherstellung einer durch Unvernunft gestörten Ordnung – sogleich auch eine wichtige Abweichung erkennbar. In Fryes Schema sind die unvernünftigen Figuren die Gegenspieler der jungen Liebenden und wollen die angestrebten Verbindungen verhindern. Da diese Gegenspieler zumeist Väter oder ältere Rivalen sind, stellt sich für Frye die Komödie als ein Agon zwischen jung und alt dar. Im Falle von *La dama boba* wäre damit der Vater Otavio für die Rolle des Antagonisten prädisponiert. Doch ist Otavio keinesfalls als ›senex iratus‹ charakterisiert, sondern als ein um das Wohlergehen seiner Töchter besorgter Vater. Als unvernünftig erscheinen hingegen die Töchter[2], und so hat auch Otavio zu Beginn des Stücks die Aufgabe, die Norm zu formulieren, vor deren Hintergrund das Verhalten der Töchter als Abweichung erscheint:

> Resuélvome en dos cosas que quisiera,
> pues la virtud es bien que el medio siga:
> que Finea supiera más que sabe,
> y Nise menos. (V. 237–240)

Zwar bleibt, wie wir noch genauer sehen werden, auch Otavios Position nicht von der komischen Relativierung ausgenommen, doch ist zunächst festzuhalten, daß ein Agon zwischen jung und alt in *La dama boba* nur in Ansätzen erkennbar ist. Otavio sieht dem Treiben seiner Töchter und ihrer Galane lange Zeit in einer für den Ehrenmann der spanischen comedia äußerst nachsichtigen Weise zu. Erst im dritten Akt wird er zum Hindernis, als er Laurencio aus dem Hause verbannt und als er Nise mit Duardo verheiraten will; und auch erst im dritten Akt versuchen Finea und Laurencio mit einer gemeinsamen List, das väterliche Hindernis zu umgehen.

Die zentrale komische Figur des Stücks ist eindeutig Finea. Aufgrund ihrer kindlichen Naivität, ihrem Mangel an Gedächtnis und Abstraktionsvermögen durchbricht sie alle Normen der höfisch-städtischen Kultur. Während Nise Heliodor liest, muß Finea das Alphabet lernen. Dabei bringt sie das Lehrgespräch immer wieder komisch zum Scheitern, da sie nicht in der Lage ist, die metasprachliche Funktion der Buchstabierübungen zu erkennen (V. 308ff.). Bei der Ankunft Liseos stört sie mit ihren Bemerkungen das höfliche Begrüßungszeremoniell, und sie will dann ihren Bräutigam ohne Umschweife mit in ihr Bett nehmen (V. 908ff.). Schließlich ist sie nicht in der Lage, die galante Liebessprache zu verstehen, in der Laurencio seine Werbung betreibt, weshalb sie immer wieder versucht, der petrarkistischen und neuplatonischen Liebesmetaphorik einen wörtlichen Sinn zu geben (V. 746ff., 1707ff.). Fineas Komik ergibt sich also, wie man mit K. Stierle sagen kann, aus der »Dominanz der natürlichen über die kulturelle [...] Person«[3]. In entsprechender Weise hat Finea auch ein besonderes Interesse an Vorgängen, die auf die kreatürlich-naturhafte Lebensbasis verweisen, an der Zubereitung von Speisen (V. 955ff.), an der von ihrer Dienerin in einer burlesken Romanze ausgemalten Geburt der jungen Kätzchen (V. 412ff.). Während die komische Dimension von Fineas Einfalt offensichtlich ist, läßt es sich im Falle von Nise viel schwerer bestimmen, inwieweit sie als eine in umgekehrter Weise durch die Dominanz »der kulturellen über die natürliche Person«[4] geprägte komische Figur konzipiert ist. Als Beispiele für ein lächerliches Fehlverhalten werden in der Kritik häufig die Szenen des ersten Akts genannt, in denen Nises intellektuelle Neigungen zur Schau gestellt werden: die Belehrung ihrer Dienerin Celia über den griechischen Roman Heliodors und die anschließende Diskussion über das von Duardo vorgetragene Sonett. Sie zeige sich gegenüber der Dienerin als Pedantin, so die Begründung, während ihre Reaktion auf das Sonett erkennen lasse, daß es ihr an wahrem ›entendimiento‹ mangele[5]. Doch ist dem entgegenzuhalten, daß sowohl ihre Meinung über Heliodor als auch die Kritik an der Dunkelheit des Sonetts ebenso als vernünftige Meinungsäußerungen gewertet werden können. Auch unter den Figuren des Stücks ist die Meinung über Nises Verhalten geteilt. Eindeutig kritisch äußert sich nur Otavio. An der oben zitierten Stelle beklagt er sich darüber, daß Nise zu viel wisse, später bezeichnet er sie nach einer Durchsicht ihrer Bücher als weiblichen Don Quijote (V. 2147). Doch verbindet sich mit seiner Kritik eine sehr konservative Auffassung über die Rolle der Ehe- und Hausfrau. Insbesondere wenn er meint, vor die Wahl gestellt, würde er Finea ihrer klugen Schwester vorziehen (V. 216), gerät er in Gegensatz zu den jungen Figuren des Stücks und wird damit in ein komisches Licht gerückt. Bei den jungen Edelleuten findet Nises ›entendimiento‹ ausnahmslos Zustimmung, also nicht nur bei ihren Dichterfreunden, sondern auch bei Liseo, der als ganz ›normaler‹ junger Mann charakterisiert ist.

Die gerade beschriebenen Schwierigkeiten, den Grad der Abweichung und damit die komische Dimension der einzelnen Figuren in jedem Fall exakt zu bestimmen, haben ihren Grund darin, daß die Opposition von Vernunft und Unvernunft in der Komödie grundsätzlich labil ist. Jeder Versuch, *La dama boba* auf eine didaktische Funktion zu reduzieren, auf die Funktion, Fehlverhalten auszustellen und lachend zu korrigieren, greift daher zu kurz[6]. Die komische Wirkung bzw. das Lachen kann, wie insbesondere J. Ritter gezeigt hat, nicht nur als Zurückweisung – als »brimade sociale« im Sinne H. Bergsons – einer Normverletzung begriffen werden, sondern ist zugleich auch immer eine Form der Bejahung des Ausgegrenzten[7]. Dies gilt um so mehr für die Komik der Komödie, da das Vergnügen an den komischen Figuren und ihrem abweichenden Verhalten ja gerade den Seinsgrund der Komödie bildet[8]. Daß der komischen Heldin in diesem Sinne eine positive Rolle zukommt, ist deutlich an der syntagmatischen Struktur des Stücks abzulesen. Da mit Fineas Heilung von ihrer Dummheit auch die Basis der komischen Effekte verlorengeht, hat Lope den Lernprozeß möglichst hinauszuzögern versucht. So ist der Wechsel von Fortschritten und Rückfällen im zweiten Akt weniger als Versuch einer wirklichkeitsgetreuen Darstellung eines psychischen Prozesses zu verstehen; vielmehr ist er vor allem darauf zurückzuführen, daß auf diese Weise auch im zweiten Akt die Serie der an Fineas ›bobería‹ geknüpften komischen Szenen fortgesetzt werden kann[9]. Dasselbe geschieht im dritten Akt: dort sind es Fineas fingierte Rückfälle in ihre Dummheit, die die Möglichkeit bieten, das komische Fehlverhalten der ›boba‹ weiter auszuspielen. Zugleich wird damit im dritten Akt die komödiantische Dimension der Komödienkomik besonders hervorgehoben. Da Finea das Verhalten der ›boba‹ bewußt als Rolle konzipiert, liegt eine Form des ›Spielens im Spiel‹[10] vor, die auf das Rollenspiel des Schauspielers – bzw. der Schauspielerin – zurückweist. So wird thematisch, daß das komische Fehlverhalten im Theater immer nur ein zum Vergnügen des Zuschauers gespieltes ist. Neben der syntagmatischen Struktur ist aber auch das semantische Gefüge der Komödie durch die Positivierung der komischen Normverletzung betroffen. Denn mit der lachenden Bejahung abweichenden Verhaltens wird immer zugleich auch die Norm in ihrer Geltung in Frage gestellt. So erscheint Fineas naive Durchbrechung sozialer Normen und kultureller Werte zugleich als Befreiung, die auf diese Wertvorstellungen zurückwirkt. Nises intellektuelle Ambitionen und insbesondere die von ihr und ihren Freunden gepflegte Liebessprache werden daher durch den Kontrast mit Fineas Einfalt Gegenstand der komischen Perspektivierung. Ähnliches gilt für Otavios Plädoyer für das goldene Mittelmaß. Mit der altersklugen Kritik am Verhalten seiner Töchter tadelt er eben das, was dem Zuschauer Freude macht, und auch seine Auffassung wird auf diese Weise von der durch die Komik bewirkten Destabilisierung des Normengefüges erfaßt.

## *La dama boba* als Intrigenkomödie

Trotz ihrer komischen Destabilisierung ist die Opposition zwischen einer vorausgesetzten gesellschaftlichen Ordnung und dem abweichenden Verhalten einzelner Figuren konstitutiv für die Komponente der Komödienstruktur, die im Anschluß an N. Frye beschrieben wurde. Das gilt nicht in demselben Maße für die zweite strukturelle Komponente, die sich aus den sich überkreuzenden Liebesintrigen ergibt. Diese Komponente entspricht, wie oben bereits angemerkt, dem Schema der comedia de capa y espada[11]. In ihr resultiert die komische Verwirrung aus den miteinander verflochtenen Neigungen und Interessen, aus Rivalitäten und Eifersüchteleien einer Reihe von gleichrangigen jungen Leuten, wobei meist zwei Paare im Zentrum stehen. Motiviert wird die Intrige einerseits durch Untreue und vorsätzliche Täuschung, andererseits durch absichtslose Verwechslung, wobei nicht selten – wie in *La dama boba* – die zu Komödienbeginn bestehenden oder sich abzeichnenden Verbindungen gelöst und die Partner gewechselt werden. Wie das Beispiel von Komödien zeigt, die dem Schema der comedia de capa y espada ganz gehorchen[12], ist diese Art der Partnerwechsel- oder Verwechslungsintrige nicht auf die komische Typisierung angewiesen. Im Gegenteil, es würde sogar stören, wenn einzelnen Figuren eine zu ausgeprägte Außenseiterrolle zugewiesen würde, denn die wichtigste Spielregel besteht hier gerade darin, daß alle Figuren gleichermaßen attraktiv sind und daher als potentielle Partner oder Rivalen in Frage kommen.

Aus diesem Grund besteht zwischen der komischen Typisierung und der Partnerwechselintrige in *La dama boba* kein ursächlicher Zusammenhang. Zwar wird Liseos Sinneswandel, der zu seiner Werbung um Nise führt, durch Fineas Dummheit motiviert, Laurencios Hinwendung zu Finea aber ist nur möglich, da für ihn ihr Geld Nises Charme aufwiegt. Trotz ihrer mehr oder minder ausgeprägten Schwächen und Marotten werden also beide Töchter von Beginn an in gleicher Weise als mögliche Ehekandidatinnen angesehen, und damit ist die Basis geschaffen für die Mißverständnisse und Eifersuchtskonflikte, die im zweiten und dritten Akt breit ausgespielt werden. Insbesondere durch die Gestaltung des dritten Aktes wird bestätigt, daß die Partnerwechselintrige eigenen Strukturgesetzen gehorcht, daß nicht die komische Typisierung, sondern die Gleichwertigkeit der Töchter ihre Voraussetzung bildet. Fineas Heilung, mit der das aus der Unvernunft einzelner Figuren herrührende komische Hindernis weitgehend beseitigt ist, hat nicht unmittelbar die Rückkehr zur Ordnung und damit das Komödienende zur Folge; denn mit der nun erlangten vollständigen Ebenbürtigkeit der Schwestern wird das Wechselspiel zwischen den jungen Leuten zusätzlich motiviert. Nun ist auch in Liseos Augen Finea mit Nise gleichwertig, und er beschließt angesichts von Nises Sprödigkeit, es wieder bei Finea zu versuchen. Auf diesem Hintergrund muß die am Komödienende entstehende Ordnung als willkürlich erscheinen. Es wäre genauso vorstellbar – und würde möglicherweise harmonischer wirken –, daß Liseo zu der ihm ursprünglich zugedachten Finea zurückkehrt und daß es zwischen Laurencio und Nise zu der sich anfangs abzeichnenden Liebesheirat kommt. Damit wird erkennbar, daß im Falle der für die comedia de capa y espada typischen Partnerwechselintrige die Opposition zwischen komischer Unvernunft und gesellschaftlicher Harmonie nivelliert wird. Einerseits wird der komische Konflikt nicht durch die Konfrontation zwischen den berechtigten Wünschen der jungen Liebenden und ihren unvernünftigen Widersachern ausgelöst, sondern resultiert aus dem affekt- und interessegeleiteten Handeln aller Hauptfiguren, andererseits läßt sich das Komödienende nicht als Rückkehr zu einer prästabilierten Harmonie interpretieren, sondern es trägt Züge eines Kompromisses, durch den zwischen den prinzipiell nicht zu versöhnenden Interessen und Wünschen ein Ausgleich geschaffen wird. Im Falle von *La dama boba* ist dies vor allem an Nises Verhalten ablesbar. Sie gibt der Werbung Liseos erst nach, als sie erkennt, daß sie Laurencio nicht zurückgewinnen kann, und da sie in der Verbindung mit Liseo ein geringeres Übel sieht als in der von Otavio gewünschten Ehe mit Duardo.

Vergleicht man *La dama boba* mit späteren Ausprägungen der comedia de capa y espada, mit den Komödien von Tirso de Molina und insbesondere mit denen von Calderón, so fällt die lockere Intrigenführung ins Auge. Hervorzuheben ist zunächst die Inkonsistenz der Hindernisse, die den Plänen der Liebenden im Wege stehen. So können die Mißverständnisse zwischen Laurencio und Liseo – Liseo hält Laurencio für einen Rivalen bei seiner Werbung um Nise – ohne weiteres aufgelöst werden, ohne daß es zum Duell kommt. Der Plan Otavios, Nise mit Duardo zu verheiraten, wird genauso schnell fallengelassen, wie er gefaßt worden ist. Inkonsistent ist auch Nises Verhalten gegenüber Finea und Laurencio. Zunächst scheint sie zu durchschauen, daß Laurencio sie wegen Fineas Mitgift verlassen will (V. 1234f.), später aber schenkt sie Laurencios Ausflucht Glauben, er betreibe die Werbung um Finea nur um ihres therapeutischen Effekts willen (V. 1951ff.), und erst im letzten Akt bittet sie den Vater, die Verbindung zwischen Laurencio und Finea zu verhindern. Ähnlich episodisch wirken auch die Versuche Laurencios, seine Wünsche durchzusetzen. Insbesondere das Heiratsversprechen, das er Finea entlockt, bleibt folgenlos und hat wohl nur die Funktion, das Zusammensein im Speicher zu legitimieren. Entsprechend der lockeren Handhabung der Intrige macht Lope in *La dama boba* auch nur in geringem Maße von der Situationskomik Gebrauch. Während in Calderóns Komödien die komischen Effekte überwiegend aus überraschenden Zufällen, aus Mißverständnissen und Verwechslungen resultieren, sind bei Lope de Vega Szenen, in denen die Figuren unfreiwillig und unverschuldet in komische Situationen geraten, eher selten. Beispiele in *La dama boba* wären die Expositionsszene, in der ein Madrider Edelmann Liseo über Fineas Dummheit aufklärt, ohne zu wissen, daß er deren Bräutigam vor sich hat, und die Verwechslungsszene zwischen Nise, Laurencio und Liseo am Ende des zweiten Akts (V. 1991ff.). In Lopes Komödien sind die Figuren somit nur in lockere Handlungszusammenhänge eingebunden und nur in geringem Maße dem Zwang der Situation unterworfen, so daß ihren Launen und Gefühlsschwankungen viel Spielraum gelassen wird[13].

## Liebe und Geld

Das semantisch-normative Grundgefüge stellt sich, wie wir gesehen haben, im Zusammenhang mit den beiden unterschiedenen Komponenten des Komödiensujets in je verschiedener Weise dar. Dem durch Fineas Heilung konstituierten Handlungsstrang entspricht eine Bewegung von Unvernunft und Unordnung zu Vernunft und Harmonie, die Partnerwechselintrige hingegen verweist auf eine prinzipiell instabile Komödienwelt. Das Nebeneinander dieser beiden strukturellen Tendenzen ist in *La dama boba* verbunden mit dem dialogischen Verhältnis zweier Liebeskonzeptionen, einer idealisierenden und einer kritischen Sicht der Liebe. Die idealisierende Sicht beruht auf neuplatonischen Vorstellungen, wobei Marsilio Ficino und Pico della Mirandola Lopes wichtigste Quellen bilden[14]. Eingeführt wird die neuplatonische Thematik durch das von Duardo vorgetragene Sonett, in dem verschiedene Stufen der Liebe unterschieden werden (V. 525ff.): eine elementare, kreatürliche Stufe (»calidad elementar«), die Stufe einer geläuterten, vernunftgeleiteten Liebe (»virtud celeste«) und schließlich die Stufe der Anschauung der reinen Idee (»idea del calor«). Die neuplatonische Vorstellung, daß die Liebe eine stufenweise Progression der geistigen und seelischen Kräfte ermöglicht, wird im weiteren Verlauf mit dem Topos von der Liebe als Lehrmeister[15] verbunden, und beides zusammen bildet den konzeptuellen Rahmen für die Darstellung von Fineas Heilung. So legt Laurencio, nachdem er bereits seine erste Werbung gegenüber Finea in neuplatonischer Begrifflichkeit vorgetragen hatte (V. 746ff.), zu Beginn des zweiten Akts ausführlich dar, wie die Liebe als »alma del mundo« Ursprung alles Wissens und aller Kultur sei und daher auch Fineas Wandlung bewirkt habe (V. 1079ff.). Zu Beginn des dritten Akts (V. 2033ff.) schildert Finea selbst ihre Entwicklung auf der Basis eines Stufenmodells, wie es in Duardos Sonett entworfen wird. Von ihrer rein kreatürlichen Existenz ohne »alma racional« sei sie durch den Einfluß von Laurencio zur göttlichen Vernunft gelangt. Fineas Heilung stellt sich auf diesem Hintergrund nicht nur als Rückkehr zu gesellschaftlicher Normalität, sondern auch als Wiederherstellung einer metaphysischen Ordnung dar. Ihr zunächst verdunkelter ›entdendimiento‹ findet zu seiner eigentlichen göttlichen Bestimmung zurück, und damit wird zugleich das der platonischen Theorie widersprechende Mißverhältnis zwischen ihrer schönen Gestalt und ihrer ungebildeten Seele, das im Text verschiedentlich thematisiert wird (V. 997ff., 1375ff.), aufgehoben.

Die idealisierende Sicht der Liebe wird in *La dama boba* auf zweifache Weise in Frage gestellt. Dies geschieht zunächst dadurch, daß Finea der hohen Liebeskonzeption ihren kreatürlich-naiven Standpunkt gegenüberstellt, denn aufgrund der oben beschriebenen doppelseitigen Wirkung komischer Verfahren macht sie mit ihrem Unverständnis der neuplatonischen Liebessprache nicht nur sich selbst, sondern auch die verletzten kulturellen Wertvorstellungen lächerlich. Eine viel schwerwiegendere Kritik an der idealen Liebeskonzeption ergibt sich aber aus der Tatsache, daß Laurencio, der Fineas Lernprozeß auslöst und damit für sie die sublimierende Macht der Liebe repräsentiert, aus rein materiellen Interessen handelt[16]. Laurencio macht von Anfang an kein Hehl daraus, daß er Finea nur umwirbt, um seinen Unterhalt zu sichern, und daß sie für ihn so viel bedeutet wie der Besitz eines Hauses oder von Rentenpapieren (V. 1625ff.). Der krasse Widerspruch seiner Haltung zur immateriellen platonischen Liebeskonzeption wird zu Beginn seiner Werbung sogleich thematisch gemacht. Laurencio nimmt in dem Sonett, in dem sein Sinneswandel dargestellt wird, in folgender Weise auf die Trias des Schönen, des Wahren und des Guten Bezug:

> Hermoso sois, sin duda, pensamiento,
> y, aunque honesto también, con ser hermoso,
> si es calidad del bien ser provechoso,
> una parte de tres que os falta siento. (V. 635–638)

Zunächst bescheinigt Laurencio seinem mit Nise befaßten ›pensamiento‹ die Werte des Schönen und des Wahren, darauf aber interpretiert er den dritten Term, das Gute, völlig profan im Sinne weltlicher Güter, um die Unvollständigkeit seiner Liebe zu Nise zu konstatieren. In ähnlicher Weise gibt er der petrarkistischen Liebesmetaphorik eine materielle Wendung, als er wenig später feststellt: »que el sol del dinero / va del ingenio adelante« (V. 719–720). Auch der ansonsten in platonischer Begrifflichkeit gepriesene Transformationsprozeß Fineas wird von Laurencio in entsprechender Weise abgewertet, wenn er von einem »hacer oro de alquimia« (V. 1875) spricht. Eine spielerische Apotheose erfährt die von Laurencio vertretene Sicht in dem Tanzlied des dritten Aktes (V. 2221ff.), in dem sich der zunächst arme und nackte Liebesgott zu einem begüterten Amor »indiano« wandelt, da Köcher und Liebespfeile in einer völlig von materiellen Interessen bestimmten Welt nicht mehr am Platze sind. Während also im Zusammenhang mit Fineas Heilung die Liebe als Garant der gesellschaftlichen und metaphysischen Ordnung begriffen wird, impliziert die niedere Liebeskonzeption eine gesellschaftliche Instabilität, wie sie durch die Partnerwechselintrige inszeniert wird, da in diesem Fall die Liebe nur als Motiv interessegeleiteten Handelns erscheint.

Das beschriebene Nebeneinander eines ideellen und eines materiellen Standpunkts hat sich in entsprechend unterschiedlichen Interpretationen von *La dama boba* niedergeschlagen. Am dezidiertesten hat J. E. Holloway dafür plädiert, die neuplatonische Thematik ernstzunehmen und das Stück als die exemplarische Darstellung eines in die christliche Ehe mündenden Läuterungsprozesses zu begreifen[17]. Demgegenüber hat R. ter Horst besonders nachdrücklich die Kritik am platonischen Ideal hervorgehoben und *La dama boba* als »worldly parody of disinterested literary love« interpretiert[18]. Die Auffassung von Holloway, die vier Hauptfiguren würden alle am Komödienende auf eine ideale Stufe gehoben, läßt sich zumindest im Hinblick auf Laurencio leicht widerlegen; er begreift auch am Schluß seine Verbindung mit Finea vor allem als ökonomische Transaktion:

> Bien merezco esta vitoria,
> pues le he dado entendimiento,
> si ella me da la memoria
> de cuarenta mil ducados. (V. 3166–3170)

Doch ist auch ter Horsts Versuch, *La dama boba* als barocke desengaño-Dichtung zu lesen, kaum gerechtfertigt. Insbesondere der von ihm konstatierte tief pessimistische Grundton ist im Text nicht zu entdecken. Der heitere Charakter von *La dama boba* wird besonders augenfällig, wenn man zum Vergleich einen Blick auf Lopes Lesedrama *La Dorotea* wirft. Dort wird in ganz ähnlicher Weise einer durch die literarische Sprache – u. a. auch mit expliziter Bezugnahme auf neuplatonische Konzeptionen – verherrlichten Liebe die Macht des Geldes gegenübergestellt, wobei D. Fernandos Rivale D. Bela geradezu als eine Verkörperung des in *La dama boba* besungenen Amor »indiano« erscheint[19]. In *La Dorotea* behält die desillusionierte Sicht der Liebe am Schluß eindeutig die Oberhand, da Fernandos und Doroteas Liebe nicht nur an Doroteas Verführbarkeit durch die Reichtümer des ›indiano‹, sondern auch an der Vergänglichkeit von Fernandos Leidenschaft zerbricht. Von solchem Pessimismus ist am Ende von *La dama boba* nichts zu spüren. Entsprechend den Gattungsvorgaben der Komödie endet das Stück mit zwei Heiraten, und bei diesem Ende wird beiden Auffassungen der Liebe, der idealistischen und der materialistischen, in gleicher Weise Recht gegeben. Denn Finea ist durch die Macht der Liebe tatsächlich zu einer charmanten jungen Frau geworden, zugleich wird Laurencios Eigennutz reichlich belohnt. Es liegt also ein dialogisches Verhältnis im Sinne M. Bachtins vor, bei dem sich keine der beiden ideologischen Positionen durchsetzen kann[20]. Da es das Privileg der Komödie ist, moralische Maßstäbe zu lockern, können hier hohe Ideale und niedere Beweggründe komisch gegeneinander ausgespielt und schließlich lächelnd miteinander versöhnt werden.

### Zur historischen Situierung der comedia de capa y espada

Wie N. Frye gezeigt hat, bestimmt der Agon zwischen jung und alt und die mit ihm verbundene komische Typisierung der Alten die europäische Komödientradition von der antiken ›Neuen Komödie‹ bis in die Neuzeit.

Auch Lope de Vega ist durch diese Tradition beeinflußt, wobei er sowohl durch die direkte Kenntnis lateinischer Komödien als auch durch die italienische Renaissancekomödie angeregt werden konnte[21]. Unter seinen bekannteren Komödien bietet hierfür *El acero de Madrid* das beste Beispiel, denn dort setzen zwei junge Liebende ihren Liebeswunsch mit einer Reihe von Listen gegen den Widerstand des Vaters und einer Tante des Mädchens durch. *La dama boba* hingegen gehorcht diesem Schema, wie wir gesehen haben, nur mit signifikanten Abweichungen, da hier das väterliche Hindernis nur schwach ausgeprägt ist und sich stattdessen die jungen Leute gegenseitig behindern. Eine zweite Traditionslinie des komischen Schauspiels, auf die Lope zurückgreifen konnte, wird durch die *pasos* und *entremeses* konstituiert, farcenhafte komische Interludien, die an die Schwank- und Novellenliteratur anknüpfen[22]. Der Bezug zu dieser Tradition wird schon durch den Titel von *La dama boba* hergestellt, denn die Figur des ›simple‹ oder des ›bobo‹ gehört zum festen Repertoire der *pasos.* Indem Lope seine ›boba‹ gleichzeitig als ›dama‹ bezeichnet, markiert er aber auch den Unterschied zwischen seiner Komödie und jenen »comedias antiguas«, wie er sie in *El arte nuevo* nennt, denn für sie ist merkmalhaft, daß sie in niederem sozialen Milieu, »entre plebeya gente«, situiert sind[23]. Während also solchermaßen die Strukturkomponente von *La dama boba,* die auf der komischen Typisierung einzelner Figuren und der dabei vorausgesetzten Opposition von normgerechtem und normverletzendem Verhalten beruht, auf ältere Traditionen verweist, ist das Wechselspiel zwischen den beiden jungen Paaren das für die spanische Barockkomödie spezifische Element. Natürlich sind auch zentrale Strukturen der Intrigenkomödie in der Antike bereits vorgegeben und werden in der italienischen Renaissancekomödie wiederaufgenommen[24]; doch entsteht erst mit der comedia de capa y espada eine Liebeskomödie, bei der die Behinderung der angestrebten Verbindungen durch Rivalitäten und Verwechslungen zwischen gleichrangigen jungen Leuten zur gattungsprägenden Strukturdominante wird. Insbesondere bei Calderón tritt dabei die Stilisierung der Figuren durch besondere Charakterzüge und ein dadurch bedingtes abweichendes Verhalten völlig in den Hintergrund. Lope de Vega hingegen versucht häufig, wie auch das Beispiel von *La dama boba* zeigt, das Wechselspiel der jungen Paare mit einem gewissen Maß an komischer Typisierung zu verbinden[25]. Wie wir gesehen haben, entspricht dieser Figurenkonzeption in Lopes Komödien eine lockere Intrigenführung. Bei Calderón geht demgegenüber die uniforme Charakterisierung der Figuren mit einer konsequenten Durchstrukturierung der Intrige einher, wobei häufig alle Figuren einem für sie undurchschaubaren Handlungszusammenhang unterworfen werden.

Geht man davon aus, daß die auf sich überkreuzenden Interessen, auf Täuschungen und Verwechslungen beruhende Liebesintrige für die Struktur der spanischen Barockkomödie bestimmend ist, so kann man auf dieser Basis auch versuchen, den Bezug zum sozialgeschichtlichen Kontext herzustellen. Wie bereits angedeutet, läßt sich die komplexe Intrigenstruktur als Modellierung einer fundamentalen Instabilität und Undurchschaubarkeit der gesellschaftlichen Welt begreifen, die aus dem Nebeneinander egoistischer Interessen resultiert. Die in der comedia de capa y espada dargestellte Welt ist eine Welt der Täuschung und der Selbsttäuschung. Letzteres wird in *La dama boba* vor allem durch Fineas und Claras vanitas-Rede thematisiert, für die die Verbannung in den Speicher und das damit ermöglichte Wortspiel mit »desván« den Anlaß bilden (V. 2935 ff.). Doch exemplifiziert die comedia de capa y espada nicht nur die barocke Vorstellung von der Eitelkeit und der Nichtigkeit der Welt und der damit verbundenen Unbeständigkeit der Gefühle, sondern sie läßt zugleich die gesellschaftlichen Gründe solcher Instabilität erkennen. In diesem Zusammenhang ist daran zu erinnern, daß die comedia de capa y espada meist in städtischem Milieu angesiedelt ist, wobei häufig die rasch wachsende junge Hauptstadt Madrid den Schauplatz bildet. Auch in *La dama boba* ist gleich zu Beginn von der »confusión« der gesellschaftlichen Verhältnisse in Madrid die Rede (V. 106 ff.). Damit läßt sich die gesteigerte Komplexität der Liebesintrige auf die neuen gesellschaftlichen Verflechtungen, auf die zunehmende Anonymität und auf die erweiterten Wahlmöglichkeiten bei der Partnersuche in der höfischen und städtischen Gesellschaft beziehen[26]. Durch die Verdoppelung der Liebeshandlung wird somit ein Zusammenhang zwischen gesellschaftlicher Mobilität und einer freieren affektiven Disponibilität hergestellt. Daneben wird mit der Thematik des Geldes in *La dama boba* – und ähnlich auch in anderen Komödien Lope de Vegas[27] – ein weiterer wichtiger Faktor der gesellschaftlichen Destabilisierung genannt. Zwar ist die Rede von der korrumpierenden Wirkung des Geldes ein aus der Antike stammender Topos, doch hat er im spanischen Siglo de Oro besondere Aktualität. Wie durch das Tanzlied vom Amor »indiano« in *La dama boba* angedeutet wird, ist dies vor allem in den wirtschaftlichen Umstellungen begründet, die sich aus der Einfuhr von Edelmetallen aus den amerikanischen Kolonien ergeben und die zu einer Identitätskrise der Ständegesellschaft führen[28]. Zwar bleibt das ständische System nach außen erhalten und wird durch die restaurativen Tendenzen des 17. Jahrhunderts teilweise noch gestärkt, doch wird die diesem System entsprechende Werthierarchie nachhaltig erschüttert, wenn sich der soziale Status nicht nur nach der Geburt, sondern auch und vor allem nach dem Reichtum bemißt.

Die Funktion der Komödie wird häufig darin gesehen, daß sie die Rechte der Natur, der vitalen Bedürfnisse, des Lebens gegen die herrschenden gesellschaftlichen Verhältnisse geltend macht, wobei der Akzent entweder auf dem Entwurf einer befreiten Gesellschaft oder aber auf dem satirischen Angriff gegen repressive gesellschaftliche Normen liegen kann[29]. Auch im Falle der comedia de capa y espada sind entsprechende Interpretationen vorgeschlagen worden. So hat B. W. Wardropper diese Komödie im Sinne eines »fantaseo ... saturnal, orgiástico« deuten wollen[30]. Auf der anderen Seite ist vor allem im Zusammenhang mit Calderón auch von einer Parodie des Ehrenkodex gesprochen worden[31]. Daß in der comedia de capa y espada ein befreiendes Element enthalten ist, ist nicht abzustreiten. Insbesondere die Art und Weise, wie es häufig den Frauen gelingt, ihre Partnerwünsche durchzusetzen, steht sicher in markantem Gegensatz zu der gegebenen gesellschaftlichen Situation[32]. Auch satirische Gesellschaftskritik, wie etwa in *La dama boba* an der Überfremdung der Liebe durch materielle Interessen, ist immer wieder anzutreffen. Dennoch wird mit solchen Funktionsbestimmungen der besonderen Struktur der spanischen Barockkomödie nicht genügend Rechnung getragen. Spezifisch für die comedia de capa y espada ist, wenn man sie etwa mit den Komödien Shakespeares oder Molières vergleicht, die Nivellierung der Oppositionsbeziehungen, die mit der Ausbildung der Partnerwechsel- oder Verwechslungsintrige einhergeht. Wie wir gesehen haben, betrifft die Nivellierung einerseits den Agon zwischen jung und alt, andererseits die syntagmatische Struktur der Komödie, da das Komödienende häufig kaum mehr als ein Interessenausgleich ist und damit nicht als Entstehung oder Wiederherstellung einer harmonischen und stabilen gesellschaftlichen Ordnung gedeutet werden kann. Da der Agon zwischen jung und alt häufig das Medium des satirischen Angriffs auf repressive gesellschaftliche Normen bildet, bedeutet die Reduktion des väterlichen Hindernisses eine Verminderung des satirischen Potentials der Komödie. Zugleich werden durch die Nivellierung der syntagmatischen Struktur die Grenzen zwischen der gesellschaftlichen Ordnung und ihrer komischen Aufhebung verwischt. Diese Grenzverwischung läßt nicht nur das Komödienende als instabil erscheinen, sondern prägt auch die Phase des Liebeswerbens mit ihren komischen Verwicklungen. So wird mit dem Verwirrspiel der jungen Paare weniger eine karnevaleske Befreiung naturhafter Affekte aus den gesellschaftlichen Fesseln inszeniert[33] als vielmehr eine gesellschaftsimmanente Destabilisierung von Wertsystemen und eine der gesellschaftlichen Instabilität entsprechende Unstetigkeit des Begehrens. Daher ist es kaum gerechtfertigt, die comedia de capa y espada primär als Medium satirischer Gesellschaftskritik oder als utopischen oder karnevalesken Gegenentwurf zur herrschenden Gesellschaft zu begreifen. Das Wesen dieser Komödie besteht nicht in der Überschreitung der gesellschaftlichen Verhältnisse, vielmehr handelt es sich um eine spezifisch ästhetische Antwort, durch die beunruhigende Aspekte der gesellschaftlichen Wirklichkeit in ein lustvolles komisches Schauspiel transformiert werden.

## ANMERKUNGEN

T: Zugrunde gelegt wird die Ausgabe von DIEGO MARÍN, Madrid: Cátedra, 1985; deutsche Übertragung von Hans Schlegel mit dem Titel »Die kluge Närrin« in LOPE DE VEGA, *Dramen*, München, Winkler, 1964, sowie in Reclams Universal-Bibliothek (Nr. 8603), Stuttgart 1961.

L: ARRÓNIZ, O.: *La influencia italiana en el nacimiento de la comedia española*, Madrid 1969; BERGMANN, E.L.: »*La dama boba:* Temática folklórica y neoplatónica«, in *Lope de Vega y los orígenes del teatro español*, hg. v. M. CRIADO DE VAL, Madrid 1981, S. 409–414; EGIDO, A.: »La universidad de amor y *La dama boba*«, in *Boletín de la Biblioteca Menéndez y Pelayo* 54 (1978), S. 351–371; FROLDI, R.: *Lope de Vega y la formación de la comedia – En torno a la tradición valenciana y al primer teatro de Lope*, Salamanca 1973; FRYE, N.: *Analyse der Literaturkritik*, dt. Stuttgart 1964; HOLLOWAY, J.E., jr.: »Lope's Neoplatonism – *La dama boba*«, in *Bulletin of Hispanic Studies* 49 (1972), S. 236–255; HORST, R. ter: »The True Mind of Marriage – Ironies of the Intellect in Lope's *La dama boba*«, in *Romanistisches Jahrbuch* 27 (1976), S. 347–363; LARSON, D. R.: »*La dama boba and the Comic Sense of Life*«, in *Romanische Forschungen* 85 (1973), S. 41–62; MARAVALL, J. A.: *La cultura del barroco – Análisis de una estructura histórica*, Madrid ²1980; MATZAT, W.: »Die ausweglose Komödie – Ehrenkodex und Situationskomik in Calderóns *comedia de capa y espada*«, in *Romanische Forschungen* 98 (1986), S. 58–80; PREISENDANZ, W./WARNING, R. (Hrsg.): *Das Komische* (Poetik und Hermeneutik VII), München 1976; VOSSLER, K.: *Lope de Vega und seine Zeit*, München ²1947; WARDROPPER, B.: »Lope's *La dama boba* and Baroque Comedy«, in *Bulletin of the Comediantes* 13 (1961), S. 1–3; WARDROPPER, B.: »La comedia española del siglo de oro«, in E. OLSON, *Teoría de la comedia*, Barcelona 1978, S. 181–241; ZAMORA VICENTE, A.: »Para el entendimiento de *La dama boba*«, in *Collected Studies in Honour of Américo Castro's eightieth year*, hg. v. M.P. HORNIK, Oxford ²1975, S. 447–460.

A: 1 Vgl. FRYE (L), S. 165ff.

2 Dies stellt auch LARSON (L, S. 47ff.) fest, der *La dama boba* ganz im Sinne der Komödientheorie von N. Frye und S.K. Langer (vgl. Anm. 29) zu lesen versucht.

3 »Komik der Handlung, Komik der Sprachhandlung, Komik der Komödie«, in STIERLE, *Text als Handlung*, München 1975, S. 56–97, hier S. 60.

4 Ebenda.

5 Vgl. BERGMANN (L, S. 410), HOLLOWAY (L, S. 249f.), ZAMORA VICENTE (L, S. 447f.).

6 Besonders nachdrücklich hat HOLLOWAY (L) *La dama boba* einen didaktischen Charakter zugeschrieben. Vgl. unten S. 97f.

7 J. RITTER, »Über das Lachen«, in RITTER, *Subjektivität*, Frankfurt 1974, S. 62–92. Vgl. hierzu R. Warning, »Komik und Komödie als Positivierung von Negativität«, in H. WEINRICH (Hrsg.), *Positionen der Negativität* (Poetik und Hermeneutik VI), München 1975, S. 341–366. Zu BERGSONS Funktionsbestimmung des Lachens vgl. *Le rire*, Paris ³⁰³1972, S. 103.

8 Vgl. H. R. JAUSS, »Über den Grund des Vergnügens am komischen Helden«, in PREISENDANZ/WARNING (L), S. 103–132.

9 Diese für die Komödie spezifische Tendenz zu einer Paradigmatisierung, die der übergeordneten Handlungsbewegung zuwiderläuft, hat R. WARNING – unter Bezugnahme auf die Begrifflichkeit von E. v. Hartmann – mit der Opposition von »komischen Handlungen« und »anderweitiger Handlung« beschrieben. Siehe »Elemente einer Pragmasemiotik der Komödie«, in PREISENDANZ/WARNING (L), S. 279–333.

10 Vgl. hierzu J. Voigt, *Das Spiel im Spiel – Versuch einer Formbestimmung an Beispielen aus dem deutschen, englischen und spanischen Drama,* Diss. Göttingen 1955, S. 25 ff.

11 Diese Bezeichnung wurde bereits im 17. Jahrhundert verwendet und bezieht sich auf das Minimum an Ausstattung – Mantel und Degen –, das für die Aufführung dieser Komödien erforderlich war. Vgl. K. C. Gregg, »Towards a Definition of the Comedia de capa y espada«, in *Romance Notes* 18 (1977), S. 103–106.

12 Z. B. *Santiago el verde, La noche de San Juan* von Lope de Vega, *La dama duende, Casa con dos puertas, mala es de guardar* von Calderón.

13 Darauf verweist bereits K. Vossler (L), indem er treffend bemerkt, daß in Lope de Vegas Komödien »die Unbestimmtheit des wogenden Gefühls« vorherrsche (S. 312).

14 Die wichtigsten Texte sind Ficinos *In convivium Platonis sive de amore* (1496) und Pico della Mirandolas *Heptaplus* (1489). Zum folgenden vgl. Holloway (L).

15 Der Topos geht zurück auf Ovid, ist aber zugleich auch Teil des neuplatonischen Gedankenguts (vgl. Marsile Ficin, *Commentaire sur le banquet de Platon,* hg. v. R. Marcel, Paris 1956, S. 163 ff.). Zu seiner Rezeption bei Lope de Vega vgl. Egido (L).

16 Zum folgenden vgl. Bergmann (L) und insbes. Ter Horst (L).

17 Neben Holloway (L) hat Wardropper (L, 1961) diese Auffassung vertreten.

18 Ter Horst (L), S. 356.

19 Zur Bedeutung des Geldes in *La Dorotea* siehe A. S. Trueblood, *Experience and Artistic Expression in Lope de Vega – The Making of La Dorotea,* Cambridge 1974, S. 520 ff.

20 Zu Bachtins Dialogkonzeption vgl. *Die Ästhetik des Wortes,* hg. v. R. Grübel, Frankfurt 1979; *Probleme der Poetik Dostoevskijs,* dt. München 1971.

21 Insbesondere die commedia dell'arte war Lope de Vega gut bekannt, da die italienischen Schauspieltruppen in der zweiten Hälfte des 16. Jahrhunderts in Spanien wiederholt und über längere Zeiträume gastierten. Ein wichtiges Verbindungsglied zwischen der italienischen Komödie und dem spanischen Barocktheater bilden daneben Lope de Rueda und die Autoren der Schule von Valencia, die eine Reihe der bekanntesten italienischen Stücke für die spanische Bühne adaptiert haben. Siehe hierzu Arróniz (L), Froldi (L).

22 Vgl. hierzu E. Asensio, *El itinerario del entremés desde Lope de Rueda a Quiñones de Benavente,* Madrid 1971.

23 Vgl. *El arte nuevo de hacer comedias en este tiempo,* V. 64 ff. (Ausgabe J. de José Prades, Madrid 1971, S. 285 f.).

24 So knüpft die bekannte Komödie *Gl'Ingannati* an Plautus' *Menaechmi,* dem Paradigma der antiken Intrigenkomödie, an und bildet ihrerseits die Vorlage von Lope de Ruedas *Los Engañados.* Vgl. Arróniz (L), S. 73 ff.

25 Weitere bekannte Komödien, die diesem Muster folgen, sind *Los melindres de Belisa* und *Las bizarrías de Belisa,* wobei die Protagonistin in dem einen Fall als zu heikle, in dem anderen als zu forsche Dame charakterisiert wird, oder auch *El perro del hortelano,* wo sich die launenhafte Diana ähnlich wie der Hund des im Titel zitierten Sprichworts nicht entscheiden kann, ob sie ihren Sekretär heiraten soll oder nicht.

26 Zur Entwicklung der Städte und den damit verbundenen sozialen Veränderungen im Spanien des 17. Jahrhunderts vgl. Maravall (L), S. 226–267, insbes. S. 256 ff.

27 Vgl. etwa *El sembrar en buena tierra* (hierzu Wardropper, L, 1978, S. 217 ff.).

28 Wichtige Faktoren sind dabei die beschleunigte Einführung der Geldwirtschaft, die Staatsverschuldung und die durch sie ausgelöste Inflation, der durch die Preisentwicklung und die Steuerpolitik verursachte Niedergang von Handwerk und Landwirtschaft und die damit verbundene Vertiefung der Kluft zwischen arm und reich (vgl. E. Geisler, *Geld bei Quevedo – Zur Identitätskrise der spanischen Feudalgesellschaft im frühen 17. Jahrhundert*, Frankfurt 1981, dort weitere Literaturhinweise). Eine Lockerung der Standesgrenzen erfolgte vor allem durch die weit verbreitete Praxis des Ämterkaufs (siehe hierzu A. Domínguez Ortiz, *Política fiscal y cambio social en la España del siglo XVII*, Madrid 1984, S. 171–190; »La venta de cargos y oficios públicos en Castilla y sus consecuencias económicas y sociales«, in Domínguez Ortiz, *Instituticiones y sociedad en la España de los* Austrias, Madrid 1985, S. 146–183).

29 Neben Frye (L) hat vor allem S. K. Langer die Funktion der Komödie auf diese Weise bestimmt (siehe *Feeling and Form – A Theory of Art*, London 1953, S. 327–350). Auch Bergsons Theorie des Lachens in *Le rire* beruht auf entsprechenden Voraussetzungen.

30 Wardropper (L, 1978), S. 232. Diese Einschätzung steht in merklichem Gegensatz zu seinen Deutungen der Calderónschen Komödie, der er einen eher ernsthaften Charakter zuschreibt (vgl. »Calderón's Comedy and His Serious Sense of Life«, in *Hispanic Studies in Honor of Nicholson B. Adams*, hg. v. J. E. Keller u. K.-L. Selig, Chapel Hill 1966, S. 179–193; »El problema de la responsibilidad en la comedia de capa y espada de Calderón«, in *Actas del segundo congreso internacional de Hispanistas*, Nijmwegen 1967, S. 689–694). Allerdings sind auch die Ausführungen in Wardropper (1978) in diesem Punkt nicht widerspruchsfrei (vgl. etwa S. 227ff.).

31 So G. E. Wade in »Elements of a Philosophic Basis for the Interpretation of Spain's Golden Age Comedy«, in *Estudios literarios de hispanistas norteamericanos dedicados a Helmut Hatzfeld con motivo de su 80 aniversario*, hg. v. J. M. Sola-Solé, A. Crisafulli, B. Damiani, Barcelona 1974, S. 323–347, hier S. 346.

32 Dies wird von Wardropper (L, 1978) besonders hervorgehoben. Bekannte Beispiele für einen solchen »triunfo de las mujeres sobre los hombres« (S. 221), wären Tirso de Molinas *Don Gil de las calzas verdes* und Calderóns *La dama duende*.

33 Im Sinne von M. Bachtins Beschreibung des Karnevals und der karnevalesken Literatur (siehe hierzu *Literatur und Karneval*, dt. München 1969).

*JOACHIM KÜPPER*

# LOPE DE VEGA · FUENTE OVEJUNA

Lope de Vegas comedia *Fuente Ovejuna* entstand vermutlich im Zeitraum zwischen 1611 und 1618 und wurde erstmals im Jahre 1619 gedruckt[1]. Sie ist neben dem *Peribañez* (1609–1614?) das erste einer ganzen Reihe von Stücken Lopes aber auch Calderóns, die einem im wesentlichen identischen Handlungsschema folgen[2]. Die Intrige dramatisiert den Konflikt zwischen einem Feudalherrn, in der Regel einem Komtur, und den Bauern, die das Land des Feudalherrn bearbeiten und über die er eine Art hoheitlicher Gewalt innehat. Der Konflikt entzündet sich an der Frage, wie weit diese hoheitliche Gewalt reicht. In allen Stücken wird die auf den ersten Blick sehr grundsätzliche Frage anhand eines ganz bestimmten Problems bis hin zum Konflikt zugespitzt, nämlich, ob der Komtur das Recht hat, die Frauen und Töchter der Bauern gegen deren Willen zu Objekten seiner erotischen Lust zu machen. Die Empörung der Bauern gegen den Feudalherrn, die in dessen Tötung gipfelt, beruft sich auf das Konzept des ›honor‹, also eine Vorstellung von der Integrität des ›guten Rufs‹, die in dieser Zeit vorrangig ein Attribut des Adels, nicht aber der anderen Schichten war[3]. Insofern ist das Handeln der Bauern, so scheint es, in doppeltem Sinne revolutionär, auf der Ebene der Tat (eben durch die Tötung des Feudalherrn), aber auch auf der Ebene der Werte, da ja, zumindest im Hinblick auf die ›Ehre‹, eine Art von Egalität reklamiert wird. Um so bemerkenswerter muß es erscheinen, daß die Lösung des Konflikts in allen gemeinten Stücken harmonistisch akzentuiert ist: Mit mehr oder weniger Vorbehalt wird von königlicher Seite das Handeln der Bauern sanktioniert, es wird ihm also eine gewisse Berechtigung zugesprochen.

Schon vom Handlungsschema her wird deutlich, warum die ›Bauerndramen‹ zu den in der Moderne beliebtesten und in der Forschungsliteratur am meisten besprochenen Stücken der Barockdramatiker zählen[4]. Sie scheinen – insofern ganz untypisch für die nicht-komische comedia als ganzes, die eine aus heutiger Sicht weitgehend fremde, nur noch als historisch rezeptible Welt präsentiert – eine Problematik anzureißen, die sozial und teilweise auch literarisch prägend für die Moderne ist, die Frage nach der sinnvollen gesellschaftlichen Ordnung, und sie scheinen diese Frage in ›modernem‹ Sinne zu beantworten, im Sinne der Forderung nach Emanzipation und letztlich sogar Egalität. Seit M. Menéndez y Pelayos Besprechung von *Fuente Ovejuna* ist die Lektüre der Bauerndramen als eine Art Vorwegnahme des bürgerlichen

Trauerspiels der europäischen Aufklärung die herrschende Lehre geblieben[5], die in späterer Zeit teils behutsam relativiert[6], teils zugunsten der Betrachtung stärker ›formal‹ angesetzter Fragen ignoriert[7], kaum aber jemals grundsätzlich erschüttert wurde. Denn selbst wenn man den jeweiligen Schurken, den Komtur, als ›Störer‹ der (feudalen) Ordnung ansieht und dessen Tötung als Wiederherstellung und Bekräftigung dieser Ordnung[8], bleibt es doch ein bemerkenswertes Phänomen, daß in allen gemeinten Stücken den Bauern der ›honor‹ zuerkannt wird und damit ein Moment, das in einer Epoche des Verfalls des feudalen Systems und der Errichtung ›moderner‹, zunächst absolutistischer Staatlichkeit mehr und mehr zum wesentlichen differenzierenden Merkmal des Adels und auch zum Zentrum seines Selbstverständnisses geworden war.

Lopes Drama über die Revolte der Bewohner einer ›villa‹, eines Marktfleckens von damals immerhin etwa 5000 Einwohnern[9] in der Provinz Córdoba, gegen den Feudalherrn, den Comendador mayor des Calatrava-Ordens[10], Fernán Gómez de Guzmán, nimmt Bezug auf authentische Ereignisse des Jahres 1476, besser, auf den Bericht über diese Ereignisse, so wie er in einer Chronik aus dem Jahre 1572 zu finden ist[11]. Darüber hinaus greift Lope Vorfälle aus der ›großen‹ Historie dieser Zeit auf, nämlich die bürgerkriegsähnlichen Auseinandersetzungen um die Nachfolge König Enriques IV. von Kastilien (1454–1474), konkret, den Kampf um die Herrschaft über den strategischen Platz Ciudad Real. Mit dessen Einnahme durch die Reyes Católicos im Jahre 1476 neigte sich die Waagschale definitiv zugunsten Isabellas, der Schwester, und zuungunsten Juanas, der, wie die siegreiche Partei behauptete, eben nur nominellen Tochter Enriques und Frau des portugiesischen Königs Alfonso V.[12]. In der Wirklichkeit und in der Chronik haben die zwei mit den Ortsnamen Fuente Ovejuna und Ciudad Real verbundenen Ereignisse keinen Konnex außer dem zeitlichen und dem Fakt, daß in beiden Fällen der Calatrava-Orden bzw. führende Würdenträger des Ordens beteiligt sind. Lope aber integriert die zwei Komplexe, indem er, entgegen dem, was in der Chronik gesagt ist, den Tyrannen von Fuente Ovejuna auch zum Verantwortlichen für die gegen die Reyes Católicos gerichtete Attacke auf Ciudad Real macht. Durch diese Paradigmatisierung der Bauernrevolte und der großen Historie wird den Ereignissen von Fuente Ovejuna also ganz bewußt eine umfassendere Dimension zugewiesen[13]. Die Revolte auf dem Dorf ordnet sich ein in die Niederwerfung derer, die sich auf der Ebene des Königreichs der Etablierung der einzig legitimen Ordnung widersetzen und die damit auch – dies wird im Stück selbst angedeutet – dem Kampf gegen die letzte Bastion der Ungläubigen, gegen Granada, d. h. der definitiven Errichtung der rechten religiösen Ordnung, im Wege stehen[14]. Die Barockdramatiker, vor allem Lope und Calderón, begreifen irdische Historie als Heilsgeschichte, als notwendige, von Gott selbst gewollte Ausbreitung des rechten Glaubens, und sie begreifen Spanien als wesentlichen ›weltlichen Arm‹ dieses Heilsplans, von den Großtaten des Nationalheiligen Santiago (›matamoros‹) bis hin zur Eroberung der Neuen Welt[15]. Die erst von Lope ersonnene Einbettung der Ereignisse von Fuente Ovejuna in umfassendere, ja umfassendste Zusammenhänge macht es notwendig, die ›Botschaft‹ dieses Stücks, und damit auch des Subgenres ›Bauerndrama‹, sehr sorgfältig abzuwägen; keinesfalls kann es als zureichende Antwort auf die in der Tat problematische ›revolutionäre‹ These angesehen werden[16], unter Berufung auf Lopes Forderung nach publikumswirksamen Intrigen das Drama lediglich als Vorlage für ein höchst effektvolles Stück Theater einzuordnen[17]. Dies ist es gewiß, aber es erschöpft sich nicht in dieser Dimension. Welchem ›rechten‹ Ziel die Erhebung der Bauern eines südspanischen Dorfes gegen den Feudalherren diente, auch und gerade unter dem Aspekt irdischer Historie als Erfüllung der Heilsgeschichte, bliebe allerdings zu erörtern.

Das Stück kann nicht anhand des bereits skizzierten groben Handlungsschemas besprochen werden. Es bedarf im Prinzip einer Analyse im Detail, die hier nur in rudimentärer Form, durch die Integration von Resümee und Kommentar, geleistet werden kann. Es sei vorausgeschickt, daß die in der Forschungsliteratur regulär zu findenden Einordnungen von *Fuente Ovejuna* als »obra perfecta« (J. Casalduero)[18] wohl eher einem panegyrischen Topos folgen oder auf die Identifikation mit der (scheinbaren) ideologischen Botschaft des Stücks verweisen. Sorgfältige Leser halten es zu Recht für ein schnell geschriebenes Stück, eines jener Drama, die, wie López Estrada unter Anspielung auf Lopes eigene Behauptungen über seine Produktivität sagt, ›in 24 Stunden den Weg von den Musen bis zur Bühne hinter sich gebracht haben‹[19]. Das Stück ist ausgesprochen schwach durchgearbeitet. Aber seine zahlreichen logischen Inkonsistenzen verdeutlichen mit besonderem Nachdruck, welche Intentionen bei dem Entwurf im Vordergrund standen, Intentionen, die in den späteren Stücken, zumal in Calderóns Gestaltung des Schemas, durch die Perfektion der Stilisierung und damit den Effekt ästhetischer Distanzierung eher verdeckt werden.

**Akt I:** Das Stück setzt ein auf der Ebene der großen Historie, also der erwähnten Initiative des Komturs zur Mobilisierung des Calatrava-Ordens im Hinblick auf den Kampf gegen die Reyes Católicos, konkret, die Eroberung von Ciudad Real. Erst dann wird die dörfliche Szenerie eingeblendet. Laurencia, ein Bauernmädchen, die Heldin des Stücks, legt ihrer Freundin Pascuala dar, warum sie der Werbung des Komturs nie und nimmer nachgeben wolle, nämlich, weil er sie nicht heiraten könne. Pascuala teilt offensichtlich nicht die strengen moralischen Positionen von Laurencia; schon manches Mädchen habe man nach anfänglichem Widerstand ›dahinschmelzen‹ sehen (V. 182).

Was hier nur angedeutet ist, wird im weiteren Verlauf des Akts vielfach explizit gemacht: Laurencia repräsentiert mit ihrem moralischen Rigorismus gerade nicht die soziale Norm der exponierten ländlichen Welt, sondern sie hebt sich davon ab. Die meisten Mädchen des Dorfes gehen auf die Avancen des Komturs bereitwillig ein, zumal es dieser, wie gesagt wird, an Geschenken nicht mangeln läßt (V. 203f.)[20].

Die beiden Mädchen treffen sodann auf drei Bauernburschen, die über das Wesen der Liebe diskutieren und dabei recht grundsätzliche Fragen anschneiden. Man hat bereits vielfach darauf hingewiesen, daß die Diskussion einen episierenden, d. h. das Stück und seine Handlung kommentierenden Status hat[21]. Das Konzept der Welt als einer »discordia eterna« wird ausgespielt gegen eine Vorstellung von Welt als »armonía« (V. 374 und 380), das erstere ist verbunden mit einer Auffassung von Liebe als egoistischem Gefühl, als Lustgewinn, das zweite mit einer Liebesauffassung, die die höchste Erfüllung in der seelischen Harmonie der Liebenden sieht; Sinnenlust steht also gegen eine platonisierend inspirierte, letztlich aber christlich gemeinte (dazu: V. 421 und V. 438f.) Konzeption von Liebe, zu der die sinnliche Erfüllung nur gehört, insofern sie den umfassenden »concierto« (V. 382) der Liebenden, darüber hinaus aber der Welt und des Kosmos als Ganzem befördert. Reflektiert man diese auffällige Passage im Kontext der Gesamtintrige, deren ›moralische‹ Akzentuierung erst bei Lope hergestellt ist (in der chronikalischen Folie entzündet sich der Konflikt an der materiellen Ausplünderung[22]), so wird schon hier deutlich, daß es in dem Stück auch, wenn nicht sogar zentral, um die Propagierung gewisser und, so scheint es, im Kontext der angesetzten sozialen Welt durchaus nicht selbstverständlicher Verhaltensnormen geht.

Unterdes kehrt der Komtur siegreich aus der Schlacht zurück; Ciudad Real ist gefallen. Die Dörfler empfangen ihn mit Jubel und beschenken ihn reich mit den Früchten ihrer Arbeit. Das Verhältnis Feudalherr/Untertanen ist also zunächst als Idyll modelliert; vor allem gibt es hier keine Indizien dafür, daß sich die Bauern von einer zu hohen Grundrente bedrückt fühlen, was, wie schon gesagt, in Lopes Quelle ganz im Vordergrund steht. In den weiteren Akten übernimmt Lope ohne Rücksicht auf Kohärenz entsprechende Klagen aus der Quelle, welche er, wie Anibals Synopse zeigt, in langen Passagen des Stücks einfach ›ausgeschrieben‹ hat[23]. Selbst wenn sich Lope dann nicht mehr die Arbeit machte, dem Stück eine konsistente Linie zu verleihen, ist es um so bemerkenswerter, daß dort, wo er dem chronikalischen Substrat ›Eigenes‹ hinzufügt, er den späteren Konflikt zwischen dem Komtur und den Bauern auf einen Punkt hin zuspitzt, dessen herausragender Stellenwert bereits unter anderem Aspekt erkennbar wurde, die moralische Problematik.

Der siegreiche Komtur versucht nochmals, Laurencia und auch Pascuala zu überreden, wobei er eine durchsichtige List bemüht. Beide Mädchen aber, also auch die im Prinzip nachgiebigere, aber durch Laurencias Vorbild gewissermaßen gestärkte Pascuala, bleiben standhaft.

Die Reyes Católicos bereiten unterdes die Rückeroberung von Ciudad Real vor; man beachte den ständigen Wechsel zwischen den zwei Ebenen des Stücks, was der intendierten Paradigmatisierung besonderen Nachdruck verleiht. Des Komturs Verantwortung für das Vorgefallene wird mit Nachdruck herausgestrichen (V. 680–686).

In der nächsten Szene trifft Laurencia in einem nahegelegenen Wald Frondoso, einen Bauernjüngling, der sie liebt und sich bereits seit längerem um das spröde Mädchen bemüht. Laurencia versichert Frondoso ein wenig plakativ, sie denke nicht daran, ihn zu heiraten (V.739–750), obwohl seinerseits von Ehe noch nicht die Rede war. Aber das Stratagem – sei es nun der Laurencia als weibliche List zuzurechnen, sei es ohne ›interne‹ Motivation von der Figur vorgetragene Umsetzung der Beeinflussungsstrategie des impliziten Autors – tut seine Wirkung: Indem sie ihm verweigert wird, erscheint Frondoso die Ehe als das erstrebenswerte Ziel (vgl. V. 755 f.), und zwar nicht die ›heimliche Ehe‹ (eine beschönigende Formel für eine freie Beziehung, der die Kirche nachträglich notgedrungen die Legitimität verlieh), sondern die auf dem Tridentinum zum Zwecke der weithin, aber besonders auf dem Lande zerrütteten Verhältnisse definierte ›offizielle‹ Ehe (»[...] / y que ambos como palomos / estemos, juntos los picos, / [...] / después de darnos la Iglesia ...« – V. 768–771)[24]. Nicht nur die Figur der Laurencia selbst, sondern die gesamte Liebesbeziehung zwischen Laurencia und Frondoso weicht damit von den üblichen Verhältnissen ab[25], hier zunächst von den im Stück modellierten Verhältnissen, denn der Normalfall ist, wie wenig später Laurencia selbst sagt, daß sich die Bauernmädchen nicht nur mit dem Komtur, sondern auch mit ›zahlreichen Burschen‹ (V. 808) ihresgleichen einlassen. – Das Stück erreicht seinen ersten dramatischen Höhepunkt, wenn plötzlich der Komtur auftaucht und er Laurencia zunächst verbal, sodann handgreiflich bedrängt. Er beruft sich darauf, daß ihm Laurencias Verhalten schlicht unverständlich bleibt, weil es absolut ungewöhnlich sei (»que tú sola [...]« – V. 795), was ihm Laurencia mit einigen herablassenden Bemerkungen über die laxe Moral der anderen Bauernmädchen auch bestätigt (V. 805–809). Bevor aber der Komtur Laurencia Gewalt antun kann, tritt Frondoso vor, bedroht den Komtur mit der Armbrust, verhilft Laurencia zur Flucht und flieht dann selbst. Frondoso verteidigt also die Ehre seiner Dame mit der Waffe in der Hand. Dies mag auf den ersten Blick wie ein wörtliches Zitieren des feudalen Ehrenkonzepts erscheinen, das hier auf einen Bauern überginge. Aber Lope hat einer solchen Deutung wenig Spielraum gelassen. Wenn nämlich der in seiner Ehre gekränkte und aus der Emotion heraus tollkühne Komtur Frondoso schmäht und zum Kampf herausfordert (V. 846–850), reagiert Frondoso ruhig und besonnen und weist die Forderung zum (ungleichen) Duell zurück: »Eso no. Yo me conformo / con mi estado, y, pues me es / guardar la vida forzoso, / con la ballesta me voy.« (V. 851–854). Es ist gerade die prätendierende Partei, hier vertreten durch Frondoso, die sich exakt an die ständischen Grenzen hält und sie auch dann nicht, nicht einmal punktuell, übertritt, wenn dies in einer affektisch aufgeladenen Situation wie dieser nahegelegen hätte. Das wesentlich zur ›Ehre‹ dazugehörige, ja eigentlich fundierende Konzept der Satisfaktionsfähigkeit wird explizit aus dem von den Bauern geforderten ›honor‹ ausgeklammert. Was reklamiert wird, ist einzig ein ›passives‹ Recht, d. h. die Respektierung gewisser Grenzen seitens der Höhergestellten[26]. Die Argumentation ist also nicht anti-, sondern geradezu pro-hierarchisch. Nicht allein diese, noch zahlreiche weitere Textstellen schließen nicht nur eine ›egalitäre‹, sondern auch eine ›absolutistische‹ Deutung (im Sinne eines Plädoyers für allgemeine soziale Nivellierung unterhalb des Königs) praktisch aus[27]. Die Vorstellung einer hierarchisch geordneten Welt wird eher bekräftigt. Aber das Stück leistet dennoch mehr als eine Verurteilung dessen, der mit der Revolte gegen die Könige und den Übergriffen gegen seine Untergebenen diese Ordnung stört. Und dieses Darüberhinausgehende, die Überwölbung des Konzepts einer ›gerechten‹ hierarchischen Herrschaftsordnung durch das Ideologem einer ›Ehre‹ der Untertanen, bleibt weiterhin erklärungsbedürftig.

**Akt II:** Der zweite wird vom ersten Akt durch einen der konzeptionellen Brüche getrennt, auf die bereits hingewiesen wurde. Ohne daß dies begründet würde, erscheint in der Diskussion der Bauern um die Vorfälle der letzten Szene des 1. Akts der Komtur nunmehr als seit jeher und durchgängig grausamer Tyrann (»¿Quién fue cual él tan bárbaro y lascivo?« – V. 937). Lope greift hier und für den Rest des Stücks auf das Bild des Komturs zurück, wie es in der chronikalischen Folie entworfen ist[28]. Konzeptuell unbewältigt bleibt also bei Lope die Spannung zwischen den zwei Oppositionen, die sein Stück tragen, zum einen, die aus der Chronik entnommene Opposition Komtur vs. Dorfbewohner, die auf die Vorstellung der ›gerechten‹ Herrschaft verweist, zum anderen die von Lope selbst erst hinzugefügte Opposition *innerhalb* der Landbevölkerung, konkret, die Opposition zwischen moralischem Laxismus der Vielen und orthodoxer Exemplarität der Wenigen, die auf die Propagierung tridentinisch inspirierter Verhaltensnormen verweist. Der einzige Konnex, den Lope schafft, ist die – unerläßliche – Verknüpfung beider Aspekte auf der Handlungsebene, durch die Redefinition des Konflikts zwischen Komtur und Dorfbewohnern zu einem ›moralischen‹ und nicht materiellen Konflikt. Damit ist aber, semiotisch gesehen, die Frage nach der ›gerechten‹ Herrschaft der moralischen Frage untergeordnet, bzw. sie wird nur im Hinblick auf den moralischen Aspekt, also nicht etwa als ›soziale‹ Frage, erörtert[29].

Auf der Grundlage der erst zu Beginn des zweiten Aktes unvermittelt hergestellten Analogie der Opposition Komtur vs. Dörfler zu der Werteopposition Laxismus vs. moralischer Rigorismus[30] kann jetzt der dramatische Konflikt schnell auf den Höhepunkt geführt werden. In einer bereits von heftiger Dramatik gekennzeichneten Szene prallen die Vorstellungen aufeinander, wobei die villanos ihre Haltung mit dem Verweis auf die ›Ehre‹ (V. 984–986) und zugleich auf das von Gott gegebene Sittengesetz begründen (V. 1005–1008). – Der nur mit Mühe gezügelte Groll des Komturs erhält neue Nahrung, wenn sich eine Art Wiederholung der letzten Szene von Akt I ereignet. Zwar sind es nunmehr lediglich die Diener, die von einem Bauern mit der Waffe bedroht werden, um sie davon abzuhalten, Jacinta, ein Bauernmädchen, mit Gewalt dem Komtur zuzuführen, aber der Komtur begreift die gesamten Ereignisse mehr und mehr als grundsätzliche Revolte gegen seine Stellung als Feudalherr.

Während die Bauern erregt die Vorfälle um Jacinta und andere ähnliche Ereignisse diskutieren[31] sowie ihrer Hoffnung auf eine Wiederherstellung der rechten Ordnung durch die Reyes Católicos Ausdruck geben (V. 1325–1332), besiegelt das Idealpaar des Stücks, Laurencia und Frondoso, sein Eheversprechen. Man muß die ausführliche Szene (V. 1277–1316 und V. 1365–1448) als eine Art dramatisierter Darstellung der tridentinischen Doktrin der Eheschließung ansehen[32] – der aus moderner Sicht kaum nachvollziehbare exzeptionelle Stellenwert dieser Doktrin bleibt noch zu erläutern. Der Akzent liegt auf dem freien Willensentscheid derer, die durch das Ehesakrament vereint werden sollen. Niemand, auch nicht die Eltern, darf in diesen Willensakt eingreifen (»Justo es, que no hace bien / quien los gustos atropella.« – V. 1403 f.); zur Herstellung umfassender Harmonie soll zwar deren Segen eingeholt werden, wobei aber die Grenzen der elterlichen (und *aller* fremden) Macht über den ›freien Willen‹ der zu Verheiratenden explizit gemacht werden (vgl. V. 1387 f.)[33]. – Parallel zur Wiederherstellung der rechten Ordnung auf der umfassenden Ebene (die Parteigänger der Reyes Católicos erobern Ciudad Real zurück) findet auf dem Dorf eine zur Idylle stilisierte ländliche Hochzeit statt (V. 1472–1651). Der von dem Stück propagierten rechten moralischen Ordnung werden auf diese Weise einige attraktive Akzente verliehen. Doch bevor noch die Feier ihr glückliches Ende findet, kehrt der geschlagene Komtur zurück und zerstört das Idyll. Er läßt Frondoso festnehmen, die Braut in sein Haus verbringen, schmäht Laurencias Vater, den Alcalde Esteban, schlägt ihn sogar mit dem Amtsstab, den er ihm entrissen hat.

**Akt III:** Zu Beginn dieses Akts verdüstert sich das Bild des Komturs ein weiteres Mal: Niemanden gebe es in Fuente Ovejuna, so wird gesagt, dessen Ehre der Komtur noch nicht gekränkt, dessen Leben er nicht bedroht hätte (V. 1669 f.). Jetzt werden auch unvermittelt Klagen über eine materielle Ausplünderung laut, die fast wörtlich aus der Quelle übernommen sind (V. 1710f.)[34]. In dieser Ausweglosigkeit beschließen die Bauern, den ›Tyrannen‹ (V. 1697 und passim) zu töten, selbst wenn sie dabei sterben müssen. Den letzten Anstoß zum Entschluß liefert Laurencia, die aus dem Haus des Komturs entkommen ist und den Männern gegenübertritt. In einer hochdramatischen Schmährede zeiht sie die Versammelten in immer neuen Formulierungen, Weiber zu sein (V. 1723–1793, bes. V. 1770–1793). Die Rede verfehlt ihren Zweck nicht. Mit dem Schlachtruf »¡Los reyes, nuestros señores, / vivan! [...] / [...] / ¡Mueran tiranos traidores!« (V. 1811–1813) setzen sich die Bauern in Bewegung. – Laurencias Rede ist, wie alle Reden im Drama, und insbesondere im didaktisch geprägten spanischen Barockdrama, auch als Rede an die Zuschauer aufzufassen. Offensichtlich ist dem intendierten Publikum das Konzept einer Verteidigung der ›Ehre‹, hier gemeint im Sinne eines moralischen Rigorismus, so fremd, daß äußerst schweres Geschütz bemüht werden mußte. Laurencia appelliert vorrangig weder an Mitleid noch an Moral und auch nicht an ein relativ komplexes Ideologem wie die Ehre, sondern an die elementarste, archaische Basis jeder patriarchalischen Ordnung, nach der Männliches definiert ist als positiver Wert und Weibliches als Manko, als nicht-vorhandener Wert. Erst dies vermag die Männer auf der Bühne und auch, so wohl das Kalkül des impliziten Autors, die Männer im Zuschauerraum wachzurütteln. Ganz auffällig ist der Abstand zu entsprechenden Szenen in den comedias de honor, den Ehrendramen in authentisch adeligem Milieu. Dort genügt dem in seiner Ehre Getroffenen oft schon das allergeringste, zuweilen trügerische Indiz, um zur Rache zu schreiten. Entsprechend haben die zwei Subtypen der comedia, die oftmals oberflächlich unter dem Stichwort ›honor‹ vereint werden, zwei recht unterschiedliche Wirkungsabsichten. Dort geht es um moraltheologisch inspirierte Zügelung eines problematisch gewordenen, absolut gesetzten feudalen Ehrenkodex, hier geht es um die (gleichfalls moraltheologisch) inspirierte Stimulierung von Emotionen zum Zwecke der Restauration, teils auch erstmaliger Errichtung gewisser Verhaltensnormen.

Die effektvolle Szene der Lynchung des Komturs wird breit ausgespielt; das Entscheidende ereignet sich aber hinter der Bühne (V. 1811–1919). Schon hier sind Akzente gesetzt, die die Rache der Bauern keineswegs als ein ausschließlich positiv bewertetes Ereignis erscheinen lassen[35]. Die Ermordung der Diener des Komturs (V. 1896–1919), die später erwähnte Fledderung der Leiche (V. 1984–1991), die Plünderung des Hauses (V. 1996–1999), die aktive Teilnahme der Frauen an der Aktion, die dabei ihrem Status als Frauen entsagen (V. 1889) und ihre ›Blutrünstigkeit‹ herausschreien (V. 1890f.) – dies alles sind Details der Chronik[36], die Lope aber nicht ohne Grund übernimmt. Wie die Übergriffe des Komturs gegenüber seinen Untergebenen, so ist auch das nunmehrige Handeln der Untergebenen ein Überschreiten der rechten Ordnung, ein Handeln »sin orden« (V. 1805)[37]. – Dementsprechend entsendet der König, sobald er von dem Vorfall erfahren hat, einen Richter, mit dem expliziten Auftrag ›exemplarischer Bestrafung der Schuldigen‹ (V. 2020f.). Der Richter tut sein Werk. Aber trotz brutaler Folterung selbst von Kindern, Frauen und alten Männern vermag er nicht zu ermitteln, wer genau die Schuldigen, d.h. die Anstifter, sind. »Fuente Ovejuna lo hizo« (V. 2208 und passim), dies ist die einmütige und von den Dorfbewohnern vorab verabredete Antwort auf alle Fragen. So bleibt dem König, wie der Richter sagt, keine andere Alternative als die, alle Einwohner zu töten oder aber Gnade ergehen zu lassen (V. 2380f.). In einer Unterredung mit den Bauern gewährt der König gezwungenermaßen diese Gnade, nicht ohne nochmals auf die Schwere des Verstoßes hinzuweisen (»aunque fue grave el delito, / por fuerza ha de perdonarse.« – V. 2444f.). Da in einer vorab eingelegten Szene auch der Maestre des Calatrava-Ordens seinen Frieden mit den Reyes Católicos gemacht hat (V. 2290–2345), schließt dieses Drama, wie alle comedias der Epoche, mit einer zutiefst untragischen Wiederherstellung von Harmonie[38] und damit der Bestätigung des einen der zwei Konzepte über die Verfaßtheit von Welt, die bereits zu Beginn des Stücks gegeneinander ausgespielt wurden. Allerdings ist dies keine Harmonie im Sinne märchenhafter Eindimensionalität. Der Weg zur Wiederherstellung der Ordnung (wörtlich: des Herstellens von »nuevas órdenes« in Opposition zu ›desórdenes« – V. 1620–1622) war nicht frei von problematischen Implikationen, und diese neu- bzw. wiedererrichtete Ordnung ist nicht stabil, ist stets neu gegen die Kräfte des Chaos zu begründende Ordnung.

Unser Textkommentar hat deutlich gemacht, daß eine ›sozialkritische‹ Lektüre des Stücks nur um den Preis beträchtlicher Vergröberungen erkauft werden kann. Im Prinzip treffend ist die von Spitzer initiierte, von Wardropper weiterverfolgte und von Ribbans auf den Begriff gebrachte Interpretation der comedia im Zeichen eines Konflikts von »order« und »disorder«[39]. Sie abstrahiert jedoch allzusehr von der konkreten, in den Bauerndramen exponierten Problematik und letztlich auch von der intrikaten Frage einer bäuerlichen Ehre, also der wesentlichen Berufungsinstanz der sozialkritischen Lektüren[40]. Unser bereits angedeuteter Vorschlag könnte wie folgt umrissen werden: Die vorrangige Intention der Bauerndramen ist die Divulgierung bestimmter, unter tridentinischem Vorzeichen neu befestigter, verbindlicher Verhaltensnormen an die Landbevölkerung. Zu diesem Zwecke werden die Vertreter einer rigiden Moral nicht nur heroisiert, sie, bzw. die gesamte Landbevölkerung, soweit sie diese Normvorstellungen übernimmt, werden mit den Insignien eines sozialen Werts, dem ›honor‹ ausgestattet, der real allein der höheren Schicht, dem Adel zukam. Die Verhaltenskonditionierung bedient sich des offensichtlich in allen Zeiten wirksamsten Verfahrens, des mentalen, des ideologischen Anreizes. Die beabsichtigte Reglementierung wird als soziale Aufwertung drapiert[41], deren instrumenteller Charakter sich aber darin erweist, daß sie – durch Ausschluß der Satisfaktionsfähigkeit – real folgenlos bleibt. Ohne eine tatsächliche ›Bestrafung‹ des Missetäters indes kann weder die intendierte mentale Konditionierung zustande kommen, noch kann aus dem Stoff ein wirkungsvolles Dramen-Sujet gewonnen werden. Die Stücke – nicht nur dieses – ›lösen‹ dieses im Grunde unlösbare Problem, indem sie den Antagonisten zu einem Schurken finsterster Ordnung stilisieren, dessen semantisches Profil kaum mit dem etwa von Lope vertretenen ›naturaleza‹-Ideal, der Mischung von ›gut‹ und ›böse‹ im Sinne einer christlich fundierten Anthropologie, vereinbar ist. Aber die Rache derer, die sich eigentlich, laut eigener Aussage, nicht rächen dürfen, wird nicht nur als Affektrache ›entschuldigt‹, sie wird darüber hinaus explizit als moralisch und juristisch unhaltbares Verhalten qualifiziert, das nicht prinzipiell, sondern nur aufgrund spezieller Umstände ungeahndet bleiben kann. Eine sozialkritische, gar ›revolutionäre‹ Perspektive kann man dem Stück nur dann zuschreiben, wenn man das explizit Gesagte – die Forderung nach einem ›honor‹ ohne Satisfaktionsfähigkeit – gering veranschlagt und vor allem den Aspekt vernachlässigt, daß diese Rache den Status einer in mehrfacher Hinsicht – generisch, pragmatisch, ideologisch – bedingten Größe hat.

Zwei Punkte wären noch kurz zu erörtern, die unsere These zu diesem in seiner Existenz bis heute nur unbefriedigend erklärten Subgenre der comedia erhärten könnten: Zum einen ist zu fragen nach der ›Notwendigkeit‹ entsprechender, über das Drama als eine Art Massenmedium der Zeit[42] vermittelter Propaganda, d.h., nach den realen Verhältnissen auf dem Lande, zum anderen nach der Dringlichkeit einer Anleitung zu so verstandenem ›rechten‹ Verhalten, also nach dem externen Interesse an einer moralischen Reform, beides jeweils aus Sicht der Epoche. Zum ersten: Die Dokumente des Tridentinum weisen die Klagen über den völligen Verfall der Sexualmoral insbesondere auf dem Lande als einen zentralen Punkt der Beratungen aus[43]. Wichtiger aber ist dies: Die erst in den letzten zwei Jahrzehnten einsetzende systematische Erforschung der Aktivitäten der Inquisition, also des Instruments, mit dessen Hilfe die Beschlüsse des gegenreformatorischen Konzils in Spanien umgesetzt wurden, bestätigen im Hinblick auf die städtische Bevölkerung, was bereits seit längerem bekannt war – nicht zuletzt auch im Anschluß an literarische Zeugnisse – nämlich, daß es dort um Bekämpfung der Heterodoxie ging, konkret um das Aufspüren von ›conversos judaizantes‹, die unter zweifachem Aspekt suspekt waren, als heimliche Anhänger ihres alten (Irr-)Glaubens und auch, insofern sie als anfällig galten für die neue Häresis, die Reformation in allen ihren Schattierungen[44]. Auf dem Lande jedoch setzte die Inquisition ganz anders an; sie widmete dort ihre unerbittliche Aufmerksamkeit vorrangig der Überwachung der ›Moral‹ der ländlichen Bevölkerung[45]. Lope de Vega bekannte sich seit 1608, dies nur in Parenthese, als ›familiar‹ der Inquisition[46]; in seinem Bauerndrama *Fuente Ovejuna* leistete er – verhaltenstheoretisch gesprochen – mit Hilfe einer Strategie positiver Motivierung einen Beitrag zur Durchsetzung des übergreifenderen Interesses, das das Sanctum Officium mit den ihm eigenen, repressiven Methoden verfolgte.

Die comedias des spanischen Barock, in diesem Falle Lopes Bauerndrama, in Verbindung zu bringen mit den dominierenden Tendenzen ihrer Zeit, d.h. sie als Dramen aus gegenreformatorischem Geist aufzufassen, ist das unmittelbar Naheliegende. Eher bedürfte die in der Moderne geläufige Deutung als gegen den ›offiziellen‹ Diskurs gerichteter Texte eines sorgfältigen Nachweises, d.h. einer Argumentation, die nicht entscheidende Strukturen der Stücke ausblendet. Wie erhellend es sein kann, die comedias des Siglo de oro so aufzufassen, wie es hier ansatzweise im Hinblick auf das besprochene Drama versucht wurde, haben anhand anderer Stücke K. Vossler, H. Friedrich und H.W. Sullivan in ihren jeweiligen Studien gezeigt[47].

Warum nun aber (zweiter Punkt) diese geradezu obsessionelle Fixierung auf die Regulierung der Sexualität? Wie sehr die entsprechende Vorstellung eine ganze, mit dem Tridentinum einsetzende Epoche geprägt hat, ist von M. Foucault gezeigt worden[48]. Auch der Anti-Freudianer Foucault hält bei der Erklärung des Phänomens im wesentlichen an der freudianisch inspirierten Auffassung von der Beherrschung der Sexualität als wichtigstem Instrument von Herrschaft überhaupt fest[49]. Die These sei nicht bestritten. Aber der tridentinische Feldzug für einen neuen moralischen Rigorismus, für die strikt reglementierte ›katholische‹ Ehe, in der die Sexualität nur der Fortpflanzung dienen darf und aus deren Sicht alle andere sinnliche Lust Todsünde ist[50], hat eine ›immanente‹, eine theologisch bestimmte Basis. Die zum Kampf mit dem Protestantismus antretende Ecclesia war in ihren Grundfesten erschüttert durch Luthers Gnadenlehre[51]: Auch der Getaufte ist, so Luther, notwendig und unabwendbar Sünder; deshalb verdient er ›der Sünde Sold‹, den ewigen Tod; einzig die unerforschliche göttliche Gnadenwahl kann ihn davon erlösen. Der Sünder selbst kann also durch eigenes – da notwendig sündhaftes – Verhalten nicht auf sein Schicksal im Jenseits einwirken, weder durch ›gute Werke‹ noch durch die Erwirkung des priesterlich gemittelten Ablasses der Sünde. Die Vorstellung, das ›rechte Handeln‹ liege in der Dimension menschlicher Möglichkeiten, wird als Anmaßung verstanden. Alles, was die Rituale der alten Ecclesia konstituiert, war damit als sinnlos abqualifiziert zugunsten des Konzepts der ›Unmittelbarkeit zu Gott‹. – Luthers stärkstes Argument für die Ineinssetzung von Erbsünde und aktualisierter Sünde und damit das unausweichliche Verfallensein des Menschen an die Sünde war die Allgegenwart der sinnlichen Lust, der concupiscentia. Die tridentinische, im wesentlichen sich auf Thomas von Aquin berufende Auffassung bestritt diese Notwendigkeit des Sündig-Seins, die wiederum das Prädestinationskonzept fordert. Die restaurierte katholische Doktrin geht unter dem Schlagwort des ›freien Willens‹ (liberum arbitrium) von einer tatsächlich gegebenen Wahl zwischen sündhaftem und rechtem Handeln aus, sowie von der Möglichkeit, falsches Handeln mit Hilfe der Gnadenmittel der Kirche zu kompensieren. Der härteste ›Test‹, den diese Auffassung im Kampf der Lehren zu bestehen hatte, war naheliegenderweise die Entkräftung von Luthers schlagendem ›empirischen‹ Argument. Dementsprechend definiert die tridentinische Lehre die concupiscentia nicht als unausweichlich, sondern als eine ständige Verlockung, die Gott dem Menschen im Stande der Gnade als eine Art Probe auf die Aufrichtigkeit seines Heilswillens auferlegt habe (»[...] ad agonem relicta sit«[52]). Es ist deshalb Aufgabe der Kirche, den Sünder in diesem ›Kampf‹ zu unterstützen, notfalls auch, nach Auffassung der Zeit, ihn zu seinem Heil zu zwingen. Gelingt dies dem Einzelnen nicht, so fällt er (wie etwa Tirsos Don Juan) der Verdammnis anheim; gelingt der Ecclesia nicht der Nachweis, daß dies möglich ist, sieht sie ihre theologische Basis und damit sich selbst als Institution in Frage gestellt. Aus diesen zwei Quellen speist sich der enorme moraltheologische Rigorismus der Epoche, der sich auch in der comedia reflektiert. Die Landbevölkerung erwies sich unter diesem Aspekt als besonders widerspenstig; dies war, wie die Dokumente ausweisen, weniger ein Moment dezidierter Libertinage oder gar ideologischer Opposition als ein Resultat kultureller Differenz, konkret, der mangelnden Einsicht in die Sinnhaftigkeit einer strikten Regulierung des naturhaften Begehrens. Aber das Memento dieses Stücks, und aller Komtur-Stücke, gilt auch dem dissoluten Feudalherren bzw. seinen Entsprechungen in der Realität. *Alle* Menschen unterliegen dem Gebot, diese Heilsprobe zu bestehen, und insofern auch ein und demselben moralischen Gesetz[53]. Dies ist denn auch der Egalitarismus von Lopes *Fuente Ovejuna* und anderer entsprechender Stücke; gemeint ist keine soziale, sondern eine Egalität sub specie aeternitatis und damit nichts anderes, als was in dem bekanntesten Stück der Epoche, Calderóns *Gran teatro del mundo,* thematisch ist[54]. Möglicherweise erhält das moderne, im Jahr 1789 kulminierende Gleichheitsdenken in dieser Epoche entscheidende erste Anstöße. Aber dies ist eine Frage historischer Entwicklung und funktionaler Umbesetzung; in den Stücken gemeint ist solches noch nicht.

## ANMERKUNGEN

T: Lope de Vega/Cristóbal de Monroy, *Fuente Ovejuna (Dos comedias)*, hrsg. von F. LÓPEZ ESTRADA (Clásicos Castalia), Madrid 1979, S. 35–179; keine neueren Übersetzungen; die deutsche Fassung von A. F. von SCHACK entfernt sich teilweise beträchtlich vom Wortlaut des Originals (in: SCHACK, *Spanisches Theater*, Bd. 2, Frankfurt a. M. 1845).

L: A. ALMASOV, »*Fuente Ovejuna* y el honor villanesco en el teatro de Lope de Vega«, *Cuadernos hispanoamericanos* H. 161/162 (1963), S. 701–755; C. E. ANIBAL, »The Historical Elements of Lope de Vega's *Fuente Ovejuna*«, *PMLA* Bd. 39/1934, S. 657–718; T. BURNABY/J. KIRSCHNER, »Evolución de la crítica de *Fuente Ovejuna* de Lope de Vega, en el siglo XX«, *Cuadernos hispanoamericanos* H. 320/321 (1977), S. 450–465; J. CASALDUERO, *Estudios sobre el teatro español* (Biblioteca románica hispánica. II. Estudios y ensayos), Madrid 1962, S. 9–44; *Dictionnaire de théologie catholique*, hrsg. von A. VACANT/E. MANGENOT, 15 Bde., Paris 1899–1950; J. HERRERO, »The New Monarchy: A Structural Reinterpretation of *Fuente Ovejuna*«, *Revista hispánica moderna* Bd. 36/1970–1971, S. 173–185; E. W. HESSE, *Interpretando la comedia* (Studia humanitatis), Madrid 1979; *Liber Theologiae moralis*, viginti & quattuor Societatis Jesu Doctoribus referatus; quem Antonius de Escobar et Mendoza, Vallisoletanus, eiusdem Societatis Theologus, in examen confessariorum digessit, München [40]1646 ([1]1627); F. LÓPEZ ESTRADA, »Estudio sobre *Fuente Ovejuna* de Lope de Vega«, in: Lope de Vega/Cristóbal de Monroy, s. T., S. 9–28; J. A. MARAVALL, *Teatro y literatura en la sociedad barroca* (Hora H. Ensayos y documentos), Madrid 1972; M. MENÉNDEZ Y PELAYO, *Estudios sobre el teatro de Lope de Vega*, Bd. 5 [= Edición nacional de las obras de MENÉNDEZ Y PELAYO, Bd. 33], Santander 1949, S. 171–182; H.-J. NEUSCHÄFER, »Lope de Vega und der Vulgo. Über die soziologische Bedingtheit und die emanzipatorischen Möglichkeiten der populären comedia (am Beispiel von *Fuente Ovejuna*)«, in: H. BAADER/E. LOOS (Hrsg.), *Spanische Literatur im Goldenen Zeitalter*. Fritz SCHALK zum 70. Geburtstag, Frankfurt a. M. 1973, S. 338–356; A. A. PARKER, »Reflections on a New Definition of ›Baroque‹ Drama«, *Bulletin of Hispanic Studies* Bd. 30/1953, S. 142–151; G. W. RIBBANS, »The Meaning and the Structure of Lope's *Fuente Ovejuna*«, *Bulletin of Hispanic Studies* Bd. 31/1954, S. 150–170; N. SALOMON, *Recherches sur le thème paysan dans la* comedia *au temps de Lope de Vega*, Bordeaux 1965; L. SPITZER, »A Central Theme and Its Structural Equivalent in Lope's *Fuente Ovejuna*«, *Hispanic Review* Bd. 23/1955, S. 274–292; K. VOSSLER, *Lope de Vega und sein Zeitalter*, München 1932; B. W. WARDROPPER, »*Fuente Ovejuna:* ›el gusto‹ und ›lo justo‹« (1956), deutsch in: E. MÜLLER-BOCHAT (Hrsg.), *Lope de Vega* (Wege der Forschung. 254), Darmstadt 1975, S. 295–314; H. WEINRICH, »Die fast vergessene Ehre«, in: WEINRICH, *Literatur für Leser*. Essays und Aufsätze zur Literaturwissenschaft (Sprache und Literatur. 68), Stuttgart/Berlin/Köln/Mainz 1971, S. 164–180.

A: 1 Zur Datierung vgl. LÓPEZ ESTRADA, s. L., S. 9f.

2 Außer den zwei genannten sind vor allem folgende Stücke zu nennen: LOPE DE VEGA, *El mejor alcalde, el Rey* (1620–1623?), CALDERÓN, *El alcalde de Zalamea* (~1630), sowie das zeitlich frühere, nicht sicher datierbare Stück gleichen Titels, das vermutlich entgegen älteren Zuschreibungen nicht von Lope stammt. Weitere, weniger bekannte Dramen der großen Autoren, in denen das Konzept der ›Bauernehre‹ zentral ist, sind aufgelistet bei ALMASOV, s. L., S. 726.

3 Grundlegend zur Ehrenproblematik allgemein ist WEINRICH, s. L. Die abgewogenste Darstellung zum Konzept des honor in der Literatur des Siglo de Oro ist nach wie vor die Studie von AMÉRICO CASTRO (»Algunas observaciones acerca del

concepto del honor en los siglos XVI y XVII«, *Revista de filología española* Bd. 3/1916, S. 1–50 und S. 357–386).

4 Ein ausführlicher Forschungsbericht findet sich bei Burnaby/Kirschner, s. L.

5 Vgl. Menéndez y Pelayo, s. L., bes. S. 175 f.; die weitere Tradition dieser These ist ausführlich belegt bei Burnaby/Kirschner, s. L., S. 453 mit Anmerkungen. Zur quantitativen Dominanz dieser Auffassung in der Forschungsliteratur s. Almasov, s. L., S. 722. Die wichtigste neuere Deutung dieser Observanz ist die Studie von Neuschäfer, s. L., bes. S. 352 (»Emanzipation des Volkes von der Fremdbestimmung zur Selbstbestimmung«).

6 Gemeint sind die Untersuchungen, die anstelle einer ›demokratischen‹ eine proabsolutistische Propaganda ansetzen. Die Spannbreite reicht von der auch bereits bei Menéndez y Pelayo vertretenen Auffassung eines Bündnisses von Königtum und Volk gegen den Feudaladel (s. L., S. 178) bis hin zu Herreros These, es gehe einzig um eine Disziplinierung des mittelalterlichen, ›anarchischen‹ Feudalismus im Interesse des ›geordneten‹ Feudalsystems der absolutistischen Zeit (s. L., bes. S. 176).

7 Die Einordnung der entsprechenden Studien vor allem von Spitzer, Wardropper und Ribbans übernehmen wir aus dem Forschungsbericht von Burnaby/Kirschner (»La interpretación formalista«, s. L., S. 455–461). Letztlich handelt es sich um textimmanente, struktural orientierte Deutungen unter teilweiser Einbeziehung eines allerdings recht ausschnitthaft angesetzten geistesgeschichtlichen Kontexts (vor allem Spitzer).

8 So die Argumentation vor allem bei Wardropper (s. L., bes. S. 309 f.), der damit repräsentativ ist für die gegen Menéndez y Pelayo Partei ergreifende Tendenz.

9 Vgl. dazu Salomon, s. L., S. 825, Anmerkung 54, und auch die exakte Bevölkerungsstatistik für das Ende des 16. Jahrhunderts, die für den Handlungszeitraum ähnliche Zahlen ergibt (M. Fernández Álvarez, *La sociedad española del renacimiento* [Temas y estudios], Salamanca 1970, S. 82 f. 88. 90).

10 Über Geschichte, innere Struktur und Funktion des Calatrava-Ordens unterrichtet ausführlich F. Guitton, *L'Ordre de Calatrave,* Paris 1955. Hier sei nur bemerkt, daß der Comendador mayor der zweithöchste Würdenträger in der Hierarchie ist.

11 Lopes Quelle ist verfaßt von F. de Rades y Andrada (*Chrónica de las tres órdenes y cavallerías de Santiago, Calatrava y Alcántara* ..., Toledo 1572; das Buch ist in größeren Bibliotheken verfügbar). Lope benutzt die folios 78 v.–80 v. Die entsprechenden Passagen sind in neuerer Zeit wieder gedruckt, leider verstreut, und zwar bei Anibal (s. L., S. 681–688; folios 78 v.–79 r. sowie 80 r.–80 v.) und bei Menéndez y Pelayo (s. L., S. 172–174; folios 79 v.–80 r.).

12 Das historische Panorama wird skizziert im Stück selbst, V. 69–140, bes. V. 90–116. Eine genauere Darstellung findet sich bei Almasov, s. L., S. 745 f.

13 Die entsprechende Umarbeitung der Quelle ist bereits in mehreren Studien ausführlich besprochen und im oben angesprochenen Sinne gedeutet worden (vgl. vor allem Parker, s. L., S. 145 f., sowie Almasov, s. L., S. 750 f. und Ribbans, s. L., S. 159–163). Die Bezüge von Lopes Stück zur Quelle und das Verhältnis beider Texte zu den realen Ereignissen, soweit rekonstruierbar, sind Gegenstand der Studie von Anibal. Anibals höchst interessante Untersuchung weist nach, daß bereits die Chronik eine nachhaltige Schematisierung und Umdeutung der Ereignisse vornimmt, die bis zur Verkehrung ins Gegenteil reicht; u. a. kann auf Realebene weder von Heroismus noch von eigeninitiativem Handeln der Bauern die Rede sein. Hintergrund des Konflikts sind Spannungen im Macht-

dreieck zwischen Komtur, Ordensgroßmeister und dem Herrn von Córdoba, hinzu kommt das brisante converso-Problem (der Großmeister war, wie viele hohe Adelige, entsprechend ›belastet‹) (s. im einzelnen L., bes. S. 692–712).

14 Nach Wiederherstellung der ›Ordnung‹ öffnet sich die Perspektive des Stücks auf den Abschluß der Reconquista (vgl. V. 2326–2333).

15 Vgl. dazu Vossler, s. L., S. 290.

16 Der Anachronismus dieser These wird bereits mit sehr deutlichen Worten angeprangert bei Vossler, s. L., S. 237 und S. 288; vgl. auch Almasov, s. L., S. 723 und Maravall, s. L., S. 112f.; zum Textbefund s. u., S. 109f. mit Anm. 26.

17 So jedoch bei Anibal, s. L., S. 659 und S. 661 und teilweise auch bei Ribbans, s. L., S. 153.

18 S. L., S. 13.

19 »Interpretación conjunta y variedad de las dos versiones de *Fuente Ovejuna*«, in: Lope de Vega/Cristóbal de Monroy, s. T., S. 347–359, hier: S. 353 (mit Nachweis des Lope-Zitats aus *La Vega del Parnaso* [1637]). Auf ähnliche Einschätzungen verweisen Burnaby/Kirschner, s. L., S. 460, Anm. 47 und S. 461, Anm. 48.

20 In der Forschungsliteratur ist bereits gesehen worden, daß die Heldin des Stücks (wie im übrigen die weiblichen Hauptfiguren in allen Bauerndramen) sich durch eine extrem eindimensionale moralische Exemplarität auszeichnet und sie sich damit von den Heldinnen anderer Subtypen der comedia, sei es comedia de capa y espada oder comedia de honor, ganz wesentlich unterscheidet (vgl. bes. Salomon, s. L., S. 358–361). Soweit überschaubar, ist aber die sehr plakativ vermittelte stückinterne Differenzierung zwischen Laurencia und den anderen Bauernmädchen bislang unbeachtet geblieben.

21 Vgl. v. a. Spitzer, s. L., bes. S. 276f. In den Bahnen von Spitzer, jedoch mit stärkerer Berücksichtigung der christlichen Implikationen, argumentiert auch Hesse, s. L., S. 31–54.

22 S. dazu Rades y Andrada, *Chrónica*, f°. 80r. (in Menéndez y Pelayos Neudruck, s. L., S. 174). Auch dort ist beiläufig von sexuellen Übergriffen die Rede, aber der Akzent liegt auf dem Materiellen. Zur Verkehrung der Gewichte bei Lope s. auch Anibal, s. L., S. 660.

23 Die Synopse bei Anibal (s. L., S. 681–688) bezieht sich zwar auf die Ciudad Real-Handlung, aber entsprechendes gilt auch für die Fuente Ovejuna-Handlung (vgl. López Estrada, s. L., S. 14).

24 Zur tridentinischen Ehepolitik und auch zum Stellenwert dieser Frage in den Diskussionen des Konzils s. den Art. »Mariage« in: *Dictionnaire de théologie catholique*, s. L., Bd. 9,2, Sp. 2044–2335, bes. Sp. 2224–2249.

25 In bezug auf die zwei Liebenden wird dieser ›Normalfall‹ denn auch explizit gemacht, wenn Frondoso darauf anspielt, daß das ganze Dorf die beiden schon längst durch eine ›heimliche Heirat‹ verbunden ansieht («[...] / que ya para en uno somos;« – V. 735–738; Zitat: V. 738).

26 Auf die Spezifik der von den Bauern reklamierten Ehre weist auch Salomon hin. Seine Deutung bleibt allerdings diffus (»l'anti-féodalisme au sein du féodalisme« – s. L., S. 831–842; Zitat: S. 842).

27 So auch die Argumentation bei Anibal. Der Komtur hebt sich negativ von den anderen hohen Feudalherren des Stückes ab, die gewissermaßen den Normalfall repräsentieren (s. L., S. 661–663).

28 Zum Bild des Komturs in der Chronik s. Anibal, s. L., S. 662f. mit Anm. 18; s. auch ebd., S. 700f., zu den möglichen Motiven des Chronisten für die aus-

gesprochen negative Stilisierung eines Mannes, dessen reales Gegenbild eher ein exemplarischer Feudalherr gewesen sein muß.

29 Vgl. auch WARDROPPER (s. L.) der soweit geht, die Ausstattung der Bauern mit honor als »dramatische Notwendigkeit« zu begreifen, damit das eigentliche Thema des Stücks, die Opposition von »Vergnügungssucht« und »sittliche[r] Festigkeit«, wirksam darstellbar werde (S. 298–300).

30 Aber auch in diesem Akt kommt zuweilen das Thema der lockeren Moral der Mehrheit der Bauernmädchen recht drastisch zur Sprache (vgl. V. 967–970 und bes. V. 1059–1102).

31 An dieser Stelle ergeben sich massivste Inkohärenzen im oben erwähnten Sinne. So wird die Frau des Pedro Redondo hier als bedauernswertes Opfer einer Vergewaltigung durch den Komtur und sodann durch seine Diener hingestellt (V. 1345–1350). Von derselben Sebastiana hatte im 1. Akt nicht nur der Komtur erzählt, sie habe sich freiwillig mit ihm eingelassen (V. 799–804); sie ist eine derjenigen, von denen Laurencia sagt, daß sie bereits vielen Bauernburschen ihre Gunst geschenkt habe (V. 805–809).

32 S. dazu Art. »Mariage«, bes. Sp. 2246f.

33 Zur theologischen Bedeutung dieser Ehedoktrin s. u., S. 115f. mit Anm. 50 und 51. Welchen Stellenwert sie aus der Sicht der Zeit hatte, mag man daran ermessen, daß es u. a. dieser Punkt war, der in Frankreich zur Zurückweisung der Ergebnisse des Konzils führte. Dies war eine Weichenstellung für Frankreichs Weg in die Moderne, während v. a. Spanien, aber auch Italien im späten 17. und im 18. Jahrhundert geistig stagnierten (zur französischen Haltung zum Tridentinum s. Art. »Mariage«, Sp. 2247 sowie Art. »Trente (Concile de)«, in: *Dictionnaire de théologie catholique*, s. L., Bd. 15,1, Sp. 1414–1508, hier: Sp. 1492–1496.

34 Vgl. Rades y Andrada, f° 80r. (MENÉNDEZ Y PELAYO, s. L., S. 174).

35 Vor allem RIBBANS hat auf diesen Punkt verwiesen (s. L., S. 165–169).

36 Vgl. Rades y Andrada, f° 79v. (MENÉNDEZ Y PELAYO, s. L., S. 172f.).

37 Zur entsprechenden Qualifizierung der Taten des Komturs vgl. V. 1619–1630, bes. V. 1621.

38 Zu diesem Basis-Merkmal der Stücke Lopes, das analog auch für Calderón gilt, vgl. VOSSLER, s. L., S. 281f. und S. 284.

39 Zitat RIBBANS: s. L., S. 169f.; die Veröffentlichungen von SPITZER und WARDROPPER s. L.; WARDROPPER nimmt RIBBANS These letztlich schon vorweg (bes. S. 309).

40 Neben der sozialkritischen Deutung des Motivs der Bauernehre gibt es eine Art abbildtheoretischer Erklärung, die behauptet, die Stücke reflektierten die spezifisch spanische Variante des Feudalismus; im Zeichen der über Jahrhunderte dauernden Reconquista seien die Bauern stets in gewissem Umfang Waffenträger und damit auch Inhaber von ›honor‹ gewesen (vgl. ALMASOV, s. L., bes. S. 707–713 und S. 755).

41 Die letztlich nicht emanzipatorische, sondern ideologische, herrschaftssichernde Funktion der Propagierung einer Bauernehre erfaßt auch bereits MARAVALL (s. L., S. 54 und S. 65. 69. 77). MARAVALL abstrahiert allerdings von der ›moralischen‹ Situierung des Sujets und vor allem von den tridentinischen Bezügen der propagierten Ideologie. Ein ganz knapper Hinweis, der in Richtung unserer Deutung geht, findet sich bei SALOMON, s. L., S. 361, Anm. 5. SALOMONS genereller These, die Bauerndramen repräsentierten eine Etappe des Prozesses, in dem sich die europäische Kultur von der ihr innewohnenden Tendenz zur Misogynie löse, kann aus unserer Sicht nicht beigepflichtet werden (bes. S. 402f.).

42 Zur generellen Deutung der spanischen comedia als ein Instrument, mit dessen Hilfe dem Volk Werte, Maßstäbe und Verhaltensweisen eingeprägt werden sollten, die geeignet waren, die sozialen und politischen Auflösungstendenzen des 15. und des frühen 16. Jahrhunderts zu bremsen und sodann restaurativ zu bewältigen, vgl. MARAVALL, s. L., passim, bes. S. 29 und S. 36. Zur oft unterschätzten Aufführung von comedias vor ländlichem Publikum s. SALOMON, s. L., S. 889f. Die comedia als ganzes ist natürlich vorrangig ein städtisches Phänomen. Quantitativ stellen die Bauerndramen im Œuvre LOPES und CALDERÓNS eine unbedeutende Größe dar. Dies dürfte auch die Proportionen des intendierten Publikums reflektieren. Erst die moderne Rezeption hat - aus den skizzierten Gründen - den Bauerndramen zu ihrem Status verholfen.

43 Vgl. Art. »Mariage«, Sp. 2224. 2232f. und Sp. 2237.

44 Ein gutes Resümee des entsprechenden Forschungsstands gibt ÁLVAREZ, *La sociedad española,* S. 191–242, bes. S. 218–226.

45 Das zugrundeliegende Phänomen als solches, also der Sittenverfall insbesondere auf dem Lande, wird auch in literaturwissenschaftlich orientierten Darstellungen bei der Erläuterung des zeitgenössischen sozialen Kontexts des öfteren erwähnt, aber nicht in Beziehung zu den literarischen Textzeugnissen gesetzt (vgl. etwa MARAVALL, s. L., S. 50; J. I. GUTIÉRREZ NIETO, »Honra y utilidad social (en torno a los conceptos de ›honor‹ y ›honra‹)«, in: L. GARCÍA LORENZO (Hrsg.), *Calderón.* Actas del congreso internacional sobre Calderón y el teatro español del siglo de oro, 3 Bde., Madrid 1983, Bd. 2, S. 881–895, hier: S. 888; ÁLVAREZ, *La sociedad española,* S. 119). Als wichtigste neuere Veröffentlichungen über die Tätigkeit der Inquisiton auf dem Lande sind zu nennen: J.-P. DEDIEU, »Le modèle sexuel: La défense du mariage chrétien«, in: B. BENNASSAR (Hrsg.), *L'Inquisition espagnole XV*[e]–XiX[e] siècle, Paris 1979, S. 313–338, bes. S. 329 und v. a. die Statistik auf S. 336; vgl. weiterhin die hervorragend dokumentierte Studie von J. CONTRERAS, *El Santo Oficio de la Inquisición en Galicia, 1560–1700.* Poder, sociedad y cultura, Madrid 1982, Kap. 8 (»Análisis sociológico de los procesados«), S. 571–691 u. dort insbes. den Abschnitt »La continencia sexual y el matrimonio cristiano«, (S. 627–654).

46 Vgl. VOSSLER, s. L., S. 67f.

47 VOSSLER, s. L., passim. FRIEDRICHS und SULLIVANS jeweilige Argumentationen betreffen Calderón bzw. Tirso de Molina, aber das dort Gesagte hat generellen Stellenwert (*Der fremde Calderón* [Freiburger Universitätsreden. Neue Folge. 20], Freiburg i. Br. [2]1966 [[1]1955]; *Tirso de Molina and the Drama of the Counter Reformation,* Amsterdam [2]1981 [[1]1976]).

48 *La Volonté de savoir* (Bibliothèque des histoires), Paris 1976, bes. S. 25–49.

49 Zu FOUCAULTS These und zur Absetzung von der Repressions-Hypothese des Freudianismus s. im einzelnen *La Volonté de savoir,* S. 18 und S. 50–67.

50 Zur katholischen Morallehre der Epoche ist grundlegend das *Liber theologiae moralis* (s. L.). Zur Ehe s. bes. S. 917–958 (zum Problem des matrimonium clandestinum s. S. 923f.; zur Frage des freien Willensentscheids der zu Verheiratenden s. S. 920, S. 924f. und S. 947); zur concupiscentia und luxuria s. S. 126–131 und S. 297.

51 Das Folgende versteht sich als extrem gedrängte Skizze, die die Komplexität der Diskussion kaum adäquat reflektieren kann. Die lutheranische und die tridentinische Position sind abgewogen dargestellt im Art. »Mariage«, Sp. 2224–2230 (bes. Sp. 2225) und bes. im Art. »Péché originel«, in: *Dictionnaire de théologie catholique,* s. L., Bd. 12,1, Sp. 275–624, hier: Sp. 510–513 (zur protestantischen

Position) und Sp. 513–527 (zur Position des Tridentinum). Eine genauere Erläuterung des Streits um die Gnadentheologie, und zwar mit Blick auf die spanische comedia, findet sich bei SULLIVAN, *Tirso de Molina,* bes. S. 19–27 und S. 28–40.

52 So die Formulierung im fünften Artikel des tridentinischen Erbsündendekrets (zitiert im Art. »Péché originel«, Sp. 523f.).

53 Diese Auffassung schlägt sich in den Dokumenten der Zeit etwa in einem Erlaß Philipps II. aus dem Jahre 1580 nieder, der den Feudalherren bei Todesstrafe verbietet, sich die Frauen und Mädchen von Untergebenen gefügig zu machen (zitiert bei ALMASOV, s. L., S. 739 und bei SALOMON, s. L., S. 902f.). Man darf von daher nicht ohne weiteres, wie SALOMON, das Bauerndrama als Reflex ›realer‹ Vorfälle deuten; beides, der Erlaß des Königs der Gegenreformation und das Stück des familiar del Santo Oficio de la Inquisición, verweisen auf ein gleichgerichtetes, übergreifendes Interesse, das für das gesamte soziale und geistige Leben Spaniens in dieser Zeit prägend wurde.

54 In den Kontext dieses ›christlichen‹ Gleichheitsdenkens gehört auch die in der Forschungsliteratur vielfach zitierte Auffassung des Thomas von Aquin, *jedem* Menschen komme als von Gott Geschaffenem ›Ehre‹ zu (zitiert bei CASTRO, »Algunas observaciones acerca del concepto del honor«, S. 47). Es ist aber zu schematisch gedacht, in dieser mittelalterlich-christlichen Auffassung die vorrangige, wenn nicht alleinige gedankliche Grundlage des Bauerndramas zu sehen.

*SILVIA GONZALVO*

# TIRSO DE MOLINA · EL BURLADOR DE SEVILLA Y CONVIDADO DE PIEDRA

Kaum ein anderes Theaterstück der Weltliteratur hat eine nachhaltigere Wirkung ausgeübt als *El burlador de Sevilla y convidado de piedra*[1], in dem die Figur des Don Juan ihre erste literarische Gestaltung erhielt. Dieses Schauspiel in drei Akten wurde wahrscheinlich zwischen den Jahren 1621 und 1624 uraufgeführt und erschien 1630 erstmals gedruckt in einer Sammlung von 12 neuen Dramen des Lope de Vega[2]. Trotz der lange Zeit geführten, erst vor kurzem wiederbelebten Diskussion um die Verfasserschaft spricht vieles dafür, Tirso de Molina als Autor anzusehen[3].

Tirso de Molina ist der Dichtername des Mercedarier-Mönches Gabriel Téllez, über dessen Person nur wenige biographische Daten gesichert sind. Blanca de los Ríos, die Herausgeberin der kritischen Ausgabe sämtlicher dramatischer Werke des Tirso de Molina, glaubt das Gerücht bestätigen zu können, demzufolge Tirso der uneheliche Sohn des Herzogs von Osuna, Vizekönig von Neapel, gewesen sein soll. Nach seinem Studium in Alcalá de Henares weiß man von seinem Aufenthalt als Ordensmissionar in Haiti von 1616–18. Im Alter hat Tirso als Komtur und Superior des Mercedarier-Klosters Soria in Altkastilien die Geschichte des Ordens niedergeschrieben, dem er fast 50 Jahre – bis zu seinem Tod 1648 – angehörte. Von den über dreihundert Bühnenstücken, die er verfaßt haben soll, sind sechsundachtzig überliefert; jedoch sind davon nur noch zwei auf der Bühne lebendig: das Lustspiel *Don Gil de las calzas verdes* (Madrid, 1635) und die dramatische Gestaltung des Don Juan Tenorio aus Sevilla, bis heute der folgenreichste Beitrag Spaniens zu den Stoffen der Weltliteratur.

## Quellen

Das Stück *El burlador de Sevilla y convidado de piedra,* das zu Tirsos religiösen Bühnenwerken gezählt wird, vereint – wie im Titel bereits angedeutet wird – zwei ursprünglich nicht zusammengehörige Stoffkomplexe, über deren Quellen bzw. Entstehung mehrere Thesen vorliegen. Feststeht, daß dem Theaterstück keine schriftlich fixierte Vorlage vorausgeht. Vermutlich sind es mündlich überlieferte Romanzen- und Legendenzyklen, lokale Familienchroniken und geneologische Verzeichnisse, auf die der Autor bei der Bearbeitung seines Don-Juan-Dramas zurückgreifen konnte.

Es verbindet die Liebesabenteuer eines jungen Draufgängers aus Sevilla mit einer nahezu in ganz Europa zu findenden volkstümlichen Legende uralter Herkunft um die Bestrafung eines Frevlers durch die Erscheinung eines Standbildes, das einem seiner Opfer errichtet worden war. Die Traditionen dieses zweiten Stoffkomplexes um den »Steinernen Gast« behandelt u. a. Ramón Menéndez Pidal; er versucht nachzuweisen, daß die Bestrafung eines Sünders durch einen Toten zwar in der Phantasie vieler Völker Europas existierte, daß der Autor des *Burlador* aber ausschließlich auf eine spezifisch spanische Variante dieses Stoffes Bezug nimmt[4]. Demgegenüber glaubt Theodor Schröder anhand einer kritischen Sichtung aller möglichen Quellen die Entwicklung der größtenteils mündlich überlieferten Legende von der griechischen Antike bis zur schriftlichen Fixierung durch Tirso de Molina nachvollziehen zu können[5]. So findet sich das Motiv der beleidigten Herausforderung in Verbindung mit der sich an ihrem Spötter rächenden Bildsäule bereits in Erzählungen der Griechen Aristoteles, Plutarch, Dio Chrysostomos und Pausanias. Später tauchen ähnliche Motivkombinationen in den Fabeln der verschiedensten Völker Europas auf. Die Geschichte vom zu Gast geladenen Totenschädel kennt man aus französischen, portugiesischen, flämischen, deutschen und dänischen Volksüberlieferungen[6].

Die erste dramatische Version stellt das Leontiusdrama dar, das 1615 – also 15 Jahre vor Erscheinen der ersten gedruckten Fassung des *Burlador* – am Ingolstädter Jesuitenkolleg uraufgeführt wurde. Das Leontiusdrama mit dem genauen Titel *Von Leontio einem Graffen, welcher durch Machiauellum verführt, ein erschreckliches End genommen* präsentiert die Geschichte des ungläubigen, von den Doktrinen des Machiavell verderbten Grafen Leontio, der auf seinem Weg über den Friedhof einen Totenschädel findet. Um diesen zu verhöhnen, stößt er mit dem Fuß an ihn, fragt ihn, ob es ein Leben im Jenseits gäbe und bittet ihn, falls er im Tode noch zu verstehen fähig sei, zu einem Mahl in sein Haus. Als der Tote am Abend bei Leontio erscheint, gibt er sich diesem als sein Großvater Gerontio zu erkennen, der gekommen sei, um seinen Enkelsohn von der Unsterblichkeit der Seele zu überzeugen und ihn danach mit sich in die Hölle zu reißen[7]. Trotz einiger motivischer Entsprechungen – wie der der Verhöhnung eines Toten durch einen Frevler, das makabre Gastmahl und die Bestrafung des Spötters durch die Erscheinung des Toten – kann das Leontiusdrama nicht als die dramatische Vorlage für Tirsos Bearbeitung des Steinernen Gastes gelten, da beide religiöse Tendenzstücke sich in ihrer Grundaussage wesentlich unterscheiden. Vergleicht man die Protagonisten, so zeigt sich, daß dem frevlerischen, aber dennoch an die Existenz Gottes glaubenden Don Juan ein skrupelloser, spottender Atheist gegenübersteht.

Die Legende vom Steinernen Gast verbreitete sich, nicht zuletzt infolge der Ingolstädter Aufführungen, hauptsächlich in der Gaskogne, in Portugal und in Spanien, wo sie in zahlreichen Romanzen ihren literarischen Niederschlag fand. Menéndez Pidal weist erstmals das Motiv des sich an seinem Spötter rächenden Toten in Verbindung mit dem Typ des Frauenhelden in einer von ihm aufgefundenen asturischen Romanze nach. Ihr Inhalt legt die Fusion dieser beiden Themenkreise – wie wir sie im *Burlador* wiederfinden – deutlich dar. Der dort genannte Verführer (»galán«) befindet sich gerade auf dem Weg zur Kirche, die er nicht des Gottesdienstes, sondern der sich dort befindlichen schönen Damen wegen besucht, als er einen Totenkopf findet, gegen den er ebenso wie Leontio mit dem Fuß stößt[8].

Was den Don-Juan-Stoff anlangt, so lassen sich auch hier keine eindeutigen Aussagen machen. Don Juan, wie Tirso ihn auf die Bühne brachte, ist keine historische Persönlichkeit. Die mythische Figur des draufgängerischen Verführers hat lediglich in der spanischen Volksphantasie existiert. Es ist daher unwahrscheinlich, daß Tirso seinen Helden einem realen Modell nachgeschaffen hat. Mit Sicherheit hat er aber Namen historischer Familien für seine erdichteten Gestalten benutzt, ohne daß zwischen diesen und den Ereignissen auf der Bühne irgendwelche direkte Beziehungen bestanden hätten. Dennoch wird häufig auf eine Lokalsage verwiesen, die den Sevillaner Chroniken entnommen die Namen Don Juan Tenorio und Gonzalo de Ulloa geschichtlich belegt. So kennt die Überlieferung einen leichtsinnigen Verführer und Genußmenschen namens Don Juan Tenorio aus Sevilla, den Kämmerer des kastilischen Königs Pedro des Grausamen. Dieser soll, nachdem er den Gouverneur von Sevilla ermordet hatte, von Mönchen in ein Kloster gelockt und heimlich gerichtet worden sein. Um ihren Racheakt zu vertuschen, verbreiten die Mönche das Gerücht, die Grabstatue des Ermordeten sei lebendig geworden und habe den Mörder bestraft[9]. Die Frage, ob diese Ortssage tatsächlich als die historische Grundlage für Tirsos Drama anzusehen ist, ist äußerst umstritten und kann heute eher zu einer kritischen Analyse der oft dubiosen Methoden der katholischen Kirche im damaligen Spanien als zu einem besseren Verständnis des *Burlador* beitragen.

Zusammenfassend läßt sich sagen, daß Tirsos Don-Juan-Drama, das zwei ursprünglich unverbundene Themenkreise vereint, aus einer Synthese der verschiedensten Quellen hervorgegangen ist. In allen Darstellungen zum Motiv des Steinernen Gastes war das Wesentliche die Rache des verhöhnten Toten an dem übermütigen Spötter. Diesen Gotteslästerer zum Frauenhelden zu machen, war zweifellos die Erfindung Tirso de Molinas. In seinem Drama liegen viele der künftigen Varianten bereit; spätere Bearbeiter brauchten nicht viel mehr zu erfinden, sondern nur noch wegzulassen, hinzuzufügen, zu vereinfachen oder neu zu kombinieren.

## Handlung

Die Handlung besteht aus einer Vielzahl scheinbar unverbundener Episoden auf ständig wechselnden Schauplätzen, wie sie der Dramaturgie des klassischen spanischen Theaters, der Vielgliedrigkeit der comedia, entspricht. Sie beginnt in Italien: neun Auftritte des 1. Aktes spielen im Schloß des Königs von Neapel. Schon in der ersten Szene wird der Zuschauer mit dem Protagonisten Don Juan Tenorio konfrontiert. Sie zeigt den jungen spanischen Edelmann aus Sevilla in einer kurzen, hochdramatischen Begegnung am Hof von Neapel, wie er die Herzogin Isabela in der Rolle ihres Verlobten Octavio verführt. Erst im Augenblick des Abschiednehmens bemerkt Isabela den Betrug. Als sie ein Licht anzündet, stellt sie fest, daß sie nicht ihren Verlobten Octavio, sondern einen Fremden aus ihrem Gemach geleitet. Auf ihre entsetzte Frage, wer er sei, antwortet er nur:

> ¿Quién soy?
> Un hombre sin nombre. (39)

In der nächsten Szene bekundet der namenlose Verführer noch einmal seine Anonymität, wenn er dem herbeieilenden König entgegenruft:

> ¿Quién ha de ser?
> Un hombre y una mujer. (40)

Die nächsten rasch aufeinanderfolgenden Szenen zeigen den Aufruhr im Palast, die Festnahme des Don Juan und dessen Übergabe an den spanischen Gesandten Don Pedro Tenorio, dem er sich als dessen Neffe zu erkennen gibt. Don Pedro gelingt es, seinem Neffen zur Flucht zu verhelfen, während Isabela unter der von ihm vorgebrachten Beschuldigung, sie habe sich ihm freiwillig hingegeben, in den Turm geworfen wird. Der aufgrund der vermeintlichen Untreue der Geliebten in seiner Ehre verletzte Octavio sieht sich zur Flucht nach Spanien gezwungen, die ihm Don Pedro ermöglicht.

Die Intrige ist gesponnen. Don Juan hat alle Personen in Aufruhr und Verwirrung zurückgelassen: Die Würde des Königs ist angetastet, die Existenz des Onkels bedroht, Isabelas und Octavios Ehre verletzt. In Szene X des 1. Aktes befinden wir uns plötzlich an der spanischen Küste bei Tarragona. Dort angelt das reizvolle Mädchen Tisbea, eine einfache Fischerin, die sich dem stürmischen Werben der einheimischen Fischer bisher widersetzt hat. Im Stile der Pastoralidylle (italienischer Provenienz) stellt sie sich in einem langen Eingangsmonolog als ein unbeschwert glückliches Mädchen vor. Während sie sich in gezierter, preziöser Sprache rühmt, frei zu sein von der Liebe, bemerkt sie im Wasser zwei Männer, die schwimmend das Land zu erreichen suchen. Don Juan, zur See unterwegs von Italien nach Spanien, hatte Schiffbruch erlitten und wird nun bewußtlos von seinem Diener Catalinón ans Ufer gebracht. Während Catalinón um Hilfe eilt, erwacht Don Juan in den Armen Tisbeas, die sofort den Schmeicheleien des Verführers verfällt. Um sein Ziel zu erreichen, verspricht er ihr die Ehe, und es wird auch sogleich Hochzeit gefeiert. Aber Don Juan hatte durch seinen Diener schon vorher zwei gesattelte Pferde zur Flucht bereitstellen lassen, damit sie, Catalinón und er, nach der Liebesnacht entfliehen könnten. Die verlassene Tisbea bricht zusammen, in ihrem Schmerz bis zum Wahnsinn getrieben.

Mitten in der Tisbea-Episode ist eine kontrastierende Szene im kastilischen Königspalast zu Sevilla eingeflochten. König Don Alfonso empfängt den Komtur Don Gonzalo de Ulloa, der von einer erfolgreichen Gesandtschaft aus Lissabon zurückgekehrt ist und jetzt seinem König über die Reise Bericht erstatten. Nach einer ausführlichen Beschreibung Lissabons (in der Tradition des Städtelobs) erfahren wir, daß der König ihm zum Lohn für seine treuen Dienste verspricht, seiner Tochter Doña Ana einen ihr würdigen edlen Gatten geben will: Don Juan Tenorio.

Damit sind die Fäden zu einer neuen Tragödie geknüpft. Diese Szene stellt einen Ruhepunkt zwischen den vorangegangenen Szenen dar, in welchen der stets agierende Don Juan die ihn umgebende Welt in Unordnung brachte. Ferner wird hier die zweite Hauptfigur Gonzalo de Ulloa eingeführt, der den Stoffkomplex des Steinernen Gastes repräsentieren wird. Der erste Akt schließt mit dem Ende der Tisbea-Episode. Don Juans Lust am Verführen war hier begleitet von der Lust an List und Betrug; zwei charakteristische Wesenszüge, die sich in der Figur des Don Juan – Verführer und Betrüger – vereinen.

Der zweite Akt spielt in Sevilla und handelt im wesentlichen von Don Juans Liebesabenteuer mit Doña Ana. Hier stellt Tirso dessen Lust an Verführung und Abenteuer am extremsten aus dem Blickwinkel des »burlar« (spotten) dar. Don Juans Freude an betrügerischer Fopperei wird unmittelbare Anschauung. Don Diego Tenorio, der Vater Don Juans, unterrichtet den König von Kastilien vom skandalösen Abenteuer seines Sohnes mit der Herzogin Isabela in Neapel. Der König verfügt, daß Don Juan die entehrte Isabela heiraten solle und der unschuldig verdächtigte Octavio, der zu seinem König geflüchtet war, als Entschädigung für Isabela Doña Ana zur Frau bekommt. Währenddessen trifft Don Juan in Sevilla ein. Er begegnet dort seinem Freund, dem Lebemann Markgraf de la Mota, mit dem er ein zynisch witziges Gespräch über ihre alten gemeinsamen Freundinnen führt. Im Verlauf dieser Unterredung bekennt de la Mota Don Juan seine Liebe für Doña Ana, für die der König jedoch einen anderen Gatten bestimmt habe. – Die folgenden Szenen stehen ganz im Zeichen der Mantel- und Degenkomödie. Das betrügerische Spiel des Don Juan, das seinem sinnlich-erotischen Genuß stets vorausgeht, trägt die typischen Züge dieser Dramenform, die von Elementen wie Verwechslung, Maskierung und Rollentausch lebt. Doña Ana steckt Don Juan, den sie für einen vertrauenswürdigen Freund hält, einen Brief an de la Mota zu, in dem sie diesen zu einem Stelldichein bittet. Don Juan liest den Brief und beschließt, selbst Doña Ana den nächtlichen Besuch abzustatten. Wieder greift er zu dem schon in Neapel bewährten Mittel, sich in der Maske des Liebhabers im Schutz der Dunkelheit einzuschleichen. Die nächste Szene zeigt Don Juan mit seinem Vater Don Diego. Er warnt seinen Sohn noch einmal vor einem neuen Abenteuer und teilt ihm mit, daß er auf Befehl des Königs aus Sevilla verbannt sei. Da er selbst Don Juan nicht von seinem Plan abbringen kann, bittet er Gott um dessen Bestrafung:

> Traidor, Dios te dé el castigo
> que pide delito igual. (86)

Der Höhepunkt der dramatischen Verwicklung ist erreicht. Als Don Juan bei Doña Ana einzudringen versucht, tritt ihm Don Gonzalo de Ulloa, der zum Schutz seiner um Hilfe schreienden Tochter herbeigeeilt war, mit dem Degen entgegen und fordert ihn zum Duell. Don Juan sticht seinen Herausforderer nieder. Wieder gelingt ihm die Flucht und wieder wird der unschuldige, echte Liebhaber verhaftet. Der König ordnet an, daß dem ermordeten Helden, der für die Ehre seiner Tochter eingetreten war, ein Denkmal aus Erz und Stein gesetzt werden soll. – Die dem Drama kennzeichnende Schnelligkeit der Handlungsabfolge reiht an die Doña-Ana-Episode mit tödlichem Ausgang unmittelbar das vierte und letzte Abenteuer Don Juans mit dem Bauernmädchen Aminta. Aus den Elementen der bäuerlichen Farce schafft Tirso hier eine burlesk-amüsante Episode. Der Betrogene ist dieses Mal der bäuerliche Bräutigam Batricio am Tag seiner Hochzeit. Don Juan ist mit Catalinón auf dem Weg in die Verbannung. Dabei lädt er sich selbst zu Gast auf eine Bauernhochzeit in Dos Hermanas nicht weit von Sevilla.

Sein letztes Abenteuer beginnt mit dem dritten Akt. Don Juan macht beim Bräutigam ältere Rechte auf Aminta geltend. So verdrängt er Batricio, der aus Sorge um seine Ehre die Braut dem Verführer überläßt. Don Juan wendet den alten erprobten Trick an, indem er der ländlich-naiven Aminta in Gegenwart ihres Vaters Gaseno die Ehe verspricht. Er beteuert seine Treue durch den vorausdeutenden Schwur:

> Si acaso la palabra y la fe mía
> te faltare, ruego a Dios
> que a traición y alevosía
> me dé muerte un hombre … (muerto;
> que vivo, ¡Dios no permita!) (107/108)

Durch geschicktes Manipulieren mit dem Ehrenkodex und dem Schwur vor Gott kann Don Juan jetzt die Liebesnacht genießen. Wieder stehen die gesattelten Pferde bereit, wieder war es das falsche Eheversprechen, mit dessen Hilfe er die gesellschaftlichen Normen durchbrochen hat.

Don Juan kehrt heimlich nach Sevilla zurück und sieht dort auf dem Kirchplatz das Standbild des von ihm ermordeten Don Gonzalo de Ulloa. Mit der ihm eigenen Unverfrorenheit, die selbst vor Toten nicht zurückschreckt, faßt er die Statue am Bart und lädt sie für den Abend zu einem Gastmahl, das er, Don Juan, geben wolle. Als es Abend geworden ist, erscheint der Steinere Gast bei Don Juan, der ihn durch Gespräch, Wein und Gesang unterhält. Sein zunächst verschreckter Diener Catalinón glossiert die Szene mit dem ihm eigenen Galgenhumor. Durch Ritterwort und Handschlag muß Don Juan auf Verlangen seines Gastes versprechen, seinerseits am folgenden Abend in der Kapelle mit dem Toten zu speisen. Darauf verschwindet der Gast. In den folgenden Szenen erfahren wir noch von der Ankunft Isabelas in Sevilla. Don Juans Heirat mit der Herzogin soll glänzend gefeiert werden. Doch zuvor will er dem Standbild sein Versprechen einlösen. Mit seinem Diener geht er zum nächtlichen Gastmahl in Don Gonzalos Gruft. Sie erhalten Vipern und Skorpione mit Galle und Essig. Dann ergreift der unheimliche Gastgeber Don Juans Hand. Der Verführer von Sevilla versinkt unter diesem Griff im Flammenschlund der Hölle. Inzwischen sind alle rachedürstigen Verfolger Don Juans vor dem König zusammengekommen. Der Bauer Batricio und Gaseno, Aminta und Tisbea, Isabela und Octavio, der Markgraf de la Mota und sogar der alte Tenorio sind anwesend. Das Stück schließt mit Catalinóns Bericht von Don Juans Höllenfahrt vor versammelter Gesellschaft. Der König erkennt das Strafgericht des Himmels an und verfügt:

> que se casen
> todos, pues la causa es muerta,
> vida de tantos desastres. (133)

Die vom Verführer verletzte menschliche Ordnung ist durch die Heirat der verführten Opfer damit symbolisch wieder hergestellt.

## Struktur

Obwohl der *Burlador* auf den ersten Blick wie eine lose Aneinanderreihung einzelner scheinbar verbundener Szenen erscheint, läßt sich bei genauerer Betrachtung doch eine deutliche Strukturierung des Stückes erkennen. Die Handlung des im Titel erstgenannten Stoffkomplexes des Verführens und Verspottens teilt sich in vier Episoden, welche nur durch die Präsenz des Protagonisten in einer inneren Beziehung stehen. Don Juan verführt an vier verschiedenen geographischen Punkten (Neapel, Tarragona, Sevilla, Dos

Hermanas) vier Frauen (Isabela, Tisbea, Ana, Aminta), die alle bereits in festen Händen sind (Octavio, Anfriso, de la Mota, Batricio). Das einzige verbindende Element dieser Episoden ist der Verführer mit seinen Verführungstaktiken, welche sich wiederum auf drei Schritte reduzieren lassen: Verführung durch Betrug – erotisches Erlebnis – Flucht. Für die Verführung benutzt Don Juan zwei verschiedene Strategien. Bei den adeligen Damen Isabela und Ana schlüpft er in die Rolle der Liebhaber, die Vertreterinnen des gemeinen Volkes dagegen foppt er durch sein Heiratsversprechen.

So paßt sich Don Juan jedem neuen Liebesabenteuer in einer Art Metamorphose durch geschicktes Einsetzen sämtlicher Mittel des Betrugs der jeweiligen konkreten Situation an. Dieser Tatsache zollt Tirso in der Wahl unterschiedlicher literarischer Genres innerhalb ein und desselben Stückes Tribut. Den vier Episoden entsprechen sprachlich und stilistisch die Elemente des höfisch-galanten Romans (Isabela) der Pastoralidylle (Tisbea), der Mantel- und Degenkomödie (Ana) und der bäuerlichen Farce (Aminta). Dieser ständige Wechsel der Darstellungsformen betont zum einen die Austauschbarkeit der Frauen in Bezug auf Don Juan, zum anderen macht es deutlich, daß hier eine sich in unaufhörlicher Maskierung und Demaskierung befindliche Figur agiert, die in keiner Ordnung verankert sein kann und daher anonym und ohne Identität sein muß.

Ebenso wie die verführten Opfer lassen sich auch die Zeitpunkte der Verführung beliebig vertauschen. Don Juan lebt nicht in der Zeit, sondern im Augenblick, in der Diskontinuität. Der kontinuierliche Ablauf einer intakten Ordnung wird durch sein plötzliches Auftreten aus dem Nichts und sein Verschwinden im Nichts im Verlauf der Handlung – und zwar nur im Verlauf der Handlung – völlig durchbrochen. Daß seinem sündigen Treiben im Diesseits erst die überirdische Bestrafung einen Schlußpunkt setzt, zeigt der Beginn des Dramas in medias res. Die Handlung setzt mitten im Geschehen ohne erklärende Einführung in Personen oder Sachverhalte ein. Verführung und erotisches Erlebnis sind vollzogen, der Zuschauer wird nur noch Zeuge von Don Juans Flucht. In rasendem Tempo folgt nun eine dramatische Aktion der nächsten, wobei das dem Drama charakteristische Kontrastprinzip der einzelnen Szenen voll ausgeschöpft wird. Kontrastierend angelegt sind dabei vor allem die weiblichen Figuren, Schauplätze und Kulissen, Vulgäres und Erhabenes, der Wechsel von Tag und Nacht. Diesseits und Jenseits[10].

Die einzige Episode, die den Don-Juan-Stoff mit dem des Steinernen Gastes vereint, ist ausgerechnet der gescheiterte Verführungsversuch an Doña Ana. Das verbindende Element ist die Figur ihres Vaters Don Gonzalo, der als Schützer und Rächer der Ehre seiner Tochter durch den Degen Don Juans fällt und somit zum Anwalt des göttlichen Rechts wird. In seiner Funktion als Brücke zwischen Diesseits und Jenseits, Leben und Tod, richtet er Don Juans genußsüchtigen Lebenswandel mit gnadenloser Verdammnis. Der unausweichlichen Bestrafung des Sünders durch die Erscheinung eines Toten kommt folglich eine religiös-moralische Bedeutung zu, die beide Motivkomplexe in einer Ursache-Wirkung-Relation verbindet. Don Juans den sinnlich-erotischen Genüssen des Lebens frönende Existenz, die Gott zwar nicht prinzipiell negiert, seinen letzten göttlichen Richtspruch jedoch abfällig von sich weist, wird am Ende in einer metaphysischen Überhöhung des Geschehens unabwendbar unter das stärkere Gesetz des Himmels gezwungen.

Das Ende des Stückes trägt nun die charakteristischen Züge der mittelalterlichen Mysterienspiele und frommen Exempla, welche dem Zuschauer aus den alljährlichen öffentlichen Aufführungen der autos sacramentales hinreichend bekannt waren. Durch das Hinzufügen des Steinernen-Gast-Motivs erhebt Tirso das unterhaltsame Gesellschaftsstück in die Sphäre des geistlichen Dramas. Es schließt jedoch nicht mit dem für den zeitgenössischen Zuschauer lehrreich-abschreckenden Beispiel der Bestrafung eines Sünders durch ein Werkzeug Gottes, sondern greift noch einmal die Schicksale aller geschädigten Opfer auf, um an der Rückkehr zur Normalität den glücklichen Ausgang des Stückes zu demonstrieren.

Margret Dietrichs Gedanke, Tirsos Drama lebe aus »jener Überschichtung von mittelalterlicher, geistlich fundierter Ordo-Welt und renaissancehaftem Persönlichkeitsbewußtsein, die gestattete, den genialen Frevler am Ende in der Hölle versinken zu lassen«[11], kann jetzt in dem Sinne präzisiert werden, daß durch Don Juans renaissancehaftes Betragen die noch mittelalterlich geprägte Ordo-Welt zwar kurzfristig ins Wanken gerät, er sie doch letztlich nicht zu zerstören vermag, da nach seinem Tod der Status quo wiederhergestellt wird.

Don Juan wird, wie E. Müller-Bochat resümiert, »auf Grund eines Übermaßes an Vertrauen in die für spätere Reue zur Verfügung stehende Zeit verurteilt.«[12] Aus diesem Grund kann man ein weiteres Stück, das aller Wahrscheinlichkeit ebenfalls von Tirso de Molina stammt und deutlich Motive des *Burlador* variiert, zum Vergleich heranziehen, *El condenado por desconfiado:*

> Ein frommer Einsiedler sieht im Traum seine eigene Verdammung. Er bittet Gott um Gewißheit hinsichtlich seines metaphysischen Schicksals. Aber eine solche Frage ist vermessen. Zur Strafe erscheint ihm in Gestalt eines Engels der Teufel und sagt ihm, daß er sein eigenes Schicksal an dem eines gewissen Enrico ablesen könne, den er in Neapel finden werde. Dieser Enrico aber erweist sich als Inbegriff des Verbrechertums. Dem Eremiten scheint seine Verdammnis nunmehr gewiß, und aus Verzweiflung wird er ein noch größerer Verbrecher als Enrico. Um die eigene Gnade ringend, versucht der Ex-Eremit zwar dennoch, den Verbrecher Enrico zu bekehren. Umsonst. Erst den gefan-

genen und zum Tode verurteilten Enrico bewegt sein Vater im letzten Moment zur Reue; und er gelangt in den Himmel. Der mißtrauische Ex-Eremit aber begreift dieses Wunder der Gnade nicht und wird auf diese Weise zum »Verdammten aus Mißtrauen«.[13]

*El Burlador de Sevilla* und *El condenado por desconfiado* sind offensichtlich, wie Müller-Bochat zeigt, Komplementärdramen: »Don Juan vertraut zu sehr, der Eremit zu wenig auf die Gnade Gottes«[14].

## Die Figur des Don Juan

Don Juan ist keine historisch oder literarisch fest umrissene Gestalt, die durch ihren Namen die Erinnerung an bekannte Vorbilder wecken würde. Das Wissen über die Eigenart dieser Figur kann demnach nur aus einer Analyse der Personendarstellung im Drama selbst gewonnen werden. Dennoch sind die Antworten auf die Frage nach den spezifischen Wesenszügen des Verführers ebenso zahlreich wie widersprüchlich.

Eindeutig aus dem Text ergibt sich seine Eigenschaft des Verführens, Betrügens und Verspottens: zum einen aus der näheren Bestimmung im Titel, zum anderen aus Fremd- und Selbstcharakteristik in der Figurenrede:

CATALINÓN [zu DON JUAN] Los que fingís y engañáis
las mujeres desa suerte
lo pagaréis con la muerte. (67)

CATALINÓN [zu DON JUAN] Y tú, señor, eres
langosta de las mujeres,
y con público pregón,
porque de ti se guardara,
cuando a noticia viniera
de la que doncella fuera,
fuera bien se pregonara:
»Guárdense todos de un hombre
que a las mujeres engaña,
y es el burlador de España.« (87)

DON JUAN Sevilla a voces me llama
*el Burlador,* y el mayor
gusto que en mí puede haber
es burlar una mujer
y dejalle sin honor. (82)

Von entscheidender Bedeutung ist hier die Lust des jugendlichen Frauenhelden aus Sevilla am betrügerischen Spiel. Mit Hilfe raffiniert geplanter Streiche sucht Don Juan immer wieder den erotischen Genuß. Von wahrer Liebe ist nie die Rede. Die Frauen sind ihm nur Vorwand, den eigenen Eros zu genießen und in ihm sich selber zu erfahren.

Solange keine Frau im Spiel ist, verkörpert Don Juan jedoch das Ideal des mutigen, ritterlich-ehrenhaften spanischen Edelmanns, wie es den Wertvorstellungen der Zeit entsprach:

CATALINÓN (Como no le entreguiés vos
moza o cosa que lo valga,
bien podéis fiaros dél;
que en cuanto en esto es crüel,
tiene condición hidalga.) (78)

DON DIEGO Gran señor, en tus heroicas manos
está mi vida, que mi vida propria
es la vida de un hijo inobediente;
que, aunque mozo, gallardo y valeroso,
y le llaman los mozos de su tiempo
el Héctor de Sevilla, porque ha hecho
tantas y tan estrañas mocedades,
la razón puede mucho. No permitas
el desafío, si es posible. (74)

Sieht man von diesen spärlichen, wenig tiefgründigen Aussagen einer ausdrücklichen Charakterisierung bzw. Typisierung Don Juans ab, so konzentriert sich die Frage nach seiner Person auf die Beobachtung seines Verhaltens. Don Juan wird nicht dargestellt, er stellt sich selbst dar als eine Figur, die sich im Agieren und nicht im Reflektieren ausdrückt. Keine psychologisierende Analyse hinterfragt das Handeln des leichtfertigen, lüsternen Mannes, dem keine irdische Macht etwas anhaben kann und deshalb von einem göttlichen Strafgericht zu Fall gebracht werden muß.

Hier bietet sich eine geistesgeschichtliche Deutung an: Am Wendepunkt einer sich in sämtlichen Lebensbereichen vollziehenden Umstrukturierung des mittelalterlichen Weltbildes zur diesseitsbezogenen Renaissance, ausgelöst durch die humanistischen Studien der griechischen Antike und geschichtlich verbunden mit der Reformation, befindet sich das streng katholische Spanien in einer geistigen Krise, da durch das Zurücktreten des rein theozentrischen Weltbildes das irdische Leben in der Renaissance eine enorme Aufwertung gegenüber der vom Bewußtsein des baldigen Todes geprägten mittelalterlichen Weltordnung erfährt.

Der fast viereinhalb Jahrhunderte währende Kampf gegen die Mauren hatte das spanische Nationalgefühl auf entscheidende Weise geprägt. Von der maurischen Herrschaft hatten die Spanier die Überzeugung übernommen, ein privilegierter Streiter für den christlichen Glauben zu sein. Was den Mauren der »Heilige Krieg« war, wurde bei den Spaniern zu einem katholischen Sendungsbewußtsein für Kirche und Staat. Damit war auch die uneingeschränkte Verbindung eines beinahe fanatischen Glaubens mit der politischen Macht hergestellt. König und Kirche hatten sich zusammengeschlossen, um die

Reformation durch die Gegenreformation im unerbittlichen Kampf gegen jede Veränderung in Glaubens- und Machtfragen auszurotten. Das Theater gilt in dieser Situation als Stütze des Glaubens, als ein Mittel der Gegenreformation. Unter dem Vorwand der Zerstreuung sollten dem schaulustigen Volk religiöse Prinzipien vermittelt werden. Vieles spricht dafür, daß für den Autor des *Burlador* der theologische Aspekt des Werks das Wesentliche war. Er wollte zeigen, wohin eine Vernachlässigung von Religion und Moral führen konnte, und vor dem Zorn Gottes warnen, der alle verdammen wird, die sich erst in ihrer Todesstunde entschließen, ihre Sünden zu bereuen.

Zur Veranschaulichung dieser didaktisch-christlichen Absicht schuf er die Gestalt des Don Juan Tenorio. Sein Held sollte kein Verbrecher im gewöhnlichen Sinne sein, sondern eine andere sündhafte Charaktereigenschaft des Menschen darstellen. Der Autor wählte den leichtfertigen, skrupellosen Lüstling. Don Juan als Inkarnation des sinnlichen Prinzips, »bei dem Begehren und rasche kühne Eroberung unmittelbar zusammenfallen, dessen Leidenschaft sich an der Anonymität des Weiblichen entzündet«[15], repräsentiert in seiner Diesseitsbejahung den typischen Renaissancemenschen, für den der Gedanke an eine Transzendenz nicht von Belang ist. Er ist der faszinierende jugendliche Held, der die Frauen begehrt, betört, verführt, entehrt und schließlich verläßt, um in unermüdlicher Liebesübung immer neue Opfer an sich zu reißen. Dargestellt als Repräsentant des Bösen, Dämonischen, soll er als Abschreckung für ein christlich-katholisch gesinntes, naives Publikum dienen.

Das Drama zeigt die fleischliche Leidenschaft in Vermischung mit dem Element der Religiosität. Wenn Don Juan im Verlauf seines irdischen Lebens gegen die soziale und religiöse Strenggläubigkeit seiner Umgebung rebelliert, so erfährt diese zunächst realistisch anmutende gesellschaftskritische Komödie durch die Inszenierung seiner wundersamen Höllenfahrt eine metaphysische Überhöhung. Besonders im Spanien des siglo de oro, wo die starre Ordnung der Mächte Krone und Kirche unzerstörbar war, konnte die Rebellion des frevlerischen Don Juan gegen den christlichen Gott und seine irdischen Werkzeuge dramatischen Ausdruck finden. Doch erschöpft sich das Stück keineswegs in einer religiös-moralischen Belehrung. Es stellt indirekt die Frage, was passiert, wenn das völlig auf das Leben nach dem Tod ausgerichtete mittelalterliche Weltbild ins Wanken gebracht wird. Wenn auch auf spielerische Art und Weise, so macht doch der Autor mit Don Juans Einbruch in eine intakte Ordnung die Probe aufs Exempel. Er läßt die Bedrohung zum Ernstfall werden, wobei Don Juan, der sämtliche Extreme des Renaissancegeistes in sich vereint, diese Gefahr personifiziert. Der Verführer von Sevilla ist demnach keine Figur mit menschlichen Charaktereigenschaften, sondern Prinzip, d. h. Prinzip der Zerstörung der Ordnung. Wenn der

Autor Don Juan am Ende durch das Eingreifen des göttlichen Rechts scheitern läßt, so wird eben diese Ordnung von höchster Instanz noch einmal bestätigt, die Gefahr selbst damit aber nicht aus der Welt geschafft. So bildet der Text die Voraussetzung für zahlreiche spätere Deutungen, die – unabhängig von der religiösen Absicht des spanischen Autors – die Ambivalenz Don Juans betonen: Grundlage der Faszination einer Figur, die bis in die Gegenwart zu immer neuen Gestaltungen und Interpretationen[16] Anlaß gibt.

## ANMERKUNGEN

T: TIRSO DE MOLINA: *El burlador de Sevilla y convidado de piedra,* ed. Joaquín Casalduero, Ed. Cátedra, Madrid [8]1984; Vgl. auch *Obras dramáticas completas,* II, ed. crítica por Blanca de los Ríos, Ed. Aguilar, Madrid [2]1962; Dt. Übers.: *Don Juan. Der Verführer von Sevilla und der steinere Gast,* übers. und mit einem Nachwort von Wolfgang Eitel, Philipp Reclam jun., Stuttgart 1976.

L: A. BAQUERO, *Don Juan y su evolución dramática,* Madrid 1966; J. BOLTE, »Über den Ursprung der don Juan-Sage«, in: *Zeitschrift für vergleichende Literaturgeschichte,* hg. von Dr. Max Koch, neue Folge, Bd. XIII, Berlin 1899, S. 374–398; L. BRAUNFELS, »Don Juan, der Verführer von Sevilla oder der steinere Gast«, in: *Dramen aus dem Spanischen,* Teil 1, Frankfurt 1856; D. BRIESEMEISTER, »Tirso de Molina und Ruiz de Alarcón«, in: *Das spanische Theater:* von den Anfängen bis zum Ausgang des 19. Jahrhunderts, hg. v. K. Pörtl, Darmstadt 1985, S. 224–239; J. CASALDUERO, »El desenlace de ›El burlador de Sevilla‹«, in: *Studia philologica in hon. Leo Spitzer,* Bern 1958, S. 111–122; ders., *Contribución al estudio del tema de Don Juan en el teatro español,* Madrid 1975; G. DÍAZ-PLAJA, »Don Juan, mito barroco«, in: ders.: *Ensayos* elegidos, Madrid 1965, S. 134–163; M. DIETRICH, Vorwort zu *Don Juan,* hg. von Joachim Schondorff, München 1967; C. A. DOHRN, »Der Verführer von Sevilla oder der steinere Gast«, in: *Spanische Dramen,* Teil 1, Berlin 1841; M. DURÁN/R. GONZÁLEZ ECHEVARRÍA, »Luz y oscuridad: La estructura simbólica de ›El burlador de Sevilla‹«, in: *Homenaje a William L. Fichter,* Madrid 1971, S. 201–209; A. FARINELLI, »Don Giovanni«, in: *Giornale storico della letteratur italiana,* vol. XXVII, 1896, S. 1–77, 254–326; ders., »Cuatro palabras sobre don Juan y la literatura donjuanesca del porvenir«, in: *Homenaje a Menéndez y Pelayo,* I, Madrid 1899, S. 205–222; E. FRENZEL, *Stoffe der Weltliteratur,* Stuttgart 1970, S. 154–159; H. GNÜG, *Don Juans theatralische Existenz. Typ und Gattung,* München 1974; A. C. ISASI ANGULO, *Don Juan. Evolución dramática del mito,* Barcelona 1972; W. KRAUSS, »El concepto del Don Juan en la obra de Tirso de Molina«, in: *B. de la Biblioteca Menéndez y Pelayo* (1923); A. R. LÓPEZ-VÁZQUEZ, *Andrés de Claramonte y »El Burlador de Sevilla«,* Kassel 1987; G. MARAÑÓN, *Don Juan. Ensayos sobre el origen de su leyenda,* Madrid [12]1976; S. MAUREL, *L'univers dramatique de Tirso de Molina,* Poitiers 1971; R. MENÉNDEZ PIDAL, *Estudios literarios,* Madrid [9]1968; W. METTMANN, *Studien zum religiösen Theater Tirso de Molinas,* Köln 1954; E. MÜLLER-BOCHAT, »Das spanische Theater der Blütezeit«, in: A. BUCK (Hg.): *Renaissance und Barock,* II. Teil, in: *Neues Handbuch der Literaturwissenschaft,* Bd. 10, hg. v. K. von See, Frankfurt/M. 1972, S. 1–33; J. ORTEGA Y GASSET, »Einführung zu einem Don-Juan-Buch«, in: ders., *Gesammelte Werke,* Bd. 4, Stuttgart 1956; H. PETRICONI, *Die verführte Unschuld,* Hamburg 1953; P. PORTABELLA DURÁN, *Psicología de don Juan. Práctica del enamoramiento,* Barcelona

1965; J. ROUSSET, *Le Mythe de Don Juan,* Paris 1978; F. RUIZ RAMÓN, »Don Juan y la sociedad del Burlador de Sevilla«, in: ders., *Estudios de teatro español clásico y contemporáneo,* Madrid 1978, S. 71–96; V. SAID ARMESTO, *La leyenda de Don Juan,* Madrid 1908; H. SCHWAB-FELISCH/W.J. SIEDLER (Hg.), *Don Juan. Dichtung und Wirklichkeit,* Frankfurt/M. 1965; T. SCHRÖDER, *Die dramatischen Bearbeitungen der Don Juan-Sage in Spanien, Italien und Frankreich bis auf Molière einschließlich,* Halle 1912; A. STOLL, »›El Burlador de Sevilla‹ im Konfliktfeld zweier Rechts- und Ehrdiskurse«, in: R. KLOEPFER (Hg.), *Bildung und Ausbildung in der Romania III,* München 1979, S. 123–146; A. VALBUENA-PRAT, *El teatro español en su siglo de oro,* Barcelona 1969; K. VOSSLER, *Drei Dramen aus dem Spanischen des Tirso de Molina,* Berlin 1953; L. WEINSTEIN, *The Metamorphoses of Don Juan,* Stanford 1959; B. WITTMANN (Hg.), *Don Juan. Darstellung und Deutung,* Darmstadt 1976.

A: 1 D. h.: der Verführer von Sevilla und der steinerne Gast; »burlar« (verspotten, necken, sich über jdn. lustig machen) wird auch in der Bedeutung »engañar« (betrügen, täuschen) verwendet. »El burlador« ist also derjenige, der betrügt, bei Tirso derjenige, der die Frauen verführt, so daß die manchmal gewählte Übersetzung »der Spötter« mißverständlich wäre.

2 *Doce comedias nuevas de Lope de Vega Carpio y otros autores,* segunda parte, Barcelona 1630.

3 Vgl. dazu zuletzt A. R. LÓPEZ-VÁZQUEZ, *Andrés de Claramonte y »El Burlador de Sevilla«,* Kassel 1987.

4 Vgl. MENÉNDEZ PIDAL, »Sobre los orígenes de El convidado de piedra«, in: ders., s. L., S. 67–88.

5 Vgl. SCHRÖDER, s. L., S. 60–92.

6 Vgl. ebda., S. 62.

7 Vgl. ebda., S. 66.

8 R. MENÉNDEZ PIDAL, s. L., S. 73: »Pa misa diba un galán, / caminito de la iglesia; / no diba por oír misa / ni par estar atanto a ella, / que diba por ver las damas / las que van guapas y frescas.«

9 Vgl. dazu SCHRÖDER, s. L., S. 51–61 und Menéndez Pidal, s. L. S. 87f.

10 Vgl. ORTEGA Y GASSET, s. L., S. 479: »Wir finden in der Don-Juan-Sage Seite an Seite mittägliche und mitternächtliche Szenen, Jungfräulichkeit und Sünde, blühendes Fleisch und Verwesung, Orgie und Kirchhof, Kuß und Dolch«.

11 DIETRICH, s. L., S. 9

12 MÜLLER-BOCHAT, s. L., S. 18.

13 Ebd. S. 18/19

14 Ebd. S. 19.

15 GNÜG, s. L., S. 68

16 Die Wirkung des *Burlador* kann – als ein wesentliches Kapitel der europäischen Literaturgeschichte – in diesem Zusammenhang nicht behandelt werden. Dies würde die Möglichkeiten eines Sammelbandes, der sich auf exemplarische Analysen einzelner Theaterstücke konzentriert, überschreiten. Es mag genügen, auf einige Untersuchungen hinzuweisen, die einen Überblick über die ›Verwandlungen‹ Don Juans in der europäischen Literatur und Kunst bieten wollen (vgl. auch die Bibliographie). Im Unterschied zu den älteren Forschungen, die unter positivistischen Prämissen den Traditionen der sog. »Don-Juan-Sage« (SCHRÖDER, s. L.) nachgehen oder psychoanalytische Gesamtdeutungen versuchen (z. B. O. RANK, *Die Don-Juan-Gestalt,* Leipzig 1924), bemüht sich die neuere Literaturwissenschaft darum, »Typ und Gattung« der Dramatisierungen des Don Juan (GNÜG, s. L.) zu definieren, oder auch, wie WEINSTEIN (s. L.) und besonders

Rousset (s. L.), die verschiedenen Gestaltungen als »Metamorphosen einer Struktur« zu begreifen und dabei auch den signifikanten Wechsel der in den verschiedenen Jahrhunderten bevorzugten literarischen Gattungen zu berücksichtigen. Sicher ist, daß – angesichts der außergewöhnlichen Wirkung des Don-Juan-Stücks von Molière, der Mozart-Oper, oder Byrons Dramatisierung, sowie der für die Romantik maßgeblichen Deutungen durch E. T. A. Hoffmann und Kierkegaard – die spanische Vorlage eine eher geringe, von vielen Interpreten unterschätzte Rolle spielt. Auch in Spanien selbst hat – wie D. Briesemeister in diesem Band zeigt – das Drama von Zorrilla *(Don Juan Tenorio)* die comedia des 17. Jahrhunderts wirkungsgeschichtlich bei weitem übertroffen und zugleich die französische Rezeption des 19. Jahrhunderts von A. Dumas bis Baudelaire mitbeeinflußt. Auch dem verdienstvollen Sammelband von Wittmann (s. L.) kann es nicht gelingen, eine umfassende Darstellung und eine Erklärung für die kontinuierliche Faszination Don Juans zu bieten, eine Faszination, die auch im 20. Jahrhundert eine Rolle spielt und bis in die Gegenwart durch zahlreiche Aktualisierungen dokumentiert ist, bei Unamuno, Shaw, G. Bataille ebenso wie bei Camus, Anouilh, M. Frisch oder P. Härtling. In jüngster Zeit ist vor allem das Interesse an neuen Inszenierungen und auch Verfilmungen der Mozart-Oper auffällig. Es wäre an der Zeit, einen neuen Versuch zu machen, den Mythos im 20. Jahrhundert als eine Form der – oft ironischen oder kritischen – Intertextualität (bzw. Intermedialität) zu analysieren; wobei auch der *Burlador* ein neues, vielleicht ›postmodernes‹ Interesse verdient.

*SEBASTIAN NEUMEISTER*

# PEDRO CALDERÓN DE LA BARCA · PEOR ESTÁ QUE ESTABA

Die Komödie *Peor está que estaba,* entstanden und uraufgeführt wahrscheinlich im Jahre 1630, beginnt mit einem Brief. Er ist an den Gobernador von Gaeta gerichtet und enthält, was die folgende Handlung auslöst und in Szene setzt: Die Verführung und angebliche Entführung eines Mädchens. Der Vater des Mädchens bittet, so hören wir, den Gobernador, das Paar zu arretieren, um so die verlorene Familienehre wiederherzustellen. Der Brief ist bekanntlich neben dem Selbstgespräch und dem Gespräch mit dem vertrauten Diener, der vertrauten Dienerin die einzige Form, in der in der comedia offen von der Ehre gesprochen werden kann. Jede andere Äußerung brächte an die Öffentlichkeit, was um den Preis ebendieser Ehre unbedingt verborgen bleiben muß. Indem Calderón dem Brief überdies einen Diener beigibt, der als einziger den angeblichen Entführer zu identifizieren vermag, erfüllt er die Forderung des Ehrenkodex, die Namen der Betroffenen nicht zu fixieren. Zugleich aber hebt er so – ein gängiger technischer Einfall – die Abstraktion des Briefverlesens wieder im dramatischen Dialog auf. Don César Ursino, der Verführer, befindet sich, wie der Diener berichtet, schon in der Stadt, die Handlung kann beginnen.

Mit ihrem Einsatz wird sogleich sehr kompliziert, was zunächst nur spannend zu werden versprach. Lisarda, die Tochter des Gobernador, bezieht auf sich, was der Vater über die Tochter des Freundes sagt. Denn auch sie befindet sich auf Abwegen. Als die Tochter des mächtigsten Mannes in der Stadt steht sie, stellvertretend für alle Frauen der Zeit, ständig im Lichte der Öffentlichkeit:

LISARDA – Si salía, jamás allí
faltó quien me conociese,
ni fuí a parte que no fuese
con publicidad; y así
era de todos notada:
si lloraba, o si reía,
en la plaza se sabía; (317, Spalte a)

Lisarda ist nicht mehr Herrin ihres eigenen Lebens (»pues de ninguna manera/dueño de mí misma era«, [316b]), und sucht, um unerkannt ausgehen zu können, die Freiheit in der Verkleidung (»libertad de tapadas«, [317a]). Und wie es die Konstruktion der comedia will, trifft sie sich heimlich mit niemand anderem als ausgerechnet mit Don César, dem sozusagen steckbrieflich gesuchten Übeltäter, der sich in einem Gartenhaus verbirgt (»no sé si escondido o preso« [317a]). Daß außerdem Don Juan, sein bester Freund, der Verlobte Lisardas ist, und daß Flérida, die von Don César Verführte, gerade bei Lisarda Schutz und Zuflucht sucht, komplettiert und kompliziert die Personenkonstellation in einem ganz erheblichen und durchaus erwünschten Maße.

Bei der comedia de capa y espada, insbesondere bei derjenigen Calderóns, haben wir es mit einer effektvoll ausgetüftelten Maschinerie zu tun. Wie bei den Kunstgebilden eines Jean Tinguely genügt schon der leichteste Anstoß, um den Mechanismus dieses »monstruo cómico« (Lope de Vega, *Arte nuevo*) in Bewegung zu setzen: zur Freude und zur Belustigung des Publikums. Fast ohne Reibungsverlust greifen die Zahnräder der Komödienmaschine ineinander, erzeugen Situationen und bewegen Figuren, als wären es mechanische Puppen auf einem Karussell. Nicht Psychologie ist in der comedia angesagt, sondern Mechanik, nicht Gefühle sind gefragt, sondern präzise Reaktionen.

Das Zentrum, aus dem die comedia de capa y espada nach der Initialzündung ihre kinetische Energie bezieht und in komische Situationen umsetzt, liegt in *Peor está que estaba* bei Lisarda, da diese sich mit dem fremden Unbekannten einläßt. Die Begegnung mit ihm verdankt sich, wie Lisarda im 1. Akt berichtet (317a), einem Zufall. Calderón setzt den Zufall, der gleichsam wie ein Energiestoß von außen auf die Handlung einwirkt, mehrfach in dieser comedia ein. Die Begegnung Lisardas mit Don César ist allerdings unter diesem Aspekt von besonderer Bedeutung, löst sie doch eine Flut von sozusagen unnötigen Handlungszwängen aus. Sie macht, was bezogen allein auf Don César und Flérida ein Ehrendrama werden könnte, zur Komödie.

Beide, Lisarda wie Don César, beginnen ihre Beziehung zueinander im Bereich des Spiels, auch wenn dieses Spiel ständig in den Ernst der Liebe umzuschlagen droht:

> LISARDA – Yo, que busco sin mi agravio
> el divertirme no más,
> sin peligro de mi honor,
> pues él apenas lo sabe,
> dejando aparte lo grave,
> tengo ... iba a decir amor;
> mas no me atrevo; porque
> la novedad que en mí veo,
> no es bien amor ni deseo,
> ni sé lo que es (317a/b).

Obwohl Lisarda hier ihrer selbst nicht mehr ganz sicher zu sein scheint, ist doch sie es, die das Spiel aufrechterhält, als es am Ende des 1. Aktes für Don César ernst wird. Denn noch ein zweiter Ernst ist hier im Spiel: die Eingebundenheit der Personen in das strenge gesellschaftliche Bezugsgeflecht der Zeit und in den damit gegebenen Bezugsrahmen der sozialen Ehre. Während jedoch Don César sich am Ende des 1. Aktes dem Gobernador zu erkennen geben muß (323b), kann Lisarda, da ihr Vater nicht auf ihrer Identifikation besteht, den kühnen Flirt, auf den sie sich eingelassen hat, fortsetzen. Sie wird so ohne eigenes Verdienst zur Herrin über die Beziehung zu Don César: sie kennt seine Identität, er aber nicht die ihre. Auch am Ende des 2. Aktes, als durch einen versehentlich ausgelösten Schuß die Aufdeckung der Wahrheit unvermeidlich scheint, vermag Lisarda sich der Fixierung auf ihre wahre Identität zu entziehen. Die Zwänge der sozialen Existenz, die jede freie Bewegung zwischen den Geschlechtern ersticken müßten, werden im Interesse der Komödie wiederum unterlaufen, und ein weiteres Rendezvous auch noch im 3. Akt scheint möglich.

Es sind vor allem die Frauen, die durch die Verschleierung ihrer Identität das Spiel im Spiel in Gang halten. Denn auch Flérida, die auf der Flucht vor Don César nach Gaeta kam, gibt bis zum Ende des Stückes das Geheimnis ihrer Existenz nur stückweise preis. Die Verschleierung ist nicht nur ein nützliches Requisit der Verwechslungskomödie, sie ist mehr: als Ausdruck der Identitätsverleugnung liefert sie den sichtbaren Kontrapunkt einer festgefügten Gesellschaftsordnung, die nur so, durch die Negierung ihrer Bezüge, in Bewegung gebracht werden kann. Die Männer haben denn auch alle Hände voll zu tun, diese Bewegung unter Kontrolle zu bringen, sei es, um sie abzufangen, sei es, um sie zu nutzen. Der Gobernador ist der Repräsentant der Ordnung, er muß es sich zur Aufgabe machen, die durch Flirt und Liebe ausgelösten Energien zu kanalisieren und stillzustellen. Die Liebhaber andererseits sind die Protagonisten des Unruhepotentials, das mächtig auf die Beteiligten und auf die Ordnung einwirkt. Doch auch sie müssen bemüht sein, die Kräfte, die sie freisetzen, in Bahnen zu lenken, die ihren Vorstellungen entsprechen. Das ist schon deshalb nicht leicht, weil die Frauen sich zumindest vorübergehend, d.h. bis zum Ende der Komödie, nicht in die Ordnung schicken wollen, die die comedia de capa y espada ihnen auferlegt und der sie sich schließlich doch fügen müssen: Lisarda heiratet ihren Verlobten, Flérida ihren Verführer.

Die Etablierung klarer Verhältnisse scheitert jedoch auch, das macht den Reiz einer solchen Komödie aus, an den zahlreichen Situationen der Verwechslung und des Zufalls. Calderón versteht es als jesuitisch-scholastisch geschulter Geist, hier die unwahrscheinlichsten Kombinationen zu entwickeln. Es beginnt damit, daß der Gobernador am Ende des 1. Aktes seiner eigenen Tochter verbietet, ihr Inkognito zu lüften, und sie als die bei ihr Schutz suchende Flérida abführen läßt. Was sogleich, zu Beginn des 2. Aktes, die Folge hat, daß Lisarda in ihre eigene Wohnung gebracht wird, mit dem Auftrag, auf sich selbst aufzupassen:

NISE – Pues qué tramoyas son éstas?
¿Tú presa en tu propia casa?
¿Tú de ti misma alcaidesa? (325 a)

Der einzige, der, abgesehen von den Dienerinnen, diese Verwechslung bemerkt, ist Félix, der Überbringer des Briefes an den Gobernador. Da er Flérida aus Neapel persönlich kennt, ist Lisarda ihm fremd:

FÉLIX – porque una mujer tapada
desmiente mudas las señas. (326 a)

Doch die Frauen sind schneller: Lisarda wechselt die Kleider und Flérida, die hinzukommt, kann von Félix korrekt als die identifiziert werden, die sie wirklich ist.

Lisardas heimliche Eskapaden bewirken des weiteren, daß Don Juan, ihr Verlobter, Don César nichtsahnend dabei behilflich ist, sich mit ihr im Haus des zukünftigen Schwiegervaters zu treffen – eine Konstellation, die dem Begünstigten selbst Skrupel einflößt:

CÉSAR *(Aparte.)* – ¡Lance fuerte!
Porque llevarle a su casa
a que me guarde imprudente
la espalda, haciendo traición
a su dueño, a quien él tiene
obligaciones mayores,
no es justo. (332 a)

Im dritten Akt gelingt es Calderón dann, dieselbe Situation noch einmal herzustellen, ein, wie wir seit Henri Bergson wissen, schon formal komischer Effekt: »du mécanique plaqué sur du vivant«. Wiederum ist es Lisarda, die Don César mit der Hilfe des nichtsahnenden Don Juan in das Haus des Vaters einschmuggelt. Don Juan selbst läßt, ohne es zu wissen, die eigene Verlobte zum Rendezvous mit Don César führen, diesmal sogar in sein eigenes Zimmer. War es im 1. Akt der Vater, der Lisarda durch die Aufforderung rettete, sich nicht zu entschleiern (324 a), so muß sich Lisarda hier, als Don Juan unvermutet auftaucht, notgedrungen selbst helfen. Wieder tauscht sie mit Flérida die Kleider:

LISARDA – Don Juan es,
¿Qué he de hacer? ¡Válgame el Cielo!
Ingenio aquí es menester.
Laura, quítame este manto,
y tápate, en tanto que él
tarda en volver a cerrar,
y hagamos del ladrón fiel.
(*Toma* Flérida *el manto de* Lisarda.) (344 a)

Aus der Sünderin wird im Handumdrehen die Klägerin. Denn, Gipfel der Verstellung, als sie selbst, nicht, wie es der Wahrheit entspricht, als Verkleidete in Erwartung Don Césars, tritt sie Don Juan entgegen und verdächtigt nun ihn, ihren eigenen Verlobten, des Rendezvous' mit Flérida:

LISARDA – No estoy tan enamorada,
Don Juan, que haya menester
satisfacción; no son celos
estos, sentimiento es
del agravio, del desprecio
que a mi vanidad hacéis.
¡En mi casa y a mis ojos
embozada otra mujer! (344b)

Auch dieser Effekt steht jedoch nicht allein. Schon die Schlußszene des 2. Aktes hatte Ähnliches zu bieten. Nachdem sich dort aus der Pistole Don Césars, der mit Lisarda plaudert, ein Schuß gelöst hat, stürzen der Gobernador und Don Juan mit gezücktem Degen auf die Bühne. Lisarda, deren Ehre in diesem Moment besonders gefährdet erscheint, räumt schnell das Feld. Auch so aber ist es dem Vater höchst peinlich, bei der Suche nach einem Eindringling von Don Juan ertappt zu werden. Geistesgegenwärtig wie alle Protagonisten der comedia de capa y espada versucht er, den Zweck seines Auftretens zu verschleiern:

GOBERNADOR – Aquí fué el ruido; acudid
a las puertas, no se vaya.
JUAN – Como tus voces oí,
señor, salí de la cama.
GOBERNADOR – *(Aparte.)*
A aumentar mis confusiones.
JUAN – ¿Qué es esto?
GOBERNADOR – No ha sido nada.
([*Ap.*] ¡Disimulemos, honor!) (334a)

Don Juans Reaktion bleibt zunächst naiv-sachlich, er kann nicht glauben, daß nichts gewesen sei – bis zu dem Augenblick, da auch von ihm Geistesgegenwart gefordert ist: er muß feststellen, daß der Übeltäter, der sich hinter einem Sessel versteckt, wiederum sein Freund Don César ist, der auf Don Juans Ehrenwort hin das Gefängnis verlassen durfte – um sich mit dessen Verlobter zu treffen! Die Empörung darüber, daß der eigene Freund ihn so hintergeht, hindert Don Juan jedoch nicht daran, auch weiterhin dem Gesetz der Ehre zu gehorchen, sich zu verstellen und damit den Freund vor der Entdeckung durch den Gobernador zu bewahren, zumal dieser ja auch seinerseits nichts sehen will:

JUAN – Él presume que me engaña,
y yo que lo engaño a él,
y los dos con una traza,
nos estamos desmintiendo
uno a otro las desgracias.
¡Válgame el Cielo! ¿Qué haré
en confusión tan extraña?
¡César escondido aquí!
César dentro de mi casa,
¡y yo apadrinando a César!
Tercero soy de mi infamia.
Bien dijo que no podía
decir quién era la dama;
mas no pudiera decirlo
(¡ay cielos!) siendo Lisarda.
Yo tengo ofendida aquí
la amistad, la confianza
y el honor: pues dispongamos
a tres culpas tres venganzas.
En la silla donde está
le mataré a puñaladas.
Pero ¿cómo cumpliré
el homenaje y palabra
de volverle a la prisión?
¿Quién vió confusiones tantas? (334b)

Es ist das erklärte Ziel der comedia, »confusiones« der geschilderten Art in möglichst großer Zahl, gleichsam am Fließband zu produzieren. Der Titel des Stückes – *Peor está que estaba* –, der zahlreich in die Handlung eingeblendet wird, ist insofern charakteristisch: er steht für das Kunstprinzip der comedia, schnell einander ablösende und sich steigernde Verwicklungen, die, mutwillig hervorgerufen oder aus Zufällen entstehend, erst im glücklichen Ende der Handlung ihre Auflösung finden, »de suerte que, al entrarse el que recita/no deje con disgusto el auditorio« (Lope de Vega, *Arte nuevo*). Den Zuschauern in den corrales ist dieses Prinzip eine Selbstverständlichkeit, sie werten die Handlung ästhetisch und intellektuell, nicht als Sozialgemälde oder als Problem. Die Späße des gracioso, die apartes, auch solche zum Publikum hin, die Vertrautheit mit den gängigen lances und mit dem äußerst künstlichen Ehrenkodex der comedia schaffen Distanz zur Handlung, eine Distanz, die dem ästhetischen Vergnügen voll zugutekommt. Ein dramatisches Ritual rollt ab, dem Ritus der Messe vergleichbar und wie diese dem banalen Alltag enthoben. Am Ende von *Peor está que estaba*, ehe dieser Alltag wieder einzieht, bringt der gracioso die Gemeinsamkeit zwischen Messe und comedia, aber auch ihren Ort zwischen Ritus und Realität, treffsicher auf eine Formel:

Camacho – El »Peor está que estaba«,
nunca ha encajado más bien
que ahora que están casados;
y así: »Ite, comoedia est.« (346 b)

Dennoch: es sind auch »ernste Spiele« (Goethe), die hier getrieben werden. Die Kette der Verstellungen, Verwechslungen und Verkleidungen läßt das Bild einer Gesellschaft entstehen, die vom Schein lebt und die in ihm aufzugehen droht. Zwar stehen Lisarda und Flérida mehrfach kurz davor, die eigene Identität, die eigene Geschichte preiszugeben (318 a, 323 a, 325 b, 327 a). Doch immer wieder bewahrt Calderón sie davor und setzt an die Stelle der Wahrheit den Zufall, die Intrige, die Verzögerung. Das Ränkespiel dominiert, und in ihm, dem Schattenreich der Verstellung, die Frau. Der Mann dagegen, der eigentlich das Gesetz des Handelns bestimmt, wird für die Dauer der Intrige zum Objekt, sei es, daß er sich freiwillig darauf einläßt wie Don César, sei es, daß er ihr ausgeliefert ist wie der Gobernador und Don Juan.

In der öffentlichen Sphäre des Stückes und an seinem Ende ist es natürlich umgekehrt. Hier herrschen die Männer, hier hat niemand Probleme mit seiner Identität, selbst Don César nicht, der, als er ertappt wird, stolz verkündet:

César – Nunca niega un caballero
su nombre. (323 b)

Die Spannung zwischen öffentlicher Ehre und heimlicher Liebe bleibt gleichwohl bestehen. Die Versatzstücke der klassischen comedia – Verkleidung, Versteck, Falle, Flucht, Verabredung, Verwechslung – legen Zeugnis ab von dieser Spannung und transponieren sie ins Spiel. Die Räumlichkeiten der comedia dokumentieren auch da, wo sie sich aus der Architektur der corrales und aus der italienischen Tradition erklären lassen, eine Enge der Sozialbeziehungen, die beängstigen könnte, würde sie nicht ständig in Aktion aufgelöst und dynamisiert. Immer wieder ist in *Peor está que estaba* von Gefangenschaft die Rede, ja mit diesem Konzept beginnt das Stück. »Detenedlos« heißt es im Eröffnungsbrief, »¿Seguísteisle?« (316 a) fragt der Gobernador und beschließt: »iré yo a prenderle« (316 a). Wenig später sehen wir Flérida auf der Flucht, Don Juan und Don César gemeinsam in einem Versteck, Lisarda und ihre Dienerin kommen hinzu, und der 1. Akt endet mit der Festnahme Don Césars und Lisardas. Turbulente Bewegungsabläufe wie diese sind kennzeichnend für die comedia und setzen die Handlung in Gang. Doch die Anwesenheit des Gobernadors, von Schergen (alguaciles) und Dienern, das Vorherrschen verschlossener Orte vom Gefängnisturm über das Zimmer, das zugleich Zuflucht und Falle ist, bis zum Versteck hinter dem Sessel stehen für die Trennwände einer Gesellschaft, die nur im Spiel und vorübergehend die Freiheit des Handelns gewinnt.

Auch die comedia selbst als theatralische Gattung lebt von dieser Dialektik, führt sie doch im Rahmen der corrales und als ästhetisches Vergnügen nichts weniger vor als das Chaos, das Tabu - literarisch stilisiert, aber doch sehr sinnlich und konkret. Die comedia de capa y espada erfüllt, auch wenn Aristoteles im Spanien des 17. Jahrhunderts nicht unbedingt eine Autorität ist, die von diesem geforderte kathartische Aufgabe durchaus. Eine andere Komödie von den über fünfzig, die Calderón geschrieben hat, überträgt ungefähr zur gleichen Zeit - 1630/31 - das Prinzip der komischen Wiederholung auf die Gattung. Ihr Titel: *Mejor está que estaba* ...

## ANMERKUNGEN

T: *Peor está que estaba* zitiert nach: P. CALDERÓN DE LA BARCA, *Obras completas*, Bd. II (Comedias), hg. v. A. Valbuena Briones, Madrid 1960, S. 315-346. - Erstausgabe: *Partes de comedias*, Primera Parte, 1636. - Übersetzung: A. POTTHOFF, *Aus dem Regen in die Traufe*, Hildesheim 1941 (weitere Übersetzungen bei REICHENBERGER, s. L., Bd. I, S. 404 f.).

L: A. VALBUENA BRIONES, »Nota preliminar«, in: CALDERÓN, *Obras completas*, Bd. II, s. T., S. 311-314; CHARLES V. AUBRUN, *La comédie espagnole (1600-1680)*, Paris 1966 (span.: *La comedia española (1600-1680)*, Madrid 1981); J. E. VAREY, »*Casa con dos puertas:* Towards a definition of Calderón's view of comedy«, in: *Modern Language Review* 67 (1972), S. 83-94; W. PREISENDANZ - R. WARNING (Hg.), *Das Komische*, München 1976 (Poetik und Hermeneutik VII); M. PFISTER, *Das Drama*, München 1977 (UTB 580); CHARLES V. AUBRUN, »Los lances calderonianos: su singularidad«, in: H. Flasche - K.-H. Körner - H. Mattauch (Hg.), *Hacia Calderón*. Cuarto Coloquio Anglogermano Wolfenbüttel 1975, Berlin - New York 1979, S. 1-6; K. u. R. REICHENBERGER, *Bibliographisches Handbuch der Calderón-Forschung - Manual Bibliográfico Calderoniano*, Bd. I und III, Kassel 1979 u. 1981; W. MATZAT, »Die ausweglose Komödie. Ehrenkodex und Situationskomik in Calderóns *comedia de capa y espada*«, in: *Romanische Forschungen* 98 (1986), S. 58-80; S. NEUMEISTER, »La comedia de capa y espada, una cárcel artificial (*Peor está que estaba* y *Mejor está que estaba*, de Calderón)«, in: J. M. Ruano de la Haza (Hg.), *El mundo del teatro español en su Siglo de Oro*. Ensayos presentados a John E. Varey, Ottawa 1988.

*BERNHARD TEUBER*

# PEDRO CALDERÓN DE LA BARCA
# LA VIDA ES SUEÑO - COMEDIA

Wenn wir dem Fähnrich Campuzano oder der Hexe Cañizares aus Cervantes' *Coloquio de los perros* begegnen; wenn wir von Don Quijotes merkwürdigem Erlebnis in der Höhle des Montesinos hören, dann gelangen wir zu dem Schluß, die Spanier des frühen 17. Jahrhunderts hätten niemals so recht zwischen dem Wachen und dem Träumen zu unterscheiden gewußt; und denselben Eindruck vermittelt uns unweigerlich das Abenteuer des Prinzen Segismundo in Calderóns weltlichem Schauspiel aus dem Jahre 1635, das bezeichnenderweise den Titel trägt: *La vida es sueño*[1]. Spätestens seit Descartes glauben sich die abendländischen Menschen vor einer Täuschung durch den falschen Schein der Sinneswahrnehmungen gefeit. Sie haben diese vermeintliche Gewißheit erkauft, indem sie vom Fühlen das Denken, von der sensiblen die intelligible Welt abgespalten haben. Dagegen wurde in der spanischen Barockliteratur um den Verlauf einer solchen Grenze zwischen den Trugbildern des engaño und der sicheren Erkenntnis des desengaño gestritten; ja manche bestritten überhaupt die Möglichkeit einer solchen Grenzziehung. Unsere Interpretation der spanischen Comedia *La vida es sueño* wird darum Calderóns vielleicht berühmtestes Stück bewußt in den Horizont jener alten Debatte um die sinnliche Einbildungskraft, die Imagination, zurückholen, die mit Descartes' Entscheidung zugunsten einer entsinnlichten Vernunft ihren scheinbaren Abschluß fand[2].

Der zentrale Begriff des Traums, des »sueño«, ist im folgenden nicht - wie oft in der Interpretationsgeschichte - zu einer Metapher, zu einem Bild aufzulösen, welches auf traumähnliche Strukturen im Leben anspielt[3], sondern wir nehmen ihn als Metonymie: Der Traum ist im Wissen der frühen Neuzeit der Grenzfall einer irregeleiteten Imagination, darin die Sinneseindrücke dem Subjekt etwas vorspiegeln, ohne daß es diese der verläßlichen Kontrolle von Vernunft und Urteilskraft unterwerfen könnte - wie im Idealfall des Wachzustandes. Die Erlebensweise des Träumens steht somit in einem Nachbarschaftsverhältnis zu anderen Erscheinungen einer rational nicht beherrschten Einbildungskraft. Als Tropus verweist der Traum metonymisch auf die Erfahrung der sinnlichen Imagination schlechthin. Unser Stück erhebt so gesehen die Frage nach dem Platz der Sinnestäuschung im Leben der Menschen des Barockzeitalters.

## Erziehung eines Fürsten

Calderón hat bei der Abfassung des Stücks ältere Vorbilder eigenständig umgearbeitet[4]. Wir beginnen unsere Betrachtung mit einer knappen Inhaltsangabe: I. Akt: Als Mann verkleidet kommt Rosaura nach Polen, um dort ihren Geliebten Astolfo zurückzugewinnen, der sie trotz eines Eheversprechens verlassen hat. Zusammen mit dem Diener Clarín trifft sie in der gebirgigen Einöde auf den melancholischen Prinzen Segismundo, der in Liebe zu ihr entflammt. Seit seiner Geburt wird Segismundo vom Vater, dem König Basilio, aus Furcht vor ungünstigen Vorzeichen in einem Turm gefangengehalten. Clotaldo, der Bewacher und Erzieher des Prinzen, verhaftet die Eindringlinge, erkennt aber in Rosaura an ihrem Schwert sein uneheliches Kind. Er beschließt, beide dem König vorzuführen. – Im Palast bahnt sich derweil die Abdankung des greisen Königs zugunsten seines Neffen Astolfo und seiner Nichte Estrella an, die als vermähltes Paar gemeinsam regieren sollen. Doch von Gewissensskrupeln befangen, verkündet Basilio die Existenz seines allgemein für tot geglaubten Sohnes und ordnet an, ihn probeweise herrschen zu lassen. Sollte sich Segismundo bewähren, wird er als Erbe eingesetzt; versagt er jedoch, womit der horoskopgläubige Basilio insgeheim rechnet, wird er zur gerechten Strafe für den Rest seines Lebens eingekerkert bleiben. Clarín und Rosaura erlangen ihre Freiheit wieder, woraufhin sich diese dem Clotaldo anvertraut und er sie bei Hofe als seine Nichte einführt. II. Akt: Segismundo wird eingeschläfert in den Palast gebracht, damit man ihm das dort stattfindende Erlebnis später als Traum erklären kann. Er wird beim Erwachen als Herrscher begrüßt und legt sehr schnell ein gewalttätiges, unbeherrschtes Wesen an den Tag. Vor allem macht er sich eines maßlosen Hochmuts schuldig: In der Wut tötet er einen Bediensteten; er will sich Rosaura, die er liebt, gefügig machen, woran ihn Clotaldo und Astolfo im Zweikampf hindern; zuletzt droht er seinem Vater Basilio Vergeltung für die harte Gefangenschaft an. So veranlaßt dieser, den Sohn ins Verlies zurückzubringen. Aber auch Astolfo und Rosaura begegnen sich im Palast. Dieser gelingt es durch eine List, Astolfo und Estrella zu entzweien, um die geplante Heirat zu hintertreiben. – Der schlafende Segismundo und Clarín sind in den Turm verbracht worden. Als Segismundo erwacht, hält er das im Palast Erlebte für einen Traum. Clotaldo bestärkt ihn in dieser Ansicht und belehrt ihn, auch im Traum gelte es, Gutes zu tun. III. Akt: Gegen Basilio und den designierten Nachfolger Astolfo ist ein Aufstand ausgeborchen. Die Rebellen marschieren auf den Turm, befreien Clarín sowie Segismundo und setzen diesen als rechtmäßigen Erben zum Herrscher ein. Segismundo, durch die vermeintliche Traumerfahrung innerlich gereift, ist bereit, den Kampf um die Königswürde aufzunehmen. Rosaura trachtet weiterhin nach der Wiederherstellung ihrer Ehre. Als Clotaldo aus Verpflichtung gegenüber seinem Lebensretter Astolfo es ablehnt, an ihm blutig Rache zu nehmen, und er statt dessen zur Mäßigung rät, wendet sich die verzweifelte Rosaura an Segismundo: Diesmal zügelt der Prinz seine Begierde und faßt den Entschluß, in der Schlacht die Ehre seiner Untertanin Rosaura zu verteidigen. Während Clarín im Kampfgetümmel ums Leben kommt, erringt Segismundo den Sieg, und Basilio wirft sich ihm zu Füßen. In einer feierlichen Rede mahnt Segismundo dazu, dem Schicksal nicht vorzugreifen und die menschliche Willensfreiheit anzuerkennen. Dann unterwirft sich Segismundo seinem Vater, der ihm jedoch seinerseits die Herrschaft übergibt. Den Astolfo fordert Segismundo auf, Rosaura zur Frau zu nehmen. Als Clotaldo sie daraufhin auch öffentlich als seine Tochter bekennt, willigt Astolfo in die Eheschließung ein. Segismundo selber wird sich mit Estrella verbinden. Der Soldat, der den Aufstand angezettelt hat, ist in lebenslange Turmhaft zu nehmen. Seine Klugheit habe er, sagt Segismundo, einem Traum zu verdanken.

Die beschriebene Handlung des Stücks siedelt sich auf der Ebene der internen Kommunikationssituation an, innerhalb derer die Bühnenfiguren miteinander verbunden sind; dieser Aspekt des Dramas macht die einer Aufführung zugrunde liegende Geschichte aus[5]. Der Protagonist Segismundo gelangt nicht nur zur Königsherrschaft, sondern auch zur subjektiven Einsicht in das moralische Gesetz, welches den Menschen in seiner Freiheit zum guten Handeln befähigt. Wesentlich für diese Erkenntnis ist Segismundos Erfahrung der Erhöhung zum Herrscher im Palast und der anschließenden Erniedrigung im Turm. Auf dieser Grundlage vollzieht sich ein Läuterungsprozeß, der ihn seinen Hang zum Stolz, zur Todsünde der »superbia«, überwinden läßt, die sich an seinem Verhalten im Palast gezeigt hat. Angesichts von Calderóns kunstvoller Dramaturgie, die sich als Ordnung von zahlreichen aufeinander verweisenden Figuren, Reden und Szenen gestaltet[6], ist die Entwicklung der anderen Personen parallel zur Erziehung des Segismundo zu verstehen, der zuletzt das Ideal eines verantwortungsvollen, christlichen Fürsten erreicht. Ziel der Handlungsführung wäre dann die allseitige Aufhebung von Irrtum und Täuschung, ein moralischer desengaño, der sich wie an Segismundos Besserung auch an der späten Einsicht eines Clarín in die Unvermeidbarkeit der von Gott bestimmten Todesstunde oder an Basilio erweist, der erkennen muß, daß sich das Schicksal nicht zwingen läßt[7]. Der Rosaura aber fällt vor allem die Aufgabe zu, als dramaturgischer Widerpart des Segismundo, dessen Verblendung zunächst deutlich vor Augen zu führen und ihm dann die Gelegenheit zu bieten, Selbstbeherrschung zu üben.

Immer wieder ist die Doppelung der Handlungsstränge erwähnt, ja kritisiert worden[8]. Denn während sich um die Figur des Segismundo die Geschichte vom Aufstieg eines Königssohns zu Herrschaft und Weisheit konzentriert, ist Rosaura Mittelpunkt einer Intrige, in der es um die Wiederherstellung ihrer verlorenen Ehre geht. Weil die Stoffe der beiden Handlungsbereiche zunächst disparat wirken, kommt es auf die Art an, in der beide Handlungsfäden ineinander verwoben sind: Eine Verknüpfung erfolgt bereits durch das Motiv der Liebe, die Segismundo für Rosaura empfindet und besiegt, des weiteren durch den alten Clotaldo und durch den jugendlichen Astolfo, die gewissermaßen als Scharnierfiguren an beiden Teilintrigen gleichzeitig Anteil haben: nämlich als Erzieher und rivalisierender Thronprätendent in bezug auf Segismundo; dann als illegitimer Vater und treuloser Liebhaber in bezug auf Rosaura. Für Astolfo schließen sich außerdem im Hinblick auf eine Lösung des Knotens, auf einen »desenlace«, das der Rosaura gegebene Versprechen und die Erfüllung seines Herrschaftsstrebens gegenseitig aus, insofern dieses auch eine Verbindung mit Estrella beinhalten würde. Doch trotz wechselseitiger Abhängigkeit der beiden Stränge bleibt die Nebenhandlung der Haupthandlung strikt untergeordnet. Denn am Ausgang des Stücks empfängt Rosaura ihre wiedergewonnene Ehre aus der Hand des Segismundo; diese Tat ist seine erste Herrschaftshandlung. Somit erscheint Segismundo auch innerhalb der Nebenhandlung als der zum eigentlichen Agieren befähigte Held. Indem er Rosauras Anspruch auf Ehre durchsetzt, kommt seine Erziehung zum Fürsten an ein gutes Ende.

## Abbild statt Urbild

Bedeutsam ist eine weitere Ebene des Textes, auf welcher der Ehrenkasus der Rosaura und der Erfahrungsgewinn des Segismundo zu Sachverhalten stilisiert werden, die erkenntnis- und zeichentheoretisch miteinander verwandt sind. Dies geschieht mit Rücksicht auf die Ehrenthematik weniger mittels der Argumente denn mittels der suggestiven Wirkkraft von gleichsam metonymischen Verweisungen, welche die einzelnen Stationen von Rosauras Ehrenhandel mit Fragen der Zeichendeutung und der Wirklichkeitserfassung verquicken. Bereits bei Rosauras erster Begegnung mit Clotaldo fungiert das mitgeführte Schwert als ein problematisches Erkennungszeichen; derlei »señas« (I,401) stürzen den Vater in Ungewißheit: »Aún no sé determinarme / si tales sucesos son / ilusiones o verdades.« (I,396–398.) Rosauras Männerverkleidung ist ein rätselhaftes Zeichen: »enigma« (I,968), und es versetzt den Clotaldo in ein »confuso laberinto« (I,975); Segismundos Antwort auf Rosauras Bitte um Hilfe ist zweideutig »equívocas respuestas« (III,3019). Als Rosaura voller Zorn den Vorsatz kundtut, Astolfo von eigener Hand zu töten, wirft ihr Clotaldo »locura«, »desatino«, »frenesí« vor (III,2639–2647). Ihr Wirklichkeitssinn ist gestört, und der Ehrverlust hat sich in ihre Seele in unleserlichen Zeichen eingeschrieben: »Quedó / toda la confusión del infierno / cifrada en mi Babilonia.« (III,2801–2803.) Die von den Sinnen wahrgenommenen Zeichen der Ehre sind trügerisch; die damit verbundenen Empfindungen werden begriffen als Ausdruck einer chimärenhaften Imagination.

Unterpfand von Rosauras Liebesverhältnis zu Astolfo ist ein Medaillon mit ihrem Portrait. Estrella verlangt von ihrem neuen Verehrer, daß er zum Beweis seiner Ergebenheit dieses Bild an sie ausliefere, und sie sendet eigens Rosaura, es zu holen (II,1793 ff.). Astolfo erkennt Rosaura jedoch als seine frühere Geliebte und erwidert ihr, sie solle der Estrella statt eines »retrato« das »original« selbst bringen, welches sie ja mit sich trage (II,1923–1935). Rosaura besteht freilich auf der Kopie statt des Originals (II,1936 ff.), und als Estrella hinzukommt, erhält sie mit deren Hilfe tatsächlich ihr Bild zurück (II,1956 ff.). Im listigen Kampf um ihre Ehre wird Rosaura mit der Dialektik von Abbild und Urbild konfrontiert. Auch ihr Schicksal begreift Rosaura im Hinblick auf dasjenige ihrer Mutter, welche auf ähnliche Weise ihrer Ehre verlustig ging, als eine Kopie: »Nací yo tan parecida / que fui un retrato, una copia.« (II,2771 f.) Der Ehrverlust und das Streben nach Wiedererlangung der Ehre stellen nicht nur eine unverständliche Schrift vor, sondern sie machen auch eine verläßliche Unterscheidung von Einbildung und Wirklichkeit, Abbild und Urbild zum Problem.

Während die Semiotik des Ehrenkodex vorzugsweise auf konventionellen Zeichen operiert, ist Segismundo überwiegend mit der Wahrnehmung und Deutung der außersprachlichen Welt befaßt; aber auch hierbei geht es um »señas« (III,2933). Als der Prinz im Palast zur Herrschaft erwacht, zweifelt er an seinen Sinnen. Wiewohl er wach zu sein meint, ist ihm seine Identität fraglich, und die Pracht der Umgebung wirkt auf ihn wie ein Phantasiegebilde (II,1224 ff.); später aber faßt er zu diesen Sinneseindrücken Vertrauen: »No sueño, pues toco y creo / lo que he sido y lo que soy.« (II,1534 f.) Doch diese Gewißheit schlägt um in Zweifel, als Segismundo in den Turm zurückkehrt: »Porque si ha sido soñado, / lo que vi palpable y cierto, / lo que veo será incierto.« (II,2102–2104.) Noch einmal vergewissert sich Segismundo seiner Sinne anläßlich der Befreiung aus dem Turm; aber nun rechnet er fest damit, von ihnen getäuscht zu werden: »Ya / otra vez vi aquesto mesmo / tan clara y distintamente / como agora lo estoy viendo, / y fue sueño.« (III,2348–2352.) Dies ist der erkenntnistheoretische Hintergrund von Segismundos Monolog zu Ende des II. Akts, wo er das ganze Leben als Trugbild auffaßt:

¿Qué es la vida? Un frenesí.
¿Qué es la vida? Una ilusión,
una sombra, una ficción,
y el mayor bien es pequeño;
que toda la vida es sueño,
y los sueños, sueños son. (II,2182–2187.)

Bis in die Wortwahl hinein zeigt sich, daß Segismundo dieselbe Erfahrung macht wie Rosaura im Streit um ihre Ehre: Die Wahrnehmung der Wirklichkeit durch das Subjekt ist gestört, erweist sich als »frenesí« und »ilusión«. Segismundo erreicht eine erste Stufe des desengaño, wie er selbst sagt: »Que, desengañado ya, / sé bien que *la vida es sueño.* (III, 2342f.) Aber Hugo Friedrich hat richtig erkannt, daß Segismundo bei dieser Ansicht nicht stehen bleibt[9]. Mit der Mahnung des Clotaldo, man solle auch im Traum das Sittengesetz achten, bietet sich dem Prinzen eine neuartige Möglichkeit, sein Dilemma zu lösen. Anders als Rosaura, die zwischen den Ansprüchen von Abbild und Urbild hin- und hergerissen wird, gelangt Segismundo über diese Aporie hinaus. Denn die ihm von Clotaldo gedeutete Erfahrung des Palastes veranlaßt ihn schließlich dazu, die kategoriale Unterscheidung zwischen eingebildeter Sinnestäuschung und verläßlicher Erkenntnis der Wahrheit, zwischen Träumen und Wachen, zwischen Abbild und Urbild aufzugeben. Im Gespräch mit Rosaura wird er sich dessen bewußt:

(...) ¿Pues tan parecidas
a los sueños son las glorias,
que las verdaderas son
tenidas por mentirosas
y las fingidas por ciertas?
¿Tan poco hay de unas a otras,
que hay cuestión sobre saber
si lo que se ve y se goza,
es mentira o es verdad?
¿Tan semejante es la copia
al original, que hay duda
en saber si es ella propia? (III,2938–2949.)

Kopie und Original, Täuschung und Wahrheit sind zwar ununterscheidbar geworden, aber sie haben für Segismundo einen gemeinsamen Bezugspunkt: Das Sittengesetz gilt in beiden Bereichen und ermöglicht somit erst die Auflösung der Opposition von Wachen und Traum, von Imagination und Wahrheitserkenntnis. Weil aber die moralische Norm auch im Traum, im Abbild Bestand hat, kann Segismundo sein ganzes Leben vom vermeintlich nur geträumten Palasterlebnis her begreifen und deuten: »¿Qué os admira? ¿qué os espanta / si fue mi maestro un sueño?« (III,3305f.) Auf dieser Grundlage werden dem Segismundo letzten Endes der Traum und die trügerische Einbildungskraft zum Ort einer eigentlicheren Erfahrung, als sie die wache Wirklichkeit zu bieten vermag. Im Zusammenhang der abendländischen Seinsmetaphysik, welche seit Plato den Vorrang des intelligiblen Urbilds vor dem sinnlichen Abbild eingeklagt hat, untergräbt Segismundos Parteinahme für den imaginären Traum die herrschende Ordnung des Wissens; und in dieser stillschweigenden Aufwertung des Abbildes gegenüber dem Urbild erreicht der epistemologische desengaño des Segismundo bezeichnenderweise seinen provokanten Höhepunkt, rechtfertigt er doch geradewegs den engaño der Sinne.

## Ironie der Fiktion

Die auf der Bühne dargestellte Geschichte haben wir einstweilen aus der dramatischen Perspektive des Segismundo behandelt. Doch jede Aufführungssituation zeichnet sich von Haus aus durch Polyperspektivismus aus[10]. Gerade im Falle der spanischen comedia des Goldenen Zeitalters verhindert dieser jene einseitige Identifikation des Zuschauers mit nur einer Figur, wie sie etwa in der klassischen Tragödie der Franzosen die Regel ist. Grundlegend ist in dieser Hinsicht die den spanischen Stücken eigene Mischung von ernsthaften und heiteren Inhalten, welche vorzugsweise durch die Auftritte des gracioso, eines komischen Dieners, herbeigeführt wird[11]. Während der oben skizzierte Handlungsverlauf auf einer syntagmatischen Achse verläuft, unterbrechen einzelne komische Handlungen des Clarín ebendiese Entwicklung der Geschichte; sie lenken die Aufmerksamkeit des Betrachters von ihr ab und auf die Komik der Gestaltung hin[12]. Eine in der dargestellten Geschichte möglicherweise mitgeteilte Botschaft gerät damit wie von selbst in ein komisches Zwielicht; ein gewisser Effekt der Verfremdung tritt ein. Diese dramaturgische Verfahrensweise äußert sich in unserem Stück zu Beginn des III. Aktes, als die revoltierenden Soldaten den Turm einnehmen: Sie wollen Segismundo befreien, halten aber zunächst versehentlich den ebenfalls eingesperrten Clarín für den Prinzen und rufen ihn zum Herrscher aus. Clarín läßt sich die Inthronisierung gerne gefallen und gibt hintersinnige Kommentare ab, die voll spaßhafter Wortverdrehungen stecken (III,2228 ff.). Erst als der richtige Segismundo hinzueilt, klärt sich die Situation, und das kurze Interregnum des uneinsichtigen Narren ist beendet (III,2266 ff.). Das komische Quiproquo zwischen Clarín und Segismundo ist deutlich als ein Ritual karnevalesker Verkehrung angelegt[13]. Seine Hintergründigkeit besteht darin, daß es nicht nur die zuvor erfolgte scheinbare Erhöhung des Segismundo im Palast parodistisch wiederaufnimmt, sondern daß es auch den sich unmittelbar anschließenden Aufstieg des Segismundo zu königlicher Macht im Modus des Karnevals karikierend vorwegnimmt. Aber dadurch wird der Wechsel von Erhöhung und Erniedrigung, darin Segismundos Erfahrungsgewinn seinen Grund findet, dem Gelächter des Publikums überantwortet, und die Erkenntnis des Prinzen selbst wird in die Distanz des Belachenswerten gerückt.

Auch andernorts wird die dramatische Illusion des Zuschauers gestört. Des öfteren sind einzelne Handlungsabschnitte als Spiel im Spiel, als inszenierte oder gar von Teilen des Bühnenpersonals beobachtete Szenen aufgebaut. Rosaura belauscht heimlich die traurige Klage des Segismundo und später ebenso ein Gespräch zwischen Astolfo und Estrella (I,78 ff.; II,1764 ff.). Auch Segismundos Erwachen im Palast und erst recht sein erneutes Zusichkommen im Turm tragen Züge einer Inszenierung, zumal Basilio, getrieben von einer »necia curiosidad«, persönlich in die Einöde reist, um die Reaktion seines Sohnes auf die Rückkehr in den Kerker zu betrachten (II,1224ff.; 2048ff.). Noch deutlicher geriert sich Clarín als Zuschauer. Zwei Auftritt sind aufeinander bezogen: Rüpelhaft verschafft sich Clarín Zutritt zum Palast, um dort, ohne Eintrittsgeld zu entrichten, wie aus einer Theaterloge das Geschehen zu begaffen (II,1166ff.). Dann macht Clarín im Schlachtgetümmel des III. Akts einen Schlupfwinkel zwischen den Felsen für sich ausfindig:

Que yo, apartado este día
en tan grande confusión,
haga el papel de Nerón,
que de nada se dolía.
Si bien me quiero doler
de algo, y ha de ser de mí:
escondido, desde aquí
toda la fiesta he de ver. (III,3048–3055.)

Hier ist sogar das Zuschauen als eine Rolle, als »papel«, begriffen, wobei Clarín auch auf einen fremden Text anspielt; er zitiert nämlich aus einer volkstümlichen Romanze, welche Neros unbeteiligten Blick auf das brennende Rom besingt[14]. Gewiß wird Clarín durch den Selbstvergleich mit Nero moralisch abgewertet; und daß er kurz darauf eben in seinem Versteck von einer Kugel getroffen wird, erscheint als Ausfluß einer poetischen Gerechtigkeit[15]. Aber zugleich wirken das unangemessene Romanzenzitat und das offensichtliche Aus-der-Rolle-Fallen auf das Publikum komisch. Beides macht die umgreifende Spiel- und Aufführungssituation bewußt, darin die Betrachter ihrerseits eine Rolle zu spielen haben: nämlich die des Publikums. In diesem Sinn mündet die Komik solcher Szenen ebenso wie die Spiegelung des Inszenierungsmotivs auf der Bühne in eine regelrechte Ironie der Fiktion.

Eine ähnliche Funktion kommt in unserem Stück den sogenannten Theatermetaphern zu[16]. Die Figuren benutzen Ausdrucksweisen, welche die jeweilige Situation metaphorisch als Theater zur Sprache bringen, aber gerade darum aus dem Blickwinkel der Zuschauerschaft immer auch als eigentlich gemeint verstanden werden können; dann aber haben sie nicht mehr die dargestellte Geschichte, sondern deren Aufführung selbst zum Inhalt. Dieses Verfahren kann im Bereich des Komischen Anwendung finden. Rosaura bittet beispielsweise den Clotaldo, der sie soeben verhaftet hat, er solle sich, wenn ihn ihr Stolz nicht bewege, wenigstens von ihrer Demut anrühren lassen; und Clarín überbietet diese Aufforderung sogleich:

Y si humildad y soberbia
no te obligan, personajes
que han movido y removido
mil autos sacramentales,
yo, ni humilde ni soberbio,
sino entre las dos mitades
entreverado, te pido
que nos remedies y ampares. (I,347–354.)

Der Hinweis auf die allegorischen Gestalten Superbia und Humilitas trifft mit seiner Fiktionsironie nicht nur das Fronleichnamsspiel, sondern nebenbei auch die komplementäre weltliche Comedia. Jedoch muß eine solche Fiktionsironie nicht immer komisch sein: Basilio beschreibt jene Feldherrntribüne, auf der Astolfo im Kampf gegen Segismundo den Treueid seiner Anhänger entgegennimmt, folgendermaßen: »Teatro funesto es, donde importuna / representa tragedias la fortuna« (III,2442f.), und auch an anderen Stellen macht der Begriff »tragedia« auf die ernsten Aspekte des Geschehens aufmerksam. Am häufigsten ist freilich von »admiración« und »prodigio« oder Verwandtem, also von Bewundernswertem und Wunderbarem, die Rede[17]. Beides kommt auf der Bühne zum Tragen, und beides ist der aristotelischen Kategorie des »*θαυμαστόν*« zugeordnet[18]. Für die humanistische und barocke Poetik manifestiert sich im Wunderbaren das herausragende Wirkungsziel der Dichtung, insbesondere auch des Dramas[19]. Wo aber auf das »mirabile« der dargestellten Geschichte eigens hingewiesen wird, ist diese immer schon als eine theatralisch aufbereitete gedeutet: als Schauspiel, welches auf ästhetische Wirkung ausgerichtet ist.

Als höchst eigentümlich muß das Ende unseres Stücks erscheinen: Dort treten die Perspektiven der Hauptperson einerseits und des Publikums andererseits unwiderruflich auseinander. Die Zuschauerschaft verläßt mit einem uneinholbaren Informationsvorsprung gegenüber dem Helden den Ort der Aufführung[20]. Denn die Theaterbesucher durchschauen – wie die Bühnenfiguren Basilio und vor allem Clotaldo –, daß die angebliche Einsicht des Segismundo in die Ununterscheidbarkeit von Traum und Wachen, von Abbild und Urbild nichts anderes als Ergebnis einer geschickt inszenierten Täuschung ist. Segismundo meint, er habe tatsächlich geträumt, und ihm entgeht, daß jene Lehre, die er aus Einbildung und Sinnestäuschung gezogen zu haben glaubt, keine naturgegebene Wahrheit des Traums ist, sondern eine kunstvoll hergestellte Fiktion. Genau dieser unaufhebbar an einen trügerischen Schein, an den engaño, gebundene Charakter von Segismundos Erkenntnis, von seinem desengaño, ist dem Publikum bewußt – nicht aber ihm selber! Die Dramaturgie verweigert am Ausgang eben jene Form der Anagnorisis, welche dem Segismundo vollen Aufschluß über sein Erleben gewähren könnte; und mit dieser Dissonanz zwischen dem Wissen der Figur und dem Wissen der Zuschauer endigt das Stück. Vielleicht entfernt sich in solchen Augenblicken die spanische comedia am weitesten von einer aristotelischen Konzeption des Dramas, welche Figuren und Zuschauer an ein und derselben Wahrheit teilhaben läßt. Gerade diesen optimistischen Konsens kündigt sie nämlich auf, und statt dessen öffnet sie sich der Bewegung einer wohl unabschließbaren Ironie der Fiktion: Denn wenn sich auch das Publikum gegenüber dem engaño des Segismundo im Reich des desengaño wähnen mag, so verdankt es ebendiesen doch wiederum nur dem ironisch reflektierten engaño der theatralischen Spielsituation. Die im Siglo de Oro so beliebte Opposition von engaño und desengaño findet sich in Calderóns Stück zweifelsohne auf mehreren Ebenen zugleich dekonstruiert[21].

## Rhetorik der Analogie

Im Mittelpunkt der konzeptistischen Sprechweise von Calderóns Bühnenfiguren steht die Metapher. Sie darf von weit hergeholt sein und beruht auf einer offenkundigen oder versteckten Ähnlichkeitsbeziehung zwischen Proprium und Figuratum. Nun besteht zwischen einer rhetorischen Stilisierung, die auf der Analogie gründet, und dem kulturellen Wissen der frühen Neuzeit ein enger Zusammenhang. Michel Foucault schreibt der ganzen Epoche eine sogenannte Episteme der Ähnlichkeit zu[22]. Der Kosmos sei von der Analogie zwischen allen Erscheinungen und Zeichen, von der Sympathie zwischen Mikro- und Makrokosmos geprägt. Am deutlichsten manifestiert sich diese Wissensordnung in der Vorstellung vom »liber naturae«, vom Buch der Natur, darin sich die Welt, zu einer sinnvollen Schrift gefügt, zu lesen gibt. Gerade daß Calderóns Metaphorik so stark vom naturkundlichen Thema der vier Elemente durchzogen ist, dürfte im Sympathiegedanken seine Voraussetzung haben[23]. Beispielhaft für dieses Weltverständnis ist die Klage des Segismundo, als er seine Gefangenschaft mit der Freiheit von Vogel, Rind, Fisch und Bach vergleicht. Die jeweils in der metrischen Form der décima gehaltenen Beschreibungen der vier Naturwesen sind Meisterwerke einer Rhetorik des Sympathetischen:

Nace el bruto, y con la piel
que dibujan manchas bellas,
apenas signo es de estrellas
(gracias al docto pincel),
cuando atrevida y cruel
la humana necesidad
le enseña a tener crueldad,
monstruo de su laberinto;
¿y yo, con mejor instinto,
tengo menos libertad? (I,133–142.)

Das hier gemeinte Tier ist der Stier: Dank seinem scheckigen Fell ist er, der zum Erdelement gehört, auch ein Emblem des Tierkreiszeichens Taurus, dessen leuchtende Sternflammen am Nachthimmel für den göttlichen Weltenschöpfer das Vorbild zu den Flecken des Rinds abgegeben haben. Mithin drückt sich im Erdwesen des Stiers die Sympathie mit dem Feuerwesen des Sternbilds aus. Doch insofern sich der Stier gewaltsam gegen den Zugriff des Menschen wehren muß, wird er auch zum Sinnbild der Grausamkeit, wie sich dies im Mythos vom blutrünstigen Minotaurus des Labyrinths äußert. Obwohl nun die ganze Natur voller Analogiebeziehungen und Embleme zu stecken scheint, erstrecken sich diese nicht auf Segismundo selbst. Ein unüberbrückbarer Abgrund trennt die Welt der natürlichen Erscheinungen von seinem eigenen Schicksal. Das Gesetz der Sympathie zwischen Makro- und

Mikrokosmos, zwischen dem Buch der Natur und dem menschlichen Subjekt ist schon im I. Akt unseres Stücks zerbrochen[24].

Der Appell an die Ähnlichkeiten entlarvt sich auch im folgenden immer wieder als eine hohle rhetorische Übung – besonders in der Begegnung von Segismundo und Rosaura im Palast, wo der Mikrokosmosgedanke zu einem galanten Kompliment im Dienste einer zweifelhaften Verführungsstrategie verkommt (II,1558 ff.). Aus demselben Grunde lassen sich einzelne Bilder des Textes nicht einfach emblematisch deuten. Zwar wird auf Verfahren der Emblematik angespielt, aber diese erscheint als höchst problematisch in ihrem Wahrheitsanspruch. Clotaldo ruft dem Segismundo zweimal den Flug des Adlers ins Bewußtsein, nämlich bevor er ihm erstmals den Schlaftrunk reicht (II,1034 ff.) und als er dann wieder im Turm erwacht (II,2093 ff. 2140 ff.). Die naturhafte Analogie, welche den hoch fliegenden Adler als Emblem der Herrschaft begreift, soll dem Segismundo sein Palasterlebnis plausibel machen, aber sie ist gleichermaßen eingebunden in die Finten rhetorischer Simulation. Genauso doppelbödig ist schon zu Beginn des Stücks die eröffnende Tirade der Rosaura, da sie ihrem soeben zu Tode gestürzten Pferde nachruft:

Hipogrifo violento,
que corriste parejas con el viento,
¿dónde, rayo sin llama,
pájaro sin matiz, pez sin escama,
y bruto sin instinto
natural, al confuso laberinto
desas desnudas peñas
te desbocas, te arrastras y despeñas? (I,1–8.)

Manche Kommentatoren erblicken im Hippogryph, welcher Merkmale aller vier Elemente enthält, ein nahezu mythisches Emblem, sei es für Rosauras Fehltritt, da sie vom Pferd herabfällt, sei es für blinde Leidenschaft oder Sündhaftigkeit des Menschen schlechthin[25]. Aber nicht nur wird später im Stück Rosauras pathetischem Ausruf seine eigene Parodie aus dem Mund des Clarín beigegeben (III,2672 ff.), sondern der Hippogryph ist überhaupt ein von den Dichtern erfundenes Fabelwesen[26]. Gerade darum offenbart er nicht eine dem Weltall innewohnende Analogie aller Wesen, sondern er gibt die emblematische Sinnstiftung selbst als Effekt poetischer Fiktion zu erkennen.

Somit ist auch die Hintergründigkeit von Segismundos abschließender Rede, die als Gegenentwurf zur Klage des I. Akts konzipiert ist, klarer zu erweisen (III,3158 ff.). Wieder vergleicht der Prinz sein eigenes Geschick mit demjenigen anderer Wesen: mit einem wilden Tier, einem bedrohlichen Schwert, einem furchterregenden Seesturm. Diesmal jedoch gelingt es ihm, die Analogien so zu ordnen, daß er daraus Argumente schmieden kann. Segismundo hat es anscheinend gelernt, die Zeichen im Buch der Natur besser zu entziffern als früher. Allein daß dem Segismundo die Welt nun lesbar geworden ist, daß er in ihr desengaño finden darf, schuldet er einer nicht durchschauten Fiktion. Darum bleibt die Rhetorik der Analogie allemal einem im engaño befangenen Subjekt zugewiesen.

## Schrift der Gestirne und Wahrheit des Traums

Die sympathetische Kosmologie findet einen prägnanten Ausdruck in der Astrologie, verstanden als Lektüre jener Schrift der Gestirne, die den Lauf der großen und damit auch der kleinen Welt festzulegen scheint. Basilio, der Sterndeuter und König, vergleicht darum die Himmelssphären mit den Büchern seiner Studierstube:

> Son el estudio mayor
> de mis años, son los libros,
> donde en papel de diamante,
> en cuadernos de zafiros,
> escribe con líneas de oro,
> en caracteres distintos,
> el cielo nuestros sucesos
> ya adversos o ya benignos. (I,632–639.)

Selbstverständlich wird die Aussagekraft des astrologischen Modells am Ende des Stücks insofern eingeschränkt, als Segismundo die Fähigkeit des Menschen hervorhebt, der von außen kommenden Fatalität zu widerstehen (III,3220 ff.); und so bestätigt er im Grundsatz die frühere Aussage des Basilio, die dieser nur selber nicht beherzigt hat: »La inclinación más violenta, / el planeta más impío / sólo el albedrío inclinan, / no fuerzan el albedrío.« (I,788–791). Trotzdem beinhaltet unser Stück gerade keine platte Verteidigung des freien Willens samt einer Verurteilung astrologischer Weissagungen. In den Beschlüssen des Tridentinischen Konzils war bekanntlich beides der katholischen Christenheit neu eingeschärft worden[27]. Aber obwohl die Astrologie aus theologischen Gründen verworfen wird, gelangt ihr Weltbild im Stück als ein denkwürdiges Spektakel zur Anschauung. Den Sternen hat Basilio entnommen, daß der Sohn einst sein weißes Haupthaar mit Füßen treten werde (I,718 ff.). Ebendiese Vorahnung greift Segismundo auf dem Höhepunkt der Auseinandersetzung mit dem Vater im Palast wieder auf (II,1714 ff.); und in der Abschlußszene des III. Akts erfüllt sich diese Voraussage, indem sich Basilio seinem Sohn zu Füßen wirft (III,3144 ff.). In diesem Augenblick bewahrheitet sich aber nicht nur eine astrologische Prophezeiung, sondern Segismundo würdigt die von den Sternen angekündigte Demutsgeste seines Vaters als unübertrefflichen coup de théâtre:

> Sirva de ejemplo este raro
> espectáculo, esta extraña
> admiración, este horror,
> este prodigio; pues nada
> es más, que llegar a ver
> con prevenciones tan varias,
> rendido a mis pies a un padre,
> y atropellado a un monarca. (III,3228–3235.)

Verstehen wir diese Stelle wiederum fiktionsironisch, liegt in der Realisierung der astrologischen Vorzeichen das wirkungsästhetische Ziel der gesamten

Aufführung. Freilich kann die Schrift der Gestirne nur deshalb die Wahrheit voraussagen, weil – wie Segismundo nachweist – Basilio aus freiem Willen und durch schuldhaftes Verhalten deren Wahrheit herbeigeführt hat (III,3172 ff.). Keineswegs spielt unser Stück im Sinne einer nachtridentinischen Lehrpropaganda die Astrologie einseitig gegen den freien Willen aus. Vielmehr zeigt es, wie sich das Prodigium eines Buches der Natur und einer Semiotik der Gestirne bewahren ließe – und zwar unter den Bedingungen menschlicher Willensfreiheit, ja neuzeitlicher Subjektivität überhaupt: im Gewand einer auf dem Theater inszenierten Fiktion.

Hier schließt sich der Kreis unserer Betrachtung. Die rational ausgerichtete Theologie und Philosophie der Epoche hatten dem Kurs der Gestirne einen grundlegenden Einfluß auf das Menschenleben ebensowenig zugebilligt wie den Bildern des Traums. Beides war bestenfalls Hinweis, niemals aber Ursache des menschlichen Schicksals – in den exemplarischen Worten des Juan Luis Vives: »Nam intelligi potest, vel ut somnia sint signa, vel ut sint causae praesentium rerum, praeteritarum, venturarum, quemadmodum de astris quaeritur: somnia causas non esse, indubitatum est[28].« Ganz anders die als Traum gedeutete Palasterfahrung des Segismundo – sie ist gerade kein indizieller Verweis auf eine ohnehin bevorstehende Läuterung des Prinzen, sondern recht eigentlich deren Ursache. Die Evidenz des Palasterlebnisses macht dem Segismundo sowohl die Unzuverlässigkeit als auch die Würde aller Sinneswahrnehmungen bewußt, insofern darin das Sittengesetz zu befolgen ist: »Más sea verdad o sueño, / obrar bien es lo que importa.« (III,2423 f.) Diese neue Devise, die sich Segismundo angeeignet hat (III,2402 ff.), erwächst, wie wir gesehen haben, aus Clotaldos Ermahnung an den Prinzen: »Segismundo, que aun en sueños / no se pierde el hacer bien.« (II,2146 f.) Cotaldo postuliert damit die Geltung der moralischen Norm für die Bereiche des Wachens und des Träumens in eins. Indem er die Nützlichkeit der guten Werke behauptet, scheint auch er sich eines theologischen Arguments tridentinischer Observanz zu bedienen. Die Fügung »no se pierde« gibt sich – angesichts des negativen Bedeutungsinhalts von »perder« – zunächst als eine Litotes zu verstehen; und sie müßte dann eigentlich bedeuten: »se gana mucho«, wobei der Träumende das Subjekt der durch »hacer bien« erworbenen Verdienste wäre[29]. Allerdings kann laut Thomas von Aquin der Schläfer im Traum weder Schuld auf sich laden noch Verdienst anhäufen[30]. Die Doppeldeutigkeit von Clotaldos Maxime besteht darin, daß sie, sofern sie nur wortwörtlich aufgefaßt ist, der Beurteilung von Schlaf und Traum durch die orthodoxe Theologie nicht zu widersprechen braucht; daß sie aber, sofern wir darin die rhetorische Figur der Litotes veranschlagen, ins Heterodoxe umschlägt. Die Ökonomie der dramatischen Handlung setzt ein rhetorisches, kein theologisch diskursives Verständnis von Clotaldos Sentenz voraus.

Der Rekurs aufs theologische Gedankengut liefert somit nur eine geborgte, vorbehaltliche Autorität für die von Segismundo vertretene These, das Leben sei Traum. Mit Hilfe dieses rhetorischen Kunstgriffs wird die Minderwertigkeit der bloß imaginären oder geträumten Erfahrungsformen abgestritten; und statt dessen wird die wache Vernunft des Subjekts als wesentlich von ihrem Andern her strukturiert begriffen: nämlich vom Traum und von der sinnfälligen Einbildungskraft. Wahrscheinlich findet diese Nobilitierung träumerischer Imagination ihre lebensweltliche Entsprechung kaum in der theologischen oder philosophischen Reflexion der zeitgenössischen Eliten, sondern im weit verbreiteten Brauchtum und Aberglauben der frühneuzeitlichen Volkskultur; und indem Calderóns Theater augenscheinlich vorführt, daß Segismundo der Wahrheit seiner Träume zu trauen lernt, appelliert es wie im Fall der Astrologie unmittelbar an das Vorverständnis jener populären Zuschauerschicht, die einen erheblichen Teil des Publikums im corral ausmachte. Aber den Verständigeren, welche die Kunst der Unterscheidung beherrschen und sich »discretos« nennen dürfen, gibt Calderóns Theater auch zu verstehen, wie die wirkungsvolle Bewahrheitung von Segismundos Traum allenfalls zu erreichen sei: durch die Kunst der Täuschung. Damit wird der Unterschied zwischen Descartes und Calderón für uns greifbar: Beide stehen als ein gewissermaßen janusköpfiges Paar an der Schwelle zur abendländische Neuzeit. Descartes blickt auf einen Raum, in dem zugunsten der Vernunft die Imagination, der Wahnsinn und der Traum ausgegrenzt bleiben. Calderón hingegen setzt einen Ort in Szene, an dem es gelingt, Imagination und Vernunft als verschiedene miteinander zu versöhnen, den engaño der Sinne als wahrheitsfähig und den desengaño der Vernunft als trügerisch aufzuzeigen – aber dies alles immer um den Preis der Fiktion. So verstanden weist Calderóns Theater schon an ihrem Anfang über das Ende der Neuzeit hinaus.

Unüberwunden und unversöhnt bleibt gleichwohl unter den Bedingungen der Neuzeit, die auch für das Barocktheater immer schon maßgeblich waren, die Spaltung zwischen dem vom schönen Schein des Wahren und Guten genarrten Segismundo und dem aufgeklärter sich dünkenden Publikum, welches den dargestellten Irrtum wohl bemerkt, aber der eigenen Täuschung, die dem Blick auf die Darstellung entspringt, nicht gewahr wird. Erst die frühen Romantiker haben einen Begriff entwickelt, mit dessen Hilfe sich Calderóns auf dem Theater zur Schau gestellte Fiktion nicht mehr nur kartesianisch als ein Verlust an Wahrheit, sondern auch umgekehrt als eine ironische Auflösung der Fiktion oder als eine Poesie der Poesie bestimmen ließ[31]. Dennoch vermag eine solche Abgründigkeit – ähnlich wie der Tod des heiteren gracioso, wie das gestrenge Urteil gegen den rebellischen Soldaten – am Ende unseres Stückes bei den Zuschauern etwas wie Melancholie zu zeitigen; in ihr hat nicht von ungefähr Walter Benjamin eine Signatur der barocken Welt ausgemacht[32].

## ANMERKUNGEN

T: Pedro Calderón de la Barca, *Primera parte de comedias de don Pedro Calderón de la Barca,* Recogidas por don Joseph Calderón de la Barca su hermano, Madrid (María de Quiñones) 1636; dasselbe, hg. J. de Vera Tassis y Villarroel, Madrid 1685; *Comedias de don Pedro Calderón de la Barca,* Bd. I, hg. J. E. Hartzenbusch (Biblioteca de Autores Españoles, hg. Rivadeneyra, Bd. VII), Madrid 1848; *Klassische Bühnendichtungen der Spanier,* Bd. I, hg. M. Krenkel, Leipzig 1881; *La vida es sueño,* hg. M. A. Buchanan, Toronto 1909; dass., hg. A. E. Sloman, Manchester 1961; dass., hg. C. Morón, Madrid (Cátedra) 1986 – Dt. Übers.: *Das Leben ist Traum,* Nachdichtung v. M. Kommerell, in ders., *Beiträge zu einem deutschen Calderon,* Bd. II, Frankfurt a. M. 1946; *Das Leben ist ein Traum,* Nachdichtung v. E. Gürster, Stuttgart (Reclam) 1955.

L: D. Alonso, »La correlación en la estructura del teatro calderoniano« (1970), in: Durán/González (Hg.), Bd. II, S. 388–454; Ch.-V. Aubrun, »La langue poétique de Calderón« (1960), in: Flasche (Hg.), S. 382–400; ders., *La Comédie espagnole (1600–1680),* Paris 1966; J. Casalduero, »Sentido y forma de *LVES*«, in Durán/González (Hg.), Bd. II, S. 667–693; A. J. Cascardi, *The Limits of Illusion – A Critical Study of Calderón,* Cambridge 1984; A. L. Cilveti, *El significado de ›LVES‹,* Valencia 1971; M. Durán, R. González Echevarría (Hg.), *Calderón y la crítica – Historia y antología,* Bd. I–II, Madrid 1976; A. Farinelli, *La vita è un sogno,* Bd. I–II, Torino 1916; H. Flasche (Hg.), *Calderón de la Barca* (Wege der Forschung), Darmstadt 1971; H. Friedrich, »Der fremde Calderón« (1955), in: ders., *Romanische Literaturen,* Bd. II, Frankfurt a. M. 1972, S. 119–160; A. M. García, »El fondo conceptual en el proceso de conversión de Segismundo«, in *Hacia Calderón* (Tercer Coloquio Anglogermano, Londres 1973), hg. H. Flasche, Berlin 1976, S. 185–204; E. W. Hesse, »Calderón's Concept of the Perfect Prince in *LVES*« (1953), in Wardropper (Hg.), S. 114–133; M. Kommerell, *Die Kunst Calderons* (Beiträge zu einem deutschen Calderon, Bd. I, 1946), hg. F. Schalk, Frankfurt a. M. 1974; J. A. Maravall, *Teatro y literatura en la sociedad barroca,* Madrid 1972; W. Matzat, »Die ausweglose Komödie«, *Romanische Forschungen* 98 (1986), 58–80; M. Menéndez y Pelayo, *Calderón y su teatro* (1881), Madrid 1910; S. Neumeister, »Die Differenzierung des Publikums im Theater des Siglo de Oro und die Interpretation der Comedia«, in: *Bildung und Ausbildung in der Romania,* hg. R. Kloepfer u. a., Bd. III, München 1979, S. 66–81; A. A. Parker, »Aproximación al drama del Siglo de Oro« (1957), in Durán/González (Hg.), Bd. I, S. 329–357; ders., »Hacia una definición de la tragedia calderoniana« (1962), ebd. Bd. II, S. 359–387; A. W. Schlegel, »35. Vorlesung über dramatische Kunst und Literatur« (Wien 1808), in: ders., *Kritische Schriften und Briefe,* hg. E. Lohner, Stuttgart 1967, Bd. VI, S. 251–268; M. F. Sciacca, »Verdad y sueño de *LVES* de Calderón de la Barca« (1950), in: Durán/González (Hg.), Bd. II, S. 541–562; A. E. Sloman, *The Dramatic Craftsmanship of Calderón,* Oxford 1958; A. Valbuena Briones, »El simbolismo en el teatro de Calderón« (1962), in: Durán/González (Hg.), Bd. II, S. 694–713; A. Valbuena Prat, »El orden barroco en *LVES*« (1942), ebd. Bd. I, 249–276; K. Vossler, »Calderón« (1931), in: Ders., *Die romanische Welt,* hg. H. Friedrich, München 1965, S. 271–279; B. W. Wardropper (Hg.), *Critical Essays on the Theatre of Calderón,* New York 1965; E. M. Wilson, »The Four Elements in the Imagery of Calderón« (1936), in: Flasche (Hg.), S. 112–130; ders., »La vida es sueño« (1946), in: Durán/González (Hg.), Bd. I, S. 300–328.

A: 1 Die Uraufführung fand 1635 im seit kurzem eingerichteten Palasttheater des Coliseo del Buen Retiro zu Madrid statt. Der Erstdruck des Stücks erfolgte im Jahr darauf. Wir verwenden die Edition durch MORÓN. Neben der comedia existiert ein späteres auto sacramental gleichen Namens in zwei Fassungen. Hierzu vgl. VALBUENA PRAT, S. 259ff.

2 Diesbezüglich repräsentativ sind DESCARTES' *Meditationes* von 1641. Auf Calderóns Nähe und Ferne zu Descartes wird immer wieder hingewiesen, so auch von VOSSLER, S. 271.

3 So mit vollem Recht und wörtlich bspw. KOMMERELL, S. 133, oder PARKER (1957), S. 352, aber dem Sinn nach auch WILSON (1946), SCIACCA, FRIEDRICH, S. 151, oder CILVETI, S. 105ff.

4 Hierzu SLOMAN, S. 250–277 und CILVETI, S. 17–33.

5 Zur Theorie der dramatischen Kommunikation vgl. M. PFISTER, *Das Drama,* München 1977.

6 Hierzu vgl. VALBUENA PRAT, CASALDUERO, ALONSO.

7 So im wesentlichen WILSON (1946), HESSE oder GARCÍA.

8 So erstmals von MENÉNDEZ Y PELAYO; hierzu vgl. WILSON (1946), S. 301ff.

9 Vgl. FRIEDRICH, S. 150f.

10 Vgl. PFISTER, Anm. 5, S. 90ff.; W. MATZAT, *Dramenstruktur und Zuschauerrolle,* München 1982, S. 13ff.

11 Zum gracioso vgl. Barbara KINTER, *Die Figur des Gracioso,* München 1978.

12 Zum Status des Komischen im Drama vgl. R. WARNING, »Elemente einer Pragmasemiotik der Komödie«, in *Das Komische,* hg. ders., W. PREISENDANZ, München 1976, S. 279–333; MATZAT, Anm. 10, S. 48ff.

13 Zur Inversion und zum Quiproquo als Formen der Situationskomik vgl. H. BERGSON, *Le Rire* (1900), Paris 1940, S. 71ff. Zur Karnevalskultur und zu ihrem Einfluß auf die Literatur vgl. M. BACHTIN, *Probleme der Poetik Dostoevskijs* (1929/1963), übers. Adelheid Schramm, München 1971, S. 133–154.

14 Claríns Vers »Que de nada se dolía« entstammt nahezu wörtlich der historischen Romanze »Mira Nero de Tarpeya«, entstanden um 1500. Vgl. *Romancero general,* Bd. I, hg. A. DURÁN, B. A. E., Madrid 1945, Nr. 571, S. 393f.

15 Zum Konzept der poetischen Gerechtigkeit bei Calderón vgl. PARKER (1957).

16 Zum Begriff der Theatermetaphern vgl. H. WEINRICH, »Fiktionsironie bei Anouilh«, *Literaturwissenschaftliches Jahrbuch* (Neue Folge) 2 (1961), 239–253; MATZAT, Anm. 10, S. 51.

17 »Tragedia«: I,651; II,1101.1280; III,2467; »admiración«, »admirar«: I,244.598.658; II,1226.1557; III,3159, 3230; »prodigio«: I,301.985; III,3231. Außerdem finden wir »gran teatro del mundo«: II,2073; »aplauso«: III,2666; »espectáculo«: III,3229.

18 Vgl. ARISTOTELIS *De arte poetica,* 24,1460a.

19 Die Verbindung der »admiración« mit der »verisimilitud« innerhalb der dramatischen Fabel verlangt EL PINCIANO im 5. Brief seiner *Philosophía antigua poética* von 1596; auf das Spannungsverhältnis beider Forderungen geht ein W. WEHLE, »Eros in Ketten«, in *Französische Klassik,* hg. F. NIES, K. STIERLE, München 1985, S. 167–201.

20 Zur Informationsvergabe im Drama vgl. PFISTER, Anm. 5, S. 67ff.

21 Zum von J. DERRIDA geprägten Begriff der Dekonstruktion vgl. ders., »Cogito et histoire de la folie« (1964), in ders., *L'Ecriture et la Différence,* Paris 1967, S. 51–97; J. CULLER, *On Deconstruction,* London 1982. Auf das »dekonstruktive Moment«, das sich auch in Calderóns comedia de capa y espada findet, macht aufmerksam MATZAT, s. L., S. 77ff. Die hier unterstellten subversiven Implika-

tionen des Imaginations- und Traummotivs im Stück verkennt die streng sozialgeschichtliche Deutung von MARAVALL, S. 105–117, der im »tópico de la vida como teatro« nur affirmative Elemente sieht.

22 Vgl. M. FOUCAULT, *Les Mots et les Choses*, Paris 1967, S. 32ff. Foucaults Theorie wendet auf die Interpretation der spanischen comedia an NEUMEISTER, S. 76ff. Der Sachverhalt an sich ist schon erkannt bei KOMMERELL, S. 5ff.

23 Hierzu grundlegend ist immer noch WILSON (1936).

24 Zu ähnlichen Ergebnissen gelangt CASCARDI, S. 22.

25 Zum Emblem einer »caída del caballo« vgl. VALBUENA BRIONES; zum Hippogryph ausführlicher einschließlich der Forschungsmeinungen vgl. CILVETI, S. 163ff.

26 Vgl. FRIEDRICH, S. 134. Das *Diccionario de autoridades* von 1734 enthält die Erklärung: »*Hipogrypho,* s. m. Animal fabuloso, que fingen tener alas, y ser la mitad caballo, y la otra mitad grypho. (...) Tomanle los Poetas por caballo veloz.«

27 Vgl. die einschlägigen »Canones de iustificatione«, in *Enchiridion symbolorum*, hg. H. DENZINGER, A. SCHÖNMETZER, §§ 1551–1559; zur Indizierung der »astrologiae iudiciariae libri« vgl. ebd. § 1859.

28 J. L. VIVES, »De somnio«, in ders., *De anima et vita* (1538), Jo. Lud. Vivis Val. opera omnia, ed. G. Majansius (Valentiae Edetanorum 1782), London (Reprint) 1964, Bd. III, S. 396f.

29 Zu den guten Werken vgl. »Canones de iustificatione«, DENZ./SCHÖNMETZER, §§ 1574–1582.

30 Vgl. S. THOMAE AQUINATIS *Summa theologiae*, 2–2 q. 154 art. 5. Die Calderón-Forschung hat bislang vor allem nach Übereinstimmungen zwischen scholastischer Schultheologie und den Inhalten der Dramen gesucht.

31 Hier wäre anzuknüpfen an die bei Friedrich SCHLEGEL in den *Athenäums-Fragmenten* von 1798 entwickelte Poetik. Zur Einschätzung Calderóns und der spanischen comedia in der deutschen Romantik vgl. August Wilhelm SCHLEGEL. Wertvolle Hinweise zur Calderón-Rezeption in Deutschland – auch durch Goethe – liefert KOMMERELL, passim.

32 Vgl. W. BENJAMIN, *Ursprung des deutschen Trauerspiels* (1928), in ders., *Gesammelte Schriften*, Bd. I,1, Frankfurt a. M. 1980, S. 317ff.

*PERE JUAN I TOUS*

# PEDRO CALDERÓN DE LA BARCA · EL MÉDICO DE SU HONRA

## Der fremde Calderón[1]

Mehr noch vielleicht als die Fronleichnamsspiele sind uns Calderóns Ehrendramen[2] fremd, so fremd, wie das Verhalten ihrer Protagonisten, denen der bloße Verdacht auf Untreue ihrer Gattin genügt, um sie zu töten. Es ist aber nicht der Mord an sich, der die Fremdheit bewirkt, sondern sein Hauptmotiv – die Sorge um die Standesehre – und vor allem deren Legitimation als Movens der poetischen Gerechtigkeit. Wäre etwa die Eifersucht dieses Movens, so würden die Ehrendramen Calderóns (aber auch Lopes, des eigentlichen Gründers der Gattung) zwar immer noch ein »furchtbares Trauerspiel« (F. W. V. Schmidt)[3] bieten, sie wären heute aber in ethisch-zivilisatorischer Hinsicht durchaus »genießbar« (K. Voßler)[4]. Denn die Eifersucht (und sei es eine pathologische) ermöglicht heute wie damals eine Identifikation des Zuschauers. Dies vermag der Vollzug eines Sühneritus nicht mehr.

Was geschieht in diesem »triste drama de honor« (H. J. Neuschäfer, s. L.)? Oder besser: Was würde die Lektüre eines nicht fachkundigen *honnête homme* in Erfahrung bringen? Etwa folgendes:

»Don Enrique, der Bruder Don Pedros, des Königs von Kastilien, stürzt auf der Jagd unglücklich vom Pferd. Von seinen Gefährten wird er in ein naheliegende Landhaus gebracht, wo er auf Mencía, seine frühere Geliebte, jetzige Frau des Don Gutierre de Solís, trifft, die seine alte Liebe wieder neu entfacht, sich ihm gegenüber aber sehr zurückhaltend verhält, um ihre und die Ehre ihres Mannes nicht aufs Spiel zu setzen. Mit seinem Gastgeber bricht Enrique nach Sevilla auf. Als Gutierre wegen eines Ehrenhandels in Sevilla festgehalten wird, nutzt Enrique die Gelegenheit, um zum Landgut zurückzukehren und Mencía aufzusuchen. Da ihr Gatte unvermutet heimkehrt, läßt Enrique in der Eile seinen Dolch zurück, worin Gutierre einen Beweis für die Verletzung seiner Ehre sieht. Als es ihm gelingt, Mencía mit verstellter Stimme einige Worte zu entlocken, wird sein Verdacht zur Gewißheit. Fest dazu entschlossen, seine Ehre wiederzuerlangen, überrascht er Mencía beim Abfassen eines Briefes an Enrique, worin sie ihn bittet, das Land nicht zu verlassen, da sie fürchtet, in der Öffentlichkeit am Zwist Enriques mit dem König für schuldig gehalten zu werden. Gutierres Entschluß, wobei nichts auf eine Befleckung der Ehre hinweisen soll, ist gefaßt. Er zwingt einen

Wundarzt, Mencía die Adern zu öffnen, so daß die Tat den Anschein eines Unfalls erwecken soll. Den Wundarzt will er nach vollendeter Tat an einem andere Ort töten. Auf dem Weg dorthin werden sie vom König und Don Diego überrascht. Gutierre flieht, ohne aber die fremden Gestalten erkannt zu haben, während sich der Wundarzt dem König anvertraut. Als der König in Gutierres Haus kommt, berichtet Gutierre ihm seine Version des traurigen Vorfalls, muß aber allzu deutlich erkennen, daß der König um die wahren Ereignisse in seinem Haus weiß und dazu schweigt, ja sogar Gutierre empfiehlt, seine frühere Geliebte Leonor zu heiraten.«[5]

Die zeitgenössische Lektüre des Stückes war mit Sicherheit eine ganz andere – vor allem darum, weil von den Protagonisten (Doña Mencía und Don Gutierre) ein komplementäres Identifikationsangebot ausging. Wurde es angenommen, so war der Mord nachvollziehbar, ja als Hinrichtung legitimiert. Denn der Zuschauer wußte, daß die Information, über die Don Gutierre verfügte, ihm keinen Handlungsspielraum ließ. Dies wird vom König selbst bestätigt, als er in der letzten Szene des Stückes die neue Vermählung befiehlt:

DON GUTIERRE ¿Si vuelvo a verme
en desdichas tan extrañas [...]?
[...]
REY Para todo habrá remedio.
[...]
DON GUTIERRE ¿Cuál señor?
REY Uno vuestro.
DON GUTIERRE ¿Qué es?
REY Sangralla. (VV. 2902–2928)

Wie der König wußte der Zuschauer zwar, daß Don Gutierre nahezu alle Indizien falsch gedeutet hatte, er wußte aber auch, daß seine Beweisführung im zeitgenössischen Kontext die einzig mögliche war. »Las cosas no pasan por lo que son, sino por lo que parecen« (B. Gracián)[6]: Dieser fatalistische Lehrsatz barocker Weltanschauung besaß axiomatische Würde im Zeitalter des desengaño. Ebensolche Gültigkeit besaß jener Gesetzestext, wonach »cumple para [...] ser provado de adulterio: que se prueva por señales o por sospechas o presunciones«[7]. Mehr noch: Bereits das Schreiben an Don Enrique – unabhängig vom Inhalt – war nach damaligem Recht anrüchig. Ebensowenig sollte man die Urverfehlung der unglücklichen Heldin vergessen: Sie hatte Don Gutierre ihre frühere Liebschaft mit Don Enrique verheimlicht. Demnach war sie in mehrfacher Hinsicht schuldig und hatte Strafe verdient. Gewiß: Um die Ehre wiederherzustellen, hätte es auch genügt, wenn Don Gutierre seine Frau gezwungen hätte, sich in ein Kloster zurückzuziehen. Rechtmäßig war aber auch die Tötung der Ehrlosen[8]. Auch daß die Strafe zur Marter wurde, konnte den damaligen Zuschauer nicht sonderlich bestürzen (wenigstens nicht im Sinne eines humanitären Empfindens). Denn die Marter, so Foucault, wurde in jener Zeit nicht als unkontrollierter Akt animalischer Wut gedeutet, sondern vielmehr als die paradigmatische Art der Strafe. Ihr haftete noch nicht der zivilisatorische Makel des Obzönen an. Die kontrollierte Anwendung des Schmerzes auf den Körper sollte zum Verbrechen passen[9]. »Mi venganza a mi agravio corresponda« (V. 1948): Der Zuschauer konnte diesen Wunsch des Don Gutierre akzeptieren, weil er die Marter als Symbol auffaßte und die Symbolik des Aderlasses verstand. Jeder Tropfen Blut, den Doña Mencía vergoß, brachte die Ehre ihres Gatten zu neuem Leben.

## Repräsentationspflichten

Die Welt des Don Gutierre läßt keine Erscheinungsform des Solipsismus zu. Der andere existiert nicht nur, er ist auch derjenige, der die eigene Existenz garantiert, ja über die Essenz entscheidet. Don Gutierre kann nur als das, was er ist - ein Edelmann - fortbestehen, wenn er das tut, was der andere (der Stand als Kollektiv und dessen Verkörperung durch den König) von ihm verlangt. Die Welt des Don Gutierre strukturiert sich im Zeichen der *repräsentativen Öffentlichkeit* (J. Habermas)[10]. Denn der Edelmann ist, was er repräsentiert. Er »darf und soll scheinen« (Goethe)[11]. Diese Statusdarstellung ist allumfassend: Insignien, Gestus, Rhetorik, selbst das Essen und die Kleidung sollen Zeugnis ablegen. Auch das Private (als Sphäre des Ökonomischen) und das Intime werden davon tangiert. Nicht alle Tätigkeiten sind ihm erlaubt, nicht alle Gefühle[12]. Mehr noch: das Private und das Intime sind nur insofern erlaubt, als sie der Repräsentation nicht abträglich sind. Wie der von Goethe definierte Edelmann ist Don Gutierre eine »öffentliche Person« und dies impliziert für ihn, auch auf Individualität zu verzichten. Denn, so N. Luhmann, »Individualität in Anspruch nehmen hieße: aus der Ordnung herausfallen. Privatus heißt inordinatus.«[13] In der ständisch-repräsentativen Öffentlichkeit ist aber nicht nur der durch Familie und Stand erworbene Status entscheidend – auch nicht das statuskonforme Verhalten per se –, sondern die opinión. Was im Spiegel der öffentlichen Meinung nicht erscheint, existiert nicht. Was darin verzerrt reflektiert wird, kann realiter nicht ohne Makel sein. So verlangten die 1652 erlassenen Aufnahmebestimmungen des Santiago-Ordens, daß die Kandidaten »tenidos, reputados y comúnmente estimados por personas hijosdalgo de sangre« seien.

Als »principio discriminador de estratos y de comportamientos«[14] stellte die Ehre ein zentrales Element im System der repräsentativen Öffentlichkeit dar. Ihre Funktion bestand darin, die Kalkulierbarkeit des Verhaltens zu gewährleisten, die Autopoiesis des Systems zu sichern. In psychoanalytischen Kategorien ausgedrückt: Der öffentliche Besitz der Ehre (»honra con esplendor y publicidad«[15]) bildete das ständische Ichideal, welches jeder Edelmann als einzelner zu aktualisieren hatte. Der opinión und deren Personifizierung im König kam die Funktion des Überichs zu, einer überwachenden und urteilsfällenden Instanz, welche über die (auch punktuelle) Statuskonformität des Verhaltens zu bestimmen hatte. In der psychosozialen Ökonomie des Systems wurde dieses Unterwerfungsverhältnis dadurch kompensiert, daß die von der opinión positiv sanktionierte Repräsentation des Ichideals dem einzelnen das psychische Gleichgewicht gewährte. Denn nur wer von der Gruppe als vollwertiges Mitglied akzeptiert wird, genießt alle Privilegien, die der Gruppe exklusiv sind. Im siglo de oro waren die Privilegien des Adels, wie man weiß, mannigfaltig: Sie reichten von der legalen Immunität bis hin zum Besitz bestimmter religiös-eschatologischer Vorrechte[16]. Der Zwang, in dem sich der Adel befand, eine solche Privilegienanhäufung zu legitimieren, wurde auf den einzelnen übertragen. Der Mythos eines ›ser más‹ sollte durch die standesspezifischen Vorschriften und Verbote (d. h. durch ein im Ehrenkodex festgeschriebenes ›deber más‹) am Leben erhalten werden. Wer sich daran nicht hielt und somit die Statuslegitimation der Gruppe als Ganzes gefährdete, wurde ausgeschlossen. Dies bedeutete nicht nur die ernsthafte Bedrohung seiner Privilegien, sondern vor allem den Verlust der einzigen Identität, die er besaß: seiner »identité sociale« (G. Balandier)[17]. Er wurde »durch Ausweglosigkeit diszipliniert« (N. Luhmann)[18]. Dementsprechend liegt es in der Logik des Systems, daß die angetastete Ehre eine überzeugende Antwort verlangte: »Nemo me impune lacessit« wurde zur populärsten Devise des spanischen Adels im 17. Jahrhundert. Der Ehrenkodex legte detailliert die Bedingungen für die Wiederherstellung der Ehre fest. Kein Opfer sollte zu groß sein, selbst das Leben wurde als ein der Ehre untergeordnetes Gut angesehen. Die spanische Literatur des siglo de oro bietet unzählige Beispiele dafür, so etwa das Drama von Guillén de Castro *Cuanto se estima el honor,* wo ein Vater dem Ehrenkodex die eigene Tochter opfert. Die Argumentation war denkbar einfach: Wer der Ehre nicht verpflichtet ist, »vive menos obligado, pero vuela más terrero«[19].

Besonders streng waren die Vorschriften im Bereich der Ehe und der weiblichen Sexualität. Die ideale Ehefrau war diejenige, die am vollkommensten das Idealich des Standes (sc. dessen Selbstverständnis von narzißtischer Allmacht) verkörperte. So beglückwünscht sich Don Lope, der Protagonist von Calderóns Ehrendrama *A secreto agravio secreta venganza,* zu seiner Hochzeit »con la más bella mujer«, fügt aber in signifikanter Weise hinzu: »Mas para ser propia es lo de menos la belleza.« Vor allem sei sie »la más noble, más rica, más virtuosa y más cuerda«[20]. Die standesgemäße Heirat sollte die

Kommunikationsfähigkeit innerhalb der Gruppe gewährleisten. Dementsprechend gehörte die Treue zu den wichtigsten Repräsentationspflichten der Frau. Weil diese als Garant der Abstammung fungierte und somit die Reproduktion des Systems (linaje de sange) sicherte, wurde ihrer Sexualität kein privater Freiraum zugesprochen. Weil die Ehe eine öffentliche Angelegenheit war, wirkte jede bekanntgewordene bzw. vermutete Untreue systemdestabilisierend. Ebenso wurde der im Ehebett geborene Bastard nicht vordergründig als Zeichen einer moralischen Ausschweifung, sondern in erster Linie als Gefährdung der Standeslegitimität angesehen. Dies erklärt auch, weshalb der Stand kein Interesse hatte, die Begründbarkeit des Zweifels oder die Beweisbarkeit der Untreue zu erruieren und Gerechtigkeit sensu stricto walten zu lassen. Was ihn bewegte, die Frau zu bestrafen (oder bestraft zu wissen), war vielmehr die Sorge um die öffentliche Wiederherstellung der absoluten Synonymie zwischen buena sangre und virtud. So ist paradoxerweise auch die Tötung Doña Mencías – trotz ihrer (relativen) Heimlichkeit – ein Akt öffentlicher Kommunikation. Als solcher erfüllt er alle Zeichenfunktionen: Er ist nicht nur ›Darstellung‹ der wiedererlangten Ehre, sondern auch ›Ausdruck‹ der Disponibilität des Don Gutierre, seinen Repräsentationspflichten nachzukommen und letztlich ›Appell‹ an die Standesöffentlichkeit, diese bewiesene Bereitschaft mit einer uneingeschränkten Identitätsbejahung zu honorieren.

## Limitierungen und Weltklugheit

Der Ehrenkodex setzt der Kommunikation standesspezifische Grenzen, die das Kommunizierbare innerhalb des Erlaubten halten. Verschwiegen werden soll alles, was der Ehrenkodex ignoriert (ignorieren muß), damit das Fortbestehen des ständischen Systems gesichert ist: die Liebe, die Eifersucht, die Wahrheit, die psychischen Kosten der Unterwerfung. So erlaubt sich Don Gutierre nur in der Einsamkeit des Soliloquiums und des aparte, seine Gefühle zu verbalisieren. Man denke an die logische Unlogik seines Satzes: »Ya estoy solo, ya bien puedo hablar.« (v. 1585f.) In noch konsequenterer Weise weigert sich Doña Mencía, die Limitierungen ihres Diskurses zu überschreiten:

»Ya se fueron, ya he quedado
sola. ¡O quién pudiera, ah, cielos,
con licencia de su honor
hacer aquí sentimientos!
¡O quién pudiera dar voces,
y romper con el silencio
cárceles de nieve, donde
está aprisionado el fuego,
que ya resuelto en cenizas,
es ruina que está diciendo:
›Aquí fue amor‹ Mas ¿qué digo?
¿Qué es esto, cielos, qué es esto?
Yo soy quien soy. Vuelva el aire
los repetidos acentos
que llevó; porque aun perdidos
no es bien que publiquen ellos
lo que yo debo callar.«
(vv. 121–137)

Nicht einmal am Ende des Stückes wird die Wahrheit kommunizierbar. Der König hat sie zwar (aus dem Munde des Narren!) erfahren, verschweigt sie aber. Denn auch er unterliegt den Limitierungen, die im Ehrenkodex festgeschrieben sind. Ihm obliegt nur die Überwachung der standesgemäßen Repräsentation, nicht aber die Wahrheitsfindung im engeren Sinne. So muß er feststellen, daß Doña Mencía sich als unfähig erwiesen hat, die subjektive Ehrenhaftigkeit ihres Verhaltens objektiv werden zu lassen, d. h. erfolgreich zu repräsentieren. Deshalb auch kommt er nicht umhin, die Rache des Don Gutierre zu bejahen: »Cuerdamente sus agravios satisfizo.« (v. 2791f.) Ja er erlaubt ihm sogar, in der Zukunft – sollten sich die Umstände wiederholen – mit Doña Leonor so zu verfahren, wie er es mit Doña Mencía getan hat. Auch die neue Braut ist sich der Alternativlosigkeit bewußt:

DON GUTIERRE: Mira que médico he sido
de mi honra: no está olvidada
la ciencia.
DOÑA LEONOR: Cura con ella
mi vida en estando mala. (vv. 2946–2949)

Die Limitierungen haben zwar im Handlungsverlauf zu folgenschweren Mißverständnissen geführt, ohne sie wäre aber die Eintracht, welche die letzte Szene bietet und die poetische Gerechtigkeit signalisiert, nicht denkbar. Dieses ›nemine discrepante‹ beweist auch, daß Don Gutierre (trotz exzentrischer Umstände und avant la lettre) als ein begabter Schüler Graciáns gelten darf. Gibt es doch kaum einen Lehrsatz des *Oráculo manual* (1647), den er sich nicht zu verwirklichen bemüht: »Die Augen beizeiten öffnen«, »Winke zu verstehen wissen«, »übler Nachrede vorbeugen«, »warten können«, »Verschwiegenheit«, »den glücklichen Ausgang im Auge behalten«, »wer sich nicht mit der Löwenhaut bekleiden kann, nehme den Fuchspelz«, »nicht abwarten, daß man eine untergehende Sonne sei«, »nie aus Mitleid gegen den Unglücklichen sein Schicksal auch sich zuziehen«, »sich guter Werkzeuge bedienen«, »ohne zu lügen nicht alle Wahrheiten sagen«, »seine Sache herauszustreichen verstehen« etc.[21]. Wie vom Jesuiten verlangt, übt sich Don Gutierre im disimulo und in der simulación. Er ist sich darüber im klaren, daß »todo lo dora un buen fin, aunque lo desmientan los desaciertos de los medios«[22]. Sein Pragmatismus (auch im Sinne Kants) wird durch keinerlei religiöse Überlegung relativiert. »Mein ist die Rache, sagt der Herr« – dieser Passus aus der Bibel scheint ihm genauso fremd wie das fünfte Gebot Moses. Wenn auch die Sinnwelt des Stückes keine gottlose ist, so verkümmert das Religiöse doch zur Belanglosigkeit konventionalisierter Redewendungen[23]. »Hanse de procurar los medios humanos como si no hubiese divinos, y los divinos como si no hubiese humanos«: Zweifelsohne hätte Don Gutierre das Prinzip einer doppelten Moral in so lapidarer Form quittieren wollen, wie es Gracián vermochte: »Regla de gran maestro; no hay que añadir comento.«[24] Dieser Grundsatz fungiert nämlich als implizite Prämisse seines Handelns, ja als dessen theologische Legitimation. Denn die mögliche Untreue seiner Gattin berührt ihn keineswegs in seiner nicht in Frage gestellten Eigenschaft als gläubiger Katholik, sondern allein als Edelmann, als aristokratisches Mitglied der ›civilen Sozietät‹. Die Lehre der doppelten Moral wird zwar im Stück selbst an keiner Stelle thematisiert, die Abstrahierung von der religiösen Dimension des Konfliktes erfolgt aber in so systematischer Weise, daß man von Instrumentalisierung sprechen kann. Es sind ausschließlich ›civile‹ Tugenden (insbesondere die prudentia in ihrem säkularisierten Verständnis), die den Protagonisten zum (ebenso säkularen) Heil führen. Mit Saavedra scheint er der festen Überzeugung zu sein, daß ein Leben im Sinne des religiös-moralische Tugendsystems streng genommen nur für »gentes aptas para el monasterio, inadecuadas para la vida de relación, irresolutas, tímidas, retiradas« gelten sollte. Derjenige aber, der sich – wie er selbst – gesellschaftlich behaupten will, muß manche moralische Imponderabilien in Kauf nehmen, die ihm das »capear temporales« ermöglichen.[25] Nur im utopischen Dorf von Antonio de Guevara (cf. *Menosprecio de Corte y Alabanza de Aldea*, 1539) wäre Moral möglich, im Umkreis des Hofes aber wird nur das »cumplir con la opinión«, der Pragmatismus des »vivir para sí« verlangt[26].

## Nihilierung und gefährdete Sinnwelt

Don Gutierre ist kein pathologischer Mörder. Zwar lügt er, verstellt sich unentwegt, ist sich selbst und Doña Mencía gegenüber von schier unmenschlicher Strenge, wirkt wie eine willenlose Marionette, deren Fäden vom Ehrenkodex gezogen werden, aber er ist weit davon entfernt, ein Psychopath zu sein. Denn er unterwirft sich bewußt den Vorschriften seines Standes, beugt sich der Unabdingbarkeit der ›cosas como son‹. Weil er kein »Abweichler«[27] der institutionalisierten Wirklichkeitsbestimmung sein möchte, erfolgt seine Konfliktlösung nach den Maßstäben der Sinnwelt, in der er sozialisiert wurde. So akzeptiert er die Notwendigkeit, in sich selbst all das zu tilgen, was als außerhalb dieser Sinnwelt stehend gilt. Don Gutierre entscheidet sich für die Nihilierung seiner Affekte, für die Wahrnehmung seiner Repräsentationspflicht. Er paßt sich an: Von daher rührt das Fehlen eines echten Schuldbewußtseins nach seiner Tat, deren bald entlarvte Heimlichkeit sich als so kontingent erweist wie die Legalität, die sie scheinbar motivierte. Der König verlangt zwar angesichts des leblosen Körpers der Doña Mencía,

> cubrid ese horror que asombra,
> ese prodigio que espanta,
> espectáculo que admira,
> símbolo de la desgracia (vv. 2875–79),

dies impliziert aber keine Verurteilung der Tat, sondern (wie der weitere Verlauf der Handlung zeigt) deren legitimierende Nihilierung in Form eines Ungeschehenmachens. Nicht einmal Doña Mencía stellt die Rechtfertigung der Rache in Frage. Von Anfang an akzeptiert sie die Regeln der Konfliktlösung. So erlebt sie auch ihren Tod nicht als heimtückischen Mord, sondern als Hinrichtung und wendet sich an den Wundarzt mit Worten, die ihn als Henker, also als Vollstrecker der legitimen Macht, deuten:

> Inocente muero;
> el cielo no te demande
> mi muerte. (vv. 2688–90)

Die befreite, souveräne Haltung, die Don Gutierre nach der Tat einnimmt, beweist es: Er erlebt die Anpassung nicht als Schmerz, sondern als Lustgefühl. Kann er doch endlich öffentlich (wenn auch in »Ziffernschrift«[28]) bekunden, daß keine Divergenz zwischen seinem Ich und dem ständischen Ichideal besteht. Auch Doña Mencía hat niemals an der Berechtigung des »soy quien soy«-Postulates (cf. 133 ff.) zweifeln wollen. Auch für sie wurde diese ursprünglich neutestamentarische und nunmehr säkularisierte Tautologie zur Prämisse der Affektbeherrschung, der Nihilierung ihrer Liebe zu Don Enrique. Die Anpassung hat aber ihren Preis, den *El médico de su honra* nicht verschweigt: die radikale Einsamkeit des ›homo clausus‹. Wie Monaden bemühen sich Don Gutierre und Doña Mencía, einander und der opinión nur eine glänzende Oberfläche zu zeigen. Allein der allwissende Zuschauer wird (im Monolog und im aparte) mit den psychischen Kosten der Repräsentation konfrontiert. Denn im Laufe der drei jornadas kann er wiederholt die Größe der Kluft zwischen Sein und Schein messen. Er weiß nur allzu gut, wie schmerzhaft die Entscheidung des Don Gutierre gewesen ist und wieviel Trauer es Doña Mencía kostet, ihre Liebe immer aufs neue zu verdrängen. Ihr Kampf mit sich selbst gleicht dem zwischen Dr. Jekyll und Mr. Hyde[29], jedoch unter umgekehrten Vorzeichen: Die Monosemierung der ursprünglich vorhandenen psychischen Polysemie bedeutet hier den Sieg dessen, was Freud *Kultur* nannte[30]. In diesem Sinne legt das Drama vor allem ein literarisches Zeugnis der allumfassenden kulturellen Domestizierung ab, der innere und äußere Natur im 17. Jahrhundert unterworfen waren.

Anders als die Sinnwelt der Post-Aufklärung, die das ständische Ichideal, so wie es hier dramatisiert wird, als eine in ihren Anforderungen paranoide Instanz auffaßt, deutet die Metaphorik des Titels die Domestizierung als Gesundung. Hierin liegt auch die politische Dimension des Stückes. Denn – wie kaum eine andere Epoche der spanischen Geschichte – hat das 17. Jahrhundert die Metapher der Krankheit verwendet, um den Zustand der res publica zu deuten. Auf dem Spiel stand die Legitimation und die Zukunft dessen, was J. A. Maravall als »absolutismo monárquico-señorial« bezeichnet[31]. Dieses System war aus dem (unter Karl V. besiegelten) Zusammenbruch der mittelalterlichen Aufgabenteilung entstanden und hatte den ›bellatores‹ zur Machtelite verholfen, ihnen Privilegien ermöglicht, die sie mit ihrer politischen Domestizierung bezahlt haben. Allzu bekannt ist das Scheitern dieser Machtstruktur, die Unfähigkeit des Adels und der Krone, ihre nationale Aufgabe zu bewältigen, den wirtschaftlichen und politischen Niedergang aufzuhalten. Denn der Verlust der spanischen Weltmachtstellung – vor allem während der Regierungszeit Philipp IV. (1621–1665), also während der vita activa Calderóns – war nicht die bloße Folge einer unklugen Kriegsführung:

> »Era el resultado de una serie de golpes a un organismo que ya estaba presionado, casi a punto de ruptura, por debilidades estructurales antiguas. Era una crisis de poder humano y de dinero. Era una crisis de dirección militar y política. Era una crisis de organización económica y de estructura constitucional, prevista desde hacía tiempo, y ahora hecha tangible.«[32]

In den Jahrzehnten, in denen die Ehrendramen Calderóns geschrieben, uraufgeführt und zum ersten Mal veröffentlicht wurden[33], spitzte sich die desolate Situation dermaßen zu, daß die aristokratische Monopolsituation gefährdet schien. Immer mehr Stimmen wurden laut, die für eine größere Rationalisierung und Professionalisierung der Staatsgeschäfte plädierten. Es sollte die Macht des öffentlichen Räsonnements sein, die die Machtstruktur zu bestimmen hatte und nicht mehr die Repräsentation. Vor allem wurde die negative Wirtschaftsmentalität, die der aristokratischen Sinnwelt subsidiär war, kritisiert, weil sie, so González de Cellorigo, das »huir del trabajo, estimando en poco a los que siguen la agricultura, los tratos, los comercios y todo cualquier género de manufactura« mit »honra« und »autoridad« belohnte, was »contra toda buena política« sei[34]. Die (bürgerliche, aber auch kleinadlige) Dissidenz forderte die Abschaffung der traditionellen Wirklichkeitsbestimmungen, die den notwendigen sozialen Wandel hemmten. So heißt es bei Mateo López Bravo: »Si el que no es noble no puede haber dignidades y sólo el noble las goza, el uno y el otro despreciarán la bondad.«[35] In der soziohistorischen Logik liegt es aber, daß die Aristokratie an der Erhaltung ihrer Machtposition interessiert war und denjenigen Schriftstellern Beifall spendete, die sich als Verwalter und Apologeten der aristokratischen Sinnwelt verdingten. So goutierte sie mit Sicherheit ganz besonders Lopes Satz: »La perdición de las repúblicas causa el querer hacer los hombres de su estado mudanza.«[36] Ebenso verständlich ist es, daß diese Intellektuellen den strukturell bedingten sozialen Wandel als bloße usurpación zu disqualifizieren versuchten und (wie bereits Quevedo in seiner *España defendida*, 1609)[37] die salus publica von einem Neuaufleben des militäraristokratischen Tugendsystems abhängig machten. Der fundamentale historische Syllogismus ist denkbar einfach. Denn, wie Maravall es mit Recht vermerkt, wenn ein Gesellschaftssystem zusammenzubrechen droht und die an der Erhaltung des status quo interessierte Gruppe noch genügend faktische Macht besitzt, verhärten sich die Konservationsmechanismen. In unserem Zusammenhang heißt dies: Es erfolgte eine Verhärtung jener Symboltradition, die die Sinnwelt der ständisch-repräsentativen Öffentlichkeit aufrechterhalten hatte. Gemeint ist der Ehrenkodex. Diese Symboltradition reichte, wie man weiß, bis ins Mittelalter zurück. Damals hatte sie ihre Blütezeit erlebt, ihre soziopolitische Funktionalität bewiesen. Dieses historische Faktum war nicht nur Teil ihrer Legitimation, sondern es inspirierte eine verklärende Rückbesinnung auf die mittelalterliche Sinnwelt und deren für den Adel wichtigsten Sinnbezirk – die Ehre. *El médico de su honra,* dessen Handlung in signifikanter Weise Mitte des 14. Jahrhunderts spielt, reflektiert die involutiven Bemühungen eines Standes, der in die Defensive geraten ist und sein Heil in der ›reinen Lehre‹ sucht.

## Leben im Zeichen der Angst

Als Calderón um 1633 »El médico de su honra« schrieb, war die ständische Gesellschaft weit davon entfernt, eine abgeklärte und befriedete Welt zu sein. Ihre Legitimationskrise machte sie eher zu einer Welt in der Schwebe, deren Gleichgewicht nur vorläufig war. Denn sie riskierte ständig ihre Zerstörung durch die aufkommende Klassengesellschaft. Je größer aber die soziopolitische Gefährdung der Gruppe, desto belastender die Verantwortung des einzelnen, desto angstvoller seine Beziehung zur majestätischen Obrigkeit des Überichs, zur Herrschaft der im Ichideal verinnerlichten Normen. Schon die geringste Abweichung reicht aus, um den Zorn der beleidigten Gruppe zu entfesseln. Beleidigung heißt aber auch Gefährdung, wenn das Verhalten des einzelnen als Garantie für den Status der Gruppe verstanden wird. Diese Gefährdung wird im Stück allegorisch dramatisiert, als der König dem Infanten den Dolch zeigt, den dieser bei seinem heimlichen Besuch im Hause Doña Mencías verloren hatte. Als der bestürzte Infant die Waffe zurückhaben will, greift er so ungeschickt nach ihr, daß er die Hand seines königlichen Bruders verletzt. (cf. vv. 2245 ff.) Hierin ist nicht nur eine anekdotische Anspielung auf den späteren Verlauf der historischen Ereignisse, sondern vor allem eine Exemplifizierung zu sehen. Die Gefährdung der Ehre Doña Mencías tangiert in gleichem Maße die Ehre des Standes, dessen Oberhaupt der König ist. In diesem Abhängigkeitsverhältnis zeigt sich zweifelsohne das Fortbestehen des Stammesdenkens in der Sinnwelt der ständischen Gesellschaft. Denn auch in ihr manifestiert sich mutatis mutandis jenes Parodoxon, dem die Ethnologen in den archaischen Kulturen so oft begegnet sind:

Obwohl der einzelne als Individualität kaum etwas gilt, scheint sich die ganze Gemeinschaft im Falle eines Todes »verlassen zu fühlen oder zumindest von der Anwesenheit gegnerischer Kräfte bedroht; [...] sie ist in den Fundamenten ihrer Existenz erschüttert« (R. Hertz)[38]. Für die Welt des Don Gutierre und der Doña Mencía heißt es: Auch sie leben in diesem Paradoxon, das die historische Krise noch mehr verschärft hat. Auch sie tragen die Gruppe und werden durch sie getragen. Ihr Konflikt ist nur im Kontext des aristokratischen Ritus zu verstehen und wird – so hoffen beide – durch strenge Beobachtung der Regeln gemeistert. Ritualisierung impliziert aber Verästelung. Wie Zwangsneurotiker reiben sie sich auf, indem sie versuchen, einen Teil ihres Selbst zu entfernen, der aber durch die Komplexität des Fühlens wie ein Bumerang zu ihnen zurückkommt[39]. Sie leben in der ständigen Angst, durch regelabweichende Gesten den erlösenden Ritus zu gefährden. Diese Angst ist umso größer, als sich sogar banale Vorkommnisse (etwa eine zufällige Verletzung) in unverrückbare Indizien verwandeln können. Die Angst vor der Wirklichkeit, in der alles zum Beweis der Anklage werden kann, impliziert in erster Linie die Furcht, nicht alle Indizien entdecken zu können, die in der Wirrnis des Gegebenen verborgen sind. Wir haben es also mit dem Phänomen des »Angstsignals« im Sinne Freuds zu tun, einer »Vorrichtung, die vor einer Gefahrensituation vom Ich verwendet wird, um eine Überwältigung durch die Reizanflutung zu vermeiden«[40]. Zugleich aber wird das Verhalten der Protagonisten von einer »Realangst« bestimmt, also von »Angst vor einer äußeren Gefahr, die für das Subjekt eine reale Bedrohung darstellt«[41] – und es ist in der Tat eine angsterregende Wirklichkeit, die wir im Stück dramatisiert vorfinden. Die Angst der Protagonisten ist keine neurotische Angst, die ihre Objekte phantasiert. Sie ist wahrlich Realangst, und sie wird als solche durch den Handlungsverlauf in eindrucksvollster Weise bestätigt.

Beide Angst-Dimensionen sind es, die die Protagonisten dazu verleiten, immerfort ›Abwehrmechanismen‹ zu erproben. Hierin liegt der Grund für die fast unerträgliche psychologische Dichte des Stückes. Es findet sich kaum eine Szene, in der nicht mutatis mutandis ein Abwehrmechanismus thematisiert wäre. Hier einige Beispiele:

1. »Isolierung«. Dieser Abwehrmechanismus besteht darin, »einen Gedanken oder ein Verhalten zu isolieren, so daß deren Verbindung mit anderen Gedanken oder mit der übrigen Existenz des Subjekts unterbrochen ist«[42]. So isoliert Doña Mencía ihre Liebe zu Don Enrique, wenn sie – v. 573f. – behauptet: »tuve amor, y tengo honor: / esto es cuanto sé de mi.«

2. »Objektspaltung«: »Das Objekt, gegen das sich die erotischen und destruktiven Triebe richten, wird in ein ›gutes‹ und in ein ›böses‹ Objekt gespalten, die nun im Spiel von Introjektion und Projektion ein relativ

unabhängiges Schicksal haben.«[43] Eine solche Objektspaltung erlaubt Don Gutierre, seiner Frau zu schreiben – v. 2495 f. –: »El amor te adora, el honor te aborrece; y así el uno te mata, y el otro te avisa«.

3. »Reaktionsbildung«. Darunter versteht man eine Verhaltensweise »von einer dem verdrängten Wunsch entgegengesetzten Bedeutung und als Reaktion auf diesen gebildet«[44]. Eine solche Reaktionsbildung zeigt Doña Mencía abermals – cf. etwa v. 1173 ff. – ihrem Gatten gegenüber: Sie konversiert mit ihm voller unbekümmerter Verliebtheit, so als ob er nicht derjenige wäre, dessen Erscheinen sie in Todesangst versetzt.

4. »Projektion« und zwar in Form von »projektiver Eifersucht«. Das Subjekt verteidigt sich gegen seine Wünsche, untreu zu sein, indem es die Untreue seinem Partner zur Last legt. So unterstellt Doña Mencía ihrem Gatten – cf. v. 511 ff. –, er liebe noch Leonor.

5. »Identifizierung mit dem Angreifer«. »Das Subjekt, das sich einer äußeren Gefahr gegenübersieht, die sich typischerweise als Kritik durch eine Autorität darstellt, identifiziert sich mit dem Angreifer, indem es sich entweder für die Aggression verantwortlich macht oder die Person des Angreifers physisch oder moralisch imitiert oder sich bestimmte Machtsymbole aneignet, die ihn kennzeichnen.«[45] Für Don Gutierre bedeutet dies, daß er sich als Vollstrecker jener Macht versteht, die ihn bezwingt; für Doña Mencía hingegen, daß sie die Notwendigkeit der Strafe als axiomatisch gegeben betrachtet. Mit dieser Identifikation verbunden sind die verschiedenen Fehlleistungen der Doña Mencía – etwa das zu grobe Versteckszenarium, die Verwechslung des Don Gutierre mit dem Infanten, der mißverständliche Briefanfang. Diese Fehlleistungen sind Kompromißbildungen zwischen der bewußten Intention des Subjekts – die Ehre zu retten und damit der Strafe zu entgehen – und der unbewußten Absicht – die Liebe zu dokumentieren und damit die unumgängliche Strafe zu rechtfertigen. Daß die Fehlleistungen stereotype Bestandteile des enredo sind, ändert nichts an ihrer Funktion im Psychodrama.

6. »Ungeschehenmachen.« Die letzte Szene als Ganzes findet unter dem Zeichen dieses Abwehrmechanismus statt. Im kollektiven Einvernehmen wird die Realität des Tötungsaktes ausgelöscht: Don Gutierre leugnet die Tat, auf Befehl des Königs verhüllt ein Vorhang die Richtstätte, eine neue Vermählung bahnt sich an.

Indem sie den Fluß jener Affekte zum Bewußtsein unterbinden, die von der jeweiligen Kultur als pathogen definiert werden, sollen die Abwehrmechanismen dazu dienen, das Überleben in einer sich feindselig gebärdenden Umwelt zu sichern. Bezweckt ist immer die Katharsis (im Freudschen Sinne), die Reinigung, die endgültige Abfuhr des kulturell Verbotenen. Aber Katharsis bedeutet auch ›Sühnung‹, und diese ist im Stück nur durch den

Tod der Doña Mencía zu erreichen, weil ihr Weiterleben in der Schuld auch für Don Gutierre das Verbotene darstellen würde.

## Verherrlichung

Mit Recht deutet H. Wentzlaff-Eggebert vor dem Hintergrund der zeitgenössischen Kasuistik *El médico de su honra* als »Auflösung eines komplexen, außergewöhnlichen und schwierig zu beurteilenden Falles«[46]. Wirkungsabsicht ist es, admiración hervorzurufen und zwar Bewunderung »für die ebenso fesselnde wie schlüssige und dazu noch poetisch sinnträchtige Präsentation des Falles«[47]. Fragt man aber nach der psychosozialen Funktion der Ehrendramen, so sollte diese admiratio nicht nur in poetologischer Hinsicht interpretiert werden[48]. Denn die Bewunderung, die *El médico de su honra* vom Zuschauer verlangte, ist mit der, welche die *Autodafés* hervorrufen sollten, eng verwandt. Angesichts des säkularisierten Charakters der dramatisierten Sinnwelt und vor dem Hintergrund der Kritik mancher zeitgenössischer Theologen am Ehrenkodex mag diese Behauptung zunächst befremdend wirken. Dennoch findet sich im Stück selbst ein Beweis dafür, und zwar im letzten Satz des urteilsverkündenden Briefes von Don Gutierre an seine Gattin: »Cristiana eres, salva el alma, que la vida es imposible.« (v. 2497f.) Dies sind nicht die Worte eines eifersüchtigen Ehemannes, der im Affekt handelt. Noch weniger werden sie vom Ehrenkodex diktiert. Sie stellen vielmehr einen textkonstitutiv nicht vorbereiteten Riß im ständischen Diskurs dar. Sie verweisen auf die inquisitorische Logik, die verlangte, daß dem zum Tode Verurteilten genügend Zeit gelassen wurde, sich auf Beichte und Reue vorzubereiten.

Wie die *Autodafés* inszenierten die Ehrendramen die Restaurierung der gefährdeten Ordnung – gefährdet durch die Dissidenz und die (vermutete oder bewiesene) Verletzung der Normen. Beide dienten der Repression, der Verankerung der Monopoltraditionen, der Uniformierung des Verhaltens. Beide bedienten sich der rhetorischen Effekttrias des docere, des delectare (die Bestrafung des Angeklagten war ja der Höhepunkt eines minutiös vorbereiteten, publikumswirksamen Spektakels) und des movere[49]. Letzteres implizierte ein kathartisches Angebot an den Zuschauer: Auch er sollte die Potentialität seiner Schuld anerkennen und mittelbar bestraft werden. Der Tod des Verurteilten wurde zum Tod eines Vicarius und so konnte der (von der Schuld befreite, d. h. domestizierte) Zuschauer an dem Triumph der Macht Anteil haben. Die Verherrlichung des Systems wurde nunmehr seine eigene.

Es ist ein fremdgewordener Augenblick unserer Kulturgeschichte. Es ist das stählerne Antlitz der Klassik im goldenen Rahmen des Barock[50].

## ANMERKUNGEN

T: *El médico de su honra.* Edición, introducción y notas de D. W. CRUICKSHANK. Madrid 1981 (Clásicos Castalia, 112). Erstausg. Madrid 1637. – Übers.: *Der Arzt seiner Ehre,* übers. v. J. D. GRIES, in *Spanisches Theater,* München 1963 (Erstausg. in *Schauspiel,* Bd. 8, Berlin 1840) – Vollständige Auflistung der Editionen und Übersetzungen: KURT und ROSWITHA REICHENBERGER, *Bibliographisches Handbuch der Calderón-Forschung* (Band I), Kassel 1979, S. 354–63. – Inszenierungen im dt. Sprachraum: D. BRIESEMEISTER, »›Das große Weltheater‹ und ›Der Arzt seiner Ehre‹ in Übersetzungen und Bearbeitungen«, in: A. SAN MIGUEL (Hg.), *Calderón in Spanien und Deutschland. Akten des Bamberger Internationalen Colloquiums (1987),* erscheint 1988 in Frankfurt/Main.

L: F.K. CASA, »Honor and the wife-killers of Calderón«, in: *Bulletin of the Comediantes,* 29 (1977); A. CASTRO, »Algunas observaciones acerca del concepto del honor en los siglos XVI y XVII«, in: Revista de *Filología Española,* 3 (1916), S. 1–50 u. 357–86; P. N. DUNN, »Honour and the Christian background in Calderón«, in: *Bulletin of Hispanic Studies,* 37 (1960), S. 75–105; E. E. HESSE, »A psychological approach to *El médico de su honra«, in: Romanistisches Jahrbuch,* 28 (1977), S. 326–40; M. MENÉNDEZ Y PELAYO, »Dramas trágicos«, in: *Calderón y su teatro,* Madrid 1884[3] (Reimp. in: M. DURÁN/R. GONZÁLEZ ECHEVARÍA: *Calderón y la crítica: historia y antología,* Madrid 1976, Bd. I, S. 127–65; H.-J. NEUSCHÄFER, »El triste drama de honor: formas de crítica ideológica en el teatro de honor de Calderón«, in: *Hacia Calderón: Segundo Coloquio Anglogermano,* Berlin 1973, S. 89–108; ders., »Der Geltungsdrang der Sinne und die Grenze der Moral. Das anthropologische Paradigma der Affektenlehre und seine Krise im klassischen Drama Spaniens und Frankreichs«, in: F. NIES/K. STIERLE, *Französische Klassik,* München 1985, S. 205–26 (cf. auch die Diskussionssynthese von K. MAURER, S. 226–30); A. A. PARKER, *»El médico de su honra* as tragedy«, in: *Hispanófila* (Número especial dedicado a la comedia 2), Chapel Hill 1975, S. 3–23; D. ROGERS, »›Tienen los celos pasos de ladrones‹: silence in Calderón's *El médico de su honra«, in: Hispanic Review,* 33 (1965), S. 273–89; A. de TORO, »Observaciones para una definición de los términos ›Tragoedia‹, ›Comoedia‹ y ›Tragicomedia‹ en los dramas de honor de Calderón«, in: *Hacia Calderón. Séptimo Coloquio Anglogermano,* H. FLASCHE (Hg.), Stuttgart 1985, S. 17–53; H. WEINRICH, »Mythologie der Ehre«, in: M. FUHRMANN (Hg.), *Terror und Spiel* (Poetik und Hermeneutik IV), München 1971, S. 341–56; H. WENTZLAFF-EGGEBERT, »Calderóns Ehrendramen«, in: T. HEYDENREICH (Hg.), *Pedro Calderón de la Barca (1600–1681). Beiträge zu Werk und Wirkung,* Erlangen 1982, S. 19–32.

A: [1] Cf. H. FRIEDRICH, »Der fremde Calderón«, in: *Romanische Literaturen* (Aufsätze II), Frankfurt 1972.

[2] Gemeint sind hier: *El médico de su honra, El pintor de su deshonra* und *A secreto agravio, secreta venganza.*

[3] Cf. F. W. V. SCHMIDT, *Die Schauspiele Calderon's dargestellt und erläutert,* Elberfeld 1857, S. 208.

[4] Cf. K. VOSSLER, »Calderón«, in: *Südliche Romania,* München 1940.

[5] Auszug aus dem Programm anläßlich des Gastspiels des Teatro Clásico (Madrid) in Bamberg am 2. u. 3. Juli 1987.

[6] *Oráculo manual y arte de prudencia.* Edición y estudio introductorio de Benito Pelegrín, Zaragoza 1983, S. 104 (cf. Aphorismus 99).

[7] Zitiert nach A. VALBUENA BRIONES (ed.), *Calderón de la Barca. Dramas de honor,* Madrid 1956 (Clásicos castellanos 142), S. XXXV.

[8] Cf. ebd. S. XXXVI.
[9] Cf. M. Foucault, *Überwachen und Strafen. Die Geburt des Gefängnisses,* Frankfurt 1976 (EA. Paris 1975), S. 64.
[10] Cf. J. Habermas, *Strukturwandel der Öffentlichkeit. Untersuchungen zu einer Kategorie der bürgerlichen Gesellschaft,* Darmstadt [16]1986, insb. S. 19ff.
[11] Zitiert nach Habermas, a. a. O., S. 27.
[12] Cf. ebda., S. 23ff.
[13] N. Luhmann, »Interaktion in Oberschichten: Zur Transformation ihrer Semantik im 17. und 18. Jahrhundert«, in: ders., *Gesellschaftsstruktur und Semantik. Studien zur Wissenssoziologie der modernen Gesellschaft,* Bd. 1, Frankfurt/Main 1980, S. 73.
[14] Zitiert nach J. A. Maravall, *Poder, honor y élites en el siglo XVII,* Madrid [2]1984; die Zitate auf S. 74 und 41.
[15] Cf. *Diccionario de Autoridades* sub voce »honor«.
[16] Cf. Maravall, a. a. O., S. 139.
[17] Cf. G. Balandier, »Stratifications sociales et pouvoir«, in: *Perspectives de la sociologie française,* Paris 1968, S. 4f.
[18] A. a. O., S. 77.
[19] Cf. *La fuerza de la costumbre* von Guillén de Castro, zitiert nach Maravall, a. a. O., S. 34.
[20] Cf. Valbuena Briones (ed.), a. a. O., S. 15 (V. 317ff.)
[21] Zitiert nach der Übersetzung von Arthur Schopenhauer, cf. *Handorakel und Kunst der Weltklugheit,* Stuttgart 1978 (Kröners Taschenausgabe 8).
[22] Gracián, a. a. O., Aphorismus 220.
[23] Beispiele: ¡Ay Dios!, ¡Válgame el cielo! etc.
[24] Gracián, a. a. O., Aphorismus 251.
[25] Cf. Diego Saavedra Fajardo, *Idea de un príncipe político-cristiano representada en cien empresas,* in: *Obras Completas,* Hg. v. A. González Palencia, Madrid 1956 (EA. München 1640), S. 247ff.
[26] Cf. Kap. V; zitiert nach der Ausgabe von Asunción Rallo, Madrid 1984 (Letras Hispánicas 213), S. 160ff.
[27] Zu diesem Begriff cf. P. L. Berger/T. Luckmann, *Die gesellschaftliche Konstruktion der Wirklichkeit. Eine Theorie der Wissenssoziologie,* [4]1974, S. 121–123.
[28] Cf. Gracián, a. a. O., Aphorismus 98.
[29] Cf. R-L. Stevenson, *The Strange Case of Dr. Jekyll and Mr. Hyde* (EA. London 1886).
[30] Cf. S. Freud, *Das Unbehagen in der Kultur* (EA Wien 1930), in: ders. *Kulturtheoretische Schriften,* Frankfurt/Main 1986, S. 193–270.
[31] Cf. Maravall, a. a. O., S. 173–213.
[32] J. H. Elliott, *La rebelión de los catalanes (1598–1640),* Madrid 1977, S. 462.
[33] D. h. im 3. und 4. Jahrzehnt. – Zu Datierungsfragen cf. Reichenberger (s. T.).
[34] Zitiert nach Maravall, a. a. O., S. 122.
[35] Ebda. S. 69.
[36] Cf. *Los Tellos de Meneses,* zitiert nach J. A. Maravall, *La literatura picaresca desde la historia social,* Madrid 1986, S. 355.
[37] Cf. B. Schmidt, *El problema nacional de Quevedo a Manuel Azaña,* Madrid 1976, S. 37ff.
[38] Zitiert nach E. Fachinelli, *Der stehende Pfeil. Drei Versuche, die Zeit aufzuheben,* (it. EA. Mailand 1979) Berlin 1981, S. 47.
[39] Cf. ebda., S. 79

[40] Cf. J. LAPLANCHE/J.-B. PONTALIS, Das Vokabular der Psychoanalyse, (frz. EA. Paris 1967) Frankfurt/Main 1973, sub voce.

[41] Id.

[42] Id.

[43] Id.

[44] Id.

[45] Id.

[46] WENTZLAFF-EGGEBERT (s. L.), S. 31.

[47] ebda., S. 32

[48] H. WENTZLAFF-EGGEBERT selbst unterstreicht, daß »die Verankerung des zugespitzten und konstruierten Bühnengeschehens in den die Lebenswelt prägenden Normen bewußt als Mittel eingesetzt wird, um eine ›Erschütterung‹ des Betrachters im Sinne unmittelbarer Betroffenheit zu erzielen«. (s. L., S. 31).

[49] Zur Bedeutung des *movere* in der Massenkultur des Barocks cf. M. TIETZ, »Los autos sacramentales de Calderón y el vulgo ignorante«, in: *Hacia Calderón. Sexto coloquio anglogermano,* Hg. v. H. FLASCHE, Wiesbaden 1983, S. 78–87.

[50] Cf. C.-G. DUBOIS, *Le Baroque: profondeurs de l'apparence,* Paris 1973, insb. S. 110–121.

*MANFRED TIETZ*

## PEDRO CALDERÓN DE LA BARCA · EL GRAN TEATRO DEL MUNDO

Das umfangreiche dichterische Werk von Pedro Calderón de la Barca (1600–1681) ist anders als das seiner Vorläufer und zeitweiligen Konkurrenten in der Publikumsgunst Lope de Vega oder Tirso de Molina fast ausschließlich auf das Theater konzentriert. Ganz ohne Zweifel bildet es Höhepunkt und Abschluß der äußerst vielfältigen und in ganz Europa rezipierten Bühnendichtung des spanischen Barock, deren Produktion von Aubrun auf 10 000, von Graf Schack auf 30 000 Stücke geschätzt wurde. Mit seinen 120 comedias, 80 autos sacramentales, den etwa 15 fiestas (mythologischen, opernhaften Festspielen) und rund zwei Dutzend Stücken des sogenannten ›teatro menor‹ (entremeses, jácaras und mojigangas), die während der Aufführung publikumswirksam in die ›Großformen‹ eingebaut wurden, hat Calderón qualitativ, aber auch mengenmäßig einen sehr bedeutsamen Beitrag zu allen vier Genera des Theaters seiner Zeit geliefert. Zugleich hat er damit für die drei grundsätzlich verschiedenen zeitgenössischen Bühnenformen gearbeitet: für die einfache corral-Bühne, das aus ihr entwickelte, von dem italienischen Architekten Lotti dann sehr aufwendig ausgebaute höfische Illusions- und Maschinentheater sowie die aus einer ganz anderen, religiösen Tradition stammende carro-Bühne[1]. Auf dieser letzteren wurden ausschließlich die autos sacramentales aufgeführt, zu denen das hier zu behandelnde Werk *El Gran Teatro del Mundo* gehört. Doch wenn Calderón auch die vier Gattungen des Barocktheaters gepflegt hat, so geschah dies doch mit einer chronologisch, theatersoziologisch und mentalitätsgeschichtlich bedeutsamen Akzentuierung. Ab 1651, dem Jahr seiner Priesterweihe, hat er keine comedias mehr verfaßt, es also aufgegeben, für die profanen Unterhaltungsbedürfnisse (entretenimiento) breiterer Publikumsschichten zu schreiben. Er verfaßte jedoch weiterhin gleichfalls auf Unterhaltung zielende fiestas, die aber für das Publikum am Hof bestimmt waren und dessen Wunsch nach repräsentativer Selbstdarstellung und -feier entsprachen. Keinen Bruch gab es in der Produktion von autos sacramentales, die Calderón bis zu seinem Tod verfaßte. *Amar y ser amado y Divina Filotea* stammt aus dem Jahre 1681. Mit ihrer religiösen Ausrichtung widersprachen die autos dem Priesteramt und seiner Würde nicht; so konnten sie – nicht nur in seinen Augen – unabhängig von grundsätzlichen theologischen Vorbehalten gegenüber dem Theater als moralisch bedenklichem Massenvergnügen und religiös unerwünschter profaner Zerstreuung bestehen[2]. Wenn Calderón dem Hof gegenüber solche

Bedenken nicht zum Tragen kommen ließ, so zeigt dies seine – besonders auch finanzielle – Abhängigkeit vom zentralen Königtum. Denn die fiestas waren Auftragsarbeiten. Doch dies waren die autos sacramentales in keineswegs geringerem Maß. Vielmehr war Calderón, der 1635 sein erstes auto, die erste Fassung des *Divino Orfeo* geschrieben hatte, seit 1648 der offizielle, ausschließliche Lieferant dieser Stücke für die Stadt Madrid. Für das richtige Verständnis dieser Werke ist es daher von großer Bedeutung, sich stets vor Augen zu halten, daß es sich um artistisch hervorragend gefertigte Auftragsarbeiten handelt, die im übrigen einer strengen Abnahmekontrolle durch den städtischen Auftraggeber unterlagen, und nicht um Herzensergüsse eines frommen spanischen Geistlichen.

Das falsche Verstehen der autos als Bekenntnisdichtung hatte schon ihre Rezeption trotz der allgemeinen Calderón-Begeisterung[3] der deutschen Romantik im Laufe des 19. Jahrhunderts stark behindert. Der Calderón der autos sacramentales blieb nicht nur hierzulande besonders fremd (H. Friedrich). Daran änderte auch Eichendorffs geniale Übersetzung von 12 autos nichts, darunter das *Große Welttheater* an erster Stelle. Lorinsers Übertragung, die dieser als Pflichtübung eines deutschen Katholiken verstand, versperrte den autos nicht nur aufgrund seines holprigen Deutsch jede größere Wirkung[4]. Erst als Hugo von Hofmannsthal im *Großen Salzburger Welttheater* (1922) Grundideen des *Gran Teatro del Mundo* wiederaufnahm, wurde wenigstens ein auto sacramental aus dem langen Schweigen herausgerissen, wenn auch unter Verlust jeden Bezugs zum ursprünglich strikt theologischen Kontext seiner Entstehung. Im wesentlichen scheint nur dieses auto sacramental dem modernen Geschmack noch akzeptabel zu sein. In Einsiedeln und Bamberg, zwei Calderón-Festspiel-Orten, gilt ihm die ganze Aufmerksamkeit. Dabei handelt es sich im Fall von *El Gran Teatro del Mundo* sicher nicht zufällig um eines der frühesten autos von Calderón. Wie *El Divino Orfeo, La cena del Rey Baltasar* oder *La Hija del Valle* ist es vor 1635 entstanden[5]. Belegt ist eine Aufführung in Valencia 1641 und eine weitere in Madrid 1649. Zum ersten Mal gedruckt wurde das Werk 1655 in einer Anthologie von autos verschiedenster Autoren. Auch Calderón nahm es in den einzigen von ihm selbst besorgten Band einer Auswahl seiner autos auf (1677)[6].

## Zur Vorgeschichte der autos sacramentales

Angesichts der ›Fremdheit‹ der Gattung auto sacramental ist es unabdingbar, vor der Analyse des Textes zunächst die formalen und inhaltlichen Implikate dieser hochkonventionalisierten Gattung zu umreißen, um so die Voraussetzungen für ein Verstehen zu schaffen.

Das auto sacramental ist ganz zweifelsohne religiöses Theater. Aber das ist auch Tirsos Don Juan-comedia. Das auto hat allerdings eindeutigere Charakteristika. Da ist zunächst seine eindeutige Zuordnung zu Fronleichnam, dem von Papst Urban IV. 1264 institutionalisierten Corpus Christi-Fest zur Verehrung der Eucharistie, das jeweils am Donnerstag nach Trinitatis begangen wird. Das auto sacramental war – mit eindeutigen Belegen seit dem 16. Jahrhundert, de facto aber viel früher – Bestandteil der Feierlichkeiten dieses Tages, aus dessen Liturgie es letztlich hervorgegangen ist[7]. Es wurde daher auch zur Zeit Calderóns grundsätzlich nur an diesem Tag aufgeführt[8], und zwar nachmittags, unter freiem Himmel, nachdem die eigentliche religiöse Feier vormittags mit der Messe und einer prunkvollen Prozession begangen worden war[9]. Ähnlich wie die mittelalterlichen Weihnachts- und Osterspiele, die Keimzellen des spanischen profanen Theaters, diente das auto sacramental (die auf das Altar*sakrament* bezogene Theater*handlung; auto* von lat. *actus,* ›Handlung‹, ›Aufführung‹) dazu, den theologischen Gehalt des Tages mit den von der Predigt verschiedenen, unmittelbareren und eindrucksvolleren Mitteln des Theaters nochmals darzustellen und dies in relativ knapper Form zu verherrlichen, umfaßt doch ein auto selbst in seiner Spätform bei Calderón nur etwa 1500 Verse, knapp die Hälfte des Umfangs einer comedia. Anders als z. B. in den Osterspielen geht es in den autos aber nicht darum, ein historisches, in der Bibel belegtes Geschehen, wie den Besuch der drei Marien am Grab des Auferstandenen, in Szene zu setzen. In ihm soll vielmehr ein abstrakter dogmatischer Sachverhalt auf die Bühne gebracht werden: die Sündhaftigkeit und Erlösungsbedürftigkeit des Menschen, seine Entscheidungsfreiheit zwischen Gut und Böse, das Vorhandensein der zu verdienstvollem Handeln nötigen Gnade, sowie das zukünftige Jüngste Gericht mit Lohn und Verdammnis, entsprechend dem Leben jedes einzelnen. Am Ende des auto sacramental erscheint dann in aller Regel der Bezug auf das Fronleichnamsfest und dessen Grundlage, die Lehre von der Transsubstantiation und der Realpräsenz Christi in Brot und Wein. Kelch und Hostie werden am Ende der Bühnenhandlung dem Publikum tatsächlich oder als gemaltes Bühnenbild gezeigt. Sie symbolisieren im Handlungsgeschehen die Erlösung der Guten und deren Teilhabe am ewigen Leben. Diese abstrakten Sachverhalte, die dogmatischen Prinzipien der Heilsgeschichte von Adams Fall über Christi Tod bis zum Gericht, sind nur durch das in den autos konsequent angewandte Verfahren der Allegorisierung vermittelbar: El Pecado, La Gracia, El Libre Albedrío, La Fe, El Bien, El Mal erscheinen als Gestalten auf der Bühne und kämpfen um die im Mittelpunkt stehende Naturaleza Humana. Auch wenn diese Allegorisierung, wie in *El Gran Teatro del Mundo,* nicht ganz strikt durchgeführt ist, bleibt sie doch das schlechthinnige Mittel, um die abstrakten dogmatischen Zusammenhänge für den Zuschauer zu visualisieren und im wechselseitigen Spiel der Gestalten einsichtig zu machen, so wie die Minneallegorie in der noch zu Zeiten Calderóns gelesenen *Cárcel de amor* den psychologischen Sachverhalten der erotischen Liebe unmittelbare Evidenz verlieh.

Der Inhalt der auto sacramentales ist somit immer der gleiche: das Dogma von der Erlösung des Menschen und die Feier der Eucharistie. Für den Dramatiker kam es nun darauf an, den immer gleichen Inhalt (Calderón selbst nennt dies den ›asunto‹) in stets neue Fabeln (›argumentos‹) zu kleiden, sei es daß er ein Geschehen aus dem Alten Testament *(La Cena del Rey Baltasar)*, der griechischen Mythologie *(El Divino Orfeo)* oder einen Gemeinplatz aus der spätantiken, christlich-mittelalterlichen Philosophie *(El Gran Teatro del Mundo)* auswählte. Der Autor hat also nicht den *asunto* zu erfinden. Der ist ihm von der kirchlichen Lehre und dem Anlaß des Fronleichnamsfestes strikt vorgegeben. Er hat diesen asunto lediglich zu illustrieren. Doch gerade dies verlangt stets neue Ein- und Verkleidungen, um auf seiten des Rezipienten, dem der asunto natürlich grundsätzlich bekannt war, keine Langeweile aufkommen zu lassen. Überraschung (sorpresa) und Bewunderung (admiración) sind daher entscheidende Wirkabsichten jedes auto sacramental, das somit in voller Übereinstimmung mit der Barockästhetik überhaupt steht. Daß diese Wirkung nicht allein über den Text erreicht werden konnte, der letztlich bei der Verwendung der immer wieder gleichen Figurenkonstellationen (El Bien versus El Mal, El Pecado versus La Gracia) und der durch das Fronleichnamsfest vorgegebenen grundsätzlichen Lösung (positiver Schluß, Preis der Eucharistie) stark repetitiv sein mußte, war auch Calderón klar. Als er 1677, mehr als 40 Jahre nach dem Schreiben seiner ersten autos, sich entschließt, eine Auswahl von ihnen herauszugeben, da merkt er selbst an, daß die autos bei der Lektüre unzweifelhaft – und trotz aller Virtuosität – den Eindruck der Monotonie vermitteln. Er weist dann entschuldigend auf ein weiteres Element der autos hin, wenn er sagt, »el papel no puede dar de sí, ni lo sonoro de la música, ni lo aparatoso de las tramoyas«[10]. Dieser Hinweis mag genügen, um hier lediglich festzustellen, daß das auto sacramental mehr war als sein Text. Es war ein äußerst komplexes ›Gesamtkunstwerk‹ aus Text, Schauspiel, Bühnentechnik und Musik, dessen Wirkung eine weit umfassendere als die der bloßen theologischen Belehrung für das zuschauende Volk gewesen ist.

Von diesem angestrebten Erlebnis des auto sacramental vermitteln die beiden folgenden, viel zitierten zeitgenössischen Definitionen des Genus, die beide aus einer loa[11] stammen, einen guten Eindruck:

> – Y qué son autos?
> – Comedias
> a honor y gloria del Pan
> que tan devota celebra

esta coronada villa, [sc. Madrid]
porque su alabanza sea
confusión de herejía
y gloria de la fe nuestra,
todas de historias divinas.

Nach dieser Definition Lopes[12] nun die Calderóns, der eine Gestalt sagen läßt, die autos seien

Sermones
puestos en versos, en idea
representable, cucstiones
de la Sacra Teología,
que no alcanzan mis razones
a explicar ni comprender,
y al regocijo dispone
con aplauso de este día.[13]

Zu diesen gewiß sehr interpretationsbedürftigen Definitionen nur zwei weiterführende Feststellungen. Die Gestalt bei Calderón unterstreicht den Verzicht auf ein rationales Verstehen der Inhalte der autos sacramentales. Ihre Wirkabsicht ist somit auch aus der Sicht der Autoren nicht das Erklären und diskursive Verstehen. Die von Lope und Calderón vorgegebenen Schlüsselwörter verweisen vielmehr auf eine emotionale Komponente, sprechen sie doch von spontaner Zustimmung (aplauso) und von Jubel (regocijo). Lopes Hinweis auf die Funktion des auto, es solle die Häresie in Verwirrung stürzen und Spaniens Glauben als den richtigen feiern, gibt Anlaß zu einer knappen historischen Klärung. Die Vorstellung das auto sacramental sei im Zuge der Gegenreformation zur Verteidigung der in Trient in Absetzung von den Protestanten besonders deutlich formulierten Transsubstantiationslehre geschaffen worden, ist eindeutig falsch. Bataillon, Wardropper und Flecniakoska haben klar erwiesen, daß das auto sacramental sich in Spanien bereits im Mittelalter aus der Fronleichnamsliturgie[14] entwickelt hatte und – anders als die mystères in Frankreich – den Ansturm von Reformation und Renaissance in Spanien überdauerte, weil es dort keinen radikaleren Bruch zwischen Mittelalter und dem in manchen Dingen analogen Barock gegeben hat. Das auto ist kein Produkt der Gegenreformation, auch wenn es vom Trienter Konzil – so der Aufforderung, die Liturgie besonders prächtig zu feiern – und von der Gegenreformation nicht unbeeinflußt blieb[15].

Unbeeinflußt blieb das auto sacramental auch in literarischer Hinsicht nicht von seinem historischen Kontext. Selbst wenn es die aus dem Prozessionszug hervorgegangene carro-Bühne strikt beibehielt und nur selten in die ganz von der comedia beherrschten corrales wechselte, wurde es im Laufe des 16. Jahrhunderts trotz seines ganz anderen »Sitzes im Leben« mit der comedia kontaminiert. Dies erstaunt nicht, waren doch die Autoren der beiden Gattungen häufig die gleichen, war die comedia die (ganzjährig gespielte!) dominierende Gattung und war schließlich das Publikum in seinen Erwartungen von der comedia geprägt. Bleibt hinzuzufügen, daß comedia und auto von den gleichen hochspezialisierten Schauspielern (und nicht etwa von Laien wie manche Passionsspiele) aufgeführt wurden[16]. Beide Gattungen zeigen das gleiche Prinzip der Polymetrie; sie haben in etwa die gleiche Personenzahl in analogen Konstellationen (Dama-Galán; Gracioso-Criada); sie verwenden häufig die gleichen Kostüme[17]; gebrauchen beide das typische Handlungsschema der comedia (von der gestörten zur gelungenen Liebesbeziehung); sie nähern sich schließlich in der Aufführungstechnik und -praxis an: die carro-Bühne übernimmt die tramoyas (Bühnenmaschinen) der corrales und verwendet zumindest in der Spätzeit den gleichen Aufführungsritus in der Abfolge von loa, entremés, (eigentlicher Text des) auto und heiterem Kehraus (mojiganga, baile), eine Abfolge, die dem auto sacramental viel von seiner theologischen Strenge nahm, wie sie sich dem heutigen Leser im gedruckten Text darstellt[18]. Radikal unterschieden bleiben die beiden Genera jedoch hinsichtlich ihres Aufführungsortes, des Aufführungszyklus und ihrer Finanzierung. Waren die comedia-Aufführungen das Werk eines (staatlich kontrollierten) Privatunternehmertums von Theaterpächter und Schauspieltruppenleiter (autor), so war das auto sacramental eine ganz im Auftrag der Stadt und von ihr finanzierte Angelegenheit: Sie kontraktierte die Schauspieler[19], sie kaufte die Texte (bis 1646 vier, danach zwei pro Fest) sie ließ die carro-Bühne herstellen, sie kontrollierte in einer Probeaufführung die Qualität des Ganzen, setzte eine Prämie für die bessere der beiden aufführenden Truppen aus (immerhin 100 Dukaten) und sie bezahlte schließlich alles. Für das Fronleichnamsfest von 1649 ist die vollständige Kostenrechnung erhalten. Sie beläuft sich auf 129 992, 35 reales, ein sehr bedeutender Betrag[20], wobei der Verfasser des Stücks im Durchschnitt 2200 reales erhielt[21]. Für alle Beteiligten war so die Aufführung eines auto sacramental keineswegs nur ein frommes Anliegen, sondern in vielerlei Hinsicht ein aufwendiges und – außer für die Stadt – profitables Geschäft. Da war denn auch der Autor der Stücke zu Konzessionen gegenüber seinen eigenen qualitativen Ansprüchen bereit. Calderón selbst bekennt dies, wenn er unter den bereits angeführten prinzipiellen Klagen über das Genus schreibt, »muchas veces descaece el que escribe de si mismo, por conveniencia del pueblo y del tablado«[22]. So mag denn diese letzte Feststellung zusammen mit der hier notwendigerweise knappen Hintergrundskizze davor warnen, die autos sacramentales als individuelle Bekenntnisschriften frommer Männer oder theologische Manifeste fein ziselierender Dogmatiker anzusehen. Beides wollten und konnten sie nicht sein zu einer Zeit, wo in einer von Staat und Kirche geistig strikt kontrollierten Gesellschaft dem Dichter noch nicht die Prophetenfunktion, sondern nur die viel bescheidenere, doch darum nicht weniger schwierige und eventuell nicht weniger bravourös gelöste Aufgabe des Illustrators und Unterhalters zugewiesen war.

## Das Große Welttheater als großes Weltspektakel

Nach diesen Vorüberlegungen ist nun der Weg frei, um ein konkretes auto sacramental im Hinblick darauf zu analysieren, wie hier der asunto mit einem geschickt gewählten und klug gestalteten argumento den Zuschauern vermittelt wird.

Dem *Großen Welttheater* – das wohl nur aus metrischen und nicht aus metaphysischen Gründen als »groß« bezeichnet wird[23] – liegt eine Schauspielmetapher zugrunde, die Vorstellung, daß die Welt ein Theater ist und das Leben ein Schauspiel, wobei es nicht darauf ankommt, welche Rolle, sei es die des Königs oder die des Bettlers, einem zugeteilt wurde, sondern nur, wie man diese Rolle effektvoll, doch innerlich affektlos und über den Zufälligkeiten des Lebens stehend spielt. So wenig wie Calderón das Genus auto sacramental erfunden hat, so wenig ist er der Schöpfer dieser Metapher. Sie geht auf antikes, stoisches Denken bei Seneca und Epiktet zurück, wurde im Mittelalter mit christlichem Denken verschmolzen (besonders im vielgelesenen *Policratius* des Johannes von Salisburg), wo, als wichtiger Zusatz, das Ende der Aufführung auf den alle Spieler gleichmachenden Tod verweist und Gott als der Zuschauer des Schauspiels erscheint[24]. Dieser Komplex war um 1600 in Spanien ein solcher Gemeinplatz geworden, daß selbst Sancho Panza ihn kannte, ja ihn bezeichnet als »brava comparación [...], aunque no tan nueva, que yo no la haya oído muchas y diversas veces« (*Don Quijote* II, cap. 12). Am Ende einer langen Tradition hat Calderón, dieser »Geist feinster Kultur und umfassendster Bildung«, diese Vorstellung eines »von Gott gelenkten *theatrum mundi* zum Gegenstand eines sakralen Dramas [!] gemacht«[25]. Ganz im Sinne der Theaterpraxis und der Organisation der Schauspieltruppen der Zeit erscheint Gott im *Gran Teatro del Mundo* als autor, womit seinerzeit nicht der Verfasser des Textes, sondern der Leiter der Truppe und Organisator des gesamten Theatergeschehens bezeichnet wurde[26]. Dem Usus der Zeit entsprechend wird das aufzuführende Stück als comedia bezeichnet (u. a. v. 429, 437, 440, 448). Es besitzt eine loa, die von der ›Ley de Gracia‹ gesprochen wird (v. 653); ein Souffleur ist vorhanden, der ›Voz‹ genannt, die entscheidenden Einsätze gibt. Wie eine comedia besitzt das Stück einen (achtsilbigen) Titel: »Obrar bien, que Dios es Dios« (v. 438). Das Personeninventar und deren binäre Anordnung ist gleichfalls der comedia entnommen. So hat der ›Labrador‹ (Bauer) die Funktion des gracioso übernommen. Auf das Vorbild der comedia geht auch die Figur der ›Hermosura‹

(Schönheit) zurück, von der die Kritik zu Recht meint, sie falle eigentlich aus dem soziologisch bestimmten Spektrum der anderen Figuren, das vom König bis zum Bettler reicht. Sie besetzt die Funktion der dama, die zusammen mit dem galán (hier dem König und dem Reichen), die zentrale Figurenkonstellation jeder comedia ist. Gott selbst bezeichnet sie als diese ›dama‹ (v. 333). Wie dominant das Vorbild der comedia ist, zeigt sich auch daran, daß mehrfach betont wird, das Stück sei entgegen zeitgenössischer Praxis (wie eine commedia dell'arte!) aus dem Stegreif zu spielen (v. 446 und 462–463). Ganz aus dem comedia-Schema fällt allerdings die allegorische Figur des ›Mundo‹, der Welt, die in der Funktion des Schicksals oder der distributiven Gerechtigkeit zwischen den – zuschauenden – autor (Gott) und die agierenden Personen gestellt ist und ihnen die Attribute (Krone, Kleinode, Schönheit etc.) der ihnen von Gott zugewiesenen Rollen austeilt[27].

Wie die comedia in drei jornadas so ist das auto *El Gran Teatro del Mundo* in drei Teile gegliedert[28], die jeweils von einem Prolog des autor eingeleitet werden (v. 1–25; 628–637; 1251–1254). Teil I (v. 1–627) und Teil III (1251–1572) bilden den metaphysisch-religiösen Rahmen für das eigentliche Theater auf dem Theater, das Rollenspiel der Gestalten im Diesseits (T. II, v. 628–1250). Diese typisierten Gestalten in illustrativer Funktion und – der Gattung entsprechend – ohne psychologische Dimension sind El Rey, La Discreción, La Hermosura, El Rico, El Labrador, El Pobre, El Niño sowie die – neben El Mundo – zweite, im engeren Sinne allegorische Figur, La Ley de Gracia (das Gesetz der Gnade), sowie La Voz eine Singstimme (Gesang signalisiert in den autos häufig göttlichen Auftrag), die die Gestalten aus dem Leben abruft und so in diesem frühen Werk wenig effektheischend die später meist sehr viel eindrucksvoller besetzte Funktion des Todes übernimmt[29].

Die einzelnen, mehr oder minder gleich langen, doch zu keinerlei Zahlenspekulationen Anlaß gebenden drei Teile sind jetzt detaillierter zu betrachten. Innerhalb des Rahmens setzt Teil I mit dem prunkvollen, konzeptistisch verklausulierten Prolog des autor ein, in dem einerseits Schönheit (»hermosa compostura«, v. 1) und (barocke) Vielfalt (»diverso«, v. 21) der Welt gepriesen werden, in dem diese aber andererseits von vorneherein ontologisch gegenüber dem Jenseits als »inferior Arquitectura« (v. 2) und bloßer Reflex abgewertet wird[30]. Mit dieser Rückstufung des Diesseits ist vom ersten Vers an die Basis für die spätere Suggestion, das Leben sei nur ein im Hinblick auf die eigentliche Realität des Jenseits in sich irrelevantes Rollenspiel, eindrucksvoll und ohne kritische Rückfragemöglichkeiten gelegt. Wie in allen autos werden auch hier die Antworten ausführlicher als die ihnen zugrunde liegenden Fragen behandelt. Der bereits hier deutliche Theozentrismus der Weltsicht Calderóns wird nochmals deutlich ausgesprochen, wenn der autor feststellt, das Rollenspiel der Menschen, das er als Fest (fiesta) inszeniert, diene

»sólo a ostentación de mi grandeza« (v. 41)[31]. Einen autonomen Sinn, etwa als pursuit of happiness im Diesseits, kennt zumindest das Genus auto sacramental nicht. Ansätze zu einer solchen Forderung besonders in der Gestalt des Armen, des Bauern und des Kindes werden, wie sich zeigen wird, mit einfachen rhetorischen Mitteln und nicht argumentativ zurückgewiesen.

Der Verstärkung der theozentrischen Sicht der Welt dient auch der an den Monolog des autor anschließende Monolog des Mundo (v. 66–277), der in Form des rhetorisch wirksamen Bekenntnisses die Dominanz des Jenseits bestätigt (»parte obedencial, / que solamente ejecuto /lo que ordenas«, v.75–77). Nach dieser ontologischen Klärung wird in – gleichfalls keinen Einspruch aufkommen lassenden – hymnisch-preisendem Ton Gott als Herr der Geschichte dargestellt[32]. In prächtiger Sprache, doch ohne eine von Calderón auch gar nicht intendierte historiographische Originalität werden die *beneficia Dei erga homines* genannt und die Geschichte der Menschheit als die Abfolge dreier Stadien – Ley Natural, Ley Escrita und sie überwindende Ley de Gracia – in traditionellster Weise gegliedert. Damit aber ist der heilsgeschichtliche Zustand der Gegenwart erreicht, wo für jeden (wie sich zeigen wird Getauften) die nötigen Gnadenmittel zur Verfügung stehen, um sein Seelenheil zu erlangen. Hier nun in dieser fiktiven Gegenwart, wo sich die Zuschauer mit dem Dargestellten unmittelbar identifizieren können, setzt das Spiel auf dem Theater ein. Doch werden zunächst, theologisch korrekt, aber wenig theaterwirksam, die Voraussetzungen für das Auftreten der Gestalten im Diesseits geschaffen. Die zwar schon existierenden, doch noch nicht ins Leben getretenen Seelen erhalten noch im Jenseits von Gott selbst ihre irdische Rolle zugesprochen[33]. Die dabei eigentlich berührte Frage, die der Prädestination und der Präszienz Gottes, wegen der man sich im damaligen Europa wortwörtlich die Köpfe einschlug, wird nicht als Problem dargestellt, sondern der Gattung auto entsprechend als evidenter Sachverhalt in Szene gesetzt und diskursiv mit paradoxen, vom Kern der Sache eher ablenkenden, gesetzten Formulierungen ›aufgehoben‹:

> Mortales, que aún no vivís,
> y ya os llamo yo Mortales,
> pues en mi concepto iguales
> antes de ser asistís:
> aunque mis voces no oís,
> venid a aquestos Vergeles,
> que ceñido de Laureles
> Cedros y Palma os espero,
> porque yo entre todos quiero
> repartir estos papeles (v. 279–288)[34]

Im Sinne der Gesamtargumentation des Stücks insistiert der autor nachdrücklich auf der grundsätzlichen Gleichheit aller Menschen trotz der Verschiedenheit der Rollen (»son / iguales este y aquel«, v. 413–414), weil ihnen allen die gleiche Handlungsmaxime und – wie impliziert wird – damit die gleiche Erfolgschance gegeben ist. »Obrar bien, que Dios es Dios« (v. 438).

El Mundo stattet nun die – in die Existenz gerufenen – Gestalten mit ihren charakteristischen Attributen aus (die es im übrigen den Zuschauern auch erlauben, die Gestalten auf der Bühne besser zu unterscheiden).

Teil II als Spiel im Spiel läßt dann die Gestalten vor Gott als nicht eingreifendem Zuschauer agieren – und zwar außerordentlich knapp (v. 638–976), was den Eindruck der Kürze und Nichtigkeit des diesseitigen Lebens ganz im Sinne der Argumentation des auto suggestiv unterstützt. Die Handlungsfreiheit des Menschen ist als gegeben vorausgesetzt, doch in diesem wenig allegorischen Binnenspiel nicht durch die sonst bei Calderón häufig auftretende Allegorie des Libre Albedrío visualisiert. Ihrem Typus entsprechend loben die Gestalten ihre Rolle oder beklagen sie; ihr Gebot, Gutes zu tun, zeigt sich am jeweiligen Verhalten gegenüber dem notleidenden, um ein Almosen bittenden Armen: der König verweist ihn ohne Anteilnahme an seinen Almosengeber; die Schönheit nimmt ihn in ihrer Eitelkeit nicht richtig wahr; der Reiche weist ihn herzlos ab; der Bauer bietet ihm Arbeit an statt Brot; nur die Discreción gehorcht dem allen Gestalten wiederholten Gebot und teilt mit dem Armen. Nach diesem äußerst knappen Spiel werden die Gestalten einzeln und in hierarchischer Folge (wie sie auch auftraten) in den Tod abberufen, nicht ohne daß sie – in für ihr Heil entscheidender Weise – sich von der Welt freudig und reuevoll oder sich uneinsichtig zeigend verabschieden.

Teil III spielt wie Teil I wieder im Jenseits, auch hier mit Gott als Handelndem. Nachdem die Welt von den Gestalten deren Attribute zurückgefordert hat, werden die vier ›novissima‹ der Glaubenslehre, vorgeführt: die Entscheidung über Himmel, Hölle, Purgatorium und Limbus. Die im auto sacramental am Schluß unvermeidliche Anspielung auf die Eucharistie wird geschickt ins Spiel selbst integriert: Der autor sitzt an einem Tisch mit Kelch und Hostie und lädt die Erlösten zu sich, nicht ohne die Zuschauer vor der selbst eingeführten Analogie zu warnen. Denn von den Erlösten heißt es mit dogmatischer Vorsicht:

> Suban a cenar conmigo
> [...]
> que aunque por haber salido
> del Mundo este Pan no coman,
> sustento será adorarle,
> por ser objeto de gloria (v. 1449–1454).

Das auto endet mit der Musik von Schalmeien (die chirimías waren die traditionellen Instrumente der damaligen Kirchenmusik) und dem mehrfachen, beeindruckenden Gesang des Tantum ergo, der von Thomas von Aquin verfaßten Hymne zum Fronleichnamsfest.

Überblickt man diese Grundstruktur des auto (die einzelnen Gestalten sind noch gesondert zu besprechen), so vermittelt sie mit ihrem Dreischritt von Vergangenheit, Gegenwart und Zukunft, ihrer knappen Vision der Heilsgeschichte von der Schöpfung bis zu den letzten Dingen, ihrer Wortgewalt und ihrer schlichten Verhaltensmaxime den Eindruck großer Geschlossenheit, logischer Kohärenz und kaum zurückweisbarer Exemplarität. Genau diesen Eindruck wollte und sollte Calderón erwecken. Daß dabei nur demonstriert, nicht aber bewiesen oder analysiert wird, gehört zu den Gattungsgesetzen des auto sacramental.

Der gleichen Funktion wie die Struktur des Geschehens dient die parallel zu ihm verlaufende Struktur des – modern gesprochen – Bühnenbildes und der Inszenierung. Die autos sacramentales wurden auf der carro-Bühne aufgeführt, die aus einer unter freiem Himmel in der Stadt errichteten, auf Rädern an den nächsten Aufführungspunkt in Madrid transportierbaren rechteckigen Spielfläche (tablado oder carrillo) von etwa 18 mal 6 m Länge und Breite bestand. An sie wurden entweder an die beiden Schmalseiten oder außen an der hinteren Längsseite zwei carros auf Rädern herangefahren, auf denen zweistöckige, insgesamt also imponierend hohe Bühnenaufbauten angebracht werden, die jedes Jahr nach den (verkürzt in den autos angegebenen) Wünschen des Autors gebaut und bemalt wurden. Die Scheinarchitektur dieser carros enthielt aufwendige Bühnenmaschinen, die Überraschungseffekte erlaubte. Die carros samt den Aufbauten konnten als Art Motivwagen zusammen mit der eindrucksvollen tarasca, einem kunstvoll konstruierten geflügelten Drachen, in der Prozession mitgeführt werden. Für *El gran Teatro del Mundo* waren die Aufbauten der beiden carros als zwei große Kugeln (globos) gestaltet und als »globo de la Tierra« und »globo celeste« bemalt. Bei beiden Kugeln ließ sich jeweils die vordere Hälfte auf den tablado herunterklappen, so daß auf diesem zwei kreisförmige, erhöhte Spielflächen entstanden[35]. Bei Beginn der Aufführung sind, wie Calderón angibt, beide Kugeln geschlossen. Autor und Mundo agieren zunächst vor ihnen auf dem tablado. Dort treten auch die einzelnen Gestalten während der Phase ihrer jenseitigen Präexistenz auf. Erst nach Teil I (v. 627/628) werden beide Globen geöffnet. Dies geschieht unter Musikbegleitung, wohl um das Knarren der Maschinen zu übertönen, wohl aber auch um das sicher beeindruckende optische Spektakel durch ein akustisches zu verstärken. Während jetzt der autor im offenen globo celeste – in einer Art Showeffekt – auf einem Trono de Gloria sitzend erscheint, treten die menschlichen Gestalten aus dem globo de la Tierra heraus. Dort sind zwei Türen angebracht; die eine symbolisiert mit einer aufgemalten Wiege die Geburt, die andere mit einem Sarg den

Tod. Die Gestalten agieren in Teil II auf der heruntergeklappten Kugelhälfte. Dabei schaut ihnen der autor von seinem erhöhten Sitz aus zu. Beim Aufruf durch die Stimme (Voz) treten sie durch die Tür des Todes ab. Die kleine Spielfläche macht die Kürze des Lebens noch einmal optisch deutlich, so wie der globo celeste die Allgegenwart Gottes visualisiert. Als die Gestalten aus dem Diesseits abberufen sind, wird (v. 1250) der globo de la Tierra geschlossen, wenig später (v. 1254) auch der globo celeste. Doch während der erste endgültig geschlossen bleibt und er so das Ende der Menschheit markiert, handelt es sich beim zweiten globo nur um einen technischen Stop. Während El Mundo auf dem tablado von den Gestalten die Attribute ihrer Rollen zurückverlangt, die ursprüngliche Gleichheit aller optisch wieder herstellt, wird der globo celeste umdekoriert. Als er sich zur Gerichtsszene wieder öffnet (nach v. 1436) erscheinen in ihm die Symbole der Eucharistie »una mesa con Cáliz y Hostia, y el autor sentado en ella«. Vor diesem prunkvollen Hintergrund vollzieht sich optisch verdeutlicht das Gericht: die Erlösten dürfen vom tablado in den globo celeste hinaufsteigen, die Verdammten bleiben im unteren Bereich. Die theologisch dogmatischen Sachverhalte haben so mittels der Bühne eine Visualisierung und unmittelbare Evidenz erhalten.

Nur noch am Rande erwähnt sei, daß auch dieses auto sacramental metrisch klar strukturiert ist. Es setzt ein mit prunkvollen silvas, die Gerichtsszene erfolgt in würdigen octavas reales; Rey und Hermosura rezitieren wie galán und dama der comedia als Bravourstück je ein Sonett. Die langen narrativen Passagen erscheinen im Romanzenvers, die dogmatische Passage (v. 1093–1102) in nüchternen décimas; der zentrale Dialog zwischen *Pobre* und *Rico* schließlich in quintillas. Auch auf dieser Ebene ist die Möglichkeit nicht versäumt worden, die Zuschauer zu beeindrucken.

## Die Gestalten des *Gran Teatro del Mundo*

Ein Blick auf die Gestalten des *Gran Teatro del Mundo* – besonders auf die des Kindes, das ungetauft gestorben in den Limbus verdammt wird – macht deutlich, daß Calderón hier kein buntes Bild vom Menschenleben ausbreiten wollte. Ihm ging es vielmehr darum, die seinerzeit gültige Lehre von der Erlösungsbedürftigkeit und -möglichkeit aller Menschen jenseits von allen Rollen (d. h. Standeszugehörigkeiten) darzustellen und die vier Alternativen des Gerichts aufzuzeigen. Für diese systematische Zielsetzung brauchte er auch die Gestalt des Kindes.

Auf die gleiche systematische Absicht geht die Auswahl der anderen Gestalten zurück, die keineswegs die komplexe spanische Gesellschaft der Zeit spiegeln: fehlen doch unter anderem Adel, Militär, Kaufleute oder Vertreter der artes liberales[36]. Die im *Gran Teatro* auftretenden Gestalten besetzen die

Funktionen einer archetypischen, hierarchischen Gesellschaft: Macht (El Rey), Besitz (El Rico), Armut (El Pobre), Arbeit (El Labrador), Kontemplation/Religion (La Discreción). Ob die Hermosura emotionale und ästhetische Grundbedürfnisse abdeckt oder aus dem Systemzwang der Figurenkonfiguration in der comedia erwachsen ist, bleibt dahingestellt. Als zweite weibliche Gestalt deckt sie im Gegensatz zur positiven Discreción die negative Seite der ›Frau‹ ab, wird an ihr doch besonders die Eitelkeit (vanidad) hervorgehoben. Das Kind entstammt theologischem Systemzwang, nicht dem Wunsch nach einem realistischen Spektrum der Gesellschaft. Gerade diese insgesamt festzustellende Realitätsferne der Gestalten erhöht ihre Akzeptanz bei den Zuschauern, die sich nicht konkret betroffen und zum Widerspruch aufgefordert zu fühlen brauchen.

Dennoch werden die argumentativen Probleme Calderóns (und seiner Zuschauer) deutlich, wenn man vergleicht, wieviel Verse autor und Mundo benötigen, um die einzelnen Gestalten von ihrer Rolle zu überzeugen. Dem stets zuerst genannten König werden 5, der Discreción 10, dem Rico 12, dem Niño 16, der Hermosura 25 Verse gewidmet. Demgegenüber erscheinen der Bauer mit 50 und der Arme gar mit 96 Versen als die eigentlich begründungsbedürftigen Fälle. Geschickt ist die Darstellung der Religion als Discreción[37], als weltentsagende, hilfsbedürftige und opferbereite, Anspruch und Realität zur Deckung bringende Klosterfrau. Ihre – dem grammatischen Geschlecht allerdings widersprechende – Darstellung als Priester oder als hohen Repräsentanten der Hierarchie hätte Akzeptanzprobleme aufgeworfen, gab es doch auch im 17. Jahrhundert in Spanien einen durchaus begründeten Antiklerikalismus. Eine andere Strategie hat Calderón bei der Darstellung des Bauern angewandt. Um seinen an und für sich berechtigten Klagen die Kraft zu nehmen (es ist hier zu bedenken, daß die kastilischen Bauern im 17. Jahrhundert eine außerordentliche Steuerlast zu tragen hatten[38]), wird der Labrador für ein städtisches Publikum in vereinfachender Sicht und im Widerspruch zu den historischen Tatsachen als habgieriger, fauler Preistreiber dargestellt, der als solcher umso glaubwürdiger erscheint, als er die comedia-Funktion der ›lustigen Gestalt‹, des gracioso, besetzt. Dieser besitzt zwar das Privileg der Kritik, entwertet sie jedoch selbst durch seine Aufgabe, Gelächter zu erregen. Auch der Arme wertet seine Argumente gegen die ihm aufgegebene Rolle ab, wenn er sie nur als hypothetisch vorbringt ([...] considera [...] Señor [...] lo que decirte quisiera«, v. 385–388). Gerade er wird in drei décimas (409–434) auf seine wesensmäßige Gleichheit selbst mit dem König verwiesen. Seiner heftigen, berechtigten Klage (»Perezca, Señor, el día / en que a este Mundo nací; [...], v. 1175 ff.) und seinem Fluch über das Diesseits (mit dem Calderón für die Zuschauer ein emotional entlastendes Ventil schafft) wird jedoch die sozialkritische Schärfe genommen, wenn der Arme selbst und anschließend nochmals El Mundo diese konkrete Klage ins Metaphysische umdeuten: sein Haß auf seine soziale Lage sei nichts anderes als eine an Hiob orientierte Klage über den Status aller Menschen als Sünder (v. 1199–1202). Wenn aber der Arme noch vor der Discreción (v. 1450) ins Jenseits eingeht, so ist dies kein bloßes Vertrösten der sozial Benachteiligten. Es ist vielmehr auch ein Eintreten für die – wie es Bossuet nennen sollte – »immense dignité du pauvre«, die den Armen von dem Vorwurf frei spricht, selbst seine Lage verschuldet zu haben. Diesen Vorwurf erhebt nicht nur im *Gran Teatro* der Labrador, wenn er den Armen als »vagamundo« (v. 1489) bezeichnet, er war vielmehr auch die Basis der staatlichen Politik gegen die Armen unter den Habsburgern. Die traditionelle, auf Luc. 16, 19 ff. fundierte positive Sicht des Armen ist durchaus fortschrittlicher als seine – in die Zukunft weisende – Sicht als moralisch anrüchiger Arbeitsverweigerer. Traditioneller katholischer Ethik entspricht auch die vorbehaltlose Verdammung des Reichen, der seine – nach der vereinfachenden Sicht des auto – einzige Möglichkeit zur Rettung seiner Seele nicht wahrgenommen hat und deshalb schuldig ist: das Almosengeben, das ihn providentiell mit dem Armen verkettet.

Ist so an den Gestalten des Armen und der Religion gezeigt, wer – vor allem durch Leiden im Diesseits – unmittelbar den Himmel erlangt und wer wie der Reiche – durch das Vergessen seiner religiösen Pflicht – der Hölle verfällt, so wird an den Gestalten des Königs, der Schönheit und des Bauern gezeigt, wer ins Purgatorium kommt und vor allem, wie man ihm nach angemessener Frist entrinnt. König, Schönheit und Bauer wurden wegen ihrer mangelnden Werke verdammt, aufgrund ihrer Reue (»lloraron«, v. 1469) jedoch nur zum Purgatorium. Der König wird am raschesten aus ihm erlöst, weil die Religion für ihn Fürbitte leistet (v. 1485–1489) und so den Dank für den im Diesseits geleisteten Beistand (v. 923 f.) abstattet. Das auto rechtfertigt so die tatsächliche Union von Thron und Altar im zeitgenössischen Spanien. Die zweite Möglichkeit, aus dem Purgatorium befreit zu werden, wird am Bauern aufgezeigt: (wohl von der bäuerlichen Kaufkraft besorgte) zahlreiche Ablaßbullen (v. 1493 ff.) erlösen ihn, was zugleich für die Zuschauer des auto die Effizienz dieses von den Protestanten so bekämpften Instruments belegt. Die Erlösung der Hermosura zeigt schließlich eine dritte Möglichkeit: die frei Gnade Gottes (v. 1550). Unbefristet bleibt dagegen – ganz in Übereinstimmung mit dem strengen Dogma – das Kind in den Limbus verbannt, ist es doch aufgrund der fehlenden Taufe nicht von der (Erb-)Sünde erlöst (v. 1507). Die Gerichtsszene des auto ist so über dessen eigentliches Anliegen, die Einsicht in den Rollencharakter, hinausgewachsen und zu einer Illustration der »cuatro postrimerías (v. 1545) geworden.

Obwohl das Stück mit allseitigem Jubel endet (1555 ff.), hinterläßt es doch, wie Parker zu Recht feststellt beim modernen Leser (und Zuschauer) den Eindruck einer großen Traurigkeit[39]. Dieser Eindruck, so scheint es, entsteht wohl dadurch, daß aufgrund der im auto vorgebrachten Deutung des Lebens als bloßer Rolle weniger ein Gefühl der Erleichterung angesichts der (vielleicht ja gar nicht unabänderlichen) Beschwernisse des Diesseits aufkommt als ein Gefühl der Enttäuschung und Resignation darüber, daß der diesseitigen Existenz jeder immanente Sinn genommen wird. Außer durch Leiden wie im Fall des Pobre und der Discreción scheint es in der Welt dieses auto keine Möglichkeit zur Identitätsfindung und damit zu einem wenn auch nur bescheidenen Glück auf Erden zu geben.

Trotzdem hat gerade dieses auto im 20. Jahrhundert in und außerhalb Spaniens die von allen autos Calderóns stärkste Rezeption erfahren. Sie beruht sicher nicht auf den theologischen Aussagen des Stücks und der Sicht des Lebens als bloßem Vorspiel einer jenseitigen, der wirklichen Existenz. Die moderne Faszination des *Gran Teatro del Mundo* beruht wohl eher darauf, daß es die Sehnsucht nach einem statischen, einfachen, von mancherlei Schuldgefühlen gegenüber dem unseligen Zustand der Dinge entlastenden Modell von Welt und Gesellschaft zu stillen vermag, während sich diese doch gerade in den neueren Krisenzeiten als außerordentlich komplex, widersprüchlich, schuldbeladen und änderungsbedürftig erwiesen haben. Daß bereits Calderón mit allen seinen Werken eine »defensa y afirmación del orden social amenazado« seiner Zeit[40] und ihrer geistigen Grundlagen propagierte, bedarf heutzutage keiner weiteren Beweisführung mehr. Er predigte zweifelsohne ein »estar conforme con su estado«; moderner formuliert, er verteidigt gerade im *Gran Teatro del Mundo* die »feudal-monarchische Gesellschaft mit aller Deutlichkeit als Instrument göttlicher Gnade«[41]. Doch er tut dies nicht als Reaktionär, sondern als Konservativer, dem die hierarchische Ordnung seiner Zeit, die vom König zum Bettler reichte, als die naturgegebene und einzig mögliche erschien[42]. Dabei hat er das *Große Welttheater* sicher nicht als eine Theodizee gemeint, sondern als die illusionslose Beschreibung einer nur aus dem Glauben heraus vestehbaren, erlösungsbedürftigen Welt.

## »Docere« und »movere« im auto sacramental

Die bisherigen Ausführungen haben, über das *Gran Teatro del Mundo* hinausgehend, sehr stark auf die Theaterseite des auto sacramental verwiesen und gezeigt, wie hier theologische Sachverhalte durch szenisches Spiel visualisiert, mitteilbar und unmittelbar evident gemacht werden. Dennoch sind die Aussagen der autos, vor allem aufgrund ihrer höchst komplexen Sprache, keineswegs leicht, sondern eher im Gegenteil ausgesprochen schwierig rezipierbar. In Anbetracht dieses unleugbaren Sachverhalts sei hier abschließend die – auch von der Calderón-Forschung immer wieder gestellte – Frage aufgeworfen, wer denn eigentlich diese höchst komplizierten Texte verstehen konnte und sollte, kurz, welches eigentlich die Wirkabsicht der autos sacramentales gewesen ist. Auch hier ist nicht zu übersehen, daß das frühe Werk des *Großen Welttheaters* das wohl auch sprachlich einfachste und einsichtigste auto Calderóns ist. Calderón selbst ebenso wie seine Auftraggeber scheinen jedoch die späteren, erheblich komplizierteren und prunkvolleren autos als die vollendetere und angemessenere Form angesehen zu haben.

Die Auffassung, die autos seien geschrieben worden, um dem ›Volk‹ religiöse Unterweisung zu erteilen, ihm die theologischen Sachverhalte der Eucharistie zu erklären, ist nicht zu halten[43]. Zum einen wurden die autos ja keineswegs zuerst und in erster Linie für den ›vulgo‹ aufgeführt, sondern zunächst einmal vor der kirchlichen und staatlichen Elite, für die eigens Zuschauertribünen errichtet wurden. Was aber konnte dieser theologisch gebildeten Gruppe an Einsichten mit den autos vermittelt werden? Diese illustrieren doch – wie *El Gran Teatro del Mundo* deutlich zeigt – nur die Gemeinplätze der zeitgenössischen Theologie. Wie steht es aber nun zum anderen mit den einfachen Zuschauern aus dem Volk? B. Bennassar hat dessen geringe religiöse Bildung aufgezeigt und den verbreiteten Mythos vom Theologenvolk der Spanier im Siglo de Oro widerlegt[44]. Der vulgo hätte also schon der intensiven Belehrung bedurft. Doch widerspricht einer solchen didaktischen Intention schon die Tatsache, daß die autos nur einmal im Jahr aufgeführt wurden – im Gegensatz zur eventuell sogar täglich möglichen Predigt. Einer belehrenden Absicht der autos bei Calderón widerspricht vor allem ihre Sprache. Es ist dies eine konzeptistische Sprache und gerade auch im theologischen, im eigentlich erklärungsbedürftigen Bereich »un lenguaje nada dado a demostraciones«[45]. Sie ist eher geeignet, die theologischen Sachverhalte zu verdunkeln als sie so zu erklären, daß auch der vulgo sie im Detail hätte einsehen und diskutieren können. Es ergibt sich also ein Dilemma: die autos könnten nur Gebildeten etwas verständlich machen; doch die wissen es bereits (A. Egido formuliert zutreffend, »Calderón predica a convencidos«[46]). Für die aber, die der Erklärung bedürften, sind sie letztlich unverständlich.

Doch das Dilemma ist aus dem Kontext der barocken Frömmigkeit im katholischen Spanien des Siglo de Oro und der Feier des Fronleichnamsfestes durchaus lösbar. Diese Frömmigkeit zielte nämlich in letzter Instanz – wohl auch aufgrund der Erfahrungen mit der Reformation und der aus ihr erwachsenen Kontroverstheologie – gar nicht auf die vernunftmäßige Einsicht in die Glaubenstatsachen vonseiten aller, besonders auch der einfachen Gläubigen. Die Predigt, in weit höherem Maß aber die Liturgie und damit auch das aus ihr erwachsene auto sacramental sollen den einfachen Zuhörer keineswegs nur belehren (die zeitgenössische Präzeptistik spricht auf langer auch dichtungstheoretischer Tradition fußend von docere), ihn keinesfalls zum besserwisserischen Laientheologen machen. In gewissem Maße die Predigt, in weit höherem Maße aber die lateinische Liturgie, die dem einfachen Laien sprachlich ohnehin unzugänglich blieb, zielten darauf ab, statt Einsichten zu vermitteln, Emotionen zu erwecken (movere). Dies taten sie nicht, um das Volk zu verdummen, sondern weil man wußte, daß Emotionen das Verhalten des Menschen erheblich stärker beeinflussen als rationale Einsichten. Es ging darum, Zustimmung zu den Glaubenstatsachen zu erwecken, nicht darum, sie kritisch zu analysieren.

Dem Gegensatzpaar von docere und movere auf seiten des Produzenten entspricht auf seiten des Rezipienten das von intellegere und admirari. Er soll in Erstaunen und Bewunderung versetzt und dadurch zum fraglosen Hinnehmen des Dargestellten veranlaßt werden. Diese Bewunderung und dieses fraglose Hinnehmen aber war, wie J. A. Maravall gezeigt hat[47], das Ziel der ganzen städtischen Massenkultur des spanischen Barock, die von den weltlichen und den religiösen Autoritäten im Sinne der Erhaltung ihres Macht- und Meinungsmonopols strikt gelenkt wurde. In diesen Zusammenhang sind auch die autos sacramentales mit ihren Beeindruckungsstrategien einzuordnen. Sie wollen die in ihnen dargestellten theologischen Sachverhalte letztlich nicht erklären, sondern Zustimmung zu ihnen erwecken[48]. Um die »inteligencia atrevida« auszuschalten, wird auch eine von der Umgangssprache abgehobene, nicht unmittelbar zugängliche Sondersprache verwandt, deren Funktion es ist, Autorität für das in ihr Ausgesagte zu fordern und zu erreichen. Sie wird darin unterstützt von Musik und Gesang, prächtigen Gewändern und Bühnenbauten sowie Überraschungseffekten, die aus der Aufführung des auto sacramental eine »fiesta barroca«[49] machten. Durch Vorgaben auf der Bühne werden sogar die Reaktionen der Zuschauer in die gewünschten emotionalen Bahnen gelenkt: Staunen, Bewunderung, Ehrfurcht, religiöser Schrecken, Verzicht auf jedes intellektuelle Nachfragen, statt dessen gemeinschaftsstiftende Akzeptanz[50]. Lope sprach von der »gloria de la fe nuestra«. In den loas gehört ein gewisses Maß an Xenophobie, an Abwertung des Anderen und das Wecken eines Wir- und Überlegenheitsgefühls der Spanier durchaus zu den Gattungscharakteristika[51]. So war das auto sacramental in seiner historischen Realität viel mehr als ein zum Scheitern angelegter Versuch der religiösen Unterweisung. Es war wie die gesamte Kultur des Barock Prachtentfaltung (»ostentación« nennt der autor das Ziel des *Gran Teatro,* v. 41), bestätigende und beeindruckende Selbstfeier der Veranstalter und ganz bewußt emotional provozierte und rituell verankerte Zustimmung der Zuschauer.

Die hier vorgetragene Sicht der autos sacramentales verlangt noch ein abschließendes Wort zur Problematik ihrer heutigen Lektüre und ihre Übersetzung. Dem zeitgenössischen Publikum boten sie am Fronleichnamsfest ein im Grunde alle Sinne ansprechendes, vielerlei Emotionen sensibilisierendes Spektakel. Sie heute auf ihre bloße Textkomponente zu reduzieren und diesen ›Lesetext‹ dann außerhalb des ganzen Theatererlebens als eigenständige theologische oder existentiell philosophische Darstellungen zu analysieren, ist deshalb so problematisch, weil sie als theatergerechte und publikumsbezogene Illustrationen allgemeiner Lehren konzipiert wurden. Calderón hat bei diesem Transponierungsprozeß zweifelsohne auch sprachlich in hohem Maß gelungene Kunstwerke geschaffen. Denn er verstand es, die autoritätgebietende Fachsprache der scholastischen Theologie in ihrer ganzen, doch schwierig verständlichen Präzision mit der konzeptistischen, bei ihm stark lyrisch geprägten Dichtungssprache des spanischen Barock in für den geduldigen Leser immer wieder erstaunlicher Weise zu einer ästhetischen Einheit zu verschmelzen. Diese Sprache der autos nachzubilden, ist bislang keiner Übersetzung wirklich gelungen. Die an sich bewundernswerte Übertragung Eichendorffs stellt trotz allem den einen Pol des vielleicht unumgänglichen Scheiterns dar: sie hat die eindeutige, theologisch-konzeptistische Komponente der Sprache Calderóns weitgehend aufgelöst und ganz die lyrischen Elemente in Verbindung mit einer romantischen Naturfrömmigkeit in den Vordergrund gestellt. Den anderen – viel armseligeren – Pol des Scheiterns stellen die Übersetzungen des Theologen Lorinser dar: sie behalten bis an den Rand der Unverständlichkeit die scholatisch theologischen Elemente bei, verkennen gänzlich die lyrischen Komponenten und entstellen so trotz bester Absicht bis über die Grenzen der unfreiwilligen Komik hinaus die »hermosa compostura« der barocken Gattung auto sacramental.

## ANMERKUNGEN

T: Calderón de la Barca: *Obras completas.* T. III. *Autos sacramentales.* Ed. A. Valbuena Prat. Madrid 1952. *Autos sacramentales.* Ed. A. Valbuena Prat. 2 Bde. Madrid 1926/27 (Clás. Cast. 69, 74). *El Gran Teatro del Mundo.* Ed., estudio y notas de D. Ynduráin. Madrid 1981 (Clásicos Alhambra, 18) (sehr ausführliche Einleitung, S. 3–126). Dt. Übers.: *Geistliche Schauspiele.* Übers. v. Joseph Freiherr von Eichendorff. 2 Bde. Stuttgart u. Tübingen 1846–1859. *Geistliche Festspiele.* In deutscher Übersetzung mit erklärendem Commentar und einer Einleitung über die Bedeutung und den Werth dieser Dichtungen. Hrsg. v. Franz Lorinser. 18 Bde. Regensburg 1856 ([2]1882–87). *Das große Welttheater.* Übertragen und für die Bühne eingerichtet von Urs von Balthasar. Einsiedeln 1959. *Das Große Welttheater.* Aus dem Spanischen von Hans Gert Kübel und Wolfgang Franke. Zürich 1981.

L: Hans Flasche / Gerd Hofmann, *Konkordanz zu Calderón.* (...). 5 Bde. Hildesheim/New York 1980–83. Charles-V. Aubrun, »La langue poétique de Calderón, notamment dans ›La vida es sueño‹«, in Flasche (ed.), *Calderón de la Barca,*

S. 382–400. MARCEL BATAILLON, »Ensayo de explicación del auto sacramental«, in ders., *Varia lección de clásicos castellanos,* Madrid: Gredos 1964, S. 183–205; BARTHOLOMÉ BENNASSAR, *L'homme espagnol. Attitudes et mentalités du XVIe au XVIIe siècle.* Paris. Laffont 1975; JOSÉ MARÍA DÍEZ BORQUE, »Teatro y fiesta en el Barroco español: el auto sacramental de Calderón y el público. Funciones del texto cantado«, in: *Cuadernos Hispanoamericanos* 393 (Juni 1983), S. 606–642; ders. (Hg.), *Calderón de la Barca. Una fiesta sacramental barroca. Loa para el auto. Entremés de los Instrumentos. Auto sacramental. La Segunda Esposa y Triunfar Muriendo. Mojiganga de las Visiones de la Muerte.* Madrid: Taurus, 1984 (ausführliche Einleitung, S. 7–138; zahlreiche Literaturangaben); AURORA EGIDO, *La fábrica de un auto sacramental: »Los encantos de la Culpa«.* Salamanca: Ed. de la Univ. de Salamanca 1982; HANS FLASCHE (Ed.), *Calderón de la Barca.* Darmstadt, Wiss. Buchgesellschaft 1971 (Wege der Forschung 158); DERS., *Über Calderón. Studien aus den Jahren 1958–1980.* Wiesbaden: Steiner 1980. JEAN-LOUIS FLECNIAKOSKA, *La formation de l'»Auto« religieux en Espagne avant Calderón.* Montpellier 1961; DERS., *La Loa.* Madrid; Sociedad General Española de Librería 1975; HUGO FRIEDRICH, »Der fremde Calderón«, in ders., *Romanische Literaturen.* Aufsätze II. *Italien und Spanien.* Frankfurt/M. 1972, S. 119–161 (zuerst 1955); Ansgar Hillach, »Das spanische Fronleichnamspiel zwischen Theologie und humaner Selbstfeier. Ein geschichtsphilosophischer Versuch über Calderón«, in: *Pedro Calderón de la Barca. Beiträge zu Werk und Wirkung.* Hg. v. TITUS HEYDENREICH, Erlangen 1982, S. 45–61; PERE JUAN I TOUS, »›Eine wahre Ehrensache für uns Katholiken‹: Franz Lorinser (1821–1893), traductor y comentarista de los autos sacramentales calderonianos« (erscheint 1988); JOSÉ ANTONIO MARAVALL, *La cultura del Barroco.* Barcelona: Ariel 1975; DERS., *Teatro y literatura en la sociedad barroca,* Madrid 1972; DERS., »Teatro, fiesta e ideología en el Barroco«, in: *Teatro y fiesta en el Barroco* [...], S. 71–95; JOSEF OEHRLEIN, *Der Schauspieler im spanischen Theater des Siglo de Oro (1600–1681). Untersuchungen zu Berufsbild und Rolle in der Gesellschaft.* Frankfurt/M. 1986; EMILIO OROZCO DÍAZ, *El teatro y la teatralidad del Barroco. Ensayo de introducción al tema.* Barcelona: Planeta 1969; ALEXANDER A. PARKER, *Los autos sacramentales de Calderón de la Barca.* Barcelona: Ariel 1983 (engl. 1943); DERS. »The Meaning of ›Discreción‹ in *No hay más Fortuna que Dios:* The Medieval background and sixteenth- and seventeenth-Century Usage«, in FLASCHE (Ed.), *Calderón de la Barca,* S. 218–234; KLAUS PÖRTL (Hg.), *Das spanische Theater. Von den Anfängen bis zum Ausgang des 19. Jahrhunderts.* Darmstadt: Wiss. Buchgesellschaft 1985 (S. 233–279: MANFRED ENGELBERT, »Calderón de la Barca«); ALICE M. POLLIN, »Calderón de la Barca and Music: Theory and Examples in the *Autos* (1675–1681)«, in *Hispanic Review* 41 (1973), S. 362–370; LEO POLLMANN, »Análisis estructural de *El Gran Teatro del Mundo* y *No hay más Fortuna que Dios«, in: Hacia Calderón. Coloquio Anglogermano.* Exeter 1969. Ed. por H. FLASCHE. Berlin 1970, S. 85–92; DERS., »Das Große Welttheater – eine Ontologie des Barock« (erscheint 1988); NICKEL D. SHERGOLD, *A History of the Spanish Stage.* [...], Oxford 1967; DERS., *»El Gran Teatro del Mundo* y sus problemas escenográficos«, in: *Hacia Calderón.* [...], S. 77–84; N. SHUMWAY, »Calderón and the protestant reformation: a view from the autos sacramentales«, in: *Hispanic Review* 49 (1981), S. 329–348; HENRY W. SULLIVAN, *Calderón in the German lands and the Low Countries: his reception and influence, 1654–1980.* Cambridge 1981; *Teatro y fiesta en el Barroco. España e Iberoméricа.* Ed. de J. M. DÍEZ BORQUE, Barcelona: Serbal 1986; Manfred Tietz, »Zur Vermittlung religiöser Inhalte im Theater Calderóns. Die ›autos sacramentales‹ und der ›vulgo ignorante‹«, in: *Romanische Forschungen* 93 (1981), S. 319–334 (span. Fassung: »Los autos sacramentales de Calderón y el vulgo ignorante«, in: *Hacia Calderón. Sexto Coloquio Anglogermano.* Würzburg 1981. Ed. por H. Flasche, Wiesbaden 1983, S.78–87; DERS., »Las reacciones de los personajes en los *autos sacramentales:* reflexión y emoción. Notas sobre la funcionalidad social de los autos en la sociedad barroca«, in: *Hacia Calderón. Séptimo Coloquio Anglogermano.* Cambridge 1984. Ed. por H. Flasche. Stuttgart 1985. S. 91–101; J. E. VAREY, »La mise en scène de l'auto sacramental à Madrid au XVIe et XVIIe siècles«, in: *Le lieu théâtral à la Renaissance (...). Etudes* [...] *réunies et présentées par Jean Jacquot. (...).* Paris 1964; ANTONIO VILANOVA, »El tema del *Gran Teatro del Mundo*«, in *Boletín de la Real Academia de Buenas Letras de Barcelona* 23 (1950), S. 341–372; BRUCE W. WARDROPPER, *Introducción al teatro religioso del Siglo de Oro (La evolución del auto sacramental 1500–1648),* Salamanca [...]: Anaya ²1967.

A: 1 Alle drei Formen behandelt ausführlich SHERGOLD, s. L. Zu den prinzipiell auf allen drei Bühnenformen arbeitenden Schauspielern vgl. OEHRLEIN, s. L.

2 EMILIO COTARELO Y MORI hat die diesbezüglichen Dokumente zusammengestellt in seiner *Bibliografía de las controversias sobre la licitud del teatro en España.* 2 Bde. Madrid 1904.

3 Eine umfassendere Übersicht über die Calderón-Rezeption in Deutschland auch außerhalb der Zeit der Romantik bietet SULLIVAN, s. L.

4 Eichendorffs Übersetzung erschien 1846–59, nachdem es ihm unter Mühen gelungen war; einen Verleger zu finden. Lorinsers Übertragung wurde in 18 Bden. 1856 (²1882–87) in Regensburg bei Manz, einem Verleger, der sich die Verbreitung katholischen Kulturgutes zum Ziel gesetzt hatte, gedruckt. Vgl. JUAN I TOUS, s. L.

5 Einen Überblick über die noch nicht endgültig geklärte Chronologie der autos von Calderón bietet PARKER, Autos sacramentales, s. L., S. 221–225.

6 Den zuverlässigsten Text des auto gibt die Ausgabe von P. PANDO Y MIER (Madrid 1717), der nach eigener Aussage die heute verlorenen Mss. Calderóns benutzte. Eine kritische Ausgabe des *Gran Teatro del Mundo* existiert bislang nicht. YNDURÁIN s. T., S. 187–199 druckt eine *loa* zum Welttheater mit ab, die wahrscheinlich nicht von Calderón selbst stammt.

7 Vgl. die detaillierten Ausführungen von WARDROPPER, s. L. und FLECNIAKOSKA, s. L.

8 Bei größerer Nachfrage etwa durch Zünfte (gremios) und Bruderschaften, die sich den Luxus einer speziell für sie vorgenommenen Aufführung leisten wollten und konnten, war es möglich, Aufführungen bis zum folgenden Sonntag zu organisieren.

9 Diese Prozession schloß Elemente parachristlicher Herkunft ein wie Riesen (gigantes) und einen mechanisch sinnreich konstruierten Drachen (tarasca).

10 Zitiert nach PARKER, *Autos sacramentales,* s. L., S. 21.

11 Die loa stellte häufig die Verbindung zwischen dem allgemeinen Text des autos und der comedia und dem konkreten Aufführungsort und -anlaß her. Sie enthält daher wichtige theatergeschichtliche und -soziologische Informationen, wie FLECNIAKOSKA, s. L., in seiner Monographie zeigt.

12 »Loa entre un villano y una labradora«, zitiert nach WARDROPPER, s. L., Introducción, 27f.

13 Loa zu dem auto *La segunda Esposa.*

14 PARKER hat diesen Bezug durch ein signifikantes Detail illustriert: bei der Aufführung der autos brennen trotz des Tageslichts Kerzen – genau wie bei der Liturgiefeier. *Autos sacramentales,* s. L., S. 51.

15 Grundlegend ist der Aufsatz von Bataillon, s. L. SHUMWAY u. a. haben gezeigt, wie plakativ und wenig sachgerecht die Auseinandersetzung mit der Reformation in den autos ist, die grundsätzlich keine ernsthafte Diskussion anstrebten.

16 Die geringe ›kanonische Würde‹ v. a. der professionellen Schauspielerinnen (vgl. aber OEHRLEIN, s. L., S. 144ff.) wurde von Teilen des Klerus immer wieder als Argument gegen die autos angeführt. Sie bildete auch einen der Gründe für das definitive Verbot der autos durch Carlos III. im Jahre 1765.

17 Für das auto wurden die Kostüme von der Stadt finanziert. Die Schauspieler verwandten sie dann als Teil ihres Fundus bei der Aufführung von comedias.

18 Diese Mischung von Profanem und Religiösem, wobei das erstere das zweite rasch zu überlagern drohte, lieferte wiederum ein Argument für das Verbot der autos.

19 Um die besten Schauspieler zu gewinnen, konnte die Stadt unter der Androhung von Gefängnis einzelne Truppen und Schauspieler zum Mitspielen zwingen.

20 Vgl. DÍEZ BORQUE, *Fiesta sacramental,* s. L., S. 91f. Einen Hinweis auf die Höhe der Summe gibt folgende (fragwürdige) Umrechnung. Seinerzeit verdiente ein Arbeiter pro Tag 8 reales. Setzt man diese mit auch nur 50 Mark gleich, so ergibt sich ein (fiktiver) Betrag von rund 800 000,– Mark.

21 Da Calderón jeweils zwei autos lieferte, erhielt er pro Jahr also rund 14 000 Mark.

22 Zitiert nach PARKER, *Autos sacramentales,* s. L., S. 21.

23 Der Text selbst spricht sowohl von »Teatro del Mundo« (v. 53–54) als auch von »El Gran Teatro del Mundo« (v. 70). In seiner selbstverfaßten Werkliste nennt Calderón das auto El Teatro del Mundo. Die von ihm nicht besorgte Ausgabe von 1655 verwendet den heutigen Titel und wurde damit vorbildhaft. PARKER meint, der längere Titel sei gewählt worden, weil er einen (der sehr häufig gebrauchten) Achtsilbler ergab. Dieser findet sich auch in anderen Titeln wie *El Gran Mercado del Mundo, La cena del rey Baltasar, No hay más Fortuna que Dios,* etc.

24 Vgl. den umfangreichen Artikel von VILANOVA, s. L. und die Ausführungen von ERNST ROBERT CURTIUS in *Europäische Literatur und lateinisches Mittelalter.* Bern/München [3]1961, S. 148–154.

25 CURTIUS, *Europäische Literatur,* S. 151f.

26 Vgl. bei Oehrlein, s. L. den Abschnitt »Der autor de comedias«, S. 62ff.

27 In dem späteren, wohl auf 1652 zu datierenden auto *No hay más Fortuna que Dios,* einem remake des *Teatro,* verwendet Calderón die theologisch nicht unproblematische Gestalt des ›Mundo‹ nicht mehr. Zu den beiden Fassungen der »Schauspielmetapher« bei Calderón vgl. POLLMANN, »Análisis estructural« s. L.

28 Die hier in der Nachfolge POLLMANNS vorgenommene Dreigliederung (»Análisis estructural«, s. L., S. 90) ist in der Literatur nicht unumstritten. VALBUENA PRAT, s. T., sieht fünf, YNDURÁIN, s. T., vier Teile.

29 In *No hay más Fortuna que Dios* übernimmt diese Funktion theaterwirksamer ein Skelett.

30 Pollmann, »Ontologie«, s. L. schlägt eine Analyse des ganzen *Teatro* unter diesem Gesichtspunkt vor.

31 Ein direkter Bezug zum Motto der Jesuiten (»Ad maiorem Dei gloriam«), bei denen Calderón seine theologische Grundausbildung erhielt, erscheint mir bei dieser sehr allgemeinen Aussage nicht zwingend.

32 Calderón spiegelt hier die allgemeine Auffassung seiner Zeit. Erst G. B. Vico († 1744) rechtfertigte geschichtsphilosophisch den Menschen als den Herrn der Geschichte.

[33] Diese Vorstellung von der ›Präexistenz‹ der Seelen im Geist Gottes hat Calderón wohl als zu komplex in *No hay más Fortuna que Dios* aufgegeben.

[34] Auch diese Passage hat Calderón in *No hay mas Fortuna que Dios* ›geklärt‹. *Obras completas,* s. T., Bd. III, S. 206, Anm.

[35] Die Aufführung des *Gran Teatro del Mundo* ist zufällig relativ gut dokumentiert, wenn auch manche Frage offen bleibt. Vgl. SHERGOLD »*El Gran Teatro del Mundo* y sus problemas escenográficos«, s. L. Die Kürze der Angaben zu Bühnenaufbau, -bild und -maschinerie zeigt, daß Calderón hier mit spezialisierten Fachleuten zusammenarbeiten konnte.

[36] In *No hay más Fortuna que Dios* ist wenigstens noch die Rolle der Soldaten besetzt.

[37] Zur Verwendung des Begriffs ›discreción‹ statt ›religión‹ vgl. PARKER, »The Meaning«, s. L.

[38] Zur sozialgeschichtlichen Realität der kastilischen Bauern und ihrem Reflex in der Literatur des Siglo de Oro vgl. die meisterhafte Darstellung von NOËL SALOMON, *Recherches sur le thème paysan dans la »comedia« au temps de Lope de Vega,* Bordeaux 1965.

[39] *Autos sacramentales,* s. L., S. 140.

[40] YNDURÁIN, s. T., 121.

[41] ENGELBERT, in: PÖRTL (Hg.), s. L., S. 260.

[42] Ibid., 249f.

[43] Zu diesem in der Vergangenheit recht strittigen Komplex vgl. Tietz, »Zur Vermittlung religiöser Inhalte«, s. L.

[44] Vgl. BENNASSAR, s. L.

[45] Vgl. EGIDO, s. L., S. 96.

[46] Ibid. Dennoch war das auto gerade aufgrund seiner Verschlüsselung auch für die Gebildeten ein positives ästhetisches Erlebnis. Es erlaubte ihnen in einer Art Rätsel das Bekannte unter dem Unbekannten überraschend zu entdecken. Von einem volksdidaktischen Standpunkt aus tadelte im 18. Jahrhundert dann Clavijo, der eifrige Betreiber des Verbots der autos, das einfache Publikum habe den Eindruck, diese seien auf Griechisch geschrieben.

[47] Vor allem in *La cultura del Barroco,* sowie in der Zusammenfassung seiner Thesen in »Teatro, fiesta e ideología«, s. L.

[48] Um Mißverständnissen vorzubeugen: Calderón als gebildeter scholastischer Theologe glaubte natürlich an die Rationalität der Glaubensinhalte. Nur schien ihm der Weg über die Ratio für das Laienpublikum ein (gefährlicher) Umweg.

[49] Da der autor je nach Publikum und Ort die Zwischenstücke nach eigenem Ermessen auswählte, sind wir in der Regel nicht über die genaue Abfolge einer tatsächlichen Aufführung informiert. Vgl. aber den Rekonstruktionsversuch von DÍEZ BORQUE, in »Teatro y Fiesta«, s. L.

[50] Textbelege für diese Sicht finden sich bei Tietz, »Las reacciones de los personajes«, s. L.

[51] Vgl. FLECNIAKOSKA, *La Loa,* s. L.

*TITUS HEYDENREICH*

# GASPAR MELCHOR DE JOVELLANOS · EL DELINCUENTE HONRADO

Während seiner Reise durch die Vereinigten Staaten im Herbst 1987 versuchte Papst Johannes Paulus II. bei zuständigen Instanzen die Begnadigung der achtzehnjährigen Farbigen Paula Cooper zu erwirken, die mit fünfzehn Jahren wegen Mordes zum Tod auf dem elektrischen Stuhl verurteilt worden war. Die Presse nahm den Vorgang zum Anlaß, um daran zu erinnern, daß im Kirchenstaat die Todesstrafe zumindest auf dem Papier arg lange überlebte und erst unter dem Pontifikat Pauls VI., nämlich 1969, auch formaliter abgeschafft worden war[1].

Zwei Jahrhunderte zuvor, 1776, hatte Rom den Traktat *Dei delitti e delle pene* auf den *Index librorum prohibitorum* gesetzt. Es war, wie man weiß, das erste Plädoyer gegen Schuldermittlung durch Folter, das erste Plädoyer auch für die Ausgewogenheit von Schuld und Strafmaß, somit auch für eine drastische, besser: humane Reduzierung der Anwendungsbereiche der »pena capitale«. Cesare Bonesano, marchese di Beccaria (1738–1798), hatte den schmalen, in schwungvollem, jedermann verständlichem volgare verfaßten Traktat 1764 in Livorno veröffentlicht – vorsichtshalber anonym. Schon 1766 erschien der Text in der französischen Übersetzung von Morellet in Paris. Noch im selben Jahr publizierte Voltaire seinen *Commentaire sur le livre Des Délits et des peines* – vorsichtshalber gleichfalls anonym, wenngleich mehr als ein Leser ahnen konnte, wen der Titelzusatz »par un avocat de province« verbarg. 1777, also noch zu Lebzeiten Voltaires (und Rousseaus), indizierte die spanische Inquisition ihrerseits eine spanische Beccaria-Übersetzung, die Juan Antonio de las Casas 1774 in Madrid herausgebracht hatte; dasselbe Verdikt traf 1779 Voltaires *Commentaire*[2].

Madrids Orthodoxie-Hüter hatten im wesentlichen Argumente genutzt, die der Hieronymit Fernando de Ceballos y Mier (1732–1802) in seinem – leider nie gedruckten – *Examen del libro de Beccaria sobre los delitos y las penas* zusammengestellt hatte. Wie kaum anders denkbar, rühmt Menéndez y Pelayo in seiner jugendlich-selbstsicheren *Historia de los heterodoxos españoles* ([1]1880 ff.) Fray Fernando, Verfasser einer mehrbändigen und dennoch unvollendeten *Falsa filosofía* (Madrid 1774–1776), als »gloria de la Universidad de Sevilla y del monasterio de San Isidro«[3].

Gleichfalls in Sevilla hatte Gaspar Melchor de Jovellanos kurz zuvor, nämlich 1773, sein Bühnenstück *El delincuente honrado* niedergeschrieben. Die Handlung der fünfaktigen »comedia en prosa« (so das Titelblatt des autorisierten Erstdrucks von 1787) endet mit einer Begnadigung: Der König hebt ein über den Protagonisten verhängtes, und zwar nach geltendem Recht mit Grund verhängtes Todesurteil auf. Unter die Schlußworte (»[...] demos gracias a la inefable Providencia, que nunca abandona a los virtuosos ni se olvida de los inocentes oprimidos«) ließ Jovellanos ein – nachweisbar selbstübersetztes – Zitat aus »Beccaria, Delitos y Penas« drucken:

> ¡Dichoso yo, si he logrado inspirar aquel dulce horror con que responden las almas sensibles al que defiende los derechos de la humanidad![4]

Angesichts der von Italien und vor allem Frankreich nach Spanien übergreifenden Polemik um Beccaria waren Ort und Art des Zitats eine unmißverständliche Stellungnahme. Und man muß sich die mit dem Zitat unterstrichene Intention vor Augen halten, wenn es gilt, im Folgenden zunächst die Handlung von *El delincuente honrado* nachzuzeichnen und sodann auf die Bedeutung des Stücks für zeitgenössische und heutige Zuschauer bzw. Leser einzugehen.

»La escena« – so die Regieanweisung – »se supone en el Alcázar de Segovia«. Was geht dort vor? Schon John H. R. Polt rühmte 1959 die Konzision, mit der George Ticknor in seiner *History of Spanish Literature* ([1]1849) das Kerngeschehen umrissen hatte. In der deutschen Übersetzung (1852) lesen wir:

> Der Inhalt [...] besteht darin, daß ein Edelmann, der mehrfach den Zweikampf abgelehnt hat, endlich in einem geheimen den nichtswürdigen Gemahl einer Dame tödtet, die er nachher heirathet. Er gesteht später sein Verbrechen, um einen Freund zu retten, welcher dieser Missethat angeklagt und verhaftet wurde. Der gesetzliche Richter verurtheilt ihn zum Tode, obgleich er entdeckt, daß der Angeklagte sein Sohn ist, und dieser wird nur durch die königliche Gnade vom Tode, aber nicht von schwerer Strafe befreit[5].

Im Schlußsatz würde eine Umstellung der Akzente den Absichten des Autors wohl eher entsprechen: ›[...] der Angeklagte [...] wird nur durch die königliche Gnade zwar nicht von schwerer Strafe, aber doch vom Tode befreit.‹ Denn es ging Jovellanos nicht primär um Art und Ausmaß der »schweren Strafe«, nämlich Verbannung aus Segovia, sondern um die erwirkte Aussetzung der moralisch und sachlich unangebrachten Höchststrafe. Ansonsten jedoch enthüllt die unfreiwillig etwas komische Verknappung treffend die Handlung, aber auch die heute nicht mehr genießbare Verkettung von Einzelschicksalen. Zeitgenössische Zuschauer freilich reagierten zeitgemäß: Nach der Premiere in Aranjuez (1774) kam es zu weiteren, vom Autor selbst erwähnten Erfolgen in Madrid, Granada und Cádiz, hier sogar (1777) gleichzeitig auch in der französischen Übersetzung des abbé de Valchrétien[6].

Versuchen wir daher, eine zunächst wohl paradox anmutende These zu erläutern: Anlaß, Handlung und Ausformung des Stücks konnten nicht anders als zeitgebunden, ja ephemer bleiben; das Grundthema hingegen bleibt – unabhängig von Motiven und Maßstäben literarischer Kanonisierungen – bis heute aktuell.

Anlaß, Handlung und Form von *El delincuente honrado* führen uns zunächst in das Ambiente der Werkentstehung: Sevilla[7]. In Sevilla, trotz Madrids Wachstum nach wie vor die größte und wirtschaftlich bedeutendste Metropole der Monarchie, erhielt Jovellanos, der 1744 im asturischen Gijón geborene Kleinadelige, nach zunächst theologischer und sodann schütterer juristischer Ausbildung 1768 seine erste Anstellung als alcalde (Richter) de la Sala del Crimen. Das war die Funktion, die er kurz darauf der zweitwichtigsten Figur seines *Delincuente honrado* mit dem sprechenden Namen Justo zudiktierte: Don Justo de Lara ist in Segovia »alcalde de casa y corte« und hat als solcher die Ermittlungen in der Strafsache marqués de Montilla gegen Unbekannt zu führen ... Sevilla formte den jungen Strafrichter Jovellanos zu einem enzyklopädisch lesenden und gebildeten homme de lettres und Verwaltungsfachmann, zum einflußreichen Pragmatiker der spanischen Ilustración. 1778 holte ihn Minister Campomanes an den Madrider Hof. Dort regierte seit 1759 (und noch bis 1788) Carlos III, eine in vielerlei Hinsicht ideale Verkörperung des von Voltaire, Diderot und anderen philosophes postulierten despotisme éclairé. Monographen der letzten Jahre haben ihre Werke mit elegischen Titeln wie *Jovellanos, el español perdido* oder *Jovellanos. El fracaso de la Ilustración* versehen[8]. Sie dachten dabei an die aufklärungsskeptische Wende in der spanischen Politik nach Ausbruch der Französischen Revolution (1789), die dem blutsverwandten Monarchen im Nachbarland den Kopf kostete. Godoy, der mit dem Thronwechsel (1788) aufsteigende, ehrgeizig repressive Minister, brachte nicht nur frankophile Politiker wie Campomanes zu Fall, sondern auch dessen Schützling Jovellanos. Der in Madrid rastlose und couragierte Reformator, der Gründer und landweite Förderer vieler Sociedades Económicas de los Amigos del País wurde 1790 nach Asturien abgeschoben. Im heimatlichen Gijón gründete er die als Modell konzipierte Bildungsanstalt des Real Instituto Asturiano. Ebendort schrieb er u. a. die *Memoria para el arreglo de la policía de los espectáculos y diversiones públicas* (1790/96), die auch und gerade die zeittypische didaktische Funktion des Theaters veranschaulicht, und er schrieb vor allem den schon 1787 von der Madrider Sociedad Económica in Auftrag gegebenen *Informe sobre la ley agraria* (1794)[9]. Die Forschung bezeichnet den *Informe* häufig und mit Grund als Jovellanos' Hauptwerk. In der Tat bietet der Text nicht nur agronomische Reformvorschläge auf physiokratischer Theoriegrundlage, sondern eine Summa aufklärerischen Reformstrebens in Spanien schlechthin – geschrieben zu einem Zeitpunkt, da Aufklärung auch und gerade in Spanien von restaurativen Kräften bedroht wurde. Nicht minder aufschlußreich für Person und Epoche sind Jovellanos' ab 1790 geführte Tagebücher *(Diarios)*. Der von Godoy und der Inquisition Verfolgte, 1802/1808 Inhaftierte, der Mitbegründer (1808) und Apologet der gegen Napoleons Invasion ankämpfenden Junta Central stirbt auf der Flucht vor französischen Truppen 1811 im asturischen Hafen Vega.

Innerhalb dieses tragisch bewegten Lebenslaufs ist der Sevillaner Abschnitt der vergleichsweise ruhigste, wohl auch glücklichste. Was Jovellanos bereicherte und erfüllte, war jedoch nicht primär der berufliche Alltag, so sehr ihn der Einblick in Gerichtsstuben und Gefängnisse für die Diskrepanz zwischen Rechtsfindung und Rechtssprechung sensibilisieren konnte. Es war vielmehr der jahrelang fast tägliche Umgang mit jenem Mann, der seit 1767 als königlicher Asistente die vier andalusischen Reinos verwaltete und seine absolutismusgemäßen Befugnisse nutzte, um die südliche Metropole im Geiste der lumières förmlich umzukrempeln: wirtschaftlich, urbanistisch, kulturell. Gemeint ist der aus Lima stammende, in Madrid zum Vertrauten Arandas avancierte Pablo de Olavide (1725–1803)[10]. Olavide hatte in seiner Jugend Italien und Frankreich bereist, hatte in Ferney den ebenso obligaten wie erstrebten ad limina-Besuch bei Voltaire verrichtet und in Paris weiteren, direkten Einblick in die Bestrebungen der Aufklärer gewonnen. In Madrid (1765–1767) und sodann in Sevilla versuchte er zu realisieren, was französische philosophes und Physiokraten zumeist nur postulieren konnten: Reformen im Bereich des Theaters, des Unterrichtswesens, des Handels und Verkehrs, der Landwirtschaft. In der Sierra Morena gründete er mit vornehmlich Schweizer und deutschen Siedlern die in ganz Europa gerühmten Nuevas Poblaciones, soziale und ökonomische Alternativmodelle zum feudalistischen Latifundienwesen. In Madrid wirkte er am Teatro de los Reales Sitios mit, das Aranda zur Erneuerung des Bühnenwesens nach französisch klassizistischem Muster gegründet hatte; zur Aufführung kamen vor allem Stücke des 17. Jahrhunderts und der Gegenwart, darunter Tragödien Voltaires, die zum Teil Olavide selbst übersetzt hatte. In Sevilla rief Olavide 1768, drei Jahre nach dem theatergeschichtlich so einschneidenden Erlaß Karls III. gegen die Aufführung von autos sacramentales, eine Schauspieltruppe und eine Schauspielerschule (die erste in Spanien) ins Leben, und er betrieb den Neubau eines Theaters – Initiativen, die auf die ferne Hauptstadt ebenso stimulierend wirkten wie auf das nahe, kulturell von französischen Kaufleuten mitgeprägte Cádiz.

Im Freundeskreis um Olavide und in der berühmten, zum späteren Verdruß der Inquisition allzu vielseitigen Bibliothek[11] des ab 1778 als afrancesado Verschrieenen und zu Fall Gebrachten lernte Jovellanos die Texte der französischen Physiokraten, Philosophen, Rechtstheoretiker und Dichter kennen. 1769 schrieb er sein erstes Stück, die Tragödie *El Pelayo*. *El Pelayo* folgt formal klassizistischem Muster, hat jedoch ein Sujet aus der frühen spanischen Geschichte zum Inhalt, galt es doch – wie für andere Dramatiker jener Jahre –, das Neue aus Frankreich nicht lediglich zu kopieren, sondern heimatlichen Gegebenheiten anzupassen. Und im Freundeskreis, in der – heute würde man sagen: interdisziplinären – tertulia um Olavide reifte 1773 der Gedanke, sich auch einmal in dem französischen Gattungsneuling zu versuchen: in der von Nivelle de la Chaussée und Destouches entwickelten comédie larmoyante tragischen, zu Tränen rührenden Inhalts, jedoch mit glücklichem Ausgang. Unter den in freundschaftlichem Wettbewerb geschriebenen, anonym verlesenen »comedias lacrimosas« oder »comedias tiernas« bzw. »dramas sentimentales« – so, u. a. bei Jovellanos selbst, die spanischen Bezeichnungen – erntete *El delincuente honrado* den wärmsten Applaus.[12]

Neben den in der tertulia gleichfalls entstandenen war Jovellanos' Stück nicht nur die erste »comedia lacrimosa«; es blieb bzw. bleibt auch die einzig lesenswerte, denn Fuß fassen konnte die Gattung auf spanischem Boden letztlich nicht[13]. Das Nachleben des *Delincuente honrado* beruht nicht auf dramaturgischen, ja nicht einmal auf inhaltlichen Qualitäten. Bis heute bedenkenswert ist vielmehr, wie bereits angedeutet, die von Jovellanos aus gegebenem Anlaß aufgeworfene Frage.

Der Anlaß war ein Gesetz, das Ferdinand VI., der Vorgänger Karls III., am 28. April 1757 zur Eindämmung des seit Jahrhunderten verheerenden Duellunwesens erlassen hatte. Die »ley de desafíos« bedrohte Duellanten mit der Todesstrafe, und zwar pauschal sowohl den Herausforderer als auch denjenigen, der die Herausforderung angenommen hatte. Gesetz und Gesetzesanwendung waren, als Jovellanos in Sevilla seinen Richterposten antrat, keine zwölf Jahre alt. Und was seither landweit als Härte empfunden werden mußte, war die nicht allgemein plausible, lediglich abschreckungsbedingte Ausklammerung der Schuldfrage sowie, damit verbunden, das Mißverhältnis von Schuld – sofern Schuld überhaupt vorlag! – und Sühne. Mit Grund veranschaulicht Jovellanos somit in seinem scheinbar so paradox betitelten Stück die Gesetzeshärte am Schicksal eines Mannes, der, selbst untadelig, honrado, von einem charakterlich depravierten Menschen derart beleidigt wird, daß er der Provokation zum Duell schließlich doch nachgeben muß, um nicht in den Ruf der Unempfindlichkeit gegenüber der eigenen Ehre zu geraten. Gesetzesbruch und Duellausgang machen ihn sodann zum delincuente, aber eben, wie sich nach und nach erweist, zum delincuente honrado ...

Was aber ist honor, auch und gerade in Spanien? Jovellanos, der ilustrado, veranschaulicht durch Handlung und Dialoge zwei Formen von Ehre: die herkömmliche, standesgebundene, oft nur noch auf Wahrung eines äußerlichen Standes-Images bedachte und eine in der Aufklärung sich entwickelnde

Ehre, die von Standeszugehörigkeiten absieht und allein auf virtud, also auf moralischen Kategorien fußt. Trotz verständlicher Präferenz für die zweitgenannte Form kann und will Jovellanos nicht umhin, auch die milieubedingte Existenz traditionellen Ehrgefühls zu verteidigen, in vollem Bewußtsein der daraus abzuleitenden Folgen. Den einschlägigen Dialog führen Simón, der unreflektiert weisungshörige Paragraphenschimmel, und Justo, nach Jovellanos' eigener Charakterisierung der »magistrado filósofo, esto es, ilustrado, virtuoso y humano«[14], der »gerechte«, d. h. um Ermittlung und differenzierende Würdigung von Tatmotiven bemühte alcalde:

> Simón
>
> [...] Ve aquí, señor don Justo, las consecuencias de los desafíos. Estos muchachos quieren disculparse con el honor, sin advertir que por conservarle atropellan todas sus obligaciones. No; la ley los castiga con sobrada razón.
>
> Justo
>
> [...] Bien sé que el verdadero honor es el que resulta del ejercicio de la virtud y del cumplimiento de los propios deberes. El hombre justo debe sacrificar a su conservación todas las preocupaciones vulgares; pero por desgracia la solidez de esta máxima se esconde a la muchedumbre. Para un pueblo de filósofos sería buena la legislación que castigase con dureza al que admite un desafío, que entre ellos fuera un delito grande. Pero en un país donde la educación, el clima, las costumbres, el genio nacional y la misma constitución inspiran a la nobleza estos sentimientos fogosos y delicados a que se da el nombre de pundonor; en un país donde el más honrado es el menos sufrido, y el más valiente el que tiene más osadía; en un país, en fin, donde a la cordura se llama cobardía y a la moderación falta de espíritu, ¿será justa la ley que priva de la vida a un desdichado sólo porque piensa como sus iguales; una ley que sólo podrán cumplir los muy virtuosos o los muy cobardes? (IV,6; 102f.)

Justo plädiert, wie man sieht, für Moralität und gegen rigide, oberflächliche Pandektenhörigkeit. Nicht jedes Gesetz kann in jedem Land gleichermaßen sinnvolle, gerechte Anwendung finden. Mehr noch: Gesetze sind nicht zeitlos, sie haben gleichfalls dem zeitbedingten Wandel von Rechtsempfinden und Verhaltensweise Rechnung zu tragen. Schon in einem vorausgehenden Dialog wird deutlich, daß Jovellanos Simón und Justo über den konkreten juristischen Anlaß hinaus zu Sprechern zweier Geisteshaltungen erheben wollte, deren eine, der flexible, weil humane Liberalismus, ihre Herkunft nicht verleugnen kann:

> Simón
>
> [...] hoy se piensa de otro modo. Todo se reduce a libritos en octavo, y no contentos con hacernos comer y vestir como la gente de la estranjía, quieren también que estudiemos y sepamos a la francesa. ¿No ves que sólo se trata de planes, métodos, ideas nuevas?... [...] ¿Querrás creerme que, hablando la otra noche don Justo de la muerte de mi yerno, se dejó decir que nuestra legislación sobre los duelos necesitaba de reforma [...]? Que lea, lea los autores, y verá si encuentra en alguno tal opinión.

> Torcuato
> No por eso dejará de ser acertada. Los más de nuestros autores se han copiado unos a otros, y apenas hay dos que hayan trabajado seriamente en descubrir el espíritu de nuestras leyes. ¡Oh!, en esa parte lo mismo pienso yo que el señor don Justo (I,5; 68 f.).

Gewiß: Jovellanos – Kenner von Montesquieus *De l'esprit des lois* (1748) und königlicher Beamter in einem – darf und will die Handlung in eine Änderung der Rechtspraxis nicht münden lassen. Am Ende, am Happy End der comedia lacrimosa wird das Gesetz keinesfalls zugunsten Torcuatos außer Kraft gesetzt, sosehr Jovellanos dies realiter auch wünschen mochte. Lediglich die Strafe wird umgewandelt – und auch dies nicht durch ein neues Gesetz, sondern durch einen Gnadenakt des Königs, von dem kraft absolutistischer Gewaltenbündelung jedes Gesetz ausgeht. Dem einmaligen Gnadenakt freilich verleiht Jovellanos – Beccaria-Leser und Gerichtsbeamter in einem – exemplarisches, wegweisendes Gewicht: als sinnbildliches Plädoyer für die Verhältnismäßigkeit von »delitto« und »pena«, von Schuld und Strafe.

Von Schuld sowie, nebenher, Schuldermittlung. Mit Recht muß Torcuato befürchten, daß Anselmo, der als vermeintlicher Täter verhaftete und dem Freund zuliebe beharrlich schweigende Freund, zu einer – unwahren! – Selbstbezichtigung gepreßt werden könnte:

> Torcuato
> [...] Si se obstina en callar sufrirá todo el rigor de la ley ... Y tal vez la tortura ... *(Horrorizado.)* ¡La tortura! ... ¡Oh nombre odioso! ¡Nombre funesto! ... ¿Es posible que en un siglo en que se respeta la humanidad y en que la filosofía derrama su luz por todas partes, se escuchen aún entre nosotros los gritos de la inocencia oprimida?... (II,14; 84)

Torcuatos zitierte rhetorische Frage am Schluß von Akt II und des Königs Mitgefühl am Schluß des gesamten Stücks ließen sich somit als bewußt konstruierte Klimax von Postulaten deuten. Folter ist – so die Quintessenz des Autors – menschenunwürdig und vereinfacht zudem nicht, sondern erschwert, ja verhindert die Wahrheitsfindung; die Todesstrafe wiederum muß als unverhältnismäßige Härte gelten. Daher denn auch der Wandel im Verhalten des Königs. Der (brieflichen) Anweisung am Schluß von Akt III, die »causa conforme a la última pragmática de desafíos«, also mit Verhängung und Vollstreckung der Todesstrafe zügig abzuwickeln (S. 94), folgt am Schluß des Stücks die Abmilderung der (legalen) Strafe: »[...] ya está perdonado; pero no pueda jamás vivir en Segovia ni entrar en mi corte« (S. 118).

Indes: Als Plädoyer gegen die Todesstrafe *schlechthin* lassen sich Handlung und Ausgang des *Delincuente honrado* nicht deuten! Dies konnte selbst Beccarias Absicht noch nicht sein[15]. Sehr wohl aber wandten sich Beccaria und seine Befürworter gegen ein unreflektiertes, traditionshöriges, mechanisches

Vertrauen in Gesetzestexte, die, oft genug ad hoc und zeitgebunden konzipiert und erlassen, im Lauf der Jahre Allgemeingültigkeit suggerierten und beanspruchten. Insbesondere Jovellanos ging es darum, am Beispiel eines konkreten Sachverhalts die zeitgenössische Diskrepanz zwischen Nomos und Ethos anzuprangern.

Einen gesellig-literarischen Anlaß in der genannten tertulia nutzend, gestaltete Jovellanos seine Thesen und Anliegen in einer für Spanien noch ungewohnten Bühnengattung. Zugleich bleibt *El delincuente honrado* jedoch formal, zum Teil auch inhaltlich dem Klassizismus verpflichtet. So etwa dem Diktat der drei Einheiten, das in Spanien erstmals Ignacio Luzán (1702–1754) in seiner *Poética o reglas de la poesía en general y de sus principales especies* ([1]1737) übernommen hatte. Der Einheit der Zeit zuliebe liegt der folgenreiche desafío bei Handlungsbeginn bereits Wochen zurück. Innerhalb von Stunden kann der nicht allzuweit von Segovia residierende König erreicht und innerhalb von Minuten umgestimmt werden – zugunsten Torcuatos, dessen Verhaftung, Verurteilung, Abführung zum Schafott und Rettung (in letzter Minute) sich gleichfalls innerhalb von Stunden vollziehen. Daß analog zur herkömmliche französischen comédie der König als Person nicht auftritt (man denke an den *Tartuffe*), entspricht dem Diktat der bienséance ebenso wie die nur akustisch hinter der Bühne angedeutete Vorbereitung und vermeintliche Vollstreckung des Todesurteils (V,5; 112ff.). Mehr noch: Wohlvertraut auf den Bühnen seit der Frühzeit des Absolutismus ist die am Ende erwirkte stoische, neostoizistische clementia des Herrschers. Neu jedoch ist hierbei die sentimentale Nuancierung des Vorgangs. Der um Gnade Flehende will den König nicht zu einer rationalen Beherrschung verständlicher Gefühle bewegen, nämlich zum Verzicht auf gesetzlich abgestützte Vergeltung, sondern im Gegenteil zu einem Höchstmaß an Gefühl, an Mit-Gefühl. »¡Ah, qué monarca tan piadoso! ¡Yo vi correr tiernas lágrimas de sus augustos ojos! [...] Al punto me postré a sus pies y los inundé con abundoso llanto«: so der Bericht des noch atemlosen Anselmo (V,6; 118) – eine am Schluß etwa von Corneilles *Cinna ou la clémence d'Auguste* undenkbare Szene!

Komödienhaft lustig ist in dieser »comédie larmoyante« somit wenig oder nichts[16]. Pathos und Ernst überwiegen. Die unverkennbare didaktische, moralistische Absicht rückt die »comédie« sogar in die Nähe des von Diderot und Sedaine entwickelten drame bourgeois, desgleichen die in der Gegenwart spielende Handlung, das überwiegend bürgerliche Personal sowie die gewählte Sprachform, nämlich Prosa statt Versen[17]. Schon bei Nivelle de la Chaussée, aber eben auch bei Diderot und Sedaine finden wir in Neben- oder Hauptfiguren jene biographisch bedingte, tragische Disposition zu einem Außenseiterschicksal, die Jovellanos geschickt mit den eher didaktischen Handlungsteilen verquickt: mit den Handlungsteilen, die seine Kritik am Duellantengesetz von 1757 tragen sollen. Das schmerzende Bewußtsein einer mutmaßlich illegitimen, also nicht »ehrenhaften« Geburt prädisponiert Torcuato zum Zwang, entgegen seiner Grundhaltung und seiner Gesetzestreue einem desafío Folge zu leisten: Nach vergeblichen Versuchen hat der sittenlose marqués de Montilla mit Anspielungen auf Torcuatos unbekannte Herkunft schließlich Erfolg... Daß Torcuato auf der Basis gegenseitiger Liebe in Laura – Simóns Tochter! – die zunächst ahnungslose Witwe seines Duellgegners heiratet, ja daß sich als Torcuatos (adeliger!) Vater niemand anders denn jener Richter entpuppt, der Torcuato verurteilen muß und selbst nach der Anagnorisis zu seinem Todesurteil steht, all dies gehört zu jenen sowohl pathossteigernden als auch handlungsstraffenden Rollenkombinationen, die mit der Essenz des genannten zentralen Postulats zwar nichts zu tun haben, nebenher jedoch eine ganze Palette bürgerlicher Tugenden veranschaulichen: neben der Freundestreue (zwischen Anselmo und Torcuato) die opferbereite Liebe zwischen Ehegatten, zwischen Vater und Sohn, nicht zuletzt auch die hart geprüfte, durch Vertrauen in die »piedad« jedoch belohnte Untertanentreue...

So mag denn der erwähnte, von Jovellanos glaubhaft angedeutete Anfangserfolg des *Delincuente honrado* nicht weiter verwundern. Dauerhaft etabliert hat sich das Stück indes nicht. Mit Jovellanos' Abdrängung von der politischen Bühne kann dies nur begrenzt zusammenhängen. Eine Aufführung zu Lebzeiten des Autors läßt sich noch im März 1791 nachweisen: pikanterweise im kulturgewogenen Sklavenhaltermilieu von La Habana, wo Jahrzehnte später (1840) auch einer der nicht zahlreichen Nachdrucke des 19. Jahrhunderts erschien[18]. Cándido Nocedal (1821–1885), der politisch wie weltanschaulich konservative Herausgeber zweier Werkbände (1858) unseres Autors, erwähnt – leider ohne Jahresangabe – eine im Kindesalter erlebte Aufführung[19]. Für die nachfolgend sich etablierende Romantik jedoch waren der pragmatische Moralismus und die inhaltlich unglaubwürdige Formstrenge zu unpoetisch.

Heute überlebt das Stück in den Analysen und Editionen der Philologen. Den Reigen eröffneten in unserem Jahrhundert die fundierten Aufsätze von Jean Sarrailh (1949) und John H. R. Polt (1959). Ein vorläufiger Höhepunkt dieser neuen und seit Francos Tod (1975) noch intensiveren, weil freieren Beschäftigung mit dem Reformismus vergangener Epochen ist die vom Centro de Estudios del Siglo XVIII vorbereitete kritische Ausgabe von Jovellanos' Gesamtwerk, deren erster Band (1984) u. a. *El delincuente honrado* enthält.

Unabhängig von nicht weiter diskutierenswerten ästhetischen Bedenken können heutige Leser *El delincuente honrado* als prägnantes Beispiel jenes

Pragmatismus und Utilitarismus betrachten, die Spaniens ilustrados allem Denken und Tun abverlangten. Daß dies auch im Literaturbereich zu gelten hatte, bekundet Jovellanos selbst in seiner erwähnten, Jahre nach *El delincuente honrado* verfaßten *Memoria para el arreglo de la policía de los espectáculos y diversiones públicas.*

Einen weiteren Weg, das Stück thematisch zu würdigen, weist John H. R. Polt. Polt sieht den »essentially revolutionary aspect of *El delincuente*« in dessen »basically *social* orientation«[20]. »Social orientation« im Sinne von Opposition gegen eine Ordnung, die fragwürdige Geständnisse durch Folter erzwingt, gegen ein Gesetz, das Unschuldige und Schuldige über einen Kamm schert und mit dem Tod bedroht. So besehen, läßt sich die so ephemere »comedia lacrimosa« von 1773 an den Anfang einer Reihe von Gerichtsdramen stellen, die besonders in unserer Gegenwart das (Miß-)Verhältnis von Rechtsprechung und sozialer Verantwortung hervorheben, ja in denen nicht ein rex ex machina, sondern unabhängige Richter über Leben und Tod des Angeklagten befinden müssen[21].

## ANMERKUNGEN

T: Zitate und Ortsverweise nach *El delincuente honrado,* in: GASPAR MELCHOR DE JOVELLANOS, *Poesía. Teatro. Prosa.* Antología y prologo de JOSÉ LUIS ABELLÁN. Madrid, Taurus 1979 (Temas de España, 106), S. 57ff. – Von Jovellanos autorisierte Erstausgabe: *El delinquente honrado, comedia en prosa.* Publícala D. TORIBIO SUAREZ DE LANGRÉO, Madrid 1787. – Werkausgaben: *Obras de Don G. M. de J.* 5 Bde., Madrid 1858 (Nachdruck 1951)–1859 (Nachdruck 1952)–1956–1956–1956 (BAE Bd. 46, 50, 85, 86, 87), Hgg. von CÁNDIDO NOCEDAL (Bd. 1–2) und MIGUEL ARTOLA, unser Stück in Bd. 1, S. 79ff. – Kritische Gesamtausgabe i. V.: G. M. DE J., *Obras completas.* Oviedo, Centro de Estudios del Siglo XVIII 1984ff., bisher 2 Bde., unser Stück in Tomo I: *Obras literarias.* Edición crítica, introducción y notas de JOSÉ MIGUEL CASO GONZÁLEZ, S. 467ff. – Dt. Übers.: *Der edle Verbrecher,* übs. von JOSEPH LEONINI. Berlin, Lagarde 1796. – G. M. DE J., *Espectáculos y diversiones públicas. Informe sobre la Ley Agraria.* Edición de JOSÉ LAGE. Madrid, Cátedra 1977 (Letras Hispánicas, 61).

L: FRANCISCO AGUILAR PIÑAL, *Sevilla y el teatro en el siglo XVIII,* Oviedo 1974 (Textos y Estudios del Siglo XVIII, 4); JUAN LUIS ALBORG, *Historia de la literatura española. Siglo XVIII.* Madrid 1972, S. 660ff.; JUAN ANTONIO CABEZAS, *Jovellanos. El fracaso de la Ilustración,* Madrid 1985; JUAN AUGUSTIN CEÁN BERMÚDEZ. *Memorias para la vida del Excmo. Señor D. Gaspar Melchor de Jove Llanos, y noticias analíticas de sus obras,* Madrid 1814; MARCELIN DEFOURNEAUX, *Pablo de Olavide ou l'»afrancesado« (1725–1803),* Paris 1959; MARCELIN DEFOURNEAUX, *L'Inquisition espagnole et les livres français au XVIII^e siècle,* Paris 1963; GASPAR GÓMEZ DE LA SERNA, *Jovellanos, el español perdido,* 2 Bde. Madrid 1975; RICHARD HERR, *España y la Revolución del siglo XVIII,* Madrid ²1973; WERNER KRAUSS, *Die Aufklärung in Spanien, Portugal und Lateinamerika,* München 1973; MARCELINO MENÉNDEZ PELAYO, *Historia de los heterodoxos españoles,* 8 Bde., Madrid [2]1963ff. (Edición Nacional de las Obras completas de M. P., Bd. 38–42), Bd. 5: *Regalismo y Enciclopedia;* Italo Mereu, *La morte come pena,* Milano 1982 (Espresso Strumenti, 15); Joan Lynne Pataky Kosove, *The »comedia lacrimosa« and Spanish Romantic Drama (1773–1865),* London 1978 (Col. Támesis, Serie A, Monografias LXVII); John H. R. Polt, »Jovellanos' El delincuente honrado«, in: *Romanic Review* 50, 1959, S. 170ff.; Jean Sarrailh, »A propos du *Delincuente honrado* de Jovellanos«, in: *Mélanges d'Études Portugaises offerts à M. Georges Le Gentil,* Lissabon 1949, S. 337ff.; Jean Sarrailh, *L'Espagne éclairée de la seconde moitié du XVIIIe siècle,* Paris [2]1964; Juan Sempere y Guarinos, *Ensayo de una biblioteca española de los mejores escritores del reynado de Carlos III,* 6 Bde. (in 3), Madrid 1969 [Reprint d. A. Madrid 1785ff.], Bd. 3, S. 131ff. Art. »Jovellanos«; Georg Ticknor, *Geschichte der schönen Literatur in Spanien.* Deutsch mit Zusätzen herausgegeben von Nikolaus Heinrich Julius, 2 Bde. Leipzig 1852, Suppl. Bd. Leipzig 1867.

A: [1] *Corriere della Sera,* 27. 9. 1987, S. 1 und 4. Zur Abschaffung im Juni 1969 vgl. *Leggi e disposizioni usuali dello Stato della Città del Vaticano,* 2 Bde., Roma 1981f., Bd. 1, Legge L vom 21. 6. 1969, Art. 39 und 44, n. 1 und 5. (Für diesen und weitere Hinweise zur Sache danke ich dem Herausgeber, Herrn Prof. Dr. Winfried Schulz, Paderborn/Rom). – Unter Pius IX. wies der Kirchenstaat eine der höchsten Hinrichtungsquoten Europas auf: vgl. u. a. Livio Jannattoni, *Mastro Titta boja di Roma.* Roma, Lucarini 1984.

[2] Vgl. Defourneaux (1963), s. L., S. 122 und 172.

[3] Menéndez Pelayo, s. L., Bd. 5, S. 368ff., Zitat S. 369.

[4] Im Original: »Me fortunato [...], se potrò inspirare quel dolce fremito con cui le anime sensibili rispondono a chi sostiene gl'interessi della umanità!« (aus der »Introduzione«). Zitat nach: Cesare Beccaria, *Dei delitti e delle pene.* Con una raccolta di lettere e documenti relativi alla nascita dell'opera e alla sua fortuna nell'Europa del Settecento, a cura di Franco Venturi. Torino, Einaudi [2]1970 (Nuova Universale Einaudi, 57), S. 10f.

[5] Ticknor, s. L., Bd. 2, S. 404.

[6] Vgl. Jovellanos' »Advertencia« zur autorisierten Erstausgabe (1787), in: *Obras,* s. T., Bd. 1 (1858), S. 77; ebd. S. 78ff. Briefwechsel Valchrétien-Jovellanos (1777) anläßlich der erwähnten Übersetzung. Antonio Palau y Dulcet, *Manual del librero hispano-americano,* Barcelona 1948ff. führt Bd. 3, S. 214 die oben (s. T.) genannte dt. Übersetzung an. Sie war uns ebenso unzugänglich wie die ohne Nennung des Vfs. gedruckte Übersetzung in die Sprache Beccarias: *Il reo per onore ossia Il delinquente onorato.* Commedia urbana in cinque atti tradotta dal castigliano dal signor Abate D. Antonio García, Venezia 1807.

[7] Vgl. zum Folgenden Defourneaux (1959), s. L., S. 280ff.; Aguilar Piñal, s. L., S. 63ff. und 27ff.; Gómez de la Serna s. L., S. 80ff.

[8] Gómez de la Serna (1975), s. L. und Cabezas (1985), s. L.

[9] Ausgabe (1977) s. T., mit informativer »Introducción« des Hgs. – Über den *Informe,* die Sociedades Económicas sowie insgesamt die zeittypische Verzahnung von pragmatischer Literatur und praktischer Reform s. die Aufsatzsammlung von Gonzalo Anes Alvarez, *Economía e »Ilustración« en la España del siglo XVIII.* Barcelona, Ariel [2]1972 (ariel quincenal, Bd. 19).

[10] Vgl. zum Folgenden Defourneaux (1959), s. L., bes. Teil III, S. 175–291 sowie Francisco Aguilar Piñal, *La Sevilla de Olavide,* Sevilla 1966.

[11] Rekonstruktionsversuch anhand der Konfiszierungsunterlagen der Inquisition bei Defourneaux (1959), s. L., S. 476ff.

12 Beteiligt waren zwei weitere Juristen, Ignacio Luis de Aguirre und Francisco de Bruna, ferner Olavide selbst »y otros sujetos condecorados«: so JUAN AGUSTÍN CEÁN BERMÚDEZ, Jovellanos' Freund und erster Biograph, s. L., S. 280, Zitat bei POLT, s. L., S. 178; ebd. Belege für Jovellanos' sowie weitere Gattungsdefinitionen.

13 Vgl. insgesamt PATAKY KOSOVE, s. L., bes. S. 49ff.

14 Im oben, Anm. 6, genannten Brief an Valchrétien, a. a. O. S. 79.

15 Hierzu MEREU, s. L., S. 93: »Il'libruccio' *Dei delitti e delle pene* è come quelle belle chiesette di montagna che – dall'autostrada – tutti vedono ed ammirano ma che poi solo in pochi si curano di visitare. Il che è forse un bene, perchè l'ignoranza conserva intatte le illusioni.« Im Folgenden (93ff.) Verweis auf die auch nach Beccaria zulässigen Anwendungsbereiche der pena capitale: Gefährdung der »forma di governo stabilita« (aus Kap. XXVIII), als Abschreckung »per distogliere gli altri dal commettere delitti« (ebd.) usf.

16 Allenfalls Felipe, der nur marginal agierende »criado« Torcuatos, dank Spurenelementen des beiderseits der Pyrenäen lustigen Diener-Typus.

17 Moderne Interpreten sind denn auch um die Nennung direkter Quellen nicht verlegen: *L'Honnête criminel* (1767) von Fenouillot de Falbaire, *Le Déserteur* (1770) von L. S. Mercier, *Le Fils naturel* (1757) von Diderot, *Le Philosophe sans le savoir* (1765) von Sedaine u. a. m. Ausführlicher hierzu POLT, s. L., S. 182ff.

18 Vgl. JOSÉ JUAN ARROM, »Representaciones teatrales en Cuba a fines del siglo XVIII«, in *Hispanic Review* 11, 1943, S. 64ff., hier S. 68 und PALAU (oben Anm. 6), S. 214.

19 Vgl. *Obras,* s. T., Bd. I, S. XI bzw. POLT, s. L., S. 189, Anm. 59.

20 POLT, s. L., S. 190, Hervorhebung dort.

21 *Der kaukasische Kreidekreis* (1944/45) von Bertold Brecht, *In der Sache J. Robert Oppenheimer* (1964) von Heinar Kipphardt, *Twelve Angry Men* (1954) von Reginald Rose. Aus Roses Fernsehspiel formte Horst Budjuhn (geb. 1921) das dreiaktige Bühnenstück *Die zwölf Geschworenen* (Uraufführung München 1958), Stuttgart, Reclam 1982. – In den Themenbereich gehört auch der Film *Nous sommes tous des assassins* (1952), von André Cayatte.

*DIETER INGENSCHAY*

# RAMÓN DE LA CRUZ · SAINETES

## Das Volksstück zwischen Lope de Vegas *Arte nuevo* und Moratíns *Comedia nueva*

Don Ramón Francisco de la Cruz Cano y Olmedilla ist der bekannteste Autor jener sainetes genannten volkstümlichen komödienartigen Zwischenspielgattung im Madrid des späten 18. Jahrhunderts. Die spezielle Prägung der comedia hat – nicht nur zu dieser Zeit – dem Element des Volkstümlichen in der Geschichte des spanischen Theaters grundsätzlich ein größeres Gewicht gegeben als in anderen Nationalliteraturen[1]. Sinnfällig wird dieser Tatbestand dem Literarhistoriker vor allem in Lope de Vegas als Vortrag vor der Akademie verfaßtem, 1609 veröffentlichtem *Arte nuevo de hacer comedias en este tiempo*[2]. Lope ist – auch wenn er zum Zeitpunkt dieser Abhandlung schon ca. 500 Komödien geschrieben hat – selbst eher ein poeta doctus, und gemäß den literarischen Wertkonzepten seiner Epoche schätzt er die Tragödie, die in humanistischer Tradition steht, höher ein als volkstümliche »escritos bárbaros«. Dennoch bemüht er sich gegen eine normative Regelpoetik um die Legitimation der comedia nicht nur durch die Praxis seines Schreibens, sondern auch in der erwähnten Programmschrift. In ihr argumentiert er nicht nur mit der Rücksicht auf den Geschmack des die Stücke schließlich finanzierenden vulgo, sondern er beruft sich auch schon auf eine Tradition der volkstümlichen comedia und des komödienartigen Zwischenspiels, die zumindest auf die 60 Jahre zuvor entstandenen *Pasos* des Lope de Rueda zurückgeht. Dem »arte« als Kunstform der Tragödie setzt Lope de Vega explizit den »costumbre« entgegen – und damit ein Konzept, das immer wieder als Schlüsselbegriff zu den sainetes auftaucht. So definiert R. Pérez de Ayala sainete schlicht als »mínima comedia de costumbres«[3].

Der Entstehungsraum der sainetes und ihre frühe Rezeption zeigen interessante Parallelen zu der Situation, die Lopes *Arte nuevo* notwendig machte. Das Theaterleben Madrids nämlich wird in der zweiten Hälfte des 18. Jahrhunderts von einem vergleichbar fundamentalen Gegensatz bestimmt wie einhundertachtzig Jahre zuvor: einerseits befürwortet eine ›spanische Linie‹ die Hochschätzung der nationalen Tradition – Calderóns Dramen allein stellen jahrzehntelang die Hälfte des gespielten Repertoires der Madrider Theater dar![4] –, andererseits proklamiert eine sogenannte neoklassische Richtung in Theorie und Praxis die ›aufgeklärte‹, dem Barocken entsagende

Poetik und Ästhetik des 18. Jahrhunderts. Diese beruft sich nicht mehr auf den gusto des vulgo, sondern auf einen klassizistisch bestimmten literarischen buen gusto. Führte die starke Rezeption von comedias in den corrales des frühen 17. Jahrhunderts zu Lopes *Arte nuevo,* gipfelt nun diese Auseinandersetzung in Leandro Fernández de Moratíns programmatischer *Comedia nueva* (1792)[5]. Vor Moratíns *Comedia nueva,* aber nach Montianos neoklassischem *Discurso sobre las tragedias* (1750) entstehen die knapp 500 sainetes des Ramón de la Cruz. In noch stärkerem Maße als Lopes comedias sind diese sainetes die Lieblingsstücke des vulgo schlechthin. Ihren Stellenwert für das Theater jener Jahrzehnte gilt es deshalb als erstes näher zu betrachten.

## Die *sainetes* und das zeitgenössische Theaterleben in Madrid

In beiden dem Schauspiel gewidmeten öffentlichen Theatern Madrids wurden zahlreiche sainetes des Ramón de la Cruz aufgeführt[6]. 1743 bzw. 1745 waren – aus früheren corrales entstanden – das Teatro de la Cruz und das Teatro del Principe eröffnet worden. Sie gaben 2000 bzw. 1800 Zuschauern Platz, von denen ein gutes Drittel im patio auf billigen Stehplätzen dem Geschehen folgte – Männer vorn, Frauen hinten –, soziologisch gesehen eher die Unterschicht, im Rezeptionsprozeß aber der über Erfolg oder Mißerfolg entscheidende Faktor. Über die Ränge hoch zur sog. luneta stieg mit dem Eintrittspreis die soziale Stellung der Zuschauer. Selbst Neoklassiker wie Moratín haben unterstrichen, daß das Theater für alle Bevölkerungsschichten bestimmt war[7]. Die Stimmung während der Aufführung – gerade bei Kurzstücken und gerade im patio – wurde treffend mit der unserer Fußballstadien verglichen[8], und an die heutigen Fans erinnert die Rivalität zwischen »Polacos« und »Chorizos«. Die ersteren, erkennbar an den blauen Hutbändern, waren Freunde des Teatro de la Cruz, die »Chorizos« mit ihren goldenen Hutbändern neigten dem Teatro del Principe bzw. seiner Truppe zu; das Gefallen am Stück aber war immer das wesentliche Kriterium für Zustimmung oder Ablehnung.

Das Theaterjahr begann Ostersonntag und endete nach drei Trimestern am Karnevalsdienstag. Die Stadtverwaltung hatte eine vom corregidor geleitete »junta de teatros« eingesetzt, die über die von den Direktoren der Truppen eingereichten Stücke zu befinden hatte. Über Zwischenspiele wurde oft auch noch in der laufenden Saison entschieden. In jedem Fall hatte das Textbuch zuerst die kirchliche Zensur zu passieren[9].

Zu der Zeit, in der Cruz' sainetes zur Aufführung gelangen, etwa von 1760 bis 1790 also, vollzieht sich nun in der Gestaltung des Theaterrepertoires ein charakteristischer Wandel[10]. Zunehmend gerät nämlich das traditionelle, festgelegte Verhältnis von obra principal – Komödie oder Tragödie (in meist drei jornadas) – und jeweiligen entremeses in Auflösung. Konventionelle Formen des Zwischenspiels verschwinden: ab 1765 werden keine autos sacramentales mehr gespielt, und 1780 vereinbaren die Direktoren beider Theater den Verzicht auf grobe Schlagstockstückchen, die sogenannten »entremeses de Trullo«. Gleichzeitig steigt die Nachfrage nach Unterhaltung, nach Komik, und somit nach neuen (und von den obras principales unabhängigen) Formen von Zwischenspielen. Mit seinen sainetes nun stößt Ramón de la Cruz, der sich im übrigen auch in anderen Arten des Zwischenspiels, in tonadillas und zarzuelas versucht hat[11], in eben jene ›Marktlücke‹. Ferner ist zu erwähnen, daß don Ramón sich zuvor bereits als Übersetzer u. a. von Molière und Marivaux einen Namen gemacht hatte.

Was, so muß man fragen, ist nun das Spezifische dieses sich ausbreitenden Genre und seiner Gestaltung durch Ramón de la Cruz? Gut einhundert Jahre vor Cruz taucht der Begriff als Gattungsname im Titel einer Sammlung von entremeses auf, die *Flor de sainetes* heißt[12]. Im *Diccionario de Autoridades* finden wir einige Jahrzehnte vor Cruz' literarischer Aktivität eine Reihe von Definitionen zum Stichwort »sainete«, unter denen der Sinnbereich der theatralischen Gattung als letzter genannt ist:

> En la comedia es una obra, ò representación menos séria en que se canta y báila, regularmente acabada la segunda jornada de la comedia.[13]

Diese Definition läßt zwei Folgerungen zu:

1. Vor Cruz ist das sainete bekannt als jene Unterform des entremés, welche die zweite jornada der Komödie abschließt, und
2. Gesang und Tanz sind so konstitutiv wie die ›weniger ernste‹ Art – andere ›inhaltliche‹ Charakteristika aber fehlen.

Betrachtet man demgegenüber eine spätere Gattungsdefinition wie die von E. Cotarelo y Mori, dem Herausgeber der großen Cruz-Ausgabe von 1915, so fällt auf, wie sehr dort gerade die inhaltlichen Aspekte betont werden. Er definiert sainete als

> drama sin argumento ... redúcese a un simple diálogo en que predomina el elemento cómico. Elige sus personajes muchas veces en las últimas capas sociales, cuyo lenguage y estilo adopta, y por tan sencillo medio lanza sus dardos contra los vicios y ridiculeces comunes, viniendo a ser entonces una de las más curiosas manifestaciones de la sátira. La nota maliciosa es cualidad esencial en estas piececillas.[14]

Diese Definition Cotarelos ist natürlich an Cruz' Werken selbst gewonnen. Das *Diccionario de Autoridades* zeigt, daß Cruz dieses Genre nicht aus dem Nichts erfunden hat; aber erst er hat in diesem Umfang Szenen des alltäglichen Lebens der einfachen Leute in Madrid komisch umgesetzt, und er hat dabei – wie zu zeigen sein wird – sowohl einer wirkungsvollen theatralischen Ästhetik als auch dem Themenkomplex der Großstadtdichtung neue Wege gewiesen. M. Gbenoba unterstreicht zu Recht, daß die sainetes neben der komischen eine didaktische Funktion erfüllt haben, die anderen entremeses fehlen kann, die der comedia aber sehr wohl eigen ist[15]. Diese Annäherung des sainete an Eigenheiten der comedia ist sicher wichtig, um den kurzzeitigen, aber durchschlagenden Erfolg dieser Stücke zu erklären. Das Ausmaß des Erfolgs und der Popularität dieses Autors mögen zwei Zahlen veranschaulichen: 1787/88 war don Ramón der Verfasser von 44% aller am Teatro de la Cruz aufgeführten sainetes, unter denen des Teatro del Principe stammten gar 73% aus seiner Feder[16]. Die Gattung, die sich inzwischen durchgesetzt hatte, war und blieb mit seinem Namen verbunden, wie M. Coulon treffend zusammenfaßt:

> 1780 marcaba pues el triunfo de una forma de intermedio cuyo creador fue indudablemente Ramón de la Cruz: el sainete genuinamente dieciochesco – y madrileño –, cada vez más enraizado en la realidad cotidiana y en la actualidad de la época, cada vez más emparentado también con la comedia y más desligado de la tradición entremesil.[17]

## Die sainetes – Dokumente ihrer Zeit oder literarische Werke? (Bemerkungen zur Rezeptionsgeschichte)

Der Bühnenerfolg der Gattung ist das Ergebnis ihrer Volkstümlichkeit, die sich ihrerseits einem einfachen Rezept zu verdanken scheint: die Thematik (eher als die Problematik) des Alltäglichen – Generationsgeplänkel, Liebeshändel, Nachbarschaftsgeschichten, Streit und Versöhnung –, die Ironisierung des Neureichen, insbesondere der französierenden »petimetres«, der Bezug auf konkrete Örtlichkeiten des zeitgenössischen Madrid, all dies tritt in den sainetes zusammen zu einer bunten Mischung, die dem Zuschauer so klare Identifikationsangebote bereitgestellt haben muß, daß der beabsichtigte Lacherfolg und mit ihm der gewünschte didaktische Nebeneffekt nicht ausblieben. Diese Rezeptionsmodalitäten lassen allerdings weder Rückschlüsse auf die tatsächliche Originalität zu noch können sie das Interesse heutiger Literaturwissenschaftler an diesen Stücken begründen. Anders als die Aufnahme durch das Publikum ist nämlich die Beurteilung der Literaturkritik durchaus ambivalent[18]. Es überrascht nicht, daß die Neoklassiker unter den ihnen eigenen literaturtheoretischen (oder »ideologischen«) Prämissen des späten 18. Jahrhunderts don Ramón als ›escritor populachero‹ ablehnten. Nicolas Moratín beklagt, die Darstellung des Pöbels und seines unkultivierten Umgangs auf der Bühne verfestige nur die Rauheit der Sitten beim einfachen Volk; daneben betont er aber dennoch die dokumentarische Treue der sainetes; (»Allí se representan con admirable semejanza la vida y costumbres del populacho más infeliz«[19]).

Im 19. Jahrhundert greift vor allem B. Pérez Galdós auf die sainetes als dokumentarische Quelle zurück, obwohl ihm deren literarische Qualität zweifelhaft erscheint[20]. Noch für J. Ortega y Gasset ist allein der Materialreichtum dieser sainetes als Zeugnisse einer vergangenen Epoche wichtig:

> Todo su propósito y su valor radicaban en ser algo parecido a lo que hoy son guiones de películas: un cañamazo donde las actrices y actores podrían lucir sus donaires.[21]

Die Frage nach der literarischen Qualität dagegen läßt er unbeantwortet: *»no pretendían ser obra poetica de calidad«*[22]. Indem don Ramón im Vorwort der Edition von 1786–91 – der ersten, noch zu seinen Lebzeiten erscheinenden Sainetesammlung – seine Stücke als ›Bilder der Geschichte unseres Zeitalters‹ bezeichnet, welche das Leben ihm diktiert habe[23], legt er selber den Grundstein für die Einschätzungen eines Pérez Galdós und eines Ortega y Gasset. Käme den sainetes nicht aber doch eine zusätzliche, das Dokumentarische übersteigende literarhistorische und -ästhetische Rolle zu, wäre hier kaum der rechte Ort für die Beschäftigung mit ihnen. Bei den positiven Stimmen zu Cruz' Werk überwiegt in der spanischen Kritik die Tendenz, den sainetero als ein Ingenium spanischer Eigenart, das sich gegen die französische Überfremdung wandte, zu feiern; M. Gbenoba geht ausführlich auf diese Rezeptionsform und ihre Gefahren ein. Ihre Studie hat das Ziel, die sainetes sozialgeschichtlich zu untersuchen[24]. Sie greift damit Überlegungen W. Krauss' auf, für den die sainetes zwar ein »Nebengleis,... eine Schmalspur des Dramas« sind, der ihren Dichter aber aufgrund seines ›künstlerischen Realismus‹ dennoch als »das wirklich schöpferische Gesicht des Jahrhunderts« lobt[25].

Hier soll es konkret um den literarästhetischen und -historischen Wert der sainetes gehen. Die enorme Fülle des Materials erfordert in der Darstellung von vornherein eine Systematisierung und eine Beschränkung auf die wesentlichen Aspekte. Zwei bislang vernachlässigte Gesichtspunkte sind es, die über die sozialgeschichtliche Dokumentation hinaus die Bedeutung der sainetes für Literatur und Theatergeschichte hier beleuchten sollen:

1. die Bedeutung der sainetes als Großstadtliteratur und
2. als ›Metatheater‹, als Theaterkommentar.

## Die sainetes und die Literatur der Großstadt

Die Stadt Madrid und ihre Menschen, das Leben auf den Plätzen und Straßen ist Thema zahlreicher sainetes, z. B. von *La Plaza Mayor* (1765), *El Prado por la noche* (1765), *La Pradera de San Isidro* (1766), *El Rastro por la mañana* (1770), *La comedia de Maravillas* (1766). J. Vega schildert in seiner Biographie

*Don Ramón de la Cruz – »El poeta de Madrid«*[26], wie Details über die Stadt (und auch über die Theater) der eigenen angeschauten und erlebten Erfahrung des Dichters entstammen. Immer wieder zieht Vega die Verbindung zur Malerei Goyas[27]. Doch drängt sich angesichts der persönlichen literarischen ›Erwanderung‹ der Großstadt und der Hinwendung zum volkstümlichen Sittenportrait eine ganz andere Parallele auf: gleichzeitig bzw. kurz nach Cruz, nämlich 1781–88, publiziert L.-S. Mercier sein *Tableau de Paris.* Er legt damit, wie K. Stierle gezeigt hat[28], für die französische Literatur den Grundstein zu dem durch das ganze 19. Jahrhundert und darüber hinaus dynamisch wirkenden Genre des Großstadttableau. Auf Merciers Werk gründen die vielfältigen Versuche, Paris ›zu erzählen‹, und ebenfalls die zahlreichen Beispiele lyrischer Stadtaneignung, während im französischen Drama die Großstadt kaum je zentrales Thema wird. In Spanien nimmt die Entwicklung nicht zuletzt durch Ramón de la Cruz einen anderen Gang. Von besonderem Interesse aber ist, daß auch Mercier, Verfasser eines *Essai sur l'art dramatique,* seine Vorstellung des tableau vom drame her entwickelt, obwohl er sein »tableau du siècle« nicht auf dem Theater, sondern in der deskriptiven Großform des tableau de Paris realisiert[29].

Die Aneignung der Stadt in Cruz' sainetes geht nicht von der Beschreibung der Örtlichkeiten aus, sondern – ganz wie bei Mercier – von den Menschen. Als typisches Großstadttableau sei *El Rastro por la mañana* (1770) ausgewählt[30] Gemäß der Bühnenanweisung öffnet sich der Vorhang auf eine Ladenstraße des Rastro, des großen populären Marktes der Stadt; hinter den geschlossenen Ständen der Obstverkäufer ist das Kreuz des Rastro sichtbar als unmittelbarer Orientierungspunkt für die Zuschauer. Bevor das Stück nun die Stimmung des morgendlichen Markttreibens einzufangen beginnt, bietet der Chor einen gesungenen Morgengruß: »... comerciantes del Rastro, muy buenos días« (II,130), auf den Mayora, die Brotverkäuferin, und Polonia, welche Kaldaunen feil hält, als Solistinnen mit dem Anbieten ihrer Ware antworten. Die Anweisung verlangt, daß das Orchester im Ton die gesungenen Warenanpreisungen unterstützt. Sodann erscheinen als Käufer drei Personen – Hausdiener in Livree – und Pepe, dessen Kleidung schon verrät, daß er frisch aus dem provinziellen Asturien angekommen ist. Er erwidert, immer noch singend, den Gruß des Chores:

> Pues ya *llegu* la hora
> de cultivar la viña
> *vusotrus* con el *pesu*
> *nusotrus* con la sisa
> ¡*compañerus* del *Rastru*,
> muy buenos días! (II, 131)

Die stilisierte Wiedergabe des asturischen Dialektes findet sich auch in den Reden der drei Hausdiener, von denen einer später als Galizier bezeichnet wird. Im weiteren Verlauf des Stückes wird neben dem Dialekt auch der ausländische Akzent Quelle der Komik. Komisch ist hier nicht der Dialekt als solcher, komisch wird er im Zusammenhang mit der tölpelhaften Unsicherheit Pepes und besonders dort, wo im konkreten sprachlichen Ausdruck Dialektwörter als Schlüsselbegriffe oder en masse auftauchen. Ein Beispiel: die Hausdiener belehren Pepe, daß er sowohl billig als auch teuer einkaufen müsse – billig für sich, teuer für den Herrn:

> es menester *primeiru*
> que sepa *cumprar baratu*
> y *caru,* ¿estas?
> C. Ya *lu entiendu;*
> *baratu* para él, y *caru*
> para el *amu* ... (II, 131)

Erst die Häufung des dialektalen u-Lautes und sein Vorkommen in caru und baratu, den zentralen Begriffen, bewirken die Komik im Bergsonschen Sinne eines »mécanique plaqué sur du vivant«. Am Ende der Szene setzen sich die vier zu Espejo, dem Schnapsverkäufer, um einen »rosoli« zu trinken; der Hut-, Perücken- und Utensilienhändler Merino tritt auf, als Schweizer gekleidet, sowie die feine Codina. Komisch an beiden ist (neben der äußeren Erscheinung) wieder die Sprache: Merino französiert, Codina verlangt in preziösem Sprachgestus ›ein wenig Speck‹ ..., man erkennt den Typ der mäkelnden und anspruchsvollen und dabei nichts oder wenig kaufenden »Mademoiselle Tout-Petit«. – In der nächsten Szene erscheint Eusebio, der mit der dort spazierenden Mariana vergebens anzubändeln sucht. Wie die Szenen eines Bilderbogens folgen die einzelnen Dialoge bzw. Polyloge einander: drei Soldaten aus der Militärküche treffen auf die livrierten Diener, der schöne Ponce gesellt sich zu Eusebio, dem Weiberhelden, um sich über die Damen des Rastro zu unterhalten. Der flanierenden Mariana begegnet Ignacia; ihr Dialog dreht sich um die Finanzen des Haushalts. Während Mariana klagt, beteuert Ignacia, sie komme gut mit ihrem Geld aus. Auf Marianas vielsagende spitze Entgegnung, dazu gebe es nur drei Wege: Falschgeld, Diebstahl oder einen Liebhaber, verweist Ignacia auf Gott, der ihr das tägliche Brot zukommen lasse ...

Solche Bilder sind Stilisierungen dessen, was man tatsächlich auf dem Markt tagtäglich erleben konnte und kann. – Wieder versucht Eusebio sein Glück bei mehreren Frauen, zuletzt bei señora Figueras, der Vogelhändlerin, welche ihm in makkaronischem Italienisch ihre Ware anbietet (»*Siñor, está un pajarito/che a una voche de los cielo* ... II, 135). Letztlich wird der Auf dringliche von der Schönen so wortreich in die Schranken gewiesen, daß

Merino, der Perückenhändler, dolmetschen muß. Simón, einem der Soldaten, gelingt es, Polonia von ihren Innereien weg zu einem Spaziergang zu überreden. Dann bricht unter den drei Hausdienern ein Streit aus, in den auch der Alteisenhändler und der Schnapsverkäufer verwickelt sind. Schlichtend greift Simón ein mit einer Mahnung, die zum Abgesang des Stückes überleitet:

> Cada cual á su negocio,
> que todos vamos al nuestro;
> y pues no es posible dar
> mejor fin á este argumento
> que cortarle, por cortado.
> Cántese juguete nuevo.
>
> Todos: Y sustituyan sus voces
> más dulces sus instrumentos. (II, 137)

Der Bilderbogen des morgendlichen Rastro führt weder zu einem Ende hin noch (wie Schnitzlers *Reigen*) zum Beginn zurück; ihm fehlt ein diskursives »argumento«, die Szenenfolge wird ›abgeschnitten‹. Es ist typisch für don Ramóns Bilder Madrids, daß sie keine durchgängige Handlung aufweisen. So nennt z. B. J. Dowling das sainete *La Plaza Mayor* »una serie de viñetas«[31]. Darin entspricht dieser sainete-Typ wieder dem Werk Merciers, denn auch dessen »*Tableau de Paris* ist keine zusammenhängende Darstellung, es ist ein tableau aus tableaux«[32]. – Als tableaux der spanischen Hauptstadt werden die sainetes in gleichem Maße gattungsprägend wie die Werke Merciers. Unter dem Zeichen des costumbrismo knüpfen in der zweiten Hälfte des 19. Jahrhunderts zahlreiche Autoren kurzer Großstadtkomödien wie Bretón de los Herreros, Ricardo de la Vega, Ramos Carrión und vor allem Carlos Arniches[33] an die Vorgaben des Ramón de la Cruz an. Daß bei ihm der costumbrismo einen Ursprung hat, hebt schon H.-U. Gumbrecht hervor[34]. Cruz ist noch der Bezugspunkt des Avantgardisten Ramón Gómez de la Serna (der sich gern kurz RAMÓN nannte)[35]. Immer wieder portraitiert Gómez de la Serna jene Orte der Stadt, die schon der sainetero ausgewählt hatte: den Prado, die Plaza Mayor, den Rastro, populäre Stadtviertel wie Maravillas. War Cruz in einzelnen sainetes bemüht, die Atmosphäre in der Stadt zu jeweiligen Jahres- und Tageszeiten wiederzugeben, so verfeinert Gómez de la Serna dieses Verfahren, indem er z. B. den Wechsel der Tageszeiten zum tragenden Prinzip in einer Reihe von Stimmungsbildern über die Puerta del Sol macht (»Algunas horas de la Puerta del Sol«).

## Das Theater als Thema der sainetes

Zu Recht stellt W. Krauss es als ein Verdient des Ramón de la Cruz heraus, die »poetische Würde des Alltags entdeckt zu haben«[36]. Über das Spektrum der Themen in den sainetes sagt er, diese Stücke »umfassen alle Gebiete des spanischen Gegenwartslebens: die Stube der Zeitungsredaktion; Manufakturen; den Versuch, die ›Zivilisation‹ aufs Land zu bringen ...; das Leben und Treiben der ›majos‹ und ›majas‹ usw.«[37] Ein durchgängiges und gerade für den Theaterhistoriker bedeutendes Thema aber bleibt in dieser Aufzählung ungenannt: das Theater selbst, wie es in den sainetes reflektiert, kommentiert und parodiert wird. Wegen der Vermengung von Theaterkommentar und Madrider Lokalkolorit kann man *La Comedia de Maravillas* (1766) als repräsentatives Beispiel herausgreifen.

Das Stück handelt davon, wie im Hause des Schusters Ibarro in Maravillas, einem kleinbürgerlichen nördlichen Stadtbezirk Madrids, eine Laienspielgruppe Calderóns *Afectos de odio y amor* aufführen will. Das Theater auf dem Theater kommt dabei allerdings zu kurz; von Calderóns Drama werden nämlich nicht einmal zwanzig Verse gespielt werden. Thema des sainete ist vielmehr das Drumherum der geplanten Aufführung, es ist Theater *über* das Theater. Die Personen des Stückes lassen sich drei Gruppen zuordnen:

1. das Gastgeberehepaar Ibarro und Joaquina. 2. die Gruppe der vier »Schauspieler« (u. a. mit dem Schneider Callejo, Joaquinas Schwager, der die Rolle der Auristela übernehmen will, und dem jungen »majo« Chinica, der als Souffleur wirken soll), und 3. die »Gäste«, unter denen neben einem unbekannten Soldaten die Bekannten der Gastgeber erscheinen, so zwei Freunde des Schusters, Callejos Ehefrau Mariana, zwei junge Mädchen, zwei »petimetras«, also preziöse Damen, dann das eher ungehobelte Paar Simón und Paca sowie die (fast echte) marquesa Paula in Begleitung des ›Barons‹ Eusebio.

Die Szene zeigt zunächst die Straße mit dem Haus des Schusters, vor dessen noch verschlossener Tür sich nach und nach die Gäste und einige der »Schauspieler« einfinden. Man redet über das bevorstehende Ereignis; eines der Mädchen sagt, der Schuster feiere zwar selten, aber wenn, dann gute Feste. Der Maurer Esteban, der den alten Arnesto spielen soll, kommt mit seinem geliehenen Kostüm; er erzählt, daß man für den Karneval ein noch besseres Stück aufführen wolle, *El más justo rey de Grecia.* Am meisten redet die sachkundige Mariana. Sie kennt sich aus mit dem Theaterspielen: den Text zu kennen und sich nicht zu schämen, das ist ihr sicheres Rezept für den guten Schauspieler. Besonders hebt sie natürlich die Leistungen ihres Mannes hervor, der sein Leben lang sogar Frauenrollen gespielt habe und der so herrlich singen könne (»algo bronca es la voz, pero muy buena« I, 297). Im Gespräch der Wartenden taucht schon das Problem der Sitzplätze auf; der »majo« Merino – er liefert dem Schuster die Sohlen und hat noch Geld von ihm zu bekommen – erinnert Ibarro an seine versprochenen »dos sitiales en la luneta«. Der unbekannte Soldat erscheint, unwissend, was da vorgeht.

Ihm erzählt Merino von der Aufführung und vom Hausherrn (»Un zapatero catalán, que representa grandemente« I, 297). Espejo, der den Part des russischen Herzogs Casimiro spielt, tritt aus dem Haus, seine sorgsam bewachte Perücke in der Hand, um Luft zu schnappen bzw. um sich nebenan Mut anzutrinken. Er bittet Chinica, den Souffleur, gut zu soufflieren, und dieser beruhigt den »Schauspieler« und ermahnt ihn, nur ja nicht zu lachen, sondern mit gebührendem Ernst zu agieren. Das fällt Espejo nach eigenem Bekunden schwer, wann immer ihm bewußt wird, daß unter der Auristela der Schneider steckt.

Der zweite Teil spielt – nach der Bühnenanweisung – in einer »casa pobre, con sillas á los dos lados, un tabladillo con cortinas al foro, una cornucopia, encendida una vela y tres apagadas« (I, 299). Joaquina begrüßt die Gäste, eine der Preziösen gerät in einen kleinen Streit mit der unfeinen Paca, da fährt der Wagen der allen unbekannten mehr oder weniger echten marquesa, einer Kundin des Schusters, vor. Espejo, der Schauspieler, seufzt

> ¡Jesús, lo que viene!, y ¡toma
> lo que hay! Qué concurrencia
> tan lucida! Alborotado
> está con nuestra comedia
> todo Madrid; pero tales
> personas entran en ella. (I, 300)

Witzig wird diese Passage zuerst durch Joaquinas dezidierte Replik: »Vete a vestir«, besonders aber später durch den Verlauf des Abends, der zwar nicht ganz Madrid, wohl aber die Gäste in Aufruhr versetzt. Für Paula, die marquesa, die sich trotz ihrer standesgemäßen Migräne die Ehre gibt, sind nun keine zwei Stühle mehr frei, so daß ihr Begleiter, der Baron Eusebio, sich zu ihren Füßen auf den Boden kauern muß, von wo aus er die von den Preziösen bewunderte marquesa ›beliefern‹ kann:

> Paula: Señor barón, dos pastillas.
> Eusebio: ¿De caramelo o de fresa?
> [...]
> Paula: Señor barón, el estuche. (I, 301).

Es kommt zu mehreren Geplänkeln wegen der Stühle, wegen der Sicht, wegen des Redens, aber letztlich kann es losgehen. Die Regieanweisung verlangt hier die gattungstypische Musikeinlage:

> Encendidas las luces y todos acomodados, suena un violín dentro y CHINICA con la guitarra sobre el tablado. Tocan un minuet viejo, que otro acompaña con unas castañuelas adentro; luego arrima la guitarra, toma la comedia y la luz y se pone á apuntar de modo que le vean. (I, 302)

Bevor das Stück beginnt, muß erst geklärt werden, wer anfängt. Schließlich folgt der pathetische Dialog zwischen Casimiro und Auristela. Als Espejo/Casimiro in seiner Klage den Namen seiner Schwester ausspricht, bringt ihn der Gedanke an den Schneider zum Lachen (»Jesús, que demonio! – *Se ríe.*« I, 302). Callejo/Auristela repliziert unbeirrt: »Cuando atenta/a la pasión que te aflige ...« Nach seiner Antwort an Auristela wendet sich Espejo nochmals dem Souffleur zu: »apunta bien, no me pierda«, und der Gastgeber fragt laut nach dem Wohlbefinden der Zuschauer. Dann beginnt Espejo/Casimiro, feierlich vom Feldlager an der Donau zu berichten, er gerät bald ins Stocken, und als er sich an den Souffleur wendet, hört man von dem einen lauten Fluch. Er hat sich nämlich an den Beleuchtungsfackeln die Finger verbrannt, läßt das Textbuch fallen, und allgemeines Gelächter beherrscht den Raum, welches nahtlos in einen Streit zwischen Mariana und Chinica und letztlich in einen allgemeinen Tumult übergeht. Espejo beschließt »yo no represento más« und sagt, man könne mit solchen Affen keine Feste feiern. Ibarro jammert, daß das in seinem Haus passieren muß, aber zum guten Ende einigen sich alle unter Viva!-Rufen, sich nunmehr zu vergnügen und erst einmal zu speisen ...

*La Comedia de Maravillas* ist in erster Linie ein Stück über Zuschauer, das dem zeitgenössischen Theaterbesucher in mancher Hinsicht einen Spiegel vorgehalten hat. Die Unfähigkeit der Laientruppe wird dagegen nicht in mockierendem Gestus, sondern mit spielerischer Leichtigkeit angegangen, die Komik resultiert vorrangig aus den Situationen, lächerlichen Stereotypen und Kontrasten (wenn z. B. der Schneider in vollem Damen-Ornat seine Frau anbrüllt oder mit dem Souffleur Händel sucht). Es geht in diesem sainete auch gar nicht um ironische Hiebe gegen Calderóns Drama, sondern darum, in der Theateraufführung das tableau des Vororts und seiner Menschen zu entwerfen. – Der heutige Rezipient kann immer noch über die komischen Stränge, über die ironische Entlarvung der Preziösen oder über die strebend bemühte Unfähigkeit der Laienspieler schmunzeln. Direkt verbunden mit solchem literarästhetischen Genuß ist die theatergeschichtliche Aussagekraft des sainete. Hinter der ironischen Optik zeichnet sich ab, wie eine Aufführung ablief, und der Zuschauer oder Leser findet heute noch Moratíns Bemerkung, das Theater stehe allen sozialen Schichten offen, durch das Stück selbst illustriert. Um das tableau der Menschen in der Vorstadt entstehen zu lassen, müssen verschiedene Gruppen und Typen zusammentreten. Daß diese Art des Gesellschaftskommentars von der Bühne selbst her möglich ist, veranschaulicht den hohen Stellenwert des Theaters zu jener Zeit.

Don Ramón hat aber auch auf ganz andere Weise das Theater zu seinem Thema gemacht. Bringt er in dem soeben vorgestellten sainete die Zuschauer dazu, über ihre eigene Ironisierung zu lachen, so polemisiert er andernorts ernsthafter gegen ihm unfreundlich gesonnene Zeitgenossen, namentlich gegen Nicolás Moratín. Im Vorspiel zu dem sainete *El Casero Burlado* (1765) läßt er einen recht unfähigen Dichter (mit Namen Nicolás[38]) auftreten, der über seine Schwierigkeiten berichtet, den Kritikern einerseits und dem »gusto del vulgo« andererseits gerecht zu werden. J. Dowling glaubt, auch in dem Protagonisten von *La visita del hospital del Mundo*, einem arroganten Autor, Moratín zu erkennen[39]. Bezeichnend ist hier wieder, daß die Bühne als Austragungsort solcher persönlichen Animositäten dienen kann.

Mehr als solche Querelen werden dem heutigen Zuschauer die Parodien des Ramón de la Cruz gefallen. In *Manolo* (1769), dem wohl bekanntesten seiner sainetes, wird die Tragödie klassizistischen, d. h. hier französischen Zuschnitts parodiert. Der Untertitel weist das Stück aus als »Tragedia para reír ó sainete para llorar«. Die Komik entsteht dort jeweils dadurch, daß Anspruch und Wirklichkeit auseinanderklaffen (so berufen sich finstere Halbwelt-Typen auf einen rigorosen Ehrbegriff, und die derben sprachlichen Anzüglichkeiten sind in klassische Elfsilbler gesetzt). Ähnlich sind die Verfahren auch in don Ramóns letztem Werk, *El muñuelo* (1792). Solche literarischen Parodien – z. B. auch die Hamlet-Persiflage in der eventuell nicht von Cruz geschriebenen Fortsetzung, der Parte segunda des *Manolo* (1791) – haben von ihrer komischen Wirkung nichts eingebüßt.

Eine neue Lektüre der sainetes bleibt ein Desiderat. Das Kommentieren von Theater und Gesellschaft auf der Bühne und die Aneignung der Großstadt im Bühnentableau sollten exemplarisch zeigen, daß auch nach zweihundert Jahren diese Volksstücke eine größere Beachtung verdienen als es der tradierte Literaturkanon vermuten läßt.

## ANMERKUNGEN

T: *Sainetes de don Ramón de la Cruz,* hg. E. Cotarelo y Mori, 2 Bde., Madrid 1915–1928 (nach dieser Ausgabe wird zitiert; die römische Ziffer bezeichnet die Band-, die arabische die Seitenzahl); Ch. E. Kany (Hg.), *Ocho sainetes inéditos de Don Ramón de la Cruz,* Berkeley 1924 und ders. (Hg.), *Five sainetes,* Boston 1926; J.F. Gatti (Hg.), *Ramón de la Cruz, Doce sainetes,* Barcelona 1972; J. Dowling (Hg.), *Ramón de la Cruz, Sainetes* I, Madrid 1981 (enthält acht sainetes und eine ausführliche Einleitung); M. Coulon (Hg.), *Ramón de la Cruz, Sainetes,* Madrid 1985 (preiswerte Taschenbuchaugabe von zehn sainetes mit grundlegendem estudio preliminar).

L: B. Pérez Galdós, »Don Ramón de la Cruz y su época«, verf. 1871, zugängl. in *Obras completas,* hg. F. C. Sainz de Robles, Bd. 6, Madrid 1951, S. 1453–1479; E. Cotarelo y Mori, *Don Ramón de la Cruz y sus obras – Ensayo biográfico y bibliográfico,* Madrid 1899; A. Hamilton, *A Study of Spanish manners (1750–1800) from the plays of Ramón de la Cruz,* Illinois 1926; F. P. Casamitjana, *Ramón de la Cruz und der französische Kultureinfluß im Spanien des 18. Jahrhunderts*, Diss. Bonn 1935; J. VEGA, *Don Ramón de la Cruz – »El poeta de Madrid«*, Madrid 1945; J. F. GATTI, »Las fuentes literarias de los sainetes de Don Ramón de la Cruz«, in: *Filologia* 1, 1949, S. 59–74; J. CAMPOS, *Teatro y sociedad en España (1780–1820)*, Madrid 1969; J. M. SALA, »Ramón de la Cruz entre dos fuegos – Literatura y público«, in: *Cuadernos hispanoamericanos* 93, 1973, S. 350–360; G. DUFFOUR, »Juán de Zabaleta y Ramón de la Cruz: Du ›Galán‹ au ›Petimetre‹«, in: *Les langues néo-latines* 69, 1975, S. 81–89; M. GBENOBA, *›Aquí como aquí y allá como allá‹ – Die sainetes von Ramón de la Cruz im Kontext der spanischen Alltagswelt im späten 18. Jahrhundert*, Diss. Bochum 1983, ersch. demn. München 1988 (ich danke Frau GBENOBA für die Einsicht in das Typoskript; Seitenangaben beziehen sich darauf).

A: 1 Zum Sonderweg der spanischen comedia vgl. bes. H.-J. NEUSCHÄFER, »Lope de Vega und der Vulgo. Über die soziologische Bedingtheit und die emanzipatorischen Möglichkeiten der populären Comedia«, in H. BAADER/E. LOOS (Hgg.), *Spanische Literatur im Goldenen Zeitalter – F. Schalk zum 70. Geburtstag*, Frankfurt/M. 1973, S. 338–356, sowie D. JANIK, »Spanisches Theater und Theaterleben zu Anfang des 17. Jahrhunderts«, in G. HOLTUS (Hg.), *Theaterwesen und dramatische Literatur – Beiträge zur Geschichte des Theaters*, Tübingen 1987, S. 195–208.

2 S. dazu die Beiträge über Lope de Vega in diesem Band sowie generell E. MÜLLER-BOCHAT, *Lope de Vega und die italienische Dichtung*, Wiesbaden 1957.

3 Zit. bei DOWLING, s. T., S. 24.

4 Vgl. CAMPOS, s. L., S. 16.

5 S. dazu den Beitrag von U. SCHULZ-BUSCHHAUS in diesem Band.

6 S. dazu CAMPOS, s. L., sowie COULON, s. T., S. 7–13, und (bes. zum Umbau der Theater und den Architekten) DOWLING, s. T., S. 48–51.

7 »El poeta dramático escribe para todas las clases de la sociedad, reunidas en el teatro ...« MORATÍN, zit. bei CAMPOS, s. L., S. 62.

8 Vgl. GBENOBA, s. L., S. 36.

9 S. dazu GBENOBA, s. L., S. 41: »Die meisten ⟨sainetes⟩ durften mit der Bemerkung ›no contiene cosa alguna opuesta a nuestra santa fe y buenas costumbres‹ passieren. Einige werden durch die Wendung ›parece‹ eingeschränkt.«

10 Der Wandel wird ausführlich dargestellt bei COULON, s. T., S. 12f.

11 Tonadillas sind im 18. Jahrhundert neu entstandene operettenartige Zwischenspiele, während die zarzuelas über eine längere Tradition verfügen (dazu DOWLING, s. T., S. 14: »Durante unos años Cruz se dedica a la zarzuela. Escribe, o traduce, la letra de unas treinta obras ... El género tiene sus orígines en el teatro del XVII en obras como *La selva sin amor* (1629) de Lope de Vega, de músico desconocido ... El nombre de zarzuela se deriva del palacio de la Zarzuela ... donde solían representarse las primeras obras de este género para el placer del monarca ...«).

12 Vgl. GBENOBA, s. L., S. 36.

13 *Diccionario de Autoridades*, 6 Bde, Faksimile-Ausg. der Edition von 1737, Madrid 1964, Bd. 3, (Bd. VI, S. 19), Stichwort »sainete«.

14 COTARELO Y MORI, s. L., S. 4.

15 GBENOBA, s. L., S. 29.

16 COULON, s. T., S. 25.

17 Ebd., S. 13.

18 Umfassend und eingehend wird die literaturwissenschaftliche Beurteilung der sainetes bei GBENOBA, s. L., S. 2–21 dargestellt. Das Fazit ist, »daß die Sainetes entweder sehr gut oder sehr schlecht beurteilt werden. Eine Zwischenstufe gibt

es nicht.« (S. 21). Unter den negativen Urteilen nennt sie C. CONDE, »Mujeres imaginadas y reales«, in *Revista nacional de Cultura* 19, (Caracas) 1957, S. 96–104 und J. M. SALA, s. L.; positive Urteile finden sich v. a. bei COTARELO Y MORI, s. L., und bei W. KRAUSS, *Die Aufklärung in Spanien, Portugal und Lateinamerika,* München 1973.

19 Zit. bei DOWLING, s. T., S. 24.

20 S. dazu PEREZ-GALDOS, s. L.

21 J. ORTEGA Y GASSET, *Goya,* Madrid ²1962, S. 37.

22 Ebd.

23 »En cuanto a la verdad, la imitación, y la disposición de las figuras, a fe que tienen más de historia que la que yo tengo entre las manos, y no me dejará mentir, si hay quien dude de lo que yo escribo y ella me dicta« (im Vorwort der Ausg. *Teatro, o colleción de los saynetes,* Madrid 1786–91, 10 Bde, zit. b. DOWLING, s. T., S. 26).

24 Siehe dazu GBENOBA, s. L., S. 22–24.

25 Vgl. W. KRAUSS, a. a. O., S. 143.

26 J. VEGA, s. L.

27 VEGA illustriert seine biographische Interpretation mit vierzehn Goya-Bildern. Zum Verhältnis der beiden Künstler s. a. DOWLING, s. T., S. 46–48 (Teil 7 der Einleitung, »Cruz y Goya«), der die Ironie der sainetes der Sympathie Goyas gegenüberstellt. (Goyas bekannte »Caprichos« sind erst nach Cruz' Tod entstanden!)

28 K. STIERLE, »Baudelaires ›Tableaux Parisiens‹ und die Tradition des ›Tableau de Paris‹«, in *Poetica* 6, 1974, S. 285–322.

29 Zum Verhältnis der Theorien Merciers zu Diderot und des ersteren Konzept von drame und tableau s. STIERLE, a. a. O., S. 287f. An anderer Stelle weist STIERLE darauf hin, daß Mercier in dem Kapitel »Tragédies modernes« sehr wohl an ein Großstadtdrama gedacht hat, das aber erst Schiller in seinem Dramenprojekt »Die Polizei« in Angriff nahm (s. dazu K. STIERLE, »Die Entdeckung der Stadt – Paris und sein Diskurs«, in F. KNILLI/M. NERLICH (Hgg.), *Medium Metropole,* Heidelberg 1986, S. 81–93, hier: S. 84f.

29 Zum Verhältnis der Theorien Merciers zu Diderot und zu Merciers Konzept von drame und tableau s. STIERLE, a. a. O., S. 287f.

30 Die beiden hier näher vorgestellten Stücke gehören nicht zu den bekanntesten sainetes. Während das zweite Beispiel, *La Comedia de Maravillas,* auch in der Edition von COULON (s. T.) abgedruckt ist, ist *El rastro por la mañana* nur in der Ausg. von COTARELO Y MORI zugänglich. Der Einheitlichkeit halber werden beide nach der letzteren Ausgabe zitiert, Bandzahl in römischer, Seitenzahl in arabischer Ziffer, ohne Nennung der Spalte.

31 DOWLING, s. T., S. 27.

32 STIERLE, »Baudelaires ›Tableaux Parisiens‹ ...«, S. 288.

33 S. dazu den Beitrag von CH. STROSETZKI in diesem Band. Als Übersicht über die Stadt Madrid als dramatisches Thema generell s. M. HERRERO GARCÍA, *Madrid en el teatro,* Madrid 1963.

34 Vgl. H.-U. GUMBRECHT/J.-J. SÁNCHEZ, »Der Misanthrop, die Tänzerin und der Ohrensessel. Über die Gattung ›Costumbrismo‹ und die Beziehungen zwischen Gesellschaft, Wissen und Diskurs in Spanien von 1805–1851«, in J. LINK/ W. WÜLFING (Hgg.), *Bewegung und Stillstand in Metaphern und Mythen – Fallstudien zum Verhältnis von elementarem Wissen und Literatur im 19. Jahrhundert,* Stuttgart 1984, S. 15–62, bes. S. 22–27.

35 Einen guten Überblick über dessen Großstadtaneignung gibt der von T. Borrás edierte Band R. Gómez de la Serna, *Descubrimiento de Madrid,* Madrid 1981. – In einer Reihe von Prosagedichten erwähnt Gómez de la Serna den sainetero auch namentlich (a. a. O., S. 95).

36 Krauss, a. a. O., S. 146.

37 Ebd., S. 144.

38 Da die Anspielung auf Moratín durch diesen Namen so offensichtlich scheint, bleibe nicht unerwähnt, daß dieses Stück für die Truppe von Nicolás de la Calle geschrieben und von ihr aufgeführt worden ist. Die Gleichheit des Vornamens mag freilich ein äußerer Anlaß für die Polemik gegen den Neoklassiker gewesen sein.

39 Vgl. Dowling, s. T., S. 18.

*ULRICH SCHULZ-BUSCHHAUS*

# LEANDRO FERNÁNDEZ DE MORATÍN · LA COMEDIA NUEVA

Wie man weiß, neigt die spanische Kultur nicht zum Klassischen, wofür sie von Ernst Robert Curtius einst überschwenglich gepriesen wurde[1]. So stellen auch der Neoklassizismus und zumal das neoklassizistische Theater – Komplexe, die Curtius kurzerhand mit einer »Epoche (...) des Niedergangs« verband – in Spanien kaum mehr als eine Episode dar[2]. Zwischen der nach den Überlieferungen des Siglo de Oro gestalteten »comedia de teatro«, die ja romantische Züge avant la lettre aufwies, und dem eigentlich romantischen Drama erscheint die Periode, in der das neoklassizistische Theater zur kulturellen Hegemonie strebte, jedenfalls eng begrenzt. Außerdem beschränkte sich dies Theater nicht zuletzt wegen seiner Ambitionen einer strikter textorientierten Literarisierung des Schauspiels auf relativ wenige Werke, von denen die eindrucksvollsten im übrigen erst mit beträchtlicher Verspätung gegenüber Luzáns richtungweisender Poetik das Licht der Bühne erblickten.

Obwohl oder (wahrscheinlicher) weil seine Geltung angesichts der Macht nationaler Traditionen prekär blieb, hat der spanische Neoklassizismus indes in dem eigentümlichen Genus, das man mit Goldoni ›dramatisierte Poetik› (»poetica messa in azione«) nennen könnte, ein Stück hervorgebracht, dessen Gestalt selbst über Spanien hinaus bemerkenswert wirkt: die am 7. Februar 1792 im Madrider Teatro del Príncipe aufgeführte »Comedia en dos actos, en prosa« *La comedia nueva* von Leandro Fernández de Moratín. Sieht man sie in der Gattungsreihe ›dramatisierter Poetiken‹[3], deren europäischer Parcours von Molières *Critique de l'Ecole des Femmes* und *Impromptu de Versailles* oder Goldonis *Teatro comico* eröffnet wurde und seinen späten Höhepunkt wohl in Pirandellos ›Trilogia del teatro sul teatro‹ fand, erweist sich, daß der Beitrag Moratíns auf dieser Strecke sogar zu den gelungensten zählt. Es lohnt deshalb, ihn (allen anti-klassizistischen Vorurteilen und Ressentiments zum Trotz) noch einmal näher zu betrachten, wobei unser Augenmerk vor allem den Besonderheiten seiner dramaturgischen Verfahrensweise und seiner ideologischen Sinnbildung gelten soll.

## Eine Satire des barocken Theaters

Daß *La comedia nueva* als »poetica messa in azione« – verglichen etwa mit Goldonis *Teatro comico* – einen überaus satirisch akzentuierten Verlauf nimmt, geht bereits aus dem Resümee der Ereignisse hervor, welche die – in pointierter Übereinstimmung mit der Aufführungsdauer – genau zwei Stunden umspannende Komödienhandlung ausmachen[4]. In ihrem Mittelpunkt steht neben, oder besser gesagt: vor der Partei der Anwälte von Neoklassizismus und Aufklärung, als welche die beiden Raisonneurs Don Antonio und Don Pedro fungieren, die Partei der töricht verstockten Anhänger des alten Theaters. Sie setzt sich zusammen aus dem selbsternannten Dichter Don Eleuterio, der – wie sein sprechender Name sagt – nichts vom Zwang der ›Regeln‹ hält, seiner große materielle Not leidenden Familie, die im aktuellen Bühnengeschehen von einer Ehefrau, der ›femme savante‹ Doña Agustina, und einer noch unverheirateten Schwester, Doña Mariquita, vertreten wird, schließlich seinem literaturtheoretischen Mentor und Verführer, dem im Personenverzeichnis als »pedante« titulierten Don Hermógenes. Dieser Clan hat sich – wie andererseits die beiden aufklärerischen Raisonneurs – in einem an ein Madrider Theater angrenzenden Café eingefunden (wahrscheinlich der Fonda de San Sebastián beim Teatro del Príncipe[5]), um die Aufführung von Eleuterios offenbar vielversprechendem Erstlingswerk, eben der »comedia nueva« »El gran cerco de Viena«, zu erwarten. An den Erfolg der Aufführung sind verschiedene Interessen geknüpft. Zunächst geht es allgemein um die finanzielle Sanierung der verarmten siebenköpfigen Dichterfamilie; sodann hängen vom Erfolg auf besondere Weise die Zukunftspläne Doña Mariquitas und Don Hermógenes' ab. Eleuterios Schwester, empfohlen als »aplicada, hacendosilla y muy mujer« (94), hofft, von Hermógenes geheiratet zu werden, während der Pedant durch die Heirat vor allem zu einer Tilgung seiner Schulden gelangen möchte[6].

Freilich lassen Kostproben des Stückes, die im ersten Akt zum Besten gegeben und zwischen den Parteien diskutiert werden, erkennen, daß die Chancen der ›großen Belagerung Wiens‹ zumindest beim aufgeklärten Publikum schlecht stehen. Und tatsächlich endet die Premiere mit einem eklatanten Reinfall. Eleuterios Clan, der – auf die stehengebliebene Uhr des Pedanten vertrauend – zu allem Überfluß noch verspätet ins Theater kommt, muß erleben, wie die Aufführung während des zweiten Akts in einem Tumult untergeht. Demnach sind sämtliche Projekte vereitelt: nach den vergeblichen Investitionen hat nur die Armut der Familie zugenommen; der Pedant macht sich aus dem Staube, und Mariquita trauert um ihr vorerst gescheitertes Eheglück. So wäre die Lage desolat, wenn der Raisonneur Don Pedro sich nicht im Moment tiefster Verzweiflung als das leuchtende Gegenbild des flüchtigen Pedanten Don Hermógenes erwiese. Wie ihm bewußt wird, daß die Katastrophe außer dem unseligen Dichter auch dessen Familie und zumal vier Kinder trifft, überwältigt ihn die Rührung. Mit mahnenden Worten, die sich gleichmäßig auf Eleuterio, Agustina und Mariquita verteilen, leitet er –

statt müßiger »consuelos y reflexiones« – die hier angebrachten »socorros efectivos y prontos« ein (vgl. 131). Er begleicht die Schulden der Familie, stellt Eleuterio als nützlichen Helfer seines Gutsverwalters an und quittiert mit Genugtuung das Versprechen des ehemaligen »dramaturgo«, alles ins Feuer zu werfen, was er je an gedruckten und ungedruckten Dramen produziert habe.

Die Bücher- und Manuskriptverbrennung, die am Ende in Aussicht gestellt wird, ergibt sozusagen den Schlußpunkt der Theatersatire, die Moratíns Komödie entwickelt. Was ihren Gegenstand und Anlaß bildet, demonstriert innerhalb der primären, dargestellten Komödie die sekundäre, besprochene »comedia nueva« »El gran cerco de Viena«. Offensichtlich handelt es sich bei Eleuterios Stück um eine für die damalige Theaterproduktion typische »comedia heroica«, genauer gesagt: um die Untergattung einer »comedia militar«. Moratín selbst verweist auf López de Ayalas Tragödie *Numancia destruida*[7]; doch scheint es in der Epoche geradezu ein bestimmtes Genre von Belagerungsdramen gegeben zu haben. Unter ihnen erwähnt René Andioc[8] den *Sitio de Landau* von Antonio Valladares de Sotomayor, den *Sitio de Pultova* von Gaspar Zavala y Zamora, den *Sitio de Toro y noble Martín Abarca* von Vicente Rodríguez de Arellano sowie natürlich den *Sitio de Calés* jenes Luciano Francisco Comella, der meinte, sich in der Gestalt Don Eleuterios wiederzuerkennen, und die Aufführung der *Comedia nueva* daher als persönliche Verunglimpfung zu unterbinden suchte[9].

Wie diese Dramen aussahen, erfahren wir – selbstverständlich mit der gehörigen polemischen Verzerrung – von Don Pedro, dem im zweiten Akt die Funktion zufällt, in einer Art *récit de Théramène* über den Versuch einer Aufführung des dramaturgischen Monstrums zu berichten. Seine Kritik präsentiert ein Stück, das keinerlei literarische Gestaltung kennt[10], das sich über Wahrscheinlichkeit und Moral hinwegsetzt, das die dramatischen Gattungen mischt und die Einheitsregeln mißachtet:

> Allí no hay más que un hacinamiento confuso de especies, una acción informe, lances inverosímiles, episodios inconexos, caracteres mal expresados o mal escogidos; en vez de artificio, embrollo; en vez de situaciones cómicas, mamarrachadas de linterna mágica. No hay conocimiento de historia, ni de costumbres; no hay objeto moral, no hay lenguaje, ni estilo, ni versificación, ni gusto, ni sentido común. (116)

Natürlich ließe sich, was hier als Ansammlung von Defekten gegeißelt wird, unter der Perspektive einer anderen Poetik auch ins Positive wenden. So wäre im Interesse Comellas oder Zavala y Zamoras von den Attraktionen einer extremen Theatralisierung des Theaters zu sprechen. Sie hat ihren Ausgangspunkt in der Tradition des Siglo de Oro, die entschieden vergröbert, aber zugleich popularisiert wird, und sie ist andererseits bemüht, das Herkömmliche um die neuen Wirkungen melodramatisch-opernhafter Elemente und spektakulärer Bühnentechniken zu bereichern[11].

Beide Effekte sind in der satirisierten ›großen Belagerung Wiens‹ deutlich präsent. Das Spektakuläre repräsentiert der barocke Überfluß eines Auftritts, den Don Antonio spöttisch als »soberbia entrada« apostrophiert: »Salen el emperador Leopoldo, el rey de Polonia y Federico, senescal, vestidos de gala, con acompañamiento de damas y magnates, y una brigada de húsares a caballo« (80). Im Opernhaften gründet das Finale des zweiten Akts, das Eleuterio als »una especie de coro entre el emperador, el visir y el senescal« (84) derart angelegt hat, daß es mit seinen *versus rapportati* (die hier groteske semantische Dissonanzen gliedern) unverkennbar an Terzette aus einem *Melodrama* beispielsweise Metastasios erinnert. Dabei verlangt die satirische Perspektive der Darstellung, daß solche und ähnliche Reize prononciert in die Kategorie des peinlich Veralteten gerückt werden. Deshalb kommt es im Rahmen der Literatur- und Theatersatire immer wieder zu pasticheartigen Karikaturen barocken Stils, welche in den Vertretern der »comedia de teatro« die Partei einer nunmehr obsoleten Rhetorik blamieren sollen.

Stilkarikaturen dieser Art sind etwa die monoton hyperbolischen Wendungen, mit denen der Kaiser im »Gran cerco de Viena« seine Vasallen anspricht:

> Unimos nuestros denuedos,
> Dando nuestros nobles bríos,
> En repetidos encuentros,
> Las pruebas mas relevantes
> De nuestros invictos pechos. (80)

Ihr spezifisches Sprachrohr gibt indessen in der *Comedia nueva* selbst Don Hermógenes ab. Er ist der Spezialist für barocke Concetti, der auf Mariquitas prosaischen Wunsch nach einem in Ruhe verzehrten Stück Brot (das bedeutet für sie die Sicherheit der Ehe) antwortet: »No el pedazo de pan, sino ese hermoso pedazo de cielo, me tiene a mí impaciente hasta que se verifique el suspirado consorcio« (100). Oder der Mariquitas tränenreiche Verzweiflung folgendermaßen besänftigt: »No así, hermosa Mariquita, desperdicie usted el tesoro de perlas que una y otra luz derrama«, was Mariquita wiederum zu der realitätsbewußten Bemerkung veranlaßt: »¡Perlas! Si yo supiera llorar perlas, no tendría mi hermano necesidad de escribir disparates« (110).

Offenkundig gehört eine solche Anthologie des barocken Stils, welche die Partei der Zurückgebliebenen kompromittiert, zum festen poetologisch-ideologischen Bestand der aufklärerischen Komödie; denn in Goldonis *Teatro comico* gebraucht der lächerliche Dichter Lelio eine verblüffend ähnliche Sprache, wenn er seine altmodischen Maskenkomödien zwei Schauspielerinnen mit dem Argument empfiehlt: »Madama, ho delle scene di tenerezza, fatte apposta per voi, che faranno piangere non solo gli uditori, ma gli scanni stessi. Signora, ho per voi delle scene di forza, che faranno battere le mani anco ai palchi medesimi«, worauf ein Vertreter der Reform erstaunt a parte kommentiert: »(Piangere gli scanni, battere le mani ai palchi. Questo è un poeta del seicento)«[12]. Was dabei zur Debatte steht, ist in beiden Fällen der die Epoche bewegende Kontrast zwischen einem demonstrativen Sprachgebrauch selbstbezogener Rhetorik und einem kommunikativen Sprachgebrauch, in dem der rhetorische Apparat sich zugunsten der Verständigung unsichtbar machen soll. Bei Moratín verkörpern diesen Kontrast – neben manchen anderen Oppositionen – die Hauptgegenspieler Don Hermógenes und Don Pedro. Als aufklärerische Idealgestalt vertritt der letztere eine Redeweise, die streng funktional der direkten, unverstellten und womöglich undiplomatischen Kommunikation dient: »Yo no quiero mentir, ni puedo disimular, y creo que el decir la verdad francamente es la prenda más digna de un hombre de bien« (73)[13]. Dagegen steht die Rhetorik des exemplarischen Dunkelmanns im Zeichen einer kommunikativ funktionslosen, ja kommunikationsfeindlichen Ostentation.

Zu ihrer Kennzeichnung und Verspottung hat Moratín – und das macht einen besonders gelungenen Zug seiner Satirenstrategie aus – nicht nur auf die punktuelle Karikatur konzeptistischer Formeln zurückgegriffen, sondern ebenfalls das Repertoire der vor allem aus der italienischen Renaissancekomödie vertrauten Pedantenkomik ins Spiel gebracht. So blamiert sich Don Hermógenes gewissermaßen doppelt: einmal als Anhänger des schlechten Alten, zum anderen gleich Giordano Brunos Manfurio oder dem Métaphraste in Molières *Le Dépit amoureux* durch seine selbstgefällige *Copia verborum*[14]. Berauscht von der Fülle seiner Worte und Kenntnisse, ignoriert der Pedant den sachlichen Gehalt der an ihn gerichteten Fragen und entfaltet stattdessen zur Demonstration seines Wissens einen Diskurs, dessen Grundelemente die Wiederholung und die Reihung bilden. Was in ihm verfehlt wird, deutet der Satiriker an, indem er Hermógenes gerade vor den überflüssigsten Wiederholungen und Reihungen absurderweise beteuern läßt, sie seien nötig für die Klarheit des Verstehens. Zum Beispiel:

> [...] para la mejor inteligencia, convendría explicar lo que los críticos entienden por prótasis, epítasis, catástasis, catástrofe, peripecia, agnición, ó anagnórisis: partes necesarias a toda buena comedia, y que según Escalígero, Vossio, Dacier, Marmontel, Castelvetro y Daniel Heinsio ... (88)

Oder man denke an die sprichwörtlich gewordene Bemerkung nach dem Zitat des Satzes »Sunt autem fabulae, aliae simplices, aliae implexae«: »Pero lo diré en griego para mayor claridad« (87).

## Die ›Regeln‹ der bürgerlichen Existenz

So wenig die humanistische Erudition des Pedanten mit der Popularität der spät- und ultrabarocken »comedia heroica« auch in ihrem spezifischen Gegenstand gemeinsam haben mag, so kommt sie mit ihr doch in einem formalen Moment überein: dem Charakter semantisch und pragmatisch funktionsloser Abundanz, über den Andioc – auf die »churrigueresken« Pracht der »comedia de teatro« bezogen – treffend schreibt: »c'est en un mot le luxe, mais considéré comme *profusion,* qui constitue le seul signe extérieur de la grandeur«[15]. Wir haben gesehen, wie neben der Wissensprofusion des Pedanten insbesondere die »soberbia entrada« des »Gran cerco de Viena« dem Ideal solcher Prachtentfaltung gehorcht. Zwischen beiden besteht eine symbolische Äquivalenz, die dazu beiträgt, das eine wie das andere unter dem Blickwinkel ›vernünftiger‹ Kritik in den Bereich ›unvernünftiger‹ feudalistischer Repräsentation und Ostentation zu verweisen.

Dieser Blickwinkel ›vernünftiger‹ Kritik wird in Moratíns Stück nun in erster Linie von dem Rahmen der neoklassizistischen Metakomödie hergestellt, welcher die traditionalistische comedia »El gran cerco de Viena«, die gewissermaßen sein Thema darstellt, umschließt. Dabei gebietet die satirisch-polemische Intention des Stückes, daß das Verhältnis von Komödie und Metakomödie ein pointiert widersprüchliches ist. Wo die ›große Belagerung Wiens‹ in geradezu exotistischer Ferne vielfältige melodramatische Verwicklungen bietet, konzentriert sich Moratíns *Comedia nueva* auf ein unscheinbares Geschehen, das während des knappen Zeitraums von zwei Stunden in unmittelbarer Nähe der Zuschauer abläuft. Wohl noch wichtiger wirkt der soziale Kontrast: Im Werk des jungen Dichters herrschen Glanz und Luxus einer idealisierten Feudalität; der Dichter selbst dagegen leidet mit seiner Familie bittere Armut, und der Hunger, den seine comedia ins Abenteuerliche und Heroische transponiert, ist in seinem Leben offenbar alltägliche Erfahrung.

Insgesamt zeigt sich, daß Moratín diesen sozialen Kontrast gerade als einen ökonomischen überraschend nachdrücklich akzentuiert. Das beginnt mit den Hinweisen auf Eleuterios Herkunft und Berufslaufbahn. Gleich am Anfang werden uns die bescheidenen und bezeichnenderweise eher unproduktiven Tätigkeiten mitgeteilt, denen Eleuterio nachging, bevor er sich für das Geschäft des »dramaturgo« entschied: zunächst war er Schreiber in einem Lotteriebüro (»escribiente ahí en esa lotería de la esquina«), dann diente er als Page in einem Haus, in dem er seine spätere Frau als »doncella« kennenlernte. Überhaupt gilt den Berufen in der *Comedia nueva,* die sich damit erneut von der Welt der Kaiser, Könige, Wesire und Vasallen des »Gran cerco de Viena« unterscheidet, eine eigentümliche Aufmerksamkeit. So weiß der geschwätzige Don Serapio, daß die Komödie »El monstruo más espantable del ponto de Calidonia« das Werk eines Schneiders ist, »pariente de un vecino mío« (105), und Mariquita erbost sich über die Flucht des Pedanten besonders deshalb, weil die falschen Heiratspläne sie um die reale Chance gebracht haben, einen »boticario« zu ehelichen, »que a lo menos es hombre de bien, y no sabe latín« (126).

In dieser Betonung der Berufsidentitäten darf man indes noch mehr als einen komisch-satirischen Kontrasteffekt sehen. Gewiß wird sie gegen den Exotismus der »comedia de teatro« zunächst als eine Signatur von Realismus eingesetzt; doch verrät ihre Insistenz, daß der Beruf und die in ihm organisierte Arbeit darüber hinaus für die ideologische Konfiguration des Stücks einen fundamentalen gesellschaftlichen Wert ergeben, analog übrigens zu Goldonis *Teatro comico,* wo das Theaterwesen selbst ja speziell im Aspekt seiner Professionalität illustriert wird[16]. Eben in der diszipliniert geordneten Berufsarbeit, im »trabajo honesto«, liegt nämlich die moralische Richtlinie, die Don Pedro dem erfolglosen Dichter entgegenhält, um ihn vom unnützen auf den nützlichen und vernünftigen Lebensweg zu bringen: »que siga otra carrera en que, por medio de un trabajo honesto, podrá socorrer sus necesidades y asistir a su familia, si la tiene« (90).

So umfaßt die »reforma fundamental«, die der Raisonneur für das Theater als Institution entwirft, zugleich eine Art Erziehungsprogramm für irregeleitete Autoren aus der Unterschicht. Was bei ihnen – wie die Komposition einer Tonadilla – standes- und realitätswidrig wirkt, muß als eitle Illusion entlarvt werden; dagegen erscheint jeder Ermutigung wert, was sie – wie die Kompetenz einer schönen Handschrift – in einer standes- und realitätsgerechten Berufsarbeit fördern kann (vgl. 130). In diesem Zusammenhang hat im übrigen auch das Verhältnis zwischen den beiden Frauen seine Bedeutung. Es ist offenkundig der Konstellation von Molières *Femmes savantes* nachgebildet, bei der nun Mariquita den Part Henriettes und Agustina jenen Armandes übernimmt. Empfohlen wird natürlich wie schon von Molière die Rolle der Frau, welche – »muy mujer« – jene Dinge erstrebt und erfüllt, die ihr Geschlecht und Stand nahelegen. Deren Norm verfehlt demgegenüber eine ›femme savante‹, »doctora y marisabidilla«, wenn sie sich über die störenden Umständlichkeiten der Kindererziehung beschwert und klagt: »Vaya, yo lo he dicho mil veces, para las mujeres instruidas es un tormento la fecundidad« (102).

Damit tritt Doña Agustina, die vernachlässigt, was ihres Geschlechtes ist, auch in der Devianz neben ihren Ehemann, der verkennt, was seines Standes ist. Wie Eleuterio sich über die Verbindlichkeiten eines »trabajo honesto« erhaben meint, schaut Agustina auf die »oficios de esposa y madre« (131) herab, die ihr als »ministerios viles y mecánicos« erscheinen wollen (vgl. 103).

Beide müssen daher durch die Lektion ihres Unglücks und durch Don Pedros Zuspruch eines Besseren belehrt werden. In solcher Lehre erfahren sie, daß gleich der neoklassizistischen Dramaturgie auch die bürgerliche Existenz ihre ›Regeln‹ hat. Was der ersteren die ›Einheiten‹ sind, bedeuten für die letztere die Pflichten von Beruf und Familie. Zumal für Doña Agustina resümiert Don Pedro diese Direktiven zum guten Schluß in einem Ton, der nicht ganz der Schroffheit entbehrt: »Si cuida de su casa, si cría bien a sus hijos, si desempeña como debe los oficios de esposa y madre, conocerá que sabe cuanto hay que saber, y cuanto conviene a una mujer de su estado y sus obligaciones« (131). Und so zeigt sich hier aufs neue, daß Aufklärung – wie wir schon aus vielen ähnlichen Dramenschlüssen Goldonis wissen – nicht unbedingt das Gegenteil von Disziplinierung sein möchte[17].

## Das Volk, die Feudalität und der aufgeklärte Monarch

Um eine doppelte Disziplinierung handelt es sich bei dem ideologischen Entwurf der *Comedia nueva* nämlich in der Tat. Ihre poetologische Komponente tritt durch die Kritik an Eleuterios »Gran cerco de Viena« unmittelbar zutage. Mittelbarer, doch nicht minder deutlich macht sich die soziologische Komponente bemerkbar. Sie wird manifest in dem Umstand, daß der »Gran cerco de Viena« einerseits ein Idealbild feudalistischer Repräsentation und Ostentation vermittelt, daß diese Apotheose der Feudalität aber andererseits von einem Dichter ausgeht, der Angehöriger der Unterschicht ist. Zwar erscheint es zumindest nach marxistischer Terminologie nicht ganz exakt, Eleuterio – wie Andioc das tut[18] – als einen »authentique prolétaire« zu bezeichnen; denn mit der durch einen Prozeß kapitalistischer Industrialisierung erzeugten, mehrwertproduzierenden Lohnarbeit hat er ja gerade nichts zu schaffen. Immerhin steht jedoch außer Zweifel, daß Eleuterio in schneidendem Widerspruch gegen die aristokratische Vorstellungswelt seines Dramas zur breiten Schicht des Volkes zählt, eines Volkes, das – eben erst alphabetisiert – Wege zu Wohlstand und höheren Distinktionen sucht.

Die Ideologie, welche Moratín in *La comedia nueva* kontestiert, ist demnach nicht einfach jene einer rückständigen feudalistischen Mentalität. Getroffen werden soll vielmehr die feudalistische Mentalität, wie sie sich im Bewußtsein des Volkes spiegelt und – nach Moratíns Urteil – in leeren Trugbildern potenziert. Derart spricht die Didaxis der Komödie auch zuvörderst das Volk an, das durch die Gestalt Eleuterios geradezu allegorienhaft personifiziert wird. Bei der Lehre für Eleuterio geht es also letzten Endes um ein Exempel zur Orientierung der gesamten spanischen Nation. In einem Moment, in dem ideologische Orientierungskrisen und pragmatische Reformprojekte absolutistischer Provenienz zusammentreffen, fordert dies Exempel die Abkehr von der Anarchie feudalistischer Lebensvorstellungen und – damit engstens verbunden – die Einübung bürgerlicher Disziplin.

Dementsprechend macht die Struktur des Stückes seinen Protagonisten, den mittellosen Aufsteiger aus dem Volk, zum Gegenstand einer Auseinandersetzung, die man in Anlehnung an die alte Form der Psychomachie durchaus als eine Art Soziomachie bezeichnen könnte. Deren Agenten sind auf der einen (bürgerlich disziplinierenden) Seite Don Pedro, auf der anderen (feudalistisch anarchisierenden) Seite Don Hermógenes, und beide stehen einander beim Kampf um Eleuterios soziale Identität pointiert kontrapunktisch gegenüber. Dabei würde die antithetische Symmetrie des Verführers und des Erziehers, welche Moratíns Dramaturgie vorsieht, weniger auffallen, wenn sie gemäß ihrer satirisch-didaktischen Intention nicht alle Wahrheit an den Erzieher und dafür allen Trug an den Verführer delegiert hätte.

Einen der besten dramaturgischen Einfälle stellen in dieser Opposition sicherlich die falschen Zeitangaben des Pedanten dar[19]. Nach der Uhrzeit befragt, antwortet Don Hermógenes in der ersten Szene des zweiten Akts mit eitlem Hinweis auf die Pünktlichkeit seiner Uhr: »Tres y media cabales« (98), was zumindest den Leser stutzig werden läßt, da doch im Vorspann des Dramas steht, die Handlung beginne um vier und ende um sechs Uhr. Als Hermógenes einige Zeit später (Don Antonio hat gerade zur Verblüffung aller vom Beginn der Aufführung erzählt) in der vierten Szene erneut seine Uhr aus der Tasche zieht, wiederholt er mit ungeminderter Selbstsicherheit: »Las tres y media en punto« (112). Damit unterstreicht Moratín zum einen natürlich die Bedeutung sowie die entsprechend exakte Realisierung des neoklassizistischen Postulats der Einheit der Zeit; zum anderen wirkt die Episode aber auch gleichsam als Emblem, in welchem das Symbol der stehengebliebenen Uhr Hermógenes' Poetik und Moral insgesamt der historischen Verspätung überführt. Wenn sich Eleuterio und Mariquita am Ende der Szene über ihr falsches Vertrauen auf die Uhr des Pedanten beklagen, hat das folglich einen zweifachen, sowohl situationellen wie geschichtlichen Sinn und bereitet sozusagen den ersten Schritt zur Einsicht vor:

> D. Eleuterio
> Cierto que ha sido chasco, estarnos así fiados en ...
> Doña Mariquita
> Fiados en el maldito reloj de D. Hermógenes. (113)

Dazu kommt, daß Hermógenes seine – wie es heißt – verspäteten Doktrinen auch durch die Falschheit seines persönlichen Verhaltens ins Unrecht setzt. Als Prätendent auf die Hand Mariquitas ist er ja in die Komödienhandlung selbst integriert und führt den zukünftigen Schwager nicht allein aus purer Torheit, sondern ebensosehr aus materiellem Kalkül in die Irre. Seine

Berechnung wird offenbar, wie sich die finanziellen Hoffnungen nach dem Durchfall des »Gran cerco de Viena« zerschlagen und eine Heirat mit der nunmehr völlig verarmten Mariquita plötzlich jeden Reiz verliert. Indem der Pedant daraufhin opportunistisch das Weite sucht, erweist sich seine Handlungsfunktion – in neuerlicher Anknüpfung an die *Femmes savantes* – als eine genaue Replik von Molières Trissotin, der aus demgleichen Motiv alle Ansprüche auf die zuvor begehrte Henriette fahren ließ. So geht im Gefolge des Molièreschen Komödienmodells die falsche Position des einen Kontrahenten der Soziomachie in grobe moralische Niedertracht über, vor deren Hintergrund der an Eleuterio gerichtete Ratschlag zum Weiterdichten, mit dem Don Hermógenes von der Bühne abtritt, eine potenzierte Negativität erlangt.

Im gleichen Maß, in dem sie Hermógenes' Stellungnahmen entwertet, positiviert Moratíns Dramaturgie die Auffassungen des anderen Kontrahenten, der Eleuterios Familie von ihren unstandesgemäßen Ambitionen abwendet und zur rechten Bescheidenheit bürgerlicher Pflichterfüllung mahnt. Und auch im Falle Don Pedros ist es wieder ein Molièresches Motiv, welches die Tendenz zur satirisch-didaktischen Eindeutigkeit der Sinnbildung klar zu erkennen gibt, freilich diesmal nicht wie beim Verhältnis Hermógenes-Trissotin im Modus direkter Imitation, sondern eher im Modus korrigierender Variation. Das Motiv besteht in der aus dem *Misanthrope* entlehnten Distinktion zwischen dem Typus Alceste, dessen Engagement für Aufrichtigkeit und Wahrheit keinen Kompromiß kennt, und dem Typus Philinte, der sich bei jeder Meinungsäußerung an die Politesse gesellschaftlicher Umgangsformen hält. In einem Gespräch, das Don Pedro und Don Antonio in der dritten Szene des ersten Akts führen, wird die Differenzierung der beiden Raisonneurs von Moratín nun nach dem gleichen Schema angelegt, wie ja auch die weitere Entwicklung der Szene mit der Kritik an Eleuterios Dramentext dem evidenten Vorbild der Diskussion über Orontes Sonett folgt. Don Pedro gilt wegen der Kompromißlosigkeit seines Urteils als »áspero y extravagante« (74), weshalb sein Gesprächspartner vermutet: »Pues con ese genio tan raro que usted tiene, se ve precisado a vivir como un ermitaño en medio de la corte« (73); Don Antonio dagegen geriert sich als ein nachsichtiger Horazischer Ironiker, den die Torheit mancher Zeitgenossen nicht erregt, sondern amüsiert: »Sí, señor, que me divierto. Y por otra parte, no sería cosa cruel ir repartiendo por ahí desengaños a ciertos hombres, cuya felicidad estriba en su propia ignorancia?« (76).

Anders als bei Molière gibt es bei Moratín indes keinen Zweifel über die Präferenz, die hier eindeutig der unnachsichtigen Kritik und dem konkreten Besserungswillen Don Pedros erteilt wird. Durch den kompromißlos geäußerten Widerspruch gegen Hermógenes' Trug und Eleuterios Illusionen erweisen sich Pedros Maximen als eigentliche Garanten der Wahrheit, ohne deren Prämisse Antonios vermittelnde Ironie ins Leere stoßen würde. Wie Don Pedro auf die strengen Worte, die ihm aus seiner Autorität zufließen, dann auch noch die guten Taten, zu denen ihn sein Reichtum befähigt, folgen läßt, ist der Ironiker selbst bereit, den Vorrang des Erziehers anzuerkennen: »¡Ah, D. Pedro!; ¡qué lección me ha dado usted esta tarde!« (132). Wenig später gesellt sich zur Anerkennung der Ausdruck von Bewunderung und Liebe (133: »Su carácter de usted me confunde«; »¿Quién no querrá ser amigo de usted?«), um die Schlußszene auf ähnliche Weise in eine Feier für Don Pedros herbe Güte zu verwandeln, wie die Schlußszene von *El sí de las niñas* eine Apotheose der »tanta bondad« Don Diegos sein wird. In beiden Fällen setzen die Wohltaten helle Vernunft, aber auch Reichtum und Autorität voraus, und es ist nicht schwer, hinter der Glorifizierung dieser Wohltäter die Apotheose des aufgeklärten Monarchen wahrzunehmen, der den Eigensinn der Feudalität brechen, das Volk zur Ordnung rufen und für die Einhaltung der Ordnung schließlich gütig belohnen soll[20].

## ANMERKUNGEN

T: *La comedia nueva* zitiert nach: L. Fernández de Moratín, *La comedia nueva – El sí de las niñas,* ediciones, introducciones y notas de J. Dowling y R. Andioc, Madrid 1968 (Clásicos Castalia 5). Die Ausgabe enthält zwei informative einführende »estudios«, zu *La comedia nueva* von J. Dowling (S. 33–56), zu *El sí de las niñas* von R. Andioc (S. 137–157). – Erstausg. Madrid 1792 (Benito Cano). – Übers.: *La comedia nueva o el café. Das neue Lustspiel, oder das Kaffeehaus.* Aus dem Spanischen von Manuel Ojamar. Mit Originaltext zur Seite, Leipzig 1800 (Weygand); sowie: *Das Kaffeehaus, oder das neue Schauspiel,* ein Lustspiel in 2 Akten. Aus dem Spanischen frei übersetzt und zur geselligen Unterhaltung am Kamin, imgleichen für kleinere Privatbühnen auf dem Lande, bestimmt von Ant. v. Halem, Bremen 1835 (Schünemann's Verlagsbuchhandlung).

L: R. Andioc, *Sur la querelle du théâtre au temps de Leandro Fernández de Moratín,* Tarbes 1970; J. A. Cook, *Neo-Classic Drama in Spain. Theory and Practice,* Dallas 1959; J. Dowling, *Leandro Fernández de Moratín,* New York 1968; G. C. Rossi, *Leandro Fernández de Moratín. Introducción a su vida y obra,* Madrid 1974; L. Sánchez Agesta, »Moratín y el pensamiento político del despotismo ilustrado«, Revista de la Universidad de Madrid 9 (1960), S. 567–589; J. Sarrailh, *L'Espagne éclairée de la seconde moitié du XVIIIe siècle,* 2. Aufl. Paris 1964.

A: 1 Vgl. etwa *Europäische Literatur und lateinisches Mittelalter,* 4. Aufl. Bern–München 1963, S. 271ff.

2 Immerhin haben aber die detaillierten theatergeschichtlichen Forschungen von Andioc (s. L., S. 15–43) ergeben, daß die neue, französisch orientierte Dramaturgie bei ihrem Madrider Publikum nicht ganz so erfolglos gewesen ist, wie das früher dem Bild (und dem Wunsch) der traditionalistischen Ideologie eines Menéndez y Pelayo oder Cotarelo y Mori entsprach.

[3] Aufgrund ihrer ausgeprägten poetologischen Komponente wäre diese Gattungsreihe als eine generische Subkategorie von der weiteren Kategorie des ›Theaters im Theater‹ zu unterscheiden. Über die zahlreichen Theatertexte, die vor allem während des Barock und der Romantik zu der letzteren Kategorie beigetragen haben, unterrichten etwa R. J. Nelson, *Play within a Play,* New Haven 1958, oder M. Schmeling, *Das Spiel im Spiel,* Saarbrücken 1977.

[4] Vgl. dazu die nach dem Personenverzeichnis und der Ortsangabe (»La escena es en un café de Madrid, inmediato a un teatro«) placierte Zeitangabe: »La acción empieza a las cuatro de la tarde, y acaba a las seis« (62).

[5] Vgl. Dowling, »Estudio«, s. T., S. 39.

[6] Die Handlung weist also durchaus einen gewissen »enredo« auf, der – wohl wegen seiner alltagsnahen Unscheinbarkeit – von der literarhistorischen Opinio communis häufig übersehen oder geleugnet wird. Dabei ist für die geschickt auf Spannung hin angelegte Dramaturgie der Komödie bezeichnend, daß die Schürzung des Handlungsknotens gerade in der letzten Szene des ersten Akts stattfindet, wenn das Gespräch zwischen Eleuterio und Hermógenes noch einmal die ökonomischen und familialen Interessen zusammenfaßt, über welche die Geschehnisse des zweiten Akts dann zu entscheiden haben.

[7] Vgl. L. Fernández de Moratín, *Obras póstumas,* Madrid 1867, Bd. 1, S. 113f.

[8] Vgl. Andioc, s. L., S. 227 und 89.

[9] Vgl. Dowling, »Estudio«, s. T., S. 43–48.

[10] Charakteristisch dafür ist bereits in I 3 (71f.) die Episode der Tonadilla, die Eleuterio in Windeseile zu improvisieren versucht.

[11] In Bezug auf Comella rühmt Dowling (»Estudio«, s. T., S. 45) mit Recht ein »repertorio enriquecido con los valores teatrales de la música y el espectáculo«.

[12] Vgl. C. Goldoni, *Il teatro comico,* Mailand (Signorelli) 1969, S. 24 (I 11).

[13] Vgl. hierzu in *El sí de las niñas* auch Don Diegos Raisonnement gegen die »pérfida disimulación« (263).

[14] Zur *copia verborum* als dem traditionellen Wesensmerkmal des Pedanten vgl. U. Schulz-Buschhaus, »Molière und die Verwandlungen des *Pedante*«, Sprachkunst 10 (1979), S. 156–172, hier S. 162ff.

[15] Andioc, s. L., S. 221.

[16] Vgl. C. Goldoni, *Il teatro comico* (vgl. Anm. 12), S. 18 (I 6) oder S. 54 (III 3).

[17] Das wird besonders deutlich durch einen Brief Moratíns an Godoy vom 20. Dezember 1792, in dem er das aristokratische Heroismus-Ideal der traditionellen comedia beschuldigt, sowohl die Ordnung der Familie als auch (durch die Mißachtung des königlichen Gewaltmonopols) jene des Staates anarchisch zu unterminieren: »Las doncellas admiten en su casa a sus amantes, mientras el padre, el hermano o el primo duermen [...]. La autoridad paterna se ve insultada, burlada y escarnecida. [...] No es *caballero* el que no se ocupa en amores indecentes [...]. No es *caballero* tampoco el que no fía su razón a su espada, [...] el que no defiende el paso de una calle o de una puerta a la Justicia, haciendo resistencia contra ella, matando o hiriendo a quantos le amenazan con el *nombre del Rey* y abriéndose el paso a la fuga, que siempre se verifica, sin que estos delitos se vean castigados, como era consiguiente, sino antes bien, aplaudidos con el nombre de *heroicidad y de valor*« (zitiert nach Andioc, s. L., S. 179).

[18] Vgl. Andioc, s. L., S. 229.

[19] Die Idee dazu hat Moratín möglicherweise aus Goldonis *La bottega del Caffè* übernommen, wo Don Marzio, der Vertreter des schlechten Alten, gleichfalls eigensinnig auf der Unfehlbarkeit seines angeblich aus London importierten »orologio« besteht.

[20] Damit bestätigt sich auch durch die Handlungsführung der berühmtesten Komödien ANDIOCS im Hinblick auf die Harmonisierung von »naturaleza« und »arte« formulierter Befund, nach dem der »néo-classicisme« – »en somme« – als die »esthétique de l'absolutisme bourbonien« zu gelten hat (vgl. ANDIOC, s. L., S. 597).

*CHRISTIAN WENTZLAFF-EGGEBERT*

# ÁNGEL DE SAAVEDRA, DUQUE DE RIVAS · DON ÁLVARO, O LA FUERZA DEL SINO

Zumindest in Spanien gilt vielen *Don Álvaro, oder die Macht des Schicksals* als das romantische Drama schlechthin. Auszüge fehlen in keiner Anthologie, und jeder Verlag, der auf sich hält, bietet eine reichlich kommentierte Ausgabe: offenbar wird das Stück also in Schulen und Universitäten fleißig gelesen.

Seltener hört man von Aufführungen, was mehr auf Anlage und Ausstattung des Werkes zurückzuführen sein dürfte als auf die Handlung; denn diese mag man ›regelwidrig‹, ›unwahrscheinlich‹ und ›melodramatisch‹ nennen, langweilig ist sie nicht: der zugrundeliegende Konflikt trägt sogar ausgesprochen moderne Züge, obwohl die Handlung in das 18. Jahrhundert zurückverlegt wird.

Dem »indiano« Don Álvaro, einem offensichtlich vermögenden jungen Mann aus den amerikanischen Kolonien, über dessen Herkunft und Familie nichts Genaueres bekannt ist, gelingt es in Sevilla nicht, vom Marqués de Calatrava das Einverständnis zur Heirat mit dessen Tochter Doña Leonor zu erhalten. Er beschließt deshalb, sie zu entführen. Dabei überrascht ihn der Marqués. Als Don Álvaro auf die Knie fällt, sein Schicksal in die Hand des Marqués legt und als Beweis die Pistole zu Boden wirft, löst sich ein Schuß, der den Vater von Doña Leonor tödlich verletzt. Sterbend verflucht dieser seine Tochter (I).

Ein Jahr später erregt in der Herberge von Hornachuelos bei Córdoba ein junger Mann, der dem Zuschauer zunächst verborgen bleibt, die Aufmerksamkeit eines Studenten. Der hat, wie er berichtet, lange Zeit mit seinem Freund, Don Alfonso de Vargas, dem jüngeren Bruder Doña Leonors nach dieser und Don Álvaro gesucht. Inzwischen allerdings haben beide erfahren, daß Doña Leonor tot und Don Álvaro nach Amerika zurückgekehrt ist, wo Don Alfonso ihn jetzt sucht. Auf die Frage des Studenten, ob der Jüngling in der Herberge denn nicht vielleicht eine Frau sei, erhält er weder vom Maultiertreiber Tío Trabuco noch von den Wirtsleuten Antwort, obwohl die Wirtin längst weiß, daß es sich um eine Frau handelt. Als sie schließlich ihren Mann ins Vertrauen zieht, hat der weibliche Gast das Haus bereits durch das Fenster verlassen. Spätestens zu diesem Zeitpunkt ist dem Publikum klar, daß es sich um Doña Leonor handeln muß, was diese in einem kurzen Monolog bestätigt. In einem langen Zwiegespräch mit dem Prior des nahen Klosters beharrt Doña Leonor anschließend auf ihrem Entschluß, als

Einsiedlerin den Rest ihres Lebens in völliger Abgeschiedenheit zu verbringen. Ihre Sicherheit vor der Welt, aber auch vor ihren Brüdern ist dort garantiert. Wer wollte ihren Frieden stören? »¿Y quién pudiera atreverse, hija mía, sin que al punto sobre él tronara la venganza eterna?« (124) fragt beruhigend der Pater, der sie in die Einsiedelei einführt und erzählt anschließend, es sei, als einmal drei Banditen sich ihrer Vorgängerin und dem heiligen Ort hätten nähern wollen, ein schreckliches Gewitter losgebrochen: zwei erschlug der Blitz, der dritte rettete sich zitternd in die Kirche, nahm die Kutte und starb zwei Monate später (II).

Don Álvaro ist nach dem Unglücksfall in Sevilla, von Doña Leonors Tod überzeugt, nach Italien zur Armee gezogen und hat unter falschem Namen große Heldentaten vollbracht. Unter anderem rettet er Don Carlos de Vargas das Leben, ohne in ihm den ältesten Sohn des Marqués zu erkennen, da auch der Bruder Doña Leonors den Namen geändert hat. Beide werden enge Freunde. Später jedoch wird Don Carlos klar, wem er seinerseits im Treffen von Veletri bei Rom – einer für den 10. August 1744 belegten Schlacht – das Leben gerettet hat (III).

Er wartet ab, bis Don Álvaro geheilt ist, zwingt den Widerstrebenden zum Zweikampf und teilt ihm mit, daß seine Schwester lebt, daß er sie aber töten werde, um die Ehre seiner Familie wieder herzustellen. Nun fühlt Don Álvaro, der den Tod suchte, sich zum Kampf verpflichtet. Er siegt und verfällt in Verzweiflung wegen des Schmerzes, den der Tod des Bruders der geliebten Leonor bereiten wird (IV).

Don Álvaro, der nach Spanien zurückgekehrt ist, lebt schon seit vier Jahren als Pater Rafael in jenem dem Publikum bereits bekannten Franziskaner-Kloster bei Hornachuelos, in dem Doña Leonor die Einsiedelei vermittelt worden war, als Don Alfonso de Vargas, der zweite Sohn des Marqués nach ihm fragt; dieser hat ihn bis in Amerika gesucht, das Geheimnis seiner Herkunft gelüftet und ihn jetzt bis in seine Mönchszelle verfolgt. Trotz beleidigender Reden von Don Alfonso gelingt es Don Álvaro zunächst Fassung zu bewahren; schließlich aber akzeptiert er die Herausforderung zum Zweikampf. Er verläßt mit Don Alfonso das Kloster um sich mit ihm zu schlagen. Dies geschieht ganz in der Nähe der Einsiedelei von Doña Leonor, von der keiner der beiden weiß. Zuckende Blitze erleuchten den Kampfplatz, wie Don Alfonso verwundet zu Boden sinkt. Als Don Álvaro laut nach Hilfe für den Sterbenden ruft, eilt Doña Leonor herbei. Der überraschte Bruder glaubt, sie lebe im Verborgenen mit dem Mann zusammen, der seinen Vater getötet hat, und durchbohrt mit letzter Kraft ihr Herz mit dem Degen. Daraufhin stürzt sich Don Álvaro in seiner Verzweiflung in den Abgrund, während der Chor der Mönche fleht »Erbarmen, Herr, Erbarmen« (V).

Die Inhaltsangabe bringt nur unvollkommen zum Ausdruck, welch übermächtige Gefühle in diesem Drama vor den Augen des Zuschauers in Szene gesetzt werden und wie gewaltig und – wenigstens scheinbar – ohne Sinn die Schicksalsschläge sind, denen Don Álvaro sich ausgesetzt sieht, obwohl er zumindest im 2. Teil des Dramas alles versucht, um einem tragischen Verhängnis auszuweichen, indem er unter falschem Namen in Italien lebt und schließlich in der Abgeschiedenheit des Klosters ein weltabgewandtes Leben führt.

Das Stück weist formal eine Reihe von Zügen auf, die sich häufig in romantischen Dramen finden. Die Einheit von Ort und Zeit wird nicht beachtet, die Handlung ist weit aufgefächert. Partien in Prosa mischen sich mit solchen, die versifiziert sind, und wo dies der Fall ist, finden sich die verschiedensten Verslängen und Reimverfahren.

Die Handlung sprengt den Rahmen des Üblichen schon dadurch, daß sie auf einen Zeitraum von fünf Jahren und weit auseinanderliegende Orte verteilt ist. Sie gewinnt eine spezielle Färbung durch die Mischung des Tons, denn zwischen zahlreichen Szenen, die tragisch, zumindest aber pathetisch wirken, finden sich auch komische. Hinzu kommen das Geheimnis, das die Herkunft des Haupthelden umgibt, die bereits erwähnte Intensität des Gefühls und die große Zahl erdrückender Schicksalsschläge, welche den Haupthelden treffen, recht heterogene Ingredienzien also, die aber alle auf eine Sensibilität zielen, die sich von klassizistischen Maßstäben weit entfernt hat.

Auch daß das tragische Los Don Álvaros deutlich als ein spanisches Schicksal ausgewiesen ist, muß in diesem Zusammenhang gesehen werden. Spanisch ist der Rahmen, in welchem das Schicksal sich erfüllt: vom Stierkampf ist die Rede, ein Maultiertreiber tritt auf, eine Zigeunerin. Als spanisch erscheint auch die Dimension der Leidenschaften, als spanisch werden die Charaktere und die Verhaltensweisen der Hauptfiguren präsentiert. Den Anfang der Akte I, II und V, die hier »jornadas« heißen, bilden jeweils Szenen von beachtlicher Farbigkeit des Lokalkolorits, die gleichzeitig sehr geschickt zur Exposition der Handlung und zur Unterrichtung des Zuschauers über deren Voraussetzungen benutzt werden.

Gleich die erste Szene des Dramas spielt an einer der exponiertesten Stellen Sevillas. Glaubt man der im Wortsinn »pittoresken« Bühnenanweisung, die fast eine Seite lang ist, sollte dem Publikum ein typisches, ja klischeehaftes Panorama geboten werden, das den Blick auf so charakteristische Aspekte des populären Sevilla freigibt wie den Guadalquivir, den Puente de Triana, die Alameda und die Viertel Triana und Los Remedios.

Viele Forscher haben die Entstehung des *Don Álvaro* in die Zeit des Exils verlegt[1]. Diese Art der Auswahl und Betonung sinnfälliger Elemente des

Lokalkolorits könnte als zusätzlicher Hinweis darauf gewertet werden, das Drama sei nicht nur in Frankreich entstanden, sondern im Grunde für eine Pariser Bühne geschrieben. Doch ist diese Erklärung wohl zu vordergründig. Mit Recht verweist Ermanno Caldera in der Einleitung zu seiner Ausgabe darauf, daß der Duque de Rivas schon im *Moro expósito*, einer langen Versdichtung, der die Legende der *Siete infantes de Lara* zugrundeliegt, der Forderung Rechnung getragen habe, auch die romantischen Ideen im nationalen Kontext umzusetzen: »Hispanizar el romanticismo, explotando el rico patrimonio nacional de una tradición histórico-legendaria, era el programa que en 1828 propusiera Durán en su célebre *Discurso*«[2]. Und der Titel dieser Programmschrift Augustín Duráns ist aufschlußreich: *Discurso sobre el influjo que ha tenido la crítica moderna en la decadencia del Teatro antiguo Español, y sobre el modo con que debe ser considerado para juzgar convenientemente de su mérito peculiar*[3]. Sie gehört in die lange Reihe der Versuche, den Ruf Spaniens und der spanischen Literatur zu verbessern, der im 18. Jahrhundert so gelitten hatte. Sie steht aber auch selbst im Banne ausländischer Einflüsse. Der patriotisch gestimmte Autor stützt sich auf die Ideen der Gebrüder Schlegel, auf Madame de Staël, auf Chateaubriand und wohl auch auf A. Manzoni. Dabei gehört Durán zu den Liberalen, die 1823 nach dem Trienio Liberal das Land nicht verlassen müssen. Seine Kenntnis des Auslands bezieht er aus Schriften, sein Bild von der »spanischen Seele« richtet er an den Personen der »comedia« des Siglo de Oro aus[4]. Das romantische Weltbild des Duque de Rivas dagegen ist nicht nur livresken Ursprungs.

Wie viele spanische Romantiker verbrachte auch Ángel de Saavedra aus politischen Gründen lange Jahre im Ausland. Eines seiner bekanntesten Gedichte, *El faro de Malta*, ist auf der damals englischen Mittelmeerinsel entstanden, und die Anfänge des *Don Álvaro* dürften in das französische Exil zurückreichen. Seine Widmung des Stückes an Antonio Alcalá Galiano jedenfalls beginnt er mit den Worten:

> Como memoria de otro tiempo menos feliz pero más tranquilo, dedico a usted este drama que vio nacer en las orillas del Loira, mando los recuerdos de las del Guadalquivir, de las costumbres de nuestra patria, y de los rancios cuentos y leyendas que nos adormecieron y nos desvelaron en la infancia, tenían para nosotros todo el mágico prestigio que dan a tales cosas la proscripción y el destierro. En esta otra reconocerá usted la misma que con tanta inteligencia y mejoras puso en francés para que se representara en los teatros de París. No se verificó esto, como usted sabe, por las inesperadas circunstancias que dieron fin a nuestra expatriación. Y ahora la presento en los de Madrid, con algunas variaciones esenciales y engalanada con varios trozos de poesía [...][5].

Daß eine erste Fassung des Stückes, die leider verschollen ist, für die Pariser Bühnen bestimmt gewesen wäre, erklärt den gerade im *Don Álvaro* besonders deutlich zu erkennenden Einfluß der französischen Romantik. Das Zitat zeigt aber auch, daß vor allem der Rückgriff auf die »costumbres« und auf traditionelle Stoffe und Motive dem Drama das spanisch-nationale Gepräge verleihen sollen. Auf letztere im einzelnen einzugehen, würde zu weit führen[6], und manches kostumbristische Element wurde schon erwähnt. Bemerkenswert ist vielmehr, wie ungeniert diese gehäuft werden. In den erwähnten Szenen, mit denen die erste »jornada« eröffnet wird, tauchen unter anderem ein Wasserverkäufer, ein Stierkämpfer und eine aus der Hand lesende Zigeunerin auf, drei Typen also, die jede für sich vor dem Hintergrund der Sevillaner Kulisse, das Lokalkolorit ausreichend verdeutlicht hätte.

Der Name der Zigeunerin, die beim Duque de Rivas Preciosilla heißt, verweist zu deutlich auf die berühmte Vorläuferin Preciosa bei Cervantes, als daß man die Quellen für die Sevilla zugeordneten Figuren nur in der Beobachtung der zeitgenössischen Realität vermuten möchte. In der Tat entpuppen sich andere Personen der Eröffnungsszenen ebenfalls als Verwandte bekannter literarischer Typen, wie etwa der Maultiertreiber in II,1 oder Bruder Melitón, ein Nachfahre des »gracioso« in II,4, II,6 und den ersten Szenen des 5. Aktes. Dennoch erschöpft sich dieser »costumbrismo« nie im Pittoresken. In der Theatergeschichte von A. Valbuena Prat trägt einer der Abschnitte über *Don Álvaro* zurecht die Überschrift »El latente problema social«.

> Aun cuando nadie – schreibt Valbuena Prat – haya visto un problema social en *Don Álvaro,* está bien patente, [...]. El pueblo es bueno, como afirmarán los liberales roussonianos, ingenios y decimonónicos. El comprende al héroe generoso – como también al bandido; y es la aristocracia forjada en un viejo concepto del honor, la que tendrá la culpa de su desgracia. Aunque no se defina un problema clasista, está evidentemente en germen en esta poderosa y españolísma tragedia. Y también son buenos el militar y el fraile. En la guerra triunfará valerosamente, y en el convento será objeto de las mayores atenciones. Y ahí sera donde un tipo del pueblo le tendrá ojeriza; [...][7].

Zahlreiche Stellen ließen sich im Sinne der Argumentation von Valbuena Prat als Beleg dafür anführen, daß der Duque de Rivas in *Don Álvaro* auch die Frage nach der Angemessenheit sozialer Verhaltensweisen aufwirft. Am deutlichsten wird dies im Fall des Kanonikus, der sich ganz mit den konservativen Grundsätzen des Adels identifiziert und in I,2 einen Offizier mit den Worten belehrt: »Paso, paso, señor militar. Los padres tienen derecho de casar a sus hijas con quien les convenga.« (83) und als dieser auf einer liberalen Position beharrt, die auch dem romantischen Konzept der Liebe als der das Individuum bestimmenden – aber auch befreienden – größeren Leidenschaft Rechnung trägt, den speziellen Fall so expliziert:

> Señor militar, el señor Marqués hace muy bien. El caso es sencillísimo. Don Álvaro llegó hace dos meses y nadie sabe quién es. Ha pedido en casamiento a

> Doña Leonor; y el Marqués, no juzgándolo buen partido para su hija, se la ha negado. Parece que la señorita estaba encaprichadilla, fascinada, y el padre la ha llevado al campo, a la hacienda que tiene en el Aljarafe para distraerla. En todo lo cual el señor Marqués se ha comportado como persona prudente.

Und auf die Frage des Offiziers, wie es wohl weitergehen werde, fährt der Domherr ungerührt und apodiktisch herablassend fort:

> Para acertarlo debería buscar otra novia; porque, si insiste en sus descabelladas pretensiones, se expone a que los hijos del señor Marqués vengan, el uno de la universidad, y el otro del regimiento, a sacarle de los cascos los amores de Doña Leonor. (84)

Dieser Kanonikus wird es auch sein, der die Tragödie auslöst, weil er seinen Überzeugungen gemäß den Marqués benachrichtigt, daß Leonor fliehen und Don Álvaro heimlich heiraten will.

Das Nebeneinander von konservativen und liberaleren Auffassungen kann nicht überraschen, bedenkt man, daß das Drama am 25. März 1835 in Madrid uraufgeführt wurde. Nach dem Tode Ferdinands VII. waren zahlreiche Liberale aus jahrelangem Exil zurückgekehrt. Politisch fanden jedoch viele das am 10. April 1834 erlassene Estatuto Real enttäuschend. Während vielen Konservativen die Reform bereits zu weit ging, strebten die progressiven Elemente danach, diesen zaghaften Schritt in Richtung auf eine konstitutionelle Monarchie durch eine Lösung zu ersetzen, nach der ein auf breiter Basis gewähltes Parlament entscheidenden Einfluß haben sollte, ein Bestreben, das im folgenden Jahr zu revolutionären Unruhen führte.

Trotzdem ist es kein Zufall, daß erst A. Valbuena Prat ausführlicher auf diese in *Don Álvaro* spürbaren Positionen eingeht, denn diese harmonieren mit Prämissen der dramatischen Verwicklungen, die eine lange literarische Tradition haben. Das aus der ›comedia‹ des Siglo de Oro bekannte Problem der Ehre wird von der adeligen Familie des Marqués überstrapaziert. Es wirkt geradezu absurd, daß auch der ungewollte Tod des Marqués um jeden Preis gerächt werden muß und Don Alfonso den Geliebten seiner Schwester, nur weil seine Herkunft nicht bekannt ist, wie einen Ehrlosen beschimpft und abschätzig ausruft:

> ¡¡Nobleza un aventurero!!
> ¡¡Honor un desconocido!!
> ¡¡¡Sin padre ... sin apellido,
> advenidizo ... altanero!!! (153)

Die Vermehrung der Ausrufungszeichen soll wohl zum Ausdruck bringen, wie sich Don Alfonso, berauscht von der Absurdität der Unterstellungen, in seine Verachtung für Don Álvaro, der ja noch vor kurzem sein bester Freund war, hineinsteigert. Der Ehrbegriff verliert so bei den Vargas die Selbstverständlichkeit einer Verhaltensregel, die allgemein akzeptiert wird. Während weder in I,2 noch in der »jornada« IV, trotz des Verbots des Königs in Frage gestellt wird, daß man eine Herausforderung zum Duell anzunehmen hat, wirkt der kompromißlose und übersteigerte Ehrbegriff der Vargas ebenso antiquiert und anachronistisch wie die Halle ihres Palastes im Alfaraje, die in einer Bühnenanweisung so beschrieben wird:

> El teatro representa una sala colgada de damasco con retratos de familia, escudos de armas y los adornos que se estilaban en el siglo pasado, pero todo deteriorado [...] (87)

Dieser durch nichts zu rechtfertigende ›Ehrbegriff‹, der den Tod von vier jungen Menschen verursacht, ist so nicht nur eine der Triebfedern der Handlung, sondern die Metapher für ein nicht zu begreifendes absurdes Schicksal, für die »fuerza del sino«, die der Untertitel des Stückes benennt. Dieses »sino« hat nichts mit dem Schicksal griechischer Tragödien zu tun. Es spiegelt vielmehr die Ablehnung jedes Konzepts, das die Welt als gottgewollt oder wohlgeordnet auffaßt. Charakteristisch für das »sino« in *Don Álvaro* ist gerade, daß der Glaube in jede Art von Vorsehung verloren gegangen ist und die Schicksalsschläge arbiträr, ja absurd erscheinen müssen. Auch die Liebe zu einem Menschen oder gar zu Gott bietet keinen dauerhaften Schutz: Don Álvaro wird auch dann noch dazu gezwungen zu töten, als er sich im Kloster vor sich selbst sicher glaubt[8], und seine Geliebte Leonor, die, ohne daß er es wußte, jahrelang in unmittelbarer Nähe als Büßerin gelebt hat, stirbt durch die Hand des Bruders, dem sie helfen wollte, weil dieser die Situation falsch deutet, als Opfer eines gräßlichen Mißverständnisses. Als Antwort begeht Don Álvaro Selbstmord. Er stirbt mit dem Aufschrei:

> Infierno, abre tu boca y trágame; esparce por el mundo tus horrores; húndase el cielo; perezca la raza humana ... Exterminio, destrucción, exterminio. (194).

Zwar folgen noch, wie wir schon sahen, die Worte »¡Misericordia, Señor! ¡Misericordia!«, mit denen die inzwischen herbeigeeilten Mönche die Szene kommentieren, doch heben sie deren Wirkung nicht auf. So muß man D. L. Shaw recht geben, wenn er in Übereinstimmung mit Richard Cardwell feststellt: »La dimensión religiosa de la obra, que la crítica enfatiza tanto, existe en realidad para crear un contraste irónico con la visión de la vida dominada por una fatalidad injusta que, al final, reduce todo a un juego de azares sin sentido.«[9].

Vieles, was heute an *Don Álvaro* schockiert und die Aufführung erschwert: die neben zahlreichen Statisten benötigten 56 anderen Personen etwa oder die Vielzahl der Schauplätze, die Übertreibung von Leidenschaften oder die gelegentliche ironische Verzerrung von traditionellen Motiven und Typen sowie die Vermischung von Tonlage, Stilebenen und Soziolekten, all das wird verständlicher, wenn man sich vor Augen hält, daß *Don Álvaro* als romantisches Manifest, als Provokation empfunden wurde.

Dies geht ganz klar aus der Besprechung hervor, die am 25. März 1835 in der *Revista Española* erschien und mit den Worten beginnt:

> Quien niegue ó dude que estamos en revolucion, que vaya al teatro del Principe y vea representar el drama de que ahora me toca dar cuenta á mis lectores. No es cosa de poca monta su aparicion en la escena con sus frailes y sus soldados, con sus estravangancias y sus lugares comunes, con sus altos y sus bajos, con sus burlas y sus veras, con sus cosas que huelen á doscientos años atras y sus otras cosas flamantes, novísimas, con sus resabios de española antigua y sus señales de estrangería moderna. No se parece mas el gobierno á lo Calomarde y el Estatuto Real, que el Pelayo ó el Sí de las niñas y D. Alvaro ó la fuerza del Sino. Verdad es que en España teníamos nuestros comediones llenos de incesos espantosos y de bufonadas, y que pueden salirnos con que el autor de la nueva comedia, ó drama, ó lo que fuere, no ha hecho otra cosa sino establecer las leyes fundamentales de la poesía dramática, en tiempos pasados cuando llegó el teatro español al mas alto punto de prosperidad y de gloria. Pero habrá quien diga que esta produccion, como nuestro sistema representativo, aun cuando se parezca á lo que hubo en nuestra patria hace algunos años, todavía tiene mas semejanza con las prácticas de la antigua Inglaterra y de la Francia de nuestros dias. Sea como fuere ó antigualla remozada ó novedad con máscara de vejez, lo cierto es que don Alvaro es obra de especie muy distinta de cuanto hemos visto de algun tiempo acá y estamos viendo en nuestro teatro.[10]

Und doch stand für den Duque de Rivas wie für die Mehrheit des Publikums wohl ein ganz anderer Gesichtspunkt im Vordergrund: der Wunsch zu einer eigenen ›spanischen‹ Literatur zurückzufinden, die den kulturellen Einfluß des Auslandes zurückdrängen könnte. Darauf weisen nicht nur die kostumbristischen Züge und der Rückgriff auf Werke des Siglo de Oro im Stück selbst hin, sondern auch der Einschub »todavía tiene mas semejanza con las prácticas de la antigua Inglaterra y de la Francia de nuestros dias«. Unübersehbar aber wird diese frühe »preocupación por España« im letzten Satz einer kurzen Notiz, mit der die Zeitschrift *El Artista* die Aufführung angekündigt hatte:

> Dificil seria no congratularse al ver una composicion original ocupando por algunos dias una escena invadida por muy modestas traducciones.[11]

## ANMERKUNGEN

T: *Don Álvaro o la fuerza del sino,* Madrid 1835. Zit. Ausgabe: Duque de Rivas, *Don Álvaro o la fuerza del sino.* Hrsg. v. E. Caldera, Madrid 1986; diese Ausgabe beruht auf den Rollenbüchern, die der ersten Aufführung zugrundelagen. Duque de Rivas, *Don Álvaro o la fuerza del sino.* Hrsg. v. D. L. Shaw, Madrid 1986, die von der Erstausgabe (1835) ausgeht und die Varianten der Gesamtausgabe (1854–55) berücksichtigt.

L: Lesenswert sind die Einleitungen von E. Caldera und D. L. Shaw in den genannten Ausgaben. Vgl. daneben: J. L. Alborg, *Historia de la literatura española,* Bd. IV, *El romanticismo,* Madrid 1980; R. Andioc, »Sobre el estreno de *Don Álvaro*«, in: *Homenaje a Juan López Morillas,* Madrid 1982, S. 63–86; G. Boussagol, *Ángel de Saavedra, Duc de Rivas,* Toulouse 1926; E. Caldera, *Il dramma romantico in Spagna,* Pisa 1974; R. Cardwell, »*Don Álvaro* or the Force of Cosmic Injustice«, in: *Studies in Romanticism* XII, 1973, S. 559–579; J. Casalduero, »*Don Álvaro* o el destino como fuerza«, in: ders., *Estudios sobre el teatro español,* Madrid 1962, S. 272–307; R. Navas Ruíz, *El romanticismo español,* Salamanca 1970; R. Navas Ruíz, »Introducción« zu seiner Ausgabe des *Don Álvaro,* Madrid 1975; E. A. Peers, *Ángel de Saavedra, Duque de Rivas: A Critical Study,* New York 1923, und in: *Revue Hispanique* 58, 1923; E. A. Peers, *Historia del movimiento romántico español,* Bd. I u. II, Madrid 1954; F. Ruíz Ramón, *Historia del teatro español,* Madrid 1967; B. Sedwick, »Riva's *Don Álvaro* and Verdi's *La forza del destino*«, in: *Modern Language Quarterly* 16, 1955, S. 124–129; A. Valbuena Prat, *Historia del teatro español,* Barcelona 1956.

A: 1 Vgl. Alborg, s. L. S. 482ff.

2 Caldera, s. T., Einleitung, S. 31.

3 Ed. crit. D. L. Shaw, Univ. of Exeter 1973.

4 Vgl. Alborg, s. L., S. 141.

5 Vgl. Shaw, s. T., S. 59.

6 Vgl. Caldera, s. T., Einleitung, S. 27–33.

7 Valbuena Prat, s. L., S. 483.

8 Kloster und Kerker sind romantische Orte, die auch im *Don Álvaro* Symbolwert haben. Shaw, s. T., S. 37, hebt zu Recht hervor, daß Don Álvaro selbst in einem Monolog den Symbolwert des Kerkerbildes unterstreicht, wenn er sagt: »Este mundo ¡qué calabozo profundo!« oder an anderer Stelle: »Así, en la cárcel sombría mete una luz el sayón, con la tirana intención de que un punto el preso vea el horror que lo rodea en su espantosa mansión.« (III,3). Die Welt wird als Gefängnis empfunden, als ein Gefängnis von dem der Held gerade soviel sieht, daß er all seine Schrecken erkennen kann. – Der Rückzug von Don Alvaro ins Kloster, Rückkehr zu den gesicherten Werten der Vergangenheit, zu der Ruhe, die früher der Glaube hatte verleihen können, mißlingt – muß mißlingen, weil diese Werte für den Helden nicht mehr die Gültigkeit haben, die sie in längst vergangenen Zeiten haben konnten.

9 Shaw, s. T., S. 20.

10 *Revista Española. Periódico dedicado a S. M. la Reina Gobernadora. Mensagero de las cortes,* Madrid, número 25, Miércoles 25 de Marzo de 1835, S. 102.

11 *El Artista,* Madrid, 1835–36, 3 Bde., Hrsg. v. A. González García u. a., Madrid 1981 (Reprint), Bd. I, Entrega XII, S. 144.

*DIETRICH BRIESEMEISTER*

# JOSÉ ZORRILLA · DON JUAN TENORIO

Nach dem Tod König Ferdinands VII. (1833) erreicht das romantische Theater in Spanien mit einer dichten Folge bedeutender Schauspiele den Höhepunkt seiner im Vergleich zur zeitgenössischen Literatur in anderen europäischen Ländern verzögerten Entwicklung. Das 1834 wenige Monate vor Mariano José de Larras *Macías* in Madrid aufgeführte historische Prosadrama *La conjuración de Venecia* von Francisco Martínez de la Rosa leitet über zu der neuen Bewegung, der 1835 mit *Don Alvaro o La fuerza del sino* von Angel de Saavedra Duque de Rivas der aufsehenerregende Durchbruch gelingt. Im folgenden Jahr erringt der junge Antonio García Gutiérrez mit dem Erstlingswerk *El Trovador* einen unerhörten Erfolg, den freilich sein Freund José Zorrilla y Moral (1817–1893) mit *Don Juan Tenorio* (1844) noch weit übertreffen sollte. 1837 wird die Bearbeitung der dramatischen Legende *Los amantes de Teruel* von Juan Eugenio Hartzenbusch aufgeführt, der dafür bezeichnenderweise auf dichterische Vorlagen des Siglo de Oro zurückgreift.

Dem Versdrama *Don Juan Tenorio* des in seiner Zeit berühmtesten spanischen Dichters, der über dreißig Bühnenstücke verfaßt hat, gehen mehrere wichtige dramatische Werke mit historisch-legendären Vorwürfen voraus: *El zapatero y el rey* (1840/1842), *Sancho García* (1842) sowie *El puñal del godo* (1843). Zorrilla selbst hielt später *Traidor, inconfeso y mártir* (1847), ein Drama um die unglückliche Gestalt des Königs Sebastian von Portugal, für seine gelungenste Schöpfung.

*Don Juan Tenorio* entstand Anfang 1844 innerhalb von nur drei Wochen. Die Uraufführung am Teatro de la Cruz in Madrid am 28. März 1844 inszenierte Carlos Latorre. Daß Zorrilla in ständiger Geldnot die Bühnenrechte für einen lächerlichen Preis an seinen Verleger verkaufte, bestimmte zeitlebens das gespaltene Verhältnis des Dichters zu diesem so populär gewordenen Werk. Immer wieder versuchte er seit der Veröffentlichung der Gedichte (1837) die Gunst des Vaters zurückzugewinnen, der ihn nach der Flucht aus dem Elternhaus (1836) verstoßen hatte, jedoch vergeblich.

## Das Geheimnis theatralischer Wirksamkeit: die dramatische Komposition des *Don Juan Tenorio*

Zorrilla greift in einer merkwürdigen zeitlichen Übereinstimmung mit Dichtern, die in Deutschland, England und Frankreich Gestalt und Schicksal des prahlerischen Verführers und Haudegens neu zu deuten versuchen, den in Spanien vor allem durch *El Burlador de Sevilla y convidado de piedra* (gespielt 1613) bekannten Don Juan Stoff auf, ohne bei der überstürzten Ausarbeitung noch Zeit für Quellenstudien zu haben. Ausgedehnte Lektürekenntnisse des mit leichter Feder schreibenden jungen Dichters sind jedoch unverkennbar. Das Werk ist der eindrucksvoll gelungene Wurf eines Siebenundzwanzigjährigen mit höchst ausgeprägtem Gespür für bühnenwirksame Gestaltung. In wichtigen Motiven und Elementen wird diese seit etwa 1838 vorbereitet durch die poetische Neufassung volkstümlich überlieferter Legendenerzählungen[1]. Zorrilla hinterließ auch ein unvollendetes, umfangreiches Werk *La leyenda de don Juan Tenorio,* das 1895 nach seinem Tod erschien.

Das zweiteilige Theaterstück ist mit einer Fülle von Entsprechungen kontrapunktisch aufgebaut. Den vier Akten des ersten Teils stehen drei im zweiten Teil gegenüber, die jedoch trotz einer zeitlichen Lücke von fünf Jahren in der Handlungsabfolge durch den entscheidenden »Bekehrungsakt« Don Juans im vierten Akt in dramatisch steigernder Asymmetrie miteinander verknüpft werden. Damit entsteht, in gegenläufiger Spannung um das Kernstück herum organisiert, ein doppeltes Triptychon szenischer Stationen. In den ersten drei Akten gelingt es Zorrilla mit einer raschen Szenenfolge und sparsamen Darstellungsmitteln, vor einem karnevalesken Hintergrund Vergangenheit und Gegenwart Don Juans auf der Bühne dynamisch verbunden zu zeigen; und zwar mittels einer Wette, die dieser mit seinem Gegenspieler Don Luis abgeschlossen hatte bzw. deren Erneuerung den Fortgang donjuanesker Abenteuer buchstäblich ins Werk setzt, bis hin zur spektakulären Wende durch die Liebe zu Inés. Auf diesem Höhepunkt des äußeren dramatischen Konflikts – gewaltsamer Tod sowohl des D. Luis Mejía als auch des Komturs Gonzalo de Ulloa – entsteht eine Unterbrechung, die über die Auflösung der Handlung Unklarheit schafft. Insofern ist das retardierende Moment – üblicherweise im vorletzten Akt des Dramas eingelegt – auch das »Moment der letzten Spannung« (Gustav Freytag), das Errettung vor der Katastrophe und unwiderrufliches Verderben erwarten läßt. Nach dieser Entfaltung des dramatischen Konflikts in ›realistischen‹ Szenen spielt der zweite Teil auf einer der Wirklichkeit merkwürdig entrückten Ebene. Die Konfrontation mit Toten, mit der Geliebten, mit Gott ist freilich nicht minder dramatisch fortschreitend gebaut bis hin zur Abwendung der Katastrophe: die büßende Liebe der Inés rettet Don Juan unerwartet vor der strafenden Gerechtigkeit Gottes und vor drohender ewiger Verdammnis. Mit einer paradoxalen Wende endet Don Juan als Gläubiger.

Die einzelnen Akte erhalten durch die für Dramen ungewöhnliche Vorausstellung von Überschriften oder Motti im gedruckten Text eine allegorischparadigmatische Bedeutung, ja sie werden dadurch gleichsam zu Emblembildern gemacht, die aus dem dramatischen Spiel entstehen.

Das Drama setzt ein im Zeichen von »Libertinage und Skandal«, wenige Stunden, bevor die Frist für die zwischen Don Juan Tenorio und Luis Mejía geschlossene zynische Wette abläuft. Dieser Zeitraum ist zugleich die nächtliche Spielzeit des Geschehens auf der Bühne, das im Sinne der von der Poetik als Regel geforderten Einheit der Zeit eine außerordentliche Raffung erfährt. Die Konzentration grenzt sogar bei der Fülle dessen, was Don Juan erledigt, ans Unwahrscheinliche.

Nicht minder geschickt gelingt Zorrilla in der Exposition die Inszenierung des Geschehens und die Vorstellung der handelnden Personen. Das Drama wird eröffnet mit einer szenischen Konstellation, welche die Rolle des Zuschauers im Verhältnis zum Bühnengeschehen spiegelt und die theatralische Illusion umkehrt: die handelnden Personen werden teilweise selbst zu Zuschauern eines Versteckspiels maskierter Gestalten, das im Gegenübertreten der Hauptrivalen und der Entdeckung ihrer Identität (»No hagamos más el coco« Vers 391) gipfelt. Andererseits beobachten Personen vom Rande her, versteckt, unerkannt, was sich in der Schenke abspielt. Durch Verwechslungen und Vermutungen wird die Spannung gesteigert, die ohnehin bereits über Don Juans allseits erwartetem Auftritt liegt. Nicht umsonst rufen Diener den römischen Schauspieler Genest an, der die Tragödie eines christlichen Märtyrers spielend, seine Bekehrung erlebte und selbst den Tod als Blutzeuge erlitt; Zorrilla verweist damit nicht nur auf die Ebene ›Spiel im Spiel‹, sondern auch auf die Konversion Don Juans und damit auf den tieferen Sinn des Stücks als Heilsdrama.

In einem Gasthaus, wo sich Don Juan und Don Luis zur Austragung ihrer Wette verabredet haben, treffen mehrere Männer auf der Suche nach Juan Tenorio ein. Der Wirt ist unbeteiligter Zeuge, zugleich aber auch der bereitwillige Erzähler der »Geschichte« Don Juans, während dieser maskiert bereits an einem Tisch sitzt und den folgenreichen Brief an die Novizin Inés schreibt, der sein Hauptabenteuer ins Werk setzt. Der Brief, von alters her als ›Hälfte eines Dialogs‹ bestimmt, löst den rettenden Dialog mit der Geliebten am Schluß aus. Anfang und Ende, Verwicklung und Lösung, Ankündigung und Erfüllung faßt immer wieder ein spannungsreicher Bogen zusammen.

Im Gespräch der Wirthausbesucher wird Don Juan vorweg als »hombre extraordinario« (V. 37) und mutig »como un pirata« (V. 28) charakterisiert. Maskiert treten der Komtur Gonzalo de Ulloa, Vater von Doña Inés, und Don Diego Tenorio, Don Juans Vater, auf, um unabhängig voneinander jene »Wahrheit zu erforschen«, die sie beide alsbald das Leben kosten wird, wohingegen Don Juan im letzten Augenblick noch die rettende Wahrheit Gottes und die Macht der Liebe erkennen soll. Beide um ihre Kinder tief besorgten

Männer erscheinen dem Wirt Buttarelli als »par de hombres de piedra« (V. 251), vertreten sie doch die unverrückbaren Prinzipien der Gerechtigkeit und Ehre: eine komische Vorwegnahme der gespenstischen Schlußszene mit den Grabstatuen in der Familiengruft. Bevor mit dem Glockenschlag acht Uhr abends Don Juan und Don Luis einander gegenübertreten, wird gleichsam im Vorspiel auf der Szene des Geschehens noch ein retardierendes tragikomisches Intermezzo eingelegt, das zugleich die Don Juan vorausgehende Fama dramatisch verdichtet. Die Soldaten Centellas und Avellaneda nehmen ihrerseits mit einer Wette im Vorgriff Partei für die beiden Protagonisten, deren Vorgeschichten sie in der Taverne bei Wein zum Besten zu geben sich anschicken. Auch diese beiden traditionellen Komödientypen werden im zweiten Teil erneut mit Don Juan konfrontiert, der ihnen beim Gelage am Grabmal des Komturs die historia seiner italienischen Taten aus der Zwischenzeit berichtet. Fünf Jahre liegen nämlich zwischen der überstürzten Flucht außer Landes und der Rückkehr incognito nach Sevilla. Ausgerechnet Centellas, der auf Don Juan gesetzt hatte, aus Furcht, daß diesen niemand auf der Welt überlisten könne, tötet Don Juan später wahrscheinlich im Handgemenge.

Die den Auftritt Don Juans unmittelbar vorbereitende Wirtshausszene findet ihre Entsprechung im zweiten Teil mit dem Gelage vor dem Grab des Calatravakomturs, einem makabren Spaß, den Don Juan, umgeben von seinen Kumpanen, vor den steinernen Standbildern der Toten als stummen Zuschauern inszeniert, bis die Farce in höhere Wirklichkeit umschlägt und Don Gonzalo sprechend hervortritt aus dem Grab.

Erst in der 12. Szene des 1. Akts kommt schließlich die Wiederbegegnung zwischen Juan Tenorio und Luis Mejía nach einjähriger Trennung zustande. In einem unerhörten Überbietungsschaukampf in Worten entlädt sich die aufgestaute Spannung mit der Erzählung einer doppelten Skandalchronik. Epische Vergegenwärtigung des Geschehenen leisten dramentechnisch in herkömmlicher Weise Botenberichte. Prahlerischer Künder seiner selbst ist Don Juan immer schon gewesen. Zorrilla gibt ihm effektvoll noch einen Gegenspieler zur Seite, der ihm nacheifert, ohne ihn jedoch erreichen zu können. Don Luis will Don Juan einen schriftlichen Rechenschaftsbericht zu lesen geben, doch dieser dringt auf mündlichen Vortrag. Unter der zynisch verkehrten Devise »saber obrar / peor con mejor fortuna« (V. 431/432) liefert denn Don Luis auch nur ein schelmisches Pastiche von Don Juans Jahresbilanz. Nach diesem Wettringen mit Schandtaten lassen Gonzalo und Diego, im Kreis der Zuhörer bislang unerkannt, die Masken fallen. Sie lösen das Verlöbnis ihrer Kinder auf. Gonzalo spricht die Ächtung über Don Juan und Don Luis aus als strenger Wahrer und Vollstrecker der Gerechtigkeit, Don Diego hingegen ermahnt den Sohn, »monstruo« (V. 787), »hijo de

Satanás« (V. 783), des göttlichen Gerichts am Jüngsten Tag eingedenk zu bleiben, ein frommer Wunsch, der tatsächlich in Erfüllung gehen sollte. Hierbei klingt erstmals das berühmte Motiv ›Tan largo me lo fiáis‹ an, das im Verlauf des Stückes mehrfach angespielt wird. Der dramatische Knoten wird zu Ende des ersten Aktes doppelt geschürzt: väterliche Autorität verweigert die Zustimmung zum Verlöbnis mit Doña Inés, und eine erneute Wette zwischen Don Juan und Luis um die Entführung von dessen Braut Ana am Abend vor der Hochzeit löst einen Wirbel von Aktionen aus. Der Preis der Wette ist diesmal das Leben, das Don Luis verlieren, Don Juan aber in einem höheren Sinn gewinnen wird, auch wenn er zunächst noch sarkastisch-ironisch spricht vom »ewigen Leben« (V. 799). Der erste Akt endet mit der überraschenden Verhaftung von Don Luis und Don Juan durch die Nachtwache, ein Vorgang, den Avellaneda – er setzt erneut auf Luis Mejía – aus dem Hintergrund beobachtet und als »juego ilusorio« (V. 832) deutet.

Im 2. Akt mit dem Motto »Destreza« wird der Sieg listiger Machenschaft gezeigt. Don Luis fürchtet die teuflische Gerissenheit Don Juans. Um seine Braut vor der Entführung zu schützen, will er in Anas Haus übernachten, was freilich wiederum deren Ehre gefährden würde. Mejía versichert sich der Hilfe des Dieners Pascual im Hause der Pantojas, eines angeblich schlauen Aragonesen. Dieser schwört wie zuvor Ciutti beim Heiligen Genest und gelobt großsprecherisch-scheinheilig, den Andalusier zu überlisten. Aber Luis lehnt mißtrauisch das Angebot ab, in Pascuals kleinem Zimmer versteckt zu nächtigen. Er verabredet sich mit Doña Ana zu einem nächtlichen Gespräch um zehn Uhr vor ihrem Balkon. Don Juan und Ciutti, die unterwegs sind, um Inés zu entführen, belauschen diese Absprache, und damit hat Don Juan auch schon diesen »lance« für sich entschieden. Don Luis wird nach dem Verrat durch den Diener geknebelt abgeführt. Nun kann sich Don Juan der Entführung der Doña Inés widmen. Zunächst besticht er die Dienerin Brígida[2], die Don Juans Brief und Geschenk weiterreicht und das junge unerfahrene Mädchen hinter Klostermauern auf den unbekannten Mann neugierig gemacht hat mit einer »incentiva pintura« (V. 1306). Die »Kupplerin« Brígida wird Zeugin der ersten Äußerungen echter Liebe bei Don Juan, die sie ihm ebenso wenig wie Don Gonzalo zugetraut hätte:

> Yo os creía un libertino
> sin alma y sin corazón.

Damit ist zwar die entscheidende Wandlung Don Juans schon vor der Ausführung des Sakrilegs angelegt, aber die zärtliche Rührung hindert den Frauenhelden noch keineswegs daran, Anas Zofe Lucía zu bestechen, um Zugang in Pantojas Haus zu bekommen. Nach dem dramaturgisch sehr geschickten Aufriß des ersten Aktes wirkt der zweite dagegen nicht nur konventionell und komödienhaft, sondern auch unwahrscheinlich durch die Fülle der zwischen acht und zehn Uhr eingefädelten komplizierten Vorhaben.

Im dritten Akt – »Profanación« überschrieben – wechselt der Schauplatz in eine Klosterzelle, in der die Äbtissin die unschuldige Novizin in der »virtud del no saber« (V. 1489), einem gleichsam paradiesischen Zustand, zu bestärken versucht. Diese verstrickt sich jedoch in immer tiefere Zweifel über ihre Berufung, die Brígida nährt, indem sie ihr Don Juans Brief zuschiebt. Davon geht »no sé qué fascinación (V. 1624) über auf die Siebzehnjährige. Während die Äbtissin vom »schützenden Netz« des Klosters, einem »Stück Himmel« auf Erden spricht, in dem die »sanfte Taube« im Garten des Herren wohnt, spricht Brígida, mit Tieren nicht unerfahren, von der »garza enjaulada« (V. 1250)[3]. Die Lektüre des Briefes wird szenisch bewegt von Inés ausgespielt. Der gespielte Akt des Lesens entspricht, zeitlich gerade um eine Stunde versetzt, der stummen Szene mit dem schreibenden Don Juan zu Anfang. Jetzt spricht er durch den Mund der Doña Inés in glühenden Worten seine Liebe aus »suspendido [...] entre mi tumba y mi Inés« (V. 1686/1687), eine Situation, die sich freilich Jahre später durch ihre Umkehrung in Heil wendet. Mit dem Läuten der Armenseelenglocke dringt Don Juan in die Klausur ein, Inés fällt in Ohnmacht. Don Juan kann die Leblose durch die Hintertür des Klostergartens zwar entführen, da Gonzalo zu spät zur Äbtissin gelangt, um sie zu warnen, doch wird er Inés nie in Besitz nehmen können. Sie bleibt die einzige platonische Liebe seines Lebens.

Der vierte Akt mit dem theologisch paradoxen Sinnbildtitel »Der Teufel an den Pforten des Himmels« (und er wird sie auch tatsächlich überwinden!) spielt im Landhaus Juan Tenorios vor Sevilla. Hier erwacht Inés wieder zu Bewußtsein. Brígida erklärt ihr die Ortsveränderung in doppelzüngiger Metaphorik mit einem »incendio formidable« (V. 2030), eben dem Brand der Liebe, vor dem sie Don Juan entschlossen gerettet habe. Tatsächlich rettet allerdings die Liebe der Inés. Don Juans Antwortmonolog an den »ángel de amor« (V. 2170) ist von seltsamer Gefühlsinnigkeit und von romantisch-erotischer Bildersprache geprägt. In dem Liebesduett beteuert Inés:

> yo voy a ti, como va
> sorbido al mar ese río.
> Tu presencia me enajena (V. 2250–2252)

Das Wasser ist ein uraltes Symbol der Reinigung und Erneuerung, und der Zusammenfluß des Wassers im Meer weist hin auf die Vereinigung von Individualität und Absolutem. Don Juans Wesen wird durch die Liebe von Grund auf umgewandelt. Er versichert dies bald auch Gonzalo de Ulloa, der ihm jedoch keinen Glauben schenkt, nicht verzeihen kann. Die Liebe zu Doña Inés ist nicht mehr teuflischer Trug, sondern Erweis rettender, göttlicher Liebesmacht. Don Juan beginnt zaghaft an Gottes Fügung zu glauben:

> es Dios que quiere por ti
> ganarme para *él* quizás (V. 2267).

Die bereitstehende Barke ist mythisches, doppeldeutiges Sinnbild dieses Übergangs (Tod-Unterwelt). In dem Augenblick, da sich Don Juan am Ziel seiner Sehnsüchte wähnt, tritt Don Luis auf, der seinen Gegenspieler töten will. Aber Don Juan sträubt sich innerlich, in Gegenwehr »cortador de oficio« (V. 2347) – Schlächter – zu werden. In Erinnerung an das »Tan largo me lo fiáis«-Zitat gewährt er ihm Schonung. Aufschub zu gewähren, ist freilich Don Gonzalo nicht bereit trotz inständiger Beteuerung des Sinneswandels durch Don Juan, der kniefällig darauf hinweist, daß der Verlust von Inés möglicherweise die Hoffnung auf seine Erlösung zuschanden werden läßt. Mit Don Juans Heil will Don Gonzalo jedoch nichts zu tun haben. Er überantwortet ihn erbarmungslos dem Gericht, der Verdammnis. Als Luis zu der heftigen Auseinandersetzung hinzukommt und den Komtur in seiner Unnachgiebigkeit auch noch bestärkt, fühlt sich Don Juan in seiner virtù verhöhnt[4]. Er erschießt Gonzalo und lastet ihm die Verantwortung für die Bluttat an, so wie er auch Gott die »Verantwortung« für sein Schicksal, seine Verstoßung anlastet. Dann ersticht er auch den blindgläubigen Luis Mejía und ergreift die Flucht mit den berühmten Worten, die das Motto des Aufzugs vom Ende her beleuchten:

> Allá voy.
> Llamé al cielo y no me oyó,
> y pues sus puertas me cierra,
> de mis pasos en la tierra
> responda el cielo y no yo. (V. 2619–2623)

Während alle nach Gerechtigkeit für Doña Inés rufen, antwortet diese vor der Leiche ihres eigenen Vaters: »¡Pero no contra don Juan!« (V. 2639). Damit nehmen die turbulenten Geschehnisse eine neue, geheimnisvolle Wende im Zusammenhang mit der Frage nach Schuld und Sühne, Freiheit und Schicksal sowie höherer Gerechtigkeit und Heil.

## Don Juans Rettung

Der zweite, symbolische Teil des Dramas sprengt die Regel der Zeiteinheit: die Handlung spielt fünf Jahre nach Don Juans hastiger Flucht, bei der er, um sein Leben zu retten, Doña Inés zurückließ. Aufgrund seiner Taten, seines »brío«, von Kaiser Karl V. begnadigt[5], ist Don Juan in seine Heimatstadt zurückgekehrt, verfolgt vom »Schatten der Doña Inés«. Er findet sich wieder in einer völlig verwandelten, unnatürlichen Wirklichkeit, die gerade ein Bildhauer künstlich-künstlerisch geschaffen hat. Aus dem Elternhaus ist ein Mausoleum geworden. Der Friedhof auf der Bühne bildet ein grandioses Gegen-Theater, eine schöne, durchaus nicht furchterregende Kulisse mit Grabdenkmälern für alle jene, die durch Don Juan gewaltsam ihr Leben einbüßten. Er trifft den Bildhauer, der diese steinernen Figuren geschaffen hat. Von ihm muß er wie im Echo der Erinnerung die eigene »historia« anhören. Die Erzählung des Bildhauers gerät zum Charakterbild. Die Begegnung Don Juans mit seinen Opfern in effigie ist eine Station der Gewissenserforschung. Die Toten erscheinen ihm denn auch alle »vollendet« wiedergegeben. Er sieht sich sogar seinem eigenen Abbild, der »estatua del matador« (V. 2763), gegenüber, dem der Künstler allerdings in Ermangelung eines wahren Konterfeis die Züge Luzifers gegeben hat: die äußerste bildliche Steigerung jener zahlreichen diabolischen Anspielungen im Text des ersten Teils. Der Künstler führt mit Don Juan ein ausführliches Gespräch, ohne das Geheimnis seiner Identität zu lüften. Dadurch erhält der Heimkehrer ohne Heimstatt Gelegenheit zu einer in der Tat spektakulären Selbstdarstellung in einem Such- und Versteckspiel, das an den Maskenaufzug des ersten Teils erinnert, hier allerdings geht es auf metaphysischer Ebene um persönliche Verantwortung und Rechtfertigung. Der Bildhauer, dem Don Juan in abgewandelter Form die Schlußworte der 10. Szene des vierten Aktes mit dem Ausdruck der Gottverlassenheit wiederholt, zeigt sich verwundert über die Apologie des in Sevilla Verruchten und hält den Unbekannten für verrückt, weil er mit Toten spricht[6]. In diesem Augenblick erkennt Don Juan die Statue der Inés und erfährt, daß sie aus Schmerz über sein Verschwinden in das Kloster zurückging und dort gestorben ist. Die effektvolle erste Szene des zweiten Teils gipfelt darin, daß sich Don Juan schließlich nicht nur dem Künstler zu erkennen gibt, sondern auch in das versöhnende Gespräch mit den Toten – dem Vater und der Geliebten – eintritt. Ohne die religiöse Symbolik Bildhauer/Deus artifex zu überzeichnen, gelingt Zorrilla hier eine bühnenwirksame Darstellung metaphysischer Grundbefindlichkeit des Menschen gegenüber Gott und Gewissen. Don Juan erfährt nun den »schützenden Schatten« der Doña Inés, der er seine unverbrüchliche Liebe in einer Totenklage beteuert: »Dios te crió por mi bien« (V. 2954). Im Zustand der Benommenheit und Trauer hört er die Stimme der Geliebten, die ihn in ihrem Grab, nicht im hochzeitlichen Gemach, erwartet. Eingemeißelt in ein Steindenkmal, büßt sie wie im Fegefeuer stellvertretend für ihn und seiner harrend. Sie hat Gott ihre Seele zur Rettung seiner »unreinen Seele« angeboten und ihr Heil mit dem seinen auf Gedeih oder Verderb verbunden. Gott bestärkt sie darin, in Hoffnung auf ihn zu warten. So erfährt Don Juan selbst erstmals Vertrauen und Hilfsbereitschaft. Doña Inés nennt die Bedingung dieses

Paktes, der die früheren Wetten aufhebt: »si obras mal, causarás / nuestra eterna desventura« (V. 3018–3019), die Umkehr der bisherigen Devise »obrar peor con mejor fortuna« (V. 431/432) für ein egoistisch-hedonistisches Leben. Jetzt muß Don Juan den Zeitraum einer Nacht für die Umkehr nützen, eine extreme Verkürzung seines schändlichen Tages- und Stundenplans für amouröse Eroberungen. Die lange Zeitspanne (›Tan largo me lo fiáis‹) verdichtet sich dramatisch auf die »elección de aquel momento« (V. 3030), auf den biblischen kairos, den heilbringenden Augenblick.

Das Geistertheater dieser »fantasmas de piedra« (V. 3150) schlägt um in eine tolldreiste Herausforderung an den toten Gonzalo bei einer Trinkorgie, als Centellas und Avellaneda Don Juan wiedertreffen und dieser seine alte Fassung zurückgewinnt. Sie wollen von ihm hören, was er in den vergangenen Jahren erlebt hat. Die Erscheinung des Steinernen Gastes in einem Ambiente, das an den *Jedermann* erinnert, macht den zweiten Akt wieder zu einer Geisterszene mit grotesken und tragischen Zügen zwischen Wahn und Wirklichkeit. Wie zuvor die Gegenüberstellung mit den Kunstwerken die Erforschung des Gewissens in Szene setzte, so verbildlicht nun die Erscheinung des Comendador[7] als Stellvertreter Gottes Rache sowie die Unausweichlichkeit des Gerichts. In der erneuten Auseinandersetzung um das ›Tan largo me lo fiáis‹ zweifelt Don Juan an Gottes Barmherzigkeit, aber Inés drängt ihn zu bedenken, was der »gute Komtur« gesagt hat, denn morgen würden ihre Leiber im gleichen Grabe ruhen:

> un punto se necesita
> para morir con ventura (V. 3496/3497)

Die Kunst des heilsamen Sterbens, die der Schlußakt »Misericordia de Dios y Apoteosis del Amor« dramatisch ins Bild setzt, ist Gnade Gottes und Frucht der Liebe. Hier spielt sich allegorisch die Agonie Don Juans ab, der nicht mehr fluchend den Teufel im Munde führt, sondern nunmehr »Jesus« anruft; der mit »verzweifeltem Glauben« die Wahrheit Gottes annimmt, während der Comendador Feuer und Asche (»Te doy lo que tu serás«, V. 3675) anbietet, Zeichen der Reue, Buße, der Läuterung und Auferstehung, aber auch des göttlichen Zorns und der Vergänglichkeit. Im letzten Augenblick gelangt Don Juan zur Einsicht und bekennt seine Schuld mit denselben Worten, mit denen er sich einst seiner Taten rühmte:

> La razón atropellé,
> la virtud escarnecí
> y a la justicia burlé (V. 3729–3731)
> usw.

Er sieht sogar das für ihn zelebrierte Totenoffizium ›voraus‹, ein mittelalterliches Legendenmotiv, das auch José de Espronceda in *El diablo mundo* aufnimmt. Die vom Komtur zum Abschied gereichte Hand versteht Don Juan in seiner Seelenpein als Zeichen der Vergebung, aber sie will ihn in die Hölle reißen, vor der ihn ein Stoßgebet bewahrt. Don Juan kniet nieder und streckt die Hand gen Himmel, die nun Inés ergreift. Wie eine dea ex machina verkündet sie an der Grabesschwelle die Vergebung Gottes, die ausgleichende Gerechtigkeit:

> Yo mi alma he dado por ti,
> y Dios te otorga por mi
> tu dudosa salvación (V. 3787–3789).

Amor vincit omnia, sogar die »zweifelhafte Rettung«. In einer melodramatischen Apotheose der Liebe vereint, sterben Inés und Juan. Ihrem Munde entsteigen, wie auf alten Heiligenbildern gezeigt, zwei glänzende Flammen, Sinnbilder der vom Feuer der allmächtigen Liebe in Gottes Erbarmen gereinigten Seelen.

## Poetische Theologie

Zorrilla gab seinem Werk mit Bedacht den hinsichtlich der Form offenen, für die Deutung beziehungsreichen Untertitel »religiös-phantastisches Drama«, der in Ausgaben zu Unrecht oft ausgelassen wird. Religiös meint nicht theologisch, und damit kann sich der Dichter von einer durch die orthodox-kirchliche Dogmatik vorgegebenen Betrachtungsweise lösen, wenngleich Don Juan Tenorios Schicksal (destino) nicht verständlich ist ohne bestimmte theologische Aussagen der katholischen Glaubenslehre über menschliche Willensfreiheit und göttliche Gnade, über Sünde und Sühne. Der Dichter hielt sich auch auf die Einführung der Inés als einer »christlichen« Frauengestalt einiges zugute.

Das spanische Theater des 17. Jahrhunderts bietet reichlich Beispiele für aufsehenerregende, lehrhafte »Bekehrungsdramen« mit Sünder-Helden. Der berühmte Burlador de Sevilla des 17. Jahrhunderts sündigt wider den Geist und nicht eigentlich aus Fleischeslust, wenn er Reue und Gottesfurcht so lange vor sich herschiebt, bis es »einen Augenblick« zu spät ist, als ihn der Tod ereilt; er fällt der Verdammung anheim und fährt zur Hölle. Während italienische Komödienbearbeitungen die spirituelle Dimension des Stoffes verflachen, in französischen Versionen Don Juan vor allem als Libertin und Atheist erscheint, kommt in Spanien bei Antonio Vázquez de Zamoras *No hay deuda que no se pague y convidado de piedra* (1722) erstmals jenes Motiv der reuigen Wandlung und der damit möglichen Rettung Don Juans vor, das Zorrilla dramatisch überaus wirkungsvoll ausgestaltet. Er hat dieses bis in das 19. Jahrhundert in Madrid immer wieder aufgeführte Stück ebenso gekannt wie den klassischen Burlador. Zorrilla stellt Don Juan als einen von Zwiespälten geplagten, von Sehnsucht getriebenen Sucher dar. Ähnlich hatten bereits E. T. A. Hoffmann 1813 und Alfred de Musset die berühmte Gestalt gedeutet. Nicht von ungefähr wird Don Juan auch mit Faust in Verbindung gebracht. Bei der Verquickung der Don Juan-Überlieferung mit der Legende von Miguel de Mañara, die zuerst Prosper Mérimée in *Les âmes du purgatoire* (1834) vollzog, löst die Entführung einer Nonne in der Reihe der Entehrungen von Frauen aller Stände, vom Fischermädchen bis zur Prinzessin, schließlich Don Juans metanoia aus. Bei Blaze de Bury bekehrt sich der Verführer in *Le souper chez le Commandeur* (1834) ebenfalls reuig durch die Allmacht der Liebe. Alexandre Dumas der Ältere, dessen *Don Juan de Marana* (1836) 1838/39 in zwei verschiedenen spanischen Übersetzungen herauskam, änderte offensichtlich erst in einer späteren Ausgabe, wohl in Kenntnis von Zorrillas Drama, die Lösung für das Schicksal des Helden ab.

Das pervers Satanische an Don Juan, das Zorrilla im ersten Teil deutlich hervorkehrt, faszinierte auch Baudelaire, dessen Gedicht »Don Juan aux enfers« – 1846 veröffentlicht, aber schon vor Ende 1843 entstanden – ursprünglich den Titel »L'impénitent« trug. Baudelaire plante außerdem ein Bühnenstück *La fin de Don Juan.* Der Don Juan Tenorio des Spaniers ist ein typisches Nachtstück nach romantischem Geschmack. Beide Teile des Dramas spielen in der Nacht, in einem durch Zeichen (Verabredung, Glocken) genau markierten und mit Geschehnissen unglaublich prall gefüllten Zeitraum sowie zur Geisterstunde auf dem Friedhof, die eine innerlich erlebte, letzte Zeit auf der »Uhr des Lebens« einleitet. Die Krise Don Juans fällt in die Morgenstunden, Zeichen der Hoffnung, des Neubeginns, des Aufstiegs der Sonne. Die Finsternis ist das Sinnbild des Nichterkennens und der Wertverachtung. Don Juans Krisis gipfelt doppelt in einem »Punkt der Reue« am Ende einer gewährten First (›plazo hasta el nuevo día‹, dem Heilstakt ›Tan largo me lo fiáis‹) sowie mit der Erfüllung einer in Selbstaufopferung, stellvertretender Buße und Hoffnung verbrachten Wartezeit (purgatorio) für Doña Inés. Purgatorio ist nicht als ein vor den Zustand der Anschauung Gottes gelegter eschatologischer Reinigungsort zur Strafe und Genugtuung für Sünden, sondern als Metapher für Läuterung (»mi purgatorio« (V. 2995) und Probe der Liebe in einer Zwischenzeit von fünf Jahren zwischen dem Verschwinden und Tod Don Juans zu verstehen. Der Fünfzahl kommt eine uralte symbolische Bedeutung zu, sie bezeichnet die Hochzeit, die Vereinigung. Jedoch erst im Tod gelingt paradoxerweise Don Juan, der bei seinen Eroberungen und Verführungskünsten im Leben stets »Glück« hatte, die endgültige Vereinigung mit der idealen Geliebten, eben seiner wahren ›mejor fortuna‹ oder »celeste ventura« (V. 3802). Don Juan entführt Doña Inés, aber er verführt sie nicht. Sie erweckt in ihm die rettende Liebe und führt ihn wie Beatrice in ein Paradies. Er besteht die Liebesprobe im Angesicht des Ewigen. Die Apotheose der Schlußszene erfüllt eine Symphonie von Licht, Farben und Wohllauten, die das »Reich der Schatten« auflöst. Zorrillas ein Jahr vor Richard Wagners Tannhäuser erschienenes »Erlösungsdrama« bricht mit dem Schema Verbrechen-gerechte Bestrafung. Es statuiert auch kein moralisches oder gar abschreckendes Exempel, im Gegenteil. Das moralische Gesetz spielt gegenüber der Botschaft von der im romantischen Verständnis befreienden, erlösenden Macht der Frau, des Eros eine nebensächliche Rolle.

Phantastisch sind im Gegensatz zu den vorausgegangenen realistischen, weltlichen Szenen die Darstellung merkwürdiger seelischer Erfahrungen, wunderbare oder schaurige Erscheinungen und die Begegnung mit den Toten im zweiten Teil. Das gehört zum literarischen Repertoire der Zeit (Friedhofsromantik, Melodramatik, Mischung von Schaueffekten und religiösem Schauder, Groteske). Wirklichkeit und Imagination schlagen immer wieder unvermittelt um. Vordergründig spielt das Stück in einem geschichtlich, örtlich und gesellschaftlich genau vermessenen Rahmen mit auffällig parallelisierenden Spannungsbögen und Antithesen (Teufel - Engel, Schenke - Grabstätte, burlador - burlado u. a.). Andererseits sind Schlüsselwörter wie engaño, sueño, delirio, falsos portentos, vértigo, ficción, comedia, burla bezeichnend für die vom Protagonisten theatralisch-visionär erlebten Zustände der Entfremdung, der Aufhebung von Zeit und Raum, der Schwebe zwischen Sinnlichkeit und Übersinnlichem. Die paradoxale Mischung von Phantastik und Religiosität, von Nervenkitzel und Schauer, war denn wohl auch der Grund für die zahlreichen parodistischen Repliken auf das Erfolgsstück. Schon 1848 erschien *Juan el perdío* (pardieu!) von Mariano Pina im Straßenjargon. Eine Parodie auf den zweiten Teil schrieb Luis Mejías y Escassy 1866 unter demselben Titel als disparate humorístico. Salvador M. Granés ist der Autor von *Juanito Tenorio. Juguete cómico-lírico* (1891), einer weiteren Zarzuela, die neben *Un Tenorio moderno* von José María Nogués (1864) und Zorrillas eigener Zarzuela-Bearbeitung steht. Später folgten ein *Tenorio feminista* (von Antonio Paso und Carlos Servet, 1907) und ein *Tenorio modernista* aus dem gleichen Jahr (»en una película y tres lapsos«). Auch Filmregisseure haben sich des literarischen Vorwurfs immer wieder seit der Frühzeit des Kinos angenommen, inszenierten Zorrillas Werk mit den Ausdrucksmitteln des neuen Mediums und deuteten das bekannte Stück unter gewandelten Bedingungen der Zeit und Publikumserwartung. Es gibt mindestens sechs spanische Verfilmungen. Die Vermischung von Phantastik und Sinnenlust, der Konflikt von Moralität und Religiosität sowie der erotische Charakter Don Juans übten natürlich eine große Anziehungskraft aus, zumal im Verein mit den immer zahlreicher werdenden Versuchen von

Völkerpsychologen und Essayisten – in Spanien ebenso wie im Ausland –, die Don Juan als Spiegel, Ausdruck, ja als Inkarnation echt spanischen Wesens oder Mannesart deuteten. Don Juan und Carmen prägten nicht zuletzt dank des Erfolgs literarischer Werke das zählebige, landläufige Klischeebild des Dauerspaniers. Neben der Celestina und Don Quijote gehört Don Juan zu den prototypischen Ausformungen des vermeintlich spanischen Verhältnisses der Geschlechter.

## ANMERKUNGEN

T: *Don Juan Tenorio.* Ed. Aniano Peña, Madrid (Cátedra) [8]1986. Nach dieser Ausgabe wird im folgenden zitiert. – *Don Juan Tenorio.* Drama religioso-fantástico en dos partes, Madrid 1844. *Obras completas.* Ed. Narciso Alonso Cortés, Valladolid 1943. *Don Juan Tenorio.* Ed. facs. del autógrafo, Madrid 1974. *Don Juan Tenorio.* Ed. José Luis Varela, Madrid (Clásicos Castellanos 201) 1975. *Don Juan Tenorio.* Ed. crít. José Luis Gómez, Barcelona 1984. Außerdem: *La leyenda de Don Juan Tenorio.* Fragmento, Barcelona 1895. *Don Juan Tenorio,* Madrid 1877 (Zarzuela-Bearbeitung). *El Tenorio bordelés.* Recuerdo legendario. Madrid 1909. Dt. Übers.: *Don Juan Tenorio.* Religiös-phantastisches Drama in zwei Abtheilungen. Übers. G. H. de Wilde, Leipzig 1850. *Don Juan Tenorio.* Religiös-phantastisches Drama [...] Übers. Johannes Fastenrath, Dresden, Leipzig 1898. *Don Juan Tenorio.* Romantisches Schauspiel in fünf Akten (sieben Bildern). Dt. Nachdichtung Dominik Josef Wölfel, Wien 1947. *Don Juan Tenorio.* Schauspiel in sieben Akten, ins Dt. übertragen von Kurt Thurmann. In: *Von Liebe und Ehre im spanischen Theater.* Acht frühe Charakterkomödien von Juan Ruiz de Alarcón y Mendoza und »Don Juan Tenorio« von José Zorrilla y Moral, Bonn 1988, S. 551–654.

L: Don Juan-Stoff: A. Baquero, *Don Juan y su evolución dramática,* Madrid 1966. Maria Canteli Dominicis, *Don Juan en el teatro español del siglo XX,* Miami 1978. Joaquín Casalduero, *Contribución al estudio del tema de Don Juan en el teatro español,* Madrid 1975. A. C. Isasi Angulo, *Don Juan. Evolución dramática del mito,* Barcelona 1972. Edita Mas-López, »El Don Juan del Romanticismo poético del siglo XIX y el Don Juan realista del siglo XX«, in: *Letras de Deusto* 33 (1985), S. 155–164. Piero Menarini, *Don Juan canta Don Juan.* Bologna 1982. A. de Salgot, *Don Juan Tenorio y donjuanismo,* Barcelona 1953, S. 59–74. *Don Juan. Darstellung und Deutung.* Hrsg. Brigitte Wittmann, Darmstadt 1976 (mit Bibliographie). Zu *Don Juan Tenorio:* F. Abrams, »The death of Zorrilla's Don Juan and the problem of Catholic orthodoxy«, in: *Romance Notes* 6 (1964), S. 42–46. N. B. Adams, »*Don Juan Tenorio:* 1877«, in: *Revista Hispánica Moderna* 31 (1965), S. 5–10. José María Aguirre, »Las dos noches de Don Juan Tenorio«, in: *Segismundo* 13 (1977), S. 213–256. Narciso Alonso Cortés, *Zorrilla. Su vida y sus obras,* Valladolid [2]1942. Joseph W. Barlow, »Zorrilla's indebtedness to Zamora«, in: *Romanic Review* 17 (1926), S. 303–318. Danièle Becker, Don Juan et la fiction dramatique, in: *Mélanges de la Casa de Velázquez* 16 (1980), S. 273–289. F. Cervera, »Zorrilla y sus editores. El *Don Juan Tenorio,* caso cumbre de explotación de un drama«, in: *Bibliografía Hispánica* 3 (1944), S. 147–190. T. A. Fitz-Gerald, »Some notes on the sources of Zorrilla's *Don Juan Tenorio*«, in: *Hispania* 5 (1922), S. 1–7. John Kenneth Leslie, »Towards the vindication of Zorrilla, The Dumas-Zorrilla question again«, in:

*Hispanic Review* 13 (1945), S. 288–293. JAMES MANDRELL, »Don Juan Tenorio as refundición. The question of repetition and doubling«, in: *Hispania* 70 (1987), S. 22–30. JULIÁN MARÍAS, »Dos dramas románticos, *Don Juan Tenorio* y *Traidor, inconfeso y mártir*«, in: *Estudios románticos*, Valladolid 1975, S. 181–197. G.E. MAZZEO, »Don Juan Tenorio. Salvation or damnation?«, in: *Romance Notes* 5 (1964), S. 151–155. PIERO MENARINI, »Zorrilla contro Don Juan«, in: *Cahiers d'Études Romanes* 11 (1986), S. 75–92. M. NOZICK, »Some parodies of *Don Juan Tenorio*«, in: *Hispania* 33 (1950), S. 105–112. H.R. ROMERO, »Consideraciones teológicas y románticas sobre la muerte de Don Juan en la obra de Zorrilla«, in: *Hispanófila* 54 (1975), S. 9–16. LUZ RUBIO FERNÁNDEZ, »Variaciones estilísticas del Tenorio«, in: *Revista de Literatura* 19 (1961), S. 55–92. F. SEDWICK, »More notes on the sources of Zorrilla's *Don Juan Tenorio*«, in: *Philological Quarterly* 38 (1954), S. 504–509. A. SIERRA CORELLA, »El drama »Don Juan Tenorio«. Bibliografía y comentarios«, in: *Bibliografía Hispánica* 3 (1944), S. 191–219. ÁNGEL VALBUENA PRAT, *Historia del teatro español*, Barcelona 1956, S. 499–526.

A: [1] Insbesondere *El capitán Montoya* und *Margarita la tornera.*

[2] Die Heilige Brigida wird ausgerechnet als Beschützerin der Haustiere verehrt!

[3] Der Reihervogel gilt als Symbol der Neugier, aber auch der Ergründung verborgener Weisheit, und wegen seines grauen Gefieders ist er auch zum Sinnbild der Buße geworden. Nach antiker Überlieferung kann er sogar Tränen vergießen. Alle diese Bildanspielungen illustrieren emblematisch die Rolle der Doña Inés. Die sühnende Kraft der Liebe wiegt die Profanation auf.

[4] »Os mofais de mi virtud«, sagt Don Juan in Vers 2595. Allerdings hat er dies zuvor selbst vielen Frauen angetan und sich damit auch noch gebrüstet.

[5] Das Stück spielt in Sevilla, in den Jahren 1545/1550.

[6] Er apostrophiert Don Juan als »loco« (V. 2839), womit das alte Thema Torheit – Weisheit versteckt aufgenommen wird.

[7] Die darin anklingende commendatio animae bezeichnet in der Liturgie das Seelengeleit für den Sterbenden.

*URSULA LINK-HEER*

# JOSÉ ECHEGARAY · EL GRAN GALEOTO

## Glanz und Elend eines Erfolgsdramatikers und Nobelpreisträgers

Wie zur Strafe für den außerordentlichen Erfolg, den der vielbegabte José Echegaray (1832–1916) – Ingenieur, Mathematiker, Professor, mehrfacher Minister und last not least lange Zeit gefeierter Dramatiker – im 19. Jahrhundert genossen hatte, sollte das 20. Jahrhundert seine Stücke hauptsächlich mit Verachtung und Spott bedenken. Als Echegaray – gemeinsam mit Frédéric Mistral – im Dezember 1904 den Nobelpreis für Literatur verliehen bekam, wurde diese Krönung der Laufbahn eines Stückeschreibers zum Fanal für eine nunmehr mit Acharnement geführte Kampagne gegen das Ärgernis eines so anhaltenden Erfolgs und eines so langlebigen Erfolgsdramatikers. In einem Manifest vom 19. 2. 1905, das unter anderen Pío Baroja, José Martínez Ruíz (›Azorín‹) und Ramón del Valle-Inclán unterzeichneten, fanden sich die Intellektuellen Spaniens zusammen, um gegen die öffentlichen Ehrungen Echegarays zu protestieren[1]. Nach dem Zeugnis von Jacinto Benavente waren sich nicht bloß die Vertreter der ›generación del 98‹ im engeren Sinne, sondern alle jüngeren Literaten – mit seiner Ausnahme und der Joaquín Dicentas – in ihrer Verachtung Echegarays einig[2]. Echegaray stand für »lo vulgar en España, y en la literatura actual«, wie ›Azorín‹ in *Alma española* ein Jahr vor der Nobelpreisverleihung formuliert hatte, um der pessimistischen Sicht Ausdruck zu geben, daß Echegarays hohles Blendwerk auch noch den Markt der kommenden Jahrzehnte beherrschen werde:

> La dramática de Echegaray es uno de estos fragmentos de espejo roto que en sí mismos conservan todas las propiedades el espejo intacto y flamante – el Vulgo. Y lo vulgar en España, y en la literatura actual, es lo brillante, lo hueco, lo enfático, lo palabrero, lo oratorio. (...) Echegaray, un orador magno, el más soberbio de todos los oradores, nos subyugará y aplastará durante veinte años con sus locuras.[3]

Es kann nicht verwundern, daß eine die 98er-Intellektuellen kanonisierende Literaturgeschichtsschreibung die Sicht und literarische Wertung Echegarays durch Azorín und seine Generationsgenossen übernommen hat. In immer wiederkehrenden Epitheta wird Echegarays Drama als künstlich, rhetorisch, übertrieben, effekthascherisch und unwahr bezeichnet. In ästhetischer Perspektive erscheint diese Wertung freilich auch nicht als ungerecht; die vereinzelt unternommenen Versuche einer künstlerischen Ehrenrettung

Echegarays muten wenig überzeugend an[4]. Wer heute eins der insgesamt 64 Stücke Echegarays liest, die zwischen 1874 und 1905 uraufgeführt wurden[5], Gegenstand des Madrider Tagesgesprächs waren und zum Teil auch beträchtlichen internationalen Erfolg verbuchten, kommt kaum umhin, die Sujets seiner Lektüre ironisch oder gar sarkastisch zu kommentieren: alles erscheint zu anachronistisch, um modern zu wirken, und es ist zu modern, um in ästhetischer Distanz genossen werden zu können. Für die Nachwelt oder aber als unsterbliche Lesedramen waren Echegarays Stücke – neoromantische tragische, historische und melodramatische Stücke, einige wenige Komödien – auch gar nicht konzipiert, und der Autor, der als Finanzminister und bereits zweiundvierzigjährig mit der einaktigen Komödie *El libro talonario* (1874) erstmals die Theaterszene betrat, die er ein Vierteljahrhundert lang beherrschen sollte, hat auch nie einen im strikten Sinne ästhetisch-literarischen Ehrgeiz unter Beweis gestellt[6]. Es war der Applaus des Publikums der Restaurationszeit, die mit großer Ironie und Selbstironie von Ramón Gómez de la Serna beschriebene »claque«[7], und es war die Aufführung selbst und das ›coming out‹ ›seiner‹ Schauspieler – Antonio Vico, Rafael Calvo und María Guerrero waren die berühmtesten Darsteller des Echegarayschen Repertoires[8] –, die die Verve des Dramatikers entfachten, in manchen Jahren drei bis vier neue Stücke zu produzieren, in der Regel und wie es sich gehörte, in Versen[9]. Was Echegarays Dramen – ein Stück Theatergeschichte, das häufig mit der Dekadenz des Theaters selbst gleichgesetzt worden ist[10] – für uns heute noch interessant macht, ist die Frage nach dem Geheimnis ihres Erfolgs, der so dauerhaft schien, um alsbald ganz und gar historisch zu werden.

## *El gran Galeoto* – Theatralisierung der Alltagswelt als Erfolgsgeheimnis?

*El gran Galeoto* (1881) war das erfolgreichste der Erfolgsstücke Echegarays. Es bedarf keiner spezifischen literarischen Bildung und Deutungskunst, um den Sinn dieses »Drama en tres actos y en verso, precedido de un diálogo en prosa« zu erfassen. Was die Philologen im Falle der hohen Literatur in Arbeit setzt, hat Echegaray ihnen bereits (vor)weggenommen. Allein das Prosa-Vorspiel ist schon dazu angetan, dem Interpreten den Wind aus den Segeln zu nehmen. In je zwei Dialog- und Monologszenen wird der junge Dichter Ernesto gezeigt, der die Idee seines Dramas mit Pathos erläutert, um an der Realisierbarkeit dieser Idee auf der Bühne schier zu verzweifeln. In dieser mise en abyme des dramatischen Sujets wird nicht nur der Titel *Galeoto* im Anschluß an Dante (der später noch ausführlicher kommentierten Francesca-da-Rimini-Episode des *Inferno*) als poetische Variante für die brutaleren spanischen Bezeichnungen des Kupplers eingeführt, es wird dem Publikum auch bereits alles Wesentliche gesagt, so daß niemand den Sinn, eben die »Idee« – des anschließenden Dramas verfehlen kann: die Hauptfigur des Stücks, der Galeoto der »vida moderna«, sei nicht eine einzelne Dramenfigur, er sei auch nicht kondensierbar und repräsentierbar »en unos cuántos tipos o caracteres«, vielmehr sei er nicht mehr und nicht weniger als jedermann, »todo el mundo«, die ganze Gesellschaft (646f.).

Kein Wunder also, daß sich Echegaray in der auf die Madrider Premiere vom 19. März 1881 rasch folgenden Buchfassung, welche noch im gleichen Jahr zahlreiche Auflagen erlebte, bei seinem Publikum bedanken konnte, »que con profundo instinto y alto sentido moral comprendió desde el primer momento la idea de mi obra y la tomó cariñosamente bajo su protección« (643). Was derart unmittelbar zu verstehen ist, müßte nicht auch noch interpretiert werden. Und doch: wer heute Echegarays Danksagung von 1881 an sein Publikum, die Presse und die Schauspieler liest, muß frappiert sein von der Hintergründigkeit dieser Widmungsadresse:

> A TODO EL MUNDO
> dedico este drama, porque a la buena voluntad de todos, y no a méritos míos, debo el éxito alcanzado. (Ebd.)

Wäre Echegaray sich der Hintergründigkeit dieser buchstabengetreuen Gleichsetzung seiner Negativfigur des ›großen Kupplers‹ – »esa masa total, (...) ese monstruo de cien mil cabezas, (...) ese titán del siglo que yo llamo ›todo el mundo‹« (647) – mit dem ihn feiernden Publikum bewußt gewesen und hätte er diese Publikumsbeschimpfung intendiert, so müßte man ihn nicht nur zu den bissigsten Satirikern des Fin de siècle zählen, sondern ihn auch zum unverstandensten Autor der spanischen Restauration erklären. Da es jedoch höchst unwahrscheinlich ist, daß ein solches ironisches und satirisches Talent Echegarays sowohl den Zeitgenossen wie der Nachwelt verborgen blieb, stellt sich für den Interpreten ein anderes Rätsel. Wie war es möglich, daß Echegaray die Gesellschaft seiner Zeit – laut Bühnenanweisung spielt der *Gran Galeoto* in der »época moderna: año 18 ...« – einmal in den »Aktantenstatus des ›Sündenbocks‹«[11] versetzt, ein anderes Mal zum Repräsentanten des »alto sentido moral« macht? Wie war es möglich, daß Echegaray keinerlei Hemmungen hatte, die Formel für den in seinem Drama so penetrant beschworenen Bösewicht – »todo el mundo« – auf ein Publikum zu applizieren, bei dem er sich bedanken möchte? Und wie war es schließlich möglich, daß dieses Publikum die unbeabsichtigte Beschimpfung als »todo el mundo« offensichtlich nicht einmal wahrgenommen hat?

Eine plausible Hypothese, die solche Phänomene erklärbar machen kann, formuliert Hans Ulrich Gumbrecht in seiner neuartigen *Geschichte der spanischen Literatur:*

> Der Erfolg des *Gran Galeoto* (...) scheint auf einem paradoxalen Strukturphänomen beruht zu haben, das europäische Gesellschaften seit dem XIX. Jahrhundert charakterisiert: je anonymer und ähnlicher die Verhaltensschemata werden, an denen sich Interaktionspartner orientieren, desto mehr ist ihnen daran gelegen, sich als ›unverwechselbare Individuen‹ zu sehen, desto mehr glauben sie sich in Distanz zur Geselschaft – bis hin zu jenem Extrem, wo das Wort ›Gesellschaft‹ und seine Synonyme in der alltäglichen Sprachnorm pejorative Konnotationen annehmen.[12]

Offenbar war es Echegaray so gut gelungen, diesen mentalen Habitus der modernen spanischen Gesellschaft anzusprechen, daß die »masa total« der Zuschauer den ›großen Kuppler‹ gar nicht auf sich selbst bezogen hatte. Deshalb konnte die Widmungsadresse »A TODO EL MUNDO« auch nicht in ihrer Strukturidentität mit dem pejorativen kollektiven Aktanten des Dramas erkannt werden. Eine solche Blindheit sowohl des Dramatikers wie auch seines Publikums spricht nicht gerade dafür, den *Gran Galeoto* als ein sozialkritisches Drama aufzufassen, wie dies mitunter geschieht[13]. Im Gegenteil: nicht nur die zugunsten des Euphemismus ›Galeoto‹ verworfene große, gegenkulturelle Züge tragende spanische Tradition der *Celestina* und ihrer Nachfahren, sondern auch die von Ernesto nachdrücklich als Innovation herausgestellte ›Idee‹ seines Stücks, das Typen- und Charakterdrama durch einen kollektiven Aktanten substituieren zu wollen, »[que] no puede salir a escena« (S. 647), dient gerade dem Abbau einer sozialkritischen Dimension. Möglichen Mißverständnissen hat Echegaray via Ernesto eigentlich mehr als deutlich vorgebaut:

> Si yo represento la totalidad de las gentes por unos cuantos tipos o personajes simbólicos, tengo que poner en cada uno lo que realmente está disperso en muchos, y resulta falseado el pensamiento; uno cuantos tipos en escena repulsivos y malvados, inverosímiles porque su maldad no tiene objeto; y resulta, además, el peligro de que se crea que yo trato de pintar una sociedad infame, corrompida y cruel, cuando yo sólo pretendo demostrar que ni aun las acciones más insignificantes son insignificantes ni pérdida para el bien o para el mal, porque, sumadas por misteriosas influencias de la vida moderna, pueden llegar a producir inmensos efectos. (648)

Diskulpiert werden die Handlungen, denn sie sind unbedeutend (»una palabra no más«, »una sola mirada«, »una sonrisa«), nur summiert erhalten sie jenes Gewicht, das ungeheure Wirkungen produziert (»el incendio y la explosión, la lucha y las víctimas«). Doch da diese Summe »inszenierter ›Bürgerlichkeit‹«[14], dieser neue ideelle Aktant, ein Titan »a la moderna« nicht auftreten kann – »no cabría materialmente en el escenario« (647) – wird die »vida moderna« zur Entlastungsinstanz par excellence. Denn diskulptiert sind durch diesen Bühnentrick des abwesenden Gesamtschuldigen alle Aktanten, die auf die Bühne gebracht werden. Dabei handelt es sich – selbstverständlich – um die Teilhaber an dem unverzichtbaren klassischen Dreiecksverhältnis zwischen dem erfolgreichen, aber alternden Ehemann, seiner jungen, notwendigerweise verführerisch schönen Ehefrau, und dem gleichfalls jungen und attraktiven, aber nicht etablierten Freund der Familie. Dieser zum Liebhaber prädestinierte Freund ist hier Ernesto, der nach dem Tod seines Vaters von dem Bankier Don Julián und seiner schönen Gattin Teodora an Kindes statt angenommen worden ist, womit der Bankier eine Dankespflicht an seinen verstorbenen Geschäftsfreund abzutragen gedenkt, da dieser ihn einst vor dem finanziellen Ruin gerettet hatte. Das Trio vermeint, in der Reinheit familialer Beziehungen zu leben; das Verhältnis von Ernesto und Teodora wird als geschwisterlich, das von Ernesto und Don Julián als eines zwischen Vater und Sohn modelliert. Und dennoch fühlt Ernesto sich unbehaglich: »Yo debiera ser dichoso / con tal padre y tal hermana«, um für Verständnis zu bitten, »que es falsa mi situación« (662). Eben diese Schiefheit der Situation legen die betroffenen Figuren als eine ökonomische aus – Ernesto ist zu stolz, um von den Wohltaten anderer zu leben –, während ›die Gesellschaft‹ sie (literatur- und theateradäquater) im Dreiecksverhältnis sieht.

Zum Wortführer oder besser Kolporteur dieser gesellschaftlichen Meinung hat Echegaray ein zweites Trio gemacht (und damit ist das Figurenrepertoire dieses Stücks praktisch auch schon erschöpft), bei dem es sich – kontrapunktisch – um die ganz normale Familie handelt, bestehend aus Don Juliáns Bruder Don Severo, dessen Gattin Doña Mercedes und dem Sohn Pepito. So sympathisch das Trio der Schieflage gezeichnet ist, so unsympathisch (eben ›severo‹) wirkt dieses Trio der Normalfamilie. Man sieht, das Theater ist bei Echegaray, mit Gumbrecht zu sprechen, zum Prädilektionsort für die »Inszenierung moderner Alltäglichkeit« geworden. Alle dämonische Investition, die das Thema der Kuppelei gehabt hatte, ist diesem ›großen Kuppler‹ verlustig gegangen, der nur durch »acciones más insignificantes« agiert. Eben deshalb muß allerdings um so diskrepanter wirken, daß alles, was das Theater der Calderón, Tirso de Molina und Lope de Vega ausgezeichnet hatte – die Obsession der honra und die unerbittliche Verteidigung der honra im Duell – unverzichtbar bleibt und weiterhin ernst genommen wird, damit dennoch ein Drama stattfinden kann. In der Verleihungsrede des Nobelpreises an Echegaray erscheint jedoch gerade Echegarays doppelte Eignung als Repräsentant der modernen Zeit und als »Erbe und Verwalter dieser großen Tradition« als Hauptargument der Ehrung:

> Als Kind der heutigen Zeit und von großer Selbständigkeit des Urteils hat er nicht die gleiche Auffassung von der Welt wie Calderon. Er ist ein Feind des Despotismus und der Hierarchie, liebt die Freiheit und hat für die Sache der Toleranz manche Lanze gebrochen. Doch findet man bei ihm das gleiche seltsame Feuer und den gleichen Sinn für Ehre – Begriffe, die von alters her die Hauptmerkmale spanischer Dramatiker gewesen waren.[15]

Feuer und Sinn für Ehre, Liberalismus und Toleranz – Echegaray bietet alles, und dessen Widersprüchlichkeit scheint keinen Anstoß erregt zu haben. Die als prosaisch empfundene moderne Alltagswelt erfuhr durch die anachronistische Theatralisierung eine geborgte Dignität, die wohl deshalb so sehr gefiel, weil sie zwar für zwei Stunden als bedrohlich erlebt, dann jedoch auch wieder vom Alltag fern gehalten werden konnte.

Für beide Seiten eines solchen erfolgsgarantierenden Spektakels – für die Inszenierung von Alltäglichkeit und die Theatralisierung des Alltags – bietet der *Gran Galeoto* gutes Anschauungsmaterial. Ernesto zieht die Konsequenzen aus den Verdächtigungen der Verwandtschaft und dem kolportierten Gesellschaftsklatsch und tauscht das reiche Bankiershaus gegen ein ärmliches Zimmer ein. Dort (im II. Akt) suchen ihn in seiner Abwesenheit der mittlerweile eifersuchtsgeplagte Don Julián mit Don Severo auf. Der Dialog zwischen den beiden Brüdern enthüllt einen bemerkenswerten Grad an Introspektionsfähigkeit Don Juliáns: in dem Maße, wie der Gesellschaftsklatsch ihn vergifte, wende Teodora sich von ihrem zunehmend unerträglicher werdenden Ehemann ab und dem immer mehr von der Aura des Märtyrers umgebenen Ernesto zu, bis am Ende wahr werde, was bisher nur Verleumdung gewesen sei. Wo und wann immer Echegarays Fähigkeit zu psychologischer Analyse hervorgehoben wird, gilt diese Szene als beispielhaft. Die gleiche Prophezeiung artikuliert i. ü. auch Ernesto in der Mitte des Stücks, wo die Fiktion des Prosa-Vorspiels – Ernesto schreibt das Kuppler-Drama, dessen Aufführung im Gange ist – noch einmal wiederaufgenommen wird:

> ¡Porque atmósfera tan densa
> a los míseros circunda,
> tal torrente los inunda
> y es la presión tan intensa,
> que se acercan sin sentir,
> se confunden al caer,
> y se adoran al morir! (717)

So weit handelt es sich also noch um die Inszenierung von Alltäglichkeit, wie gelungen oder wie trivial auch immer man sie sie sehen möchte. Die Theatralisierung der Alltagswelt erfolgt über die coups de théâtre der klassischen comedia, obwohl die psychische Disposition der Figuren, wie geschildert, die Peripetien und Katastrophen des Ehrendramas eigentlich nicht zuläßt. Im miserablen Zimmer Ernestos, wo Don Julián wartet, erscheint Pepito mit der Nachricht, daß Ernesto sich mit dem Vizconde de Nebreda duellieren wird. Für Don Julián steht darauf fest, daß nur er selbst die Ehre – seine eigene und die seiner Gattin – rächen kann: »(...) yo sé cumplir / como cumple un caballero.« (708) Nach diesen Besuchern erscheint eine verschleierte Dame, Teodora, die um Ernestos Leben bangt. Es entspannt sich ein Liebesdialog wider Willen, durch den transparent wird, daß Ernesto schon deshalb vom Duell nicht ablassen kann, weil er ›die Stelle‹ Don Juliáns eingenommen hat. Da Stimmen laut werden, läßt sich Teodora in einen Alkoven drängen. Pepito berichtet aufgeregt vom unglücklichen Ausgang des Duells, als Don Julián auch schon schwerverletzt hereingetragen wird, um auf das Bett des Alkovens gelegt zu werden, wo er angesichts von Teodora ohnmächtig zusammenbricht.

Im dritten Akt – dieser spielt wieder im reichen Bankiershaus – kommentieren Pepito und Doña Mercedes den beklagenswerten Zustand der getrennten Ehegatten: den von Severo bewachten Todeskampf Don Juliáns, die Tränen der zur Magdalena transformierten Teodora. Inzwischen hat Ernesto sich ein neuerliches Duell mit Nebreda geliefert und diesen getötet; hysterisch schluchzend und sarkastische Reden führend, läßt er sich nicht abweisen. Teodoras Festigkeit, Ernesto definitiv zu verabschieden, kommt diesem gegenüber ins Wanken. Die Abschiedsszene gerät erneut zu einer unwillentlichen Liebeserklärung, bis ein empörter Don Severo erscheint. Außer sich über die Beleidigungen Teodoras – »[...] ¡El ser más puro / que forjó la fantasía!« (764) – durch den Gestrengen, zwingt Ernesto diesen, vor der Angebeteten auf die Knie zu fallen. Taumelnd erscheint nun auch noch Don Julián im Eifersuchtsdelirium, um dann hinter der Bühne zu sterben. Das letzte Wort hat nach diesen tumultuösen Szenen, Teodora in seinen Armen hinwegtragend, Ernesto:

> Nadie se acerque a esta mujer; es mía.
> [...]
> ¡Y ahora tenéis razón! ... ¡Ahora confieso! ...
> ¿Queréis pasión? ... Pues bien; ¡pasión, delirio!
> ¿Queréis amor? ... Pues bien; ¡amor inmenso!
> [...]
> ¡Ven, Teodora! La sombra de mi madre
> posa en tu frente inmaculada un beso.
> ¡Adiós! ... ¡Me pertenece! ¡Que en su día
> a vosotros y a mí nos juzgue el Cielo! (782f.)

»Pasión«, »delirio«, »amor inmenso« und trotzdem keusche Unbeflecktheit und Schuldlosigkeit: Echegaray war es gelungen, seinem Publikum wirklich alles zu bieten. Dabei sind die Trennungslinien zwischen »locura« und »santidad« verwischt (der geniale Titel des Dramas *O locura o santidad* könnte emblematisch über Echegarays gesamtem Oeuvre stehen), und die dramatische Sprache muß sich so vieler Seufzer, hysterischer Gebärden, nervöser Zuckungen, Ausrufungs- und Auslassungszeichen befleißigen, damit dieser Effekt des verrückten und theaterwürdigen Lebens von jedermann, dem Normalbürger der clase media, auch erreicht werden konnte. Über dieses Erfolgsrezept nur zu lästern, erscheint freilich zu einfach. Denn interessanterweise ist es Echegaray selbst (und nicht seine Kritiker), der die luzideste Einsicht in die Angewiesenheit des Normalbürgers auf das Theater, und die Angewiesenheit der Alltäglichkeit und Normalität auf eine als temporären unterhaltenden Rausch erlebte pathologische Abweichung nicht nur intuitiv gehabt, sondern auch formuliert hat. In seinen in hohem Alter geschriebenen *Recuerdos* wird Echegaray nicht müde, das Bedürfnis nach ideeller und kompensatorischer Entwirklichung der »realidad de la vida« zu artikulieren:

> Con el pensamiento soy el hombre más aventurero que existe, y el más subordinado por consciencia del deber, en la realidad de la vida.[16]
>
> [...] si yo en estos recuerdos quisiera hacerme interesante, tendría que poner alguna sombra siniestra en mi frente, alguna pasión más o menos impura en mi corazón, y algunos nubarrones en mi espíritu.
>
> Pero entonces no sería yo.
>
> Yo me siento plácido, tranquilo, y por más que revuelvo en mis recuerdos, *no evoco ni una sola escena digna de figurar en mis dramas.*
>
> *Quizá he sido dramaturgo tan terrible por un efecto de compensación.*[17]
>
> El público puso lo que a la obra dramática le faltaba; *el público hizo el drama,* y resultó de su gusto, y se emocionó con su propia emoción, *y se aplaudió a sí mismo,* cuando creía aplaudir al autor y a los actores.[18]

## Dekadenz des Theaters / Vorabend des Kinos

Der heutige Leser der Echegarayschen Dramen braucht sich nicht zu schämen, wenn er in ihnen die Dekadenz des Theaters verkörpert sehen möchte. Er wird dieser Dekadenz des Theaters allerdings eine ganz neue Perspektive abgewinnen können, wenn er Echegaray an die Anfänge einer Medienentwicklung stellt, für die Kino, Fernsehen und Videoübertragung stehen, denen die (temporäre) rauschhafte Flucht aus dem Alltag des Realitätsprinzips von Anbeginn an konzediert worden war. Das 20. Jahrhundert hat die Kompensation und Entwirklichung des Alltags von jedermann als Notwendigkeit gesehen und kommerziell genutzt (bis heute ist freilich die Debatte lebendig, ob solche Kompensation und Entwirklichung nur temporär genutzt von wohltuender Wirkung sein könne; seit jedermann sich jederzeit der ›Droge‹ Kompensation bedienen kann, erscheint die ›Kultur‹ schlechthin in Gefahr). Im Rückblick kann deshalb Echegaray als ein ausgesprochen ›positiver‹ Moderner erscheinen, der mit den antiquierten Mitteln des Theaters ein Publikumsbedürfnis zu befriedigen suchte, das ›eigentlich‹ erst die neuen Medien (die so viel gefährlicher waren) bedienen konnten, Medien, die außerdem auch noch die Literatur ebenso wie den Autor im emphatischen Sinne und nicht zuletzt die Philologen und Künstler der Interpretation verdrängen sollten. Wo immer man Echegaray ein gewisses Maß an ›Gerechtigkeit‹ hat widerfahren lassen, wurde diese seine ganz auf das Spektakel selbst (und die von ihm kompensatorisch gewährte Entlastung) eingestellte Begabung hervorgehoben, so besonders von Angel Valbuena Prat[19] und von Juan María Díez Taboada[20], die »das Phänomen Echegaray«[21] weniger im Sinne der ›Unnatur‹ des Theaters als vielmehr im Sinne der ›Natur‹ des Kinos zu begreifen suchten. Nach dem Siegeszug des Films mußte das Echegaraysche Theater notwendig sein Terrain verlieren, wenn es richtig ist, daß es wesentlich eine Art von Kino avant la lettre war.

Es bleibt uns, mit einem theatergeschichtlichen Desiderat zu enden:

> Auch in Spanien war das XIX. Jahrhundert *das* Jahrhundert der literarischen Leser gewesen. Aber um 1890 waren in Madrid oder in Barcelona nicht die neuesten Romane (schon gar nicht befremdlich pessimistische Gedichte) Tagesgespräch, sondern die Theaterpremieren. Eine neue Geschichte des europäischen Theaters müßte differenziert erfassen und darstellen, was eine Intuition auf den ersten Blick sein kann: in der *Theaterwelt des späten XIX. Jahrhunderts* hatten sich Publikumsbedürfnisse, Inszenierungsformen und gesellschaftliche Funktionen institutionalisiert, welche die neuen technischen Medien und Schau-Spiele des XX. Jahrhunderts – das Kino, das Fernsehen, der Zuschauersport – ideal bedienen konnten.[22]

Was Echegaray recht gut bediente, bevor es die adäquaten Medien idealer Bedienung gab, das ist an seinem Drama nicht historisch geworden, sondern irritiert uns immer noch.

## ANMERKUNGEN

T: *EL gran Galeoto* nach: J. ECHEGARAY, *Teatro escogido* (Biblioteca Premios Nobel), prólogo de A. LÁZARO ROS, Madrid [5]1964 ([1]1955), S. 641–783. Dt. Fassungen (u. a.): GALEOTTO, übers. u. bearbeitet von A. GRAWEIN, Halle 1901; *Der große Kuppler*, übers. u. bearbeitet von D. DEINHARD und P. LINDAU, in: J. ECHEGARAY, *Meisterdramen* (Nobelpreis für Literatur. 1904), Zürich o. J. (um 1971), S. 151–233. Weitere Texte: J. ECHEGARAY, *Recuerdos*, 3 Bde., Madrid 1917.

L: J. YXART, *El arte escénico en España*, 2 Bde., Barcelona 1894–1896; E. MÉRIMÉE, »Echegaray et son œuvre dramatique«, *Bulletin hispanique* Bd. 18/1916, S. 247–278; R. GÓMEZ DE LA SERNA, »Don José Echegaray«, in: Ders., *Retratos completos* (Biblioteca de autores modernos), Madrid 1961, S. 638–647; A. VALBUENA PRAT, *Historia del teatro español*, Barcelona 1956; F. RUIZ RAMON, *Historia del teatro español* (Desde sus orígines hasta 1900), Madrid [3]1979 ([1]1967); J. C. DE TORRES, »Una carta sincera a Rafael Calvo«, *Revista de Literatura* Bd. 61/1979, S. 191–217; R. G. SÁNCHEZ, »Mancha que no se limpia o el dilema Echegaray«, *Cuadernos hispanoamericanos* H. 297/1975; J. M. DÍEZ TABOADA, »Das spanische Theater des 19. Jahrhunderts«, in: K. PÖRTL (Hrsg.), *Das spanische Theater*. Von den Anfängen bis zum Ausgang des 19. Jahrhunderts, Darmstadt 1985, S. 392–473; H. U. GUMBRECHT, Eine

*Geschichte der spanischen Literatur,* voraussichtlich Frankfurt a. M. 1988, hier zitiert nach dem Typoskript.

A: [1] Vgl. dazu detailliert J. MONTERO ALONSO, *Jacinto Benavente, su vida y su teatro,* Madrid 1967, S. 162–167.

[2] Vgl. J. MONTERO PADILLA, »Echegaray visto por Benavente«, *Revista de Literatura* Bd. 26/1958, S. 245–248.

[3] *Alma española* 6/1903, S. 5; zit. nach K. PÖRTL, *Die Satire im Theater Benaventes von 1896 bis 1907,* München 1966, S. 12.

[4] Das groteskeste Beispiel ist das sehr wenig informative (nicht einmal die genaue Zahl der Theaterstücke Echegarays nennende) Vorwort von A. LÁZARO ROS zu Echegarays *Teatro escogido* s. T.), S. 11–46.

[5] Vgl. den »Catalogue des œuvres dramatiques d'Echegaray« im Anhang von E. MÉRIMÉE, s. L., S. 277f.

[6] Der schlagendste Beweis dafür sind Echegarays *Recuerdos* (s. T.), die von keinerlei Bitterkeit über das Ende einer literarischen Karriere zeugen, sondern vielmehr, wie treffend R. G. SÁNCHEZ bemerkt, »una vanidad complaciente y un franco bienestar burgués« atmen (s. L., S. 604).

[7] R. GÓMEZ DE LA SERNA, s. L., S. 641ff.

[8] Über Echegarays Beziehungen zu seinen Schauspielern informiert an einem exemplarischen Beispiel J. C. DE TORRES, s. L.

[9] H. U. GUMBRECHT (s. L.) führt die für die alta comedia der zweiten Hälfte des 19. Jahrhunderts als unentbehrlich erscheinende Versform auf Erwartungen zurück, »für die Literatur und Kunst ›die schönere Seite des Lebens‹ waren«.

[10] So schon von dem zeitgenössischen Kritiker J. YXART, s. L., bes. Bd. 1, S. 113–123.

[11] So eine Formulierung von GUMBRECHT, s. L., an dessen Literaturgeschichte ich mich wesentlich orientiere.

[12] GUMBRECHT, s. L., den respektiven Abschnitt zu Echegaray.

[13] So – zum Beispiel – D. L. SHAW, *A Literary History of Spain.* The Nineteenth Century, London und New York 1972, S. 89.

[14] In der »inszenierten ›Bürgerlichkeit‹« sieht GUMBRECHT, s. L., die Hauptdistinktion der sog. alta comedia.

[15] »Verleihungsrede von C. D. AF WIRSEN, ständigem Sekretär der schwedischen Akademie, anläßlich der feierlichen Überreichung des Nobelpreises für Literatur an José Echegaray am 10. Dezember 1905«, in: ECHEGARAY, *Meisterdramen* (s. T.), S. 17–24, hier: S. 19.

[16] *Recuerdos,* s. T., Bd. 1, S. 160; vgl. ferner auch R. G. SÁNCHEZ.

[17] *Recuerdos,* s. T., Bd. 2, S. 5; Hervorhebungen von mir.

[18] *Recuerdos,* Bd. 3, S. 206; Hervorhebungen von mir.

[19] A. VALBUENA PRAT, s. L., S. 542.

[20] J. M. DÍEZ TABOADA, s. L., S. 445.

[21] Ebd., S. 443.

[22] H. U. GUMBRECHT, s. L.

*HANS HINTERHÄUSER*

# BENITO PÉREZ GALDÓS · ELECTRA

Der 30. Januar 1901 gilt als denkwürdiger Tag in der Geschichte des spanischen Theaters, vergleichbar dem *Hernani*-Ereignis in Paris im Februar 1830[1]. An jenem Datum wurde Galdós' Schauspiel *Electra* aus der Taufe gehoben, nachdem am Abend zuvor die geistige Elite der Hauptstadt zur Generalprobe eingeladen worden war. »It was one of the most important happenings in the intellectual history of Spain in the turn of the century«, stellt E. Inman Fox in seiner Studie fest[2], und Stanley Finkenthal nennt *Electra* gar »a play that probably provoked the greatest audience response in the history of the Spanish stage«[3].

Was geschah?[4] Galdós, der sich seit neun Jahren mit wechselndem Erfolg auch als Bühnenautor versuchte, hatte unter dem Eindruck gewisser Zeitstimmungen und nicht zuletzt im Zuge seiner eigenen politischen Radikalisierung in der Spätphase[5] zum Inspirationsquell seines frühen Thesenromans *Doña Perfecta* zurückgefunden und mit *Electra* ein Stück geschrieben, das die antiklerikale und antijesuitische Erregung weiter Kreise des Publikums zum Überschwappen brachte. Während der Generalprobe, der Premiere und noch später kam es zu leidenschaftlichen Kundgebungen, immer wieder ließen die Zuschauer, stürmisch applaudierend, die Schauspieler nicht zu Ende sprechen und als gar Ramiro de Maeztu ein »Abajo los jesuitas!« vom Olymp herunterdonnerte, brach ein Sturm los und das Stück konnte nur mühsam zu Ende gespielt werden. Nachher wurde der ziemlich verwirrte Autor, dem ein solcher »jaleo« gar nicht lag, von der enthemmten Menge am Theaterausgang erwartet und unter Hochrufen zu seiner Wohnung in der dem Teatro Español nicht gerade benachbarten Calle Hortaleza gebracht. Einmal mehr wurde in den Berichten und Kritiken der folgenden Tage der unversöhnliche Gegensatz zwischen den »beiden Spanien« manifest, dem liberal-fortschrittlichen und dem klerikal-reaktionären: in den Organen des ersteren wurde Galdós als Prophet und geistiger Führer des zu erneuernden Landes gefeiert, in denen des letzteren sein Stück als »el crimen del día« gebrandmarkt. Die gleiche Wirkung rief es in den darauffolgenden Wochen und Monaten in Barcelona, Sevilla, Bilbao hervor. An vielen Orten stimmte die Menge die Riego-Hymne an[6]. In Sevilla untersagte der Erzbischof seinen Gläubigen den Besuch der Aufführungen[7]. Ähnliches wird aus Hispanoamerika berichtet. Von der Buchausgabe wurden in wenigen Monaten an die 20 000 Exemplare verkauft. Auch das Ausland wurde durch Direktberichte aus Madrid und bald durch Übersetzungen aufmerksam. Im Pariser Theater der Porte Saint-Martin stand *Electra* 150mal auf dem Programm (das Teatro Español hatte es ›nur‹ auf 80 Aufführungen gebracht), in Rom 32mal. Hingegen weiß man aus dem deutschen Raum nichts Zuverlässiges über etwaige Aufführungen.

Ein Aparte gebührt dem Eindruck, den *Electra* auf die junge Generation, die nachmaligen ›Achtundneunziger‹ Maeztu, Azorín, Baroja und Unamuno machte[8]. Sie proklamierten in leidenschaftlichen Artikeln den 58jährigen Schriftstellerkollegen zu ihrem geistigen und moralischen Oberhaupt (»Nadie nos gana en amor a Galdós«, versicherte Maeztu, der mit seinen auch vor Brachialgewalt nicht zurückschreckenden Temperamentsausbrüchen ein wenig den künftigen Futuristen präludierte) und gerieten einander dank unterschiedlicher Unbedingtheit wohl auch gelegentlich in die Haare. Diese Begeisterung kristallisierte sich schließlich im März 1901 in der Gründung der Zeitschrift *Electra,* die als frühestes Sammelbecken und Bindeglied der jungen Generation fungierte, der Absicht ihrer Initiatoren zufolge zum Sprachrohr des nationalen Erneuerungswillens werden sollte – und es immerhin auf sieben Nummern brachte.

Es ist an der Zeit, daß wir nach dem Inhalt des aufsehenerregenden Stückes fragen und damit in »das Rätsel *Electra*« eintreten. Die Handlung spielt im Ambiente hauptstädtischer Plutokratie. Die schwerreichen, ihre Aktiengewinne großenteils in religiöse Institutionen investierenden Eheleute García Yuste haben soeben eine elternlose junge Verwandte, Electra, bei sich aufgenommen, die durch ihre quirlige Lebenslust nicht wenig äußere Unruhe stiftet. Noch größer ist die innere Unruhe und Besorgnis. Denn Electra, »cuyo padre se ignora« (10), ist mit der Hypothek (dem erblichen Makel?) einer Mutter belastet, die sich jahrelang einem lockeren Lebenswandel ergeben hatte (ihr Name Eleuteria bedeutet in der Tat im Griechischen »Freiheit«), bis sie in sich ging und ihren Fehltritt im Kloster San José de la Penitencia bereute. Wird Electra, deren Name einmal als familiäre ›Abkürzung‹ zu Eleuteria bezeichnet wird (10), in ihre Fußstapfen treten?

Um dies zu verhindern, tritt eine Phalanx von »Beschützern« auf, die sich ihrer selbstlos bis autoritär annehmen: der Marqués de Ronda (eine Raisonneurfigur im Sinne des klassischen französischen Theaters, der Galdós sein eigenes Alter verliehen hat); der Buchhalter Cuesta, der Gründe zu haben glaubt, sich für Electras Vater zu halten; der verwitwete, noch junge Ingenieur Máximo, der zur Familie der García Yustes gehört und in seiner »Fabrik« (seinem Labor) an der Entwicklung der Elektrizität arbeitet; und schließlich Pantoja mit dem symbolischen Vornamen Salvador, eine eher unheimliche als geheimnisvolle Gestalt, die, stets in düsteres Schwarz gekleidet, durch ihre salbungsvollen Reden und ihr gespenstisches Auftreten im jeweils rechten Augenblick auffällt und jedem, der es hören will, von vergangenen Lastern und glücklicher Umkehr berichtet. Hat Pantoja in seiner lasterhaften Phase Electra gezeugt? Er läßt es durchblicken und vertritt jedenfalls im Wettlauf um das junge Mädchen das autoritär-klerikale Prinzip, das sich gerade in diesem Fall auf einen verabscheuungswürdigen Egoismus gründet: Pantoja hat gesündigt und seine »Tochter« soll durch den Eintritt in das durch seine Initiativen geförderte Kloster seiner Entsühnung die Krone aufsetzen.

Dies ist also die um Electra aufgebaute Schlachtordnung: auf der einen Seite Máximo, der die Wissenschaft, die Vernunft, die Wahrheit, den Fortschritt und die Zukunft verkörpert, auf der andern Pantoja, Dunkelmann in jeder Hinsicht, dazwischen die Electra wohlwollenden Cuesta und Ronda, und seitlich die passiven und eher hilflosen García Yuste. Am Ende des ersten Aktes kommt es zur ersten Konfrontation zwischen Máximo und Pantoja. Electra klagt, mit Blick auf den letzteren: »Quiere anularme, esclavizarme, reducirme a una cosa«. Und Máximo, erregt und beschwörend: »No consientas eso, por Dios ... Electra, defiéndete«. Er rät ihr zur »emancipación«, noch genauer und besser: zur »insubordinación« (54–6). Eine vielsagende Pantomime beendet den Akt: Pantoja schleift Electra am Arm zu Tisch, diese schaut flehend zu Máximo zurück.

Nach dieser Exposition werden zunächst die Charaktere kräftiger ausgebaut: der Cuestas z. B., welcher den bedeutsamen (heftig beklatschten) Satz sagen darf: »Eso de arrastrar a la vida claustral a las jovencitas, que no han demostrado una vocación decidida, es muy grave« (80f.). Immer deutlicher schält sich die Liebesbeziehung Electra-Máximo heraus, bis zur offenen Erklärung und zum Heiratsversprechen am Ende des 3. Aktes; immer düsterer richtet sich aber auch das Gespenst Pantoja auf, immer drohender wird seine Rolle als Sachwalter des Jenseits. Und als sein Spiel verloren scheint, greift er zur letzten Infamie, indem er Electra versichert, ihr geliebter und angelobter Máximo sei in Wahrheit ihr Halbbruder. Eine Welt bricht für die Ärmste zusammen, sie fällt in Wahnsinn und wird (Pantoja hatte das geschickt vorbereitet) nach San José de la Penitencia gebracht.

Der Zuschauer findet sie im 5. Akt einigermaßen gefaßt wieder, aber immer an ihre Mutter denkend und deren Erscheinung, die ihr schon in früheren Krisensituationen zuteil geworden war, herbeirufend. Inzwischen sind die gegnerischen Parteien aktiv. Beide »vertrauen auf Gott« und seine Hilfe, und hier wird Máximo eines seiner großen Worte geschenkt: »En Dios confía quien adora a la verdad« (197). Schließlich »erscheint« die Mutter tatsächlich und löst den Knoten: »Mi voz devolverá la paz a tu conciencia. Ningún vínculo de naturaleza te une al hombre que te eligió por esposa. Lo que oíste fue una ficción dictada por el cariño para traerte a nuestra compañía y al sosiego de esta santa casa.« Dann, mit wahrhaft überirdischer Gelassenheit:

»Si el amor conyugal y los goces de la familia solicitan tu alma, déjate llevar de esa dulce atracción, y no pretendas aquí una santitad que no alcanzarás. Dios está en todas partes« (213 f.). Der Alptraum ist zu Ende, Máximo, und mit ihm das Gute, das Leben, die Zukunft haben gesiegt; nichts haben Pantoja seine übermenschliche Willenskraft und sein unerbittliches Sendungsbewußtsein genützt: er bleibt geschlagen auf dem Felde zurück.

Wir sind völlig sicher, daß unser Leser an diesem Punkt ausrufen wird: Aber ist das alles? Wo ist da ein Grund zur Aufregung? Besonders befremdlich wird ihm die Rehabilitation Pantojas im letzten Bild vorkommen. Wir wiederholen die Worte, die Eleuterias »Schatten« zu Electra spricht: »Lo que oíste fue una ficción dictada por el cariño para traerte a nuestra compañía y al sosiego de esta santa casa«. Wie denn – Pantojas infame Lüge soll eine »von zärtlicher Liebe diktierte Erdichtung« sein? Selbst wenn dieser Satz innerpsychologisch als Rechtfertigungsversuch einer ehemaligen, nicht nachtragenden Geliebten verständlich ist, bleibt er von der Botschaft des Stückes her gesehen ein ›starker Tobak‹. Oder ist etwa die Gestalt des Don Salvador (der übrigens nirgends im Text ausdrücklich als Mitglied der S. J. bezeichnet wird) vom Autor von vorneherein gar nicht im Sinne einer thesenhaften Schwarz-Weiß-Malerei angelegt? Haben ihn die Zuschauer, die ihn bei jedem seiner Auftritte gnadenlos ausbuhten, am Ende vielleicht gar nicht begriffen? Ist er doch etwas anderes als eine spanische Variante des Tartuffe, mit dem ihn wohl jeder Leser sofort und für eine längere Weile assoziieren wird? Hat man sich auf diese Frage eingelassen, dann müssen Überlegungen, wie sie Enrique Díez Canedo anläßlich einer Wiederaufnahme im Jahr 1929 anstellte, vollends verwirren:

> No es Pantoja el tipo del hombre malo. Si fuera esto sólo, carecería del bulto de humanidad con que el autor ha levantado su figura [...] Un anhelo de perfección vive en ese espíritu. Pantoja tiene su razón, y ella le da el innegable porte de *persona trágica* que le define[9].

Pantoja eine tragische Figur: heißt das die Hypothese (das manchmal bequeme Klischee) einer alles verstehenden Galdós'schen Humanität nicht ein wenig übertreiben?

Hören wir die Deutung, die der Autor selbst am Morgen nach der stürmischen Generalprobe von seinem Stück gab:

> En *Electra* puede decirse que he condensado la obra de toda mi vida, mi amor a la verdad, mi lucha constante contra la superstición y el fanatismo y la necesidad de que olvidando nuestro desgraciado país las rutinas, convencionalismos y mentiras, que nos deshonran y envilecen ante el mundo civilizado, pueda realizarse la transformación de una España nueva que, apoyada en la ciencia y la justicia, pueda resistir las violencias de la fuerza bruta y las sugestiones insidiosas y malvadas sobre las conciencias.[10]

Eine Aussage, die von einem festen und hohen, durch den Erfolg legitimierten Sendungsbewußtsein spricht und an der moralisch-politischen Gewichtung der Personen keinen Zweifel läßt; die aber doch wohl über das hinausgeht, was man aus heutiger Perspektive nach Kenntnisnahme des Textes als eigenen Eindruck formulieren würde.

Was hat nun also die Zuschauer am 29. und 30. Januar 1901 so aufgeputscht und mitgerissen? Haben sie den allegorisch-symbolischen Hintergrund des Stückes sofort durchschaut? Zum großen Teil gewiß, denn sehr verrätselt hat ihn sein Autor nicht. Was aber vor allem ins Gewicht fiel und die Anteilnahme beflügelte, das waren die antiklerikalen Zündstoffe, die in jenen Monaten allenthalben bereitlagen[11]. Da war die Rückkehr von Zehntausenden von Ordensleuten aus den letzten, nunmehr verlorenen Kolonien, die rein optisch auffallen und latentes Mißbehagen aktivieren konnte. Da war der vermutete jesuitische Einfluß auf die konservative Regierung Silvela im letzten, depressiven Jahr der Regentschaft María Cristinas. Da war die Affaire der Heirat der Prinzessin von Asturien mit Don Carlos, dem Sohn und möglichen politischen Erben des Anführers im letzten Karlistenkrieg. Verfassungsgemäß mußte diese Heirat in den Cortes abgesegnet werden, und darüber kam es zu stürmischen Auseinandersetzungen. Am 14. Dezember 1900 hielt der Abgeordnete Canalejas eine vielbeachtete kirchenfeindliche Brandrede, die er im einprägsamen Imperativ »Hay que dar batalla al clericalismo!« zusammenfaßte. Vom Jesuitenpater Montaña, Beichtvater der Königin und Religionslehrer Alfons' XIII., wurde die Schrift *El liberalismo es pecado* in die Waagschale geworfen, worauf die Zeitungen der anderen Seite ihrerseits mit Schlagworten wie »El jesuita es el enemigo« und »Odio al jesuita« antworteten.

Die Stimmung wurde schließlich weiter angeheizt durch ein »fait divers«, das als »El caso Ubao« durch die Presse ging. Der Jesuitenpater Cermeño hatte ein junges Mädchen, Adelaida Ubao, dazu überredet, ohne elterliche Einwilligung in den Orden der Esclavas del Corazón de Jesús einzutreten. Adelaides Mutter und Bruder hatten die Sache im März 1900 vor Gericht gebracht, und der Einspruch der Familie, die von keinem Geringeren als Nicolás Salmerón, einem der Präsidenten der Ersten Republik vertreten wurde, kam am 7. Februar (eine Woche nach der Premiere der *Electra* also) zur Verhandlung. Der oberste Gerichtshof entschied zugunsten der Familie, Adelaida mußte das Kloster verlassen und nach Hause zurückkehren. Hatte Galdós' Stück auf diese Entscheidung Einfluß? Und beeinflußte andererseis der Fall Ubao Galdós bei seiner Wahl gerade dieses Plots? Die erste Frage wollen wir zu Ehren der spanischen Justiz verneinen, die zweite hat Galdós selbst verneint; aber da er in Einflußfragen stets eigenwillig und manchmal unverständlich zu reagieren pflegte, wollen wir uns sein Dementi nicht ohne weiteres zu eigen machen. Bestehen bleibt, daß die Rezeption und der Erfolg der *Electra* von einer ganzen Reihe von außerliterarischen Faktoren entscheidend bestimmt wurde.

Betrachten wir nun, um tiefer in den Sinngehalt des Stückes einzudringen, Máximo und Electra genauer – die beiden Hauptpersonen neben Pantoja (von dem das hier Notwendige und Mögliche oben gesagt worden ist). Máximo ist eine Figur aus dem Stamme Pepe Reys, des Protagonisten des Thesenromans *Doña Perfecta.* Auch er ist »Ingenieur«, also praktischen Dingen zugewandt, und ein Repräsentant der Wissenschaft (Naturwissenschaft) obendrein. Von seinem Autor, der in solchen Fällen mit Lob und Titeln nicht zu sparen pflegt, wird er bald als »el Mágico prodigioso« bald als »Faust« bezeichnet. Máximo selbst zählt als seine hervorstechenden Tugenden auf: perseverancia und paciencia laboriosa, ein andermal sencillez, sobriedad, trabajo: typische Galdós-Tugenden, die unser Autor besonders in seinem Theater (vorher und dann gleichzeitig auch in den *Episodios*) dem Publikum unermüdlich vor Augen führt. Was treibt Máximo? Er hat sich zum Ziel gesetzt, den elektrischen Strom ohne wesentliche Energieverluste über größere Entfernungen zu leiten (200 km schweben ihm vor[12]), und er ist deshalb damit beschäftigt, die günstigste Verbindung der Metalle für seine Kabel herauszubekommen. Der über beide Ohren in ihn verliebten Electra gegenüber spielt er den Pädagogen, den »Bildner«. Das kann er um so leichter, als Electra ja das Leben, also die unreflektierte Spontaneität verkörpert, er hingegen die Wissenschaft, also Reflexion und Objektivität. Gelegentlich läßt ihn sein Schöpfer sich freilich wie einen ausgewachsenen Pedanten benehmen, so wenn er dem jungen Mädchen, das ihn kindlich-kokett nach ihrer allfälligen Nützlichkeit fragt, die schulmeisterlich positivistische Antwort erteilt: »Nada existe en la creación que no sirve para algo« (108). Bei einer solchen Gesinnung kann natürlich von einem »partnerschaftlichen Verhältnis« zwischen den beiden keine Rede sein[13]. Aber im 4. Akt darf sich unser altkluger Weiser kräftig rehabilitieren: da platzt ihm angesichts des penetranten Despotismus Pantojas der sprichwörtliche Kragen, er schreit und wird handgreiflich, er möchte Feuer legen, um Electra zu befreien – kurz, er ist kein hölzerner Wissenschaftler mehr, sondern ein Mensch mit seinen Leidenschaften und Unbeherrschtheiten.

Daß Electra ein beschwingtes, fröhliches, Liebe brauchendes und Liebe schenkendes, also ein lebensvolles Wesen ist, wissen wir bereits. Aber sie fühlt sich von »Don Salvador« terrorisiert, fasziniert, hypnotisiert, und im Zusammenhang damit bricht eine Veranlagung bei ihr hervor, die sie dann doch zu einem dramatischen Problemkind macht. Sie selbst erzählt von »estados singularísimos de mi cabeza y de mis nervios« und gesteht, Pantoja verursache ihr »una turbación nerviosa y mental« (105). In ähnlichen Fällen habe sie früher Erscheinungen gehabt, sei ihre Mutter ihr »erschienen«. Máximo gibt ihr darauf eine Replik und einen Rat, die seines Wissenschaftlerethos – und seiner psychologischen Einfalt – würdig sind: »Eso no es propio de un espíritu fuerte. [...] Ea, a trabajar« (was sie, Hausfrau schon vor der Ehe, ja auch begeistert tut[14]). Wir hingegen stellen von unserm vorteilhaften Überblick über das Gesamtwerk des Autors her fest, daß Electra zu den zahlreichen Anomalen zählt, die sein Romanwerk in allen möglichen Schattierungen bevölkern[15]. Kein Wunder, daß sie angesichts der brutalen Lüge Pantojas in einen opheliahaften (zum Glück vorübergehenden) Wahnsinn fällt! Wir werden bald noch einmal darauf zurückkommen und zu beobachten haben, daß dieser Faktor der dramaturgischen Schlußlösung der Erscheinung der Mutter eine gewisse Plausibilität verleiht.

Eine Bemerkung zum Namen Electra. Es ist allgemein bekannt, daß Galdós allenthalben in seinem Werk eine Neigung zur Verwendung sprechender Namen zeigt. In diesem Stück ist uns bereits der Vorname Pantojas, Salvador, aufgefallen. (Den Gedanken, daß »Máximo« als sprechender Name gedacht sein könnte, wollen wir uns aus Achtung vor Galdós versagen.) Electra nun hat ganz gewiß wenig mit der tragischen Atriden-Tochter zu tun[16]. Daß der Name als eine (wie immer entstandene) familiäre Variante zu Eleuteria zu begreifen sei, wurde bereits erwähnt. Zu tun hat aber ›Electra‹ hauptsächlich etwas mit der Elektrizität. Sie sei, sagt der Hausherr Don Urbano im Expositionsakt, »tan viva como la electricidad« und definiert weiter (und hier kommt die damals verbreitete Ängstlichkeit im Umgang mit der neuen Energie gut zum Ausdruck): »misteriosa, repentina, de mucho cuidado. Destruye, trastorna, ilumina« (11). Hier liegt für mich der primäre Sinn des Namens unsrer Heldin und der Hauptweg zum Verständnis des Stücks. Der Name Electra steht in engem Zusammenhang mit dem Enthusiasmus des ausgehenden 19. Jahrhunderts (also der Epoche des reifen Galdós) für das Novum der Elektrizität[17], für die Möglichkeit, die Straßen der Städte sowohl wie das traute Heim in hellem Lichte erstrahlen zu lassen. Wilhelm Schmid nennt deshalb das 19. Jahrhundert ganz richtig »das Jahrhundert der Lichtwerdung« und sieht sogar »eine komplementäre Beziehung zwischen der Expansion der Illumination und der intellektuellen Morgenröte des 18. Jahrhunderts«[18]. Und er fragt sich auch, ob etwa zwischen beiden Lichtquellen »eine unterirdische Beziehung« bestand:

> Man dachte daran, die Nacht zum Tag zu machen, denn die Nacht ist das Chaos, die Nacht ist weiblich, ist die Herrschaft der dunklen Triebe – alles, was angst macht ... Die Philosophie des Lichts und die Lichtästhetik der Aufklärung lieferten die Stimulantien für den unersättlichen Lichthunger des 19. Jahrhunderts. Die Titelseiten des *Journal universel d'électricité* in den Jahren nach 1880 erinnern zuweilen sehr an die berühmte Lichtallegorie der *Encyclopédie*, den weltgeschichtlichen Sieg des Lichts über die Finsternis ...

Damit ist eine wichtige Sinnschicht nicht nur des hier zu interpretierenden Stücks, sondern der Galdós'schen Weltanschauung überhaupt dingfest gemacht. Galdós ist ein Autor, der mit den zeitgemäßen Mitteln des Liberalismus und später des Gefühlssozialismus die Militanz der Aufklärung fortsetzt[19]. Dies ist für uns die historische Rolle seines Werkes. Was genauer unseren Text betrifft, so wird man hinzufügen, daß die Nähe der *Electra*-Handlung zu gewissen Leitmotiven bei Diderot (man denke u. a. an den Roman *La religieuse*) für den Diderot-Kenner von vorneherein auffällig war.

Bleibt noch ein Wort zur allegorischen Dimension der Hauptpersonen. Im Hinblick auf Máximo und Pantoja ist dieser Aspekt wohl in unsere Darstellung miteingeflossen; die diesbezügliche Entschlüsselung der Electra steht noch aus. Ich habe mich seinerzeit in meiner Interpretation des Romans *La desheredada* gegen Gilmans Ineinssetzung der Protagonistin mit »Spanien« ein wenig gewehrt[20]; hier bei Electra hilft jedoch kein Weh und Ach, Electra *ist* ohne jeden Zweifel *auch* als Symbolgestalt für das gegen die Mächte der Finsternis sich zum Lichte durchringende Land gedacht. Daß sich diese Episode drei Jahre nach der nationalen Katastrophe von 1898 abspielt, gibt dieser Symbolisierung die pathetische Note. Es ist auch nicht zu übersehen, daß es ein achtzehnjähriges Mädchen ist, das dieses allegorische Gewicht auf sich nimmt. Trotz allen Dekadenzgeredes – das will uns der Autor wohl sagen – ist Spanien ein *junges Land*, welches, ungeachtet einer überreichen Vergangenheit, seine Zukunft in der modernen Welt noch vor sich hat, auf die es sich freilich einstellen muß, wenn es Schritt halten will.

Es ist bei einem Teil der Galdós-Kritik ein Axiom, daß dieser besser bei seinem Leisten, also dem Romaneschreiben geblieben wäre, statt sich auf das Stückeschreiben einzulassen, denn – um es mit den Worten von Fernando Ruiz Ramón zu sagen – »Galdós dramaturgo no sabe romper con Galdós novelista. [...] la estructura de la pieza teatral es en Galdós una estructura esencialmente novelesca.«[21] Ähnlich hatte sich bereits Clarín geäußert, aber keiner dieser beiden oder ihrer Nachfolger hat im Grunde den Textbeweis angetreten. Sicher würde dieser bei den einzelnen Stücken verschieden ausfallen. Was *Electra* betrifft, auf die wir uns hier beschränken müssen, so ist zuzugestehen, daß der Autor es gerne gemächlich angehen läßt, z. B. bei der Exposition oder in der ersten Hälfte des 2. oder im 4. Akt, wo die »Spannung«, die geistige Intensität deutlich abfällt und das Anekdotische hervorwuchert. Small talk und »Süßholz« stehen auf besonders niedrigem Niveau. Auf der andern Seite werden solch lahme Partien aufgewogen durch kräftig pointierte oder spektakuläre Aktschlüsse; und die langatmige Exposition wird immerhin dadurch fesselnd gestaltet, daß sie als fortlaufendes Rätselspiel aufgezogen ist (mehrfach werden Personen gerade in dem Augenblick unterbrochen, wo sie im Begriff sind, Wichtiges über Electra zu enthüllen). Überhaupt wird die Titelheldin, einer erprobten dramaturgischen Strategie zufolge, erst einmal eine ganze Weile aus verschiedenen Perspektiven »besprochen«, bevor sie selbst mit all ihrer jugendlichen Unbekümmertheit auf die Bühne kommt. Etwas schwerer hat es der wohlwollende Interpret gewissen symbolischen Parallelisierungen gegenüber, zu denen Galdós (soll man offen sagen: leider?) einen durchgängigen Hang zeigt. So hält sich Electra, unter couragierter Mißachtung des bürgerlichen Sittenkodex A. D. 1901, bei Máximo auf, um seine Fauststube in Ordnung zu bringen und ihm einen Imbiß zu bereiten. In der »Fabrik« sind derweil die Schmelztiegel in Aktion: es wird eine neue Legierung für Máximos Elektrokabel ausprobiert. Nun, das fortlaufende Schmelzen der Metalle entspricht genau dem Zerschmelzen der Gefühle bei den beiden jungen Menschen, auf die ›Fusion‹ antwortet in stimmiger Synchronie ihr Einswerden und die Liebeserklärung. Doch dann müssen sie endlich hinüber ins »große Haus« der García Yustes. »Vamos«, sagt der später hinzugekommene Marqués, »ya viene la noche«. Worauf Electra voller Enthusiasmus: »Es el día ... Día eterno para mí« (148). Verbietet uns hier jemand, von Naivität zu sprechen? Aber vielleicht ist es Electras gutes, innerdramatisches Recht, etwas so ›Primitives‹ zu sagen? Und vielleicht ist das Liebesgezwitscher (das ›Süßholz‹) zwischen Máximo und Electra genau so einzuschätzen, nämlich als eine realistisch aufgenommene Konversation zwischen jungen Leuten der gesellschaftlichen Oberschicht an der spanischen Jahrhundertwende? (Ein Gesprächston, der heute freilich völlig veraltet ist.) Andererseits hatte der Zuschauer das Recht, dem »Mágico prodigioso« nach soviel Lorbeer ein höheres Niveau auch in der privaten und Liebessphäre zuzutrauen: es ist gerade der Gegensatz zwischen seinem abgrundtiefen Ernst und seiner Neigung zur penetranten Sentenziosität mit der Albernheit seiner Liebessprache (»Aluminio. Se parece a ti. Pesa poco.«), der unfreiwillig komisch wirkt.

Den hauptsächlichen Stein des Anstoßes bildete indessen bei vielen Kritikern der Schluß des Stückes (der französische Übersetzer, Paul Milliet, ließ ihn kurzerhand weg[22]). Diejenigen, die *Realidad* der *Electra* vorzogen, fanden an der »imagen subjetiva« Federico Vieras, die dort dem Orozco erscheint, merkwürdigerweise weniger auszusetzen. Hier muß jedoch geltend gemacht werden, daß, wie wir oben sahen, Electra zu den Galdós'schen Anomalen gehört und folglich für solche Erfahrungen besser disponiert scheint als der Protagonist von *Realidad.* Dennoch bleibt ein solches Eingreifen des Übernatürlichen in einen realistischen Kontext ein Stilbruch – oder nicht? Gibt es Gegenargumente?

Díez Canedo war 1929, wie wir sahen, bei der »reposición« des Stückes im Teatro de la Latina dabei und hat ein vor allem »volkstümliches Publikum« beobachtet, das gefesselt mitgegangen sei; tatsächlich hält er das Stück für den

> tipo casi perfecto del drama popular, por su noble pensamiento y su alto sentido humano, independientes en absoluto de las circunstancias que determinaron la resonante explosión de su estreno, allá en 1901.

Eine gewiß überraschende Wendung in der Rezeptionsgeschichte! Wenn jedoch José Carlos Mainer die Hypothese riskiert: »La *Electra* galdosiana concitaría hoy las iras bienpensantes como las que hicieron un escándalo de su lejano estreno«[23], so wird es kaum jemand geben, der nicht den Kopf schüttelt. *Electra* ist ein interessanter, für die Geschichte des spanischen Theaters wichtiger, aber ein historischer Text. Das war schon im Todesjahr des »Generalissimus« so, in dem Mainers Satz publik wurde; nach der Umwertung der Werte und des literarischen Geschmacks, die seither stattgefunden hat, kann davon überhaupt keine Rede mehr sein. Ob der Progressist Galdós über dieses Sichselbstüberlebthaben in seinem Elysium froh ist?

Im Rahmen des Galdós-Fiebers der letzten Jahrzehnte ist seit 1970 auch über sein dramatisches Schaffen relativ viel geschrieben worden. Dabei gab es unter seinen vierundzwanzig Stücken wechselnde Bevorzugungen. Die einen entschieden sich für *Realidad* (1892), andere für *El abuelo* (1904) oder für *Casandra* (1910), weniger Stimmen bekam *Electra.* Rodolfo Cardona und Gonzalo Sobejano haben 1972 einen Band *Teatro selecto de Pérez Galdós* vorgelegt, das *Realidad, El abuelo* und *Doña Perfecta* enthält[24]. Cardona, der in seiner Einleitung *(»Semblanza del Galdós dramaturgo«)* die Auswahl zu rechtfertigen hatte, bemerkt zu *Electra:* »Juzgando a distancia nos parece inmerecido el éxito de esta obra, única entre las obras dramáticas de Galdós en el uso de efectos y trucos teatrales. La sombra de Eleuteria [...] funcionalmente no es indispensable para el desenlace, como lo son las sombras de Viera en *Realidad* y de doña Juana en *Casandra.* Además, el contexto de esta obra, que pretende elogiar lo moderno y lo práctico, convierte aquel curso (= recurso?) en un anacronismo.« Gonzalo Sobejano hat den bereits vorher (in den *Anales Galdosianos)* erschienenen Aufsatz »Razón y suceso de la dramática galdosiana« beigesteuert, in dem er Galdós' Arbeit fürs Theater als »obra de apostolado« charakterisiert, eine Gliederung der Stücke in zwei Kategorien und vier Gruppen vorschlägt[25] und sie rundum gegen alle Schmälerungen mit jener ernsten Festigkeit verteidigt, die man von ihm gewohnt ist. Zusammen mit »Efectos de ›Realidad‹« und »Echegaray, Galdós y el melodrama« bildet diese Studie ein Triptychon von Aufsätzen zu Galdós' Theaterschaffen, das leicht ein dickes Buch aufwiegt; sie gehören zum Besten – nein, sie sind das Gedankenvollste, das zu Galdós' Theater bisher veröffentlicht worden ist.

Ich sagte also, daß es keineswegs an Untersuchungen zu dieser Sektion im Schaffen unseres Autors fehlt; gegenteilige Behauptungen, die gewöhnlich im Wunsch nach der »großen, umfassenden Darstellung« gipfeln, stammen entweder aus der ›Vorzeit‹ oder sie gehen an dieser Tatsache vorbei. Angesichts der imponierenden Masse an Gedrucktem, die von Anthony Percival in seiner präzisen (und beängstigenden) »bibliographie raisonnée« *Galdós and his Critics* erfaßt worden ist, kommt mich eher ein gegenläufiger (ein wenig frivoler) Wunsch an: Ob es nicht möglich und heilsam wäre, eine – sagen wir zehnjährige – Denk- und Publikationspause in Sachen Galdós einzulegen (ähnlich wie man in früheren Epochen des Ackerbaus die Felder »ausruhen« ließ, um sich dann an desto reicheren Erträgen zu freuen)? Ich bin mir natürlich darüber im klaren, daß ein solcher Wunsch eine Utopie (im schlechten Wortsinn) ist: zu mächtig sind, besonders in den USA, die Karriere-Interessen, die sich nunmehr an diesen Autor knüpfen, zu irreversibel die Vereins- und Publikationsmaschinerie, die von diesen Interessen in Gang gesetzt worden ist. So daß eigentlich nur eine einzige Rettung bleibt: die, daß der Galdós-Liebhaber (und der Verfasser dieser Interpretation bekennt sich ausdrücklich als einen solchen) in guten Stunden die ganze »Sekundärliteratur« einfach beiseite schiebt, um sich auf eigne Faust an den Texten selbst zu erlaben[26].

## ANMERKUNGEN

T: BENITO PÉREZ GALDÓS: Dramas y Comedias, *Electra.* Editorial Hernando, Madrid 1981. – Dt. Übers. nicht auffindbar.

L: ST. FINKENTHAL: *El teatro de Galdós,* Madrid 1980; C. MENÉNDEZ ONRUBIA: *Introducción al teatro de B. P. G.,* Madrid 1983; F. HIDALGO: *›Electra‹ en Sevilla,* Sevilla 1985; R. CARDONA/G. SOBEJANO: *Teatro selecto de P. G.,* (mit zwei Einführungen), Madrid 1972; Galdós-Sondernummer der Zeitschrift *Estudios escénicos. Cuadernos del Instituto del Teatro,* Nr. 18, Madrid 1974; J. BLANQUAT: *Au temps d'›Electra‹,* in: *Bulletin hispanique* 1966; E. FOX: *G.' ›Electra‹: a Detailed Study of its Historical Significance,* in: *Anales Galdosianos,* 1966/I; G. SOBEJANO *Razón y suceso de la dramática galdosiana,* in: *Anales Galdosianos* 1970/V; ders. *Efectos de ›Realidad‹,* in: *Estudios escénicos* 1974; ders. *Echegaray, Galdós y el melodrama,* in: *Anales Galdosianos* (Anejo) 1978; F. RUIZ RAMÓN: *Historia del teatro español* I, Madrid [2]1971; A. PERCIVAL: *Galdós and his Critics,* Toronto 1985.

A: [1] Diesen Vergleich fand ich zuerst in den *Memorias* von Baroja (Obras completas VIII, Madrid 1949, S. 742), dann bei C. Bravo-Villasante. *Galdós visto por sí mismo,* Madrid 1970, S. 213.

[2] Fox, s. L., S. 131.

[3] »Regenerating Galdós Theatre«, in: *Anales Galdosianos* 1975/V, S. 139.

[4] Im folgenden halte ich mich, ohne eigenen Forschungsbeitrag, an die reiche Literatur über die Rezeption des Stückes, die mit dem Kap. »Apotheosis« in Chonon Berkowitz' *Pérez Galdós. Spanish Liberal Crusader* (Madison 1948) beginnt; wichtig sind später vor allem der Aufsatz von I. Fox und das Buch von F. HIDALGO, s. L.

[5] Ich habe diese Entwicklung seinerzeit in *Die Episodios nacionales von Benito Pérez Galdós* (Hamburg 1961, Madrid 1963) skizziert; neuerdings gibt es zwei Aus-

gaben Galdós'scher Artikel (mit informativen Einleitungen), die Anfang und Ende dieser Entwicklung vorzüglich dokumentieren: Brian J. Dendle y José Schraibman (Hg.): *Los artículos políticos en la ›Revista de España‹ 1871–72,* Lexington, Ky., 1982 und Víctor Fuentes (Hg.): *Galdós demócrata y republicano (Escritos y discursos 1907–1913),* Santa Cruz de Tenerife 1982.

6 General Rafael del Riego war die politische Hauptperson des »Trienio liberal« (1820–23); das damals entstandene, ihm gewidmete Kampflied wurde noch während des ganzen 19. Jahrhunderts bei den großen Gelegenheiten vom radikalen Flügel der Liberalen hervorgeholt und gesungen.

7 Vgl. hierzu die ›nagelneue‹ Untersuchung von F. Hidalgo, s. L., ab Kap. IV.

8 Diese Episode ist von L. Litvak noch einmal nachgezeichnet worden in: »Los tres y Electra. La creación de un grupo generacional bajo el magisterio de Galdós« in *Anales Galdosianos* 1973.

9 Díez Canedos Artikel erschien in der Zeitung *El Sol,* 11. 9. 1929; jetzt in: *El escritor y la crítica: Benito Pérez Galdós,* ed. de Douglas M. Rogers, Madrid 1973.

10 Zit. b. F. Hidalgo, s. L., S. 24.

11 Übrigens nicht nur in Spanien, sondern auch in Frankreich, was das dortige Interesse an *Electra* erklärt: Vgl. hierzu den Bericht von J. Blanquat, s. L.

12 Zum Vergleich: Oskar v. Miller schickte 1891 einen Dreiphasenstrom von 25 Kilovolt auf der Strecke Laufen a. N. – Frankfurt erstmals über 175 km.

13 E. Catena hält dafür, daß sich bei Electra bereits weibliches Selbstbewußtsein abzeichne; ich nicht. (»Circunstancias temporales de la Electra de Galdós«, in: *Estudios escénicos,* Galdós-Sondernummer, s. L., S. 106–9.

14 G. Sobejano charakterisiert die Frauendarstellung bei Galdós mit der schönen Bemerkung: »Casi todas son jóvenes, pero sensatas, conscientes y amorosas como madres que guían al bien. En ellas se ve como prototipo a Marta la hacendosa más que a la contemplativa María« (*Razón y suceso ...,* s. L., S. 49).

15 Der erste, der sein Augenmerk auf die »enajenados« bei Galdós richtete, war R. Gullón in seinem »Estudio preliminar« zu *Miau,* Madrid 1957 (aus dem später das Buch *Galdós novelista moderno* wurde).

16 Es ist merkwürdig, stimmt aber mit einer Tendenz des europäischen Fin de siècle überein, daß Galdós sich in seinem letzten Lebens- und Schaffensabschnitt für Stoffe der griechischen Mythologie interessierte: man denke an die Dramen *Casandra* und *Alceste;* bei *Electra* steht dieses Interesse offensichtlich in den allerersten Anfängen; was Finkenthal (*El teatro de Galdos,* s. L., S. 136f.) zum »aire griego« in unserem Stück vorbringt, kann nicht überzeugen.

17 E. Catena erwähnt in ihrem Aufsatz *Circunstancias temporales* (s. o. Anm. 13), daß just zur Zeit der Entstehung des Stückes die Elektrizität in Madrid eingeführt worden ist. – Im vergangenen Juli (1987) war übrigens den Gedenkartikeln zu Guglielmo Marconis 50. Todestag, die in den großen italienischen Zeitungen erschienen, zu entnehmen, daß Marconi sein Laborschiff und danach auch seine Tochter aus zweiter Ehe »Elettra« taufte: sicherlich ebenfalls um der Elektrizität, und nicht um der antiken Elektra willen.

18 »Archäologische Streifzüge durch die Aufklärung«, in: *Merkur. Deutsche Zeitschrift für europäisches Denken* 1987 (Nr. 459), S. 441f. Schmid zitiert aus einer Untersuchung, die hier noch mitangeführt sei: W. Schivelbusch: *Lichtblicke. Zur Geschichte der künstlichen Helligkeit im 19. Jahrhundert,* München 1983.

19 Galdós kennt die Lichtmetaphorik der Aufklärung und verwendet sie öfter; einen humoristischen Gebrauch im *Episodio nacional Los apostólicos* (dem

9. der 2. Serie) habe ich in meiner Monographie über die *Episodios*, dt. Ausg. S. 93, sp. Ausg. S. 178) angeführt.

20 V. ROLOFF/H. WENTZLAFF-EGGEBERT (Hg.): *Der spanische Roman vom Mittelalter bis zur Gegenwart*, Düsseldorf 1986, S. 107.

21 F. RUIZ RAMÓN: *Historia del teatro español*, 2 Bde. Madrid [2]1971, 1. Bd., S. 431.

22 So berichtet von J. BLANQUAT, s. L.

23 MAINER in *El teatro de Galdós: símbolo y utopía (La crisis de fin de siglo: ideología y literatura. Estudios en memoria de R. Pérez de la Dehesa)*, Barcelona 1975, S. 177.

24 Ed. Escelicer, Madrid, s. L., ST. FINKENTHAL spricht in »Regenerating Galdós' Theatre« (s. o. Anm. 3) von einem weiteren Band mit vier Stücken, »not yet released«, der meines Wissens nie erschienen ist.

25 *Electra* würde demnach zur Kategorie der »dramas de separación« und zur Gruppe »preservación de la libertad de acción frente a los abusos de la intolerancia« (mit sechs weiteren Stücken) gehören.

26 J. F. MONTESINOS hatte den Mut, dies in seinem dreibändigen Werk *Galdós* (Madrid 1968–73) zu tun.

*KLAUS PÖRTL*

# JACINTO BENAVENTE · LOS INTERESES CREADOS

Benavente wird als Prototyp eines Madrider señorito beschrieben. Er stammt aus wohlsituierten Verhältnissen, die ihm ein sorgenfreies Leben ermöglichten. Für einen Gesellschaftssatiriker bringt er die besten Voraussetzungen mit:

> Benavente muestra en el fondo de su personalidad extraordinaria las cualidades típicas del señorito madrileño: finura y elegancia, agudeza de ingenio, mordacidad maliciosa, despreocupación un poco cínica, amable escepticismo.[1]

Aus heutiger Sicht zählt der Dramatiker Benavente – weniger umstritten als noch in den letzten Jahrzehnten – seit *Gente conocida* (1896) zu der Generation von 1898[2]. Die neuere Kritik hebt die erneuernde Bedeutung Benaventes vor allem in seiner frühen Epoche hervor, im Gegensatz etwa zum dramaturgisch – nicht thematisch – epigonalen Benito Pérez Galdós[3], wenn auch die Vorläufer eines neuen Theaterstils, wie etwa Enrique Gaspar *(Las personas decentes)* oder Joaquín Dicenta *(Juan José)*, noch nicht ausreichend beachtet werden[4]. Der Begriff Generation von 98 geht auf den Verlust der letzten überseeischen Kolonien Spaniens im Kuba-Krieg gegen die Vereinigten Staaten im Jahr 1898 zurück. Spanien verlor den Krieg und damit Kuba, die Philippinen und Puerto Rico. Dieses Ereignis hat in Spanien alte Wunden aufgerissen. Das Zusammenschrumpfen des einstigen Weltreichs zur Bedeutungslosigkeit war besiegelt. Die intellektuellen Kräfte des Landes analysierten angesichts dieser neuen, nun endgültigen Katastrophe die Ursachen des Niedergangs der spanischen Weltmacht. Man argumentierte zum Teil radikal und schonte eigene Nationaltabus nicht. Diese ideelle Geschlossenheit der Selbstanalyse und Kritik einer jungen Schriftstellergeneration erlaubt uns von einer »generación del noventa y ocho« zu sprechen. Sie bemühte sich um eine geistige Regeneration Spaniens und proklamierte einerseits, die selbstgewählte, seit Jahrhunderten gehütete kulturelle Isolation Spaniens aufzugeben und sich Europa so weit zuzuwenden, daß eine gegenseitige Durchdringung von eigenem und ausländischem Denken und Geistesgut möglich wäre.

Kaum ein Zeitgenosse unter den Schriftstellern war mit den damals bekannten und diskutierten Dichtern und Denkern Europas so vertraut wie Benavente: er las und besaß zum Teil in Originalausgaben die Werke von Schopenhauer, Nietzsche, Kierkegaard, Ibsen, Tolstoi, Dostojewski etc. Andererseits rufen die 98er zur Selbstbesinnung auf die eigenen Werte auf, die sie vor allem in der spanischen Landschaft, Geschichte und Literatur, d.h. in der Kulturtradition des eigenen Landes sehen. Dieser geforderte kritische nationale Selbsteinschätzungsprozeß soll den Spanier auch von alten Minderwertigkeitskomplexen – wie: zu intolerant, zu wenig wissenschaftlich, zu einseitige Kulturpflege – befreien und ihn ebenbürtig im friedlichen Wettbewerb mit den übrigen europäischen Nationen werden lassen[5].

Gegner einer Öffnung nach Europa sind die konservativ eingestellten Traditionalisten, die mit dem Schlagwort ›casticismo‹ Spaniens Erneuerung ohne europäische Beteiligung forderten. Die 98er lehnen den sogenannten ›estilo castizo‹ ab und fordern eine neue literarische Sprache, den ›modernismo‹, als dessen Vorbild sie vor allem Paul Verlaine und Rubén Darío sehen. Bei der Bestimmung der geistigen Struktur der 98er-Generation sind als Leitbilder Schopenhauer und Nietzsche zu nennen. Von daher leiten sich zum Teil folgende gemeinsame Grundzüge in dieser Generation ab: eine eklatante Willensschwäche (abulia), das vorgestellte Ideal verwirklichen zu können[6], ein pessimistisches Lebensgefühl, Anzweifeln des eigenen Werts, nihilistische Grundeinstellung, scharfsichtiger Intellekt und oft krankhafte Sensibilität. Da diese Eigenschaften in den Werken der 98er durchwegs bei männlichen Protagonisten anzutreffen sind, rücken starke Frauengestalten als Gegenpol in den Vordergrund; bei Benavente sind das in den verschiedenen comedias die »heroínas« als dominante, handlungsbestimmende Figuren in vielen seiner Stücke[7].

Benavente gilt als der einzige Dramatiker unter den 98ern. Er erobert um die Jahrhundertwende unaufhaltsam die spanische Bühne, deren erste Gestalt er, von einigen Rückschlägen abgesehen, bis zu seinem Tod mit einem Oeuvre von über 170 Stücken bleibt. In der Zeit von 1896 bis 1907 schreibt er seine bekanntesten und aus heutiger Sicht auch besten Satiren: das sind unter anderem *Gente conocida* (1896), *La farándula* (1897), *La comida de las fieras* (1898), *La gobernadora* (1901), *Lo cursi* (1901), *La noche del sábado* (1903), *Los malhechores del bien* (1905) und als Krönung *Los intereses creados* (1907).

Die 98er sahen vor allem auch in der Rückständigkeit der spanischen Provinzen einen wesentlichen Grund für die wirtschaftliche und geistige Dekadenz Spaniens. Man wählte zum Teil imaginäre Provinzhauptstädte als Schauplätze der spanischen Selbstdarstellung: Azorín die Stadt *Yecla* in *La voluntad* (1902), Baroja *Yécora* in *Camino de perfección* (1902), Leopoldo Alas (›Clarín‹) *Vetusta* in *La regenta* (1884/85). Benavente erfand die Provinzhauptstadt *Moraleda;* sie taucht erstmals in *La farándula* (1897), dann in *La gobernadora* (1901), aber auch in späteren Stücken wie *Pepa Doncel* (1928) als Schauplatz des Inbegriffs eines reaktionären, verspießerten und tödlich langweiligen Lebens in der Provinz auf. Die Wortschöpfung Moraleda ist ein gutes Beispiel für die satirische Schlagkraft Benaventes. Das Suffix -eda ruft einen Kollektivbegriff wach (vgl. árbol, arbol-eda: Baum, Allee). In Verbindung mit »moral« also weist das Wort satirisch auf die Scheinmoral hin, die sich in einer provinziellen Gesellschaft zu einer kollektiven Macht zusammenballt, die das öffentliche und private Leben beherrscht. Also könnten wir Moral-eda als eine ironisch-satirische Verschlüsselung von »Hort der Moral« verstehen.

Das zentrale Thema von *Los intereses creados* ist »the power which the bonds of interest have on our motives and acts« und spielt ebenfalls in einer imaginären, ins zeitlose gerückten Stadt, wo ähnliche Verhältnisse herrschen: »Law, honor, and dignity bow before such interests, changing our life in society into a series of acts dominated by hypocrisy and deceit.«[8] Dieses pauschale Negativurteil über eine zeitgenössische bürgerliche Gesellschaftsstruktur findet innerhalb der Werke Benaventes in *Los intereses creados* den allgemeinsten Ausdruck, weshalb dies auch als sein repräsentativstes Stück angesehen wird[9]. In diesem Zusammenhang ist auch das eigenartige Verhältnis Benaventes zu seinem Stammpublikum anzusprechen. Ramón Gómez de la Serna charakterisiert es in einem treffenden Porträt so: »Él (= Benavente) ponía la reticencia, la ironía, el remordimiento, la sentencia, y su teatro triunfaba. Su público tenía el sadismo de asistir a la denuncia y aplaudir al denunciador.«[10] Dieses soziologische Phänomen eines frivolen Wechselspiels zwischen einer satirisch aufgespießten bürgerlichen Gesellschaft und ihrem »Hofsatiriker« war der eigentliche Schlüssel Benaventes zu seinem Erfolg, der ihn aber auch mit den Jahren der Gewöhnung und Saturierung seines Theaters in die Nähe des kommerziellen Boulevardautors rückte und ihm vor allem nach dem Bürgerkrieg, auch aus politischen Gründen, den Vorwurf der künstlerischen und ideologischen Rückständigkeit einbrachte. Aber um die Jahrhundertwende löste er mit seinem natürlichen, rhetorisch geschliffenen Prosadialog und seiner perfekten neuen Dramaturgie, die er als fanatischer Theaterexperte beherrschte wie kaum ein anderer Zeitgenosse[11], das epigonale melodramatische Theater eines Echegaray, der noch 1904 den Nobelpreis erhielt, als Revolutionär der spanischen Bühne ab. *Los intereses creados* galt und gilt als der krönende Abschluß dieser Epoche.

Nach mißglückter Generalprobe fand am 9. 12. 1907 im Madrider Lara-Theater eine von Kritik und Publikum hochgelobte Uraufführung statt[12]. Man feierte Benavente als den derzeit größten Dramatiker im Lande. Wie sehr diese Wirkung auch Jahre später noch anhielt, zeigt ein zusammenfassendes Resümee von E.-L. del Palacio:

> Par son esprit typique aussi bien que par la pure lignée littéraire de ses personnages et du milieu où ils s'agitent, cette comédie est la plus foncièrement espagnole, la plus universellement célébrée, la plus forte de Benavente et peut-être même de tout notre théâtre contemporain.[13]

Das Stück ist in beinahe alle Kultursprachen übersetzt und gehört zum Standard einer jeden Benaventeanthologie[14]. Von der Real Academia de la Lengua erhält Benavente 1912 für *Los intereses creados* den Premio Piquer. Einer Umfrage gegen Ende der 20er Jahre zufolge, an der sich mehr als 50 000 Menschen beteiligten, beruhte die Popularität des 1922 zum Nobelpreisträger gekürten Benavente vor allem auf seinem Paradestück *Los intereses creados.*

Das wirkungsvollste Kunstmittel der zweiaktigen Satire sehe ich in einer raffiniert eingefädelten Fiktionsironie im Sinne von H. Weinrich[15]. In dem vom Schelm Crispín vorgetragenen Prolog – ein Kabinettstück an rhetorischer Gewandtheit, mit dem sich auch Benavente selbst gerne als Sprecher vor dem Publikum zeigte[16] – wird die Handlung als eine marionettenhafte Farce ohne jeglichen Realitätsbezug angekündigt. Der Zuschauer soll auch durch die typischen Gestalten eines Polichinela, Arlequín, Pantalón, Doctor, Capitán und einer Colombina die Illusion von einer commedia dell' arte haben. Jeglicher Zeitbezug sei damit hinfällig. Doch bereits in der ersten Szene bemerkt der Zuschauer, daß er das Opfer einer ironischen Irreführung ist. Immer mehr wird ihm der Widerspruch zwischen Ankündigung und Bühnenwirklichkeit bewußt. Szene und äußerer Spielverlauf spiegeln zwar vergangene Zeiten wider, aber die Kritik an der zeitgenössischen Gesellschaftsordnung zerstört die Illusion. Typen der heutigen Gesellschaft stecken in historischen Gewändern und agieren auf stilisierte Art, während ihre Gedankenwelt von der Maskerade unberührt bleibt. Dadurch ist dem Zuschauer »die Rückkehr zur Fiktion versperrt«, was H. Weinrich als Merkmal der Fiktionsironie ansieht[17]. Somit kann man in dieser comedia de polichinelas eine ironische Fiktion der commedia dell'arte sehen. Denn eine ursprüngliche Naivität der Freude des Zuschauers am Theaterspiel wird durch Ironie zerstört. Das Täuschungsmanöver, dem das Publikum anfangs durch den Prolog ausgesetzt war, wird auf der Handlungsebene fortgesetzt: diesmal ist jedoch der Zuschauer eingeweiht, wenn Leandro und Crispín ihre Rollen als Herr und Diener verteilen. Jetzt ist der Zuschauer Mitwisser des geplanten Intrigenspiels dieser beiden Hauptakteure. Nun fühlt er sich den unwissenden Partnern Crispíns und Leandros überlegen. Denn auch die Akteure auf der Bühne werden Opfer einer Fiktion sein. Diese Doppelung der Fiktionsironie beim Publikum und auf der Bühne ergibt das eingangs genannte Kunstmittel Benaventes für seine Satire *Los intereses creados.* Die Fiktion auf der Bühne setzt mit dem gelungenen Bluff vor dem Hostelero im ersten Akt, Bild 1, Szene 2 ein und endet mit dem durchschlagenden Erfolg der beiden Abenteurer Leandro-Crispín nach der possenhaften Gerichtsszene im zweiten Akt, Bild 3, Szene 9. Dazwischen liegt die zunehmende Erkenntnis des Zuschauers von der Doppelbödigkeit dieses arglos-hinterlistigen Spiels und der darin enthaltenen allgemein gültigen satirischen Kritik am System der gegenwärtigen bürgerlichen Gesellschaft. Die als Epilog gedachten Schlußworte Silvias ans Publikum nehmen die eingangs geschaffene Publikumsfiktion wieder auf, obwohl das

Publikum längst wissend und im Bilde ist. Deshalb wird auch die Farce des Spiels mit Metaphern aus dem Marionettentheater der Farce des Lebens gleichgesetzt.

Die Handlung der Satire bestimmt das schelmenhafte Abenteurerpaar Crispín und Leandro. Sie kommen in eine imaginäre Stadt, wo Crispín allen Leandro als den großen Herren mit viel Geld ankündigt. Überall leben sie unangefochten auf Kredit. Leandro soll die Liebe Silvias gewinnen, der Tochter Polichinelas, des reichsten Mannes und Kaziken der Stadt. Die Kaziken sind bei Benavente und anderen zeitgenössischen Schriftstellern Zielscheibe der Kritik, weil man in ihnen die Repräsentanten von Ausbeutung und Rückschritt in der spanischen Provinz sieht[18]. Der Plan der beiden Gauner gelingt. Allerdings – und hier schlägt gegen den Satiriker das poetische und sentimentale Element bei Benavente durch –, allerdings liebt Leandro tatsächlich Silvia[19]. Polichinela will sich durch eine Gerichtsverhandlung die beiden Abenteurer vom Halse schaffen. Der Versuch jedoch mißlingt: selbst das Gericht und alle anderen, die von Leandro Geld fordern, sind interessiert, daß er Polichinelas Schwiegersohn wird, um seine Schulden zurückzahlen zu können. Die Verlogenheit einer ganzen bürgerlichen Gesellschaftsordnung wird hier gnadenlos im satirischen Zerrspiegel vorgeführt. Crispín hat erreicht, durch eine Bündelung von »intereses« für sich und Leandro den kalkulierten Vorteil herauszuschlagen. Die Satire bedeutet nach Ortega nichts weniger als »la épica satírica de la vida moderna«[20].

Die einzelnen Figuren, die durch die Bündelung der ›geschaffenen Interessen‹ in den Bannkreis der Abhängigkeit vom Gaunerpaar Leandro-Crispín geraten, besitzen durchweg Symbolwert:[21] der Hostelero repräsentiert die untere, vom Land in die Stadt zugewanderte Mittelklasse, die Kellner des Wirtshauses die schweigende und leidende Masse im Volk, Arlequín die einschmeichelnde Feigheit des modernen Intellektuellen, der Capitán die ausübende Gewalt, die der jeweiligen Macht dient, Doña Sirena die am Hungertuch nagende Aristokratie, Colombina, Laura und Risela die Frivolität und gesellschaftliche Unmoral, Polichinela den Kapitalismus, die Señora Polichinela die Gewissensbisse dieses Kapitalismus, der Doctor, der Secretario sowie die Schar der Büttel die überflüssige Bürokratie und Korruptheit des Gerichtssystems, in dem die großen Fische entschlüpfen und nur die kleinen hängenbleiben, Pantalón die Macht des gehorteten Geldes, das eine Menge von Parasiten auf den Plan ruft, die sich von der Arbeit anderer ernähren, Silvia die reine Liebe als einzig existierende Wahrheit, ohne die das Leben ganz ohne Ideale wäre. Mit diesem die allgemeingültige Aussage unterstreichenden Panorama des Personenregisters von *Los intereses creados* erklärt J. Ortega die überragende Bedeutung des Werkes, die er im abschließenden Resümee gebührend herausstellt:

> Cuando se ve este simbolismo, velado con tanto decoro artístico, entonces se comprende la trascendencia de esta obra, al parecer fría e intelectual – y que es un panorama poético-filosófico de la Humanidad.[22]

Für die zeitgenössische Rezeption aufschlußreich ist die Tatsache, daß ein Mitglied der Real Academia de Jurisprudencia y Legislación in einem öffentlichen Vortrag bestätigt hat, daß Benaventes Satire ein getreues Abbild der Ethik seiner Zeit sei und durchaus dem Zustand der augenblicklichen Gesellschaftsordnung entspreche[23]. Benavente sieht das Grundübel der Zeit in einem schrankenlosen Egoismus; die Triebfeder dieses Egoismus ist nach Benavente die Geldgier, die er in dem »drama« *El dragón de fuego* (1904) sarkastisch zur Religion seiner Zeit erhebt. Benaventes Auffassung von der verderblichen Macht des Geldes ist seit *Gente conocida* (1896) ein Hauptziel seiner satirischen Kritik und erhält in *Los intereses creados* die allgemeine, auf alle Exzesse des modernen Gesellschaftslebens zutreffende Formel des »crear intereses«. Deshalb liegt der Angelpunkt der Satire von *Los intereses creados* in der Tatsache, daß eine im Sinn des Moralisten Benavente so ausgeartete Gesellschaft mit den eigenen Mitteln der Gewissenlosigkeit ihres täglichen Lebens bloßgestellt wird. Mit dieser Formel und auch der Wahl seines Titels hat Benavente schon bei der Uraufführung ein gewisses Befremden ausgelöst[24], obgleich oder gerade weil er das Grundübel des kapitalistischen Zeitalters an seiner Wurzel erfaßt hat: denn »interés« bzw. »intereses« ist im Spanischen auch ein Fachausdruck des Bankwesens und der Wirtschaft für die Zinsregelung. Die Wendung »intereses creados« wurde zum geflügelten Wort für unreelle Machenschaften und wird folgendermaßen paraphrasiert: »Intereses creados: Ventajas, no siempre legítimas, de que gozan varios individuos, y por efecto de las cuales se establece entre ellos alguna solidaridad circunstancial. Tómase generalmente a mala parte.«[25]

Hinsichtlich der Form und Struktur des Stückes ist die Tatsache bemerkenswert, daß Benavente zwei Charaktereigenschaften eines Menschen durch zwei Personen darstellt. Leandro und Crispín sind als eine personale Einheit zweier Gestalten zu verstehen. Crispín erklärt sein Verhältnis zu Leandro im Dialog mit Colombina so: »Habilidad es mostrar separado en dos sujetos lo que suele andar junto en uno solo. Mi señor y yo, con ser uno mismo, somos cada uno una parte del otro.« (178) Leandro verkörpert einen den Realitäten nicht gewachsenen Idealisten und Crispín einen die Realitäten bedenkenlos zu seinem Vorteil ausnützenden Realisten. Das Erscheinungsbild Leandros und Crispíns wird durch strenge Antithesen bestimmt, die ihre konträre Position ausdrücken:

| LEANDRO: | CRISPÍN: |
|---|---|
| lo grande, lo bello (178) | tierra (205 ff.) |
| bellos sueños (178 ff.) | mentira (178) |
| las alturas (205) | indignidad (178) |
| altivos pensamientos (178 ff.) | miseria (178) |
| volar (190, 205) | rastrear (arrastrar) (178, 190) |
| soñar (188) | socavar (178) |

R. Young sieht in der antithetischen Personencharakteristik von Leandro und Crispín Benaventes größte Leistung[26]. Am Beispiel der Flucht Leandros vor Polichinela und seiner nach Gerechtigkeit schreienden Gefolgschaft läßt sich am Ende von Akt 2, Bild 3, Szene 4 mit der Regiebemerkung und der daraufolgenden Handlung die Fähigkeit Benaventes zur symbolhaften Dramaturgie seiner antithetischen Charakterisierung dieser beiden Gestalten ablesen. Es heißt da: »[Leandro] trepa *hacia arriba* por la ventana y desaparece« (205). Leandro versucht, durch die Flucht, die Liebe, el amor, zu retten, indem er sich wieder in seine höheren Gefilde versteigt, d.h. nach oben steigt, während Crispín unten bleibt, um »la vida«, das nackte Leben Leandros zu verteidigen. Dieses Beispiel zeigt, wie Benavente auch psychologische Vorgänge räumlich in die Szene umsetzen kann und nicht nur ein brillanter Techniker des Dialogs mit geschliffenen rhetorischen Figuren ist, wie das oft einseitig in der Literaturkritik dargestellt wird[27].

Aufgrund ihrer konträren Positionen zeichnen sich beim Paar Leandro-Crispín Eigenschaften mit jeweils einem Gegensatzäquivalent beim Partner ab:

| LEANDRO: | CRISPÍN: |
|---|---|
| amor | - engaños (198) |
| feliz | - ambicioso (198) |
| ingenio | - desvergüenza (162) |
| vergonzoso | - desvergüenza (178) |
| muy gentil figura | - muy gentil desvergüenza (181) |

Wir stehen vor dem Phänomen eines auf zwei Rollen verteilten Gewissenskampfes, der, in einer Person ausgetragen, d. h. in einer Rolle und mit dem Ergebnis vor Augen, zweifellos pathologischen Charakter hätte und reines groteskes Theater im Stil von Chiarellis *La maschera e il volto* oder Pirandellos *Enrico IV* wäre. Ist beim grotesken Theater dieser Richtung »die Aufgespaltenheit zum durchgehenden Prinzip der Menschengestaltung geworden«[28], so zeigt Benavente die »Auflösung der personalen Einheit«[29] an der Evidenz, daß in der so beschaffenen Welt das erfolgreiche und ideale Handeln zu gleicher Zeit nicht vereinbar sind. Ich komme daher wie W. Starkie oder auch neuerdings R. L. Sheehan[30] zu dem Schluß, daß Benavente mit *Los intereses creados* und vorher schon ansatzweise in *Amor de amar* (1902)[31] lange vor dem grotesken Theater der genannten italienischen Dramatiker deren Grundzüge durch drei Elemente des Grotesken vorweggenommen hat: durch »die Auflösung der personalen Einheit« (Kayser), durch die psychologische Dialogführung der Antithesen und durch die Grundthematik des Konflikts zwischen wahrem Sein und falschem Schein[32]

Benavente hat in *Los intereses creados* mit der umfassenden Analyse einer ganzen Gesellschaftsordnung Höhepunkt und Abschluß seiner satirischen Epoche erreicht, die sich von 1896 bis 1907 erstreckt. Das nur oberflächlich betrachtet als Fortsetzung anzusehende politische Stück *La ciudad alegre y confiada* (1916) zeigt Benavente bereits in einer ganz anderen – unsatirischen – moralistischen Grundhaltung. Mit dem teilweise gleichen Personenregister führt Benavente menschlichen Egoismus und echte Vaterlandsliebe als unvereinbare Gegensätze den Zuschauern in einer äußerst pessimistischen Tendenz vor Augen, wobei die schwelende innenpolitische Krise Spaniens während des Ersten Weltkriegs den realen Hintergrund bildet[33].

Benavente hat nach *Los intereses creados* sehr bald neuen Ausdruckselementen dramatische Form zu geben versucht[34] und sich immer mehr von der Satire abgewandt, die ihn mit *Los intereses creados* zu Weltruhm geführt und ihm schließlich auch den Nobelpreis eingebracht hat. Die Satire war zweifellos Wesenselement seines künstlerischen Willens in der ersten Schaffensphase, und diese Zeit war für ihn und das spanische Theater die bedeutendste[35]. Benaventes Gesamtwerk von über 170 Stücken ist bis heute noch nicht in Detailuntersuchungen analysiert worden. Es ist deshalb noch nicht möglich, ein gültiges Urteil über sein Theater, über seine tatsächliche literarische und dramaturgische Stellung, über 60 Jahre Wirkung auf die spanische Bühne und über seinen Einfluß auf die Strömungen des zeitgenössischen spanischen Theaters abzugeben. So viel jedoch scheint heute schon festzustehen: Benaventes Werk unterliegt einer frühen Dekadenz. Seine künstlerische Potenz nimmt bald ab. Wenn er 1922 auf dem Weg von Argentinien nach Chile die Nachricht vom Nobelpreis entgegennimmt, ist er schon längst auf dem Weg, sich künstlerisch zu überleben. Man setzt eigentlich die künstlerische Dekadenz Benaventes schon mit dem Jahr 1913 an, in dem er *La malquerida*, eine Tragödie auf dem Lande, herausbringt. Seine Stücke werden, gemessen am Niveau der früheren Werke, flacher und mittelmäßig. Selbstverständlich besitzt er nach wie vor die szenen- und dialogtechnische Meisterschaft, Stücke nach Maß zu zimmern, die ihm im kommerziellen Theater allemal den Erfolg bis 1954 gesichert haben. Und außerdem zehrt er von seinem Ruhm. Je älter Benavente wird, desto klarer treten aber auch die Mängel seines Theaters zutage: Mangel an Handlung, das Publikum wird weniger durch das Geschehen auf der Bühne als vielmehr durch die Art der Diktion (Rhetorik) gefangengehalten, die Sprache ist zu geschliffen für die soziale Bestimmung der einzelnen Gestalten, zu lange Diskurse beeinträchtigen Lebendigkeit und

Eigenständigkeit des Dialogs. Außerdem tauchen sentimentale Grundzüge im Theater Benaventes auf, die in der satirischen Epoche nicht so stark zur Geltung kamen. 1930 bedauert Benavente rückblickend, daß er in *Los intereses creados* mit dem glücklichen Ausgang der Liebe zwischen Leandro und Silvia dem sentimentalen Element den Vorzug gab. Er würde einer farcenhaften, d. h. satirischen Lösung inzwischen den Vorzug geben[36]. Sein Theater wird vor allem nach dem Bürgerkrieg zum Teil larmoyant und verflacht zusehends. Nicht viele der späteren Stücke halten den Maßstäben stand, die von seinem früheren Werke gesetzt wurden. Ich nenne nur die herausragendsten Ausnahmen: *Alfilerazos* (1924), *Los nuevos yernos* (1925), *Pepa Doncel* (1928) und *La infanzona* (1945)[37].

Benavente war lange vor der zweiten Hälfte unseres Jahrhunderts für viele junge Dramatiker eine unüberwindliche Barriere, zum Erfolg zu kommen. Das Publikum verlangte nach Theater à la Benavente, so daß er die Erneuerung des spanischen Theaters, vor allem nach dem Spanischen Bürgerkrieg, hemmte. Schuld daran war aber natürlich auch die Kunst- und Theaterfeindlichkeit der spanischen 40er Jahre. Dagegenzuhalten ist das, was er zu Beginn des Jahrhunderts für das spanische Theater geleistet hat: die Befreiung vom melodramatischen, deklamatorischen Pathos des 19. Jahrhunderts, die szenen- und dialogtechnische Erneuerung und Modernisierung des spanischen Theaters, das in seinen Werken die neuesten Tendenzen der Zeit aufnahm. Benavente kannte und las die bedeutenden ausländischen zeitgenössischen Dramatiker und verwertete dramaturgisch, was er für richtig hielt. Er löste so das spanische Theater zu Beginn des 20. Jahrhunderts auch im Sinne der 98er aus seiner Isolierung und hob es lange vor Valle-Inclán und García Lorca auf ein europäisches Niveau.

Das sind die beiden Seiten Benaventes, nach denen er zu beurteilen ist: Fortschritt und Gewinn für das spanische Theater am Anfang seines Schaffens mit dem Höhepunkt in *Los intereses creados*, zunehmende Hemmnis und Belastung für die spanische Bühne nach vollbrachter innovativer Leistung gerade auch im Bereich der Satire.

## ANMERKUNGEN

T: Uraufführung von *Los intereses creados:* 9. 12. 1907, Teatro Lara (Madrid). – Erstausgabe: *Los intereses creados,* Comedia de polichinelas, Madrid: Hernando 1908. – *Los intereses creados,* in: Benavente: *Obras completas.* Bd. III, Madrid: Aguilar o. J., S. 156–216. – *Los intereses creados,* estudio y edición de J. Vila Selma, Madrid: Alcalá 1968. – *Los intereses creados,* edición de F. Lázaro Carreter, Salamanca: Anaya 1968, und Madrid: Cátedra 1978. – Im vorliegenden Beitrag wird nach der Ausgabe der *Obras completas* zitiert. Seitenzahlen stehen in Klammern. – Premierenkritiken zur

Uraufführung von *Los intereses creados:* La Correspondencia de España, 10. 12. 1907 (Kritiker: Caramanchel). – La Época, 10. 12. 1907 (Kritiker: Zeda [= Francisco Fernández Villegas]). – El Liberal, 10. 12. 1907 (Kritiker: J. Arimón). – Kritik zur deutschen Aufführung der gekürzten Fassung und Überarbeitung von *Los intereses creados* von M. Collado zusammen mit *La ciudad alegre y confiada* an den Städtischen Bühnen Flensburg im Februar 1963: Theater-Rundschau 3, 1963: Der Tod durch das Geld. Eine Neuentdeckung: Jacinto Benaventes ›Die fröhliche Stadt, die so sicher wohnte‹ (Kritiker: Peter Kleinau). – Deutsche Übersetzung: A. Haas und E. Domínguez Rodiño: *Der tugendhafte Glücksritter oder Crispín als Meister seines Herren,* München: Müller 1917. – Uraufführung einer verfilmten Fassung von *Los intereses creados* am 7. 1. 1919 im Teatro del Centro (Madrid).

L: S. Aznar: »Teatros. Jacinto Benavente. ›Los intereses creados‹, comedia de polichinelas, en dos actos, tres cuadros y un prólogo estrenada en Lara el 9 de Diciembre de 1907«, in: *Cultura Española* 9 (1908), S. 70–77; E. Buceta: »En torno de ›Los intereses creados‹«, in: *Hispania* 5 (1921), S. 211–222; A. Buero Vallejo: »›Los intereses creados‹, todavía«, in: *Serta Philológica Fernando Lázaro Carreter II,* Madrid 1983, S. 107–112; S. Córdoba, *Benavente desde que le conocí,* Madrid 1954; D. M. Crehuet: *La Judicatura en ›La estrella de Sevilla‹ y en ›Los intereses creados‹.* Conferencia pronunciada en la sesión pública del 5 de Febrero de 1916, Madrid 1916; J. E. Dial: »Benavente: the Dramatist on Stage«, in: *Revista de Estudios Hispánicos* (Alabama) 7 (1974), S. 211–218; J. A. Díaz: »Los dramas »negros« de Jacinto Benavente«, in: *Hispania* (Wallingford, Connecticut) 53 (1970), S. 207–211; G. Díaz-Plaja: »Benavente y el modernismo«, in: *Clavileño* 41 (1956), S. 63–64; G. Dufour: »Note sur le personnage de ›Leandro‹ dans *Los intereses creados* de Jacinto Benavente«, in: *Cahiers d'Études Romanes* (Aix en Provence) 7 (1982), S. 85–91; J. de Entrambasaguas: »Don Jacinto Benavente en el teatro de su tiempo», in: *Cuadernos de Literatura Contemporánea* 15 (1944), S. 219–221; D. George: »The *commedia dell'arte* and the Circus in the Work of Jacinto Benavente«, in: *Theatre Research International* (Oxford) 6 (1981), S. 92–109; E. Gómez de Baquero: »Los intereses creados«, in: *La España Moderna* 229 (1908), S. 169–171; R. Gómez de la Serna: »Benavente«, in: R. Gómez de la Serna: *Nuevos retratos contemporáneos,* Buenos Aires 1945, S. 93–105; E. González López: »Benavente, punto y contrapunto de la generación del 98«, in: *Cuandernos hispanoamericanos* (Madrid) 279 (1973), S. 454–465; E. González López: »El teatro de fantasía de Benavente«, in: *Cuadernos hispanoamericanos* (Madrid) 320–321 (1977), S. 308–326; A. González-Blanco: »Jacinto Benavente«, in: A. González-Blanco: *Los dramaturgos españoles contemproráneos. Primera serie. Jacinto Benavente, M. Linares Rivas, Joaquín Dicenta, Eduardo Marquina,* Valencia 1917, S. 27–128; A. Guardiola: *Benavente, su vida y su teatro portentoso,* Madrid 1954; E. Juliá Martínez: »El teatro de Jacinto Benavente«, in: *Cuadernos de Literatura Contemporánea* 15 (1944), S. 165–217; A. Lázaro: *Jacinto Benavente. De su vida y de su obra,* Paris 1925; A. Lázaro: *Biografía de Jacinto Benavente,* Madrid 1930; A. López Herrera: »La sátira, denominador común del teatro benaventino«, in: *Anales de la Universidad de Murcia* (Murcia) 29 (1970–71), S. 141–165; J. Mallo: »La producción teatral de Jacinto Benavente desde 1920«, in: *Hispania* 34 (1951), S. 21–29; A. Marqueríe: *Benavente y su teatro,* Madrid 1960; M. I. Martín Fernández: »Sobre la originalidad de los primeros dramas benaventinos«, in: *Anuario de Estudios Filológicos* (Cáceres) 5 (1982), S. 85–96; B. Matamoro: *Diccionario privado de Jacinto Benavente,* Madrid 1980; J. Mathías: *Benavente,* Madrid 1969; J. M. Monner Sans: »Varios enfoques de Jacinto Benavente«, in: *Universidad* (Publicación de la Universidad del Litoral, Santa Fé, Argentinien) 32 (1956), S. 53–73; F. de Onís: *Jacinto Benavente.*

*Estudio literrario,* New York 1923; J. Ortega: »Jacinto Benavente«, in: *The Modern Language Journal* 1 (1923), S. 1–21; J. Ortiz Griffin: »Benavente finisecular«, in: *Anuario de Letras* (Méjico) (1984), S. 135–158; E.-L. del Palacio (Fontán): »Un dramaturge espagnol: Jacinto Benavente«, in: *La Société Nouvelle* 3 (1914), S. 71–81; A. M. Penuel: »Form, function, and Freud in Benavente's ›Los intereses creados‹«, in: *Hispanófila* (Chapel Hill) 84 (1985), S. 71–82. M. C. Peñuelas: *Jacinto Benavente,* New York 1968; R. Pérez de Ayala: *Las máscaras. Galdós, Benavente, Valle-Inclán, Linares Rivas, Villaespesa, Morano,* Bd. 1, Madrid 1924; R. Pérez de Ayala: *Las máscaras. Galdós, Benavente, Valle-Inclán, Linares Rivas, Villaespesa, Morano, Lope de Vega, Shakespeare, Ibsen, Wilde, Don Juan,* Buenos Aires/México 1948; K. Pörtl: *Die Satire im Theater Benaventes von 1896 bis 1907,* München 1966; F. C. Sáinz de Robles: *Jacinto Benavente,* Madrid 1954; I. Sánchez Estevan: *Jacinto Benavente y su teatro. Estudio biográfico crítico,* Barcelona 1954; F. Serrano Anguita: »Benavente en el teatro, en el libro y en la prensa«, in: *Villa de Madrid* (Madrid) 19 (1967), S. 27–36; R. L. Sheehan: *Benavente and the Spanish Panorama 1894–1954,* Chapel Hill 1976; W. Starkie: *Jacinto Benavente,* Oxford 1924; G. de Torre: »Revisión de Benavente«, in: *Humanismo* (México) 26 (1954), S. 78–81; J. Vila Selma: *Benavente, fin de siglo,* Madrid 1952; J. Vila Selma: »Notas en torno a ›Los intereses creados‹ y sus posibles fuentes«, in: *Cuadernos hispanoamericanos* (Madrid) 243 (1970), S. 588–611; K. Vossler: »Jacinto Benavente«, in: *Corona* 1 (1930), S. 108–120; R. Young: »›Los intereses creados‹: Nota estilística«, in: *Nueva Revista de Filología Hispánica* 21 (1972), S. 392–399.

A: [1] F. de Onís, s. L., S. 13.

[2] Vgl. E. González López: »Benavente, punto y contrapunto«, s. L., S. 454–465. – Allerdings rechnet bereits Jeschke *Los intereses creados* zum Hauptwerk Benaventes innerhalb der 2. Schaffensepoche (ab 1905) der 98er Generation (H. Jeschke, *Die Generation von 1898 in Spanien – Versuch einer Wesensbestimmung,* Halle/Saale 1934, S. 58).

[3] Vgl. J. Ortiz Griffin, s. L. und M. I. Martín Fernández, s. L.. – Siehe aber auch J. M. Díez Taboada: »Das spanische Theater des 19. Jahrhunderts«, in: Pörtl (Hg.): *Das spanische Theater. Von den Anfängen bis zum Ausgang des 19. Jahrhunderts,* Darmstadt 1985, S. 455 ff.

[4] Vgl. auch hier J. M. Díez Taboada, a. a. O., S. 452 ff.

[5] Vgl. dazu J. J. López Ibor, *El español y su complejo de inferioridad,* Madrid 1969.

[6] Als Beispiel für willensschwache männliche Protagonisten siehe die zwei Schlüsselromane der Anfangsepoche der 98er Generation: *La voluntad* (1902) von J. Martínez Ruiz (›Azorín‹) und *Camino de perfección* (1902) von P. Baroja.

[7] Siehe dazu z. B. die ›heroína‹ Imperia in Benaventes *La noche del sábado* (1903).

[8] M. C. Peñuelas, s. L., S. 109.

[9] Ebd.

[10] R. Gómez de la Serna, s. L., S. 95. – Gómez de la Serna fügt hinzu: »Benavente tenía el ingenio de ser implacable con su público y de recetarle lo que sabía que iba bien a su histerismo y su blandenguería«. (Ebd.)

[11] Vgl. neben den Biographen I. Sánchez Estevan, s. L., A. Lázaro, s. L., und J. Mathías, s. L., neuerdings auch J. E. Dial, s. L. und D. George, s. L.

[12] Ich greife hier und im folgenden, ohne im einzelnen jeweils zurückzuverweisen, auch auf die Ergebnisse meiner Interpretation von *Los intereses creados* in meiner Monographie über Benaventes Satire, s. L., zurück.

[13] E.-L. del Palacio, s. L., S. 78.

[14] Die holprige und antiquierte deutsche Übersetzung von A. Haas und E. Domínguez trägt leider nicht dazu bei, eine deutschsprachige Bühne für *Los intereses*

*creados* zu interessieren. Es gibt allerdings eine von M. COLLADO, s. T., besorgte komprimierte Bühnenfassung zusammen mit *La ciudad alegre y confiada.* Zur Rezeption des spanischen Theaters auf deutschsprachigen Bühnen nach 1945 siehe K. PÖRTL, »Teatro epañol del siglo XX en las escenas de habla alemana. Su recepción a partir de 1945«, in: *Arbor* 119 (1984), S. 143–160. – Eine deutsche Benaventeanthologie gibt es leider noch nicht, im Gegensatz zu einer englischsprachigen (ed. J. GARRET UNDERHILL, New York 1923/24) und einer italienischen (ed. A. GASPARETTI, Rom 1957).

15 H. WEINRICH: »Fiktionsironie bei Anouilh«, in: *Literaturwissenschaftliches Jahrbuch der Görres-Gesellschaft,* Neue Folge, Bd. 2 (1961), S. 239–253.

16 Vgl. F. SERRANO ANGUITA, s. L.

17 H. WEINRICH: a. a. O., S. 244.

18 Vgl. für das Theater *La gobernadora* (1901) von Benavente oder *Los caciques* (1920) von C. Arniches.

19 Wenig überzeugen kann die These, daß Benavente mit Leandro einen femininen Typ gezeichnet habe, der das Porträt eines Homosexuellen (Benavente selbst?) sei (vgl. G. DUFOUR, s. L.). Schon eher zutreffend ist die Analyse, daß Theorien Freuds vom Unbewußten im Menschen, das der Dramatiker in *Los intereses creados* bewußt machen will, zum Tragen kommen (vgl. A. M. PENUEL, s. L.).

20 J. ORTEGA, s. L., S. 10.

21 Ich folge hier den Ausführungen von J. ORTEGA (ebd.).

22 Ebd., S. 10–11.

23 Vgl. D. M. CREHUET, s. L., S. 35.

24 Vgl. I. SÁNCHEZ ESTEVAN, s. L., S. 105.

25 S. GILI GAYA, *Vox. Diccionario general de la Lengua Española,* Barcelona 1956, S. 954.

26 R. YOUNG, s. L., S. 398, 399.

27 Eine der markanten rhetorischen Figuren im Dialog Benaventes ist der Chiasmus. Diese und andere Figuren zeigen natürlich schon die Neigung des Autors, den Text mit Sentenzen oder Aphorismen gehaltvoll und geistreich zu gestalten. B. MATAMORO, s. L., hat eine Sammlung solcher Sentenzen herausgebracht, die, von Text und Handlung losgelöst, oft mehr als kurios wirken.

28 W. KAYSER, *Das Groteske – Seine Gestalt in Malerei und Dichtung,* Oldenburg/Hamburg 1957, S. 145.

29 Ebd., S. 149. Siehe dazu auch H. PETRICONI: *Die spanische Literatur der Gegenwart seit 1870,* Wiesbaden 1926, S. 143.

30 Vgl. W. STARKIE, s. L., S. 166, und L. SHEEHAN, s. L., S. 23.

31 Vgl. K. PÖRTL, s. L., S. 154 ff.

32 Vgl. dazu im einzelnen K. PÖRTL, s. L., S. 161–165.

33 Von *La ciudad alegre y confiada* gibt es eine deutsche Übersetzung, besorgt von A. HAAS: *Die frohe Stadt des Leichtsinns,* München 1919.

34 Vgl. E. GONZÁLEZ LÓPEZ, s. L.

35 Vgl. A. LÓPEZ HERRERA, s. L. Am produktivsten war Benavente zwischen 1905 und 1909: in diesen 5 Jahren brachte er 33 neue Stücke heraus (siehe K. PÖRTL, s. L.).

36 Siehe F. LÁZARO CARRETER, s. T., S. 42, bzw. *Obras completas,* s. T., Bd. XI, Madrid 1958, S. 46.

37 Vgl. dazu J. MALLO, s. L.

*CHRISTOPH STROSETZKI*

# CARLOS ARNICHES · DEL MADRID CASTIZO

Es ist nicht leicht, einen Autor, dessen Premieren sich von 1888 bis 1943 erstrecken, einer literaturgeschichtlichen Epoche oder Strömung zuzuordnen. Als er 1888 einundzwanzigjährig sein erstes Stück *Casa editorial* aufführen ließ, war in Spanien die Restauration der Monarchie von liberalisierenden und demokratisierenden Tendenzen geprägt. Sagasta hatte 1887 den Nutzen einer Freiheit bezweifelt, die nicht zugleich mit wirtschaftlichem Wohlstand für das Volk verbunden ist, und aufgerufen: »Démosle libertad, pero démosle bienestar«[1]. Es scheint, daß in dieser Zeit Arniches seine monarchistische, liberale und paternalistische Ausrichtung erhalten hat. Von ihr ausgehend kann er in seinen Werken auf der Seite der Regierenden politisches Fehlverhalten entlarven. Auf der Seite der Regierten bleibt er in seinen frühen Typendarstelungen zunächst costumbristisch und unpolitisch. Einen neuen Impuls gab ihm die 98er Generation. Deren Programm macht er sich zwar nicht zu eigen, es vermittelte ihm jedoch die Einsicht in die Differenz zwischen der Realität und ihrer öffentlichen Darstellung. Diese Differenz thematisierte er in seinen späteren Stücken, wie *La señorita de Trevélez* (1916), *Los Caciques* (1920) und *La heroica villa* (1921). Die 1923 einsetzende Phase der Diktatur unter Primo de Rivera entzog Arniches die Grundlage seines auf Erziehung des einzelnen und liberale Reformen ausgerichteten Denkens. Nicht zu Unrecht hat man den Höhepunkt seines Schaffens in die vor diesem Zeitpunkt liegende Periode situiert[2].

Arniches wurde in Alicante 1866, also im selben Jahr wie J. Benavente und R. de Valle-Inclán, geboren. Vierzehnjährig ging er nach Barcelona, wo er, um sich Geld zu verdienen, kleinere Anstellungen annahm, gleichzeitig aber seinen schon früh erkennbaren literarischen Neigungen nachging und für die Zeitung *La Vanguardia* schrieb. Mit achtzehn Jahren zog er nach Madrid, der Stadt, der er den Stoff für seine literarische Tätigkeit und den Ruhm verdankt. Sein dort begonnenes Jurastudium brach er bald ab, um sich der Literatur zu widmen. Da er nach dieser Entscheidung die finanzielle Unterstützung seiner Tante verlor, mußte er unter ärmlichsten Bedingungen leben, bis er 1888 mit *Casa editorial* seinen ersten Theatererfolg hatte. Nun wurde er mit weiteren Einaktern und sainetes (z.B. *El santo de la Isidra,* 1898) zum gefeierten Madrider Erfolgsdramatiker. Eine neue Dimension verlieh er seinem Werk durch seine grotesken Tragödien wie z. B. *La señorita de Trevélez* (1916) und seine *Sainetes rápidos* (1915/16). Seine Stücke verschafften ihm Ruhm in ganz

Spanien und Wohlstand. Er verfaßte sie zum Teil in Zusammenarbeit mit anderen Schriftstellern und widmete sie gern den Schauspielern, die die Hauptrollen spielten. Noch 1937 reiste er nach Montevideo und Buenos Aires, wo er als Theaterautor geehrt wurde. Er starb 1943 in Madrid. 1956 wurde *La señorita de Trevélez* unter dem Titel *Calle Mayor* verfilmt. In der Tradition des spanischen género chico stehend, hat Arniches dem sainete eine neue Prägung und Kraft gegeben, aus der es noch heute lebt und auch heutigen saineteros als nachahmenswertes Vorbild gilt.

## Sainetes rápidos

Nachdem sich Arniches vom costumbrismo seiner frühen Stücke abgewandt hatte, begann er, in seiner neuen dramatischen Gattung der grotesken Tragödie allzu einfache Vorstellungen von der Wirklichkeit zu korrigieren. Die Kritik an der spanischen Realität wird nun deutlicher. Die Blickrichtung der *tragicomedias grotescas* kann wie jene der *astracanadas trágicas* von Unamuno oder jene des *esperpento* bei Valle-Inclán als Reaktion auf Mißstände in der spanischen Gesellschaft gewertet werden[3]. Die meisten *tragédias grotescas,* die er auch als *tragicomedias grotescas* bezeichnet[4], hat Arniches in der Zeit von 1916 bis 1930 geschrieben. Zu den bekanntesten gehören *La señorita de Trevélez* und *Es mi hombre.* Die Sprache der Figuren ist in diesen Stücken konsequenterweise durch den Versuch gekennzeichnet, sich in Wortwahl und Aussprache eng an die Umgangssprache anzulehnen. Daneben wird durch metaphorische und hyperbolische Verzerrungen die Karikatur der Gestalten unterstrichen und gesteigert[5]. Das Groteske erscheint bei Arniches als »Nebeneinander verschiedener Wirklichkeitsebenen«, »wodurch seine grotesken Gestalten in einer merkwürdigen Zwiespältigkeit erscheinen«[6]. Letztere wirken gleichermaßen als Helden und komische Figuren, verbinden Komisches mit Pathetischem und bewirken beim Publikum Belustigung und Nachdenklichkeit zugleich[7].

Nachdenklichkeit ist es auch, die Arniches mit seinen *Sainetes rápidos* hervorrufen will. Wie in der grotesken Tragödie relativiert er auch hier das bloß costumbristisch Pittoreske. Die bereits vorher einzeln in der Presse publizierten kurzen Dialoge der sainetes rápidos gab Arniches 1917 unter dem Titel *Del Madrid castizo* heraus. Aufgeführt wurden sie erstmalig 1952 von Manuel Collado im Theater María Guerrero unter dem Titel *Fantasia 1900.* Die Gespräche der auftretenden Figuren beziehen sich auf Themen, die die damaligen Zeitgenossen beschäftigten, aber auch heute noch nicht an Aktualität eingebüßt haben. Die sainetes rápidos sind dem género chico zuzuordnen und von der Tradition der entremeses und pasos geprägt, »deren Reiz weniger in einer durchgeformten Handlung als in witzigem, geistsprühendem Dialog besteht, der auch einem Höhepunkt im Sinne einer Pointe – wie bei Arniches – zustrebt«[8].

*La pareja científica* zum Beispiel ist ein Stück mit zwei Szenen. In der ersten treten drei Figuren auf, in der zweiten wendet sich der Autor selbst an sein Publikum. Das Wissenschaftlerpaar entspricht ganz und gar nicht den durch den Titel erweckten Erwartungen. Es handelt sich weder, wie der mit costumbristischer Literatur vertraute Leser vermuten würde, um Forscher noch um Gelehrte, sondern um zwei Polizisten. Diese erörtern eine Theorie, die sie von einem ehemaligen Kollegen gehört haben, der den Polizeidienst quittiert hat, um sich weiterzubilden. Der wissenschaftliche Lehrsatz erreicht sie also in vulgarisierter Form und aus dritter Hand. Er besteht in der These, daß begangene und künftige kriminelle Vergehen bereits an der Physiognomie des Täters ablesbar sind. Da die äußere Gestalt als weitgehend angeboren gilt, erscheint diese These als Konsequenz aus der Vererbungslehre. Während nun der eine Polizist dem ungläubigen anderen die Theorie plausibel machen will, läutet das Telefon. Sie erhalten den Auftrag, einen jungen, soeben festgenommenen Gauner namens Peque Rata ins örtliche Gefängnis zu bringen. Es ist Weihnachten. Während sie durch die Straßen gehen, begegnen sie fröhlichen Passanten. Noch über ihre Erörterungen nachdenkend kommen sie auf die Idee, ihre Theorie an Peque Rata zu überprüfen. Als sie ihn über den Grund seiner Kriminalität befragen, stellt sich heraus, daß er stiehlt, weil die Umstände ihm keine andere Wahl lassen, und daß er gefaßt worden ist, als er hilfeleistend für einen Kranken einen Diebstahl beging, um dessen Not zu lindern. Als Passanten am Ende der ersten Szene auf der Straße Lieder von Weihnachten und Nächstenliebe anstimmen, wird auch die kalte pseudowissenschaftliche Logik der Polizisten durch die Tat des Peque Rata widerlegt: »Los pastores en Belen todos juntos van por leña, para calentar al Niño que nació la Nochebuena.« (120).

Es folgt die zweite Szene. Als Bühnendekoration werden genannt: »Las páginas altas, tersas y brillantes de este noble periódico« (122) Gemeint ist die Zeitschrift *Blanco y Negro*, in der der sainete zum ersten Mal gedruckt wurde. Aus diesem Hintergrund tritt der Autor selbst hervor, um in einer kleinen Rede für Verständnis gegenüber »esas gentes pícaras« (122) zu werben. Bloße karitative Spenden seien nicht ausreichend. Er selbst, der als Autor von sainetes den Kontakt zu ihnen suche, sie in ihren armen Vierteln beobachte, sehe nicht nur den sympathischen, pittoresken Aspekt ihres Daseins, sondern auch den tragischen.

Die Wissenschaft, die die beiden Polizisten erörtern, erscheint also von der Realität als Pseudowissenschaft widerlegt. Aber auch die Idylle des Pikaresken wird, ebenso wie die weihnachtlichen Sitten und Gebräuche, als Scheinwelt entlarvt. Der Autor tritt selbst hervor, um sein Publikum hinter die Kulissen schauen zu lassen. So wird dieser sainete zum Paradigma für die Entlarvung der idyllisch verklärten Welt jenes costumbrismo, der gerade in idealisierten Vorstellungen des Lebens der untersten Stände die nationale Identität suchte. Hiermit korrigiert Arniches das Bild, das er in seinen frühen sainetes, mit denen er berühmt geworden ist, von Madrid gezeichnet hat und weist auf die Unangemessenheit der allzu sehr vereinfachenden und verklärenden Vorstellungen des costumbrismo hin.

Ähnliches gelingt ihm auch in den anderen sainetes rápidos aus *Del Madrid castizo.* Im Stück über die Armen wird keine Idylle gezeichnet. Er fordert jene zur Arbeit auf, die nur aus Trägheit das Dasein eines Bettlers führen und greift die Wohlhabenden an, die dies mit ihren Almosen unterstützen. Für Arbeit plädiert er auch im Stück über jene, denen er die Schuld an der Rückständigkeit Spaniens gegenüber anderen europäischen Ländern zuschreibt. Wenn die Spanier ihre Aufmerksamkeit nicht so sehr den Stierkämpfen widmen würden, sondern dafür der Arbeit, könnte Spanien – so meint Arniches im Sinne des regeneracionismo – in kürzester Zeit seinen Rückstand aufholen. Wie der Stierkampf so wird auch die Lotterie – beides beliebte Themen der costumbristischen Literatur – zur Zielscheibe von Arniches, der sich in *El premio de Nicanor* zugunsten des Sparens gegen Glücksspiele richtet: »Creo quel el dinero del juego, con el juego se va; porque las pesetas son como los pájaros, no hacen nido más que en los sitios tranquilos.« (75) Im Stück *El zapatero filósofo o año nuevo, vida nueva* bedient er sich der vom costumbrismo gepflegten Vorstellung des wachsam beobachtenden und daher immer Bescheid wissenden Schuhmachers, der zum neuen Jahr nicht nur nach costumbristischer Gewohnheit seine Umgebung beobachtet, sondern kritisch Betrachtungen über die Wechselhaftigkeit und Konstanz der Umstände anstellt und den Sinn der Charakterveränderung des einzelnen angesichts weiter bestehender widriger Umstände in Frage stellt. In *La risa del pueblo* attackiert er diejenigen, die sich auf Kosten anderer amüsieren. »Vosotros, ¿en qué sus habéis divertido siempre? Pues yo te lo diré. De chicos, en iros por las mañanas con los tiradores a matar pájaros a la Moncloa [...] Y luego, ya de hombres, ¿a qué llamáis vosotros diversión?« (34) Hier werden nicht nur die Übeltäter, die sich in *La señorita de Trevelez* durch Vortäuschung einer Heiratsabsicht einen bösen Spaß mit ihrem Opfer machen, zur Zielscheibe der Kritik, sondern in gewisser Weise auch die Leser, die an der Borniertheit costumbristischer Charaktere ihre Freude haben. In *Los ateos* erscheint intellektuell proklamierter Atheismus in konkreter Situation durch tief verwurzelte religiöse Empfindsamkeit relativiert. Konkretes Verhalten widerlegt auch den falschen Schein laut proklamierter Wohltätgkeit in *Los ricos.* Daß Geld nicht Glück bedeutet, wird in *Los ambiciosos* deutlich. In allen Stücken wird das Selbstverständliche, das man als Leser zu einem Thema erwarten würde, aufgegriffen und in Frage gestellt. Während der costumbrismo den Rollenerwartungen, die das Publikum gegenüber einzelnen Figuren und Typen haben konnte, entsprach, greift Arniches in den sainetes rápidos diese auf, um sie zu widerlegen und zu relativieren.

## Costumbrismo und costumbrismo-Kritik

Mit seinen frühen sainetes befindet sich Arniches noch unter dem Einfluß des costumbrismo. Seine Stücke aus *Del Madrid castizo,* die er auch als »cuadros de ambiente popular madrileño« (51) verstanden wissen will, reagieren hingegen auf ein falsches Verständnis des costumbrismo. Die Ursprünge des costumbrismo lassen sich in Spanien weit zurückverfolgen – bis zu den Satiren Martials und den moralistischen Schriften Senecas. Zu dieser Tradition gehört auch die pikareske Literatur, in der der Protagonist durch sein gesellschaftliches Auf und Ab dem Leser zugleich satirische Einblicke in das Leben unterschiedlicher gesellschaftlicher Schichten und Charaktere vermittelt[9]. Wie schon Menéndez y Pelayo bemerkt hat, herrscht Unklarheit über den Umfang des Begriffes »costumbrismo«. Von einigen Kritikern werden Gattungen wie Drama und Versdichtung einbezogen, wenn dort kollektive Verhaltensweisen beurteilt oder dargestellt werden. Wenn sich eine solche Auslegung des Begriffes keine chronologischen Grenzen setzt, muß sie die Literatur von der Antike bis zur Gegenwart einbeziehen. Dem gegenüber stehen zwei restriktivere Auffassungen: Die eine klammert auf der Seite der Gattungen aus, was nicht zu einem handlungsfreien cuadro de costumbres gehört. Die andere beschränkt die literarische Strömung auf die Zeit zwischen 1830 und 1850 und versteht sie als Resultat romantischen Denkens. Zu dieser Zeit ergibt sich für den artículo de costumbres eine unabhängige Veröffentlichungsmöglichkeit in der periodisch erscheinenden Presse, die zum Ziel hat »la pintura filosófica, festiva o satírica de las costumbres populares« bzw. »la pintura moral de la sociédad«[10]. Die bereits einzeln in der Presse veröffentlichten cuadros de costumbres, die anders als im pikaresken Roman nicht mehr an einen erzählerischen Rahmen gebunden sind, werden dann wiederum häufig unter einem Generalthema gesammelt und in Buchform veröffentlicht[11]. Die beiden vorgestellten restriktiveren Definitionsvorschläge lassen sich in unserem Zusammenhang nur zum Teil akzeptieren, da einerseits costumbristische Darstellung sehr wohl auch in handlungsarmen Szenen erfolgen kann und die Tradition des costumbrismo des 19. Jahrhundert gerade in der Nachfolge von Arniches bis auf den heutigen Tag fortgesetzt wird[12].

Trotz der Verwurzelung des costumbrismo in der spanischen Geschichte ist nicht zu leugnen, daß die Wiederbelebung der klassischen Tradition der Sittenbeschreibung im Spanien des 19. Jahrhunderts dem Einfluß der Engländer

Addison und Steele zu verdanken war[13]. Ein Meilenstein in der Entwicklung des costumbrismo war ab 1843 die Veröffentlichung des Werkes *Los españoles pintados por sí mismos,* das mit 99 Artikeln zwar weniger umfassend als das französische Vorbild *Les français peints par eux-mêmes* erscheint, dafür aber bedeutende costumbristische Schriftsteller wie Estébanez Calderón und Mesonero Romanos zu seinen Mitarbeitern zählen konnte. Es handelt sich hier um eine nationale Selbstdarstellung, deren Zentrum Madrid blieb, da es dem Verleger nicht gelang, im Sinne des französischen Vorbildes Mitarbeiter zu gewinnen, die das Leben in den einzelnen Provinzen darstellen wollten[14]. Nicht selten wird hier gerade, um die Schichten der einfachen Bevölkerung zu zeichnen, der Dialog benutzt[15]. Will man die bedeutendsten Costumbristen des 19. Jahrhunderts voneinander unterscheiden, dann dominiert bei Larra – ähnlich wie in der späteren Phase von Arniches – die kritische Beurteilung der Sitten, bei Mesonero neben dem Sinn für geschichtliche Eigentümlichkeiten die humorvolle und unkomplizierte Beobachtung und schließlich bei Estébanez der künstlerische Sinn für das Traditionelle und Pittoreske[16]. An Mesonero und Estébanez orientieren sich die sainetes des frühen Arniches.

Mesonero Romanos ist es, der das sympathische Madrid des 19. Jahrhunderts vorstellt[17]. Selbst zieht er sich in der Tradition von Ramón de la Cruz, wenn er in seinen »Cuadros de Costumbres« die Madrider Typen, so wie sie Goya malte, »fotografisch« festzuhalten sucht[18]. Wenn ihm auch die »fisionomía local«, die noch Ramón de la Cruz vorfand, im Lauf des Jahrhunderts schon verlorengangen scheint, beurteilt Mesonero Romanos die Entwicklung doch positiv und konstatiert einen Zuwachs »en moralidad, en instrucción y en bienestar«[19]. Wenn bereits Mesonero das langsame Verschwinden wohlbekannter Typen aus dem Stadtbild von Madrid beklagte, dann erscheint dem Realisten Pérez Galdós das von Mesonero gezeichnete Madrid so fremd und in vorgeschichtliche Zeiten gerückt wie »las antiguas fábulas picarescas, como la categoría de los rufianes, buscones, necios, corchetes, gariteros, hidalguillos y toda la gentuza que inmortalizó Quevedo«[20]. Die geschichtliche Bedingtheit gesellschaftlicher Typen und Verhaltensweisen und ihr steter Wandel lassen Galdós also eine ständig erneute Bestandsaufnahme notwendig erscheinen. Eben dieser Notwendigkeit entspricht Arniches mit seinen Theaterstücken.

## Género chico

Als der costumbrismo um 1840 seinen Höhepunkt erreicht, lassen sich zwei Texttypen unterscheiden: jener der »Szenen« und jener der »Typen«. Der erste liegt zeitlich vor letzterem, der sich aus ihm herauskristallisiert. Zu dessen Entwicklung dürfte neben der Physiologienmode, die sich wie in Frankreich auch in Spanien verbreitete, beigetragen haben, daß die Darstellungen immer häufiger durch realitätsgetreu porträtierende Kupferstiche geschmückt waren, die die szenisch-optische Komponente übernahmen[21]. Ihr gegenüber erhielt der Text eine gewisse Ähnichkeit mit einer Regieanweisung. Gerade diese Entwicklung verdeutlicht, daß auch ein dramatisches Element eine costumbristische Funktion haben kann und belegt, daß Arniches – diese Entwicklung zurücknehmend – auch als Dramatiker costumbristisch Typen darstellen konnte. »El artículo de costumbres tiene estrecho parentesco con el teatro, de modo especial con el llamado ›género chico‹«[22]. Dennoch wird in den kurzen Stücken des género chico das dramatische Element der ebenso geschickten wie geistvollen Darstellung von Beobachtungen weitgehend geopfert. Der Handlung kommt nur eine geringe Bedeutung zu.

Der género chico kann auf eine Entwicklung zurückblicken, die das spanische Publikum von der Romantik zum Realismus, von der alta comedia, vom Melodrama über die Verlängerung der klassizistischen Tragödie zum Neoromantismus von Echegaray, zum sozialen Theater, zur italienischen Oper und zur Zarzuela geführt hat[23]. Man spürt im género chico das Gefühl eines mit sich selbst und seiner Geschichte zufriedenen Spaniens. Die stereotypen Charakeristika der Vertreter einzelner Stände der Madrider Bevölkerung oder der unterschiedlichen spanischen Regionen vermitteln vom Aragonier bis zum andalusischen Zigeuner ein selbstzufriedenes, nationalbewußtes Bild, in dem kaum noch zu entscheiden ist, ob das Theater die Wirklichkeit abbildet oder eine Theaterwirklichkeit als Realität ausgegeben wird[24]. Nun hatte sich aber der género chico bis 1910 durch allzu häufige Verwendung gleicher Muster, aber auch infolge weitreichender Veränderungen in der spanischen Gesellschaft, abgenützt und die Gunst des Publikums verloren. In dieser Situation bot sich für Arniches ein neuer Weg durch Rekurs auf die alte costumbristische Typologie mit einer neuen Perspektive: Hinter dem folkloristischen Element spürt das Publikum nunmehr eine Kritik an Resignation, Fatalismus, Irrglauben und falsch verstandener Fortschrittsgläubigkeit. Arniches' Engagement wird jetzt so deutlich sichtbar, daß man ihn nun von den vorausgegangenen Vertretern des género chico durch sein »testimonio reflejo« unterschieden wissen wollte[25].

Die wichtigste Form des género chico ist der sainete. Der Begriff »sainete« bezeichnete ursprünglich einen kulinarischen Leckerbissen, wurde dann allgemein als »Zerstreuung« und »Vergnügen« verstanden, bis er auf das Theater übertragen wurde. Schon im 17. Jahrhundert war er auf die extremeses bzw. bailes zwischen den einzelnen Akten oder am Ende eines Theaterstückes bezogen. Zur vollen Entfaltung brachte die Gattung im 18. Jahrhundert Ramón de la Cruz, der wie Arniches die Stadt Madrid zum Schauplatz seiner Stücke machte. Wie Arniches in seinem Stück *El santo de la Isidra* hatte auch Ramón de la Cruz in *La pradera de San Isidro* (1766) das Isidorfest zum

Gegenstand eines Stückes gewählt[26]. Während Ramón de la Cruz nur die Fehler des Volkes verspottete und lächerlich machte, steht bei Arniches eine belehrende Intention im Hintergrund[27]. Wenn im sainete von Arniches die Sitten der unteren Schichten des Volkes wiedergespiegelt werden, führt sein Zeitgenosse Jacinto Benavente in seinen Komödien die höhere Gesellschaft mit ihren Zielen, Verhaltensweisen und Redensarten vor.

Ob Arniches nun als Autor des género chico herausragt, oder deswegen, weil er es mit seiner grotesken Tragödie relativiert und ergänzt hat, bzw. ob sein Gesamtwerk eine unteilbare Einheit bildet, sind umstrittene Fragen, deren Beantwortung von der Enge oder Breite der Definition der einzelnen Gattungen abhängt. In jedem Fall verbietet es sich, in ihm den bloß idealisierenden Betrachter des idyllischen Lebens in Madrid zu sehen. Dafür ist in seinem späteren Werk, wie u. a. *Del Madrid castizo* zeigt, die Zahl der von ihm eingefügten problematischen und geschichtsbezogenen Elemente zu groß.

## Typen

Ohne Zweifel verdankt Arniches eine große Zahl seiner Typen der Literatur des costumbrismo. Nicht selten findet man seine Figuren (z.B. den pinturero und den pícaro burgués) bereits in *Los españoles pintados por sí mismos*[28]. In seinen frühen sainetes sind die Typen von Anfang an so weit festgelegt, daß eine psychologische Entwicklung ausgeschlossen ist. Sie werden als Vertreter gesellschaftlicher Gruppen eingeführt und verhalten sich dann auch so, wie es nach ihrem Beruf und nach ihrem sozialen Stand zu erwarten war. Entsprechendes gilt für psychologisch determinierte Charaktere.

Wie der género chico ein Gegenstück zum hohen Theater darstellt, so erscheinen bei Arniches auch die Figuren als Antihelden und oft den pikaresken Helden des Siglo de Oro vergleichbar[29]. Traditionell gehört es zur Gestalt des pícaro, daß er trotz äußerer Not, Schicksalsschlägen und Hunger den Humor, auch sich selbst gegenüber, nicht verliert und eine positive Grundeinstellung behält. Wenn er mit List und Verschlagenheit seine Armut überbrückt, wirkt er trotz gelegentlichen Abgleitens in die Kriminalität wie Peque Rata aus Arniches' *Del Madrid castizo* nicht unsympathisch[30]. Neben den Typen, die festumrissenen Berufsgruppen zuzuordnen sind, gibt es bei Arniches auch Vertreter jener »modos de vivir que no dan de vivir«, die Larra 1835 in einem Artikel festgehalten hat. »Estos seres marchan siempre a la cola de las pequeñas necesidades de una gran población, y suelen desempeñar diferentes cargos, según el año, la estación, la hora del día«[31]. Als Beispiele für »oficios menudos« hebt Larra in diesem Zusammenhang den Lumpensammler und den Flickschuster hervor. Gerade letzteren kennzeichnet er durch jene besondere Beobachtungsgabe und Menschenkenntnis, mit der er später auch bei Arniches in *El Santo de la Isidra* und in *Del Madrid castizo* auftritt[32].

Arniches steht in den sainetes rápidos wie in seiner tragedia grotesca zur traditionellen Tragödie nicht nur deshalb im Gegensatz, weil er Antihelden schafft, sondern auch weil er das Prinzip der Wahrscheinlichkeit nicht befolgt, sondern widerlegt.

Mit diesem Ansatz bewegt sich der Autor einerseits in der Tradition des barocken Gegensatzpaares von engaño und desengaño, andererseits erhält dadurch sein Werk jene sozialkritische Dimension, die vor allem in neueren Interpretationen zu Recht in den Mittelpunkt gestellt wird. So lobt Lauro Olmo Arniches, weil dieser neben der bekannten Galerie sozialer Typen spiegelhaft verzerrt eine andere darstelle, die nicht weniger repräsentativ sei als erstere und vor allem geeignet »para denunciar las causas que mantienen el desequlibrio de nuestra sociedad«[33]. »La predilección de don Carlos Arniches por los seres débiles, por situaciones en las que el ser humano es implacablemente vapuleado, supone, en definitiva, un afán de solidaridad, de bondad«[34]. Bedeutender als seine folkloristische Darstellung von Sitten erscheint daher sein »compromiso social, verdadera excentricidad en la minerva de los humoristas españoles[35].

## ANMERKUNGEN

T: C. Arniches, *Del Madrid castizo. Sainetes,* (J. Montero Padilla Hg.), Madrid (Cátedra) 1978. C. Arniches, *La señorita de Trevélez; La heroica villa; Los milagros del jornal,* (J. Monleón Hg.), Madrid (Taurus, Primer Acto) 1967.

L: E. Correa Calderón (Hg.), *Costumbristas españoles,* Bd. 1, Madrid (Aguilar) ²1964, Bd. 2, Madrid (Aguilar) 1951; E. Correa Calderón, »Análisis del cuadro de costumbres«, in: *Revista de ideas estéticas,* Madrid VII, 1949, S. 65–72; M. Lentzen, Carlos Arniches. *Vom »género chico« zur »tragedia grotesca«,* Genf, Paris (Droz) 1966 (Kölner Romanistische Arbeiten NF 35); C.D. Ley, *El gracioso en el teatro de la península (siglos XVI–XVII),* Madrid (Revista de Occidente) 1954; F. López Estrada, »Notas del habla de Madrid. El lenguaje en una obra de Carlos Arniches«, in: *Cuadernos de literatura contemporánea* 9/10, 1943, S. 261–272; D. R. Mckay, *Carlos Arniches,* New York (Twayne) 1972; R. de Mesonero Romanos, *Escenas matritenses,* R. Gómez de la Serna (Hg.), Madrid (Austral) ⁴1975; J. Monleón, *El teatro del 98 frente a la sociedad española,* Madrid (Cátedra) 1975; V. Ramos, *Vida y teatro de Carlos Arniches,* Madrid, Barcelona 1966, L. Romero Tobar, »La obra literaria de Arniches en el siglo XIX«, in: *Segismundo,* II,2, Madrid 1966, S. 301–323; E. Rubio Cremades und M. A. Ayala (Hg.), *Antología costumbrista,* Barcelona (El Albir) 1985; M. Ruiz Lagos, »Sobre Arniches: Sus arquetipos y su esencia dramática«, in: *Segismundo,* II,2, Madrid 1966, S. 279–300; F. Ruiz Ramón, *Historia del teatro español.* Siglo XX, Madrid (Cátedra) 1975, R. Senabre, »Creación y deformación en la lengua de Arniches«, in: *Segismundo,* II,2, Madrid 1966, S. 247–277; Ch. Strosetzki, »Spanisches Theater der achtziger Jahre zwischen Parabel und Sainete: J.L. Alonso de Santos«, in: *Hispanorama* 44, Nov. 1986, S. 52–58, M. Ucelay

DA CAL, *Los españoles pintados por sí mismos (1843–1844). Estudio de un género costumbrista,* Mexico 1951; A. VALENCIA, *El género chico. Antología de textos completos,* Madrid (Taurus) 1962; I. M. ZAVALA, *Ideología y política en la novela española del siglo XIX,* Salamanca (Anaya) 1971.

A: [1] Zit nach MONLEÓN, s. L., S. 144.
[2] Vgl. MONLEÓN, s. L., S. 148.
[3] Vgl. MONLEÓN, s. L., S. 155.
[4] Das Wort »grotesk« weist bereits auf das Charakteristische dieser Gattung hin. So bezeichnete man in der bildenden Kunst die für Hieronymus Bosch typische Überlagerung verschiedener Seinsbereiche, die sich zu widersprechen scheinen.
[5] Vgl. LENTZEN, s. L., S. 185–201; auch: LÓPEZ ESTRADA, s. L., S. 261–272; Zur Nachahmung des Volkstümlichen vgl: SENABRE, s. L., S. 247–277.
[6] Vgl. LENTZEN, s. L., S. 133.
[7] Vgl. LENTZEN, s. L., S. 137.
[8] Vgl. LENTZEN, s. L., S. 70.
[9] Vgl. UCELAY DA CAL, s. L., S. 22.
[10] MESONERO ROMANOS zit. nach UCELAY DA CAL, s. L., S. 16.
[11] Vgl. CORREA CALDERÓN (1949), s. L., S. 72.
[12] Vgl. STROSETZKI, s. L., S. 52 ff.
[13] Vgl. UCELAY DA CAL, s. L., S. 52.
[14] Vgl. UCELAY DA CAL, s. L., S. 101 ff.
[15] Vgl. UCELAY DA CAL, s. L., S. 129.
[16] Vgl. UCELAY DA CAL, s. L., S. 42.
[17] Vgl. MESONERO ROMANOS.
[18] Vgl. CORREA CALDERÓN, Bd. 1, s. L., S. 786.
[19] Vgl. CORREA CALDERÓN, Bd. 1, s. L., S. 789.
[20] Vgl. ZAVALA, s. L., S. 322 f.
[21] Vgl. UCELAY DA CAL, s. L., S. 62 f, 100.
[22] Vgl. CORREA CALDERÓN (1949), s. L., S. 68.
[23] Vgl. ROMERO TOBAR, s. L., S. 303 f.
[24] Vgl. VALENCIA, s. L., S. 15 f.
[25] Vgl. RUIZ RAMÓN, s. L., S. 43.
[26] Es ist auch Gegenstand eines Gemäldes von GOYA und einer Darstellung von Pérez Galdós: Vgl. CORREA CALDERÓN, Bd. 2, s. L., S. 783 ff.
[27] Vgl. LENTZEN, s. L., S. 38–44.
[28] Vgl. RUIZ LAGOS, s. L., S. 287, 291.
[29] Vgl. RUIZ LAGOS, s. L., S. 285 ff, 288.
[30] Vgl. LENTZEN, s. L., S. 166 ff.
[31] Vgl. RUBIO CREMADES, s. L., S. 278.
[32] Vgl. RUBIO CREMADES, s. L., S. 284 ff.
[33] Vgl. OLMO, in: ARNICHES, *La señorita de Trevélez,* s. L., S. 65.
[34] Vgl. OLMO, in: ARNICHES, *La señorita de Trevélez,* s. L., S. 65 f.
[35] Vgl. GARCÍA PAVÓN, in: ARNICHES, La señorita de Trevélez, s. L., S. 53.

*HARALD WENTZLAFF-EGGEBERT*

# RAMÓN DEL VALLE-INCLÁN · DIVINAS PALABRAS

## Ein Plädoyer für die Emanzipation der spanischen Frau?

*Divinas palabras* erschien in Madrid im Jahr 1920 und wurde dort auch – allerdings erst 1933 – im Teatro Español uraufgeführt. Das Stück spielt in einer der ärmsten Gegenden Spaniens, im ländlichen Galicien, der Heimat des Autors. Es geht, so der erste Eindruck, um eine verheiratete Frau, die versucht, aus der Armut und Enge des dörflichen Lebens auszubrechen: Mari-Gaila ist mit dem Kirchendiener Pedro Gailo verheiratet und hat eine fast erwachsene Tochter. Sie ist selbstbewußt und besitzt mehr körperliche Anmut und sprachliche Ausdruckskraft, mehr Ausstrahlung als die anderen Frauen. Die Gelegenheit, die Fesseln des Alltags abzustreifen, bietet sich, als ihre Schwägerin Juana la Reina stirbt und ihr uneheliches, mißgebildetes und schwachsinniges Kind – »el hijo idiota« – unversorgt zurückläßt. Juana la Reina nämlich war, mit dem wasserköpfigen Krüppel in einem Schweinetrog auf Rädern, von Jahrmarkt zu Jahrmarkt gezogen. Sie hatte vom Mitleid der Marktbesucher wesentlich besser gelebt als ihre Schwester Marica del Reino oder ihr Bruder Pedro Gailo mit seiner Familie, die sich daher am Ende des 1. Aktes um das Sorgerecht für den armen Waisen streiten. Der Dorfrichter fällt ein salomonisches Urteil: Pedro Gailo als Bruder (in der Praxis natürlich seine Frau Mari-Gaila) und Marica del Reino als Schwester der Verstorbenen sollen das Sorgerecht abwechselnd – jeder drei Tage in der Woche und jeden zweiten Sonntag – ausüben. Im 2. Akt hat Mari-Gaila sich mit dem gewinnträchtigen Krüppel dem fahrenden Volk angeschlossen und verfällt dem ebenso geheimnisumwobenen wie gewissenlosen Schausteller Séptimo Miau. Während sie mit ihm die Ehe bricht, wird der wasserköpfige Krüppel von den Vagabunden so mit Schnaps traktiert, daß er elend stirbt. Mari-Gaila bleibt nichts anderes übrig, als mit dem Leichnam nach Hause zurückzukehren. Nach heftigen Auseinandersetzungen mit Ehemann und Schwägerin geht im 3. Akt das Leben im Dorf allmählich wieder seinen gewohnten Gang. Doch während Simoniña das Geld für das Begräbnis des vor der Kirche aufgebahrten Krüppels zusammenbettelt, hat Mari-Gaila sich erneut zu einem Rendezvous mit Séptimo überreden lassen. Auf frischer Tat ertappt kann Séptimo entkommen, während Mari-Gaila von den Hunden gehetzt und von den Bauern gestellt wird. Obwohl sie sich entschlossen zur Wehr setzt und dem Anführer ihrer Verfolger anbietet, ihm bei anderer Gelegenheit zu Willen zu sein, entgeht sie nur knapp einer Vergewaltigung. Nackt auf einem Heuwagen thronend wird sie zu ihrer und ihres Mannes Schande zurück ins Dorf gebracht. Vor dem Kirchenportal will die Menge die Ehebrecherin steinigen und kann davon nur durch ein lateinisch gesprochenes Bibelwort – die »divinas palabras« des Titels – abgehalten werden. Nicht Pedro Gailos Ausruf in spanischer Sprache: »¡Quien sea libre de culpa, tire la primera piedra!«, sondern erst der »Rezo latín del sacristán«: »Qui sine peccato est vestrum, primus in illam lapidem mittat« (135), verhindert die Katastrophe. Dieser von der Menge nicht verstandene Satz bewirkt schließlich, daß Pedro Gailo seine Frau unversehrt in die schützende Kirche führen kann[1].

Dieser Schluß, in dem die Katastrophe gerade noch abgewendet wird, rechtfertigt zwar einerseits die von Valle-Inclán gewählte Gattungsbezeichnung »tragicomedia de aldea«, läßt andererseits aber bereits erste Zweifel daran aufkommen, ob das Stück wirklich als Emanzipationsversuch Mari-Gailas interpretiert werden darf – wie Inszenierungen in München und Madrid dies nahelegen[2]. Warum sollte eine Frau, die sexuelle Unabhängigkeit für sich in Anspruch genommen hat und sich keineswegs als reuige Sünderin versteht, ausgerechnet in einer spanischen Dorfkirche Zuflucht finden? Bei allem Respekt, den man heute dem selbstbewußten Auftreten Mari-Gailas entgegenbringen wird, wäre *Divinas palabras* als Beitrag zur Emanzipation der spanischen Frau sicherlich mißverstanden. Vor allem deshalb, weil das Schicksal Mari-Gailas sich zwar wie ein roter Faden durch das Geschehen zieht, ihr Verhalten aber um nichts positiver eingestuft wird als das der übrigen Figuren. Wie alle anderen auch ist sie lediglich auf die egoistische Befriedigung ihrer elementaren Bedürfnisse und Triebe aus[3]. Im Unterschied zu Don Juan Manuel, dem Helden der *Comedias bárbaras* aus den Jahren 1907/1908, gehört ihr nicht die besondere Sympathie des Autors. Dennoch verleitet das Bedürfnis nach einer positiven Identifikationsfigur wohl jeden Leser zunächst dazu, über ihre Negativ-Merkmale hinwegzusehen und sie zur Leitfigur zu erheben[4]. Wie wenig der Text dies rechtfertigt, zeigt sich jedoch auch darin, daß Mari-Gaila genau wie die anderen Figuren entpsychologisiert wird. Valle-Inclán zeigt sie dem Zuschauer von außen, läßt ihn ihr Verhalten beobachten, läßt ihn jedoch nicht teilhaben an ihren Problemen oder an einer möglichen inneren Wandlung[5]. Er gesteht Mari-Gaila keinen einzigen Monolog zu; ihr ebensowenig wie den anderen Figuren.

Da alle Figuren nur von außen gezeigt werden, könnte man ebenso auch den Krüppel Laureano als zentrale Figur des Stückes ansehen. Er taucht bereits in der ersten Szene auf und ist auch noch in der letzten präsent. Zudem ist er der Auslöser des komplexen Geschehens, in dem neben Mari-Gaila ihr Mann Pedro, ihre Tochter Simoniña, ihre Schwägerin Marica, sowie der Schausteller Séptimo, der Kesselflicker Miguelín und die Bettlerin Rosa la Tatula mit im Vordergrund des Interesses stehen.

## *Divinas palabras* als politische Parabel?

Dieses komplexe Geschehen um den hilflosen Krüppel hat Manuel Bermejo Marcos als Gleichnis für die politische Situation Spaniens zur Zeit der Regentschaft María Cristinas (1885–1902) gedeutet[6]. Dabei steht Laureano für das spanische Volk, ein Volk ohne politische Kultur, verderbt und unfähig, sich gegen die ständige Ausbeutung durch die wechselnden Regierungen zur Wehr zu setzen. Beginn der Handlung ist jener Moment, in dem die Monarchie (zuletzt vertreten durch Alfonso XII), die im Stück durch Juana la Reina repräsentiert wird, an den Folgen ihrer alkoholischen und sexuellen Ausschweifungen im Jahre 1885 stirbt. Von nun an ist das spanische Volk der Habgier zweier politischer Lager – dem der Konservativen und dem der Liberalen – ausgeliefert. Ihre Führer Cánovas (Pedro Gailo) und Sagasta (Séptimo Miau) haben sich – so wurde allgemein angenommen – im November desselben Jahres im sogenannten »Pacto del Pardo« auf einen nach außen hin den Spielregeln der Demokratie gehorchenden regelmäßigen Machtwechsel verständigt. Das Aushandeln dieses Vertrages nun wird nach Meinung von Bermejo Marcos in der letzten Szene des 1. Aktes parodiert, und in der Tat hat das Lavieren und Taktieren der erbberechtigten Geschwister sehr viel Ähnlichkeit mit politischen Verhandlungen, bei denen die Positionen unter Vermeidung allzu deutlich formulierter Zugeständnisse angenähert werden[7]. Als bezeichnende Einzelheit ist dabei festzuhalten, daß der Krüppel im Sprachgebrauch der Verhandlungspartner immer mehr mit dem Karren, in dem er sitzt, identifiziert, also verdinglicht und auf seine Funktion als Wirtschaftsfaktor reduziert wird[8].

Mari-Gaila stünde in dieser Parabel für die spanische Politik, die sich nacheinander beiden Fraktionen hingibt, der Tod des Krüppels für die 98er Katastrophe, die zwar das Scheitern dieser Politik offensichtlich werden läßt, dennoch aber nichts am »turno pacífico« ändert: Mari-Gaila verabredet sich ein zweites Mal mit Séptimo Miau, und am Schluß bleibt offen, ob sich dies nicht auch in Zukunft wiederholen wird.

Trotz dieser und weiterer von Bermejo Marcos angeführter Übereinstimmungen ist die Deutung von *Divinas palabras* als politische Parabel nicht widerspruchsfrei. Zwar ist von der – dem politischen Gegner jeweils unterstellten – ideologischen Position her die Identifikation der Dorfbewohner mit der Partei der Konservativen und die der Vagabunden mit den Liberalen, die Gleichsetzung der Vermarktung des Krüppels mit der Ausbeutung des hilflosen spanischen Volkes sowie Mari-Gailas mit der wetterwendischen politischen Führung ohne weiteres nachvollziehbar. Gerade deshalb aber kann das Aushandeln der Erbregelung nicht für den »Pacto del Pardo« stehen: Im Stück sind nämlich nicht Pedro Gailo und Séptimo Miau die Verhandlungspartner, sondern Pedro Gailo und seine Schwester Marica, zwei Dorfbewohner also, die beide eindeutig dem konservativen Lager zugerechnet werden müßten[9].

Obwohl man aus diesem Grund *Divinas palabras* nicht als in sich schlüssige politische Parabel deuten kann, scheint andererseits doch auch das völlige Leugnen solcher zeitkritischer Anspielungen voreilig[10]. Allein schon deshalb, weil sich um 1920 Valle-Incláns kritische Einstellung gegenüber der politischen Situation in Spanien zunehmend verschärfte, was etwa in seinem gleichzeitig erscheinenden Madrid-Stück *Luces de Bohemia* offen zu Tage tritt[11]. Völlig unbestritten bleibt in jedem Fall Bermejo Marcos' Verdienst, den Blick dafür geschärft zu haben, daß *Divinas palabras* keineswegs nur eindimensional das persönliche Schicksal der trotzigen Ehebrecherin Mari-Gaila nachzeichnen will.

## Eine Röntgenaufnahme des ländlichen Galicien

Es steht außer Zweifel, daß es in *Divinas palabras* um die Konfrontation der Seßhaften mit den Vagabunden als zweier verfeindeter gesellschaftlicher Gruppen geht. Dieser Konflikt ist latent von Anfang an vorhanden, wie die ersten Worte, die im Stück überhaupt gesprochen werden, zeigen. Pedro Gailo tritt nach der Frühmesse aus der Kirche und nimmt am Lagerplatz der Vagabunden in unmittelbarer Nähe des Portals Anstoß:

> ... Aquéllos viniéronse a poner en el camino, mirando al altar. Éstos que andan muchas tierras, torcida gente. La peor ley. Por donde van muestran sus malas artes. ¡Dónde aquéllos viniéronse a poner! Todos de la uña! ¡Gente que no trabaja y corre caminos!... (13)

Die Wortwechsel zwischen Pedro Gailo und Séptimo Miau (der hier noch Lucero genannt wird) im weiteren Verlauf dieser Szene machen dann den unversöhnlichen Gegensatz vollends sichtbar, so daß John Lyon zu Recht feststellt: »The essential opposition of attitudes is established in the first scene with the clash of Lucero's irreligious moral indifference and Pedro Gailo's conventional piety.«[12] Am Ende der Szene prophezeit dann auch Coimbra, der hellseherische Hund des Schaustellers, dem Kirchendiener den Ehebruch seiner Frau.

Der Gegensatz zwischen Seßhaften und Vagabunden schlägt sich ganz konkret in der Wahl der Schauplätze nieder. Mehrfach wird der Zuschauer übergangslos von einem typisch dörflichen Szenarium – Kirche, Brunnen, Wohnhaus – in ein für die Vagabunden charakteristisches – Wegrand, Jahrmarkt, Wirtshaus – versetzt. So unvereinbar sind Weltanschauung und Lebenspraxis der beiden Gruppen, daß eine Mittlerin notwendig ist – eine Funktion, die hier die alte Bettlerin Rosa la Tatula übernimmt. Sie ist es, die im 1. Akt den

Dorfbewohnern die Nachricht vom Tod Juana la Reinas überbringt und die im 3. Akt im Auftrag Séptimos ein erneutes Rendezvous mit Mari-Gaila aushandelt - wodurch sie sich im Sinne der spanischen Theatertradition als Celestina profiliert.

Sieht man den Konflikt zwischen Seßhaften und Vagabunden als durchgängige und tragende Struktur der Handlung an, so wird auch der offene Schluß verständlich. Die Tatsache, daß Maria-Gaila auch nach dem zweiten Ehebruch nicht als reuige Sünderin erscheint, zeigt an, daß Valle-Inclán für keine der beiden Lebensformen Partei ergreifen, sondern vielmehr auf eine durch den Konflikt zwischen ihnen geprägte komplexe Realität aufmerksam machen will.

Diese Realität ist geographisch eindeutig im verarmten ländliche Galicien fixierbar, das durch die jahrhundertealte Tradition des Pilgerweges nach Santiago de Compostela und damit durch Erfahrungen wie die geprägt ist, daß Wallfahrt und Jahrmarkt eng zusammengehören, daß ein religiöses Gelübde nicht alle irdischen Bedürfnisse abtötet und daß größere Menschenansammlungen Scharlatane und Gauner jeder Art anziehen. Valle-Inclán hält diese spezifisch galicische Erscheinungsform des Gegensatzes zwischen Seßhaftigkeit und Vagabundentum fest und verankert ihn darüber hinaus in der für diese Region typischen Lebens- und Vorstellungswelt. Dazu gehört vor allem der sehr verbreitete Glaube an Geister und Hexen, der in der 8. Szene des 2. Aktes mit dem »trasgo cabrío«, der Mari-Gaila mit dem toten Krüppel durch die Lüfte nach Hause bringt, seine konkrete Umsetzung erfährt[13]. Dazu gehören aber auch die Totenklagen der Frauen am Brunnen sowie die wechselnde Präsenz von Bauern, Viehtreibern, Schankwirtinnen, Limonadenverkäufern, Polizeistreifen, ehemaligen Soldaten, Blinden, Betschwestern, alten Mütterchen und Rudeln frecher Halbwüchsiger.

All dies geht über die Funktion der Hintergrundmalerei für eine im übrigen nicht eindeutig festlegbare Haupthandlung weit hinaus; denn die Auftritte der im Verzeichnis der »Dramatis personae« genannten über 30 Figuren und Figurengruppen bilden häufig kleine selbständige Episoden, die ohne Folgen für den Fortgang des Geschehens bleiben: etwa wenn in der Todesstunde Juana la Reinas ein Viehtreiber freien Durchgang für seine Herde verlangt (21–22), wenn ein ekstatisch-frommes Mädchen dem Krüppel während des epileptischen Anfalls kurz vor seinem Tod ein bescheidenes Abendmahl bringt (85–86)[14], oder wenn der verehrungswürdige Pilger - der als einziges Gepäck einen schweren Stein mit sich führt, den er als Kopfkissen benützt (56–57) - von der Polizei als der gefürchtete Verbrecher »El Conde Polaco« verhaftet wird (117). Diese kleinen Episoden tragen wesentlich dazu bei, daß *Divinas palabras* durchaus angemessen als »radiografía excelente de un sector humilde del noroeste español« gekennzeichnet werden kann[15].

Das Stück bietet in der Tat vor allem anderen ein Galicien-Bild. Allerdings keines, das bei der anekdotischen Wiedergabe von Oberflächenphänomenen stehenbleibt, sondern eines, das die Struktur des Sozialgefüges herausarbeitet. So wie eine Röntgenaufnahme vom individuellen Aussehen und Verhalten eines Menschen abstrahiert und die funktionale Anordnung der Knochen und Organe sichtbar macht, versucht Valle-Inclán das ländliche Galicien zu durchleuchten und die aus seiner Sicht prägenden Faktoren sichtbar zu machen. Das heißt, die eigentlichen Protagonisten des Stückes sind weder Mari-Gaila noch der Krüppel Laureano, und auch nicht die Kontrahenten Pedro Gailo und Séptimo Miau, sondern das ländliche Galicien insgesamt: »Es toda Galicia con su sociedad rural, arcáica, degradada e inmóvil la que Valle presenta en un retablo de tonos vivos, violentos y grotescos.«[16] Vom Gegensatz zwischen Seßhaften und Vagabunden ausgehend bis in die Verästelungen des gesellschaftlichen Gefüges beider Bereiche hinein – einschließlich der wenigen bestehenden Verbindungslinien.

Diese darstellerische Absicht verleiht dem Stück notwendig statische Züge. In der Tat hat man bei der Lektüre immer auch den Eindruck, der Gestaltung eines Mosaiks beizuwohnen. Ein Eindruck, der nicht zuletzt durch die ausführlichen Schilderungen der mit jeder Szene wechselnden Schauplätze hervorgerufen wird. Sie machen rund ein Viertel des Textes aus und enthalten statt der üblichen technischen Hinweise zu Bühnenbild, Kostümen und Bewegungsabläufen suggestive Stimmungsbilder wie das folgende zu Beginn der 3. Szene des 1. Aktes, wo Rosa la Tatula die Nachricht vom Tod Juana la Reinas überbringt:

> Otro camino galgueando entre las casas de un quintero. Al borde de los tejados maduran las calabazas verdigualdas, y suenan al pie de los hórreos las cadenas de los perros. Baja el camino hasta una fuente embalsada en el recato de una umbría de álamos. Silban los mirlos, y las mujerucas aldeanas dejan desbordar las herradas, contando los cuentos del quintero. ROSA LA TATULA llega haldeando, portadora de la mala nueva. (28)

Solche Momentaufnahmen, die Sinneseindrücke aus dem visuellen und akustischen, aber auch aus dem olfaktorischen Bereich kombinieren, lenken das Interesse des Lesers immer wieder vom Handlungsfortschritt auf das Spezifische der äußeren Umstände. Zu Recht spricht deshalb Antonio Risco für das Galicien betreffende Theater Valle-Incláns von einer

> quiebra del argumento general en una serie de situaciones suspendidas y tensas, como cuadros, cada una de las cuales tiene valor por sí misma con cierta independencia de lo que pasó y de lo que vendrá.[17]

## Das Drama als Triptychon

Die Zersplitterung in 20 relativ selbständige Einzelszenen wird allerdings durch eine zusätzliche, auf Symmetrie zielende Gesamteinteilung kompensiert. *Divinas palabras* ist in drei Akte gegliedert, mit 5, 10 und wiederum 5 Szenen. Diese Aufteilung legt einen Höhepunkt des Geschehens in der Mitte des 2. Aktes nahe, und in der Tat wird der Leser in den Szenen 4–7 der zweiten jornada mit den heftigsten Triebausbrüchen und Normverletzungen konfrontiert, die abwechselnd von den Seßhaften und den Vagabunden begangen werden[18]. So betrifft Szene 4 zunächst Pedro Gailo und Marica del Reino, Szene 5 Séptimo Miau und die ins Lager der Vagabunden übergewechselte Mari-Gaila, Szene 6 Pedro Gailo und seine Tochter Simoniña, Szene 7 schließlich das fahrende Volk mit dem Krüppel in einer Schenke. In Szene 4 hetzt die Schwester den Bruder auf, im Sinne des strengen spanischen Ehrenkodex seine untreue Frau eigenhändig umzubringen, in Szene 5 vollzieht Mari-Gaila mit Séptimo Miau den Ehebruch, in Szene 6 wetzt der betrunkene Pedro Gailo das Messer für Mari-Gaila und will seine Tochter zum Inzest verleiten, in Szene 7 schließlich stirbt der Krüppel an dem Schnaps, der ihm von den Vagabunden eingeflößt wird.

Kein Zweifel also, daß in diesen Szenen die niedrigsten Instinkte über die Personen Macht gewinnen, während in den Szenen davor und danach das Verhalten von weniger heftigen Triebausbrüchen bestimmt ist. Insgesamt ein Panorama von Menschlichem und Allzumenschlichem, zu dem Neid, Wollust, Rachsucht und Habgier ebenso gehören wie Töten, Ehebruch und Stehlen, so daß in *Divinas palabras* eine Exemplifizierung der Todsünden ebenso durchscheint wie eine Negativ-Illustration der Zehn Gebote. »La obra ofrece un panorama de las realidades del mal: adulterio, lujuria, obscenidad, avaricia, crueldad, hipocresía, incesto, homosexualidad, ostentación, cobardía, vanidad y disímulo«, schreibt schon Greenfield[19] und bestätigt damit indirekt die den Handlungsverlauf überlagernde statisch-symmetrische Sinnstruktur. Eine Sinnstruktur, die Vagabunden *und* Seßhafte umfaßt und ihr Handeln über den unmittelbaren Bezug auf das ländliche Galicien hinaus als Exemplum für die elementare Triebbedingtheit menschlichen Verhaltens erscheinen läßt.

Die auffällig symmetrische Verteilung der 20 Szenen auf die drei jornadas impliziert auch ein bestimmtes Verhältnis der Akte zueinander. Der erste und dritte umfassen zusammen genauso viele Szenen wie der mittlere, was die Vorstellung eines dreiflügeligen Altarbildes nahelegt, dessen Hauptbild durch die beiden Flügel verdeckt werden kann. Nach Greenfields Feststellung: »La precisión de la forma de *Divinas palabras* sugiere la perfecta simetría de un tríptico«[20], weist John Lyon ergänzend auf die Vorstellung vom Triptychon in dem Titel der Stückesammlung *Retablo de la avaricia, la lujuria y la muerte*

(1927) hin und interpretiert auch *Divinas palabras* als dreiflügeliges Altarbild mit der Darstellung von ›Tod‹, ›Habgier‹ und ›Wollust‹[21].

Das zentrale Thema des 1. Aktes ist zweifellos der Tod. Der Tod ist es, der in *Divinas palabras* paradoxerweise eine Zukunftsperspektive eröffnet. Der Tod, nicht etwa die Geburt[22]. In die hier dargestellte Welt hineingeboren zu werden, bietet keinerlei Aussicht auf ein erfülltes, glückliches Leben, wie das Beispiel Simoniñas zeigt. Von einer Verwandten eine Mißgeburt zu erben, eröffnet hingegen zumindest eine begrenzte Aussicht auf Verbesserung der Lebensumstände.

Das Thema des 2. Aktes ist demgegenüber die Sündhaftigkeit oder – ohne christliche Vorzeichen – die Triebgebundenheit des menschlichen Verhaltens, deren Darstellung in den Szenen 4–7 ihren Höhepunkt erreicht[23]. Der Tod hingegen erscheint in dieser jornada als bloße Folge der Triebhaftigkeit Miguelíns, der sich an Séptimo dadurch rächt, daß er den Krüppel – als die von Séptimo für sich und Mari-Gaila ins Auge gefaßte zukünftige Existenzgrundlage – mittels Alkohol brutal zu Tode quält. Umgekehrt erscheint in der ersten jornada die Habgier der Erbberechtigten lediglich als Folge des Todes von Juana la Reina.

Das Thema der dritten jornada schließlich ist – mehr als Wollust und Tod – die Sprache. Die Sprache in ihren verschiedenen – pervertierten – zwischenmenschlichen Funktionen, als ›humanas‹ wie als ›divinas palabras‹. In der 1. Szene konkretisiert sich dies in dem heftigen Wortwechsel zwischen Pedro Gailo und seiner von ihrem Seitensprung zurückgekehrten Frau, die sich gegenseitig mit Schimpfworten wie »¡Titulada de adúltera!« und »¡Titulado de cabra!« (108) erniedrigen und sich so den Weg zu einer Verständigung und sprachlichen Verarbeitung des Vorgefallenen verbauen. In der 2. Szene dient die Sprache Rosa la Tatula dazu, Mari-Gaila zu einem neuerlichen Rendezvous mit Séptimo zu überreden. In der 3. Szene vergiftet die Sprache im Streit zwischen Simoniña und den Betschwestern nach dem familiären auch den sozialen Bereich. In der 4. Szene löst die Denunziation des Liebespaares durch Miguelín die Verfolgung und Verhöhnung Mari-Gailas durch die Dorfbevölkerung aus, bevor sich in der letzten Szene das »milagro del latín« vollzieht, Mari-Gaila also durch die lateinischen Bibelworte, die niemand versteht, vor der Steinigung bewahrt wird.

Dabei macht gerade die Schlußszene deutlich, daß Valle-Inclán diesen pervertierten Sprachgebrauch zwar ironisch-distanziert registriert, ihn aber keineswegs verurteilt oder gar der Lächerlichkeit preisgibt[24]. An der Wirklichkeitsbewältigung durch das unverstandene Latein scheint ihn im Gegenteil die Tatsache zu faszinieren, daß diese rohen Menschen – wenn auch nur für einen Moment – die Erfahrung machen, in einem realitätsübergreifenden, zeitlosen Sinnzusammenhang aufgehoben zu sein[25]: Die letzten Sätze des Stückes – eine ›Szenenanweisung‹ – lauten:

Los oros del poniente flotan sobre la quintana. MARI-GAILA, armoniosa y desnuda, pisando descalza sobre las piedras sepulcrales, percibe el ritmo de la vida bajo un velo de lágrimas. Al penetrar en la sombra del pórtico, la enorme cabeza de EL IDIOTA, coronada de camelias, se le aparece como una cabeza de ángel. Conducida de la mano del marido, la mujer adúltera se acoge al asilo de la iglesia, circundada del áureo y religioso prestigio, que en aquel mundo milagrero, de almas rudas, intuye el latín ignoto de las
DIVINAS PALABRAS (137)

Insgesamt ist das Stück als Triptychon eine nüchterne Bilanz der menschlichen Existenzbedingungen, die Valle-Inclán im ländlichen Galicien durch ein spezifisches Verhältnis von Tod, Triebhaftigkeit und Sprache – als vielfach brüchigem sozialen Kitt – geprägt erscheinen.

## Die Entzauberung eines Menschheitsthemas

In diesem Rahmen läßt sich nun auch die allgemeinmenschliche Dimension der Ehebruchsgeschichte näher bestimmen. Schon in der 1. Szene des 1. Aktes wird klar, daß Mari-Gailas Ehemann der Vertreter der Kirche, ihr Geliebter hingegen der Vertreter des Teufels ist[26]. In der kurzen Konfrontation der beiden (15–16)[27] vertritt Pedro Gailo »la doctrina de Nuestra Santa Madre la Iglesia«, während Lucero/Séptimo Miau sich als ›compadre del diablo‹ bezeichnet. Beide sind Konkurrenten um den Besitz Mari-Gailas. Diese zieht in die Welt, unterliegt der Verführung des Teufels, kehrt zurück und wird ›in Gnaden‹ aufgenommen. Mit diesem Handlungsschema variiert das Stück das ewige Thema des Aufbruchs aus der gesicherten heimischen Ordnung, der Begegnung mit der Welt und der Reintegration nach der Rückkehr. Es ist das Thema des unerfahrenen Helden, der in der Auseinandersetzung mit der Welt sich selbst findet. Man fühlt sich an die aventure im Höfischen Roman ebenso wie an Faust oder den Bildungsroman erinnert. Valle-Inclán aber entzaubert dieses Handlungsschema, führt es auf den Boden ernüchternder spanischer – aber nicht nur spanischer – Erfahrungen zurück. Pedro Gailo ist kein würdiger Statthalter Gottes, sondern ein vertrottelter Küster und Ehemann. Séptimo Miau ist nicht der Teufel, sondern ein Verbrecher. Die aventure gilt dem Schnaps und dem sexuellen Abenteuer. Ihren relativen Wohlstand gewinnt Mari-Gaila durch die schamlose Zurschaustellung des Krüppels und sie verliert ihn durch die eklatante Vernachlässigung ihrer Fürsorgepflicht. Die Kirche schließlich, deren rettende Schwelle sie am Schluß überschreitet, ist nicht nur so arm, daß Juana la Reina zu Beginn mangels Hostien das Abendmahl verweigert werden muß, sondern hat vor allem ihre Glaubensinhalte so wenig vermitteln können, daß die Gemeinde im entscheidenden Moment nur der kultischen Formel, nicht der Botschaft selbst gehorcht. So ist Mari-Gaila am Schluß zwar für das Wunder der erneuten Aufnahme in den Schoß der

Kirche empfänglich, kann aber dennoch keineswegs als geläutert angesehen werden; vielmehr muß man davon ausgehen, daß sich dasselbe Geschehen in Zukunft noch mehrfach – später vielleicht auch mit Mari-Gailas Tochter Simoniña als Protagonistin – wiederholen wird.

## Die Verdichtung der Wirklichkeitserfahrung zur Vision

Wenn *Divinas palabras* trotz der allgegenwärtigen Bezugnahme auf das ländliche Galicien die Dimension einer – desillusionierten – Variante des Menschheitsthemas von Auszug, Welterfahrung und Rückkehr gewinnt, so liegt dies an der spezifischen Ästhetik Valle-Incláns, die darauf abzielt, die in ihrer ganzen Komplexität wahrgenommene Realität zu einem in sich ruhenden, harmonischen Ganzen zu verdichten. Diese Ästhetik hat er in *La lámpara maravillosa* (1916) und im Vorwort zu *La media noche* (1917) erläutert[28].

Voraussetzung für die angestrebte ›Verdichtung‹ der Wirklichkeitserfahrung ist seiner Meinung nach, daß der Dichter eine extreme Distanz zu seinem Gegenstand gewinnt, daß er sich ›sternenweit‹ von ihm entfernt. Zunächst, um tatsächlich alle Elemente, die zu diesem Gegenstand gehören, in den Blick nehmen zu können; sodann, um *über* den Dingen zu stehen und so das Gemeinsame rekurrenter Elemente in einem signifikanten Einzelzug zu erfassen; und schließlich, um alle affektiven Bindungen zu überwinden.

Alle drei Formen der Distanznahme sind in *Divinas palabras* verwirklicht. Von dem Bemühen, durch signifikante Details einen vollständigen Eindruck vom ländlichen Galicien zu vermitteln, war oben schon im Hinblick auf die Vielzahl der »dramatis personae« die Rede. Das Bemühen um das Erfassen signifikanter Einzelzüge schlägt sich am konkretesten in leitmotivisch wiederkehrenden Ausdrücken wie etwa »negro«[29], sowie dem mehrfachen Hinweis auf das ›Wächserne‹ von Körpern und Körperteilen[30] oder auf Miguelíns Tick, mit der Zunge nach einem Muttermal im Mundwinkel zu tasten, nieder[31]. Was die Überwindung der affektiven Bindung an die Figuren betrifft, so kommt diese am deutlichsten darin zum Ausdruck, daß uns bei keiner Figur Einblick in ihre Gefühle gestattet wird. Speziell diese Distanznahme im emotionalen Bereich ist es im übrigen, die in der grotesken Verzerrung der Figuren im esperpento ihre Fortsetzung finden wird. Ansätze dazu finden sich bereits in der Figur des Kirchendieners: »Las acciones del cornudo sacristán, por ejemplo, se estilizan a veces hasta adquirir rasgos de títere«[32]. Am weitesten ist die groteske Verzerrung freilich bei der Figur des wasserköpfigen Krüppels getrieben, was an die Derbheit der mittelalterlichen Farcenkomik erinnert[33].

In Valle-Incláns Ästhetik ist diese – dreifache – Distanznahme allerdings nur der erste Schritt zum vollkommenen Kunstwerk. Sie bildet die Voraussetzung für die entscheidende Leistung des Dichters, die einzelnen Elemente harmonisch – wenn möglich kreisförmig – um den Mittelpunkt anzuordnen. Damit erst tritt der Dichter den Beweis für seine seherischen Fähigkeiten an: »El círculo, al cerrarse, engendra el centro, y de esta visión cíclica nace el poeta, que vale tanto como decir el Adivino.«[34] Die harmonische Kreisform ist für Valle-Inclán der Indikator, daß der Dichter wirklich zu einer gültigen Darstellung seines Gegenstandes gelangt ist.

Unter diesem Gesichtspunkt gewinnt nicht nur die Darstellung der exzessiven Triebhaftigkeit in den Mittelszenen des 2. Aktes zusätzliche Bedeutung, sondern auch die Gestaltung von Raum und Zeit. Es ist kein Zufall, daß trotz ständiger Schauplatzwechsel das Geschehen dort endet, wo es begonnen hat, der Kreis sich also gewissermaßen vor dem Kirchenportal von San Clemente öffnet und auch wieder schließt[35]. Da der 1. und der 3. Akt – mit geringen perspektivischen Abweichungen – ebenfalls in San Clemente enden bzw. beginnen, vollzieht sich in ihnen noch einmal dieselbe Kreisbewegung. Zudem endet auch der 2. Akt dort, wo er begonnen hat, vor Maricas Haus in Condes.

Was die Zeit anbelangt, so kommt hier das zyklische Prinzip noch deutlicher zum Ausdruck. Die 1. und 3. jornada nämlich umfassen jeweils die Zeit von Sonnenaufgang bis Sonnenuntergang, während die 2. jornada – entsprechend der doppelten Anzahl Szenen – vom frühen Morgen des einen bis zum frühen Morgen des nächsten Tages dauert. Dabei wird in jeder Szene auf die eine oder andere Art der jeweilige Sonnenstand oder die ungefähre nächtliche Stunde signalisiert. Insgesamt wird also der lineare Verlauf des Geschehens drei zeitlichen und drei räumlichen Kreisbewegungen eingeschrieben, wobei das Ganze noch einmal in eine zusätzliche große räumliche Kreisbewegung von der ersten bis zur letzten Szene eingebunden ist.

Vor dem Hintergrund von Valle-Incláns ästhetischen Prämissen bedeutet dies, daß das dargestellte Geschehen seinen Status als Einzelfall verliert, was sich auch darin äußert, daß das Geschehen geographisch ebenso wie historisch zugleich präzise *und* unpräzise situiert wird. So sind die Ortsnamen in ihren Bestandteilen zwar eindeutig als galicisch identifizierbar, jeder einzelne ist jedoch ein synthetisches Gebilde, so daß die Handlung sich nicht auf der Landkarte nachvollziehen läßt[36]. Auch historisch wird das Geschehen nicht exakt situiert. Es finden sich lediglich einzelne Anspielungen, die den Leser daran hindern, es in einer fernen – unverbindlichen – Vergangenheit anzusiedeln. So wird die skandalumwitterte Kurtisane Carolina Otero erwähnt, die nachweislich um die Jahrhundertwende ihre große Zeit hatte (66)[37]. Insgesamt ist *Divinas palabras* somit zweifellos der Versuch, eine ›synthetische‹, räumliche und zeitliche Festlegungen übersteigende Sicht zu vermitteln.

Wie sehr sich Valle-Inclán von seiner mystisch-gnostisch inspirierten Ästhetik leiten ließ, kommt jedoch am deutlichsten darin zum Ausdruck, daß der

Text wesentliche Merkmale eines für die szenische Umsetzung vorgesehenen Dramas vermissen läßt. An die Stelle von bühnentechnischen Angaben und Regieanweisungen sind die bereits erwähnten und zitierten, poetisch schildernden Abschnitte getreten, die im Wechsel mit den auffällig stilisierten Dialogpartien den Eindruck von visionär geschauten, vom Autor nachträglich in Sprache gefaßten Bildern vermitteln. Im Grunde muß man *Divinas palabras* insgesamt als ›Visionsschilderung‹ verstehen[38], um die Abweichungen gegenüber einem traditionellen, für die szenische Umsetzung konzipierten Dramentext zu erklären. Szenisch nicht umsetzbar, in einer Visionsschilderung hingegen unproblematisch sind vor allem:

- Die Präsentation der Schauplätze als Stimmungsbilder mit zahlreichen optischen, akustischen und olfaktorischen Details, die auf einer Bühne nicht nachvollzogen werden können
- Das Auftreten von Tieren, insbesondere von Séptimo Miaus wahrsagendem Hund Coimbra, seinem dressierten Papagei, sowie den blutrünstigen Schweinen, die den toten Krüppel anfressen
- Die zeitweise Verwendung der Erzähltempora imperfecto und indefinido
- Der häufige Gebrauch des Distanz schaffenden Demonstrativpronomens aquello
- Das Einflechten von Erläuterungen, Kommentaren und Ausrufen eines Erzählers[39].

In einer Inszenierungsvorlage müssen diese Textmerkmale zwangsläufig als Fremdkörper oder gar Extravaganzen erscheinen, die den Regisseur vor fast unlösbare Aufgaben stellen. In einer Visionsschilderung hingegen erklären sie sich daraus, daß hier – nachträglich und aus großer Distanz – eine höchst komplexe Erfahrung mit allen zur Verfügung stehenden gestalterischen Mitteln – und ohne Rücksicht auf Gattungsvorgaben – in Symmetrie und Harmonie überführt wird.

## Der Stellenwert von *Divinas palabras* im Werk Valle-Incláns

Daß ein so kompromißloses und von einer so eigenwilligen Ästhetik geprägtes Werk aus dem Rahmen des zeitgenössischen spanischen Theaters fallen mußte, liegt auf der Hand. Andererseits ist *Divinas palabras* über die galicische Thematik und über die eigenwillige Ästhetik fest in das Gesamtwerk Valle-Incláns eingebunden. Weist die galicische Thematik eher zurück auf frühere Werke[40], so ist die symmetrisch-kreisförmige Struktur ein Kennzeichen auch zahlreicher späterer Texte[41]. Mit dem gleichzeitigen *Luces de Bohemia* steht *Divinas palabras* zudem an der Schwelle zum esperpento, das mit *Los cuernos de Don Friolera* bereits ein Jahr später seine deutlichste Ausprägung erfahren wird.

Was *Divinas palabras* vor allem von Valle-Incláns früheren Dramen unterscheidet, ist der hohe Grad der Verdichtung, den die Aussage in diesem Werk erfahren hat. Insofern stellt das Stück auch den Höhepunkt seiner ersten Schaffensphase dar, dem allerdings mit der grotesken Karikatur von überlebtem spanischem Ehrenkodex und Don-Juan-Wahn in *Los cuernos de Don Friolera* sehr bald ein weiterer Höhepunkt folgen wird. Mit Bermejo Marcos kann man für diese beiden Stücke noch heute die Behauptung wagen, »que es lo mejor que se ha escrito en nuestro teatro en lo que va de siglo.«[42]

## ANMERKUNGEN

T: *Divinas palabras. Tragicomedia de aldea,* Madrid (Colección Austral 1320) [5]1972. – Erstausg. als Bd. XVII der *Opera Omnia,* Madrid (Imp. Yagües) 1920. – Dt. Übers.: *Worte Gottes,* übers. v. H. Baumgart, in: *Spectaculum* 21, Frankfurt/M. (Suhrkamp) 1974, S. 215–270; *Wunderworte* (zusammen mit *Glanz der Bohème*), übers. v. F. Vogelgsang, Stuttgart (Klett-Cotta) 1983.

L: A. N. Zahareas (Hg.), *Ramón del Valle-Inclán – An Appraisal of his Life and Works,* New York 1968, H. Wentzlaff-Eggebert (Hg.), *Ramón del Valle-Inclán (1866–1936) – Akten des Bamberger Kolloquiums vom 6.–8. November 1986,* Tübingen (Niemeyer, Beihefte zur *Iberoromania* 5) 1988; R. Marrast, »Quelques clés pour *Divines Paroles*«, in: *Cahiers Renaud-Barrault* 43 (1963), S. 18–35; G. Díaz-Plaja, *Las estéticas de Valle-Inclán,* Madrid 1965; J. Blanquat, »Symbolisme et Esperpento dans *Divinas palabras*«, in: *Mélanges à la mémoire de Jean Sarrailh,* Paris 1966, Bd. 1, S. 145–165; J. Doll, *Stilwandel und »esperpento« im Werk Ramón del Valle-Incláns,* Diss. Wien 1971; M. Bermejo Marcos, *Valle-Inclán: Introducción a su obra,* Salamanca 1971; G. Umpierre, *Divinas palabras: alusión y alegoría,* Chapel Hill 1971; S. M. Greenfield, *Valle-Inclán: Anatomía de un teatro problemático,* Madrid 1972; J. A. Hormigón, *Ramón del Valle-Inclán – La política, la cultura, el realismo y el pueblo,* Madrid 1972; A. Risco, *El demiurgo y su mundo: Hacia un nuevo enfoque de la obra de Valle-Inclán,* Madrid 1977; H. Wentzlaff-Eggebert, »Zur Ästhetik Valle-Incláns am Beispiel von *Divinas palabras*«, in: *Iberoromania* 13 (1981), S. 77–95; J. Lyon, *The theatre of Valle-Inclán,* Cambridge 1983.

A: 1 Deshalb ist Vogelgsangs Übersetzung des Titels mit »Wunderworte« derjenigen Baumgarts mit »Worte Gottes« eindeutig vorzuziehen.

2 In den Münchner Kammerspielen im Herbst 1974 unter der Regie von Johannes Schaaf, in Madrid 1986 im Teatro Bellas Artes unter der Regie von José Tamayo.

3 Vgl. Hormigón, s. L., S. 187: »Todos los personajes son marcadamente negativos, no existen virtudes evidentes, ni lugar para comportamientos humanitarios. Las relaciones entre los hombres se fundan en la satisfacción inmediata de las necesidades más urgentes.«

4 Besonders deutlich spürbar wird dies bei Marrast, s. L., S. 29–30, und bei Umpierre, s. L., S. 12, 14, 17 und 50.

5 Lyon, s. L., S. 97, kommt zu dem Schluß: »Valle is not interested in the inner psychological repercussions of external events nor in the intimate effects of one character upon another or in any process of change inside a character.« Für Blanquat, s. L., S. 162, ist ein Votum Valle-Incláns für die Emanzipation der Frau allein schon auf Grund seiner Prägung durch den Okkultismus ausgeschlossen.

6 Bermejo Marcos, s. L., S. 187ff, besonders S. 198–226.

7 Vgl. ibid., S. 221.

8 Vgl. ibid., S. 228 und Hormigón, s. L., S. 187/188.

9 Vgl. Hormigón, s. L., S. 190.

10 Lyon, s. L., S. 92 lehnt die Interpretation von Bermejo Marcos ohne nähere Begründung ab. Eine differenzierte Kritik findet sich bei Hormigón, s. L., S. 189/190.

11 Vgl. dazu Lyon., s. L., S. 107ff.

12 Ibid., S. 98. Vor Bermejo Marcos und Lyon hat allerdings schon Marrast, s. L., S. 22–25, die Opposition zwischen Seßhaften und Vagabunden als zentralen Konflikt herausgearbeitet. Vgl. auch Umpierre, s. L., S. 31–32.

13 Ein weiteres Beispiel ist Marica del Reinos Bericht, der Schatten ihrer toten Schwester habe sie nachts besucht und mit ihr gesprochen (S. 52). Zur Situierung des Geschehens in Galicien insgesamt vgl. auch Marrast, s. L., S. 31–32, sowie Blanquat, s. L., S. 145.

14 Greenfield, s. L., S. 168–169, weist darauf hin, daß Valle-Inclán hier ein Motiv aus *Flor de santidad* (1904) aufgreift. Auch Figuren wie die Schankwirtin Ludovina, Serenín de Bretal, Milón de la Arnoya, Benita la Costurera und der Blinde von Gondar treten schon in früheren Werken auf. Vgl. dazu ibid., S. 166 und Umpierre., s. L., S. 27–30.

15 Bermejo Marcos, s. L., S. 188.

15 Hormigón, s. L., S. 187. Vgl. auch Bermejo Marcos, s. L., S. 192 und 197, sowie Doll, s. L., S. 109ff.

17 Risco, s. L., S. 160. Für Risco schreibt Valle-Inclán ein »teatro fundamentalmente situacional«, das in eine ›sucesión de presentes‹ aufgelöst ist: »La causalidad cede el paso a la expresividad inmediata y autónoma del cuadro.« (S. 161).

18 Vgl. Umpierre, s. L., S. 37.

19 Greenfield, s. L., S. 153. Risco, s. L., S. 160 stellt für Valle-Incláns Galicien-Stücke insgesamt fest: »Combaten en ese tosco retablo, como tallado con la energía de un cantero de los tiempos del románico, soberbia, avaricia, lujuria, envidia, ira, gula y pereza.«

20 Greenfield, s. L., S. 176. Schon 1966 hatte Blanquat, s. L., S. 146–149, 156 und 158, auf die deutlichen Bezüge zu Boschs Triptychen »Der Heuwagen« und »Der Garten der Lüste« hingewiesen. – Im Stück selbst taucht der Begriff »retablo« in mehreren Szenenanweisungen auf (S. 85, 86, 126).

21 Lyon, s. L., S. 97. Er sieht die genannten Themen dabei in folgender Kombination auf die drei jornadas verteilt: »(1) death, greed; (2) lust, death, greed; (3) lust, death.« In ihrer engen Anlehnung an den späteren Buchtitel bleibt diese Deutung jedoch zu sehr an der Textoberfläche haften. Das Spezifische der einzelnen Akte wird unnötig nivelliert und insbesondere dem 3. Akt ein falscher thematischer Schwerpunkt zugeschrieben.

22 Vgl. Hormigón, s. L., S. 188.

23 In einem Brief an C. Rivas Cherif schreibt Valle-Inclán im Jahr 1924: »Creo cada día con mayor fuerza que el hombre no se gobierna por sus ideas ni por su cultura. Imagino un fatalismo del medio, de la herencia y de las taras fisiológicas, siendo la conducta totalmente desprendida de los pensamientos. Y, en cambio, siento los oscuros pensamientos motrices consecuencia de las fatalidades de medio, herencia, y salud. Sólo el orgullo del hombre le hace suponer que es un animal pensante.« Zitiert bei D. Dougherty (Hg.), *Un Valle-Inclán olvidado: Entrevistas y conferencias,* Madrid 1982, S. 147.

24 Die Anzeichen für eine ironische Haltung des Autors stellt Umpierre, s. L., S. 43–45 zusammen, die neutral-distanzierte Sicht Valle-Incláns wird von Lyon, s.L., S.104, betont: »His point of view is still that of the contemplative rather than the subversive. In the final analysis, Valle-Inclán's view of the world in *Divinas palabras* is that of a mystic, a view of humanity imprisoned in its »cárcel de tierra«, exiled from its spiritual home. The main point is that, unlike the moralist's, it is a non-judging view of the world. Nor is there any satirical edge to his presentation of ›la negra carne del mundo‹.« – Auf Vorbilder für die Schlußszene bei Paul Heyse und Maurice Maeterlinck weist Umpierre, s. L., S. 24–27 hin.

25 Blanquat, s. L., S. 149 und Umpierre, s. L., S. 43–44, weisen zu Recht auf die zumindest partielle Entsprechung zwischen der Wirkung der »divinas palabras« und dem »milagro musical« der von den Zuhörern ebenfalls nicht verstandenen Kreuzzugspredigt Bernhards von Clairvaux hin, das Valle-Inclán in *La lámpara maravillosa* (1916) beschwört.

26 Umpierre, s. L., S. 13–20 und 35, geht noch weiter und arbeitet – durchaus überzeugend – das Archetypische der Hauptfiguren heraus.

27 Vgl. auch das zweite Aufeinandertreffen, S. 124–125.

28 Vgl. dazu Díaz-Plaja, s.L., S. 95–121; V. Garlitz, *El centro del círculo: »La lámpara maravillosa« de Valle-Inclán,* Diss. Chicago 1978; Wentzlaff-Eggebert (1981), s.L., S. 87ff; G. Allegra, »Mystizismus, ›Okkultismus‹ und romantisches Erbe in Valle-Incláns Ästhetik«, in: Wentzlaff-Eggebert (1988), s. L., S. 7–17. – Von Blanquat, s.L., S. 149ff. und Umpierre, s.L., S. 14ff. u.ö., wird *La lámpara maravillosa* auch zur Deutung von Figuren und Handlungselementen in *Divinas palabras* herangezogen.

29 S. 50, 55, 58, 71, 72, 76 (2×), 77, 82, 92, 93, 94, 95, 98, 101, 109, 112, 118, 127 (2×), 130, 131, 134. Vgl. Umpierre, s. L., S. 35.

30 S. 22, 25, 33, 85, 87, 118.

31 S. 24, 26, 62, 85, 86, 114. Greenfield, s. L., S. 165, geht darauf kurz ein.

32 Greenfield, s. L., S. 154. Vgl. auch Doll, s. L., S. 118–123.

33 Vgl. dazu V. Roloff, »Valle-Inclán und die Aktualisierung der Farce im Theater der zwanziger Jahre«, in: K. Schoell (Hg.), *Avantgardetheater und Volkstheater. Studien zu Drama und Theater des 20. Jahrhunderts in der Romania,* Frankfurt/M. und Bern 1982, S. 84–108, hier, S. 98–100.

34 *La media noche – Visión estelar de un momento de guerra* (»Breve noticia«), in: Ramón del Valle-Inclán, *Flor de Santidad/La media noche,* Madrid (Colección Austral 302) [5]1975, S. 102.

35 Vgl. Umpierre, s. L., S. 31.

36 W. J. Smither, *El mundo gallego de Valle-Inclán. Estudio de toponomía e indicaciones localizantes en las obras gallegas,* La Coruña 1986, S. 56, kommt zu dem Schluß: »En conclusión es difícil afirmar nada sobre la colocación de *Divinas palabras.«*

37 Vgl. Bermejo Marcos, s.L., S. 212–214. In der 7. Szene der zweiten jornada (S. 85) wird auf den Schnurrbart des (deutschen) Kaisers Bezug genommen.

38 Vgl. dazu Wentzlaff-Eggebert (1981), s. L., S. 87ff.

39 Vgl. ibid., S. 80–83.

40 Vgl. dazu Risco, s. L., S. 137–201.

41 Vgl. dazu J. Franco, »The Concept of Time in *El Ruedo Ibérico«,* in: *Bulletin of Hispanic Studies* 39 (1962), S. 177–187; H. L. Boudreau, »The Circular Structure of Valle-Inclán's *Ruedo Ibérico«,* in: *Publications of the Modern Language Association* (März 1967), S. 128–135; G. Díaz Migoyo, *Guía de »Tirano Banderas«,*

Madrid 1985; H. WENTZLAFF-EGGEBERT, »Ramón del Valle-Inclán: *Tirano Banderas*«, in: V. ROLOFF/H. WENTZLAFF-EGGEBERT (Hg.), *Der spanische Roman vom Mittelalter bis zur Gegenwart*, Düsseldorf 1986, S. 308–329; A. ENA BORDONADA, »Estructura de *Vísperas septembrinas*«, in: *Cuadernos Hispanoamericanos* 438 (1986), S. 55–74.

42 BERMEJO MARCOS, s. L., S. 226. Vgl. auch DOLL, s. L., S. 109.

*WALTER BRUNO BERG*

# RAMÓN DEL VALLE-INCLÁN · ESPERPENTO DE LOS CUERNOS DE DON FRIOLERA

## Don Friolera und die Ästhetik des Esperpento

Ramón del Valle-Incláns (1866–1936) Reaktion auf die Krise der spanischen Monarchie – sie kulminierte in der vom König befürworteten, von den meisten Intellektuellen der Zeit jedoch aufs schärfste abgelehnten Errichtung der Militärdiktatur unter Primo de Rivera (1923) – bestand in der Schaffung eines neuen Genres: Nicht nur das Theaterstück *Luces de Bohemia* (1920/1924), sondern ebenfalls der Diktatorenroman *Tirano Banderas* (1926), die Einakter *Retablo de la avaricia, la lujuria y la muerte* (1927), die Romantrilogie *El ruedo ibérico* (1927f.), vollends jedoch die 1930 erschienene – zwischen 1921 und 1926 verfaßte – Theatertrilogie *Martes de Carnaval* stehen im Zeichen der Ästhetik des sogenannten ›Esperpento‹. Das im folgenden zu besprechende Werk[1] ist Teil der zuletzt genannten Trilogie.

Die Valle-Inclán-Forschung ihrerseits reagierte auf die ästhetische Herausforderung des Esperpento lange Zeit mit Ratlosigkeit und orientierte sich beim Versuch, die Merkmale des neuen Genres zu bestimmen, vor allem an einer vielzitierten Selbst-Definition aus *Luces de Bohemia:*

> Die klassischen Helden in einem Zerrspiegel beobachtet ergeben den Esperpento. Das tragische Lebensgefühl der Spanier kann nur eine systematisch deformierte Ästhetik erfassen. [...] Spanien selbst ist nichts als eine groteske Deformation der europäischen Zivilisation. [...] (12. Szene)

Abgelöst vom dramatischen Kontext des Stückes, wird die Formel vielfach immer noch als zureichende Definition des Esperpento zitiert. Sie verkürzt gleichwohl seine historische und kulturelle Tiefenschärfe, läuft Gefahr, die normbrechende Funktion dieser Ästhetik zu reduzieren auf die bekannten Schemata von Satire und Parodie.

Die Aufgabe einer adäquateren Erfassung der innovatorischen Funktion der esperpentischen Ästhetik bleibt damit jedoch ungelöst. Diese hat auszugehen von einer erneuten, umfassenderen Lektüre der in den Stücken enthaltenen ›immanenten‹ ästhetischen Selbstreflexion. Ihr Ziel besteht darin, Deskriptionsmodelle zu entwickeln für die konkrete Ebene der esperpentischen Schreibpraxis selbst. Die in den Stücken enthaltene ästhetische Selbstreflexion – so zeigt sich – entspricht jedoch keineswegs dem Desiderat einer exakten Beschreibung textueller Empirie; sie umschreibt vielmehr einen philosophischen Rahmen, eine Art kulturelles Apriori für einen Text, dessen

Charakteristika die esperpentische Ästhetik in die Nähe rücken zur Praxis postmoderner »Schreibe«. Ich habe diesen Ansatz an anderer Stelle ausführlich begründet. Die Ergebnisse dieser Arbeiten[2] bilden die Grundlage der nachfolgenden Interpretation.

## Handlung

Wir beschäftigen uns zunächst mit der Fundamentalebene der Handlung sowie der Konstellation der Personen. Sie stellt sich dar *ohne* die für andere Exemplare der Gattung (vgl. *Tirano Banderas, Retablo de la avaricia ...*, vor allem jedoch auch die beiden weiteren Stücke der Trilogie *Martes de Carnaval!*) charakteristischen Dunkelheiten und Lücken: Makrostrukturell gesehen reproduziert *Los cuernos de don Friolera* das Handlungsmodell eines klassischen drama de honor à la Calderón. Die Analogie zu einschlägigen Stücken des siglo de oro – z.B. *El médico de su honra* – liegt auf der Hand und läßt sich im Detail nachvollziehen. Allgegenwärtiges Movens der Handlung ist die als objektives Wertesystem erfahrene (vgl. Vossler 1965, S. 273), subjektive Beweggründe grundsätzlich suspendierende »Mythologie der Ehre« (Weinrich 1971), übernommen aus der Ständegesellschaft des 17. Jahrhunderts und zu anachronistischem Leben wiedererweckt in der Militärdiktatur des Primo de Rivera: Don Pascual Astete, ein aus dem Mannschaftsstand aufgestiegener Leutnant der Gendarmerie, erhält durch ein anonymes Schreiben Nachricht von der angeblichen Untreue seiner Frau Loreta. Als Galan fungiert der Nachbar der Astetes, ein Barbier namens Juanito Pacheco. Der dramatische Knoten der Handlung ist nach der ersten Szene bereits geschürzt; seine Lösung vollzieht sich Schritt für Schritt, gemäß der unerbittlichen Kasuistik der Ehre. Ehre – so weiß Don Pascual – ist kein in sich selbst gegründeter Wert; sie ist abhängig vielmehr von der Meinung der anderen. Die Ehre des Mannes ist der gute Ruf seiner Frau (»depositaria de mi honor« [120]). Nicht erst der de facto vollzogene Ehebruch – von dem sich Loreta bis zuletzt nachdrücklich distanziert –, sondern bereits der bloße, auch unbewiesene Verdacht eines Fehltritts ist ausreichend, um das Gut der Ehre zu verlieren. Der Verlust der Ehre erfordert Satisfaktion. Ihr Vollzug unterliegt dem Symbolismus des Blutes (»¡El honor se lava con sangre!« [97]), verlangt jedoch die Respektierung sozialer Regeln: Satisfaktionsfähig im Sinne des Ehrenkodex sind nur Angehörige eines gleichen Standes. Ein Barbier jedoch ist für einen Angehörigen des Offizierskorps der spanischen Gendarmerie per se ohne Ehre. »La solución más honorosa« (111) – das Duell von Mann zu Mann – scheidet mithin aus: »¡Para usted la desgracia ha sido la mala elección por parte de su señora« (150), bemerkt deshalb Leutnant Rovirosa mit Recht und übermittelt dem Gehörnten die alternative Entscheidung des militärischen Ehrengerichts. Entweder:

Don Pascual wird unehrenhaft entlassen, oder: der Gehörnte exekutiert mit eigener Hand das Unvermeidliche (»Mañana recibirá usted en su casa dos cabezas ensangrentadas,« [149]). Angesichts der unverhohlenen Morddrohung ihres Mannes reagiert Doña Loreta mit einem Akt der Notwehr, gibt dem Drängen Pachecos endlich nach und begibt sich und ihr Kind in seinen Schutz. Im Augenblick, als sie ihm die schlafende Manolita in die Arme legt, fällt der rächende Pistolenschuß ...

Die letzte Szene zeigt Don Pascual in strammer Haltung vor seinem Vorgesetzten, des Mordes geständig an Doña Loreta. Die Antwort des Oberst entbehrt jeder Zweideutigkeit:

> Teniente Astete, si su declaración es verdad, ha procedido usted como un caballero. Excuso decirle que está interesado en salvarle el honor del Cuerpo. ¡Fúmese usted ese habano! (166)

Vieldeutig und mit einer für Pascual unvorhersehbaren Wendung jedoch endet die Handlung: Doña Pepita, die Frau des Obersten, stürzt ins Zimmer und meldet, daß der unglückselige Schütze nicht etwa seine Ehefrau, sondern vielmehr seine leibliche Tochter zu Tode getroffen hat. »¡Pepita, la vida de un hijo es algo serio!« (167) lautet der empörte, in seiner unfreiwilligen Komik an Repliken der Figuren Labiches gemahnende[3] Kommentar des Obersten. Don Pascual wird auf der Stelle in Haft genommen.

## »Mise en abîme« eines klassischen Textes

Die Rekonstruktion des Handlungsmodells ist zu unterscheiden vom eigentlichen *Sinn* des dramatischen Textes. Dieser stellt sich dar als Funktion der Gesamtheit *aller* das Werk konstituierenden semiotischen Ebenen. Der allgemeine Begriff dieser Ebenen ist der Begriff der Gattung. Der Sinn der dramatischen Handlung ist mithin abhängig von der Gesamtheit der die Gattung des Stückes charakterisierenden Merkmale.

Das angedeutete metadramatische Problem wird im *Esperpento de los cuernos de don Friolera* explizit entfaltet, und zwar in der in der obigen Zusammenfassung unberücksichtigt bleibenden Rahmenhandlung des Pro- bzw. Epilogs. Im Mittelpunkt der Handlung stehen zwei als »intelectuales« bezeichnete Randfiguren der spanischen Gesellschaft: der Maler Don Manolito sowie ein ehemaliger Mönch mit dem Spitznamen Don Estrafalario. Beide sind baskischer Herkunft und befinden sich auf Wanderschaft durch Spanien – wie die Regieanweisung präzisiert –, »para conocerla« (65). Ihr Gesprächsthema ist das Problem einer den Zeitumständen angemessenen Ästhetik[4]. Den Anlaß des Gesprächs bildet neben dem Bild eines avantgardistischen Malers, über das die beiden zunächst diskutieren, vor allem ein in die Handlung des Prologs eingefügtes kurzes volkstümliches Puppenspiel – »La Trigedia [sic!] de don Friolera« – unter der Leitung eines Komödianten (»bululú«) namens Fidel. Im Epilog gelangt der Friolera-Stoff dann noch ein weiteres Mal zur Aufführung, und zwar als traditionelle Romanze, vorgetragen von einem blinden Bänkelsänger vor den Toren eines Gefängnisses, in welchem die beiden Intellektuellen unter der Anklage anarchistischer Umtriebe einsitzen.

Was ist der Sinn dieser »mise en abîme«, der Spiegelung des Stoffes in den Konventionen dreier Gattungen?

Die durch den Puppenspieler Fidel zur Aufführung gebrachte »Trigedia« ist offenbar ein Stück nach dem Herzen der beiden Intellektuellen. Folgt man deren Argumentation, so steht das Stück nicht nur turmhoch über allen »nationalen« Versionen, die das Thema der Ehre behandeln; es ist sogar dem Humanismus eines Shakespeare überlegen. Während dieser, auch wenn er die Naturgewalten der Leidenschaften trefflich zu zeichnen versteht, sich am Ende dennoch mit dem Pulsschlag seiner Helden identifiziert, wahrt der bululú grundsätzlich Distanz zu seinen Figuren. Der destruktive Sarkasmus des bululú, die jedwede Form von Identifikation oder Einfühlung untergrabende Vulgarität der von ihm gespielten Farce – sie sind das von den Intellektuellen bewunderte Modell der neuen Ästhetik; sie verleihen dieser »demiurgische Dignität« (76), indizieren jene absolute Freiheit, die die ästhetische Schöpfung auszeichnet gegenüber der Doxa historisch legitimierter Diskurse.

Doch die satanisch-destruktive[5], *auf Kosten* aller übrigen Diskurse errungene Freiheit des demiurgischen Künstlers bleibt historisch leer. Ihre Erhabenheit gegenüber jedwedem ›Inhalt‹ der historischen Überlieferung läuft Gefahr, zur bloßen – wiederum ›ästhetischen‹ Attitüde zu verflachen. Sie repräsentiert mithin lediglich die *eine* Seite der esperpentischen Ästhetik[6].

Deren *andere* Seite ist manifest in der Blindenromanze des Epilogs. Auch dieser Text behandelt die Geschichte Don Frioleras – den Regeln der Gattung entsprechend allerdings aus der Perspektive absoluter Hörigkeit gegenüber dem tradierten Code der Ehre. Ideologischer Dogmatismus ist kein Privileg des literarischen Höhenkamms. Popularliteratur plagiiert lediglich die ideologischen Stereotypen der höheren Stände.

Doch auch das unkritisch-affirmative Kultur-Modell der Romanze hat sein historisches Recht. Liefert es doch – nicht weniger als sein Pendant, »el honor calderoniano« (76) – das unverzichtbare, durch die Tradition der kulturellen Überlieferung sanktionierte *Material*, an dem sich die Praxis esperpentischer Schreibe in concreto abzuarbeiten hat.

Die Funktion der gattungstheoretischen »mise en abîme« liegt mithin auf der Hand. Sie signalisiert gewissermaßen die Eckdaten esperpentischer Ästhetik[7]: Weder abstrakt-destruktive Kritik noch blinde Affirmation historischer Diskurse, erfaßt sie diese vielmehr in der vollen Pluralität ihrer widersprüchlich-absurden Geltung. Ist es jedoch dann noch legitim, den Esperpento als Gattung zu bezeichnen? Offenbar nur, insofern der Begriff genau das negiert, was er traditionellerweise bezeichnet: die Dominanz eines einheitlichen Sinnes, die relative Einheit eines ›Diskurses‹. Was in gattungstheoretischer Hinsicht für das Stück als Ganzes gilt, hat seine Entsprechung auf der Ebene der Personen: Wenn letztere auch bestimmt sind als Aktanten eines – wie wir sahen – ganz und gar kodifizierten sozialen Handlungsmodells (drama de honor), so sind auf der Mikroebene der Dialoge doch zugleich auch immer jene para-doxen Diskurse gegenwärtig, die die unbedingte Geltung des makrostrukturell realisierten Ehrenkodex potentiell in Frage stellen. Wir kommen damit zur Analyse des Hauptstücks.

## Grundzüge des esperpentischen Diskurses

Die zentrale Figur des Stückes ist der Gendarmerieleutnant Pascual Astete. Schon die Namensgebung indiziert seine Funktion: Einer Redensart folgend, die er beständig im Munde führt, nennt man ihn Don »Friolera« – lexikalisiert als Synonym für »insignificancia«. Der Verlust personaler Identität, auf den der Beiname anspielt, ist indes kein psychologisches Datum. Don Friolera ist eine Kunst-Figur, luzides Artefakt eines distanzierten Analytikers spanischer Verhältnisse. Mann ohne ›Eigen‹-schaften, spiegelt er die Widersprüche und Paradoxien der Zeit, wird zum Träger heterogener Diskurse, angesichts derer der vermeintlich »geistige Kern« (Vossler 1965, S. 275) der Ehre als das irrationale Produkt außengelenkter Verhaltensmuster erscheint.

Doch auch diese Formulierung läßt sich nur mit dem Vorbehalt metaphorischer Begriffsbildung der Psychologie entlehnen: Don Friolera fehlt keineswegs der Blick für den außengelenkten Charakter des Kodex der Ehre. Klarsichtig durchschaut er die Inhumanität der ihm auferlegten Pflicht[8]. Illusionslos erkennt er die Rolle des Denunziantentums, auf dem das soziale Funktionieren der Ehre gegründet ist[9]; beschimpft Doña Tadea – die Denunziantin – als Hexe, wünscht ihr den Tod auf den Leib (cf. 92) und verhöhnt sie mit vulgären Spottversen (cf. 143 f.). Doch die Einsicht[10] bleibt folgenlos im Hinblick auf sein praktisches Verhalten: Das Durchdenken seiner Lage scheint Friolera eher zu bestärken, sich dem Ehrenkodex noch entschiedener zu unterwerfen (cf. 80).

Wie läßt sich der Widerspruch erklären? Don Friolera verfügt offenbar nicht mehr – dies unterscheidet ihn vom Helden des klassischen Dramas – über jene unumstößliche Hierarchie der Werte, deren Spitze durch den König, Gott bzw. das Heil der Seele bestimmt ist[11]. Mit dem Wegfall dieser Wertehierarchie verschwindet dann jedoch auch der Gegensatz von ›innen‹ und ›außen‹: Nicht nur die Unterwerfung unter den Kodex der Ehre, auch die

Positionen vermeintlicher ›Kritik‹ am Ehrenpunkt erscheinen als ›außengelenkt‹, reproduzieren die Clichés und Stereotypen überindividueller ›Diskurse‹.

Die Substitution der auf einen monologischen Diskurs hin ausgerichteten Hierarchie der Werte durch die Pluralität und ›Anarchie‹ heterogener Diskurse manifestiert sich in *Los cuernos de Don Friolera* durch eine Reihe zusätzlicher Motive, die die Dreieckskonstellation des klassischen Ehrenkonflikts dialogisch überlagern. Das additiv-paradoxe (keineswegs dialektisch-vermittelnde) Verhältnis der letzteren zur Makrostruktur des Ehrenkonflikts (cf. Abschnitt »Handlung«) ist das eigentliche Strukturmerkmal der esperpentischen Ästhetik. Es spiegelt sich unter anderem in der Ersetzung der konventionellen ›dialektischen‹ Gliederung des Ehrendramas in die Trias der »Jornadas« durch das ›epische‹ Prinzip einer offenen Folge von »Szenen«. Nicht das Syntagma der Handlung, sondern die Paradigmen widerstreitender Motive verleihen den Szenen indes semantische Relevanz. Unser Überblick bleibt deshalb weiterhin orientiert am Paradigma der Personen.

**Don Friolera:**

Die Figur des Protagonisten erfährt im Verlauf des Stückes – abgesehen von der Rolle des »gehörnten Ehemanns« – verschiedene zusätzliche Charakterisierungen. Ihr Abstand zur Thematik der Ehre ist von unterschiedlichem Gewicht:

– Das erste dieser Motive charakterisiert Don Friolera im Hinblick auf seine berufliche Ethik. Sie verdient im ›militärischen‹ Kontext der Grundthematik des Stückes besondere Beachtung: Aufgestiegen aus dem Mannschaftsstand, genoß Friolera in Schmugglerkreisen einst einen guten Ruf (cf. 91). Die berufliche Karriere hat den Zins, den er zu nehmen pflegte, allerdings in die Höhe getrieben. Schweigegeld in Form einer Anisflasche ist Teil des Hausrats. Loreta, um den Ehemann zu besänftigen, zieht sie zum Vorschein: »Pascual, vamos a beber una copa juntos. Es el regalo de Curro Cadenas.« (113)

Das Motiv der potentiellen bzw. de facto praktizierten Bestechlichkeit der Gendarmerieoffiziere wird in der 7. Szene weiter expandiert: Angesichts der Schwierigkeiten, in denen sich Friolera befindet, wird Doña Calixta – Besitzerin einer von Offizieren und Schmugglern gemeinsam frequentierten Billardstube – von Curro Cadenas aufgefordert, nun auch Leutnant Rovirosa zu bestechen (cf. 124).

– Ein gänzlich anderes Motiv ist dagegen die Rolle Frioleras als Vater: Manolita, »fruto de esta pareja« (64), wie es in der Regieanweisung feierlich heißt – der Verbindung nämlich Pascuals mit Doña Loreta –, ist ein süßer kleiner Besen. Sie erfährt ihres Vaters aktuelle Probleme und teilt seinen Haß gegen die Betschwester Doña Tadea aus vollem Herzen (»¡Cotillona!« [141]). Die Liebe der beiden ist ungeteilt und gegenseitig.

Manolita jedoch ist es, die von der Kugel des Rächers in der 11. Szene getroffen wird. Ihr ›zufälliger‹ absichtsloser und unverschuldeter Tod ist das Schlußsignal der esperpentischen Logik des Stückes, Ergebnis des unverbundenen Nebeneinanders mehrerer Diskurse: der Mutterliebe Doña Loretas (die das Kind nicht in den Händen des ›mörderischen‹ Ehemannes zurücklassen möchte) einerseits, ihrer nur zu berechtigten Eigenliebe andererseits (sie ist dabei, sich selbst vor Friolera in Sicherheit zu bringen) und schließlich der ›in flagranti‹ vollzogenen Rache des betrogenen Ehemannes.

### Doña Loreta und Pachequín:

Der Gegenspieler Don Frioleras ist der Barbier Pacheco. Wie der Hüter der Ehre den seinen, so beherrscht Pachequín den Diskurs des Verführers. Doch Pachequín ist vor allem ein Maulheld. Man muß seinen Unschuldbeteuerungen Glauben schenken, denn mehr als platonische Verehrung hat er der standhaft auf ihre Pflichten als »Ehefrau und Mutter« (153) verweisenden Loreta bisher nicht entgegenbringen können. Als Friolera seine Frau trotz allem eines bloßen Verdachts wegen mit dem Tode bedroht, interveniert der Galan mit einem moralischen Aufschrei: »¡Va el pueblo a consentir este mal trato! Si otro no se interpone, yo me interpongo, porque la mata.« (99)

Auch später, als Loreta sich vorübergehend in Pachequíns Haus befindet, um sich von einem Ohnmachtsanfall zu erholen, bleibt die verliebte Rhetorik des Galans ohne größere Wirkung. »¡Yo soy una romántica!« (106) beteuert sie, verlangt Respekt sowie den *actus purus* totalen Verzichts[12]. Pachequín willigt ein, nachdem er ihr das Versprechen abgerungen hat, zurückzukehren, falls Friolera ihre Unschuld anzuerkennen nicht bereit ist.

Noch zu Beginn der 11. Szene ist die Konstellation unverändert. Erst im Verlaufe der Unterhaltung beginnt Loreta ihre Haltung andeutungsweise zu ändern und erklärt schließlich ihre Bereitschaft, Friolera zu verlassen, jedoch unter der Bedingung, daß Pachequín bereit ist, mit der Mutter auch die Tochter bei sich zu versorgen. Pachequín, ein Stoßgebet auf den Lippen, willigt ein:

> En adelante tendré que mantener dos bocas más. ¡Son obligaciones de casado! ¡Mírame como tal casado, Divino Antonio! ¡Me hago el cargo de una familie abandonada! ¡Preserva mi vida de malos sucesos, donde se cuentan los acaloramientos de un hombre bárbaro!... (160)

Das Gebet bringt die esperpentische Umkehr der Rollen auf ihre diskursive Formel: Es denunziert nicht nur den seine Ehre verteidigenden Ehemann als einen zu potentiellem Mord- und Totschlag bereiten Barbaren, sondern reklamiert für die Haltung des vermeintlichen Verführers die moralischen Qualitäten eines um das Wohl der Seinen besorgten Familienvaters. Es ist dies eine Umkehrung, wie sie – weniger spektakulär – auch bereits in Doña Loretas selbstbewußter Replik angedeutet ist, mit der sie die Aufforderung, Beweise vorzulegen für ihre Unschuld, zurückgibt an die Adresse des Ehemannes: »¡También yo las pido, Pascual!« (109) Die Forderung nach Beachtung des Grundprinzips rechtsstaatlicher Prozeßführung – »audiatur et altera pars« – entspricht seitens der der Untreue beschuldigten Ehefrau einem Akt offener Empörung gegen die sozialen Regeln der Ehre: Schon der bloße Verdacht als solcher definiert hier den Status der »Schuld«[13].

**Doña Tadea und das Ehrengericht:**

Don Friolera ist ein Fanatiker der Ehre. Die fanatische Gewalttat hat zur Voraussetzung den blinden Glauben an die Geltung eines mit der Aura religiöser Autorität versehenen dogmatischen Systems von Werten. »Es sind jedoch die Spitzbuben,« heißt es bei Voltaire, »die die Fanatiker an der Leine führen und ihnen den Dolch in die Finger drücken.« (Voltaire, *Dict. philosophique,* Art. »fanatisme«)

Die selbsternannten Gralshüter des Dogmas sind die im Ehrengericht vereinigten Offiziere. Ihre »Spitzbübereien«, nicht die Beschlußfassung, deretwegen sie sich versammelt haben, sind das eigentliche Thema der 8. Szene. Schon der Ausdruck Ehren-»Gericht« nämlich führt in die Irre. »Se trata de condenar a un compañero de armas« (129), erklärt Leutnant Rovirosa ohne Umschweife. Gegenstand der Beratung ist deshalb nicht die Urteils-Findung, sondern die Strategie seiner Vollstreckung. Schon bald jedoch verliert sich das Gespräch im weiten Feld assoziativer Themen:

Das erste Stichwort liefert die Tatsache, daß Friolera – wie andere in der Runde – dem Mannschaftsstand entstammt (cf. 130). Es entspinnt sich ein Rangstreit über die Vorzüge der verschiedenen militärischen Laufbahnen. Die Erwähnung Napoleons gibt Anlaß zu abschätzigen Bemerkungen über die Franzosen im allgemeinen, um einzumünden in den hyperbolischen Lobpreis spanischer Vortrefflichkeit. Der Schauplatz jüngster nationaler Heldentaten ist Marokko. Leutnant Cardona war eine Zeitlang dort stationiert und gibt Proben seiner Kenntnis des erotischen Vokabulars der Landessprache zum besten: »Yo he pasado cinco años en Joló. ¡Los mejores de mi vida!« (133) Dies lasse sich keineswegs verallgemeinern, wendet Rovirosa ein. Er selbst habe seine Frau und sein rechtes Auge beim Einsatz in den Kolonien verloren, Cardona dagegen habe die Schreibstube kaum jemals verlassen. Militärischen Ruhm gewinne man nicht nur im Felde, antwortet der Angegriffene und verweist auf die Ordensbrust des spanischen Königs. Das wiederum gibt dem

Gesprächsleiter die Gelegenheit, die Abschweifungen für beendet zu erklären und zum Ausgangspunkt zurückzulenken.

Der kleinliche Egoismus der militärischen Hackordnung, die kaum verdeckten Widersprüche individueller Sonderinteressen, die Ziellosigkeit und der moralische Zynismus der Kolonialpolitik, der an den Haaren herbeigezogene, mit fadenscheinigen kulturellen und rassistischen Clichés begründete Patriotismus – es sind dies einige der Diskurse, die den »Cuerpo de Carabineros« tatsächlich konsituieren. Ohne das imaginäre, Einheit sitftende Band der Ehre – zusammengehalten durch das Emblem des Königs (»un símbolo, una representación de todas las glorias del Ejército« [136]) – ginge die Corporation in der Tat an ihren eigenen Widersprüchen zugrunde. So erklärt sich das vitale Interesse, das die Anwesenden in der Verteidigung der Ehre verbindet. Der Beschluß, zu dem man schließlich gelangt, entspricht mithin einem Akt ideologischer bzw. interessenspolitischer Selbsterhaltung.

Don Friolera selbst ist von Anfang an bereit, für dieses Ziel fast jedes Opfer zu bringen. Am Ende, als er den Mord zwar begangen, die Satisfaktion jedoch trotzdem verfehlt hat, ist sein sozialer Tod besiegelt: »¡Me estoy muriendo! ¿Podría pasar al Hospital?« (167)

Ohne die Hilfe sozialer ›Agenten‹ und Verbündeter wäre die ideologische Kraft des Militärs zur Selbst-Erhaltung indes kaum befähigt: Sie benötigt den Schein des Religiösen, um der Ehre – unabhängig von den Spielregeln einer potentiell jederzeit durch Zynismus oder Pragmatismus bedrohten militärischen Moral – die Aura des Unbedingten zu verleihen. Die esperpentische Gestalt dieser für das Überleben der »korporativen« Ehre unabdingbaren Vermittlung hin zur (gesamt-)gesellschaftlichen Moral ist die schwatzsüchtige Betschwester (»beata cotillona« [64]) Doña Tadea Calderón. Sie hat den anonymen »Stein des Anstoßes« (77) geworfen. Sie ist es – zusammen mit den Offizieren –, die die Fäden der Marionette »Othello« (»el fantoche de Otelo« [167]) fest in der Hand hält. »Bruja« (86; 92), »arpía« (93), »aborto infernal« (ebd.) wird sie deshalb von den Eheleuten im Unisono ohnmächtiger Empörung gescholten. Der Stein des Anstoßes – einmal geworfen – hat das Drama jedoch unwiderruflich in Gang gesetzt. Die Schwätzerin kann deshalb jede Verantwortung leugnen, um im Nachsatz dann wiederum dem Stachel ein wenig mehr an Nachdruck zu verleihen:

> Don Friolera:
> ¡Usted ha escrito el papel!
> Doña Tadea:
> ¡Chiflado!
> Don Friolera:
> ¡Pero usted sabe que soy un cabrón!
> Doña Tadea:
> Lo sabe el pueblo entero. ¡Suélteme usted! Debe usted sangrarse. (93)

Die auf der ersten Ebene harmlose Aufforderung »Debe usted sangrarse« – auf Deutsch etwa: »Nun lassen Sie mal Dampf ab!« –, mit der sich Tadea aus Frioleras Griff, der sie beim Schopf gepackt hält, zu befreien sucht, gewinnt im Kontext des Stückes natürlich eine eindeutige Funktion. Es ist der unverhohlene Appell, der Gehörnte habe als »Arzt seiner Ehre« den therapeutisch naheliegendsten Schritt – die kodifzierte Blutrache – auf der Stelle zu vollziehen.

Die nächste Replik weist in eine ähnliche Richtung:

> Don Friolera:
> ¿Con quién me la pega mi mujer?
> Doña Tadea:
> Eso le incumbe a usted averiguarlo. Vigile usted. [...]
> Don Friolera:
> ¿El ladrón de mi honra, es Pachequín?
> Doña Tadea:
> ¿A qué pregunta, Señor Teniente? Usted puede *sorprender* el adulterio, si *disimule* y anda alertado. (94; Hervorhebg.: W. B. B.)

Tadeas perfekte Kenntnis des Codes erlaubt es ihr, die zur Erreichung ihres Zieles erforderlichen Schritte aufs genaueste zu kalkulieren. »Sorprender«: die »in flagranti«-Überraschung der Schuldigen sichert dem Rächer antizipatorische Straffreiheit; »disimulación« (= »arte con que se oculta lo que se siente o se sabe«) ist die Grundtugend par excellence in Fragen der Satisfaktion. Als Ratschlag im Munde der Denunziantin bedeutet sie natürlich die auf die Spitze getriebene Perversion der Rollen.

In der nächsten Szene hat Tadea bereits soweit die Oberhand gewonnen, daß sie die Umkehrung der Rollen nunmehr explizit zu benennen vermag:

> Don Friolera:
> ¿Por qué ha encendido usted esta hoguera en mi alma?
> Doña Tadea:
> ¡*Calumniador!* (96; Hervorhebg.: W. B. B.)

Don Friolera seinerseits wird nun ebenfalls explizit. Das Ziel ihrer Strategie erreicht, dissimuliert Tadea ihre Rolle jetzt hinter Formeln christlich-humanitären Entsetzens:

> Don Friolera:
> Yo soy militar y haré un disparate.
> Doña Tadea:
> ¡Ave María! ¡Por culpa de dos réprobos una tragedia en nuestra calle! [...]
> Don Friolera:
> ¡El honor se lava con sangre!
> Doña Tadea:
> ¡Eso lo decían antaño!...
> Don Friolera
> ¡Cuando quemaban las brujas! (96f.)

Doch das Wortspiel, mit dem Friolera sich aus der rhetorischen Umklammerung zu lösen und Doña Tadea abermals zu einem Geständnis zu zwingen versucht, bleibt ohne Wirkung. Erfolgreich versteckt sich die Hexe hinter der Maske christlicher Demut: »¡Yo sólo sé mis pecados!« (Ebd.)

Doña Tadea *Calderón*[14]: In der Gestalt der heuchlerischen Betschwester feiert das von den »intelectuales« im Prolog denunzierte, im Werk des großen Dramatikers des siglo de oro repräsentierte Dogma der spanischen Ehre esperpentische Urstände: Der Esperpento zeigt die Gegenwart der Vergangenheit in der Potentialität ihrer aufgehobenen Geltung.

## Valle-Inclán und die Bühne

Valle-Incláns Debüt im Theater steht unter dem Eindruck der costumbristisch-realistischen Inszenierungen der Jahrhundertwende. Anläßlich der Aufführung eines Stückes von Jacinto Benavente *(Señora ama)* erklärt er kategorisch:

> A mí no me gusta un teatro de esta manera. Con los recursos de presencia que el teatro tiene nos echan a la cara trozos de realidad. El arte no existe sino cuando ha superado sus modelos vivos mediante una elaboración ideal. Las cosas no son como las vemos, sino como las recordamos. La palabra en la creación lilteraria necesita siempre ser trasladada a ese plano en que el mundo y la vida humana se idealizan. No hay poesía sin esa elaboración. (Martes 1978)

Doch der Esperpento – so haben wir gesehen – ist kein neues Genre fürs Theater. Er ist vielmehr die Praxis einer neuen – universalen – Ästhetik. Esperpentische Ästhetik überschreitet die Grenzen der traditionellen Genres, integriert erzählende Prosa, Poesie und Theater in gleicher Weise. Sie ist das eigentliche Werk dessen, den Vicente Aleixandre nicht zögert, den »größten Dramatiker unseres Jahrhunderts« (Martes 1978) zu nennen.

Eine ihrer innovatorischen Funktion angemessene Resonanaz in der praktischen Theaterszene ist der esperpentischen Ästhetik gleichwohl bis heute versagt geblieben[15]. Über die Gründe dieses ›Scheiterns‹ läßt sich im Rahmen der vorliegenden Interpretation nur spekulieren. Liegen sie – so wäre zu fragen – im angedeuteten grenz-überschreitenden Charakter dieser Ästhetik? Hierzu abschließend zwei Beispiele aus dem Bereich der im traditionellen Theater als metadramatisch – also außerhalb der szenischen Illusion stehend – eingestuften Regieanweisungen (»Didaskalien«[16]): Esperpentische Regieanweisungen[17] sind mit einem expliziten, in der Regel poetisch überstrukturierten Erzählerdiskurs versehen. Statt den Rahmen der dramatischen Illusion im Hinblick auf die Maxime der aufführungstechnischen Praxis zu begrenzen, besteht ihre Funktion vielmehr darin, die Erfahrung der dramatischen Illusion zu universalisieren:

1. Una sombra, raposa, cautelosa, ronda la garita. Por el ventanillo asesta una piedra y escapa agachada. (77)
2. El garabato de su silueta se recorta sobre el destello cegador y moruno de las casas encaladas. Se desvanece bajo un porche, y a poco, su cabeza de lechuza asoma en el ventano de una guardilla. (86)

Beide Texte haben zum Gegenstand die Beschreibung der steinewerfenden – im ersten Beispiel anonym bleibenden, im zweiten als neugierige Nachbarin fungierenden – Betschwester. Der direkte handlungstechnische Informationswert der Sätze für die Regie ist gering, dies vor allem im 1. Beispiel: Der Text ist keine Beschreibung, sondern die *poetische Evokation* einer geheimnisvollen Bewegung. Seine dominante Funktion ist nicht der Verweis auf eine außerhalb des Textes gelegene ›Referenz‹, sondern der Selbst-Verweis auf das im Übergewicht der dunklen (/a/ und /o/) über die hellen Vokale (/i/ und /e/) [das Zahlenverhältnis beträgt 21 bzw. 6 gegenüber 3 und 5] sprachlich unmittelbar realisierte Modell der ›Dunkelheit‹ als solcher.

Der zweite Text hat demgegenüber die Struktur einer virtuosen Montage translinguistischer Elemente: So appelliert das Syntagma »garabato« – »silueta« – »moruno« – »casas encaladas« – »porche« – »lechuza« – »guardilla« zwar an das kulturelle Gedächtnis, erstellt jedoch kein von der Regie unmittelbar zu verwendendes (Bühnen-)*Bild.* Die Häufung der disparaten Elemente erzeugt vielmehr eine Potentialität verschiedener Bilder, eine der Pluralität der durch die Personen repräsentierten Diskurse entsprechende kulutrelle *Atmosphäre.*

Die Problematik der Überlagerung dramatischer, narrativer und poetischer Strukturen, wie sie kennzeichnend ist für die esperpentische Ästhetik, ist nicht gleichbedeutend mit derjenigen des »epischen Theaters«, mit der sie bisweilen verglichen worden ist[18]. Die Verfremdung esperpentischer Schreibe dient keineswegs nur der Zerstörung theatralischer Illusion; sie ist kein bloßes Mittel zur Beförderung des kritisch-rationalen Diskurses. Theater im Sinne Valle-Incláns ist vielmehr die Erfahrung der ›Theatralität‹ im allgemeinen. Es ist die unhintergehbare Erfahrung des multiplen diskursiven Charakters der kulturellen Realität. Die Akteure dieses Welt-Theaters empfangen ihre Rollen jedoch nicht mehr aus der Hand eines gütigen Gottes. Kein »obrar bien« (Calderón, *El gran teatro del mundo*) mehr führt aus der Absurdität des Spieles heraus. Spielleiter ist ein zynischer Demiurg, »el Diablo que saca la lengua y guiña el ojo« (67). Doch die Teilnahme an diesem Spiel – so versichert Don Estrafalario – »es una superación del dolor y de la risa.« (68) Nur wenige Regisseure – so scheint es – sind der Versicherung bisher gefolgt.

## ANMERKUNGEN

T: *Esperpento de los cuernos de don Friolera,* zit. nach *Martes de Carneval.* Cuarta edición. Colección Austral No. 1337. Madrid 1977. – Vgl. *Obras escogidas.* Aguilar. Madrid. Quinta edición 1976, 995–1060. – Dt. Übers.: *Die Hörner von Leutnant Firlefanz,* in: *Karneval der Krieger. Drei Schauerpossen,* übers. v. F. Vogelgsang. Stuttgart: Klett-Cotta 1982.

L: G. Diaz-Plaja, *Las estéticas de Valle-Inclán.* Gredos. Madrid 1965. – A. Risco, La estética de Valle-Inclán en los esperpentos y en »El ruedo ibérico«. Gredos. Madrid 1977 (1. Aufl. 1966). – A. Risco, *El demiurgo y su mundo: hacia un nuevo enfoque de la obra de Valle-Inclán.* Gredos. Madrid 1977. – R. Cardona/A. N. Zahareas, *Visión del Esperpento. Teoría y práctica en los esperpentos de Valle-Inclán.* Castalia. Madrid 1970. – M. Bermejo Marcos, *Valle-Inclán: Introducción a su obra.* Anaya. Madrid 1971. – S. M. Greenfield, *Anatomía de un teatro problemático.* Fundamentos. Madrid 1972. – K. Vossler, »Calderón«, in: *Die romanische Welt. Gesammelte Aufsätze.* München 1965. – H. Bergson, *Le rire. Essai sur la signification du comique.* Editions Albert Skira. Genève 1945. – A. Ubersfeld, *Lire le théâtre.* Editions sociales. Paris 1978. – H. Weinrich, »Mythologie der Ehre«, in: M. Fuhrmann (Hrsg.), *Terror und Spiel. Probleme der Mythenrezeption.* »Poetik und Hermeneutik« IV. München 1971. – Martes 1978 = Programmheft der Aufführung von *Martes de Carneval* durch die Compañía José Goyanes (Regie: Manuel Collado). Teatro Maria Guerrero. Temporada 1977–78. Hier finden sich die S. 12 sowie in Anm. 15 zitierten Texte von Valle-Inclán bzw. V. Aleixandre.

A: 1 Zur Relevanz der Textvarianten der verschiedenen Ausgaben der *Cuernos* (1921, 1925 und 1930), vgl. Cardona/Zahareas, s. L., S. 178–186.

2 Vgl. W. B. Berg: »Die Rechtfertigung des Demiurgen. Zur Poetik des Esperpento bei Valle-Inclán«, in: *Mannheimer Berichte,* Nr. 21, Mai 1982, S. 608–613; ders.: »Erkennen als ›Schreibe‹. Ein Beitrag zur Esperpento-Diskussion in Valle-Incláns *Tirano Banderas«,* in: *Archiv für das Studium der neueren Sprachen und Literaturen* 220 (1983), S. 323–342; ders.: »Die Diskursivität der Geschichte: Valle-Incláns Geschichtsbild, in *La corte de los milagros«,* in: H. Wentzlaff-Eggebert (Hg.): *Ramón del Valle-Inclán (1866–1936) – Akten des Bamberger Kolloquiums vom* 6.–8. November 1986. Niemeyer (Beihefte zur Iberoromania 5). Tübingen 1987, S. 243–258

3 Vgl. Bergson, s. L., S. 76.

4 Wir haben den Tenor des Gesprächs – eine scholastisch-scharfsinnige Analyse der philosophischen Prämissen der esperpentischen Ästhethik – in einer besonderen Arbeit untersucht (Cf. Berg 1982) und ersparen uns deshalb an dieser Stelle, das dort Ausgeführte zu wiederholen.

5 Der Weltenschöpfer Demiurg gilt im dualistischen Weltbild der Gnosis als Repräsentant des Bösen. Verchristlicht entspricht er dem Satan. Es ist diese Tradition, auf die Don Estrafalario anspielt, wenn er den Demiurgen-Künstler Fidel im weiteren mit dem augenzwinkernden Teufel des eingangs des Gesprächs kommentierten Orbaneja-Bildes identifiziert: »El diablo es un intelectual, un filósofo, en su significación etimológica de amor y saber. El Deseo de conocimiento se llama Diablo.« (S. 76)

6 Auszuschließen sind mithin alle Interpretationen der *Cuernos,* die im zentralen Hauptstück des Dramas lediglich eine getreue »aplicación de la estética del Compadre Fidel a la literatura pundurosa« (Greenfield, s. L., S. 254) sehen. Auch für A. Risco, *La estética* ..., s. L., S. 97, sind die Reflexionen

Don Estrafalarios maßgeblich für die Formulierung der esperpentischen Ästhetik.

7 Nur als die dialogische »mise en abîme« der Puppen-Farce des Prologs sowie der Blinden-Romanze des Epilogs läßt sich das Hauptstück mithin als »esperpento propiamente dicho« (BERMEJO MARCOS, s. L., S. 246) bezeichnen. Es ist die Einheit von Negation und Affirmation tradierter Gattungen, durch die die paradoxe Struktur der esperpentischen Gattung charakterisiert wird. – Zur Gattungsproblematik s. auch unten S. 335.

8 »¡Bastante tiene con su pena el ciudadano que ve deshecha su casa! ¡Ya lo creo! La mujer por un camino, el marido por otro, los hijos sin calor, desemparados. Y al sujeto, en estas circunstancias, le piden que degüelle y se satisfaga con sangre, como si no tuviera otra cosa que rencor en el alma.« (S. 97f.)

9 »Este pueblo es un pueblo de canallas. [...] Si supiese qué vainípedo escribió este papel, se lo comía.« (S. 78)

10 Mit dergleichen Einsicht ist die traditionelle Valle-Inclán-Kritik mitnichten gesegnet: Den manifesten Textbefund ignorierend (vgl. Zitate Anm. 8 und 9!), interpretiert z. B. DÍAZ-PLAJA die Gestalt Frioleras nicht nur als einen Ehren-Helden herkömmlichen Zuschnitts, sondern sceint in gänzlicher Verkennung der oben analysierten Funktion der »mise en abîme«, sogar in den Versen der Blindenromanze die eigentliche Konklusion des Stückes sehen zu wollen: »Tras la sarcástica visión paródica de don Friolera está *la real emoción patética* con que el teniente Astete descubre su deshonor, no sólo en grave conflicto con las Ordenanzas Militares [...], sino en su propia conciencia de vejete ridículo, senilmente enamorado de *la falaz doña Loreta.* Los pistoletazos del marido ultrajado *devuelven* esperpénticamente *las cosas a su cauce,* y – como pregona el »Romance de ciego« que resume, como desde el lado del pueblo, la situación acaecida – en los campos de Melilla / hoy prosigue sus hazañas; / él solo mató cien moros / en una campal batalla. [...]« (DIAZ-PLAJA, s. L., S. 240f.; Hervorhbg.: W. B. B.)

11 »Al Rey la hacienda y la vida / Se ha de dar, pero el honor / Es patriomonio del alma / Y el alma sólo es de Dios.« (Zitiert bei VOSSLER, s. L., S. 273)

12 »¡Dame una prueba de *amor puro!* [...] ¡Permítame que me vaya! Ten un noble proceder y ábreme la puerta.« (S. 99; Hervorhbg.: W. B. B.)

13 Ähnlich wie DÍAZ-PLAJA (cf. Anm. 10!) unterstellt dagegen auch GREENFIELD dem Autor insgeheime Sympathien mit dem Kodex traditioneller Ehre: »[...] doña Calixta plantea impensada una idea clave de Valle-Inclán, esto es que la adúltera (!) [auch GREENFIELD hat – wie das Ehrengericht – die Verdächtigte längst bereits schuldig gesprochen!] debe llevar el peso de la prueba, y no el cornudo, o sea, que en una sociedad más civilizada que la española, doña Loreta sería la culpable y la que serviría de espectáculo para la ›galería‹, en lugar de su marido.« (s. L., S. 257)

14 Zur Symbolik des Namens und seinen literaturgeschichtlichen Implikationen, cf. CARDONA/ZAHAREAS, s. L., S. 127.

15 Über die Reaktion der Zeitgenossen anläßlich einer Aufführung der *Cuernos* gibt Vicente Aleixandre den folgenden Bericht: »Era en la primavera de 1936. [...] Un grupo de escritores y artistas quiso organizar un acto conmemorativo. Escogieron una obra de teatro; [...] Eligieron una obra valiente y dolorosa: ›Los cuernos de don Friolera‹. Recuerdo aquella noche como si la estuviera viendo ahora. El teatro, repleto: era mucho lo que atraía el nombre del gran escritor muerto, del insigne ›novelista‹. Tengo todavía el estremecimiento de mi sensibilidad de aquella noche de homenaje, pero profundamente triste. Entre el público y el escenario brillaba quiméricamente un cristal frío. La obra extraordinaria parecía desarro-

larse muda, o mejor, las palabras hirientes, las palpitantes, tropezaron con un cristal helado interpuesto entre un público inerte, no me atrevo a decir dormido, y un espectáculo que se desplegaba en plena inutilidad.« (MARTES 1978) Das Publikum besteht - wohlgemerkt - nicht aus Zensoren, sondern aus Freunden und Bewunderern des Valleschen Werkes. Jene - die Zensoren der Diktatur - hatten die Publizierung eines der Esperpentos *(La hija del capitán)* mit dem Argument verhindert, »[que] no [había] en aquél ningún reglón que no hiere el buen gusto ni omite denigrar a clases respectabilísimas a través de la más absurda de las fábulas.« (Ebd.)

16 UBERSFELD, s. L., S. 154ff., versteht hierunter alle Angaben im Hinblick auf Namen, Identität und Gestik der Personen sowie den Chronotopos des szenischen Geschehens.

17 Vgl. die zutreffende Charakterisierung der »acotaciones escénicas bei RISCO, *La estética* ..., s. L., S. 114ff.

18 Vgl. CARDONA/ZAHAREAS, S. 160f.

*MANFRED LENTZEN*

# MIGUEL MIHURA · TRES SOMBREROS DE COPA

Als Mihuras Stück *Tres sombreros de copa* 1959 in Paris aufgeführt wurde, äußerte sich Eugène Ionesco danach begeistert. Dem Autor sei es gelungen, durch die Verbindung von tragischem Humor und Lächerlichem die Wahrheit der Dinge gleichsam zu erweitern und zu sublimieren; der irrationale Stil des Werks sei eher in der Lage, die Widersprüche des menschlichen Geistes zu enthüllen als der formale Rationalismus oder das dialektische Verfahren. »La obra de Mihura exige – so fährt Ionesco fort – un pequeño esfuerzo, una cierta agilidad de espíritu por parte del lector o espectador: aprender lo racional a través de lo irracional: pasar de un concepto de la realidad a otro; de la vida al sueño, del sueño a la vida«[1]. Der Erfolg des Stücks läßt indes lange auf sich warten. Bereits 1932 verfaßt, wurde es – trotz vieler Bemühungen des Autors – erst 1952, also zwanzig Jahre später, in Madrid uraufgeführt, von wo aus es dann die kommerziellen Theater vieler Länder eroberte.

## Handlung und Figuren

Die Handlung spielt sich in einem drittklassigen Hotel einer unbedeutenden Provinzhauptstadt ab. Diese »capital de provincia de segundo orden« braucht nicht unbedingt in Spanien zu liegen, vielmehr befindet sie sich irgendwo in Europa, wie Mihura ganz zu Beginn anmerkt (76). Dieser Hinweis ist insofern von Bedeutung, als er deutlich macht, daß die Problematik des Stücks eine nicht auf Spanien beschränkte, sondern eine allgemeine ist. Dionisio hat gerade sein Zimmer bezogen und wird von Don Rosario, dem Hausherrn, auf die Annehmlichkeiten hingewiesen. Wie in jedem Jahr, so ist auch in diesem etwas Neues in der Ausstattung hinzugekommen, nämlich das Telefon. Dem Gast, der alljährlich für einige Wochen in die Stadt kommt, um seine »novia« zu sehen, steht etwas ganz besonderes bevor; er wird nämlich heiraten, und damit wird für ihn – wie er glaubt – ein neues Leben mit seiner Margarita beginnen:

> ¡Mañana me caso! Ésta es la última noche que pasaré solo en el cuarto de un hotel. Se acabaron las casas de huéspedes, las habitaciones frías, la gota de agua que se sale de la palangana, la servilleta con una inicial pintada con lápiz, la botella de vino con una inicial pintada con lápiz ... Se acabó el huevo más pequeño del mundo, siempre frito ... ¡Mañana me caso! Todo esto acaba y empieza ella ... ¡Ella! (83)

Das Photo seiner Verlobten legt er unter das Kopfkissen, und dann probiert er vor dem Spiegel die drei Zylinderhüte auf, um zu sehen, welcher ihm für den morgigen feierlichen Anlaß am besten steht; und als er gerade einen auf dem Kopf hat und die beiden anderen in den Händen hält, tritt plötzlich Paula ins Zimmer, »una maravillosa muchacha rubia, de dieciocho años« (88), die zu einer Gruppe von Show-Girls gehört, die morgen ihren Auftritt in der Music Hall haben werden. Als sie Dionisio mit den Hüten sieht, hält sie ihn ebenfalls für einen Künstler, für einen Jongleur. Paula ist gerade ihrem schwarzen Freund Buby Barton, dem Manager des Tanzballetts, wegen eines Streits entwichen und hat sich in Dionisios Zimmer geflüchtet. Dieser lernt nach und nach auch die anderen Girls kennen; dabei klingelt das Telefon, das er aber aus lauter Beschäftigung mit den Tänzerinnen nicht abhebt, so daß seine Verehrte am anderen Ende schmachten muß. Plötzlich klopft es an der Tür, und Don Rosario tritt ein, um nach dem Rechten zu sehen und seinen Gast mit Musik einzuschläfern, damit dieser noch zu seiner wohlverdienten Ruhe vor der Hochzeit kommt. Doch Paula und ihre Gefährtinnen lassen Dionisio nicht in Frieden. Damit schließt der erste Akt. Der Hotelgast, der sich auf dem Weg in die Ehe befindet, hat unverhofft eine neue Welt kennengelernt, der alle Konventionen und überkommene Regeln fremd sind. Diese Konfrontation zweier völlig verschiedener Lebenskonzepte setzt sich im zweiten Akt fort. Hier spielt sich ein ausgelassenes Festgelage ab, das von einer Schar kurioser und extravaganter Figuren bestritten wird. In einer Regieanweisung zu Beginn heißt es:

> La mayoría son viejos extraños que no hablan. Bailan solamente, unos con otros, o quizá, con alegres muchachas que no sabemos de dónde han salido, ni nos debe importar demasiado. Entre ellos hay un viejo lobo de mar vestido de marinero ... Hay un indio con turbante, o hay un árabe. Es, en fin, un coro absurdo y extraordinario que ambientará unos minutos la escena ... (107)

Nacheinander und abwechselnd treten dann die Tingeltangelgirls mit El anciano militar, El cazador astuto, El guapo muchacho und besonders mit El odioso señor auf. Der Anciano militar macht Fanny den Hof, die ihm seine vielen Orden, die er stolz auf der Brust trägt, abluchst; der Guapo muchacho liegt bewundernd Mme Olga (»la mujer de las barbas«) zu Füßen; der Cazador astuto, der vier tote Kaninchen am Gürtel hängen hat, vergnügt sich mit Sagra. Paula tanzt mit Dionisio, wobei beide eine immer größer werdende Zuneigung füreinander empfinden. Doch dann wird dem Zuschauer der Hintergrund des ganzen Rummels enthüllt: Buby Barton setzt seine Mädchen darauf an, die Männer auszunehmen, um auf diese Weise das dringend benötigte Geld zu beschaffen. So gelingt es Paula, dem Odioso señor, der stolz von sich behauptet, der reichste Mann der Provinz zu sein, die ersehnten »billetitos« zu entlocken. Doch als sie ihm dann nicht nachgibt, verlangt er alles wieder von ihr zurück. Auch Paulas Auftritt in Dionisios Zimmer war ursprünglich darauf angelegt, den Hotelgast auszubeuten. Doch diese Absicht wandelt sich schnell in echte Zuneigung und Liebe, so daß beide bald davon schwärmen, zusammen Krabben zu essen, am Strand Sandburgen zu bauen und sogar gemeinsam zu fliehen. Plötzlich jedoch klopft es an der Tür; es ist Don Sacramento, Dionisios künftiger Schwiegervater, der wieder an die Realität erinnert. Rasch muß Paula hinter dem Bett versteckt werden.

Der dritte Akt beginnt mit dem Auftritt Don Sacramentos, der darüber Klage führt, daß der Schwiegersohn in spe nicht den Telefonhörer abgenommen habe, wo doch seine Tochter vor der Hochzeit noch so gerne zärtliche Worte austauschen wollte. Aber mit der Ehe werde Ordnung einkehren, eine Ordnung, die die seines Hauses ist und die genau beschrieben wird; an sie habe sich auch Dionisio zu halten. Dieser aber bekundet weiter Paula gegenüber seine tiefe Zuneigung; er fürchtet, mit Margarita unglücklich zu werden und will sich mit der »maravillosa muchacha rubia« nach London, Havanna oder Chicago absetzen, um der ihm drohenden traurigen Realität zu entrinnen. Paula malt sich sogar die Hochzeit mit Dionisio aus (150f.). Als sie das Bild der »novia« sieht, wird ihr bewußt, daß sie selbst viel schöner ist, und sie wundert sich, daß alle »caballeros« immer schon verheiratet sind. Am Schluß tritt dann wieder Don Rosario, der Hotelbesitzer, auf, um Dionisio für die Hochzeit zurechtzumachen. Seinem Schicksal ergeben, verläßt der Bräutigam das Haus, um den Weg zum Traualtar anzutreten. Paula grüßt ihn hinter der Fensterscheibe und wirft lächelnd und vergnügt die drei Zylinderhüte wie beim Zirkusspiel in die Höhe.

Die knappe Skizzierung des Handlungsverlaufs macht deutlich, daß in *Tres sombreros de copa* zwei heterogene Welten einander gegenübergestellt werden, deren wichtigste Repräsentanten Dionisio und Paula sind. Der junge Bräutigam folgt – ohne große Eigeninitiative zu entfalten – treu und ergeben den Konventionen und Regeln des »normalen« Lebens, die darin bestehen, im Alter von 27 Jahren zu heiraten: »Yo me casaba porque todos se casan siempre a los veintisiete años« (143). Scheu und nahezu willenlos fügt er sich seinem Schicksal; in diesem Sinne aufschlußreich ist eine Regieanweisung, die ihn als einen »muchacho sin voluntad« (105) ausweist. Auf der anderen Seite steht Paula, die dem Künstlermilieu angehört, von den bürgerlich-muffigen Gesetzen und Regeln nichts hält und stattdessen ihr Leben in absoluter Freiheit zu gestalten und zu genießen sucht. Beide Hauptgestalten sind umgeben von einem Kreis weiterer Figuren, die jeweils in ähnlicher Weise die beiden unvereinbaren Welten repräsentieren. Um Paula herum agieren die oberflächlichen und frivolen Tingeltangelgirls, die es auf nichts anderes als auf schlüpfrige Vergnügen abgesehen haben. Dabei ist es der schwarze Buby Barton, der aus der Heuchelei und Scheinheiligkeit derer, die nach den Regeln des

»Anstands« zu leben vorgeben, Kapital zu schlagen versucht. Der Exponent der strengen Ordnung ist Don Sacramento, der schon vom Namen her als eifriger Verfechter von Gesetz und Ehrbarkeit prädestiniert erscheint. Was Dionisio nach der Hochzeit mit seiner Tochter bevorsteht, macht er dem Schwiegersohn unmißverständlich klar:

> ¡Usted vivirá en mi casa, y mi casa es una casa honrada! ¡Usted no podrá salir por las noches a pasear bajo la lluvia! Usted, además, tendrá que levantarse a las seis y cuarto para desayunar a las seis y media un huevo frito con pan ... (138)

Das Leben ist genau vorprogrammiert; so wird Margarita sonntags Klavier spielen und dann Besuch empfangen. Diejenigen, die nicht in diese Welt passen, sind für Don Sacramento die »bohemios«, die nicht »huevos fritos« zum Frühstück essen, sondern »café con leche y pan con manteca« (138). Seine genormte und bis ins kleinste reglementierte Lebensweise kommt auch darin zum Ausdruck, daß er ständig denselben Satz wiederholt: »La niña está triste y la niña llora« (135f.). Wie eine von unsichtbaren Kräften und Gesetzen beherrschte Marionette agiert er, nahezu entmenschlicht und leblos. Wenn Dionisio ihm am Ende die toten Mäuse, die eigentlich Kaninchen sind, in die Hand drückt (140f.), so wird damit zugleich eine Charakterisierung der Welt Don Sacramentos vorgenommen, einer Welt nämlich, die letztlich dem Verfall und Untergang geweiht ist. Margaritas Vater ist gleichsam die Karikatur hohler und sinnentleerter Reglementierungen und Bestimmungen, und er ruft unwillkürlich das Lachen der Zuschauer hervor. Gleichfalls – wenn auch in einem anderen Sinne – den Regeln von Gesetz und Anstand unterworfen ist El odioso señor, der damit protzt, der reichste Mann der Gegend zu sein. Natürlich ist er verheiratet, weil es sich so gehört (»Todos los señores somos casados. Los caballeros se casan siempre«), und natürlich geht er morgen zur Hochzeit, weil es der Anstand verlangt (»Se casa la hija de un amigo de mi señora y no tengo más remedio que ir«) (121). Aber stets auf der Suche nach neuen Abenteuern, entpuppt sich sein nach außen hin korrektes Verhalten als eitler Schein und Trug. Auch Don Rosario gehört in diese Welt der Konventionen und Normen. Nahezu unschuldig-naiv kümmert er sich um seine Gäste, die er sogar mit Musik und Gesang in den Schlaf lullt. Dionisio empfängt er mit einer Reihe kindischer Kosewörter, und wie üblich, zeigt er auch ihm vom Balkon aus die drei Lichter in der Ferne am Hafen. Auch er wirkt – wie Don Sacramento – zuweilen wie ein Automat oder eine Marionette, übergeordneten Kräften und Gesetzen unterworfen. Alle diese Figuren sind – mit Ausnahme vielleicht des Odioso señor – zugleich auch von »ternura«, Menschlichkeit und Mitgefühl erfüllt. Mihura hat gerade auf diesen Wesenszug seiner Gestalten und seines Theaters immer wieder hingewiesen[2]. So bleibt Don Sacramento – obwohl er die Karikatur der Ordnung ist – ein

Mensch, dem das Glück seiner Tochter am Herzen liegt, und Don Rosario kümmert sich in seiner Einfalt liebevoll um das Wohl seiner Gäste.

## Humor und Komik

Alle Gestalten des Stücks sind im Vergleich zu Dionisio und Paula nur von sekundärer Bedeutung. In den beiden Protagonisten kommen zwei unvereinbare Welten, die jeweils ihren eigenen Gesetzen gehorchen, zur Kollision, und aus den Konflikten, die aus dieser Konfrontation resultieren, ergibt sich die extrem humoristische Note von *Tres sombreros de copa;* der Zuschauer wird sowohl zum Lachen provoziert, weil die Figuren lächerlich wirken, wie aber auch dazu gebracht, Mitleid und Mitgefühl mit ihnen zu empfinden[3]. Der ängstliche und unentschlossene Dionisio, der dabei ist, seine Zylinder für die Hochzeit aufzuprobieren, macht plötzlich die Erfahrung der Freiheit jenseits aller Normen. Er zweifelt daran, ob der Weg, den er eingeschlagen hat, noch der richtige ist; mit seiner neuen Geliebten, die ihm eine völlig andere Welt eröffnet, will er fliehen. Paula, die bisher das freie und ungebundene Leben genoß, malt sich sogar die Hochzeit mit Dionisio aus, mit dem sie glücklich zu werden glaubt. Mihura hat sich zu seiner Vorstellung von Humor geäußert, und wenn er auch keine Definition des Begriffs versucht, so sind seine Bemerkungen doch von großem Interesse im Hinblick auf das Verständnis seines Theaterstücks:

> El humor es un capricho, un lujo, una pluma de perdiz que se pone en el sombrero; un modo de pasar el tiempo. El humor verdadero no se propone enseñar o corregir, porque no es ésta su misión. Lo único que pretende el humor es que, por un instante, nos salgamos de nosotros mismos, nos marchemos de puntillas a unos veinte metros y demos media vuelta a nuestro alrededor contemplándonos por un lado y por otro, por detrás y por delante, como ante los tres espejos de una sastrería y descubramos nuevos rasgos y perfiles que no conocíamos. El humor es ver la trampa a todo, darse cuenta de por dónde cojean las cosas; comprender que todo tiene un revés; que todas las cosas pueden ser de otra manera, sin querer por ello que dejen de ser como son, porque esto es pecado y pedantería. El humorismo es lo más limpio de intenciones, el juego más inofensivo, lo mejor para pasar las tardes[4].

Humor besteht demnach darin, daß der Mensch für einen Augenblick aus sich selber heraustritt und sich von einer ganz anderen, ungewohnten Seite betrachtet[5], so daß er zu der Erkenntnis gelangt, daß alles auch eine Rück- und Kehrseite hat, ohne dabei aufzuhören, das zu sein, was es nun einmal ist. Wenn man nun noch Pirandellos Definition des »umoristico« hinzunimmt, so dürfte man zu einer sinnvollen Deutung des Stücks gelangen. Nach der Auffassung des italienischen Autors besteht das Komische lediglich in einem »avvertimento del contrario«, während das Humoristische die Folge eines

»sentimento del contrario« ist[6]. Damit ist gesagt, daß der Humor sich aus der Reflexion, dem Nachdenken über die Gründe gegensätzlicher und einander ausschließender Handlungsweisen ergibt. Die Konsequenz ist die, daß im Zuschauer oder Betrachter Mitleid und Mitgefühl die Oberhand über das Schmunzeln und Lachen gewinnen. Dionisio und Paula entdecken jeweils eine andere Welt, die nicht zu ihnen paßt. Beiden ist die Möglichkeit gegeben, den Weg ihres Glücks zu finden, und ihre aufrichtige Suche nach diesem Glück macht sie uns sympathisch. Am Ende indes bleibt jeder von beiden der, der er ist. Dionisio heiratet Margerita und fügt sich den Normen und Konventionen, Paula führt weiter ihr ungezwungenes, freies Künstlerleben. Daß beide Welten nicht miteinander in Einklang zu bringen sind, wird zudem dadurch suggeriert, daß einerseits Dionisio der »sombrero de baile«, den er sich für die Hochzeitszeremonie aufsetzt, nicht paßt (150), andererseits Paula ganz am Ende die Zylinderhüte für ihre akrobatischen Künste benutzt und sie dadurch zweckentfremdet (152). Mihura bietet also im Prinzip keine Lösung an, er gesteht beiden Welten ihre Existenzberechtigung zu, ohne sich für die eine oder andere definitiv zu entscheiden. Durch diese ambivalente Haltung soll zugleich die Relativität aller Werte und aller möglichen Lebensanschauungen zum Ausdruck gebracht werden[7]. In diesem Sinne aufschlußreich ist vor allem folgende Äußerung des Autors:

> Yo creo que la parte más importante de mi teatro es esta parte poética, esta parte dulce, esta postura mía ante la vida de no protestar, de quedarme quieto diciendo: »Ha ocurrido esto, pero no tiene solución«. Soy un poco fatalista ... Me conformo con lo que sea; ahí está mi línea[8].

Das Faktum, daß eine echte Lösung im Sinne einer konstruktiven Hilfe fehlt, entspricht überdies der grundsätzlichen Absage Mihuras an die Verkündigung irgendwelcher Botschaften und Doktrinen wie auch der Ablehnung, sich mit politischen oder sozialen Fragen in seinem Theater auseinanderzusetzen.

> Yo creo – so stellt er fest – que el escritor no tiene misión alguna dentro de la sociedad. Yo, al menos, he escrito porque me hacía falta ganarme la vida. Pero eso del mensaje del teatro y esas historias de que se habla, yo nunca lo he comprendido. Nunca he escrito para transmitir mensajes,

und an einer anderen Stelle meint er lapidar: »La política no me interesa«[9]. Gleichwohl ist nicht von der Hand zu weisen, daß die Entfaltung der Handlungsintrige in *Tres sombreros de copa* implizit auch Kritik an bestimmten Zuständen und Mißständen in sich birgt. Das starre Festhalten an tradierten Regeln, Bestimmungen und Konventionen wird aufs Korn genommen, die Scheinheiligkeit und Heuchelei der sogenannten »anständigen« Leute entlarvt und nicht zuletzt ein Plädoyer für die individuelle Freiheit gehalten. Daß Dionisio letztlich scheitert und sich der Norm beugt, offenbart Mihuras

Überzeugung, daß Freiheit zwar für eine Nacht möglich, aber in Wirklichkeit längst für immer verloren ist.

Der humoristische Grundton des Stücks, der im Zuschauer sowohl Lachen wie Mitgefühl hervorruft, wird begleitet von der ständigen Anwendung »komischer« Mittel, die die Heiterkeit des Betrachters erregen. Zunächst läßt sich festhalten, daß Mihura in der Gestaltung des Dialogs sehr häufig die Prinzipien von Diskursivität und Logik mißachtet; der Sinnzusammenhang ist nicht mehr erkennbar, und durch überraschende oder auch hyperbolische Wendungen, die nicht recht in den Kontext passen, werden Effekte der Komik erzielt. Einige Beispiele mögen diesen Sachverhalt verdeutlichen: Als Paula Dionisio fragt, ob seine Eltern auch Künstler gewesen seien, antwortet dieser: »Sí. Claro. Mi padre era comandante de Infantería. Digo, no«. Dann geht der Dialog folgendermaßen weiter:

Paula: ¿Era militar?
Dionisio: Sí. Era militar. Pero muy poco. Casi nada. Cuando se aburría solamente. Los que más hacía era tragarse el sable. Le gustaba mucho tragarse su sable. Pero claro, eso les gusta a todos ... (90)

Im zweiten Akt entspinnt sich folgendes Gespräch zwischen Paula und Dionisio:

Paula: ¡Es usted un chico maravilloso!
Dionisio: ¡Pues usted tampoco es manca, señorita!
Paula: ¡Que cosas tan especiales dice usted ...!
Dionisio: ¡Pues usted tampoco se chupa el dedo ...! (111)

Gegen Ende des ersten Aktes kommt es zu folgendem Dialog zwischen Fanny und Dionisio:

Fanny: Oye, tienes unos ojos muy bonitos ...
Dionisio: ¿En dónde?
[...]
Fanny: ¡Ay, hijo! ¡Qué genio! ¿Y debuta usted también mañana con nosotros?
Dionisio: Sí.
Fanny: ¿Y qué hace usted?
Dionisio: Nada.
Fanny: ¿Nada?
Dionisio: Muy poquito ... Como empiezo ahora, pues claro ..., ¿qué voy a hacer? (99)

Derartige die Logik durchbrechende Szenen rufen unwillkürlich das Lachen des Zuschauers hervor. Hinzu kommen zahlreiche situationskomische Elemente, die dieselbe Wirkung erzielen. Diesbezüglich sei auf Dionisios Telefongespräch am Anfang hingewiesen, bei dem ihn ein Floh stört, so daß Don Rosario ihn an der Wade kratzen muß (85). Als der Cazador astuto mit Sagra tanzt, erklärt er ihr, daß er die vier an seinem Gürtel hängenden Kaninchen »gefischt« habe; um sich besser bewegen zu können, läßt er eines der Tiere auf den Boden fallen (108f.). Köstlich ist die Szene, in der der Odioso señor Paula eine Reihe von Geschenken macht (Strumpfbänder, Strümpfe, Blumen, Pralinen, eine Klapper, schließlich die »billetitos«), um sie für sich zu gewinnen (119ff.). Nicht weniger komisch ist das plötzliche Auftauchen des Alegre explorador unter dem Bett Dionisios mit einer Flasche in der Hand, oder das Heraussteigen Trudys und des Romántico enamorado aus dem Kleiderschrank, in dem sie sich geliebt haben (113). Trotz der Vielzahl derartiger situationskomischer Bestandteile wird die Geschlossenheit der Handlungsführung im Stück nicht gefährdet. *Tres sombreros de copa* ist sogar eine Komödie, in der die klassischen Einheiten genau eingehalten werden. Das Geschehen spielt sich an einem Ort, in einem Hotelzimmer nämlich, in weniger als 24 Stunden ab; es konzentriert sich auf die beiden Hauptgestalten Paula und Dionisio, die von einer Menge weiterer, jedoch letztlich sekundärer Figuren umgeben sind. Mihura gelingt es meisterhaft, sowohl den Personen Profil zu verleihen wie auch eine in sich geschlossene und abgerundete Handlungsintrige zu entfalten. Die späteren Stücke werden diese Qualitäten in diesem Maße nicht mehr aufweisen.

## Autobiographische Elemente – Aufführungsgeschichte

Was die Entstehung von *Tres sombreros de copa* angeht, so ist mit Nachdruck auf den autobiographischen Hintergrund hinzuweisen. Mihura hat diesen Aspekt seines Theaters immer wieder betont[10] und hierin zugleich auch eines der Defizite seines Werks gesehen. So äußert er einmal: »El defecto más acusado que tiene mi teatro es que resulta un tanto autobiográfico ...«[11]. Nach des Autors eigenen Angaben entsteht *Tres sombreros de copa* während einer Krankheit, die ihn für nahezu drei lange Jahre ans Bett fesselt[12]. Zwei Ereignisse seines Lebens, die sich kurz zuvor zutrugen, sind ihm noch frisch in Erinnerung. Im Jahre 1930 unternimmt er mit der Künstlertruppe von »Alady«, unter der sich »seis *girls* vienesas, maravillosamente rubias y maravillosamente estupendas« sowie zwei schwarze Tänzer befinden, eine Tournee in die nördlichen Provinzen, u. a. nach Lérida[13]. Die Erlebnisse und Erfahrungen dieser Gastspielreise dürften ohne jeden Zweifel besonders in den zweiten Akt des Stücks eingeflossen sein, der von Paula, Buby und der Schar der »muchachas« bestimmt wird. Vor der Tournee mit »Alady« lernt Mihura ein galicisches Mädchen kennen, in das er sich verliebt, das ihn aber während seiner langen Krankheit verläßt; »y aquello me hizo efecto, vamos, me causó emoción«, gesteht der Autor[14]. Der Handlungskern von *Tres sombreros de copa*, der sich auf die Liebesbeziehung zwischen Paula und Dionisio reduzieren läßt, wird somit Reflex einer persönlichen Erfahrung sein. Während der Autor wegen der Zurückweisung durch die »novia decente« indes letztlich zu dem Entschluß gelangt, ein Junggesellenleben zu führen, heiratet in dem Theaterstück Dionisio seine Margarita und verzichtet auf Paula. Möglicherweise beabsichtigt Mihura mit *Tres sombreros de copa* dadurch, daß er hier die Borniertheit einer genormten und reglementierten Lebenseinstellung bloßstellt, eine Rechtfertigung seiner eigenen Entscheidung, als »soltero« zu leben. Denkbar ist aber auch, daß der Autor sich durch den Ausgang der Komödie indirekt an der »novia decente«, die ihn verließ, zu rächen beabsichtigt, will er ihr doch durch die Ehe zwischen Margarita (die im übrigen an keiner Stelle auf der Bühne erscheint) und Dionisio die durch Konventionen drohende und vorprogrammierte Langeweile und Eintönigkeit vor Augen führen[15].

Die glänzende Darstellung des Künstlermilieus, zumal im zweiten Akt, ist u. a. auch auf Mihuras Vertrautheit mit der Welt des Theaters und der Schauspieler zurückzuführen. Als Sohn eines »actor« und Autors von Zarzuelas, Sainetes und Komödien, der später dann Theatermanager wird, kennt er dieses Ambiente mit all seinen Problemen, Hoffnungen und Enttäuschungen von Jugend auf. Er kann sich einfach nicht vorstellen, jemals außerhalb des Theaters glücklich zu werden. Wenn er auch gesteht: »Lo único que no aprendí, porque no me interesaba aprenderlo, fue a escribir comedias«[16], so darf diese Äußerung nicht darüber hinwegtäuschen, daß erst die intime Kenntnis des Theatermilieus ihm den Impuls zur Abfassung von *Tres sombreros de copa* und der späteren Stücke verleiht. Seine besonderen Erfahrungen hat Mihura in der Welt der lockeren, schlüpfrig-frivolen »muchachas« gesammelt, mit denen er vielfältige Kontakte – wie er ohne Umschweife zugibt – unterhält und die er mit mehr Respekt behandelt als die »anständigen« Señoras[17]. Paula und ihre Gefährtinnen sind somit Gestalten, die der Realität entnommen sind und die der Autor mit der ihm eigenen »ternura« und »dulzura« zeichnet. Dabei ist die Frau immer diejenige, die die Initiative ergreift und handelt, während der Mann derjenige ist, der letztlich manipuliert wird. Auch dieser Sachverhalt dürfte Reflex bestimmter Eigenschaften Mihuras sein, vor allem seiner »timidez« – »la timidez es una cosa innata en mí«, bekennt er einmal[18] –, die ihn gleichsam zur Ohnmacht gegenüber den Wünschen und Zielen des weiblichen Geschlechts verurteilt. Vielleicht ist auch hierin einer der Gründe zu sehen, weshalb er den Schritt zur Ehe nie tat oder nie tun konnte.

*Tres sombreros de copa* wird genau am 10. November 1932 abgeschlossen[19], und nun beginnen die zermürbenden, desillusionierenden und erfolglosen Versuche, das Stück auf die Bühne zu bringen. Mihura hat es vollkommen fern gelegen, ein avantgardistisches Werk zu verfassen; die Worte fließen ihm gleichsam spontan aus der Feder, ohne jegliche Beeinflussung von außen.

> Aquel estilo era el mío propio – äußert sich der Autor in einem Text aus dem Jahre 1975 – y yo sabía muy bien que no estaba influido por nadie; que escribía lo que sentía; y que las palabras necesarias para expresar aquello que sentía, fluían de mi pluma sin ningun esfuerzo, espontáneas, con emoción, con garbo, con vida propia, con ritmo y hasta con una cadencia que sonaba a verso[20].

Er hält sein Stück für »una obra normal« und kann sich nicht erklären, daß alle höchst erstaunt über den Inhalt sind und sich nicht an eine Aufführung wagen[21]. Der unwahrscheinlichen und absurden Szenen wegen glaubt man sogar, das Werk eines Wahnsinnigen vor sich zu haben, und die den Normen und Konventionen widersprechenden, nahezu ›unmoralischen‹ Aussagen lassen – trotz der vielen Freiheiten, die die junge Republik erlaubt – vollends vor einer Inszenierung zurückzuschrecken. Mihura distanziert sich zunächst vom Theater und verdient sich sein Geld vor allem als Drehbuchautor einer Reihe von Filmen. Erst viele Jahre später interessiert man sich wieder für *Tres sombreros de copa,* obwohl der Autor dieses Werk längst vergessen hat und nichts mehr von ihm wissen will. Doch dem jungen Direktor des Teatro Español Universitario, Gustavo Pérez Puig, gelingt es, Mihura die Zustimmung für eine Aufführung abzuringen; so wird das Stück am 24. November 1952 im T.E.U. in Anwesenheit des Autors mit großem Erfolg inszeniert, und von da ab bestimmt es die Spielpläne der kommerziellen Theater[22] und kommt auch in vielen anderen Ländern auf die Bühne. Im Jahre 1953 wird Mihura der Premio Nacional de Teatro verliehen, ein Preis, den er in den kommenden Jahren noch mehrmals für seine Stücke erringen wird. Daß *Tres sombreros de copa* als »obra codornicesca« eingestuft wurde, hat den Autor immer gestört, nimmt die Komödie doch die Elemente der Komik, die so charakteristisch für die humoristische Zeitschrift *La Ametralladora* (erschienen zwischen 18. Januar 1937 und 26. Juni 1938) wie auch für das spätere Periodikum *La Codorniz* (zwischen 8. Juni 1941 und 26. März 1944 unter Mihuras Direktion erschienen) sind, um viele Jahre vorweg. Das Stück ist keineswegs – dies könnte die verspätete Aufführung suggerieren – eine Weiterentwicklung der kurzen, effektvollen Dialog-Sketches, der »teatrillos humorísticos«, die man besonders in der Zeitschrift aus den vierziger Jahren vorfindet, vielmehr haben die absurden und in ihrer Unwahrscheinlichkeit kaum zu übertreffenden Szenen des frühen Werks die Art des Witzes und der Komik der beiden genannten Periodika im wesentlichen vorgezeichnet.

## Das Stück innerhalb des Theaters Mihuras

*Tres sombreros de copa* zählt zur Frühphase des dramatische Werks Mihuras, einer Phase, die bis ungefähr 1946 reicht. Die zweite Schaffensperiode erstreckt sich von 1953 bis 1968, dem Jahr, aus dem das letzte Stück *Sólo el amor y la luna traen fortuna* stammt. Nahezu alle Komödien des Autors werden von der Thematik der problematischen Beziehung zwischen Mann und Frau bestimmt. Die ersten drei Stücke – *Tres sombreros de copa, ¡Viva lo imposible! o El contable de estrellas* (1939, zusammen mit Joaquín Calvo Sotelo verfaßt) und *Ni pobre ni rico, sino todo lo contrario* (1939 zusammen mit »Tono« geschrieben, 1943 aufgeführt) – zeichnen sich primär durch die Gestaltung origineller Figuren aus, die sich gegen stereotypes Denken zur Wehr setzen und in Unabhängigkeit und Freiheit ihr Leben führen wollen. Sie stellen gleichsam eine Trilogie dar und wären – würde man ein Einteilungsschema von Torres Naharro anzuwenden versuchen – zur Kategorie der »comedias a fantasía« zu zählen. Die zweite Schaffensperiode hingegen umfaßt im wesentlichen »comedias a noticia«, in denen die ausgefeilte, abgerundete Intrige – weniger die Zeichnung der Personen – von entscheidender Bedeutung ist. »Acción« und »composición« sind die Elemente, auf die Mihura jetzt vor allem sein Augenmerk richtet. Ihm kommt es darauf an, dem Publikum zu gefallen, um Erfolg zu haben, und dieses Ziel erreicht er mit seinen costumbristischen Intrigenkomödien oder auch den zahlreichen Kriminalstücken, wie z. B. *Carlota* (1957) oder *Melocotón en almíbar* (1958). Die Enttäuschung über den ausgebliebenen Erfolg seiner frühen Komödien veranlaßt ihn, dem Geschmack der Zeit Zugeständnisse zu machen und seine dramatische Technik zu ändern. »Y entonces cambié de estilo totalmente – gesteht er – Más claro, decidí *prostituirme* y hacer un teatro que llegase a la gente, al público«[23]. Die pure Notwendigkeit, sich seinen Lebensunterhalt zu verdienen, hat dabei die entscheidende Rolle gespielt[24]. Aber gleichwohl läßt sich in einigen späteren Stücken eine Rückkehr zu Elementen der Frühphase registrieren. *¡Sublime decisión!* (1955), *Mi adorado Juan* (1956) und *La bella Dorotea* (1963) reflektieren erneut die Emanzipationssehnsucht des Menschen, sein Verlangen, fernab von jeglicher Restriktion und Norm zu leben. Die Problematik der menschlichen Freiheit scheint Mihura zeitlebens beschäftigt zu haben.

Den Übergang von der ersten zur zweiten Schaffensperiode markiert das Stück *El caso de la mujer asesinadita* (1946, zusammen mit Álvaro de Laiglesia verfaßt), das durch eine perfekt konstruierte Intrige charakterisiert ist und dem die Spontaneität des witzigen, spritzigen Dialogs im wesentlichen fehlt. Mihura ist auf dem Weg zum konventionellen und kommerziellen Theater, in dem die Gestaltung der Handlungsanekdote das Entscheidende ist[25].

## Mihura und die Vorgänger

Es ist behauptet worden, *Tres sombreros de copa* stelle einen totalen Bruch mit der vorangegangenen spanischen Komödie dar[26]. Eher wird man indes davon auszugehen haben, daß Mihura seinen Vorgängern, vor allem den

Brüdern Álvarez Quintero, García Álvarez, Muñoz Seca und Carlos Arniches in manchem verpflichtet ist. So äußert er sich außerordentlich positiv über diese Autoren, wohingegen er an Benavente und auch an Valle-Inclán keinerlei Gefallen finden kann[27]. Vor allem der witzige, spontan gestaltete Dialog wird es sein, der ihn an den vorangegangenen Dramatikern fasziniert und den er – wenn auch in anderer Form – nachzuahmen sucht. Nicht zuletzt die einfallsreichen und an Unsinnigkeit wohl kaum zu überbietenden Erfindungen des astracán-Theaters eines Muñoz Seca dürften nicht ohne Wirkung auf Mihuras Ungereimtheiten und Absurditäten geblieben sein. Was er besonders bewundert, ist das tragikomische Theater von Carlos Arniches, das in der Form der »tragedia grotesca« seinen Gipfel erreichte. Aber ein Unterschied zwischen beiden Dramatikern bleibt festzuhalten: Während die Figuren der Stücke von Arniches »groteske« Gestalten sind, in denen sich zwei heterogene Seinsebenen überlagern und vermischen (z. B. in Antonio aus *Es mi hombre* (1921) Angst und Mut, Verzagtheit und Tatendrang – in Paulino aus *La diosa ríe* (1931) triste Wirklichkeit und illusionäre Träume, Sein und Schein), kommt es bei Mihura zur Konfrontation zweier antagonistischer Welten, die jeweils durch verschiedene Personen repräsentiert werden. Die Wirkung auf den Zuschauer ist in beiden Fällen nahezu dieselbe: er wird zum Lachen provoziert und empfindet zugleich Mitgefühl. Ein weiterer Unterschied beider Autoren besteht darin, daß Arniches sich weit häufiger des Mittels der Sprachkomik (in Form von Wortspielen, z. B. »retruécanos« und »equívocos«) bedient als Mihura, der den Akzent entschieden auf die Gestaltung ausgefallener komischer Handlungselemente setzt[28]. Die Vorliebe für die Integrierung sainetehafter Szenen in seine Stücke dürfte der Autor von *Tres sombreros de copa* indes wieder dem Schöpfer der »tragedias grotescas« verdanken.

Was Enrique Jardiel Poncela angeht, so ist es sicherlich überzogen, in ihm gleichsam den Lehrmeister Mihuras sehen zu wollen. Der diesem Dramatiker eigene Hang zum exzessiv Unwahrscheinlichen, zum labyrinthischen Wirrwarr der Handlungsentfaltung, zum »cúmulo de imaginación, de situaciones«[29] läßt sich nicht mit der Entwicklung einer einfachen und überschaubaren Intrige durch den Autor von *Tres sombreros de copa* vereinbaren. Sicherlich sind Witz und Humor bei beiden ähnlich, aber diesbezüglich dürfte es sich eher um eine simultane Erscheinung als um eine Abhängigkeit des einen vom anderen handeln. Charakteristisch ist Mihuras Antwort auf eine Frage nach seiner eventuellen Dependenz von Jardiel Poncela:

> ¿Por qué voy a ser yo seguidor de Jardiel? Claro, es que Jardiel era seguidor de Muñoz Seca y seguidor de García Álvarez y seguidor de López Silva ... En el teatro todo es evolución, sucesión de diversas experiencias. Jardiel ha tenido muchas cosas en común con García Álvarez y con Perico Muñoz Seca[30].

Auch hinsichtlich der zuweilen zu beobachtenden »evasionistischen« Tendenzen Mihuras (besonders in *Mi adorado Juan*) wird es sich weniger um eine Abhängigkeit von Casona als um ein Phänomen handeln, das dem ›Zeitgeist‹ entspricht.

## Mihura als Vorläufer des »absurden Theaters« (?)

Wie sieht es schließlich mit der Frage aus, ob der Autor von *Tres sombreros de copa* als Vorläufer des »absurden Theaters« zu bewerten ist[31]? Das Faktum, daß die Stücke der Frühphase eine Fülle »absurder« Handlungselemente enthalten, hat noch nichts mit dem ideologischen Kern des späteren sogenannten »absurden Theaters« zu tun. Mihura liegt es fern, die Sinnlosigkeit der menschlichen Existenz oder die existenzielle Angst des Menschen mittels des Theaters zu reflektieren und zu veranschaulichen. Totale Zerstörung jeglicher Kommunikation und der personalen Identität wie bei Ionesco oder Beckett sucht man vergebens bei ihm. *Tres sombreros de copa* hat – ähnlich wie die anderen Stücke – eine trotz aller Unlogik nachvollziehbare Handlung[32]. Was geschehen wäre, wenn die Komödie bereits 1932 auf die Bühne gekommen wäre, bleibt eine rein hypothetische Frage. Daß sie einen Markstein innerhalb der Entwicklung des spanischen Theaters darstellt, steht außer jedem Zweifel. Sie jedoch auf die gleiche Stufe beispielsweise mit den Esperpentos von Valle-Inclán zu stellen[33], dürfte übertrieben sein[34].

## ANMERKUNGEN

T: M. Mihura, *Tres sombreros de copa,* edición de Jorge Rodríguez Padrón, séptima edición, Madrid 1983 (Cátedra); nach dieser Ausgabe wird zitiert; die in Klammern gesetzten arabischen Zahlen beziehen sich auf diese Edition. – Weitere Ausgaben: *Obras completas de M. Mihura,* prólogo de E. Neville, Barcelona 1962; Madrid (Taurus) 1965 (zusammen mit *La bella Dorotea, Ninette y un señor de Murcia* und Auszügen aus *La Codorniz;* hinzu kommen zahlreiche Aufsätze über das Werk Mihuras); Madrid 1984 (Colección Austral Nr. 1537, séptima edición; zusammen mit *Maribel y la extraña familia*); Madrid 1978 (Narcea; edición de E. de Miguel Martínez); Madrid 1985 (segunda edición, Clásicos Castalia; edición, introducción y notas de M. Mihura; zusammen mit *Maribel y la extraña familia*).

L: A. Amorós/M. Mayoral/F. Nieva, *Análisis de cinco comedias (Teatro español de la posguerra)*, Madrid 1977; J. E. Aragonés, »En la muerte de M. Mihura. Tipos y arquetipos de la mujer en su teatro«, *La Estafeta Literaria,* 626 (1977) 22–23; D. K. Arjona, »Beyond Humor: The Theater of M. Mihura«, *Kentucky Foreign Language Quarterly,* VI, Nr. 2 (1959) 63–68; Th. S. Beardsley, »The Illogical Character in Contemporary Spanish Drama«, *Hispania,* 41, Nr. 4 (1958) 445–448; Ph. Z. Boring, »Feminine Roles and Attitudes Toward Marriage in the Comedies of M. Mihura«, *Romance Notes,* 14, 3 (1973) 445–449; D. D. Davison, *The Role of the Women in M. Mihura's Plays,* Diss.

Florida State University 1974; M.FRAILE, »Teatro y vida en España: *La camisa, La corbata* y *Tres sombreros de copa«, Prohemio,* I, Nr. 2 (1970) 253–269; M. L. GARCÍA-NIETO ONRUBIA/C. GONZÁLEZ-COBOS DÁVILA, »M. Mihura: una deuda con Gómez de la Serna«, *Revista de Literatura,* 41, 82 (1979) 175–184; J. GARCÍA TEMPLADO, *Literatura de la postguerra: el teatro,* Madrid 1981; E. GONZÁLEZ-G. DE ORO, »M. Mihura, Tono y la prehistoria del humor codornicesco«, *Actas del sexto congreso internacional de hispanistas,* Toronto 1977, Toronto 1980, 340–343; J. GUERRERO ZAMORA, *Historia del teatro contemporáneo,* Bd. III, Barcelona 1962; »Homenaje a M. Mihura«, *La Estafeta Literaria,* 606 (1977) 31–33; E. IONESCO, »El humor negro contra la mixtificación«, *Primer Acto,* 7, März–April 1959, 63–64, wieder in M. MIHURA, Madrid (Taurus) 1965, 93–95; A. MARQUERÍE, *Veinte años de teatro en España,* Madrid 1959; D. MCKAY, *M. Mihura,* Boston 1977; E. DE MIGUEL MARTÍNEZ, *El teatro de M. Mihura,* Salamanca 1979; M. MIHURA, »Introducción a *Tres sombreros de copa«,* in dem Sammelband Madrid (Taurus) 1965, 9–29; M. MIHURA, »El teatro de Mihura visto por Mihura«, *Primer Acto,* 3 (1957), 12; J. MONLEÓN, *Treinta años de teatro de la derecha,* Barcelona 1971; I. MUUR, *M. Mihura's Teater,* Oslo 1966; A.M. PASQUARIELLO, »M. Mihura's *Tres sombreros de copa:* A Farce to Make You Sad«, *Symposium,* XXVI (1972) 57–66; M.P. PÉREZ-STANSFIELD, *Direcciones de teatro español de posguerra: ruptura con el teatro burgués y radicalismo contestatario,* Madrid 1983; F. PONCE, *M. Mihura,* Madrid 1972; F. RUIZ RAMÓN, *Historia del teatro español, siglo XX,* Madrid ³1977; *El teatro de humor en España,* por J. ROF CARBALLO, N. GONZÁLEZ RUIZ et alii, Madrid 1966; G. TORRENTE BALLESTER, *Teatro español contemporáneo,* Madrid 1957; J. VAN PRAAG-CHANTRAINE, »El humor en el teatro español actual. M. Mihura, A. Sastre y la nueva generación«, in: *Teatro español contemporáneo,* colloque organisé par la Société Belge des Professeurs d'Espagnol et l'Université de Liège, Liège 1985, 30–49; dies., »Tendencias del teatro español de hoy. El humorismo de M. Mihura«, *Thesaurus,* XVII (1962) 682–691; M. J. WARD, *Themes of Submission, Dominance, Independence and Romantic Love: The Female Figure in the Post-»Avant-Garde« Plays of M. Mihura,* Diss. University of Colorado 1974; S. A. WOFSY, »La calidad literaria del teatro de M. Mihura«, *Hispania,* XLIII (1960) 214–218; R. A. YOUNG, »Sobre el humorismo de M. Mihura«, *Quaderni Ibero-Americani,* 37 (1969) 30–36, und in *Hispanófila,* 12, 36 (1969) 21–29.

A: 1 E. IONESCO, s. L. (Sammelband M. MIHURA, Madrid, Taurus, 1965), S. 95.

2 Vgl. *Conversación con Mihura,* in MIGUEL MARTÍNEZ, s. L., bes. S. 237. Zur Personengestaltung vgl. die Ausführungen in den Büchern von MCKAY (s. L.) und MIGUEL MARTÍNEZ (s. L.). Diese beiden Untersuchungen sind die gründlichsten, die bisher über das Theater Mihuras vorliegen.

3 Vgl. bes. R. DOMÉNECH, *»Tres sombreros de copa« o un esperpento cordial,* Sammelband von 1965, s. L., S. 97–102.

4 *Obras completas,* s. T., S. 1312 f. (aus *Mis memorias*).

5 Der Hinweis in der Textstelle auf die Spiegel beim Schneider legt eine Parallele zu Valle-Incláns »espejos cóncavos« nahe. Ist der Humor des letzteren jedoch von Sarkasmus und Bitterkeit erfüllt, so derjenige von Mihura von Menschlichkeit und Mitgefühl.

6 L. PIRANDELLO, *L'umorismo,* in: *Saggi, poesie, scritti varii,* Milano 1960, S. 127.

7 Vgl. MCKAY, s. L., 78 f.

8 *Conversación con Mihura,* in MIGUEL MARTÍNEZ, s. L., S. 236 f.

9 ebd., S. 237 u. S. 238.

10 Vgl. Mihuras Einleitung zur Clásicos Castalia-Ausgabe, s. T., S. 19 (der Text stammt aus dem Jahre 1975, vgl. ebd., S. 44).

[11] Interview in *El País* vom 16. Dezember 1976; vgl. MIGUEL MARTÍNEZ, s. L., S. 113.
[12] Vgl. Mihuras *Introducción a »Tres sombreros de copa«* im Sammelband von 1965, s. L., S. 19; (der Text stammt von 1943); auch *Conversación con Mihura*, S. 232f.
[13] Vgl. *Introducción a »Tres sombreros de copa«*, s. L., S. 17ff.
[14] Vgl. *Conversación con Mihura*, S. 233.
[15] Vgl. hierzu MIGUEL MARTÍNEZ, s. L., S. 114f.
[16] *Introducción a »Tres sombreros de copa«*, s. L., S. 17.
[17] Vgl. *Conversación con Mihura*, S. 239.
[18] ebd., S. 239.
[19] Vgl. *Introducción a »Tres sombreros de copa«*, s. L., S. 19.
[20] Vgl. Mihuras Einleitung zur Clásicos Castalia-Ausgabe, s. T., S. 14.
[21] *Conversación con Mihura*, S. 233.
[22] Die Umstände, die zur Inszenierung führen, schildert Mihura ausführlich in seiner Einleitung zur Clásicos Castalia-Ausgabe, s. T., S. 10ff., 25ff.
[23] Vgl. *Conversación con Mihura*, S. 233. – Zu den beiden Schaffensperioden Mihuras vgl. bes. MCKAY (s. L.), MIGUEL MARTÍNEZ (s. L.) und RUIZ RAMÓN, s. L., S. 321–335.
[24] Vgl. *Conversación con Mihura*, bes. S. 237.
[25] Hierzu bes. MCKAY, s. L., S. 58ff.
[26] So z. B. GUERRERO ZAMORA, s. L., S. 171f.
[27] Vgl. *Conversación con Mihura*, S. 235.
[28] Zur »tragedia grotesca« von C. Arniches vgl. M. LENTZEN, *C. Arniches, vom »género chico« zur »tragedia grotesca«*, Genf–Paris 1966; ders., »El teatro de C. Arniches», *Anales del Instituto de Estudios Madrileños*, 2 (1967) 357–367; ders., *»Tragedia grotesca, Esperpento* und das italienische *Teatro del Grottesco.* Formen grotesker Wirklichkeitsdarstellung im Theater von Arniches, Valle-Inclán, Rosso di San Secondo und Pirandello«, in: *Iberoromania*, 11 (1980) 65–83.
[29] Dies sind Mihuras eigene Worte; vgl. *Conversación con Mihura*, S. 236.
[30] ebd., S. 236.
[31] Als Wegbereiter des »absurden Theaters« sieht ihn beispielsweise RUIZ RAMÓN, s. L., S. 327; ähnlich G. TORRENTE BALLESTER, *El teatro serio de un humorista*, Sammelband von 1965, s. L., S. 68.
[32] Interessant ist, daß Mihura nie ein Stück Ionescos gelesen hat und dessen Werk äußerst langweilig fand; vgl. *Conversación con Mihura*, S. 235.
[33] So R. DOMÉNECH, *»Tres sombreros de copa« o un esperpento cordial*, Sammelband von 1965, s. L., S. 98.
[34] In Deutschland sind bisher folgende Stücke Mihuras aufgeführt worden: *Melocotón en almíbar*, *Tres sombreros de copa* und *Maribel y la extraña familia*, vgl. K. PÖRTL, »Teatro español del siglo XX en los escenarios de habla alemana; su recepción a partir de 1945«, *Arbor*, 119, Hefte 467/468 (1984) 143–160, bes. S. 145.

*HANS-JÖRG NEUSCHÄFER*

# FEDERICO GARCÍA LORCA · BODAS DE SANGRE

Betrachtet man das spanische Schrifttum zu *Bodas de sangre,* auch noch die jüngste Ausgabe des Dramas, so ist man erstaunt, wie einseitig und ahistorisch Lorca noch immer zum Verkünder einer mythenseligen Schicksalsergebenheit und zum Sänger einer bald als »transzendental«, bald als »universal« deklarierten spanischen Urtümlichkeit stilisiert wird[1].

Eine solche Klassifizierung, die das Stück um die Chance einer echten europäischen, übrigens auch einer selbstkritisch nationalen Rezeption gebracht hat (die unechte, »Spain is different«-mäßige blieb ihm dagegen nicht erspart), steht nicht nur im Widerspruch zu Lorcas eigener, oft wiederholten Aufforderung, seine späten Dramen aus dem Kontext der historischen Aktualität zu verstehen. Sie steht vor allem im Widerspruch zu seinem gewaltsamen Tod. Die Faschisten hätten ihn wohl kaum auf die schwarze Liste der eilig zu Ermordenden gesetzt, wenn sie in ihm den Verkünder einer spanischen Universalität gesehen hätten, die sie schließlich selbst propagierten. Die Vermutung liegt nahe, daß sie ihn, ganz im Gegenteil, gerade deshalb verfolgten, weil sie den Eindruck hatten, er habe sich in unorthodoxer Weise an den althergebrachten Spanienmythen *vergangen.*

Eben dieser Vermutung soll im folgenden nachgegangen werden. Ausgehend von den auffällig häufigen Schweigegeboten, die vor allem im ersten Akt zu beobachten sind, wird die Entwicklung der dramatischen Handlung unter drei Aspekten dargestellt: 1) Die Unterdrückung der Gefühle im Namen der überkommenen Moral. 2) Das anarchische Aufbegehren gegen die ›Spielregeln‹; schließlich 3) die Rückkehr zur alten Ordnung, deren Retablierung aber nicht mehr als Lösung, sondern als Katastrophe dargestellt wird.

Daß dies gerade *nicht* der Bestätigung des »ewigen Spaniens« dient, läßt sich durch den Vergleich mit dem klassischen Theater des Siglo de Oro, besonders dem calderonianischen zeigen, auf das Lorca, sprachlich und thematisch, ständig anspielt – nicht um es zu kopieren, sondern um von ihm, unter stellenweiser Ausnutzung der eingefahrenen Kommunikationswege, um so deutlicher abzuweichen. Das Resultat ist eine – wahrhaft dramatische – Auseinandersetzung mit dem traditionalistischen spanischen Selbstverständnis, zu dem vor allem die Tabuisierung der Sexualität gehörte.

## Das Schweigegebot

Dies ist die Eröffnung von Lorcas Drama:

Novio (entrando)
Madre.

Madre
¿Qué?

Novio
Me voy.

Madre
¿Adonde?

Novio
A la viña. (va a salir)

Madre
Espera.

Novio
¿Qieres algo?

Madre
Hijo, el almuerzo.

Novio
Déjalo. Comeré uvas. Dame la navaja.

Madre
¿Para qué?

Novio (riendo)
Para cortarlas

Madre (entre dientes y buscándola)
La navaja, la navaja ... Malditas sean todas y el bribón que las inventó.

Novio
Vamos a otro asunto.

Madre
Y las escopetas, y las pistolas, y el cuchillo más pequeño, y hasta las azadas y los bieldos de la era.

Novio
Bueno

Madre
Todo lo que puede cortar el cuerpo de un hombre. Un hombre hermoso, con su flor en la boca, que sale a las viñas o va a sus olivos propios, porque son de él, heredados ...

Novio (bajando la cabeza)
Calle usted

Mutter und Sohn sprechen miteinander. Fast einsilbig und nichts als Mitteilungen. Bis das Wort »Messer« fällt. Von hier an verliert die Mutter ihren Gleichmut; wie man später erfährt, weil sie von der Erinnerung an den Tod ihres Mannes und ihres anderen Sohnes überwältigt wird, die im Streit dem Messer zum Opfer gefallen sind. Der dadurch ausgelöste Redefluß ist dem Sohn peinlich; er versucht, ihn zu unterbinden, zuerst durch den Wechsel auf ein anderes Thema (»vamos a otro asunto«), dann durch ein abwinkendes »bueno«, schließlich, als das nicht hilft, durch ein zwar schüchternes, aber auch unwiderrufliches »Calle usted«. Die Befehlsform des Zeitworts »callar« oder Synonyme davon begegnen fortan immer wieder, ja das Schweigegebot wird, zumindest anfänglich, zu einem Hauptcharakteristikum des Dramas, ausgesprochen von unterschiedlichen Personen bei unterschiedlichen Gelegenheiten. Und die Mißachtung des Verbots wird zum Signal des Aufstands gegen alles, was schicklich ist. Das zeigt zugleich, daß es sich bei dem Gespräch zwischen Mutter und Sohn nicht um zufällige Mundfaulheit handelt, sondern um etwas Grundsätzliches und Überpersönliches. Das immer drohende Schweigegebot läßt Beredsamkeit gar nicht erst aufkommen, und es sorgt dafür, daß Dinge, die man am besten auf sich beruhen läßt, die also tabu sind, nicht ausgesprochen werden. Deshalb hütet man sich auch, sein Inneres und das, was man wirklich denkt oder fühlt, nach außen zu kehren. Zu dieser Selbstverleugnung paßt, daß die Personen in Lorcas Stück keine individuellen Namen tragen, sondern bloß Bezeichnungen, die sie als Träger einer sozialen Rolle ausweisen, wie Mutter und Sohn, genauer: Mutter und Bräutigam, denn auf diese Funktion ist der Sohn im Rahmen des Stücks festgelegt. Bis auf eine charakteristische Ausnahme, auf die noch zurückzukommen ist, verhält es sich mit den anderen Personen genauso: neben »Bräutigam« und »Mutter« sind das die »Braut«, der »Vater« (der Braut), die »Schwiegermutter« und die »Frau« (Leonardos), schließlich die »Dienstmagd« (letztere in verschiedener Ausprägung). Sie alle tun nur das, was man von ihnen erwartet, wobei auch das »man«, die gesellschaftliche Erwartung nämlich, durch eine eigene Rolle vertreten ist: die »Nachbarin« vermittelt das, was die Anderen denken und an normiertem Verhalten voraussetzen. Im klassischen Drama des Siglo de Oro nannte man das die »opinión«, die öffentliche Meinung, und die »opinión« war gleichbedeutend mit der »honra«, der Ehre, dem Ansehen, der Akzeptiertheit einer Person oder einer ganzen Familie. Natürlich kommt es nicht von ungefähr, daß sich Erinnerungen ans alte Ehrendrama einstellen. Lorca selbst zitiert sie herbei, indem er eine Welt erschafft, die der calderonianischen ähnlich sieht, im letzten Akt sogar bis in die sprachliche Stilisierung (Verwendung des Verses anstelle der Prosa und Pastichierung der barocken Hyperbolik).

Damit wird in *Bodas de sangre* von vornherein das traditionelle, das ›ewige‹, das unwandelbare Spanien heraufbeschworen, obwohl es sich nicht um ein historisierendes, sondern um ein aktualistisches Stück handelt, freilich um eines, das nicht in der städtischen, sondern in der ländlichen Gegenwart spielt, die 1933, im Entstehungsjahr des Dramas, noch immer als die typisch spanische gelten konnte. In diesem ruralen Spanien, das Lorca, wie im späteren *La casa de Bernarda Alba,* durchaus auch in der Manier eines »documental fotográfico« entwarf, – in diesem zurückgebliebenen und archaischen Iberien also, beanspruchen die überkommenen Rituale der Triebunterdrückung, der Klassen- und Besitzstandsabgrenzung, des männlichen Imponiergehabes und der weiblichen Selbstentäußerung noch immer eine eherne Geltung. Im Unterschied zu Calderón wird dieser Geltungsanspruch allerdings nicht mehr als selbstverständlich akzeptiert, jedenfalls nicht mehr von allen. Vielmehr kommt es im Verlauf der Handlung zu einer regelrechten Revolte gegen die Regeln, die das Verhalten bisher bestimmten. Damit erweist sich *Bodas de sangre,* wie *La casa de Bernarda Alba,* als eine modellhafte Vorwegnahme des großen historischen Dissenses von 1936, zumal auch dessen Ausgang schon prophetisch vorausgesehen wird: Obwohl ›neutrale Beobachter‹ (die Leñadores) am Ende des Stücks die Angemessenheit der Revolte attestieren, ist die Macht des Traditionalismus noch so stark, daß mit Blut bezahlen muß, wer sich gegen sie auflehnt. Das trifft nicht nur auf die Hauptperson des Dramas, auf Leonardo, zu, der als einziger einen richtigen Namen trägt, sondern drei Jahre später auch auf den Dichter Federico García Lorca selbst.

## Akt I: Verdrängte Widersprüche

Der erste Akt besteht aus drei Bildern, die sogleich die Spannungen erahnen lassen, unter denen das Stück steht. Im ersten Bild, dessen Eröffnung wir bereits kennen, stehen sich Mutter und Bräutigam gegenüber. Die Rede ist von der bevorstehenden Hochzeit, die der Mutter Sorgen macht: nicht nur, weil sie nun bald allein sein wird, sondern auch, weil die Braut nicht über jeden ›Zweifel‹ erhaben ist. Man munkelt, sie habe vorher ein Verhältnis mit Leonardo gehabt. Zwar ist der Bräutigam – soweit ist die junge Generation nun doch über calderonianische Ehrbegriffe hinaus – zu einer gewissen Großzügigkeit bereit; die Mutter aber will es nicht hinnehmen, daß eine Frau in ihrem Leben mehr als ›den einen‹ geliebt haben könnte. Und da Leonardo auch noch zur Familie der Félix gehört, jenen Habenichtsen und Mördern, die sie für den Tod ihrer besitzesstolzen Angehörigen verantwortlich macht, beginnt das Drama schon unter der Belastung eines weit hergekommenen und lang aufgespeicherten Hasses.

Das zweite Bild führt uns, nach einem fast filmischen Umschnitt, auf die andere Seite, ins Haus des Leonardo. Es beginnt nur scheinbar idyllisch: Schwiegermutter und Frau singen das Kind in den Schlaf. Aber wie oft bei Lorca werden in den lyrischen Partien unter der Hand bedrohliche Symbole schon eingeführt und für die spätere Handlung ›vorkodiert‹: hier ist es das Symbol des Pferdes. Auch jetzt sind die Spannungen gleichsam mit Händen zu greifen, obwohl oder gerade weil sie so bemüht unterdrückt und verschwiegen werden. Dabei geht es eigentlich um ganz konkrete Probleme. Zum einen um die (begründete) Eifersucht der Frau, die ihren Mann auf Abwegen vermutet, dies aber nicht direkt, sondern nur auf dem Umweg über das Pferd zu sagen wagt: von den häufigen Hufwechseln ist die Rede, von der Überanstrengung des Tieres, davon, daß man es weit weg an der Grenze der Gemarkung gesehen habe (dort, wo die Braut wohnt). Gemeint ist die Angst vor dem Fremdgehen des Mannes und die Furcht, die Leidenschaft könne mit ihm ›durchgegangen‹ sein. Das Pferd wird so zum Symbol der illegitimen Passion, aber auch zum Inbegriff der Angst, sie beim Namen zu nennen. – Die zweite Sorge, die an der Familie Leonardos nagt (und die auch ihn mit Haß erfüllt), ist das Gefühl der sozialen Unterlegenheit gegenüber den prosperierenden Familien von Braut und Bräutigam. Auch darüber spricht man nur indirekt. Man redet nicht von der eigenen Armut, sondern vom Reichtum der anderen. Daß die Verbindung zwischen Leonardo und der Braut in Wahrheit an der Geldfrage gescheitert ist, wird durch die machistische Imponierformel kaschiert, Leonardo habe die Braut sitzen lassen, weshalb sie nicht von ungefähr ins Gerede gekommen sei. Als dann aber die criada, die Dienstmagd, konkret Mitgift und Geschenke aufzuzählen beginnt, wird das lästige ›Weibergeschwätz‹ von Leonardo einfach abgeschnitten.

Nicht nur die tatsächlichen Besitzverhältnisse, die soziale Frage also, werden von Leonardo hier noch tabuisiert; auch die tatsächlichen Gefühle dürfen nicht berührt, geschweige denn ausgesprochen werden. Das muß gleich darauf auch Leonardos Frau erfahren, als sie sich von der Eifersucht für einen Moment über die Tabugrenze hinwegtragen läßt und ihren Mann direkt zur Rede zu stellen wagt:

> ¿Qué te pasa? ¿Qué idea te bulle por dentro de la cabeza? No me dejes así, sin saber nada ... [...] Quiero que me mires y me lo digas. (1102)

Hier hagelt es förmlich Schweigegebote, zuerst von Leonardo (»¿te puedes callar?«), der zudem das Haus verläßt; dann von der Schwiegermutter, die wohlbemerkt *ihre* Mutter ist, und die sie mit einem energischen »cállate!« sogleich in die Schranken verweist, die der verheirateten Frau vorgezeichnet sind: die Kindererziehung. Worauf das zweite Bild folgerichtig mit dem Wiegenlied ausklingt, mit dem es begonnen hatte.

Ich habe bei diesem Bild ein wenig länger verweilt, weil an ihm gut zu sehen ist, wie Lorca im ersten Akt ein gleichsam urspanisches Beziehungsgefüge aufbaut. Es wird im dritten Bild noch vervollständigt. Hier findet wieder ein Schauplatzwechsel statt, diesmal ins Haus der Braut, das nun für längere Zeit der Ort des Geschehens bleiben wird; erst der dritte und letzte Akt bringt wieder einen Ortswechsel. – Nun erscheinen Mutter und Bräutigam, um beim Vater der Braut um deren Hand anzuhalten, ein Ritual, das nicht nur im traditionalistischen Spanien von großer Bedeutung war, sondern auch heute noch eine gewisse Funktion in der ›besseren Gesellschaft‹ hat, und sei es die, die Klatschspalten der Regenbogenpresse mit Stoff zu versorgen. Bei Lorca ist der ursprüngliche Sinn noch in aller Krudheit erhalten: es geht um die Abwägung der Güter, die von den Brautleuten in die Ehe eingebracht werden (hier vor allem um den Grundbesitz), aber auch um die Überprüfung der beiderseitigen »honra« und um die Auslobung der Zeugungs- bzw. Gebärfähigkeit. Dies alles wird zupackend und ohne Scheu ausgehandelt; Lorca macht daraus, nicht ohne Humor, eine richtige Genreszene. Wenn es darum geht, unter reichen Bauern aus zwei ›hübschen‹ Vermögen ein ›schönes‹ zu machen, gibt es keine Kommunikationsprobleme. Daß in Wahrheit auch diese Szene unter einer verborgenen Spannung steht, beginnt man erst zu ahnen, als endlich auch die Braut gerufen wird, die bei der Verhandlung nicht zugegen war, die also nicht gefragt, sondern vor vollendete Tatsachen gestellt wurde. Daß es auch hier um ein archetypisches und von den Beteiligten (auch und gerade von den Frauen) längst verinnerlichtes Beziehungsmuster geht (in diesem Fall um die Entmündigung, ja um die Einkerkerung der verheirateten Frau), wird von der Mutter mit brutaler Deutlichkeit auf eine einfache Formel gebracht:

> Madre
> Tú sabes lo que es casarse, criatura?
>
> Novia (seria)
> Lo sé.
>
> Madre
> Un hombre, unos hijos y una pared de dos varas de ancho para todo lo demás. (1110)

Schon zum zweiten Mal begegnen wir hier einem eigenartigen Befund, auf den noch zurückzukommen ist: wir sehen die ältere Frau (genauer: die Witwe) als Vertreterin männlicher Interessen (gleichsam an der Stelle des verstorbenen Familienoberhauptes) und in der Rolle der Unterdrückerin des eigenen Geschlechts.

Doch zurück zur Spannung, die auch dieser Szene anfänglich unausgesprochen zugrundeliegt. Sie wird greifbar, als die Braut mit der Dienstmagd alleinbleibt und sich ein wenig gehen lassen kann. Hier sieht man, daß sie im Grunde ihres Herzens gar nicht ›will‹, weder die Hochzeit, noch die Spielregeln, die ihr so eindringlich vorgehalten wurden. Das kommt in der obstinaten Weigerung zum Ausdruck, mit der criada die Geschenke des Bräutigams auszupacken. Umgekehrt wird aber auch deutlich, woran ihr wirklich gelegen ist: an Leonardo, den sie noch immer liebt. Doch beides, die Ablehnung und den Wunsch, will sie nicht wahrhaben, weshalb sie der Magd, die ihr beides auf den Kopf zusagt, wiederholt, zuletzt ausgesprochen zornig, den Mund verbietet: »¡Cállate! ¡Maldita sea tu lengua!« (1115). Die criada aber, die bei Lorca oft die Aufgabe hat, den von den Herrschaften verleugneten Trieben zur Anerkennung zu verhelfen, läßt nicht locker. Sie spricht zuerst vom Pferd, dann vom Reiter, schließlich von Leonardo, den sie noch in der vergangenen Nacht am Fenster der Braut habe stehen sehen. Verzweifelt versucht die Herrin ein letztes Dementi (»¡Mentira! Mentira!« [ibid.]). Am Ende aber bleibt ihr die Anerkennung der Evidenz nicht erspart: als erneut Pferdegetrappel zu hören ist, wird sie von der criada zum Fenster gezerrt und gefragt: »Mira, asómate. Era?« Mit der lapidaren Bestätigung »Era!« endet der erste Akt.

Diese knappe und eben deshalb um so wirkungsvollere Feststellung hat gegenüber dem klassischen (und gegenüber dem Beginn von Lorcas eigenem) Drama etwas Entscheidendes verändert: es ist, wenn zunächst auch nur mit einem einzigen und zudem ›unbedeutenden‹ Wort (»era«) etwas berührt worden, was in der spanischen Tradition immer wieder verschwiegen und verdrängt werden mußte: die Tatsache nämlich, daß sich die natürlichen Triebe nicht dem Diktat der gesellschaftlichen Normen und der oekonomischen Vernunft unterwerfen lassen und daß Ehre und Besitz den Menschen nicht glücklich machen, wenn sie mit dem Verzicht auf Sympathie und Gefühl, kurz mit der Unterdrückung körperlicher Spontaneität erkauft werden müssen. Daß gerade eine Frau, wenn auch durchaus nicht freiwillig, das erlösende »era« spricht und damit an die Stelle des traditionellen (gerade von ihr immer wieder geforderten) »disimulo« die Anerkennung der ›Tatsachen‹ (hier des unabweisbaren Gefühls) setzt, macht den nur scheinbar leisen Aktschluß um so unerhörter.

## Akt II: Eruption der Gefühle

Was sich im ersten Akt zuletzt schon angedeutet hatte, wird im zweiten auch sprachlich offenkundig. Die Triebunterdrückung, die für das ernste spanische Drama so lange kennzeichnend gewesen ist, wird nun durch einen dramatischen Gegensatz ersetzt, auf dessen einer Seite der Wunsch nach ›Legalität‹ und ›Ordnung‹ und auf dessen anderer Seite eine anarchische Sehnsucht nach dem Ausleben der Triebe steht: das ›alte‹ spanische Problem wird sich damit seiner selbst bewußt. Der Rahmen dieser Bewußtwerdung könnte nicht wirksamer gewählt sein: der ganze zweite Akt wird durch die Vorbereitung und die Feier der Hochzeit eingenommen, jener Zeremonie also, durch die der Trieb symbolisch legalisiert und zugleich domestiziert wird. Von vornherein wird nun aber auch der Widerstand spürbar, welcher der Kontrolle entgegenwirkt: er äußert sich eher unauffällig zu Beginn des ersten Bildes, als die Braut den Hochzeitskranz zu Boden wirft, und steigert sich zum öffentlichen Eklat am Ende des zweiten Bildes.

Im ersten Bild wird die Braut von der criada zur Hochzeit eingekleidet. Diese Vordergrundshandlung, die die ganze Zeit über anhält, wird einerseits von einer Hintergrundshandlung begleitet, die über weite Strecken im »off« bleibt: die langsame Annäherung der Hochzeitsgäste, die sich durch den erst leise, dann immer deutlicher vernehmbaren Gesang »Despierte la novia ...« ankündigen. Am Ende der Szene treten die ersten Gäste im Haus der Braut ein. Und sie wird andererseits im Vordergrund selbst unterbrochen durch das vorzeitige und fast gewaltsame Eindringen Leonardos, der zwar ebenfalls als Gast kommt, aber derart früh und derart losgelöst von den anderen (er ist seiner im Wagen folgenden Frau auf dem »Pferd« vorausgeeilt), daß er die Vorbereitung stört und als Eindringling für seinen ersten, hier noch unter sechs Augen bleibenden Affront sorgt. Sein Verhalten zeigt, daß er die Rücksicht auf die »opinión« inzwischen weitgehend abgelegt und daß er auch die Diskretion aufgegeben hat, die bisher die peinlichen Themen unter Verschluß hielt. Zunächst wirft er der Braut das Scheitern ihrer Beziehung als eine Folge der oekonomischen Berechnung vor und spricht damit offen aus, was er im ersten Akt noch selbst mit dem Schweigegebot belegt hatte. Anschließend geht er noch einen Schritt weiter, indem er das Verschweigen selbst als die eigentliche Ursache der Misere, letztlich als eine Form der Selbstzerstörung hinstellt: »Callar y quemarse es el castigo más grande que nos podemos echar encima.« (1124). Wenn die Dinge reif seien, helfe es auch nichts mehr, sie zwischen den Wänden gleichsam unter Verschluß zu halten: »Porque tú crees que el tiempo cura y que las paredes tapan, y no es verdad, no es verdad. ¡Cuando las cosas llegan a los centros, no hay quien las arranque!« (ibid.).

Damit ist das Drama an seinem Wendepunkt angelangt, an der psychologischen Peripetie, wo sich die Geister scheiden. Leonardo, rebellisch geworden, vollzieht den Schritt vom angepaßten Verhalten zum Außenseitertum und zum tragischen Heroismus, der keinen Kompromiß mehr kennt. Die Braut hingegen, obwohl auch sie ihre Augen nicht mehr verschließt, bleibt bis zum Ende unentschieden, gespalten, hin- und hergerissen zwischen Trieb und Ordnung, aber auch zwischen dem Wunsch nach Selbstbestimmung und dem Zwang zur Normenunterwerfung. Und schließlich gibt es noch eine dritte Einstellung, die Gegenposition zu Leonardo, die Verteidigung des status quo, die von den beiden Müttern, eher widerwillig auch von der Frau Leonardos und vom Bräutigam vertreten wird.

Im zweiten Bild kommt es zu dem bereits erwähnten öffentlichen Skandal. Schauplatz ist – nach einem kurzen Zeitsprung – die Hochzeitsfeier im Anschluß an die inzwischen vollzogene Trauung. Vordergründig herrscht – retardierendes Moment – vorübergehend eine entspannte, ja ausgelassene Stimmung: es sind viele Leute da, man trinkt, redet, tanzt, wirft dem Bräutigam anzügliche Bemerkungen zu. Vater (der Braut) und Mutter (des Bräutigams) freuen sich schon auf die zu erwartenden Enkelkinder und träumen von deren zivilisatorischer Arbeit, vor allem der Fruchtbarmachung der Erde – wie man sieht, gab es Blut- und Bodenstimmung 1933 auch in Spanien! Doch schon entwickelt sich eine unheilsschwangere Gegenstimmung, die von Leonardo ausgeht. Sie drückt sich nicht in Worten aus, sondern in Gesten, in Bewegungen, kurz choreographisch. Es kommt nicht von ungefähr, daß Gades und Saura gerade dieses Bild in der Kinofassung von *Bodas de sangre* fast nahtlos in tänzerische Bewegung und filmische Anschauung übertragen konnten. Die Bewegung besteht darin, daß Leonardo die Gesellschaft, in deren Mittelpunkt sich die Braut und der Bräutigam befinden, ständig umkreist, wie ein sprungbereiter Löwe die Herde. Gleichzeitig wird Leonardo aber auch selbst umlauert, von seiner Frau nämlich, die ihn und die Braut nicht aus den Augen läßt. Die Braut wiederum fühlt sich von den Blicken Leonardos zugleich angezogen und bedroht; ihre Nerven sind aufs äußerste gereizt. Das führt schließlich zu einer ersten, noch kurzschlußähnlichen und zweideutigen Reaktion, die aber gleichwohl schon darauf hinweist, daß sich die Braut der erotischen Versuchung, der »Stimme des Blutes« nicht wird entziehen können: als der Bräutigam sich ihr leise von hinten nähert und sie küßt, ist sie derart erschrocken, daß man aus ihrer Reaktion schließen kann, sie habe befürchtet (oder gewünscht), es sei Leonardo gewesen[2].

In der Tat drängt die Szene nun schnell zu ihrem Ende. Es häufen sich die Unglückszeichen und Hiobsbotschaften. Zuerst wird das Verschwinden von Leonardos Pferd bemerkt, dann das von Leonardo selbst, schließlich das der Braut: der Löwe hat sein ›Opfer‹ geholt, ohne daß die Mehrzahl der Gäste überhaupt etwas bemerkt hat. Nur Leonardos Frau war hellwach, und von ihr kommt denn auch die Meldung, die Braut sei mit Leonardo geflohen. Sofort verebbt die Feier; alle sind konsterniert. Die Szene endet mit einer beeindruckenden, von Saura/Gades ebenfalls kongenial nachempfundenen ›Einstellung‹, in deren Mittelpunkt die Mutter steht, die nun das Heft in die Hand nimmt. Zuerst schickt sie selbst den Sohn auf die Verfolgung, nachdem sie ihm am Beginn des ersten Aktes noch das Messer vorenthalten wollte. Dann teilt sie die Anwesenden mit großer Geste in zwei Lager und formiert damit die Fronten zum letzten Gefecht: die Gesetzestreuen gegen die Provokateure, die ›Eigenen‹ gegen die ›Fremden‹.

> Dos bandos. Aquí ya hay dos bandos. (Entran todos). Mi familia y la tuya. Salid todos de aquí. Limpiarse el polvo de los zapatos. [...] Ha llegado otra vez la hora de la sangre. Dos bandos. Tú con el tuyo y yo con el mío. ¡Atrás! ¡Atrás! (1154)

## Akt III: Rückkehr zur Ordnung und Friedhofsruhe

Ob man den letzten Akt in jeder, auch in stilistischer, Hinsicht als gelungen bezeichnen kann, ist sicher eine Geschmacksfrage. Gades und Saura haben ihn im Film stark vereinfacht. Auch er besteht aus zwei Bildern. Das erste führt uns an einen Ort, der aus dem Rahmen fällt. Bisher spielte sich das Geschehen immer in den strengen und hellen Räumen fester Behausungen ab, allenfalls in einem Innenhof. Hier aber befinden wir uns in einem weglosen Wald, inmitten feuchter (gefällter) Baumstämme, bei völliger Dunkelheit, die erst später vom Mondlicht fahl erleuchtet wird. Es ist dies der Schauplatz, an den die Normenbrecher von ihrer Leidenschaft getrieben, an dem sie aber auch von der Rache der Verfolger ereilt werden. Und es ist ein Ort, an dem Wesen auftreten, die nur hier erscheinen, die gleichsam über dem Geschehen stehen und die es eben deshalb durchschauen: die »Holzfäller«, der »Mond« und der Tod, der die Gestalt einer alten »Bettlerin« angenommen hat. Die Holzfäller haben eine Funktion, die der des Chores in der antiken Tragödie ähnlich ist. Sie kommentieren und bewerten das Geschehen, wobei sie sich ziemlich eindeutig auf die Seite der Leidenschaft und gegen die Triebunterdrückung stellen: »Hay que seguir la inclinación: han hecho bien en huir. [...] Se estaban engañando uno al otro y al fin la sangre pudo más. [...] Hay que seguir el camino de la sangre. [...] Vale más ser muerto desangrado que vivo con ella podrida.« (1156). Sie ›wissen‹ aber auch, daß die Liebenden keine Chance haben, ihrem Schicksal zu entgehen, so sicher ist es, daß der Bräutigam sie aufspürt und daß sie dem eisernen Ring aus Messern und Gewehren nicht entkommen, der sich im Umkreis von zehn Meilen um sie herum geschlossen hat. Die Unausweichlichkeit der Blutrache durch den Bräutigam, der nun die empörte moralische Ordnung zu repräsentieren hat, ist auch die Voraussetzung, die der Mond und der Tod bei ihrem Auftreten machen. Der Mond erscheint als Unheilsverkünder, ja als Helfer des Todes, dem er die längst vorherbestimmte Szene erleuchtet. Daß Blut fließen wird, erfüllt ihn mit Freude, denn es wird seine kalten Wangen wärmen und ihnen etwas Farbe verleihen. Der Tod wiederum wartet bereits auf den Bräutigam und weist ihm eigenhändig den Weg zu Leonardo.

Vor diesem mythischen Hintergrund also spielt sich das für beide Männer todbringende Zusammentreffen ab. Im Unterschied zur Bearbeitung durch Saura und Gades bringt Lorca den Kampf allerdings nicht auf die Bühne, sondern beläßt ihn im »off«. Dafür häufen sich am Ende des ersten Bildes die indirekten Hinweise auf den fatalen Ausgang: durch das langsame Erscheinen des Mondes, durch die Blaufärbung seines Lichts; durch zwei langgezogene Schreie, die das Spiel zweier Violinen schrill unterbinden; und durch das Auftreten des Todes (bzw. der Bettlerin), der auf der Mitte der Bühne Aufstellung nimmt und, den Rücken zum Publikum, seinen schwarzen Umhang öffnet

»wie ein großer Vogel mit unendlichen Flügeln« (1171). Der Mond bleibt stehen und der Vorhang senkt sich »en medio de un silencio absoluto« (ibid.). Es ist eben dieser etwas forcierte und pathetische, auch übermäßig symbolbeladene Lyrismus, der in dem dokumentaristisch-nüchternen Ende der Kinofassung fehlt, wo nur der Kampf der beiden Männer in zeitlupenartig zerdehnter Bewegung zu sehen ist. Zum ›anderen‹ Stil dieser Szene bei Lorca gehört übrigens auch die in den ersten Akten gerade vermiedene, stellenweise barock wirkende Rhetorik. Sie ist vor allem von der Braut zu hören, die gemäß der ihr eigenen Unentschiedenheit sich bald in Selbstbezichtigungen verzehrt, bald aber auch (was bei Calderón nie in Frage kam) ungehemmt ihren Triebwunsch herausschreit, von der Glut Leonardos verzehrt zu werden. Es scheint, als habe die Durchbrechung des Schweigegebots den Mitspielern nun nachhaltig die Zunge gelöst.

Das Schlußbild wirkt wie ein Epilog. Es spielt wieder in einem geschlossenen Raum, der laut Regieanweisung dem Inneren einer Kirche gleicht. Er wird zum Sammelort, an dem sich nach und nach die Hinterbliebenen einfinden: alles Frauen, die eine Zukunft ohne Perspektive vor sich haben.

Am Anfang sitzen zwei dunkelblau gekleidete Mädchen im Raum, die einen roten Fadenknäuel abspulen: Lorcas Parzen sozusagen. Sie verlassen die Szene, sobald die Bettlerin den Tod der beiden Männer bekanntgegeben hat. Nacheinander treten die alleingelassenen Frauen ein. Zuerst Frau und Schwiegermutter Leonardos. Was der jungen Witwe bevorsteht, Eingemauertsein bei lebendigem Leibe, faß ihre Mutter bündig zusammen, ähnliche Frauenschicksale in *La casa de Bernarda Alba* vorwegnehmend: »Tú, a tu casa. [...] A envejecer y a llorar. Pero la puerta cerrada [...]. Clavaremos las ventanas« (1174). Keine Sexualität mehr: »Sobre la cama pon una cruz de ceniza donde estuvo su almohada« (1175). Nur die Kinder bleiben ihr: »Tus hijos son hijos tuyos nada más« (ibid.). – Als nächstes erscheint die Mutter des Bräutigams. Ihr ist zwar die Angst vor weiteren Todesfällen genommen, zugleich aber auch jegliche Hoffnung; ihr bleibt nur der Besitz: »La tierra y yo. Mi llanto y yo. Y estas cuatro paredes« (1178). – Schließlich kommt auch die Braut zurück. Noch einmal wird die Szene pathetisch. Wie eine Furie stürzt sich die Mutter auf sie, reklamiert die Ehre ihres Sohnes und verflucht die Ehebrecherin. Die Braut versucht sich zu rechtfertigen: die Leidenschaft sei stärker als der gute Wille gewesen und – ultima ratio iberica – zum »Letzten« sei es trotz allem nicht gekommen: »Que yo soy limpia, que estaré loca, pero que me pueden enterrar sin que ningún hombre se haya mirado en la blancura de mis pechos« (1179)[3].

Angesichts der Toten, die am Ende der Szene hereingetragen werden, verstummt der Streit zwischen den Frauen, und es bleibt offen, ob das Angebot der Jüngeren, wenigstens zusammen zu *weinen,* von der Älteren akzeptiert wird. Vorderhand weist sie die Braut zur Tür (nicht aus der Tür!): »Llora.

Pero en la puerta« (1180). In dieser Stellung – die Braut in der Tür, die Mutter im Zentrum der Bühne – verharren die beiden bis zum Fallen des Vorhangs, vereinigt nur in der Ohnmacht vor den Folgen der Gewalt, die sie mit fast gleichen Worten vor den Nachbarinnen beschwören. *Bodas de sangre* endet, wie es begonnen hatte: mit dem Motiv des todbringenden Messers.

## *Bodas de sangre* als Auseinandersetzung mit dem Konzept des »Ewigen Spanien«.

1. Fassen wir zusammen. In Lorcas *Bodas de sangre* wird ein gleichsam urspanischer Konflikt auf die Bühne gebracht, dessen Archetypik durch die ständigen Anspielungen aufs Ehrendrama des Siglo de Oro noch unterstrichen wird. Kennzeichnend für diesen Konflikt ist die Gegenüberstellung zweier Prinzipien. Auf der einen Seite wird die Respektierung zivilisatorischer Grundsätze und die Einhaltung normenkontrollierter Verhaltensweisen gefordert. Auf der anderen Seite stehen die Urtriebe der Sexualität (diese vor allem!), der Anarchie und des sozialen Aufbegehrens. Das eine Prinzip wird am reinsten von der Mutter repräsentiert; das andere von Leonardo. Die Braut durchleidet den Konflikt leibhaftig, indem sie beide Alternativen gleichermaßen verkörpert. Anders als im klassischen Theater Spaniens, wo das Prinzip der Ordnung stets bevorzugt und das der Spontaneität negativiert oder unterdrückt wurde, wird bei Lorca die Sympathie viel stärker auf die ›andere‹ Seite gelenkt. Nicht umsonst trägt Leonardo als einziger einen Namen, der ihn als Person ausweist, während alle anderen Mitspieler namenlose Funktionsträger bleiben. Auch die Ehre, im Theater des Siglo de Oro synonym mit gesellschaftlichem Ansehen aufgrund tadelfreien Verhaltens, kommt bei Lorca ins Zwielicht, insofern Ehre gleichbedeutend wird mit Besitz, genauer: mit Grundbesitz. In der Tat ist Lorcas Stück darin durchaus modern, daß es den ideellen Gegensatz von Prinzipien an den materiellen Interessenkonflikt zwischen Besitzenden und Besitzlosen koppelt und damit auch dem Problem von triebhaftem Begehren und Triebunterdrückung einen oekonomischen Hintergrund gibt. Bei dem tödlichen Kampf um den ›Besitz‹ der Braut geht es jedenfalls weit mehr um einen Machtkampf zwischen zwei konkurrierenden Familien, als um die Frage der Ehre, die der augenblicklich mächtigeren Partei nur als Vorwand dient, den status quo zu verteidigen.

2. Nun ist der Konflikt, von dem eben die Rede war, im klassischen Theater eigentlich nie richtig zum Austrag gekommen, sondern immer schon in statu nascendi ›abgetrieben‹ worden, indem die anarchisch-triebhafte Alternative schon gleichsam auf Verdacht unterdrückt wurde. So groß war die Angst vor dem Versagen der moralischen Ordnung, daß, etwa bei Calderón, sogar der Präventivmord an einer Frau gestattet war, sobald die Reinheit

ihrer Ehre auch nur in Zweifel gezogen wurde. Schon damals war es vor allem die (im Ehrendrama stets feminin besetzte) Unzurechnungsfähigkeit des Sexualtriebs, welche die zivilisatorische Ordnung bedrohte[4]. Deshalb ist *Bodas de sangre* auch insofern ein Gegenstück, als hier die Triebbedrohung in erster Linie von einem Mann (Leonardo) ausgeht. Viel wichtiger aber ist, daß der Konflikt nun nicht mehr verdrängt wird, sondern offen ans Licht kommt. Genauer: Wir sahen, daß auch zu Beginn des Lorca-Dramas noch versucht wurde, alles Peinliche totzuschweigen. Diesem Ziel dienten die häufig zu beobachtenden Schweigegebote, die zu der ebenfalls konstatierten Wortkargheit führten. Ähnlich wie bei Calderón[5] sind auch die Personen bei Lorca anfänglich von einem abgrundtiefen Mißtrauen erfüllt, das es ihnen unmöglich macht, sich gegenüber anderen Personen, und seien sie noch so nahestehend, zu offenbaren. Erst als Leonardo entschlossen das Schweigegebot durchbricht und die Verdrängung selbst für die unerträgliche Atmosphäre verantwortlich macht, kommt es zur Krise, die zwar fatale, aber, wie in jeder Tragödie, auch reinigende Konsequenzen hat. Insofern endlich zur Sprache gebracht wird, was immer verschwiegen werden mußte – das Recht der Triebe nämlich –, stellt sich *Bodas de sangre* vor allem als ein Drama der Tabudurchbrechung, ja der Tabuaufhebung dar. Und diese Tabudurchbrechung ist so unaufhaltsam, daß sie, einmal begonnen, gleichsam von Stufe zu Stufe aufsteigt und immer grundsätzlicher wird: zuerst bricht Leonardo das Schweigen in der dramatischen Handlung selbst; dann sind es die Holzfäller, die, schon auf der Metaebene des Nicht-Selbstbeteiligtseins, die Durchbrechung bestätigen, ja gutheißen; und zuletzt ist es der Autor García Lorca, der das Tabu gegenüber dem spanischen Publikum aufhebt.

3. Die Aufhebung des Schweigegebots und die Thematisierung verpönter Fragen implizierte 1933 allerdings noch nicht (nicht einmal auf der Bühne) die Änderung der Verhältnisse, die die Fragen überhaupt erst virulent gemacht hatten. Angesichts des bevorstehenden Bürgerkriegs war es vielmehr durchaus folgerichtig, schon die Enttabuisierung allein als ein Risiko auf Leben und Tod darzustellen. Allerdings sind die Verhältnisse bei Lorca auch nicht mehr die gleichen wie in den Dramen des Siglo de Oro. Ähnlich ist allenfalls die Mentalität, die den Schweigegeboten, Ehrenrücksichten und Verhaltensnormen zugrundeliegt. Wenn man aber auf die Träger, Vermittler und Exekutoren der Gesinnung blickt, wird der Unterschied sofort klar: es sind nicht mehr Männer, sondern Frauen, die für die Aufrechterhaltung eines Verhaltenskodexes sorgen, der allerdings ›von den Vätern‹ übernommen ist. Nur: die Väter leben nicht mehr – weder der des novio, noch der Leonardos und auch nicht der seiner Frau. Einzig der Vater der Braut ist übrig, aber der wird völlig von der Mutter des Bräutigams beherrscht. In *Bernarda Alba* ist Lorcas Welt sogar ganz vaterlos geworden. An der Stelle des Vaters hat nun eine starke

Mutter das Kommando übernommen, die als Witwe das Erbe des Vaters verwaltet: nicht nur wirtschaftlich, sondern auch geistig, indem sie die Prinzipien des Machismus zu ihren eigenen macht, ja sogar gegen die Interessen ihres Geschlechts durchsetzt. Die Handlungsanweisung an den Sohn könnte paradoxer[6] nicht gedacht werden:

> Madre
>
> Con tu mujer procura estar cariñoso, y si la notas infatuada o arisca, hazle una caricia que le produzca un poco de daño, un abrazo fuerte, un mordisco y luego un beso suave. Que ella no pueda disgustarse, pero que sienta que tú eres el macho, el amo, el que mandas. Así aprendí de tu padre. Y como no lo tienes, tengo que ser yo la que te enseñe estas fortalezas.
>
> Novio
>
> Yo siempre haré lo que usted mande. (1151)

Es ist in *Bodas de sangre* also die starke Frau, die den Machismus verkörpert, während die Männer seinem Leitbild längst nicht mehr entsprechen: Beim Bräutigam äußert sich das in der ganz ›unmännlichen‹ Unterwerfung unter den starken Willen der Mutter (von sich aus ist er durchaus für mehr Toleranz und vernünftigen Ausgleich). Leonardo läßt sich zwar von den Frauen nicht die Selbstherrlichkeit beschneiden; doch schlägt auch er insofern aus der Art, als ihm die Ehre der Familie, vor allem aber seine eigene Vaterrolle gleichgültig geworden sind. Er strebt bloß noch nach ›Selbstverwirklichung‹, und da stehen ihm allenfalls oekonomische Hindernisse und Beschränkungen im Weg. Damit erweist sich die Welt Lorcas, trotz ihrer Verankerung in einem archaischen Agrar-Spanien, am Ende als eigentümlich modern. Modern in dem Sinne, daß die Mitspieler (unabhängig von ihrem Geschlecht) keineswegs bloß ›Archetypen‹ (wie ›Trieb‹ und ›Ordnung‹) verkörpern, sondern zugleich Tendenzen der historischen Aktualität (wie Vaterlosigkeit, Egozentrik, neurotische Gespaltenheit und Desorientiertheit, die »Aufhebung der persönlichen Würde in den Tauschwert«[7] etc.). Modern aber auch insofern, als die alleingelassene Frau sich die Mentalität der Besitzergreifung und -verteidigung so zu eigen gemacht hat, daß sie selbst machtbewußt und machtfähig geworden ist, mit allen Konsequenzen, die ein solcher Wandel zum femininen Machismus mit sich bringt, bei Lorca insbesondere mit der Konsequenz einer übermäßigen Verhärtung des Willens auf Kosten einer katastrophalen Verödung der Gefühls- und der Liebesfähigkeit.

Nimmt man alles in allem, so stimmt *Bodas de sangre* aus folgenden Gründen nicht mehr mit den Vorstellungen des »ewigen Spanien« überein:

- Die Komplizität des Schweigens ist gebrochen.
- die ›natürlichen‹ Triebe verlangen von den ›gesellschaftlichen‹ Normen ihr unabweisbares Recht.

- die Ehre wird entzaubert und als materielles Interesse greifbar.
- die eigentlichen Hüter der traditionellen Ordnung – die Väter – sind tot. Daß die Mütter ihr Erbe angenommen haben, zeigt allerdings, wie bedrohlich ihr Vermächtnis noch immer nachwirkt.

## ANMERKUNGEN

T: *Bodas de sangre* nach der Ausgabe der *Obras completas,* Madrid Aguilar, 1957. dt.: *Bluthochzeit* (übers. von E. Beck), Frankfurt, Suhrkamp, 1975.

L: C. Morla Lynch, *En España con Federico García Lorca,* Madrid 1959; G. Díaz Plaja, *Federico García Lorca,* Madrid ³1961; M. Duran (Hrsg.) *Lorca. A collection of critical essays,* Englewood Cliffs 1962; M. Laffranque, *Federico García Lorca,* Paris 1966; R. Michaelis, *Federico García Lorca,* Velber 1969; G. Correa, *La poesía mítica de F. G. L.,* Madrid 1970; J. Monleón, *G. L., Vida y obra de un poeta,* Barcelona 1970; I. Gibson, *La represión nacionalista de Granada en 1936 y la muerte de F. G. L.,* Paris 1971 (dt. *Lorcas Tod,* Frankfurt 1976); I.-M. Gil, *Federico García Lorca. El escritor y la crítica,* Madrid 1973; R. C. Allen, *Psyche and symbol in the theatre of F. G. L.,* Austin u. London 1974; F. Ruiz Ramón, *Historia del teatro español,* Madrid 1975; C. Rincón, *Das Theater G. L. s.,* Berlin (DDR) 1975; S. Byrd, *La Barraca and the spanisch national theatre,* New York 1975; M. Adams, *García Lorca: Playwright and poet,* New York 1977; Francisco García Lorca: *Federico y su mundo,* Madrid 1980; H. Rogmann, *García Lorca,* Darmstadt 1981.

A: 1 A. Josephs y J. Caballero (ed.): *Bodas de sangre,* Madrid (Cátedra), 1985

2 Eine ähnliche Reaktion zeigt Doña Mencía am Ende des zweiten Aktes von Calderóns *El médico de su honra,* als sie ihren unbemerkt erschienenen Gatten mit dem Infanten verwechselt.

3 In ähnlicher Form findet sich diese Rede auch bei M. Delibes, *Cinco horas con Mario* (vgl. meine Studie zu diesem Roman in: V. Roloff/H. Wentzlaff-Eggebert (Hrsg.), *Der spanische Roman,* Düsseldorf 1986, S. 365 ff.)

4 Hierzu Vf., »Der Geltungsdrang der Sinne und die Grenzen der Moral [...] im klassischen Drama Spaniens und Frankreichs«, in: F. Nies/K. Stierle (Hrsg.), *Die französische Klassik,* München 1985.

5 Dazu Vf., »El triste drama del honor«, in H. Flasche (Hrsg.), *Hacia Calderón,* Berlin, New York 1973.

6 Zur Psychopathologie der ›paradoxen Kommunikation‹ vgl. P. Watzlawick, *Menschliche Kommunikation,* Bern ⁷1985.

7 So Marx und Engels im *Kommunistischen Manifest.*

*WILFRIED FLOECK*

# FEDERICO GARCÍA LORCA · LA CASA DE BERNARDA ALBA

*Nacer mujer es el mayor castigo* (2. Akt)

Am 19. Juni 1936, nur wenige Wochen vor Ausbruch des Bürgerkrieges, beendete García Lorca die Arbeit an seinem letzten Theaterstück. In den folgenden Wochen las er den Text mehrfach im Freundeskreis vor. Die Aufführung hatte er anscheinend gemeinsam mit der katalanischen Schauspielerin Margarita Xirgu, einer der großen Interpretinnen von Lorcas Frauengestalten, für Buenos Aires geplant. Doch bekanntlich kam es nicht mehr zu der Reise des Autors nach Argentinien, da die Schergen des Franco-Regimes seinem Leben bereits im August des gleichen Jahres ein gewaltsames Ende bereiteten. Neun Jahre später gelang es Margarita Xirgu in der Emigration, sich das Manuskript des Stückes zu beschaffen und die spanischsprachige Uraufführung am 8. März 1945 in Buenos Aires zu verwirklichen. Weitere 19 Jahre mußten Lorcas Landsleute auf die offizielle spanische Premiere des Stückes warten, die am 10. Januar 1964 im Madrider Teatro Goya in der Regie von José Antonio Bardém stattfand.

Heute gilt *La casa de Bernarda Alba* allgemein als Lorcas bestes Stück. Von der Kritik wird es häufig in einem Atemzug mit *Bodas de sangre* und *Yerma* genannt und der von Lorca geplanten Bauerntrilogie zugeschlagen. Das ist freilich nicht ganz richtig, denn wenn *La casa de Bernarda Alba* mit den beiden anderen Stücken auch das ländliche Andalusien als Schauplatz gemeinsam hat, so gehört es doch nicht zu der vom Autor projektierten »trilogía de la tierra española«, deren drittes Stück uns nicht erhalten ist. Trotz des gemeinsamen Schauplatzes unterscheidet sich *La casa de Bernarda Alba* formal und inhaltlich erheblich von den beiden bekannten Stücken der Trilogie.

## *La casa de Bernarda Alba* als ästhetischer Neuansatz

Die Unterschiede von Lorcas letztem Stück zu *Bodas de sangre* und *Yerma* scheinen mir so gewichtig, daß man geradezu von einem ästhetischen Neuansatz sprechen kann; einem Neuansatz freilich, der auf den ersten Blick keineswegs innovativ, sondern eher regressiv anmutet und wie ein Rückgriff auf das Modell des realistischen Dramas erscheint, wie es sich in Spanien in der Form der alten comedia im 19. Jahrhundert herausgebildet hatte. Der »tragedia« von 1933 und dem »poema trágico« von 1934 läßt Lorca nun ein

Stück folgen, dessen Untertitel »drama de mujeres en los pueblos de España« eher an das Modell des realistischen Sozialdramas des späten 19. Jahrhunderts denken läßt. Konventionell muten auch die stärkere Individualisierung und Psychologisierung der Personen, der Verzicht auf die Einteilung in Bilder sowie die Eliminierung poetisch-lyrischer Einlagen und costumbristischer Kollektivszenen an, die die beiden vorangegangenen Tragödien in die Nähe einiger Volksstücke Lope de Vegas gestellt hatten. Gemeinsam mit der Beschränkung auf einen einheitlichen Schauplatz vermitteln die genannten Merkmale den Eindruck großer Einfachheit, Geschlossenheit und Konzentration. »Característica notable de la obra es su desnudez, su radical sobriedad«, schreibt Miguel García-Posada zu Recht[1]. In die gleiche Richtung zielt auch die kompositorische Rückkehr zum pyramidalen Spannungsbogen im traditionellen Dreischritt von Exposition, Schürzung und Auflösung des dramatischen Geschehens.

Der erste Akt erfüllt eine dreifache expositorische Funktion: er stellt die handelnden Personen vor, legt den Keim für die Entwicklung des dramatischen Konflikts und führt dem Zuschauer die soziale Situation vor Augen, vor deren Hintergrund sich das Geschehen abspielt. Nach dem Tod ihres Ehemanns hat Bernarda Alba für sich und ihre fünf unverheirateten Töchter eine achtjährige Trauer verkündet, in deren Verlauf sie Haus und Familie radikal von jedem Kontakt mit der sozialen Umwelt ihres Dorfes abschotten will:

> En ocho años que dure el luto no ha de entrar en esta casa el viento de la calle. Hacemos cuenta que hemos tapiado con ladrillos puertas y ventanas. Así pasó en casa de mi padre y en casa de mi abuelo. Mientras, podéis empezar a bordar el ajuar. (129)

Schon diese Worte machen deutlich, daß nicht Schmerz über den Verlust des Gatten der Grund für die verhängte Trauer ist, sondern das blinde Festhalten an einer jahrhundertealten Tradition. Bernarda Alba verkörpert nicht nur ein rigides System sozialer und moralischer Normen, sie verbindet in ihrer Person zugleich ein überzogenes soziales Klassenbewußtsein und persönliches Machtstreben, was ihr geradezu tyrannische Züge verleiht. Sie verordnet ihren Töchtern eine totale Isolation, weil sie aufgrund ihrer herausgehobenen sozialen Stellung, die freilich von keiner entsprechenden finanziellen und ökonomischen Situation mehr abgesichert ist, keine Möglichkeit zu einer standesgemäßen Hochzeit sieht, und weil sie allein durch die Abschottung ihres Hauses die Ehre ihrer Familie (sprich: sexuelle Unschuld ihrer Töchter) gewährleistet glaubt. Doch erste vorsichtige Hinweise auf die Rivalität der Töchter um den jungen Pepe el Romano deuten bereits an, daß Bernarda die Macht der Liebe und des Sexualtriebs unterschätzt, und ein erstes Aufbegehren Adelas (»No me acostumbraré. Yo no puedo estar encerrada«, 142) gegen

Ende des ersten Aktes weist bereits auf den künftigen Konflikt hin. Das zentrale Thema des zweiten Aktes ist die wachsende Rivalität Angustias, Martirios und Adelas um Pepe el Romano und die Aufdeckung von dessen doppeltem Spiel. Entsprechend den gängigen Normen, in denen ökonomische Interessen über persönliche Gefühle dominieren, hält Pepe um die Hand der aus Bernardas erster Ehe stammenden und durch eine entsprechende Erbschaft begüterten Angustias an, ohne aber auf die Liebe der von ihm in Wirklichkeit begehrten Adela verzichten zu wollen. Durch deren Bekenntnis zu Pepe ist das gesamte Ordnungssystem Bernardas vom Einsturz bedroht. Am Ende des Aktes deutet freilich die Nachricht von der Lynchjustiz der Dorfbewohner an einer jungen Frau, die aus Angst vor öffentlicher Schande ihr uneheliches Kind getötet hat, eindrucksvoll an, daß Adelas Revolte zum Scheitern verurteilt ist und zur Katastrophe führen muß, auf die hin sich die dramatische Handlung im dritten Akt in wachsender Spannung und sich ständig steigerndem Tempo zubewegt. Am Ende bleibt Bernarda und mit ihr das rigide System sozialer und moralischer Normen Sieger, denn die Mutter versteht es, über den wirklichen Vorgang in ihrem Haus den Mantel des Schweigens zu breiten und Adelas Selbstmord aus Verzweiflung über den vermeintlichen Tod des Geliebten als jungfräulichen Tod der Tochter zu verklären:

> Nos hundiremos todas en un mar de luto. Ella, la hija menor de Bernarda Alba, ha muerto virgen. ¿Me habéis oído? ¡Silencio, silencio he dicho! ¡Silencio! (199)

Lorcas Meisterschaft in der Komposition seines Stückes zeigt sich in der subtilen Vorbereitung des dramatischen Konflikts inmitten einer breit angelegten Exposition und einer ersten Charakterisierung der dramatischen Figuren, in einer wachsenden Konzentration auf den zentralen Konflikt zwischen sozialer Ordnung und natürlichem Trieb, in der Inszenierung einer geradezu kriminalistischen Intrige um Adela, Angustias und Pepe el Romano, in der ständigen Spannungs- und Temposteigerung sowie in der geschickten Verwendung des Mittels der Vorausdeutung durch effektvolle Aktschlüsse (Wahnsinn der Großmutter, Ermordung der »hija de la Librada«) und die Häufung düsterer Vorzeichen im dritten Akt. Trotz der Handlungsarmut steht die Komposition des Stückes der dispositio-Vorstellung der aristotelischen Poetik und deren jüngstem Niederschlag im Ideal des »drama bien hecho« des 19. Jahrhunderts recht nahe.

## Realismus und soziale Kritik

Nach Auskunft eines Augenzeugen soll García Lorca die Lektüre seines Dramas vor Freunden mehrfach mit dem Ausruf unterbrochen haben: »¡Ni una gota de poesía! ¡Realidad! ¡Realismo!«[2] Die dem Stück vorangestellte Bemerkung: »El poeta advierte que estos tres actos tienen la intención de un documental fotográfico« (117) scheint diese Aussage noch zu bestätigen. Ist Lorca mit seinem letzten Stück also wieder zum Modell des realistischen Dramas zurückgekehrt? Im Vergleich zu *Bodas de sangre* ist die Hinwendung zum Realismus unverkennbar. In *La casa de Bernarda Alba* gibt es weder poetisch-lyrische Einlagen noch allegorische Figuren (wie Mond und Tod) noch mythische Schauplätze wie den magischen Wald im dritten Akt von *Bodas de sangre*, die den dramatischen Konflikt des Stückes unübersehbar entrealisieren und ins Mythisch-Universale heben[3]. In *La casa de Bernarda Alba* wird die soziale Norm in der Gestalt Bernardas individualisiert und aktualisiert und zugleich durch eindeutige Sympathielenkung gebrandmarkt. In *Bodas de sangre* blieb die Schuldfrage selbst für die Beteiligten undurchsichtig, wie die folgende Replik Leonardos illustriert:

> Después de mi casamiento he pensado noche y día de quién era la culpa, y cada vez que pienso sale una culpa nueva que se come a la otra; pero ¡siempre hay culpa! (O. C., II, 607).

In *La casa de Bernarda Alba* ist es dagegen die Mutter, die die Norm der öffentlichen Meinung, des »que dirán«, zum Gesetz ihres eigenen Handelns erhebt und dieses zugleich unbarmherzig ihrer Umgebung aufzwingt. Sie ist es, die die ungleiche Ehe zwischen Angustias und Pepe favorisiert, die eine Verbindung zwischen Martirio und dem nicht standesgemäßen Enrique Humanas verhindert (169 f.), die die Gefühle ihrer Töchter außer acht läßt und ihre Versuche zu einer freien Entscheidung im Keim erstickt. Wenn Magdalena klarsichtig feststellt: »nos pudrimos por el qué dirán« (137), dann weiß sie zugleich, daß es allein die Mutter ist, die die Norm des Dorfes in ihrem Haus durchsetzt. Im Gegensatz zur Mutter des Novio in *Bodas de sangre* ist Bernarda Alba eindeutig negativ gezeichnet, »tirana de todos los que la rodean« (119).

García Lorcas *La casa de Bernarda Alba* ist nicht nur ein realistisches Drama, das eine konkrete soziale und ideologische Wirklichkeit möglichst unverfälscht in theatralische Wirklichkeit übersetzt, es ist darüber hinaus ein Drama unmittelbaren sozialen und ideologischen Protests. Die Kritik zielt dabei vornehmlich in zwei Richtungen: auf die sozialen Klassenunterschiede allgemein und die damit verbundene Dominanz ökonomischer Wertkategorien sowie auf die konkrete Situation der Frau in einer von obsoleten Ehrengesetzen und moralischen Normen beherrschten Gesellschaft. Seine Kritik an Standesdünkel und Profitstreben demonstriert Lorca im Verhältnis Bernarda Albas zu ihren Bediensteten und in ihrer Einstellung gegenüber den Dorfbewohnern sowie im Verhalten Pepe el Romanos, Angustia und Adelas. Bernardas Haltung gegenüber den Armen gipfelt in der zynischen Bemerkung:

»Los pobres son como los animales; parece como si estuvieran hechos de otras sustancias« (123). Seinen Protest gegen die soziale Situation der Frau illustriert der Autor durch die Situation der fünf Mädchen, die in ihrem eigenen Haus wie in einem Gefängnis leben, ohne Hoffnung, diesem Teufelskreis jemals entrinnen zu können: »Pero las cosas se repiten. Y veo que todo es una terrible repetición« (136). Selbst die Ehe stellt keinen wirklichen Ausweg aus dieser Lage dar, denn mit der Heirat tauscht die Frau nur die Herrschaft der Eltern mit derjenigen des Ehemanns ein. La Poncia klärt Bernardas Töchter hierüber unmißverständlich auf:

> A vosotras que sois solteras, os conviene saber de todos modos quel el hombre, a los quince días de boda, deja la cama por la mesa y luego la mesa por la tabernilla, y la que no se conforma se pudre llorando en un rincón (151).

Klarsichtig bringt Amelia die Lage ihres Geschlechts auf den Begriff, wenn sie lakonisch feststellt: »Nacer mujer es el mayor castigo« (159).

Freilich erliegt García Lorca bei aller eindeutigen Sympathielenkung und bei allem sozialen Protest nie der Versuchung zu klischeehafter Schwarz-Weiß-Malerei. Vielmehr demonstriert das Verhalten aller Figuren, daß die Macht des sozialen und moralischen Normensystems so verkrustet und so tief in allen Bereichen der sozialen Dorfgemeinschaft eingenistet ist, daß es selbst das Denken und Verhalten derer bestimmt, die unter ihm leiden und die es partiell in Frage stellen. Das Verhalten der criada gegenüber der Bettlerin (122f.) unterscheidet sich in nichts von dem Verhalten Bernardas gegenüber den Bediensteten. Obgleich La Poncia erkennt, daß die Ursache für die sich anbahnende Katastrophe in der Unterdrückung der Willensfreiheit und der Gefühle der Mädchen durch die Mutter liegt, warnt sie Bernardas Töchter doch eindringlich davor, die Gebote der Mutter zu mißachten und ihren eigenen Gefühlen nachzugeben (z. B. 154f.). Die Rivalität der Mädchen um Pepe el Romano läßt sie teilweise zu wahren Hyänen werden und die Bande der Freundschaft und Blutsverwandtschaft außer Kraft setzen (z. B. 195f.).

In *La casa de Bernarda Alba* gestaltet García Lorca keine andalusische Dorfidylle, sondern inszeniert im Haus Bernardas brennspiegelartig eine Gemeinschaft, in der Egoismus, Habgier, Geiz, Machtstreben und Mißtrauen den Umgang untereinander bestimmen, in der Verlogenheit über Ehrlichkeit dominiert, in der Außenwirkung und Fassade mehr gelten als innere Werte, und in der letztlich der ökonomische Faktor, das Geld, den Ausschlag gibt (»¡El dinero lo puede todo!«, 140). Die Hauptleidtragenden dieser Situation sind die Frauen, denen die soziale und moralische Normenstruktur keinerlei Freiraum und keinerlei Chance zu einer Selbstverwirklichung einräumt. Unter solchen Lebensbedingungen gehen Unterdrücker wie Unterdrückte gleichermaßen jeglicher Menschlichkeit verlustig. Allerdings bedeutet das für

Lorca nicht, daß Schuld und Verantwortung auf beiden Seiten gleichermaßen verteilt sind. Lorca lenkt die Sympathie des Zuschauers auf die Seite der Unterdrückten und macht deutlich, daß ihr »unmenschliches« Verhalten aus der Unmenschlichkeit ihrer eigenen Situation erwächst. Unterdrückung erzeugt Haß und als letzten Ausweg gewaltsame Auflehnung. »Es el carácter originariamente despótico del deber lo que trae la rebelión, la sangre y la muerte«, wie José Monleón treffend bemerkt[4]. Doch auch die Revolte bringt keine Lösung und scheitert. Die überkommenen Strukturen sind zu tief eingegraben, um in einem ersten individuellen Aufbegehren beseitigt werden zu können. Den Frauen, die in einer Welt leben, wie Lorca sie in *La casa de Bernarda Alba* zeichnet, bleiben neben der üblichen Unterwerfung und Anpassung nur drei Möglichkeiten des Auswegs: die bewußte Akzeptanz gesellschaftlichen Pariatums, wie die Dorfprostituierte es vorlebt, die Evasion in den Wahnsinn, wie María Josefa demonstriert, oder die Flucht in den Selbstmord, in den Adelas Revolte mündet. Am Ende bleibt nur die Hoffnung, daß die wachsende Infragestellung der überkommenen Ordnung in einer fernen Zukunft zu tiefgreifenden Veränderungen führen könnte.

## Autonomie und soziale Verantwortung der Kunst

García Lorcas politische Position und seine Auffassung von der Funktion der Literatur werden in der Forschung zum Teil bis heute unterschiedlich beurteilt[5], doch ist das politische und soziale Engagement des Staatsbürgers Lorca in den letzten Jahren immer deutlicher herausgearbeitet worden[6]. Die Dichtung jedoch wollte er von jeder direkten politischen und ideologischen Indienstnahme bewahren. Lorca plädierte stets für eine Autonomie und Eigengesetzlichkeit der Kunst, die diese über die empirische Wirklichkeitserfahrung ebenso hinausheben müsse wie über gesellschaftliche und ideologische Forderungen: »El artista debe ser única y exclusivamente eso: artista« (O. C., II, 1002). Dies bedeutet freilich kein Bekenntnis zu einem Ästhetizismus und zu einer radikalen Ablehnung einer unmittelbaren Wirklichkeitsbezogenheit oder einer erzieherischen Funktion der Kunst. Darüber hinaus haben Untersuchungen wie diejenigen Marie Laffranques deutlich gezeigt, daß Lorca sich in den letzten zwei Jahren vor Ausbruch des Bürgerkriegs angesichts der sich zuspitzenden politischen und sozialen Schwierigkeiten Spaniens zunehmend der sozialen Verantwortung vor allem des Theaters bewußt wurde[7]. Am 2. Februar 1935 gab der Autor in einer kurzen Rede seiner Auffassung deutlich Ausdruck:

> El teatro es uno de los más expresivos y útiles instrumentos para la edificación de un país y el barómetro que marca su grandeza o su descenso. [...] el teatro que no recoge el latido social, el latido histórico, el drama de sus gentes y el color

genuino de su paisaje y de su espíritu, con risa o con lágrimas, no tiene derecho a llamarse teatro (O. C., I, 1215).

Vor dem Hintergrund dieses wachsenden sozialen Verantwortungsbewußtseins des Schriftstellers seit 1934 ist auch die Akzentverlagerung von der Gestaltung eines eher universalen und mythischen Normenkonflikts in *Bodas de sangre* zu einem stärker aktuellen Wirklichkeitsbezug sowie zu einer deutlicheren Stellungnahme in *La casa de Bernarda Alba* zu sehen.

Neuansatz bedeutet freilich noch nicht Bruch. Auch 1936 bleibt Lorca zuallererst Dichter. Die Haltung des Autors in den letzten Jahren der Republik ist vergleichbar derjenigen des von ihm verehrten Antonio Machado und des späten Valle-Inclán, die die Verwirklichung einer sozialen Verantwortung der Kunst allein in der Beachtung ihrer ästhetischen Eigengesetzlichkeit und in der Erneuerung und Entwicklung einer Ästhetik erblickten, die der Wirklichkeit ihrer eigenen Zeit entsprach. Das schloß eine einfache Rückkehr zu vergangenen ästhetischen Verfahren aus. García Lorca geht mit *La casa de Bernarda Alba* keineswegs hinter das eigene Modell eines poetischen Theaters zurück, in dem sprachliche und theatralische Symbole den realistischen Widerspiegelungscharakter des Theaters weit übersteigen und in dem verbale und nonverbale Ausdrucksmittel sich zu einem Theaterkunstwerk verbinden, das die Erfahrungen der europäischen Theaterrevolution seit der Jahrhundertwende miteinbezieht. Auch der späte Lorca bleibt der antinaturalistischen Grundlage seiner Ästhetik sowie dem Gedanken von der Einheit der künstlerischen Ausdrucksmittel treu. Lorcas Wort vom »documental fotográfico« darf nicht im Sinne realistischer Widerspiegelungstheorie mißverstanden werden. Der Dichter war sich zweifellos bewußt, daß die in seinem Stück geschilderte Fabel, die ähnlich wie in *Bodas de sangre* auf eine wirkliche Begebenheit aus seiner andalusischen Heimat zurückgeht, 1936 selbst für die ländlichen Regionen Andalusiens nicht mehr repräsentativ war. Vielmehr dürfte ihn gerade die Außergewöhnlichkeit dieses »fait divers« zu einer theatralischen Gestaltung herausgefordert haben[8]. Neben der realistischen muß auch die poetische Seite des Stückes herausgearbeitet werden. Hierzu bietet sich als Beispiel die räumliche und farbliche Gestaltung des Bühnenortes und deren Symbolik an.

## Raum- und Farbgestaltung

Im Titel schon wird der Schauplatz des Stückes angekündigt. Das Haus ist der Lebensraum der Frau. Es ist damit der natürliche Schauplatz dieses spanischen Frauendramas, und die sparsamen Bühnenanweisungen deuten auf den ersten Blick auf eine ganz realistische Raumgestaltung hin: im ersten Akt der weiß getünchte Empfangsraum des Hauses mit Türen aus Jutevorhängen, die in die inneren Wohnräume führen, mit Rohrsesseln und – an den Wänden – märchenhaften Landschaftsbildern von Nymphen oder legendären Königsgestalten (118); im zweiten Akt der schmucklose, weiß getünchte Arbeitsraum der Frauen mit Zugängen zu den Schlafzimmern der Mädchen (147), und schließlich im dritten Akt der nächtliche Innenhof mit seinen bläulichweißen Mauern, die nur spärlich vom Licht der Innenräume des Hauses beleuchtet sind, das durch die Fenster in den Hof dringt (177). Bei näherem Hinsehen fallen freilich einige Angaben besonders auf: »habitación blanquísima«, »muros gruesos«, »un gran silencio umbroso« (118). Das Weiß der Wände ist grell und hart und sticht geradezu schmerzhaft ins Auge; die Wände des Hauses sind dick; über der Szene lastet eine Stille, die noch dadurch verstärkt wird, daß die Bühne zu Beginn des Stückes völlig leer ist. Schon gleich zu Beginn wird der Eindruck von Kälte, Abgeschlossenheit, Leblosigkeit erweckt: Das Haus Bernarda Albas ist ein kalter, lebensfeindlicher Raum; die dicken Mauern schotten die Bewohner von ihrer Umwelt ab; die Stille, die sich ausbreitet, ist Grabesstille und Friedhofsruhe. Im Haus Bernarda Albas wird jedes Leben im Keim erstickt; ihr Haus gleicht eher einem Gefängnis als einem Wohnhaus, und Bernarda selbst spielt die Rolle des Kerkermeisters. Dieser erste Eindruck verdichtet sich im Laufe des Stückes immer mehr. Die Isolation des Schauplatzes wird im Verlauf der drei Akte durch die fortschreitende Verlagerung des Handlungsortes ins Innere der Behausung beständig intensiviert. Dem entspricht eine Abnahme in der Wahrnehmung der Außengeräusche. Heißt es im ersten Akt noch: »suenan las campanas« (121), ist im zweiten Akt bereits von einem »cantor lejano« (160) und von »rumores lejanos« (174) die Rede und notiert der Autor für den letzten Akt: »se oyen lejanísimas unas campanas« (181). Das Haus Bernarda Albas ist ein »espacio cerrado« par excellence, und innerhalb dieses abgeschlossenen Raumes gibt es eine auch im konkreten Wortsinn verschlossene Zelle: das Zimmer der wahnsinnigen Großmutter. Die Figuren, die diese Räume bewohnen, verhalten sich nicht wie Menschen, sondern wie fremdgesteuerte Maschinen und Automaten (»Yo hago las cosas sin fe, pero como un reloj«, 135). La Poncia bringt den Charakter des Schauplatzes am deutlichsten auf den Begriff, wenn sie ihn mit einem Kloster (158) und schließlich mit der Hölle selbst vergleicht (148). Das Haus Bernarda Albas als *Huis clos* avant la lettre, wobei das Infernohafte bei Lorca stärker noch als bei Sartre mit außersprachlichen Mitteln der Bühnentechnik in Szene gesetzt wird! Dabei spielt das unausgesprochene Wort, das verordnete Schweigen, das Tabugebot bisweilen eine größere Rolle als die sprachliche Kommunikation. »¡Silencio!« ist das erste und letzte Wort Bernardas; es beherrscht ihren ersten Auftritt wie ihren Abgang (123, 199). Jedes Leben wird in Bernardas Haus unter dem dicken Mantel des Schweigens erstickt.

Die farbliche Gestaltung des Schauplatzes und der gesamten Inszenierung zielt in die gleiche Richtung. Die weiß getünchten Wände um Bernarda Albas Haus sind nicht nur ein wirklichkeitsgetreues Abbild andalusischer Dorfgestaltung, denn rasch wird man gewahr, daß sich die Farbpalette in der Ausstattung des Bühnenbildes auf Weiß und Schwarz beschränkt, d. h. daß die gesamte Farbgebung in hohem Maße stilisiert und auf Symbolwirkung hin ausgerichtet ist. Die Farbgestaltung von *La casa de Bernarda Alba* besteht in einer Komposition aus Schwarz und Weiß, wobei die schwarzen Gewänder der Frauen mit den weißen Wänden des Hauses kontrastieren. Die farbenfrohe Blumenpracht andalusischer Innenhöfe fehlt in *La casa de Bernarda Alba* ebenso wie die lebensfrohe Kolorierung des Wohnraums oder der Frauenkleidung, wobei lediglich letzteres durch den Tod des Vaters »realistisch« zu motivieren wäre. Der Symbolgehalt der Trauer- und Todesfarbe Schwarz liegt auf der Hand, während der Symbolwert von Weiß stärker oszilliert. Auf die Polyvalenz von Lorcas Bildwelt allgemein und auf die vielseitige Bedeutung der Farbe Weiß in *La casa de Bernarda Alba* ist in der Forschung des öfteren hingewiesen worden[9]. Mir scheint, daß das Weiß der Wände in erster Linie lebensfeindliche Kälte und die Starre des weißen Leichentuches versinnbildlicht. Deutlicher noch wird die Symbolik der Schwarz-Weiß-Gestaltung dort, wo von der jüngsten Tochter der Versuch unternommen wird, sie zu durchbrechen. Doch dieser Versuch mißlingt: Adela kann ihr grünes Kleid nur heimlich anziehen und es den Hühnern im Hof vorführen (138), und ihre Geste, der Mutter einen bunten Fächer zu reichen, wird von dieser mit einem herrischen Schlag quittiert, mit dem sie den Fächer zu Boden schleudert (128). Bernarda Alba duldet in ihrer Umgebung keine Symbole der Freude und des Lebens.

Deutlicher noch wird die Symbolik der Raumgestaltung, wenn man die Funktion des Außenraums mit in die Betrachtung einbezieht[10]. Jenseits der dicken Wände von Bernarda Albas Haus liegen zwei Bereiche, deren Wirklichkeit nur akustisch oder über die Berichte La Poncias oder Prudencias zu den Mädchen vordringt. Da ist einmal der Bereich der Straße und des Dorfes. Hier herrschen die gleichen Normen und Gesetze, die auch das Leben im Haus Bernardas bestimmen. Die Wirklichkeit des Dorfes dringt vornehmlich über das Geläut der Kirchenglocken und durch den Tumult der Menge ins Haus, die mit ihrem Rachegeschrei die Tochter der Librada verfolgt, die die Gesetze der Gemeinschaft durchbrochen hat. Von diesen Hütern der dörflichen Moral führt eine unmittelbare Brücke zur Hüterin der häuslichen Moralgesetze, zu Bernarda Alba, die mit ihrem »¡Matadla! ¡Matadla!« das Geschrei der Menge aufgreift.

Neben dem dörflichen Raum aber existiert noch ein Raum, der positiv besetzt ist, der weit jenseits der dörflichen Gemarkung situiert ist und der mit

Begriffen wie »el campo«, »los montes« und »la orilla del mar« belegt wird. Dies sind die Orte wirklicher oder imaginierter Revolte und Freiheit. Von der Dorfdirne Paca la Roseta, die sich über die Gesetze der dörflichen Moral und der Ehre hinwegsetzt, heißt es: »Es de muy lejos« (133). Die verrückte Großmutter will ihr häusliches Gefängnis mit der Freiheit des Meeresstrandes vertauschen (»¡Quiero irme de aquí! ¡Bernarda! ¡A casarme a la orilla del mar, a la orilla del mar!«, 146, ähnlich 191). Die Schnitter schließlich repräsentieren die Freiheit der Felder und fernen Berge, von denen sie herkommen (159). Der Refrain ihres Gesangs, der aus der Ferne durch die Wände des Hauses dringt, wird von den Mädchen sehnsüchtig aufgegriffen:

> »Abrir puertas y ventanas
> las que vivís en el pueblo« (161).

Doch ihr Gesang geht für Bernarda Albas Töchter nicht in Erfüllung. Die Fenster ihres Hauses bleiben verschlossen. In *La casa de Bernarda Alba* liegt die Hoffnung auf Leben und Freiheit noch weit in der Ferne.

Die symbolische Funktion von Lorcas theatralischer Raumgestaltung reicht über den Rahmen des dramatischen Konflikts zwischen Bernarda Alba und ihren Töchtern hinaus. Der theatralische Raum des Stückes legt eine Beziehung zu dem historischen Raum nahe, in dem das Stück entstand. Die Enge und Isolierung von Bernardas Haus kann damit zugleich als eine Metapher für die verkrustete Enge und Abschottung einer Gesellschaft verstanden werden, in der obsolete ideologische Normen und soziale und politische Unfreiheit nach wie vor tief verwurzelt waren und in der Versuche zu radikaler Erneuerung und zur Verwirklichung größerer Freiheitsräume in blutiger Repression erstickt zu werden drohten. Somit könnte *La casa de Bernarda Alba* geradezu als prophetische Vorwegnahme der Ereignisse nach 1936 verstanden werden. Daß das Stück bei der spanischen Erstaufführung 1964 auf die neue historische Situation bezogen wurde, lag auf der Hand. Der Regisseur José Antonio Bardém scheint mit seiner Inszenierung des Stückes die Rezeption der Zuschauer auch bewußt oder unbewußt in diese Richtung gelenkt zu haben, so daß die Verbindung zwischen der theatralischen Situation des Stückes und der historischen Situation des Franco-Spanien nahelag[11]. Lorcas geschärftes Bewußtsein von der sozialen Verantwortung des Theaters schlug sich nicht nur im unmittelbaren Diskurs seiner dramatischen Figuren und in einer unmißverständlichen Sympathielenkung nieder, es wurde zugleich auch über die innere ästhetische Struktur seines Stückes, im vorliegenden Fall über die Gestaltung des theatralischen Raums und der gesamten Inszenierung, vermittelt. Damit wird die ästhetische Form selbst zur chiffrierten politischen und sozialen Botschaft. Zugleich dürfte deutlich geworden sein, daß Lorca auch in *La casa de Bernarda Alba* weit über den literarischen Charaker des realistischen Theaters und dessen sprachliche Dominanz hinausgegangen ist und visuelle, akustische, lichttechnische und plastische Ausdrucksmittel zu einem totalen theatralischen Schauspiel und Gesamtkunstwerk komponiert hat.

## Adelas Revolte: Selbstbestimmung oder sexueller Determinismus?

Die Liebe erscheint in Lorcas lyrischem und dramatischem Werk stets als erdhafte Urgewalt und animalischer Trieb, dem sich der Mensch nicht entziehen kann und der das Handeln wie ein fatalistisches Schicksal bestimmt. Sie läßt in ihrem anarchischen Aufbegehren gegen jede soziale Ordnung stets eine lange Spur von Blut und Gewalt zurück und endet immer im Tod. Wenn soziale und moralische Normen sich ihrer Verwirklichung in den Weg stellen, kommt es zu einem tödlichen Kampf, in dem die beteiligten Protagonisten wie hilflose Spielbälle übermenschlicher Gewalten erscheinen.

> Que yo no tengo la culpa,
> que la culpa es de la tierra
> y de ese olor que te sale
> de los pechos y las trenzas,

kommentiert Leonardo im Gespräch mit der Geliebten in der mythischen Waldszene in *Bodas de sangre* das dramatische Geschehen (O.C., II. 649). Es ist bezeichnend, daß die symbolische Bildsprache Lorcas ihren Höhepunkt und ihre größte Intensität in der Evokation der Liebe erreicht. In *Bodas de sangre* zieht sich vor allem das Bild des durchgehenden Pferdes als Symbol des Sexualtriebs leitmotivisch durch das gesamte Stück. Hat sich Lorcas Auffassung von der Liebe in *La casa de Bernarda Alba* entscheidend geändert? In der Tat wird in Lorcas letztem Stück die Liebe immer wieder mit dem Begriff der Freiheit in Verbindung gebracht. Die Großmutter träumt in ihrer geistigen Umnachtung von ihrer Hochzeit am fernen Ufer des Meeres; der ferne Gesang der Schnitter evoziert Liebe und Freiheit. Vor allem verbinden Bernardas Töchter mit dem Gedanken der Liebe und Ehe denjenigen der Befreiung aus dem häuslichen Inferno. Lorcas *La casa de Bernarda Alba* ist ohne Zweifel auch ein Stück des Protests gegen sexuelle Repression und ein Plädoyer für die Selbstbestimmung des Menschen in der Liebe. Und doch ist auch in *La casa de Bernarda Alba* Lorcas deterministischer »Pansexualismus« (Francisco Umbral) überdeutlich erkennbar und schlägt sich im Verhalten der Figuren ebenso wie in eindrucksvollen Symbolen und sprachlichen Bildern nieder.

*La casa de Bernarda Alba* ist ein reines Frauendrama, und dennoch ist der Mann in der Gestalt Pepe el Romanos allgegenwärtig. Er beherrscht das Gespräch und die Imagination der Mädchen. In ihrer Vorstellung nimmt er übermenschliche, mythische Züge an, wird zu einem »Löwen« (197) und einem »Giganten«, der sein Opfer zermalmt und verschlingt wie es die wahnsinnige Großmutter prophezeit:

> Pepe el Romano es un gigante. Todas lo queréis. Pero él os va a devorar porque vosotras sois granos de trigo. No granos de trigo. ¡Ranas sin lengua! (193)

Die Liebe erscheint in Lorcas Stück als eine zerstörerische Urgewalt, die die Mädchen innerlich verzehrt und verbrennt. Die glühende Sommerhitze und der ständige Durst, den die Mädchen stets vergeblich mit dem Wasserglas zu stillen versuchen, sind Symbole der alles verzehrenden Liebesglut. Am eindrücklichsten aber hat Lorca die bedrohliche Urgewalt des Geschlechtstriebs im Bild des brünstigen Hengstes zum Ausdruck gebracht, dessen Huftritte das ganze Haus erschüttern und der Adela als übermächtige, geradezu mythische Erscheinung im nächtlichen Gehege begegnet:

> El caballo garañón estaba en el centro del corral ¡blanco! Doble de grande, llenando todo lo oscuro (184).

Für Adela ist die Liebe keine geistige Kraft, die sie veredelt und innerlich frei macht, sie empfindet sie als allmächtiges Naturgesetz, dem sie genauso ausgeliefert ist wie der von Bernarda verkörperten sozialen Norm und das in ihr bedrohliche und zerstörerische Kräfte freisetzt: »por encima de mi madre saltaría para apagarme este fuego que tengo levantado por piernas y boca« (156). Vor allem aber führt die Liebe Adela nicht zu wirklicher innerer Freiheit und Selbstbestimmung. Zwar gibt sie ihr die Kraft, den Stock der Mutter als Symbol ihrer tyrannischen Herrschaft zu zerbrechen, doch nur um das Joch der Mutter gegen dasjenige Pepes zu vertauschen. Adelas Tod führt sie nicht zur Emanzipation, sondern zu neuer Knechtschaft und Selbstentäußerung:

> No dé usted un paso más. En mí no manda nadie más que Pepe (197). Seré lo que él quiera que sea (195).

Auch in *La casa de Bernarda Alba* bestimmt Lorcas pessimistisch-fatalistische Weltsicht das Verhalten seiner Figuren und den Verlauf des dramatischen Geschehens. Auch in Lorcas letztem Stück ist der Konflikt zwischen Sozialordnung und Naturgesetz nicht nur Symbol eines nationalspanischen, sondern darüber hinaus eines allgemeinmenschlichen, universalen Konfliktes[12].

## García Lorca zwischen Tradition und Modernität

Lorca wird immer wieder als Schriftsteller bezeichnet, der traditionelle und avantgardistische ästhetische Verfahren in gleicher Weise verwendet. Erst jüngst schrieb Francisco Nieva aus Anlaß des 50. Todestages des Dichters:

»El clasicismo de Lorca es tan evidente como su modernidad.«[13] In der Tat ist Lorcas dramatisches Werk von seinen frühen Farcen und Puppenspielen über seine beiden Experimentalstücke und seine Bauerntragödien bis hin zu seinen späten Dramen von einer enormen Vielfalt und einem Formenreichtum gekennzeichnet, in dem die unterschiedlichsten Traditionen von der griechischen Tragödie über das mittelalterliche Volkstheater, die spanische comedia des Siglo de Oro und das realistische Drama des 19. Jahrhunderts bis hin zu den neuesten Verfahren der europäischen Avantgarde nebeneinander stehen. Mit *La casa de Bernarda Alba* ist Lorca ein Werk gelungen, in dem traditionelle und moderne Verfahren ebenso wie soziale Verantwortung und ästhetischer Anspruch zu einem glücklichen Ausgleich gefunden haben.

Gemeinsam mit Valle-Inclán ist García Lorca der wohl bedeutendste Dramatiker des 20. Jahrhunderts. Mit dem von ihm verehrten Galicier verbindet Lorca der hohe ästhetische Anspruch, den beide an die Literatur richteten und der beide davor bewahrte, ihre Kunst in den unmittelbaren Dienst einer außerliterarischen Sache zu stellen. Beide verband aber auch eine wachsende kritische Distanz zu ihrer eigenen Gesellschaft und ein zunehmendes Gespür für die soziale Verantwortung des Künstlers. Allerdings teilte Lorca weder Valle-Incláns späte gesellschaftskritische noch seine ästhetische Radikalität. Im Vergleich zu den ästhetischen Innovationen des Schöpfers des esperpento bleibt Lorca in seinen Dramen (mit Ausnahme der beiden Experimentalstücke *Así que pasen cinco años* und *El público*) eher traditionell. Im Gegensatz zu dem Valle-Inclán der zwanziger Jahre scheint García Lorca im Verlauf der dreißiger Jahre die von Ortega y Gasset 1925 diagnostizierte »deshumanización« der modernen Kunst als eine gefährliche Entwicklung zu begreifen, der er entgegenzuwirken versucht. Der Ästhetik der teilnahmslosen und ironischen Distanz der esperpentos stellt er daher eine Ästhetik der Identifikation entgegen, in der das Mitweinen und Mitlachen wieder stärker in ihr Recht gesetzt werden. In seiner *Charla sobre teatro* vom 2. Februar 1935 betont er ausdrücklich diesen menschlichen Charakter seiner Kunst:

> El teatro es una escuela de llanto y de risa y una tribuna libre donde los hombres pueden poner en evidencia morales viejas o equívocas y explicar con ejemplos vivos normas eternas del corazón y del sentimiento del hombre (O. C., I, 1215).

Und ein Jahr später sagt er in einem Interview mit Felipe Morales: »El teatro es la poesía que se levanta del libro y se hace humana. Y al hacerse, habla y grita, llora y se desespera.« (O. C., II, 1119)

Dieser Aspekt verbindet das Theater García Lorcas eher mit demjenigen Antonio Buero Vallejos, der bei aller Bewunderung für Valle-Inclán seine Vorliebe für den Andalusier doch nicht verbergen kann[14]. Aufgrund seiner ästhetischen Innovationen und seiner spöttisch-ironischen Distanz gegenüber der

Wirklichkeit seiner Zeit hat Valle-Inclán das spanische Gegenwartstheater stärker beeinflußt als García Lorca. Im spielerisch-ironischen Kunstklima der Postmoderne nimmt Valle-Incláns Wertschätzung auch international ständig zu. In der Lorca-Rezeption schlägt sich das in einem wachsenden Interesse für seine beiden surrealistisch geprägten Experimentalstücke nieder. Freilich kann man wohl sicher sein, daß auch in absehbarer Zukunft weder Valle-Incláns esperpentos noch Lorcas avantgardistische Stücke *Así que pasen cinco años* und *El público* seine Bauerntragödien und seine späten Dramen an Breitenwirkung und praktischer Publikumswirksamkeit übertreffen werden.

## ANMERKUNGEN

T: *La casa de Bernarda Alba,* hg. von A. JOSEPHS und J. CABALLERO, Madrid: Cátedra 10/1983. Dt.: *Bernarda Albas Haus,* übers. von E. BECK in: F. GARCÍA LORCA, *Die dramatischen Dichtungen,* Wiesbaden: Insel-Verlag 1954, S. 389–441. Die übrigen Texte Lorcas werden zit. nach *Obras completas,* hg. von A. DEL HOYO, 2 Bde., Madrid: Aguilar 21/1980.

L: RÍO, A. DEL: *Vida y obras de Federico García Lorca,* Zaragoza 1952. RUBIA BARCÍA, J.: El realismo »mágico« de »La casa de Bernarda Alba«, in: *Revista hispánica moderna* 31 (1965), S. 385–398. LAFFRANQUE, M.: *Federico García Lorca,* Paris 1966. LAFFRANQUE, M.: *Les idées esthéthiques de Federico García Lorca,* Paris 1967. UMBRAL, F.: *Lorca, poeta maldito,* Madrid 1968. MARTÍNEZ NADAL, R.: *»El público«. Amor y muerte en la obra de Federico García Lorca,* México 1970. RINCÓN, C.: *»La casa de Bernarda Alba«* de Federico García Lorca, in: W. BAHNER (Hg.), *Beiträge zur französischen Aufklärung und zur spanischen Literatur,* Berlin 1971, S. 555–584. BUSETTE, C.: *Obra dramática de García Lorca. Estudio de su configuración,* New York 1971. ALLEN, R.: *The Symbolic World of Federico García Lorca,* Albuquerque 1972. BUERO VALLEJO, A.: »García Lorca ante el esperpento«, in: ders., *Tres maestros ante el público,* Madrid 1973, S. 95–164. DÍAZ PLAJA, G.: *Federico García Lorca. Su obra e influencia en la poesía española,* 5/1973. MONLEÓN, J.: *García Lorca. Vida y obra de un poeta,* Barcelona 1974. RINCÓN, C.: *Das Theater García Lorcas,* Berlin (Ost) 1975. GIBSON, I.: *Lorcas Tod,* dt. von F. Vogelgsang, Frankfurt 1976. GARCÍA-POSADA, M.: *Federico García Lorca,* Madrid 1979. GARCÍA LORCA, F.: *Federico y su mundo,* Madrid 3/1981. ROGMANN, H.: *García Lorca,* Darmstadt 1981 (Erträge der Forschung, 158). EDWARDS, G.: *El teatro de Federico García Lorca,* span. von M. Baró, Madrid 1983. FERNÁNDEZ-CIFUENTES, L.: »García Lorca y el teatro convencional«, in: *Iberoromania* 17 (1983), S. 66–99. CAO, F.: *Federico García Lorca y las vanguardias: hacia el teatro,* London 1984. RUIZ RAMÓN, F.: *Historia del teatro español. Siglo XX,* Madrid 6/1984; S. 173–209. DOMÉNECH, R. (HG.): *»La casa de Bernarda Alba« y el teatro de García Lorca,* Madrid 1985. GIBSON, I.: *Federico García Lorca,* Bd. I: *De Fuente Vaqueros a Nueva York (1898–1929),* Barcelona 2/1985. RUIZ RAMÓN, F.: »Análisis de sociodramaturgia: el espacio en La casa de Bernarda Alba, in: *Gestos,* 1 (1986), S. 87–100.

A: [1] GARCÍA-POSADA, s. L., S. 149.

[2] Zit. bei DEL RÍO, s. L., S. 141f.

[3] Man mag zum dritten Akt von *Bluthochzeit* stehen, wie man will, doch kann man nicht umhin, ihm eine zentrale Stellung innerhalb der Gesamtstruktur des Stückes zuzuerkennen. Aus der Perspektive der Waldszene scheint mir unbestreitbar,

daß für den Autor von *Bodas de sangre* in dem Konflikt zwischen sozialer Norm und Naturgesetz nicht der Aspekt einer Enttabuisierung im spanischen Alltag der dreißiger Jahre noch gültiger sozialer Normen und ein Plädoyer für sexuelle Freiheit im Vordergrund standen, sondern die tragische Hilflosigkeit des Menschen im Kampf gegen zwei gleichermaßen als fatalistisch und übermächtig empfundene, anonyme, überindividuelle und überhistorische Normensysteme. In *Bodas de sangre* scheint mir sozialer Protest nur in Ansätzen und vielfach vermittelt erkennbar.

4 Monleón, s. L., S. 66.

5 Vgl. Rogmann, s. L., S. 5f.

6 Eine endgültige Klärung dieser Frage wird der 2. Band von Gibsons Lorca-Biographie bringen.

7 Laffranque (1967), s. L., S. 261ff.

8 Vgl. Rogmann, s. L., S. 97.

9 Zuletzt mit Nachdruck von Cao, s. L., S. 88ff., bes. 97f.

10 Zur Raumgestaltung vgl. den ausgezeichneten Beitrag von Ruíz Ramon (1986), s. L., dem ich wichtige Anregungen verdanke. Vgl. ferner García Lorca, s. L., S. 381ff.

11 Ruiz Ramón, s. L., S. 90f.

12 Vgl. die Diskussion bei Rogmann, s. L., S. 99.

13 »El auroral teatro de Lorca«, in: *El País extra,* 25. Aug. 1986, S. VI.

14 Vgl. Buero Vallejos Akademie-Rede von 1972 (Buero Vallejo, s. L.).

*KARLHEINRICH BIERMANN*

# ALEJANDRO CASONA · OTRA VEZ EL DIABLO

## Der »Mythos Casona« und seine Ursprünge

Alejandro Casona (1903–1965) – mit bürgerlichem Namen Alejandro Rodríguez Álvarez – zählt zu jenen spanischen Bühnenautoren des 20. Jahrhunderts, die in besonderer Weise den widersprüchlichen und konfliktreichen Entwicklungen ihres Landes ausgesetzt waren. Dies gilt freilich weniger für seine Person – er befand sich seit Anfang des Jahres 1937 im sicheren Exil – als vielmehr für sein literarisches Werk bzw. dessen Produktions- und Rezeptionsbedingungen. So ist Casona gleichsam ein »dreifacher« Autor: zunächst neben García Lorca und Jardiel Poncela einer der großen Erneuerer des spanischen Theaters zu Beginn der dreißiger Jahre; sodann ein Autor des Exils, dessen Werke mit der Realität des »alltäglichen Faschismus« in seinem Lande kaum noch etwas zu tun haben; schließlich ein nach seiner Rückkehr (1962) in Spanien neu entdeckter Dramatiker, dessen später Ruhm freilich zu einem großen Teil auf Mißverständnissen beruhte.

Gerade der »Fall Casona« zeigt, wie problematisch, ja gefährlich es sein kann, ein einzelnes Werk aus dem Gesamtzusammenhang gleichsam herauszubrechen, um es isoliert zu betrachten und zu deuten. Es scheint daher angezeigt, sich der – schon angedeuteten – Produktions- und Rezeptionsbedingungen seines Œuvre zu erinnern, bevor im folgenden das Stück *Otra vez el Diablo* (1935) einer genaueren Analyse unterzogen wird, und es empfiehlt sich, von der Situation der sechziger Jahre auszugehen, um von dort aus schließlich zum »ursprünglichen« Casona der dreißiger Jahre vorzudringen.

Zwischen 1962 und 1968 wurden in Spanien dreizehn Bühnenwerke des Autors aufgeführt, die nahezu alle (zehn) im Exil entstanden waren, nur zwei – *La sirena varada* (1934) und *Nuestra Natacha* (1936) – stammten noch aus der Epoche der Zweiten Republik. Fast alle Stücke – von *La dama del alba* (1944 in Buenos Aires uraufgeführt) bis zu *Siete gritos en el mar* (Buenos Aires 1952) – waren große Bühnenerfolge. Kritiker – unter ihnen Enrique Llovet – sprachen von einem permanenten »Festival Casona«. Handelte es sich hier um eine Art Wiedergutmachung? Doch diese glänzende Rehabilitierung eines bis dahin weitgehend »verdrängten« Autors[1] durch das Publikum war ambivalenter, als es aus der heutigen Perspektive zunächst scheinen mag, und beruhte auf Mißverständnissen, die sich als nahezu tragisch erwiesen. Casona drohte zwischen die ästhetisch-politischen Fronten zu geraten und von ihnen zerrieben zu werden. Er selbst – obwohl nach wie vor ein erklärter Gegner des Franco-Regimes – war zurückgekehrt, um endlich – nach einem 25jährigen Exil – sein Land und vor allem seine Heimat Asturien »wiederzufinden«. Die regimekritischen Schriftsteller sahen in ihm einen der letzten Repräsentanten der Generation García Lorcas, die die Zweite Republik – vor allem auch literarisch – aktiv unterstützt hatte und schließlich vor der Gewalt des Faschismus weichen mußte. So verdichtete sich die »Aura« des Widerstandes zu einer Art »mito Casona«.[2] Bitter enttäuscht zeigte sich die neue Generation der Kritiker – vor allem R. Domenech und J. Monleón –, als sie die im Exil entstandenen Werke des Autors auf der Bühne zur Kenntnis nahmen: diese standen im eklatanten Widerspruch zu ihrer eigenen Konzeption von einem gesellschaftlich und politisch engagierten Theater[3].

Während sich so die literarische »Linke« von der Legende lossagte, die sie sich selbst geschaffen hatte, fand die Inbesitznahme des Autors durch die regimetreue Literaturkritik statt. Was die einen als Mangel empfanden, galt den anderen als Auszeichnung, nämlich der nicht-realistische Charakter seiner Stücke. Der Kritiker von *Arriba,* Ponce de León, verteidigte, indem er die »literatura de evasión« zum Programm erhob, auch das Werk Casonas[4]. Das Theater des Exilierten auf einer Ebene mit den Stücken regimekonformer Autoren wie Pemán und Calvo Sotelo? Casona selbst stand dieser Kontroverse verständnislos, ja fassungslos gegenüber. »No soy *escapista* que cierra los ojos a la realidad circundante ... Lo que ocurre es, sencillamente, que yo no considero sólo como realidad la angustia, la desespaerción y el sexo. Creo que el sueño es otra realidad tan real como la vigilia«[5]. Dergleichen tragische Mißverständnisse mögen zum Schicksal aller Exilierten gehören, die an der konkreten Entwicklung ihres Landes über Jahrzehnte hin nicht unmittelbar teilnehmen konnten, im vorliegenden Falle zeigt sich jedoch zugleich, daß eine fast identische Konzeption von Theater in unterschiedlichen historischen Situationen völlig andere, ja gegenläufige Funktionen haben kann. Freilich stellt sich auch die Frage, ob die späteren Mißverständnisse nicht schon im ambivalenten Charakter des frühen Werkes begründet sind. Zumindest aber zeigen die Rechtfertigungsversuche Casonas, daß er gerade als typischer Vertreter der 27er Generation im Bereich des Theaters nicht in der Lage war, die politisch-ästhetischen Positionen der nachfolgenden Generation zu verstehen.[6]

## Casonas kulturpolitisches Engagement für die Zweite Republik

Bevor sich Casona als Bühnenautor mit *La sirena varada* (1934 uraufgeführt, mit dem Premio Lope de Vega ausgezeichnet) einen Namen machte, nahm er aktiv teil an der Verwirklichung der kulturpolitischen Ziele der Zweiten

Republik. Ähnlich wie García Lorca mit *La Barraca* gründete er mit dem *Teatro del Pueblo* eine Schauspieltruppe, die im Auftrag der vom Ministerium für Kultur und Information geschaffenen »Misiones Pedagógicas« auch die Bewohner der abgelegensten Provinzen des Landes mit dem kulturellen Erbe vertraut machen sollte. Casona selbst sah sich in der Tradition der Wanderbühnen des 16. Jahrhunderts und adaptierte vor allem »Klassiker« für seine konkreten Zwecke. Unmittelbare politische Bewußtseinsbildung war nicht sein Ziel, ihm kam es vielmehr darauf an, überhaupt erst so etwas wie Kunstverständnis in jenen Teilen der Bevölkerung zu wecken, die als die rückständigsten galten und noch immer in ihrer großen Mehrheit Analphabeten waren. Belehrung sollte hier nicht auf Kosten der Unterhaltung realisiert werden, beides vielmehr eine Einheit bilden (»... regalando a aquella pobre gente olvidada un poco de recreo y bienestar espiritual«)[7]. Die Erfahrungen mit diesem Experiment schlugen sich literarisch vor allem in seinem Stück *Nuestra Natacha* nieder. Es war das dritte und letzte, das – im Februar 1936 – noch im republikanischen Spanien uraufgeführt wurde. Es ist bezeichnend, daß diese Aktivitäten Casonas von spanischen Literarhistorikern und Kritikern der fünfziger und sechziger Jahre zumeist verschwiegen werden[8].

## *Otra vez el Diablo* (1935)

Dieses Drama wurde für die Interpretation nicht deswegen ausgewählt, weil es etwa als das beste des Autors gelten könnte. Unter dieser Perspektive fällt die Wahl eher auf *La dama del alba* (1944). Auch zählt es nicht zu jenen Werken des Autors, die in der Forschung bzw. in der Kritik die größte Beachtung finden. Entscheidend für die Auswahl war zunächst die Tatsache, daß es sich um ein Stück aus der ersten Schaffensperiode Casonas handelt (Zweite Republik), um ein Werk zudem, das weder den rein didaktischen Charakter von *Nuestra Natacha* trägt noch auch den weitgehend noch an Pirandello orientierten dramatischen Stil von *La sirena varada* erkennen läßt. Obwohl wahrscheinlich in den Grundzügen schon 1927 entstanden, weist es nahezu alle Merkmale der meisten späteren Stücke des Autors auf: das Ineinander von Märchen und Satire, von Traumspiel und Farce, von auto sacramental und sozialkritischer Komödie, von pädagogischer Zielsetzung und literaturimmanenten Anspielungen, kurz die für Casonas Theater charakteristische Einheit von Realismus und gleichzeitiger Realitätsferne. Es sind eben jene Merkmale, die als Ursache der so widersprüchlichen Rezeption seiner Werke ausgemacht werden können.

Zum Sujet »Teufel« bemerkte Casona in einer Arbeit, die er schon als Pädagogikstudent im Jahre 1925/26 verfaßte: »Ni lo que es el Diablo como símbolo del Mal, ni lo que representa como antagonista de Dios, me interesa.«[9]

Was ihn interessiere, sei vielmehr der Teufel als literarische Figur und deren Wandlungen. Ruíz Ramón ist der Ansicht, der Autor von *Otra vez el Diablo* (und später *La barca sin pescador*) habe beide Aspekte miteinander verbinden wollen, was ihm jedoch nicht gelungen sei: »[...] es lo que constituye la falla principal de estas dos piezas, en donde se superponen, sin harmonizarse estéticamente, el tratamiento inteligente e irónico, de raíz intelectual y poética a la vez del Diablo y la significación moral, de pedagogía espiritual, que al tema se le da al final de ambas piezas.«[10]

Andere Literarhistoriker und -kritiker scheinen weniger skeptisch im Hinblick auf die Eindeutigkeit der Thematik. So heißt es bei Rodríguez Richart: »Es un conflicto de tipo espiritual, moral: al Diablo (al Mal en otros términos) se le vence dentro de sí mismo«[11]. Auf die beiden Seiten der Problematik geht noch einmal Sáinz de Robles ein:

> Creo que muchos de los espectadores y algunos de los críticos quedaron desconcertados ante una obra cuya expresividad iba de la balada a la farsa pasando por el cuento infantil. Y no lograron reconocer que Casona, con absoluta maestría había planteado un hondísimo *conflicto interior* y lo había resuelto en un ambiente y por medio de unos personajes fantásticos [...][12].

Am Ende ist auch für ihn der moralisch-metaphysische Konflikt die entscheidende Dimension des Stückes:

> A mi entender [...] la raíz de este calificado cuento de miedo lo es de un problema mas urgente y universal que el de Fausto [...]: el problema de como y donde puede el hombre vencer a su demonio. Problema *interior* con rigurosidad, y cuyos urgencia y universalidad radican en que su solución es exigida absolutamente de todos los hijos de Adán que deseen sobrevivirse eterna y gloriosamente.[13]

Anzufügen bleibt, daß damit der Konflikt zugleich eine psychologische Dimension erhält. Bevor diese Art von Interpretation auf ihre Berechtigung hin befragt wird, mag es von Nutzen sein, kurz die Fabel des Stückes in ihren wichtigsten Zügen zu resümieren.

Eine junge Königstochter (Infantina), die schon in ihrer Kindheit als Rotkäppchen verkleidet gern dem Wolf begegnet wäre, trifft in einem abgelegenen Wald auf einen Studenten (Estudiante), der gleichfalls nach Abenteuern Ausschau hält. Er ist soeben dem Teufel begegnet und hat dessen Angebot ausgeschlagen, ihm das irdische Glück zu verschaffen. Die Infantina zeigt sich enttäuscht darüber, daß der Student weder Dichter noch Bandit ist. Doch er verliebt sich in sie. Nach ihrem Weggang erscheint der Teufel aufs neue und verspricht dem Studenten, alles zur Verwirklichung seiner Liebe zu tun und sich zu diesem Zweck im Palast des Königs um die Stelle des Pädagogen zu bemühen. Zu dieser Zeit bedrohen »Hunger, Krieg und Pest« den Frieden des Reiches. Der Teufel (in der Rolle des Pädagogen) macht der Königstochter klar, daß das einzige Mittel, mit diesen Plagen fertigzuwerden, darin besteht, den Teufel mit seiner eigenen Waffe zu töten. Diese freilich hat er inzwischen dem Studenten ausgehändigt, der seinerseits die Rolle eines Räuberhauptmanns übernommen hat. Die Infantina, welche ihre Hand demjenigen versprochen hat, der den Teufel umbringt, in Wirklichkeit aber schon den Studenten liebt, begibt sich in die Herberge *El Gallo Blanco,* die dem Studenten und seinen »bandidos« als Zufluchtstätte dient. Er verspricht ihr, den Teufel zu töten. Doch nachdem er einen Trunk genommen hat, den der »Leibhaftige« mit seinem Weinbecher vertauscht hatte, ist er wie verwandelt und versucht, die Königstochter mit Gewalt zu nehmen. Zum Bewußtsein seiner selbst gekommen, bittet er den Narren der Infantina, ihm die Hände zu fesseln und den König davon in Kenntnis zu setzen, in welch gefährlicher Lage sich seine Tochter befindet. Der Monarch tritt auf mit seinen Soldaten, um den Estudiante festzunehmen. Doch dieser – durch die Infantina von seinen Fesseln befreit – versichert, er habe in der Nacht den Teufel getötet (und zwar in seinem eigenen Innern) und zeigt zum Beweis dessen blutigen Dolch vor. Der König willigt in die Hochzeit seiner Tochter mit dem Studenten ein.

## Elemente einer historisch-politischen Deutung

Soweit das »Argumentum« des Stückes, das hier – leicht gekürzt und vereinfacht – nach Sáinz de Robles vorgetragen wurde[14]. Freilich: dieses Resümee schließt schon eine Interpretation ein, und gerade dies sollte hier gezeigt werden. Sáinz de Robles hat nichts hinzugefügt, aber er hat so akzentuiert, daß aus der Handlung eine reine Liebesgeschichte inklusive Läuterungsdrama wird. Eine solche Sicht des Stückes macht verständlich, warum sich andere Kritiker, wie etwa Ruíz Ramón, enttäuscht abwenden: »Tan delocioso ente escénico desciende, por virtud de la moraleja postrera, a la vulgar categoría de pobre diablo de sermón piadoso«[15]. Das Stück enthält freilich auch Elemente, die der Deutung eine andere Richtung weisen.

Der psychologisierenden Tendenz, die bei den genannten Interpreten zutage tritt, widerspricht schon die Tatsache, daß die Figuren des Stückes keine »Psychologie« im strengen Sinne aufweisen. Es sind keine individuellen Persönlichkeiten. Um personale Identität in diesem Sinne zu haben, bedarf es der »Tiefe«, d. h. einer eigenen Geschichte und vor allem der Erinnerung an diese Geschichte. Dergleichen weist – in Ansätzen – nur die Infantina auf.[16] Das Interesse des Autors liegt ganz offensichtlich nicht auf dieser Ebene. Alle Figuren des Stückes sind »Rollen«, »Funktionen«, was sich schon daran ablesen läßt, daß sie – abgesehen von unbedeutenden Nebenfiguren – keine individuellen Namen tragen: Rey, Infantina, Estudiante, Capitán, Pedagogo, Bufón – all dies sind lediglich soziale Rollenbezeichnungen.

Auf den gesellschaftlichen Kontext des Dramas verweist vor allem die Rahmensituation des Stückes. Die bestehenden Verhältnisse und die ihnen entsprechende politisch-soziale Ordnung sind in ihren Grundfesten erschüttert. Der »König«, ein grotesker Schwächling (»un rey grotesco«), ist unfähig, Frieden und Wohlstand seiner »Untertanen« zu gewährleisten. »Banditen« bilden, zu Beginn und in der Mitte des Stückes, eine Art Anti-Gesellschaft oder besser: ein Gegenmodell sozialen Zusammenlebens für diejenigen, »que quieran defender la justicia y el derecho« (166), während die bestehende Gesellschaft als »pocilga« bezeichnet wird, in der nur eines schwerfällt, nämlich die Reichen zu berauben. Gerade die »bandidos«, die eher den Eindruck politisch bewußter Guerrilleros hinterlassen, sind inmitten eines Volkes von Analphabeten (»pueblo de analfabetas«) die einzigen, die auch mit den Mitteln der Kultur und Wissenschaft der Realität beizukommen versuchen und sich auf die Veränderung des Bestehenden vorbereiten. Im übrigen scheint auch die etablierte religiöse Ordnung ins Wanken geraten: die Herberge *El Gallo blanco* war einst eine Mönchsgemeinschaft, die sich aufgelöst hat, ihr Besitzer ist ein ehemaliger Klosterbruder.

Der König faßt die Situation seines Reiches (»la crisis actual del reino«) in den Worten zusammen: »La cosa pública anda muy mal, ¿oyes? El pueblo tiene hambre y peste y se teme una revolución« (189). Doch für solche Konflikte gibt es »klassische« Lösungen als »salida purgativa a los males rumores del populacho« (188), wie der Pädagoge sagt, nämlich Krieg mit den Nachbarn oder Verehelichung der Prinzessin mit dem König des angrenzenden Reiches. Solange es aber darum geht, einen Schuldigen für den ruinösen Zustand des Landes auszumachen, so ist er schon gefunden: der Teufel. Die Bewohner des Reiches halten ihn für verantwortlich »y le achacan toda clase de calamidades: el hambre, la proximidad de uns guerra, el embrujamiento de la Infantina« (203/204).

Doch es gibt zwei Teufel, das Phantom, das die Menschen aus den genannten Gründen benötigen, und den »wirklichen« Teufel. Er möchte in Ruhestand gehen, sich aber mit einer guten, wenngleich »diabolischen« Tat verabschieden (174), hat er doch gerade an Spanien so viele gute Erinnerungen (ib.). Seine Absicht besteht darin, die Liebe zur »Infantina« als Mittel zu benutzen, um den Estudiante an die Macht zu bringen, damit er kämpfe und die Welt umwälze (»luchar, revolver el mundo«, 180). Dies wiederum hat zur Voraussetzung, daß letzterer der Forderung des Königs bzw. der Prinzessin entspricht, d. h. den Teufel umbringt. Doch was soll das bedeuten? Den Teufel umbringen heißt den Glauben zu zerstören, nicht die Menschen seien verantwortlich für den Zustand der Welt, in der sie leben, für Hunger, Pest und

Krieg. So inszeniert der Teufel seinen eigenen Untergang und arbeitet mit an der Befreiung der Menschen, wie er einst an der Schaffung von Heiligen und Märtyrern mitgewirkt hat.

Und der Student? Er hat letztlich erkannt, daß die Existenz des Teufels ein Problem individuellen und kollektiven Bewußtseins ist. Gleichzeitig weiß er, daß die Menschen noch der eklatanten Symbolik (blutiger Dolch) bedürfen, um von der Wahrheit überzeugt zu werden. Ähnlich wie später Oreste in Sartres *Les Mouches* die Bewohner von Argos von ihrer Angst und ihren Schuldkomplexen befreit, indem er die Fliegen auf sich zieht, wird der Student in der Lage sein, als »neuer König« eine »Herrschaft« aufzurichten, die es den Menschen ermöglicht, selbst Verantwortung zu tragen für das Wohl ihres Gemeinwesens. Seine Aussage, der Teufel könne nur »in einem selbst« (»dentro de sí mismo«) beseitigt werden, darf – so betrachtet – aus der Perspektive des Autors durchaus nicht als eine rein individualistisch-moralistische Lösung gedeutet werden, wie es die Literarhistoriker in der Regel getan haben.

Man muß das vorliegende Stück nicht im strengen Sinne »realistisch« interpretieren, als ein korrektes Abbild der gesellschaftlichen Totalität der Epoche, um festzustellen, daß Casona hier ein Bild seines Landes entwirft, welches mit dem Spanien der späten zwanziger Jahre, der Endphase der Monarchie weitgehende Ähnlichkeit hat. Trotz aller phantastischen und märchenhaften Züge, trotz aller literarhistorischen Anspielungen, auf die hier nicht eingegangen werden konnte, weil die Akzente anders gesetzt wurden, ist unleugbar, daß Casona auch Bewußtseinsaufklärung betreiben wollte, oder besser: seine Originalität besteht gerade darin, daß es ihm in seinen besten Stücken gelingt, beide Elemente in einer glücklichen Synthese zu vereinigen, in der Poesie und Didaxie eine neue Fusion eingegangen sind.

In einem historischen Kontext radikaler gesellschaftlicher Umwälzungen, wie er sich in den dreißiger Jahren darbot, legte Casona den Akzent auf die Notwendigkeit der gleichzeitigen Veränderung auch des Einzelnen, der Individuen, und verstand sich so als eine Art Korrektiv gegenüber mancherlei kollektivistischen Tendenzen. Sein Stück *Nuestra Natacha* versucht dies am Beispiel einer neuen nicht-autoritären Erziehung zu entwickeln. Ist aber der historische Zusammenhang verändernder Praxis nicht mehr gegeben – wie unter der Herrschaft Francos –, dann bekommt diese Betonung des individuellen Moments eo ipso eine andere Bedeutung: sie muß – oder kann zumindest – als eine Form von »evasión« erscheinen, als eine Flucht aus der zeitgenössischen Realität, als ein Verzicht auf Eingriff und Engagement.

Casona hat sich auf die konfliktreiche Entwicklung des Theaters in der Bürgerkriegszeit nicht eingelassen. Es mag sein, daß seine Ausreise nach Frankreich die einzige Chance bot, auch seine Familie in Sicherheit zu bringen. Vielleicht war es aber auch eine Flucht vor den sich verschärfenden politischideologischen Auseinandersetzungen. Man kann sich in der Tat Casona kaum als einen Autor bzw. Regisseur vorstellen, der sich ganz der unmittelbaren politischen Agitation verschreibt, wie etwa Alberti mit seinem »teatro de urgencia«. J. Monleón macht wohl nicht zu Unrecht darauf aufmerksam, daß die »sensibilidad estetizante« schon ein Element seiner Konzeption von Volkstheater gewesen sei[17]. Auch war er kaum ein Mann der heroischen Attitüde, er nahm lieber die »Mühen der Ebene« auf sich, »el miedo y el dolor de cada día«, wie er eine seiner Figuren in *Nuestra Natacha* sagen läßt[18].

Am Ende versuchte er – nach den Mißverständnissen der sechziger Jahre, von denen zu Anfang die Rede war –, sich vor seinen Zeitgenossen zu rechtfertigen. Sein letztes Stück, das das Schicksal Quevedos nachzeichnet, *El caballero de las espuelas de oro* (1964), weist auch Züge seiner eigenen Lebensgeschichte auf. »Yo he venido al mundo para intervenir, no para estar sentado, mirando«, so läßt er den Dichter sprechen und meint damit wohl auch sich selbst[19]. Er weigert sich, mit den Mächtigen zu paktieren, eher ist er bereit, Einsamkeit und Kälte auf sich zu nehmen. Doch das Stück endet nicht ohne Hoffnung, und es wird deutlich, worauf diese Hoffnung sich gründet. An das Mädchen, das dem Sterbenden beisteht, richten sich die Worte: »(...) mientras existas tú nuestra ciudad podrá ser salvada, Sanchica-Pueblo.«[20]

## ANMERKUNGEN

T: *Otra vez el Diablo* nach A. Casona, *Obras completas,* Bd. I, Madrid, Aguilar, 1961, S. 163–218

L: A. Valbuena Prat, *Historia del teatro español,* Madrid 1956; F. C. Sáinz de Robles, *Prólogo* a A. Casona, *Obras completas,* Bd. II, Madrid, Aguilar, 1959, S. 9–93; ders., *Prólogo* a A. Casona, *Obras completas,* Bd. I, Madrid, Aguilar, 1961, S. A. Casona, *Nuestra Natacha,* in: ders., *Obras completas,* Bd. II, 1959, S. 144–217; J. Rodríguez Richart, *Vida y teatro de Alejandro Casona,* Oviedo 1963; R. Doménech, *Para un arreglo de cunetas con el teatro de Casona,* in: *Insula,* Nr. 209, 1964, L. Ponce de León, *Engagement o enragement,* in: *Arriba,* 2.8.1964; J. J. Plans, *Alejandro Casona – Juego biográfico,* Oviedo 1965; J. R. Castellano, *Mi última conversación con Alejandro Casona,* in: *Revista de Estudios Hispanicos,* 1967, I, S. 183–193; A. Valbuena Prat, *Historia de la literatura española,* t.IV, Barcelona 1968; E. Gurza, *La realidad caleidoscópia de Alejandro Casona,* Oviedo 1968; J. A. Cervello-Margalef, *Alejandro Casona – Estudios sobre su teatro con una bibliografía sobre el tema,* Dissertation, Köln 1973; F. Ruiz Ramón, *Historia del teatro español. Siglo XX,* Madrid 1975; C. M. Suárez Radillo, *Itinerario temático y estilístico del teatro contemporáneo español,* Madrid 1976; E. Schmidkonz, *Die Dramen Alejandro Casonas und die spanische Kritik der sechziger Jahre,* Dissertation, München 1977; J. Monleón, »El mono Azul« – *Teatro de urgencia y romancero de la guerra civil,* Madrid 1979; L. García Lorenzo (ed.), *Documentos sobre el teatro español contemporáneo,* Madrid 1981; J. A. Solís, *Alejandro Casona y su teatro,* Gijon 1982.

A: [1] Ab 1954 erschien in Spanien die erste Ausgabe seiner Werke.

[2] Vgl. DOMÉNECH, S. 15; RUÍZ RAMÓN, S. 226; SCHMIDKONZ, S. 41ff.

[3] Vgl. GARCÍA LORENZO, passim.

[4] Vgl. PONCE DE LEÓN.

[5] CASTELLANO, S. 187.

[6] VALBUENA PRAT (1968, S. 718) nennt ihn »el verdadero dramaturgo de la generación de 1927, aún cuando la cronología parezca retrasarle.«

[7] RODRÍGUEZ RICHART, S. 20f; vgl. auch SCHMIDKONZ, S. 11–19.

[8] Das gilt für VALBUENA PRAT, SÁINZ DE ROBLES und GURZA in ganz besonderer Weise.

[9] Vgl. RUIZ RAMÓN, S. 233.

[10] ibid.

[11] RODRÍGUEZ RICHART, S. 47.

[12] SÁINZ DE ROBLES (1961), S. 45.

[13] ibid., S. 45.

[14] ibid., S. 46f.

[15] RUIZ RAMÓN, S. 234.

[16] »Hacerse una alma es un trabajo largo«, sagt der Teufel zum »Estudiante« (172).

[17] MONLEÓN, S. 176f.

[18] CASONA (1959), S. 205.

[19] RUIZ RAMÓN, S. 244.

[20] SUÁREZ RADILLO, S. 43.

*JOCHEN HEYMANN*

# JOAQUÍN CALVO-SOTELO · LA MURALLA

Am 6. Dezember 1954: Im Madrider Teatro Lara findet die Uraufführung von *La muralla* statt. Es ist der Beginn einer Serie von über 600 Vorstellungen in Folge, insgesamt inzwischen etwa 2000 in Madrid und an die 5000 in ganz Spanien. Für das Stück sind Ensembles gegründet und Tourneen organisiert worden. Gemessen an der Aufführungszahl ist damit *La muralla* das erfolgreichste Stück des spanischen Nachkriegstheaters[1].

Mutmaßungen über die Gründe des Erfolgs sind erlaubt. Es wird häufig erwähnt, daß hier zum ersten Mal seit 1939 der Bürgerkrieg genannt und in einen dramatischen Konflikt einbezogen wurde, in dem die Rollen von Gut und Böse nicht a priori festgelegt und vorbesetzt seien; es sei ein Wagnis, Fragen nach Schuld und Unschuld, nach Verfehlungen der »nationalen« Seite – Francos Truppen – zu stellen und sie nicht von vornherein im Sinne der geltenden staatlichen Orthodoxie zu beantworten. Möglicherweise hat die Polemik um *La muralla* und *La confesión*, von Joaquín Dicenta, einen Teil des Erfolgs mitbedingt. Der von einem Teil der Pressekritik angedeutete Plagiatsvorwurf wurde von einer Autorenkomission der Sociedad General de Autores de España untersucht und zurückgewiesen[2].

Nicht zu bestreiten sind die dramaturgisch handwerklichen Fähigkeiten des Autors: Klarer Handlungsaufbau, Begründung und Entwicklung der Konfliktsituation, Charakterzeichnung und logische Auflösung. Calvo-Sotelo, geboren 1905 in La Coruña, Jurist, Dramaturg und Journalist, 1937 aus dem republikanischen Spanien nach Chile emigriert, seit 1955 Mitglied der Real Academia Española de la Lengua[3] hat es verstanden, einen tragenden Stoff mit aktueller Thematik in die geltende Theaterkonvention der fünfziger Jahre einzufügen. Die kommerzielle Organisation des spanischen Theaters, zuallererst auf Rentabilität bedacht, hatte zu einem Beharren auf konventionellen Dramenformen thematischer und szenischer Art geführt. Die Klassiker ausgenommen, diente das Theater in erster Linie der Unterhaltung und Zerstreuung im Rahmen traditioneller, erfolgreicher Normen, deren Grundlage die alta comedia der Jahrhundertwende war, wie sie zuerst von Echegaray, später von Benavente praktiziert wurde. Das bürgerliche Interieur, Merkmal der alta comedia, wird zum Ausgangspunkt und Handlungsort des gängigen Theaters der Fünfziger; die Eingangsanweisung der *Muralla* ist repräsentativ:

> La escena representa la sala de estar de la casa de los señores de Hontanar, Jorge y Cecilia, sita en cualquiera de los barrios residenciales madrileños.

> Es una habitación puesta con buen gusto y que refleja el bienestar económico de sus dueños. (37)

Dieser Rahmen schreibt die soziale Zugehörigkeit der Figuren vor, und engt die Auswahl der Stoffe auf deren mögliche Probleme und Konflikte ein: Gehobenes Bürgertum, materielle Absicherung, Dienstboten, gesellschaftlich anerkannter guter Geschmack; die Bühne ordnet sich um die repräsentative Sitzgruppe im Wohnzimmer. In zwei Stunden werden Konflikte, die das eheliche oder familiäre Glück gefährden, gelöst. Vom Können des Autors hing es ab, ob in diesen weitgehend feststehenden Rahmen ein Stoff eingebaut wurde, der inhaltlich über die vorgefertigte und berechenbare Unterhaltungskomödie hinausging. Die Begrenzung der Dauer, die Beschränkung auf eine kleine Zahl von Rollen und die strikte Raumeinheit hatten gewichtige, nicht in erster Linie poetologische Gründe: Es gab zwei Vorstellungen pro Abend (19 und 23 Uhr), zwischen denen eine ausreichend lange Pause für das Abendessen frei bleiben sollte. Die Rollenzahl und der einfache Bühnenaufbau ermöglichten es, die Festkosten der Inszenierung gering zu halten[4]. Entsprechend gering waren die Möglichkeiten der dramatischen Innovation, die andererseits von den Erfolgsautoren Calvo-Sotelo, Juan Ignacio Luca de Tena, Miguel Mihura und Tono, Victor Ruiz Iriarte und Alfonso Paso, um nur einige zu nennen, auch nicht genutzt wurden. Die meisten hatten ihre Laufbahn vor dem Krieg begonnen und hielten sich, mit wenigen Varianten, an die tradierten Formen[5]. Die jüngeren Autoren, denen heute die größere literarische und dramaturgische Bedeutung zugeschrieben wird – Buero Vallejo, Sastre, Olmo, Muñiz, Quinto, Martín Recuerda und andere – begannen gerade erst, auf sich aufmerksam zu machen. Ihnen gelang nicht immer die Etablierung auf den Bühnen, sei es aus wirtschaftlichen Erwägungen der Impresarios, sei es wegen Konflikten mit dem Staat, die per Zensurentscheidung beendet wurden. Die Theatergeschichte der spanischen Nachkriegszeit verläuft grundsätzlich auf zwei parallelen Bahnen. Die eine bemüht sich um literarische und dramaturgische Qualität, auf der Basis einer aktiven Rezeption des modernen europäischen Dramas, der modernen spanischen Klassiker und aktueller literarischer Strömungen. Die andere Bahn ist jene des öffentlichen Erfolges, die im wesentlichen auf bewährte Formeln zurückgreift. Zu ihrer Dominanz, erdrückend in den fünfziger Jahren, tragen eine Reihe von Faktoren bei, die hier nur erwähnt werden können: Die wirtschaftliche Komponente des Theaters als privates Unternehmen, die technische Infrastruktur der Bühnen, der Ausbildungsstand der Schauspieler und natürlich auch die Kontrolle des Staates durch die Zensurbehörde, die das Theater zweifach, als literarisches Produkt und als öffentliche Veranstaltung trifft[6]. Zu bedenken ist auch der Traditionsbruch von 1939, bei dem gerade die Avantgarde der Vorkriegszeit – Lorca, Alberti, Valle-Inclán und andere – als nicht staatskonform von den Bühnen und oft auch vom Publikationsgeschehen und den Schulen verbannt werden. Andere Gründe kommen hinzu: Publikumsstruktur, gesellschaftliche Rolle des Theaters, Erwartungshaltung des Publikums, Mechanismen gegenseitiger Bestätigung zwischen Bühne und Zuschauerraum. Ursache für letzteres ist ein Verständnis von Literatur, von dem die in dieser Zeit entstehende konkret sozialkritische Poetik jüngerer Autoren erheblich abrückt; traditionelle Formen der bienséance gelten unvermindert weiter, und die Behandlung konfliktiver Themen soll grundsätzlicher Art sein, abgehoben vom aktuellen, konkreten Bezug. Dennoch, innerhalb dieses starren Schemas gibt die in *La muralla* behandelte Problematik dem Stück eine Dimension, die für erfolgreiche Werke dieser Zeit untypisch ist.

Der Inhalt ist schnell erzählt: Jorge Hontanar, der Protagonist, ist während des Krieges durch Erbschleicherei zu Wohlstand gekommen. Auf »nationaler« Seite kämpfend, nimmt er in seinem Heimatdorf den republikanischen Notariatsschreiber fest. Jorges Patenonkel, gerade gestorben, hat seinen Landbesitz seinem unehelichen Sohn Gervasio Quiroga vermacht, der jedoch noch nichts davon erfahren hat. Der Notariatsschreiber schlägt Jorge vor, das Testament verschwinden zu lassen und ihm das Land zu übereignen, im Tausch gegen sein Leben. Jorge ist einverstanden. Die Handlung setzt ein, als Jorge Jahre später einen Herzinfarkt erleidet; er ist verheiratet, hat eine erwachsene Tochter und ist als rechtschaffener, wohlhabender Mann beliebt und angesehen. Der Infarkt bringt den tiefreligiösen Protagonisten dazu, kritisch sein Leben zu betrachten und Reue für seine Tat während des Krieges zu empfinden. Er bespricht sich mit dem Pfarrer don Ángel, der ihm die einzig mögliche Schlußfolgerung aus seiner Reue erklärt, sofern er sein Seelenheil retten will: Die völlige Wiedererstattung des Besitzes an den rechtmäßigen Erben. Jorge beschließt, dies zu tun, und informiert seine ahnungslose Frau Cecilia, die ihn zunächst unterstützt, dann aber, unter dem Einfluß ihrer Mutter, wegen der finanziellen und sozialen Folgen die Durchführung seines Entschlusses zu verhindern sucht. Auf dem Spiel steht nicht nur die materielle Absicherung, sondern auch das gesellschaftliche Ansehen, die Heirat der Tochter mit dem Sohn des wohlbestallten, politisch einflußreichen Javier. Nach und nach erfährt es die ganze Familie, auch der Vater des zukünftigen Schwiegersohnes, und alle machen Front gegen Jorges Entscheidung. Die möglichen Folgen werden deutlich, als Javier vorsorglich seinen Sohn nach England schickt, um seine Familie in jeder Hinsicht von Verwicklungen in den erwarteten Skandal zu bewahren. Trotz dieser Widerstände beharrt Jorge auf seiner Entscheidung, bittet den rechtmäßigen Erben zu sich. Unmittelbar bevor er diesen informieren kann und die Überschreibung in die Wege leitet, stirbt er an einem neuerlichen Herzinfarkt.

Zwei miteinander verbundene und einander bedingende Konflikte werden hier vorgestellt: Jorges religiös motivierter, persönlicher Konflikt und der sich aus seiner Lösung ergebende, mehrfach verzweigte gesellschaftliche und familiäre Konflikt. Die Einbettung des Protagonisten in eine deutlich charakterisierte Gesellschaft wird im ersten cuadro des ersten Teils gezeigt. Der Herzinfarkt zu Beginn des Stückes ruft eine Reihe von Besuchen hervor, mit denen die einzelnen Akteure vorgestellt und die Beziehungen und Verhältnisse innerhalb der Gruppe offengelegt werden. Jorge ist ein wohlsituierter Grundbesitzer, mit einer Tochter im heiratsfähigen Alter. Seine Frau Cecilia und er werden als gläubige Katholiken dargestellt: Cecilias erster Auftritt erfolgt mit einem Meßbuch in der Hand, und sie sieht in der Krankheit die Möglichkeit, ihren Mann wieder zum aktiven Glauben zu führen. Dabei wird klar, daß Jorge die Religionsausübung und die Ausrichtung seines Lebens nach dem Glauben vernachlässigt hat, diesen selbst aber tief empfindet: »Tú, aquel alumno de los jesuitas, de comunión diaria, según me contabas; aquél que dudó, recién concluido el bachillerato, si irse al seminario o no ...« (47). Matilde, Cecilias Mutter, ist eine materialistisch denkende Frau: Nach dem Herzinfarkt ist die finanzielle Absicherung ihrer Tochter und Enkelin ihre größte Sorge. Javier, der Vater von Amalias Verlobtem Juan, ist ein eitler, selbstgefälliger, einflußreicher Mann, dessen joviale Oberfläche ein auf Vorteil bedachtes, egoistisches Denken verbirgt. Freilich: »Por lo demás, es bastante simpático y su vanidad, que a nadie hiere, se le perdona sin dificultades« (39). Wie im Falle Matildes werden diese Züge als allzu menschlich dargestellt und mit entsprechender Nachsicht behandelt.

Damit sind die zwei Haltungspole umrissen, die im weiteren Verlauf aufeinander prallen werden: die christliche und die gesellschaftliche Moral[7]. Zugleich ist dies eine zunächst harmonische Konfiguration, deren Unstimmigkeit vom persönlichen Konflikt Jorges aufgedeckt wird. Am Ende des ersten cuadro erfährt man im Dialog mit dem Pfarrer don Angel von einem in den Einzelheiten noch unklaren Vergehen Jorges und zugleich auch von den damit verbundenen Konsequenzen, die der katholische Glaube in einem solchen Fall vorschreibt. Jorge ist unrechtmäßig in den Besitz seiner Ländereien gekommen. Die Absolution von seiner Sünde, und mithin die Rückgewinnung seines Seelenheils, ist nicht allein durch Reue möglich, sofern eine Wiedergutmachung noch erfolgen kann: die Rückgabe des gestohlenen Guts. Jorge entschließt sich auf Kosten des Wohlstands seiner Familie dazu, und erhält zunächst von Cecilia Unterstützung (1. Teil, cuadro II), nachdem seine Beichte, während der alle Einzelheiten bekannt werden, ihre Empörung und Verurteilung und dadurch die Gefährdung des Familienglücks, seine Absicht hingegen ihre – wenn auch nicht enthusiastische – Zustimmung findet. Jorges innerer Konflikt ist damit gelöst, und im folgenden wird er seine Position konsequent verteidigen und seine Absicht zu verwirklichen versuchen. Für kurze Zeit kommt es zu einer Harmonisierung von Standpunkten im christlichen Sinne, die freilich nur Bestand haben kann, wenn alle Beteiligten die Prinzipien der Religion ohne Abstriche als Leitlinie ihres Handelns und Urteilens akzeptieren.

Durch das egoistische Verhalten der anderen Figuren im zweiten Teil zerfällt die kurzfristige Harmonie. Der nun entwickelte gesellschaftliche Konflikt verdeutlicht nicht nur die Ernsthaftigkeit der Absichten Jorges, sondern wird zugleich zu einer decouvrierenden Analyse der ihn umgebenden Gesellschaft. Diese handelt nämlich nicht gemäß den selbst gewählten und von ihr hochgehaltenen moralischen Vorstellungen, sondern opfert sie bedenkenlos dem materiellen Vorteil. An der Figur von Matilde wird die Heuchelei exemplarisch dargestellt. Als Mitglied der »Junta Depuradora de Espectáculos y Costumbres« hat sie die Prinzipien der öffentlichen Moral zu verteidigen, und Verstöße zu verhindern oder zu ahnden:

> Perdonadme el retraso. Es que han dado en la Junta, para que la viéramos, »Amores imperiales«. Es una película escandalosa. Se pasan mil metros besuqueándose. Claro, me he quedado hasta el último. Pero ya podéis imaginaros lo que he dicho. Yo, con esas porquerías, soy inflexible. Vamos a hacer una protesta oficial de padre y muy señor mío. (84)

Die Stelle resümiert ihre Haltung, und beispielhaft die der ganzen Gesellschaft: Die Wahrung des Scheins hat Vorrang vor der Beseitigung von Mißständen, bis hin zur stillschweigenden Duldung und indirekten Legitimierung eines beliebigen Verhaltens. So ist ihre Tätigkeit für Matilde die Möglichkeit, geheime Sehnsüchte zu befriedigen unter dem Deckmantel der Aufrechterhaltung der Moral. Ihr Urteil über Jorge richtet sich denn auch nach diesem Grudsatz: »Admito que lo de El Tomillar sea todo lo irregular que tú quieras ... Pero ya nadie se asusta de nada.« (77) Das Unrecht an sich wertet sie den gesellschaftlichen Folgen gegenüber als relativ gering; ihr alarmierter Widerspruch entsteht aus der Sorge um die Aufrechterhaltung der makellosen Oberfläche und richtet sich gegen die mögliche Infragestellung der Mechanismen des sozialen Gefüges.

In der Figur von Javier wird der Umgang und die Auslegung der Prinzipien, die der gesellschaftlichen Moral zugrundeliegen, als ad hoc-Verfahren entblößt, durch welches die entsprechenden Gebote nach Bedarf ge- und verformt und einem beliebigen Verhalten angepaßt werden können:

> Una idea, Jorge: ¿por qué no le pone una tienda a ese señor, o le pasa una rentita, ¡eh!, ¿o le fija un sueldo?... Y si eso no le parece suficiente, ¿por qué no se viste de Nazareno el Viernes Santo? La cofradía recorre, bajo mi presidencia, huelga decirlo, cerca de cuatro kilómetros. Yo le aseguro que, tal y como tiene el alcalde el pavimento, va usted a pagar, si lo anda descalzo, cuanto de malo haya hecho en su vida. (92f.)

Die Gesellschaft zeigt sich also bereit, eine Komplizität mit dem Schuldigen einzugehen, solange dieser seinerseits die ungeschriebenen Regeln nicht verletzt. Denn Jorge ist kein Ausnahmefall, wie verschiedene Aussagen von Matilde und Javier andeuten; er ist ein normales geachtetes Mitglied dieser Gesellschaft, in der es durchaus ähnliche Fälle gibt. Seine Entscheidung zur Wiedergutmachung bedroht nicht allein seine Position, sondern gerade auch das gesellschaftliche Selbstverständnis, das sich mit vom Verschweigen der »Leichen im Keller« nährt. Das Bekanntwerden des Betrugs und seiner Entscheidung würde nicht nur persönliche Konsequenzen haben, sondern die Gesellschaft mit ihren selbstgewählten Verhaltensrichtlinien konfrontieren und zu einer grundsätzlichen Revision zwingen. Indem das exemplarisch in der Handlung geschieht, wird diese Gesellschaft demaskiert und einer grundsätzlichen Kritik unterzogen, prinzipiell auch über den Tod Jorges hinaus. Denn die Rettung der Fassade hebt die Fragwürdigkeit des Verhaltens der Gesellschaft nicht auf.

Trotzdem läuft die Kritik in vielfacher Hinsicht ins Leere, denn schon im Ansatz wird die Tragweite des Konflikts in verzerrender Weise auf einzelne Aspekte reduziert, indem Jorge eine bestimmte Perspektive der Situation zugewiesen wird, die im folgenden als ausschließlicher Ausgangspunkt und Diskussionsgegenstand gilt. Seine Reue ist nicht auf den Geschädigten Gervasio Quiroga gerichtet, »[que] era, aunque solapadamente, un enemigo. El Tomillar me pareció botín de guerra.« (63) Nur in der Unterhaltung mit don Ángel, als dieser die Rückgabe als Bedingung für die Absolution nennt, wird am Rande die Tatsache eingebracht, daß Unrecht immer abstrakt gegen ein Prinzip und konkret gegen einen anderen geübt wird. Jorges Argumentation ist immer persönlich, fast egoistisch zu nennen, ausgelöst von der Angst um sein Seelenheil; den Infarkt interpretiert er als Fingerzeig Gottes, um das Nötige für seine Rettung zu veranlassen: »Entendí mi ataque como un aviso providencial que se me daba a mí y que no se da a todos, ni se da siempre, de arreptentirme, más concretamente aún, de salvarme.« (65) Cecilias Vorwürfe nach seiner Beichte am Ende des ersten Teils sind ähnlich individualisiert, ausschließlich auf sein Verhalten und seine moralischen Qualitäten gerichtet. Obwohl sie als tiefgläubig dargestellt wird, sind ihre Fragen mehr kontingent denn grundsätzlich: »Y si nadie te amenaza, ¿por qué has roto tu silencio?« (64). Der innere Konflikt ihres Mannes bleibt ihr fremd, obwohl seine Entscheidung ihren gemeinsamen Glaubenssätzen entspringt; sie verurteilt die Tat, aber hauptsächlich weil sie einen Aspekt in Jorge offenbart, den sie nicht akzeptiert. Über Gervasio Quiroga fragt sie nur, ob er etwas wisse, und sie stellt sich schließlich gegen Jorges Entscheidung, weil sie ihr bisheriges Leben bedroht. Die gesamte Situation wird stetig auf zwei unrealistische, der Wirklichkeit enthobene Maximalpositionen hin zugespitzt: Der völligen Verkommenheit oder der absoluten persönlichen Heiligkeit, der bedingungslosen Verdammnis oder des garantierten ewigen Seelenheils. Die Entscheidung fällt zwischen diesen extremen Optionen: »Defended vuestros derechos, tan mezquinos, tan a ras de tierra, como os parezca: cara a cara o solapadamente. Yo defenderé el más sagrado de todos: mi derecho a salvarme.« (98) Die Formulierung des Konflikts in diesen absoluten Termini klammert die menschlichen Dimensionen und Konsequenzen im Grunde aus, was auch Matilde erkennt und Jorge unwidersprochen zum Vorwurf macht:

> [...] las mujeres, según él [Jorge], son unas santas o unas perdidas. Los hombres, unos genios o unos imbéciles, o unos ángeles o unos indeseables. Y el mundo anda lleno de gentes que da la casualidad de que no son ni lo uno ni lo otro. Yo, por ejemplo. (68)

Trotz der Fragwürdigkeit ihrer Haltung vertritt sie hier einen wirklichkeitsbezogenen Standpunkt, der nicht einfach beiseite geschoben werden kann, und mit dem sie Cecilia überzeugt. In der Gegenüberstellung mit Jorge wirkt sie nicht moralisch erhabener; wohl aber verliert seine, Jorges, Argumentation an Überzeugungskraft, denn sie verweigert die Auseinandersetzung mit der konkreten menschlichen Seite des Konflikts und reduziert sich selbst auf die Wiederholung eines Maximalanspruchs, der mit der persönlichen Erfüllung völlig erreicht scheint und keiner gesellschaftlichen Umsetzung mehr bedarf.

Schemenhaft bleibt über das ganze Stück der betrogene Gervasio Quiroga. Er wird nur in Umrissen und zudem einseitig charakterisiert. Das erste, was man von ihm erfährt, ist, daß er ein unehelicher Sohn von Jorges Patenonkel ist; das zweite sind seine zweifelhaften Geschäfte: »[...] anduvo metido en unos negocios sucios, de contrabando.« (44); und drittens ist er ein Republikaner, ein Feind:

> MATILDE. – El hijo del padrino de Jorge ... Si era casi público ... Y, por cierto, con unas ideas ... A ése ya le he cazado yo saludando a escondidas con el puñito así ... (Reproduce el conocido y siniestro saludo revolucionario).
> CECILIA. – Escucha, mamá ...
> MATILDE. – Bueno, claro, no es el único hijo natural que he visto saludar de esa manera ... (68 f.)

Obendrein ist er zu Beginn der Handlung noch im Gefängnis. Seine Qualitäten lassen also zu wünschen übrig, er wird entsprechend von allen Akteuren, Jorge eingeschlossen, negativ beurteilt. Der springende Punkt ist, daß jene, die ihn beurteilen, qualitativ gleiche oder schlimmere Taten bei Gleichgesinnten wesentlich milder, ja geradezu nachsichtig behandeln: »[...] ya nadie se asusta de nada« (77), »pecadillos de juventud« (92). Diese Auffassung wird von Jorge nicht bestritten; immer wenn er seine Entscheidung verteidigt, umgeht er die Auseinandersetzung um die Richtigkeit oder Unrichtigkeit der gegen ihn vorgebrachten Argumente:

> Yo pequé un día, yo cometí una vileza terrible; pero me arrepentí y quise reparar el daño que había hecho. Entonces se formó delante de mí, para impedirme hacer el bien, una muralla tremenda. Pero aunque esta muralla fuese más fuerte aún, la vencería. ¿Y sabéis por qué? Porque Dios está conmigo, y a su lado la victoria es segura. (99)

Er greift weder den Egoismus dieser Gesellschaft noch die Einseitigkeit ihrer Vorstellung von Rechtmäßigkeit an, womit er ihre Position tatsächlich ad absurdum führen könnte. Er bekundet seine Reue und beklagt die Widerstände, und überträgt sofort den Gegenstand des Konflikts auf die Kategorien von Gut und Böse, ohne die aus dem Sachverhalt unmittelbar zu stellende Forderung nach Gerechtigkeit überhaupt zu erwähnen. Die beiden Pole, Opfer und Betrüger, erscheinen nicht gleichberechtigt nebeneinander, sie haben nicht die gleiche Stellung vor einem Gerechtigkeits- und Moralprinzip. Durch die Ausklammerung der Frage von Recht und Unrecht wird das Opfer zufällig, unwichtig, und die Problematik des Stückes als Grundsatzfrage menschlichen Verhaltens ausgegeben, die allein aus innerem Antrieb zu lösen ist. In Wirklichkeit aber wird damit die zentrale Problematik eskamotiert, denn das Recht des Opfers wird in keinem Augenblick angesprochen, sondern nur die Pflicht des Christen zur Wiedergutmachung. Die negative Charakterisierung Quirogas läßt sogar unterschwellig die Frage entstehen, ob er es wert sei, sie zu erhalten, denn in dieser Form der Gegenüberstellung erscheinen die Schwächen der Gesellschaft als verzeihlich. Auf diese Weise wird das Recht des Opfers zum Gnadenerweis des Betrügers pervertiert, und es ist kein Zufall, daß Jorge ein Sieger und Gervasio Quiroga ein Verlierer des Bürgerkrieges ist; auf Gedeih und Verderb ist und bleibt er wie selbstverständlich der Gnadenentscheidung seines Schädigers ausgeliefert, dem Gott, die Moral und das Recht zu gehören scheinen. Jorge ist Partei und Richter zugleich, und nur die angstbedingte Einhaltung der christlichen Lehre kann ihn davon abhalten, das Recht nach seinen Interessen anzuwenden.

Die Problematik des Stückes wird also durch die Akzentuierung der Standpunkte so vorgestellt, daß sie in einem ganz engen Rahmen befriedigend gelöst werden kann. Zwar ist der Ausgangspunkt klar: Das christliche Wertesystem hat Vorrang vor den materiellen Argumentationen der Gesellschaft. Es wird aber nach zwei Seiten hin individualitisch interpretiert und angewendet: Zum Opfer hin, das aus der Gemeinschaft der Akteure ausgeschlossen ist und bleibt; zur Gesellschaft hin, denn Jorge verlangt von seiner Familie und seinen Freunden keine aktive Konsequenz, sondern nur ihr Verständnis, ausgehend von ihrem gemeinsamen Wertesystem. Das wird ihm verweigert und führt entsprechend zur Konfrontation. Damit ist schon in der Anlage der Handlung eine wesentliche Komponente des christlichen Glaubens aus der Entwicklung und Lösung des Konflikts ausgeklammert, nämlich die allgemeine soziale

Dimension, wodurch die im Stoff enthaltene Frage nach persönlicher und gesamtgesellschaftlicher Verantwortung verschwiegen, zum individuellen Problem reduziert und als solches befriedigend gelöst wird.

Damit erhält auch der Schluß einen zusätzlichen Sinn. Vordergründig bleibt die Kritik an der Gesellschaft bestehen, die Jorge an der Durchführung seines Vorhabens hindert. Da sie aber an der Oberfläche menschlicher Schwächen haften bleibt und zentrale Fragen ausklammert, bleibt sie ohne Folgen. Jorges Tod löst alle Konflikte zur allgemeinen Zufriedenheit. Denn zum einen kann er selbst sich seines Seelenheils gewiß sein, da seine Reue und der Wille zur Wiedergutmachung während des ganzen Stückes deutlich belegt worden sind. Zum anderen wird seine Familie durch seinen Tod davor bewahrt, mittellos und verachtet zu werden. Dies ist aus christlicher Sicht durchaus zu vertreten, weil die zu leistende Sühne nicht Unschuldigen zum Schaden gereichen darf. Der ganze Prozeß der Relativierung und Nuancierung von Standpunkten, die Abkoppelung der Entscheidungsgrundlage Jorges von ihren unmittelbaren, konkreten, realitätsbezogenen Aspekten und Konsequenzen sowie die Individualisierung des Problems verwandeln seinen Tod in einen »coup de théâtre«, der den status quo aufrecht erhält und die Seele rettet. Indirekt wird so die Ansicht Javiers bestätigt:

> [...] yo no creo en ese Dios severo y minucioso de usted, que es una especie de Registrador de la Propiedad, sólo que en grande, anotando nuestras flaquezas sin que se le escape ninguna y aguardando a que nos presentemos a Él para restregárnoslas por la cara. [...] Para mí, Dios es como un padre que paga las trampas de los hijos. (92)

Der Schluß ist eine Variante der Auflösung durch einen Deus ex machina, mit dem die Grundsätze und die Beschaffenheit der auf die Probe gestellten Gesellschaft letztlich untermauert werden. Die christlichen Prinzipien bleiben, weil abstrakt formuliert, eine abstrakte Mahnung ohne wirklich greifende Konsequenz, denn das Wohlwollen Gottes als letztinstanzliche Rückversicherung hebt die existentielle Notwendigkeit der Umsetzung der abstrakten Norm auf. Gervasio Quiroga ist davon unberührt; er bleibt der bequeme Joker eines Systems, auf dessen Schultern zuerst die materielle Bereicherung und dann die Seelenrettung ausgetragen werden. Die Folge ist klar: Ebenso wie das Recht zum Eigentum einer Gesellschaft gemacht wird, wird auch Gott zu ihrem Eigentum gemacht, ohne auch für jene da zu sein, die diese Gesellschaft ausgeklammert hat. Das ist eine grundsätzliche Umkehrung der Wertehierarchie, denn die vermeintlich allumfassende göttliche Gnade wird hier dem gesellschaftlichen System unterworfen, das sich die Entscheidung vorbehalten zu können scheint, wem sie zuteil werden darf. Die Gesamtdarstellung und Behandlung des Stoffes geschieht also nicht so sehr vom christlichen Standpunkt aus, sondern aus der Bejahung der gesellschaftlichen Maximen.

Damit sind in *La muralla* alle wesentlichen Elemente des sogenannten »teatro de derechas« enthalten, das den Autoren jahrelang öffentlichen Erfolg und vielfache Ehrungen einbrachte[8]. Neben der praktischen Poetik der alta comedia, die in ihrer extremsten Form von den Vertretern der dramaturgischen Avantgarde vermieden wurde, gehören dazu auch Themenwahl und Stoffbehandlung sowohl im belanglosen, anekdotischen Unterhaltungstheater als auch in den »obras de tesis« wie *La muralla,* wo eine bestimmte Verhaltensrichtlinie beispielhaft gezeigt und verteidigt wird. Die abstrakte Argumentationsweise dieser »obras de tesis«, die sich wie hier um Transzendentales anordnet, findet keinen erkennbaren Niederschlag in einem konkreten, diesseitigen Sinn, der über das rein Persönliche hinausginge. Dadurch ist die explizite Formulierung einer praxisorientierten ethischen Haltung mit unmittelbaren sozialen Forderungen ausgeklammert, oder doch zumindest soweit relativiert, daß sie nicht als zwingende Konsequenz der Handlung erscheint. Auch hier ist ein Unterschied zu jüngeren Autoren festzustellen, für die solche Stellungnahmen ein zentrales Anliegen sind. Die weltanschauliche Position der »autores de derechas« ergibt sich aus den Umständen und der perspektivischen Konstruktion des dramatischen Geschehens sowie aus dem selbstverständlichen Akzeptieren gegebener gesellschaftlicher Formen, die durch das dramatische Geschehen wenn überhaupt dann nur oberflächlich hinterfragt werden.

Das hängt unmittelbar mit der völligen Anpassung an die Erwartungen des Publikums im »teatro de derechas« zusammen. Die Appellfunktion anekdotischer Stellen, in denen der Dialog in Konversation übergeht, ist unverkennbar an das soziologisch sehr homogene Publikum aus dem mittleren und gehobenen Bürgertum gerichtet, und zielt auf eine bruchlose Identifizierung von Bühne und Parkett durch die Aufnahme von gemeinsamem Lebensstil, Vorstellungen, Problemen, Wertekatalogen und konversationellen Bezugspunkten. Deswegen sind die kritischen Inhalte dieses Theaters von Anfang an reduziert, denn sie können wohl zufällige oder individuelle Aspekte dieser Gesellschaft aufgreifen und verurteilen, aber keine grundsätzliche Kritik formulieren. Um das zu gewährleisten, werden die thematisierten Konflikte stets auf den Einzelfall reduziert dargelegt, auf den dann die zugrundeliegende »tesis«, d.h. das zur Anschauung gestellte Prinzip angewendet wird, ohne daß sie über den Einzelfall hinausgingen. Damit wird die bestehende gesellschaftliche Form grundsätzlich akzeptiert, und ihre Fehler zu individuellen Fällen erklärt, die entsprechend individuell befriedigend zu lösen sind. Genau darin steckt die politische Dimension des »teatro de derechas«, das nicht als politisches Theater im engeren Sinne bezeichnet werden kann, weil es nicht primär ideologische Inhalte behandelt oder sich agitatorischer Methoden bedient. Dieses Theater ermöglicht nämlich durch die Ausklammerung grundsätzlicher Kritik und der Identifizierung mit einer spezifischen Gesellschaft allzu leicht dessen politische Verwendung. Man darf nicht vergessen, daß das politische Regime reglementierend auf die Gesellschaft wirkt, um sie nach einem Idealbild zu gestalten, das außer von politisch doktrinären Inhalten ganz wesentlich vom traditionalistischen, konservativen Bürgertum vorrepublikanischer Zeit geprägt ist, in dem der Katholizismus, die patriarchalische Familienstruktur und das oftmals militante Klassenbewußtsein Modellcharakter haben. Nun ist gerade das Zielpublikum des »teatro de derechas« der historische Nachfolger jenes konservativen Bürgertums mit ähnlichen oder gar gleichen Vorstellungen – und wird dementsprechend vom politischen System hofiert. Indem nun das Theater eine geformte Gesellschaft zu seiner Norm erhebt, die obendrein durch die Auflösung der Handlung in ihrer Gestalt grundsätzlich bestätigt wird, bewirkt es nicht nur die Identifizierung mit dem Publikum, sondern auch die Möglichkeit, daß das politische System es in legitimierender Funktion nutzt. Das »teatro de derechas« konnte zur staatstragenden Kunst gemacht werden, und es ist selbst nicht unschuldig daran gewesen, denn alle Elemente, die diese obrigkeitliche Nutzung ermöglichen, sind – wie anhand von *La muralla* gezeigt wurde – sorgfältig im Stück angelegt und nicht das Ergebnis einer späteren Umfunktionierung oder Uminterpretation von dritter Seite. In *La muralla* ist das am deutlichsten zu erkennen in den Aussagen über Gervasio Quiroga, die zwar immer durch Figuren – wie etwa Matilde – erfolgen, deren moralische Qualität nicht makellos ist, womit ihre Angemessenheit scheinbar in Frage gestellt ist, die aber dennoch präzise der offiziellen politischen Lesart der Geschichte entsprechen, so daß über die gesellschaftliche Anpassung hinaus die Instrumentalisierung des Werkes für den politischen Diskurs von innen her ermöglicht wird. Das sind auch die Gründe für die Vergänglichkeit des »teatro de derechas«: Allzu sehr an eine bestimmte historische Situation gebunden, verliert es seine Funktion in dem Augenblick, als der gesellschaftliche und politische Zustand sich erkennbar von den Formen entfernt, die dieses Theater als Maßstab und Anpassungsmodell gewählt hat. Dadurch wurde das »teatro de derechas« lange vor 1975 obsolet.

## ANMERKUNGEN

T: J. CALVO-SOTELO, *La muralla,* Salamanca 1980 (Almar – Teatro, 5), Ed. de E. RUIZ-FORNELLS. Nach dieser Ausgabe wird zitiert. Erstausgabe in F. C. SAINZ DE ROBLES (Hg.), *Teatro Español 1954–1955,* Madrid 1959, S. 87–178, mit »autocrítica« und »prólogo para ser leído a la hora del epílogo« des Autors, mit ausführlichen Angaben zur Entstehungsgeschichte und zur Gestaltung der Schlußszene. Dt. Übersetzung 1955 für mehrere Aufführungen, nicht veröffentlicht.

L: J. MALLO, »*La muralla* y su éxito en el teatro espanol«, in: *Hispania*, Baltimore/Wisconsin, 45 (1962), no. 3, J. MONLEÓN, *Treinta años de teatro de la derecha*, Barcelona 1971; A. M. PASQUARIELLO, »*La muralla:* The History of a Play and a Polemic«, in: *Kentucky Foreign Language Quarterly*, Lexington, 4 (1957), no. 4, S. 193–199; M. B. POYATOS, »La muralla de Calvo-Sotelo, auto de psicología freudiana«, in: *Hispania*, Lawrence/Kansas, 57 (1974), no. 1, S. 31–39; E. RUIZ-FORNELLS, »Notas sobre el teatro de Joaquín Calvo-Sotelo«, in: *Revista de Archivos, Bibliotecas y Museos*, 70 (1975), no. 1, S. 429–436; F. RUIZ RAMÓN, *Historia del teatro español*, Bd. II: *Siglo XX*, Madrid [3]1977; K. SCHWARTZ, »Some Recent Works by Joaquín Calvo-Sotelo«, in: *Hispania*, Baltimore/Wisconsin, 46 (1963), no. 1, S. 44–48; G. TORRENTE BALLESTER, *Teatro español contempráneo*, Madrid 1957.

A: [1] Zur Zahl der Aufführungen vgl. RUIZ-FORNELLS, s.T., Einleitung S. 21, und Calvo-Sotelos »Prólogo« in der Ausgabe SAINZ DE ROBLES, s.T., S. 117.

[2] Vgl. MALLO, s. L., und zur Polemik PASQUARIELLO, s. L.

[3] PH. WARD, *The Oxford Companion to Spanish Literature*, Oxford 1978, S. 88, und *Diccionario de la Real Academia Española de la Lengua*, Madrid 1970, S. XII.

[4] Zu den verschiedenen bühnentechnischen und organisatorischen Merkmalen des Nachkriegstheaters vgl. L. GARCÍA LORENZO (Hg.), *Documentos sobre el teatro español contemporáneo*, Madrid 1981 (Temas, 17), besonders die Abschnitte »Planteamientos generales«, »autores y directores«, »censura« und »centralismo«, S. 39–81, 169–227 und 299–336.

[5] Vgl. RUIZ RAMÓN, s. L., S. 297–319 und MONLEÓN, s. L., passim.

[6] Außer den Dokumenten bei GARCÍA LORENZO, S. 229–298, vgl. auch M. ABELLÁN, *Censura y creación literaria en España*, Barcelona 1980, S. 31–43.

[7] Insofern ist der erste Akt nicht anekdotisch, wie RUIZ RAMÓN, s. L., S. 313 behauptet, sondern erfüllt eine wichtige Funktion für den dramatischen Aufbau.

[8] Calvo-Sotelo ist dafür ein gutes Beispiel: 1955 Mitglied der Real Academia, 1961 Direktor der Sociedad General de Autores de España, mit Sendezeit im staatlichen Fernsehen; eine vollständige Liste der Ehrungen, Orden, Mitgliedschaften in Akademien und offiziellen Preisen findet sich im *Diccionario de la Real Academia*, a. a. O., S. XII.

*WOLFGANG ASHOLT*

# ANTONIO BUERO VALLEJO · HISTORIA DE UNA ESCALERA

*Vingt ans après Titre ironique où notre vie*
*S'inscrivit tout entière et le songe dévie*
*Aragon*

Vor 25 Jahren fragte der Schweizer Hispanist J.-P. Borel mit berechtigt vorwurfsvollem Unterton: »Comment se fait-il que Buero Vallejo soit encore inconnu dans les pays de langue française[1]?« Daran hat sich zwischenzeitlich, wie K. Pörtls Beitrag »Buero Vallejo en el teatro español contemporáneo« auch für den deutschen Sprachraum belegt, kaum etwas geändert. Um so mehr stellt sich angesichts dieser Situation die Frage, ob es angemessen sein kann, einen Autor, der mit mehr als 25 Stücken als der repräsentative Dramatiker Spaniens in der zweiten Hälfte unseres Jahrhunderts gelten muß, anhand seines Erstlingswerkes vorzustellen. Drei Gründe lassen diesen Versuch sinnvoll erscheinen:

- *Historia de una escalera* bildet den entscheidenden Wendepunkt im Theater der Nachbürgerkriegszeit
- Schon in diesem Drama sind die wesentlichen Streitpunkte der »posibilismo«-Debatte mit A. Sastre angelegt
- Trotz aller Veränderungen seit fast 40 Jahren können wesentliche Charakteristika des Gesamtwerkes von Buero Vallejo an diesem Stück aufgezeigt werden.

## Das Theater der Postguerra und Buero Vallejo

Als am 14. 10. 1949 im staatlichen Teatro Español das Erstlingswerk des zehn Jahre zuvor wegen seines republikanischen Engagements zum Tode verurteilten Buero Vallejo aufgeführt wird, kennzeichnet schon diese Konstellation einen Wendepunkt im Theaterleben. Wenn einem solchen Drama eines derartigen Autors der »Premio Lope de Vega«[2] verliehen wird, ohne den es wohl kaum zur Inszenierung des Stückes gekommen wäre, so weil es offensichtlich jenen Zustand des spanischen Teaters überwindet, den Doménech treffend als eine »década de silencio« charakterisiert[3]. Während die in den 30er Jahren bedeutenden Autoren gestorben, ermordet oder ins Exil gegangen waren – Buero Vallejo saß gemeinsam mit Miguel Hernández in einem Gefangenen-Konzentrationslager –, dominiert auf den Madrider Bühnen der »teatro de evasión«, repräsentiert durch pseudofolkloristische Stücke sowie die Komödien Benaventes und seiner Epigonen: ein Theater der Flucht aus der Wirklichkeit, das vom bürgerlichen Publikum geschätzt und von der regimehörigen Kritik propagiert wird[4]. Hinzu kommt das repressive Klima in der von den anderen Nationen isolierten Franco-Diktatur sowie eine allgegenwärtige Zensur, die in der Tradition der »leyenda negra« steht[5]. Doch mit *Historia de una escalera* findet auch das Theater Anschluß an eine Entwicklung, wie sie in der Prosa mit Celas *Pascual Duarte* (1942)[6] und in der Lyrik mit Dámaso Alonsos *Hijos de la ira* (1944) schon früher eingesetzt hatte, und die später mit »realismo social« oder »realismo testimonial« bezeichnet werden sollte. Buero selbst ordnet sich 1950 mit dem Essay »Neorealismo y teatro«, in Anknüpfung an die Filme Rosselinis und de Sicas, dieser Strömung zu und qualifiziert sie als »sentido de reacción contra el teatro convencional[7]«. Dennoch, und hier wirken sich die besonderen Bedingungen der Gattungsentwicklung in Spanien aus, kann es im Theater zu keiner so radikalen Wende wie etwa im Roman kommen: »El problema de Buero sería que, desde su primera obra, se encuentra limitado par la forma habitual de nuestro teatro[8].« Daß es sich dabei freilich nicht nur um typisch spanische Rezeptionsbedingungen handelt, belegen deutsche Aufführungsrezensionen des Dramas, in denen es z. B. heißt: »[...] das Publikum zeigte sich ganz erlöst, glücklich und begeistert über die Tatsache, daß man ein modernes Stück auch verstehen kann[9].«

## Posibilismo oder Imposibilismo

Um die Frage, was dem spanischen Publikum und der staatlichen Zensur zugemutet werden dürfe, kommt es Anfang der 60er Jahre zu einer heftigen Diskussion zwischen Sastre und Buero. Sastre wirft seinem erfolgreichen Kollegen vor, den Grundüberzeugungen seiner republikanischen Vergangenheit und seines Anfangswerkes untreu geworden zu sein und sich mehr und mehr auf (ideologische) Kompromisse mit dem faschistischen System sowie auf dramaturgische mit dem bürgerlichen Publikum eingelassen zu haben. Demgegenüber fordert Sastre: »Todo teatro debe ser considerado posible hasta que sea imposibilitado; y toda ›imposibilitación‹ debe ser acogida por nosotros como una sorpresa[10].« Solche Anschuldigungen erfahren eine Fortsetzung und steigern sich, als Buero 1972/73 in die Real Academia gewählt und aufgenommen wird, und dies von zahlreichen jungen Schriftstellern als Kapitulation vor dem Regime, das die Zensur immer noch nicht abgeschafft hat, betrachtet wird. So empört sich Arrabal 1975 – zu Unrecht, wie Buero beweisen kann –, daß dieser ihn und andere junge Dramatiker nie gegen das Regime unterstützt habe. Vor allem aber sei er in die Academia eingezogen, während sein Kollege Sastre als ›Terrorist‹ in Haft genommen worden war[11]. – Wie im Grunde schon mit *Historia de una escalera* plädiert Buero von Beginn dieser Auseinandersetzung an für den »posibilismo«, d. h. ein Theater, das die vom

System zugebilligten Freiräume zwar extensiv nutzt und wo möglich erweitert, letztendlich jedoch die Regeln der Diktatur respektiert, freilich mit dem Ziel, für ein anderes Spanien einzutreten. »[...] nuestra presencia como autores tiene que ser una presencia efectiva, no una esterilidad; tenemos que hacer un posibilismo dinámico, progresivo, combativo[12]«, verteidigt Buero diese Haltung, wobei er sich der Risiken eines solchen Kompromisses durchaus bewußt sein[13], jedoch vor zu weitgehendem Nachgeben sicher glauben dürfte, da er sich selbst als »hombre vocado inequívocamente a una Weltanschauung izquierdista[14]« betrachtet. In gewisser Weise handelt es sich hier auch um einen Generationenkonflikt besonderer Art. Wenn Buero den ihn kritisierenden jungen Autoren bis hin zu Sastre eine »reacción juvenil [...] consistente en creer que lo más revolucionario es el extremismo verbalista[15]« vorwirft, so weil er, wie viele seiner Generation, zutiefst von der Erfahrung des Bürgerkrieges geprägt ist. Einer erneuten direkten Konfrontation zieht er den Weg der schrittweisen Veränderung der spanischen Gesellschaft vor, zu dem das Theater durchaus einen Beitrag leisten kann; wie sich zeigen sollte, hat die Geschichte der jüngsten Vergangenheit dieser Haltung und nicht den revolutionären Illusionen rechtgegeben.

## Avantgardismus, »obra bien hecha« und die Wiederbelebung der Tragödie

Die Kompromisse beschränken sich freilich nicht allein auf den ideologischen Aspekt des Werkes. Wenn es Bueros Absicht ist, »un teatro ›en situación‹[16]« zu präsentieren, so sieht er sich auch gezwungen, die Rezeptionsgewohnheiten seines Publikums zu berücksichtigen. Dies führt im Falle von *Historia de una escalera* zu einem »Kompromiß‹, der zugleich die Möglichkeiten und Gefahren eines solchen Einlassens auf die Gegebenheiten erkennen läßt: »Pretendí hacer una comedia en la que lo ambicioso del propósito estético se articule en formas teatrales susceptibles de ser recibidas con agrado por el gran público[17].« Eine solche Konzeption gestattet keine avantgardistischen Experimente, sie verlangt vielmehr eine Weiterentwicklung des traditionellen Theaters, und so ist es kein Zufall, daß im Zusammenhang mit der dramatischen Struktur der Stücke Bueros Begriffe wie »carpintería« oder »obra bien hecha« lobende Erwähnung finden: »[...] una nota común a todas las obras: el permanente afán de perfección, de alcanzar lo que hace cincuenta años se llamaba *la obra bien hecha*[18].« Insofern ist es durchaus nicht anachronistisch, Buero in die Tradition des Naturalismus und Ibsens zu stellen, und auch sein konstantes Bemühen um eine Wiederbelebung der Tragödie ordnet ihn dem traditionsbewußten und -verbundenen Drama zu. Sastre kritisiert gerade diesen Aspekt, wenn er schon 1956, ohne Buero direkt zu erwähnen, aber mit deutlicher Anspielung auf den Handlungsort unseres Dramas, ausführt: »Es el peligro de las obras pensadas desde un escenario que parece al escritor, por una razón o por otra, sugestivo: una calle, un tren, una escalera. [...] sólo pueden ser resueltos echando mano de una degeneración de la técnica: la carpintería[19].« Es fragt sich jedoch, ob ein Theater des »posibilismo« nicht gerade solcher szenischen Mittel bedarf, um so attraktiv zu sein, daß das Publikum auch seine kritischen Aspekte akzeptiert. – Zwar bezeichnet Buero in zeitgenössischen Äußerungen sein Erstlingswerk als Komödie (s. Anm. 17), was zweifelsohne mit dem Sainete-Einfluß zusammenhängt (s. u.), doch kann selbst dieses Werk aus der Perspektive des Gesamtwerkes als ein erster Schritt auf dem Wege zur Tragödie betrachtet werden, deren Erneuerung Buero mit den späteren Dramen bewußt anstrebt. Erklärtermaßen von Unamunos »sentimiento trágico de la vida« beeinflußt, erblickt er schon zu Beginn seiner dramatischen Karriere in der Tragödie »la forma más elevada y objestíva de intuición artística del sentido de la vida[20].« Dabei kommt dem kathartischen Effekt und der damit verbundenen Etablierung von Hoffnung angesichts aussichtsloser Situationen bei den Zuschauern die entscheidende Bedeutung zu. Die Tragödie kann also dazu genutzt werden, eine Katastrophe selbst dann als gerechtfertigt und angemessen erscheinen zu lassen, wenn die unmittelbaren Akteure ihre Ursache und Bedeutung nicht verstehen. Aus einer solchen Akzeptierung der Katastrophe wiederum kann die Kraft für einen Neuanfang erwachsen, insofern gelangt die »esperanza en la tragedia[21]« zur Geltung, auf deren zentrale Rolle Buero nicht nur mit dem Titel eines Dramas (*La señal que se espera*, 1952) hinweist. Es scheint nicht übertrieben, auch in einer solchen Konzeption eine Reaktion, eine Verarbeitung und den Versuch der Überwindung von Erfahrungen aus Bürgerkrieg, sechsjähriger Haft und Franco-Diktatur zu sehen. Wie in der Tragödie kann der Sinn des spanischen Geschehens nicht akzeptiert werden. Gerade deshalb sind die überlebenden zur Hoffnung verurteilt: auch dies eine Begründung für Bueros »posibilismo«. Zugleich beinhaltet eine solche tragische Weltsicht freilich die Gefahr, die Resultate des tragischen Geschehens für die Gegenwart als unveränderlich hinzunehmen und die Hoffnung auf eine unbestimmte, unsichere und ferne Zukunft zu setzen. Wie Buero dieses Dilemma löst, läßt sich schon am Beispiel seines ersten Dramas paradigmatisch verfolgen.

## *Historia de una escalera:* zwischen Sainete und Tragödie

Der Bueroschen Wertschätzung der Tragödie widerspricht es nicht, *Historia de una escalera* in die Tradition des costumbrismo, speziell des sainete zu stellen. Mit dieser Anknüpfung an eine höchst publikumswirksame Tradition versucht unser Autor das unter den gegebenen Umständen Mögliche, um ein breites Publikum zu erreichen. Wie gut ihm dies gelungen ist, stellen nicht nur die 187 Aufführungen des Stückes unter Beweis, sondern auch die Tatsache, daß erstmals die zu Allerheiligen übliche Inszenierung des *Don Juan Tenorio* von Zorrilla am Teatro Español ausfällt. Wenn wir mit Fernández Santos unter dem sainete die »forma típica del costumbrismo español [...] una mistificación dramática por la que la burguesía española, y en especial la madrileña, deforma a los tipos más despiertos del proletariado[22]« verstehen, so wählt Buero offensichtlich diese Subgattung, weil sie zum einen dem Publikum vertraut ist, und ihr Milieu es ihm zum anderen ermöglicht, sonst nicht Vorstellbares auf der Bühne darzustellen. So spielt unser Drama in einem dunklen und ärmlichen, von unzufriedenen Kleinbürger- und Arbeiterfamilien bewohnten Madrider Mietshaus, und die ersten Szenen präsentieren sich wie ein traditioneller sainete: zu den vier auf einer Etage lebenden Familien – allein der Stromkassierer der Anfangsszene repräsentiert im gesamten Stück die Außenwelt – zählen Paca, die »tía deslenguada«, ihr Sohn der klassenbewußte Arbeiter Urbano, ein »jaranero«, Elvira, die Tochter des vergleichsweise wohlhabenden Don Manuel, die »niña mimada«, Fernando, kleiner Angestellter und Sohn der verarmten Witwe Doña Asunción, der galante Held, Pepe und Rosa, die »chulos« usw. Doch dieser sainete nutzt die »tranches de vie«, aus denen sich die einzelnen Szenen gattungsüblich zusammensetzen, nicht, um Akteure und Milieu angesichts eines frivolen Publikums zu denunzieren und so die Zuschauer im Sinne des »teatro de evasión« in ihrem sozialen Status zu bestätigen und abzusichern. Stattdessen präsentiert er, in durchaus naturalistischer Tradition, die Schwierigkeiten, Kämpfe, Leiden und vor allem Niederlagen der Akteure – R. Doménech spricht treffend von der »historia de una frustración[23]« –, jedoch nicht nur, um den Betrachtern ein nahes und zugleich ›exotisches‹ Milieu vorzuführen, sondern auch um, wie in der klassischen Tragödie, Betroffenheit zu wecken, und die Zuschauer in den ›fremden‹ Protagonisten eigene Situationen und Probleme wiedererkennen zu lassen.

Dieser Intention entspricht die ›klassische‹ Einheit des Handlungsortes. Alle drei Akte – Buero verzichtet auf eine explizite Szeneneinteilung – spielen auf der titelgebenden Treppe, freilich zu unterschiedlichen historischen Momenten: Akt I im Jahre 1919, Akt II zehn Jahre später und Akt III in der Aufführungsgegenwart, also 1949. Dennoch lassen sich zwischen der Gegenwart und der Vergangenheit der beiden ersten Akte keine wirklichen Unterschiede feststellen – die Anweisung zum ersten Akt spricht von einem »vago aire retrospectivo« (31). Zudem ändern sich im Verlauf des Dramas weder die Charaktere noch die soziale Situation der Akteure, die Entscheidungen und Auseinandersetzungen situieren sich in den »entreactos«. Gerade durch diese Struktur wird der zwanzigjährige Sprung von 1929 ins Jahr 1949 hervorgehoben. Der Zehnjahresrhythmus wird bewußt durchbrochen, um das Tabuthema des Bürgerkrieges zu evozieren, ohne von ihm zu reden. Erst im Zusammenhang mit diesem ständig abwesenden und deshalb bedrückend präsenten Hintergrund gewinnt das Drama eine weit über die Individuen hinausreichende tragische Dimension und kann, wie Buero es sich zwanzig Jahre nach der Premier wünscht, in der Tat zu einer »búsqueda de verdades españolas[24]« werden. Während des zwanzigjährigen Intermezzos zwischen dem II. und dem III. Akt hat sich die eigentliche Katastrophe ereignet, sowohl individuell als auch sozial und national. »Vingt ans après«, um das Aragon-Dumas-Motto aus dem Jahre 1939 wiederaufzunehmen[25], bleibt den zwischenzeitlich besiegten Überlebenden des ersten Aktes nur noch die »frustación«, der freilich mit den Wünschen und dem Verlangen einer neuen Generation nach einem besseren Leben eine hoffnungsvolle Perspektive gegenübergestellt wird. Insofern verbirgt sich unter der Komödie eine moderne Tragödie, hinter dem oberflächlichen Schein des sainete nimmt die Tiefenstruktur des Dramas wesentliche Merkmale der späteren Dramen Bueros vorweg.

### »Historia de una frustación« oder mehr?

Wenn sich in der letzten Szene des Stückes das um dreißig Jahre gealterte Liebespaar des I. Aktes, Carmina und Fernando, mit einer »infinita melancolía« (98) anschaut, so drückt sich in diesem Blick das beiderseitige Scheitern aus: Fernando, der in der Schlußszene des Eröffnungsaktes Carmina seine Liebe erklärt hatte, ist seit mehr als zwanzig Jahren mit Elvira, der Tochter Don Manuels, die ihn umworben hatte, unglücklich verheiratet; Carmina lebt fast ebenso lang mit dem Arbeiter Urbano zusammen, ohne ihn jemals wirklich geliebt zu haben. Elvira und Urbano scheinen nur auf den ersten Blick glücklicher, da sie den erwünschten Partner erhalten haben. Doch auch für diese beiden Abwesenden der Schlußszene gilt die »frustación«: sie haben erkennen müssen, daß sie sich in dem erstrebten Partner getäuscht haben, ihre Erwartungen konnten nie erfüllt werden. Natürlich gibt es individuelle Gründe für dieses Scheitern, insbesondere jenen »faux départ« der Protagonisten, den Borel in seiner ausgezeichneten Analyse betont: »Au début de leur vie, ces jeunes gens sont infidèles à ce qu'il y a d'essentiel en eux, à leur amour; et ils ne respectent pas l'amour des autres[26].« Doch es fragt sich, ob die konsequenzenreichen Fehlentscheidungen nur oder vor allem individuelle Ursachen haben oder ob in diesem »teatro en situación« nicht gerade der Situation im Sartreschen Sinne zukunftsentscheidende Bedeutung zukommen muß. Anders formuliert: ist der »faux départ« nicht die Konsequenz eines falschen ›Entwurfs‹, der auf einer nicht-authentischen Sicht der eigenen Person und ihrer sozialen Bedingtheit beruht? Darüber hinaus stellt sich die Frage, ob der »faux départ« tatsächlich bei allen Protagonisten schon mit den beiden ersten Akten stattgefunden hat, oder ob nicht vielmehr zwischen den verschiedenen Personen differenziert werden muß.

Als Doña Asunción sich zu Beginn des Dramas mit Don Manuel über ihren Sohn Fernando unterhält, drückt sie neben allem übertriebenem Lob deutlich kleinbürgerliche Zukunftsängste und Aufstiegswünsche aus (»él vale mucho y merece otra cosa« (35)), die von ihrem Sohn geteilt werden. Wie stark diese Wünsche auf seine Person konzentriert sind, wie wenig sie die anderen wahrnehmen und wie illusorisch sie deshalb bleiben müssen, läßt Fernando sowohl im Gespräch mit seinem Jugendfreund Urbano als auch in der Liebes- und Schlußszene des I. Aktes erkennen. Im »casinillo« des Treppenhauses rühmt er sich gegenüber Urbano: »Yo sé que puedo subir y subiré solo« (40), und am gleichen Ort entwirft er wenig später Carmina gegenüber seine Zukunftsvision: »Ganaré mucho dinero. [...] Puede que para entonces me haga ingeniero. Y como una cosa no es incompatible con la otra, publicaré un libro de poesías, un libro que tendrá mucho éxito ...« (55) Doch dem gleichzeitigen Verlangen nach pekuniärem und schriftstellerischen Erfolg entsprechen keine Aktionen: Fernando bleibt beim Reden im Futur (»ganaré, estudiaré, seré, seguiré, publicaré« (55)), und im II. Akt hat er nicht, wie versprochen, Carmina, sondern, wie seine Mutter gewünscht hatte, etwas ›Besseres‹, nämlich Elvira geheiratet, die inzwischen das Erbe ihres Vaters angetreten hat.

Der junge Arbeiter Urbano hingegen versucht eine nüchterne Situationsanalyse: »Los pobres diablos como nosotros nunca lograremos mejorar de vida sin la ayuda mutua. Y eso es el sindicato. ¡Solidaridad!« (40) Seine Hoffnungen auf die Stärkung der Gewerkschaftsbewegung im I. Akt erwachsen aus den alltäglichen Erfahrungen in der Fabrik, aus dem Bewußtsein, aufeinander angewiesen zu sein, im Gegensatz zu Fernando, der aus Selbstüberschätzung nur bisweilen seinen Arbeitsplatz, eine »papelería«, aufsucht. So vermag auch die von Fernando zur Schau gestellte Überlegenheit (»Y vosotros os metéis en el sindicato porque no tenéis arranque para subir solos.« (40)) nicht gegen Urbanos Gewißheit, mit solidarischen Aktionen die Gesellschaft zu verändern. Selbst wenn im späteren Verlauf des Stückes von dieser Perspektive nicht mehr die Rede ist, so wissen doch die Zuschauer um den Verlauf und das Scheitern solcher Veränderungsbestrebungen zwischen 1919 und 1939, verstehen also das Schweigen. Urbano erkennt auch besser als Fernando, wie wichtig Liebe in diesem Zusammenhang ist (»enamorarte de verdad« (43)), selbst wenn er im II. Akt Carmina anbietet, sie zu heiraten, obwohl er weiß, daß diese Fernando liebte – der sich freilich inzwischen anders entschieden hat. Seine Worte in diesem Zusammenhang: »Más vale ser un triste obrero que un señorito inútil« (66) dürfen nicht als charakterlicher Mangel und Ursache für ein späteres Scheitern wegen zu geringer Selbstachtung mißverstanden, sondern müssen als Kritik an jenen Bürgern und insbesondere an Fernando gewertet werden, die im Bürgerkrieg die nationalistische Diktatur unterstützen sollten[27], sowie als Ausdruck proletarischen Selbstbewußtseins gegenüber dem gesellschaftlich und von Carmina auch persönlich bevorzugten Kleinbürger: »Ya sé que no soy más que un obrero. No tengo cultura ni puedo aspirar a ser nada importante ... Así es mejor.« (66) Mit diesen Worten versucht Urbano, die Arbeitertochter Carmina für sich zu gewinnen, er ahnt, wieviel für seine Sache von ihrer Entscheidung abhängt: »Porque cuando te tenga a mi lado me sentiré lleno de energías para trabajar.« (66) Doch Carmina versagt sich, allein aus Enttäuschung und materieller Not geht sie die Ehe mit ihm ein: nur in dieser Wahl Carminas könnte der »fracaso« Urbanos auf individueller Ebene begründet sein; die Verweigerung ihrer Liebe symbolisiert jedoch auch das (spätere) Scheitern der politischen Hoffnungen Urbanos.

In gewisser Weise sind die weiblichen Protagonisten Spiegel, in denen die Männer ihre Projektionen und ihre »frustación« besonders deutlich erblicken. Dies gilt nicht nur für Carmina und Elvira, sondern auch für Nebenfiguren wie Trini und ihre Schwester Rosa: die Männer und mit ihnen die Familie dominieren, von ihren Entscheidungen hängt das Schicksal der Frauen ab. Resigniert konstatieren die beiden Schwestern im Schlußakt: »Todas las mujeres somos iguales en el fondo. [...] Tú has sido el escándolo de la familia y yo la víctima. [...] Te juntaste con un hombre y yo sólo conozco el olor de los de la casa ... Ya ves: al final hemos venido a fracasar de igual manera.« (89) Der einzige männliche Akteur, der eine Ausnahme bildet, Urbano, erhält auf die Klage: »Cuando pienso lo que pudiste haber sido para mí ...? Por qué te casaste conmigo si no me querías?« von Carmina die wenig überzeugende Antwort: »No te engañé. Tú te empeñaste.« (91) So bewirkt die »frustación« Carminas den »fracaso« Urbanos; dieser Konstellation auf der persönlichen Ebene entspricht auch die historisch-soziale Situation zu Ende des Dramas.

In einer heftigen Auseinandersetzung im Schlußakt, die bis zur Prügelei zwischen den Frauen eskaliert, versuchen Fernando und Urbano, die sich zwischen ihren Kindern Fernandito und Carminita anbahnende Liebe zu unterbinden. Wie dreißig Jahre zuvor (»un soñador, un gandul« (41)) wirft Urbano Fernando vor, »un tenorio y un vago« zu sein und mit seinen Zukunftsplänen Schiffbruch erlitten zu haben: »¡Pero no te has emancipado, no te has libertado!« (93) Als Fernando seinerseits glaubt, erwidern zu können: »Sí; como tú. También tú ibas a llegar muy lejos con el sindicato y la solidaridad. Ibais a arreglar las cosas para todos ... Hasta para mi«, weist Urbano auf die wirklichen Ursachen für das Scheitern der ehemaligen Hoffnungen hin, die eben nicht in seiner Person liegen: »¡Si! Hasta para vosotros los cobardes que nos habéis fallado.« Die soziale und politische, das Individuum übersteigende Dimension dieser Antwort wird von der Zensur erkannt, die diese Replik Urbanos in »¡Sí! ¡Hasta para los zánganos y cobardes como tú!« (93) umwandelt und damit auf einen persönlichen Vorwurf zu reduzieren versucht. Urbanos Erwartungen aus dem ersten Akt scheitern auf der historisch-sozialen Ebene, die mit dem »vosotros« evoziert werden soll, daran, daß sich das Kleinbürgertum – und Fernando wird wiederholt als Angestellter einer »papelería« präsentiert – aus Sorge vor der drohenden Proletarisierung mit dem Franco-Regime liiert. Deshalb verspottet Fernando zu Beginn das Vertrauen Urbanos in gewerkschaftliche Aktionen, deshalb scheitern Urbanos Hoffnungen zwischen Akt II und dem Schlußakt. Zwanzig Jahre später ist Urbano jedoch nicht nur politisch besiegt. Parallel dazu rührt sein individueller »fracaso« daher, daß Carmina, die aus einer Arbeiterfamilie stammt, auch im Schlußakt ihre Liebe zu Fernando nicht vergessen kann, selbst wenn sie diesen inzwischen als »un gandul y un cobarde« (93) beschimpft und damit die Worte ihres Mannes übernimmt. – Der »fracaso« Fernandos hingegen wirkt noch vernichtender. »Con la lentitud de un vencido« bewegt er sich in der Schlußszene (96); von seinen Träumen ist nichts geblieben, und er muß aus dem Munde seines Sohnes das vernichtende Urteil hören: »se han dejado vencer por la vida.« (97)

Insofern hat sich Fernandos Ahnung des I. Aktes erfüllt, in dem er Urbano eine existentielle Angst vor der Zeit gesteht: »Ver cómo pasan los días, y los años ... sin que nada cambie. [...] Y mañana, o dentro de diez años que pueden pasar como un día, como han pasado estos últimos ... ¡sería terrible seguir así!« (41/42) Doch diese Angst vor der Zeit entsteht, weil deren Vergänglichkeit Maß für das Ausmaß der nicht realisierten Möglichkeiten bildet, und d.h. im Falle Fernandos, für das totale persönliche Scheitern. Jeder Tag, jedes Jahr, jeder Sprung von einem Akt zum anderen läßt die Zeit unentrinnbarer erscheinen und verstärkt seine »angustia vital«. Die Einförmigkeit des Handlungsortes korrespondiert mit diesem Zeitempfinden und bestätigt die Aussichtslosigkeit der Situation, der Katastrophe in Tragödien entsprechend. Und es scheint, als ob die Generation der Kinder den Repetitionscharakter bestätigt, von dem Fernando spricht. So wie die Eltern (Fernando und Carmina) im I. Akt versichern sich Fernandito (der Sohn Elviras und Fernandos) und Carminita (die Tochter Carminas und Urbanos) in der Schlußszene des Dramas ihre Liebe: eine Parallele, die häufig als Indiz für das Scheitern auch der neuen Generation genommen wird. Dementsprechend würden sich Zeit und Handlung tatsächlich zirkulär entwickeln, ein Ausbruch aus dem Mietshaus und seinen sozialen Bedingungen schiene unmöglich. Eine solche Interpretation würde jedoch nicht nur der zentralen Rolle widersprechen, die die Hoffnung innerhalb des tragischen Universums Bueros spielt (»Se escribe porque se espera, pese a toda duda.«[28]). Eine solche Sichtweise unterschätzt auch angesichts (zu) offensichtlicher Ähnlichkeiten die Unterschiede zwischen Kindern und Eltern und führt letztlich zu einer reduktionistischen Deutung des Dramas. Denn anders als sein Vater, der schon zu Beginn durch die Unausweichlichkeit der Zeit gelähmt scheint, tritt Fernandito überlegt und entschlossen auf. Zwar entsprechen seine Zukunftsperspektiven in vieler Hinsicht denen seines Vaters dreißig Jahre zuvor, doch der Sohn will nicht Ingenieur und Dichter werden, er ›beschränkt‹ sich auf die technische Karriere: nicht nur ein Indiz für von einer zur anderen Generation verlorene Illusionen, sondern auch Ausdruck größerer Nüchternheit und Entschlossenheit der Jugend. Vor allem aber geht der Projektion einer schöneren Welt bei Fernandito die radikale Kritik der Gegenwart voraus, die sich insbesondere auf die Eltern richtet: »No te dejes vencer por su sordidez. ¿Qué puede haber de común entre ellos y nosotros? ¡Nada! Ellos son viejos y torpes.« (97) Und im Gegensatz zum Vater, der seine Pläne als »fácil« (55) betrachtete, weiß Fernandito um die Schwierigkeiten seines Vorhabens: »Tenemos que ser más fuertes que nuestros padres.« Auch hält er auf der individuellen Ebene jene Solidarität für unverzichtbar, die Urbano im I. Akt propagiert hatte, und auf die Fernando verzichten zu können glaubte, die Liebe: »Nos apoyaremos el uno en el otro.« (97) Schließlich spricht Fernandito nicht wie sein Vater im Futur oder von »desde mañana mismo« (41), sondern von ›en seguida« (98). So sind die Aussichten der Kinder unvergleichlich günstiger als jene der Eltern, zumal –,angesichts der »carpintería« Bueros gewiß kein Zufall – eine Rivalin in Gestalt Elviras im III. Akt fehlt.

Soll dies nun heißen, daß die Kinder einer besseren Zukunft als die Eltern entgegen gehen? Vermutlich ja. Dennoch wird eine zu optimistische Einschätzung der Vergangenheitsüberwindung durch die neue Generation – und darin liegt ein bislang unbemerkter Hinweis des Dramas – durch eine kurze Episode infrage gestellt. Ohne daß dafür eine unmittelbare Notwendigkeit bestünde, treten zu Beginn des III. Aktes ein »Señor bien vestido« und ein »Joven bien vestido« auf, die seit kurzem auf der Etage des Mietshauses wohnen. Die wenigen Worte, die beide miteinander wechseln, verweisen überdeutlich darauf, daß sie zu den Profiteuren der Franco-Diktatur zählen, zu einem sich allmählich bildenden, vom Regime geförderten Bürgertum. Sie klagen über die ›alten‹ Mieter, d. h. die Familien Fernandos und Urbanos, zwischen denen für sie kein Unterschied besteht, und betonen die soziale Distanz zwischen ihnen und den anderen. Sie üben neben ihrer Stellung in der ›oficina« eine Nebenbeschäftigung aus, die sie finanziell unabhängig macht: »¿Y esos asuntos? – Bastante bien. Saco casi otro sueldo.« (78) Schließlich schwärmen sie von neuen Automodellen: »¡Magníficos! Se habrá fijado en que la carrocería es completamente ...« (79), auch dies ein Indiz für eine andere Zeit. Wenn Fernando hijo und Carmina hija der Ausbruch aus der Welt ihrer Eltern gelingen sollte, so mit Hilfe des Aufstiegs in diese neue Klasse. Damit wäre das ökonomische Wohlergehen gesichert, der verzweifelte Kampf der Bewohner des I. Aktes ums Überleben überwunden. Doch die Hoffnung Urbanos auf ein besseres und gerechteres Leben für alle, die auf der Solidarität beruhte (»¡Solidaridad! Ésa es nuestra palabra.« (40)), ist endgültig gescheitert. Fernandito erwähnt sie nicht einmal, und wie die Reaktion der Zensur beweist, können solche Ideen 1949 kaum noch geäußert, geschweige denn propagiert werden. Doménech fragt zu Recht in seiner Analyse des Dramas: »Pero ¿qué clase de esperanza puede abrigarse desde *esa* ciudad, desde *esa* escalera?«[29], d.h. unter den Voraussetzungen der Nachbürgerkriegszeit. Denn wenn der Aufstieg in die neue Bourgeoisie die Hoffnung ist, die den Kindern bleibt, so handelt es sich zwar um eine Perspektive, die im Spanien der 50er und vor allem der 60er Jahre Realität werden sollte, doch kann in einer solchen keine ausschließlich positive Lösung erblickt werden. Insofern unternimmt Buero mit seinem Drama nicht nur Vergangenheitsbewältigung und Gegenwartskritik, sondern weist, gerade dank seines »realismo social«, weit in die spanische Zukunft voraus.

### »España es diferente«?

Jener Zukunft gilt es Rechnung zu tragen, und dies versucht unser Autor mit seinem »posibilismo«. Insofern ist das Theater Bueros, und mit ihm das gesamte spanische Theater der Nachbürgerkriegszeit, besonderen Bedingungen unterworfen. Doch es hieße, diese Konditionen überzubewerten, wenn man sich G. G. Browns Urteil zu eigen machte: »[...] by any other standards than those of the Spanish theater of the time, *Historia de una escalera* is a tedious, clumsy play which labouriously unfolds a dull sequence of events [...][30]. Mit solchen Pauschalisierungen wird dem schon von Pörtl kritisierten und in der Zwischenüberschrift zitierten Vorurteil Vorschub geleistet, das eine angemessene Auseinandersetzung mit dem spanischen Theater verhindern kann. Es darf auch bezweifelt werden, ob der nicht-avantgardistische Charakter der Bueroschen Dramen, den diese etwa mit Stücken der zur gleichen Zeit hochgeschätzten Camus und Sartre teilen, das Urteil gestattet: »[...] with respect to theatrical climate in Spain, it could be argued that Buero is working within an essentially nineteenth century context[31]«. Freilich erleichtern spanische Kritiker mit ihrer ungebrochenen Bewunderung für die »obra bien hecha« (s. Anm. 18), wenn auch ungewollt, solche Einschätzungen. Wie unsere Darstellung zu zeigen versucht hat, handelt es sich bei *Historia de una escalera* um weitaus mehr als ein »tedious, clumsy play«, und Buero kann schon für dieses Stück in Anspruch nehmen, seiner Forderung nach »interioridad personal al lado de la exterioridad social[32]« gerecht geworden zu sein.

Daß in diesem Zusammenhang die unmittelbare Vergangenheit nicht übergangen wird, sondern so umfassend wie möglich zur Darstellung gelangt, muß als ein bedeutender Vorzug des Dramas betrachtet werden. Wenn Buero von seinen Werken dieser Epoche als »obras que fueron lo bastante claras – un poco al modo larriano – como para representar críticas o meditaciones inequívocas sobre los grandes problemas que han cercado a mi país[33]« spricht, so erwachsen aus diesen Problemen Tragödien, die nicht als »a dull sequence of events« denunziert werden können. Einerseits handelt es sich um den – unter den gegebenen Bedingungen gewagten – Versuch, die nationale Tragödie auf die Bühne zu bringen, ohne von ihr zu sprechen (»la guerra civil, de la que no se habla abiertamente ni una sola vez, pero *está allí* y sus efectos casi *se respiran*«[34]): schon aus diesem Grunde verdient Buero besondere Beachtung. Andererseits initiiert und beeinflußt unser Stück das gesamte spanische Theater der beiden folgenden Jahrzehnte im Sinne eines »teatro contemporáneo, incómodamente crítico«[35], das den Vergleich mit entsprechenden Strömungen jenseits der Pyrenäen nicht zu scheuen braucht.

Zwar zitiert Buero im Motto Micha VII, 6 (»Porque el hijo deshonra al padre, la hija se levanta contra la madre, la nuera contra su suegra: y los enemigos del hombre son los de su casa.« –[29], doch es wäre falsch, darin allein einen Generationenkonflikt zu erblicken, denn der Prophet leitet dieses Kapitel mit einer religiös-politischen Betrachtung ein: »Die Gerechten sind nicht mehr unter den Leuten. Sie lauern alle auf Blut; ein jeglicher jagt den anderen, daß er ihn verderbe, und meinen, sie tun wohl daran, wenn sie Böses tun. Was der Fürst will, das spricht der Richter, daß er ihm wieder einen Dienst tun soll. Die Gewaltigen raten nach ihrem Mutwillen, Schaden zu tun, und drehens, wie sie wollen.« (Verse 2 und 3) Die Analyse eines Stückes, das unter ein Motto mit solchen Voraussetzungen gestellt wird, kann nicht auf literaturinterne Fragestellungen beschränkt werden. Wie Buero in anderem Zusammenhang ausführt, handelt es sich in der Tat um »una ruptura en el sistema de opiniones que hombres y sociedades se forjan para permanecer tranquilos[36]«.

## ANMERKUNGEN

T: *Historia de una escalera* nach: Ausg. Espasa-Calpe, Madrid [10]1985; arab. Ziffern hinter Textzitaten beziehen sich auf diese Ausg.-Erstausg.: J. Janés, Barcelona 1950. Premiere: Teatro Español: 14. 10. 1949; Deutsche Erstauff.: Städtische Bühnen Dortmund: 22. 10. 1955.

L: A. Sastre, *Drama y sociedad,* Madrid 1956; J.-P. Borel, *Théâtre de l'impossible. Essai sur une des dimensions fondamentales du théâtre espagnol au XXe siècle;* Neuchâtel 1963; A. Paso, »El theatro español visto por sus protagonistas«, in: *Cuadernos para el diágolo;* Juni 1966, S. 47; T. Monleón, »Un teatro abierto«, in: A. Buero Vallejo,

*Teatro,* Madrid 1968, S. 13–29; K. SCHWARTZ, »Posibilismos and Imposibilismo. The Buero Vallejo-Sastre Polemic«, in: *Revista hispánica moderna* 34 (1968), S. 436–445; P. W. O'CONNOR, »Censorship in the contemporary spanish theatre and Antonio Buero Vallejo«, in: *Hispania* 52 (1969), S. 282–288; R. MÜLLER, *Antonio Buero Vallejo. Studien zum spanischen Nachkriegstheater,* Diss. Köln 1970; J. W. KRONIK, »Antonio Buero Vallejo. A Bibliography (1949–1970)«, in: *Hispania* 54 (1971), S. 856–868; W. GUILIANO, *Buero Vallejo, Sastre y el teatro de su tiempo,* New York 1971; A. C. ISASI ANGULO, »El teatro de Antonio Buero Vallejo. Entrevista con el autor«, in: *Papeles de Son Armadans* 201 (1972), S. 281–320; R. L. NICHOLAS, *The tragic stages of Antonio Buero Vallejo,* Valencia 1972 (Estudios de Hispanófila Nr. 23); R. DOMÉNECH, *El teatro de Buero Vallejo. Una meditación española,* Madrid 1973 (Biblioteca Románica Hispánica II, 198); M. T. HASLEY, *Antonio Buero Vallejo,* New York 1973 (Twane's World Author Series Nr. 260); G. G. BROWN, *A literary history of Spain. The twentieth century,* London/New York ²1974; E. DOWD, *Realísmo transcendente en cuatro tragedias sociales de Antonio Buero Vallejo,* Valencia 1974 (Estudios de Hispanófila Nr. 29); J. MATHIAS, *Buero Vallejo,* Madrid 1975 (Coll. »Grandes escritores contemporáneos«); J. V. DE GREGORIO, *La luz y la oscuridad en el teatro de Buero Vallejo,* Barcelona 1977; K. PÖRTL, »Buero Vallejo en el teatro español contemporáneo«, in: *Iberoromania* 11 (1980), S. 84–95; M. RUGGIERI MARCHETTI, *Il teatro di Antonio Buero Vallejo o il processo verso la verità,* Rom 1981; L. I. FEIJO, *La trayectoria dramática de Antonio Buero Vallejo,* Santiago de Compostela 1982. – Ausführliche Bibliographien bei KRONIK und DOMÉNECH.

A: [1] BOREL, s. L., S. 14.

[2] Casona, der bedeutendste Preisträger der Vorkriegszeit (1933), mußte 1939 ins Exil gehen. 1986 wird Buero Vallejo die höchstdotierte spanische Literaturauszeichnung, der Cervantes-Preis verliehen.

[3] DOMÉNECH, s. L., S. 20.

[4] Paso spricht von diesem Publikum als »una de las burguesías mundiales más encasilladas en sus tópicos, con un mundo moral más falso y esquemático y un miedo a la realidad verdaderamente enfermizo.« (PASO, s. L., S. 47). – Buero selbst fordert 1951: »Necesitamos un teatro de realidad y no de evasión [...]« (in: *Almanaque de teatro y cine,* Madrid 1951, S. 58).

[5] Von 1939 bis 1963 werden zur Aufführung vorgesehene Stücke durch vom Informationsministerium ernannte Zensoren, meist Priester, geprüft, ohne daß es für die Prüfung Kriterien gegeben hätte. 1963 werden dann Normen festgelegt und ein 15köpfiges Gremium, überwiegend Laien, ernannt (O'CONNOR, s. L.).

[6] Buero vergleicht ausdrücklich beide Werke »La aparición de ambas obras significó más o menos lo mismo.« (ISASI ANGULO, s. L., S. 284).

[7] BUERO VALLEJO, »Neorealismo y teatro«, in: *Informaciones,* 8. 4. 1950.

[8] MONLEÓN, s. L., S. 23.

[9] Rezension der *Ruhr Nachrichten* anläßlich der Dortmunder Aufführung (in: *Theater Kurier* 13 (1955), S. 1/2).

[10] A. SASTRE, »Teatro imposible y pacto social«, in: *Primer Acto* 14 (1960), S. 2.

[11] F. ARRABAL, in: *Estreno* 1 (1975), S. 5.

[12] BUERO VALLEJO, in: PASO, s. L., S. 45.

[13] »[...] it is easy to make a mistake and write a theatre of accomodation while sincerely believing that one is developing subtile dialectic differences.« (SCHWARTZ, s. L., S. 442).

[14] BUERO VALLEJO, in: ISASI ANGULO, s. L., S. 294.

[15] ebd., S. 306.

[16] Buero Vallejo, in: *Primer Acto* 15 (1960), S. 4.
[17] Buero Vallejo, »Autocrítica«, in: *Teatro español* 1949/50, Madrid ³1959, S. 93.
[18] Doménech, s. L., S. 40.
[19] Sastre, s. L., S. 52.
[20] Buero Vallejo, in: *ABC*, 23. 9. 1951.
[21] Buero Vallejo, »De mi teatro«, in: *Romanische Forschungen* 30 (1979), S. 223.
[22] Fernandez Santos, in: *Primer Acto* 102 (1968), S. 26.
[23] Doménech, s. L., S. 79.
[24] Buero Vallejo, in: *ABC*, 30./31. 1. 1968 (anläßlich der Neuinszenierung des Stückes).
[25] L. Aragon, »Vingt ans après«, in: ders.: *Le crève-coeur*, Paris 1980 (Gallimard Poésie Nr. 137), S. 12. Aragon schreibt dieses Gedicht kurz nach Kriegsbeginn in eben jenem Jahr 1939, das von Buero ausgelassen werden muß. Der Titel ist einem Roman von Dumas père entnommen.
[26] Borel, s. L., S. 157.
[27] Die Zensur hat bei der Premiere »señorito« durch »soñador« ersetzen lassen, denn das pejorative »señorito« wurde von den Republikanern als Bezeichnung für die bürgerlichen Franco-Anhänger benutzt. (O'Connor, s. L., S. 283).
[28] Buero Vallejo, »El autor y su obra«, in: *Primer Acto* 1 (1957), S. 6.
[29] Doménech, s. L., S. 86.
[30] Brown, a. L., S. 158/59.
[31] Nicholas, s. L., S. 21.
[32] Buero Vallejo, »De mi teatro«, a. a. O., S. 222.
[33] ebd., S. 219.
[34] Doménech, s. L., S. 84.
[35] Pörtl, s. L., S. 88.
[36] Buero Vallejo, »Sobre la tragedia«, in: *Entretiens sur les lettres et les arts* 22 (1963), S. 55.

*ÁNGEL SAN MIGUEL*

# ALFONSO SASTRE · CRÓNICAS ROMANAS

Seit seinem frühen Auftreten in der Theaterszene nach dem Bürgerkrieg hat sich Sastre sowohl um die formale als auch um die ideologische Erneuerung des spanischen Theaters bemüht. Beide Ziele werden bereits in der 1945 zusammen mit anderen jungen Freunden gegründeten Gruppe »Arte Nuevo« ebenso wie in dem 1950 ins Leben gerufenen »Teatro de Agitación Social« (TAS) sichtbar, dessen Hauptanliegen es war: »llevar la agitación a todas las esferas de la vida española.«[1] Aus der langjährigen Beschäftigung mit diesen Zielsetzungen entstehen nicht nur theoretische Werke wie *Drama y Sociedad* (1956) oder *Anatomía del realismo* (1965), sondern auch Theaterstücke wie *La mordaza* (1954), *Guillermo Tell tiene los ojos tristes* (1955), *Muerte en el barrio* (1955/56) oder *En la red* (1959).

Eine Wende in Sastres Entwicklung als Theaterschriftsteller stellen die »tragedias complejas« dar, zu denen auch die *Crónicas romanas* zählen. Die intensive Auseinandersetzung mit den modernen bzw. neuentdeckten Theaterströmungen aus dem In- und Ausland in den 60er Jahren, vor allem mit den »esperpentos« Valle-Incláns[2], dem Theater des Absurden und dem epischen Theater B. Brechts[3], läßt ihn zu der Überzeugung gelangen, daß eine Rückkehr zum vorepischen bzw. verfremdenden oder distanzierenden Theater nicht mehr denkbar ist. Sastre schließt sich aber in seinen »tragedias complejas« diesen modernen Theaterströmungen keineswegs kritiklos an. Er begrüßt zwar das neue dramatische Instrumentarium, das sie bieten – die Verzerrung, das Groteske, die Verfremdung etc. –, und versucht, es voll auszuschöpfen, will aber zugleich der Gefahr der Sinnlosigkeit, die diese Formen bergen – das Werk Brechts bildet für ihn dabei keine Ausnahme – ein kompromißlos engagiertes Theater entgegensetzen. Über die Verfremdungseffekte hinaus muß nach Sastre der Zuschauer mit einer klar umrissenen, tragischen Komponente konfrontiert werden, die ihm eine deutliche Haltung abverlangt[4]. Die *Crónicas romanas* (1968) bilden nach *La sangre y la ceniza* und *La taberna fantástica* den dritten Versuch Sastres in dieser Richtung.

Die *Crónicas romanas* entstanden, wie der Autor selbst mitteilt, anläßlich eines Besuches der Ruinen von Numancia, der »ciudad heroica« der spanischen Geschichte, unweit von Soria gelegen. Ähnlich wie andere Werke Sastres konnte das Werk wegen der Zensur anfangs nicht in Spanien erscheinen und wurde daher 1970 zunächst in italienischer, 1974 in französischer Sprache veröffentlicht. Die spanische Fassung wird erst 1979 gedruckt[5].

Mariano de Paco bemerkt in seiner Ausgabe der *Taberna fantástica* von 1983, das Drama *Crónicas romanas* sei bis zu diesem Zeitpunkt auf spanisch noch nicht aufgeführt worden, auf französisch jedoch schon 1982 während der Festspiele von Avignon[6].

Die dramatische Handlung der *Crónicas romanas,* deren Ablauf Ruggeri Marchetti in ihrer Einführung treffend analysiert hat[7], läßt sich folgendermaßen zusammenfassen:

Im ersten Teil, der den Untertitel »La guerrilla lusitana« trägt und neun Szenen umfaßt, sind die Numantiner, die sich bisher erfolgreich verteidigt haben, trotz der römischen Belagerung von Zuversicht geprägt. Im Gegensatz zu den von den Römern verbreiteten Falschmeldungen kann Viriato in Lusitanien seinen Guerillakrieg mit Erfolg fortsetzen. In einem Brief ermutigt er die Numantiner, unter denen auch sein kleiner Sohn lebt, sich weiterhin so tapfer für die Verteidigung ihrer Stadt einzusetzen. Sowohl die Führer Numancias als auch das Volk zeigen sich zu allen Opfern bereit. Aulaces dagegen, Sohn eines Römers, plädiert dafür, sich mit den Römern zu arrangieren, und wird daraufhin gezwungen, die Stadt zu verlassen.

Die Römer ihrerseits müssen sich zwar den erfolgreichen Guerillakrieg Viriatos eingestehen, sind aber gleichzeitig von der baldigen Niederlage Numancias überzeugt. Gegen eine Belohnung verpflichtet der Prätor Galba Aulaces und zwei weitere Verräter zur Beseitigung Viriatos. Tatsächlich gelingt ihnen die Ermordnung des Guerilleros, als sich dieser gerade in seinem Unterschlupf ausruhen will. Der erste Teil schließt mit der Inszenierung der aufwendigen Totenfeier für Viriato in Numancia.

Der zweite Teil – »La destrucción de Numancia« – besteht aus sechzehn Szenen; die ersten drei zeigen den moralischen Verfall im Lager der Römer, die restlichen konzentrieren sich mehr auf die Tragödie, die sich in der belagerten Stadt abspielt. Escipión, der neue römische General, der mit der Zerstörung Numancias beauftragt ist, bereitet zunächst dem sittlichen Verfall, der Prostitution und der volksfestähnlichen Stimmung im römischen Lager ein Ende. Dann läßt er einen Graben um Numancia ausheben und vergiftet den Fluß Duero, aus dem die Numantiner ihr Trinkwasser beziehen. Angesichts ihrer ausweglosen Situation schicken die Numantiner Abgesandte zu Escipión, um einen würdigen Frieden auszuhandeln. Dieser jedoch verlangt die bedingungslose Kapitulation und gewährt nicht einmal eine Evakuierung der kranken Kinder. Die Belagerung Numancias wird fortgesetzt, die Szenen des Horrors und des Todes häufen sich. Auch der letzte Versuch der Numantiner, eine Entscheidung durch einen Zweikampf mit Escipión herbeizuführen, schlägt fehl – die Römer antworten mit eisigem Schweigen auf diesen Vorschlag des Herausforderers Leucón.

In ihrer Verzweiflung beschließen die Einwohner Numancias (einschließlich der Frauen und Kinder), ihre gesamte Habe zu verbrennen und für sich selbst den Freitod zu wählen. Den Römern soll die Genugtuung eines Sieges nicht vergönnt sein. Als sie Numancia betreten, gleicht die Stadt einem Friedhof. Die einzigen Überlebenden sind Leucón und der Sohn Viriatos. Leucón tötet noch einen römischen Feldwebel, bevor er selbst im Kampf fällt. Escipión aber benötigt für seinen Triumphzug einige Gefangene. Aus diesem Grund versucht er, den kleinen Sohn des Guerilleros zu überreden, zu ihm zu kommen. Doch dieser stürzt sich von einem Turm in den Tod. Das Drama schließt mit einer Szene, die den Zuschauern vortäuscht, das Theater sei von der Polizei – wie die Numantiner von den Römern – umstellt.

Sastre behandelt in *Crónicas romanas* – ähnlich wie in *La sangre y la ceniza* – ein historisches Motiv; der Bezug zu den geschichtlichen Fakten ist darin jedoch geringer als in *La sangre y la ceniza.* Hatte sich der Autor vor der Niederschrift des letztgenannten Werkes große Mühe gegeben, über den Lebensweg Miguel Servets genaue Kenntnisse zu gewinnen, so nimmt er in *Crónicas romanas* die Mischung von tatsächlichen Ereignissen und Sage bewußt in Kauf. Hinzu kommt, insbesondere für den zweiten Teil, der eindeutige literarische Einfluß von Cervantes' *El cerco de Numancia*[8].

Beide Werke *(La sangre y la ceniza* und *Crónicas romanas)* sind darüber hinaus von der politischen Atmosphäre der jüngsten Vergangenheit, und *Crónicas romanas* speziell von den politischen Ereignissen der 60er Jahre so stark geprägt, daß der eigentliche geschichtliche Hintergrund völlig in deren Schatten gestellt wird. Die Geschichte Numancias stellt für Sastre lediglich eine willkommene Parabel dar, mit deren Hilfe er seinen Standpunkt zu dem zur Entstehungszeit des Werkes brisanten Konflikt zwischen den Vereinigten Staaten von Amerika einerseits und Kuba (bzw. Vietnam und der dritten Welt) andererseits zu verdeutlichen und zu propagieren versucht. Wie gering er dabei die Treue zu den einzelnen geschichtlichen Fakten einstuft, läßt sich an Hand einiger Beispiele zeigen. Das Zusammentreffen der römischen Feldherren Marcelo, Lúculo, Galba und Escipión (Szene 2) entbehrt jeglicher historischen Grundlage[9]. Auch die Verräter, die Viriato umbringen, wurden – historisch gesehen – nicht von Galba (Szene 7), sondern von Scipio angeworben[10]. Genauso entspringt das Auftreten des Sklaven Espartaco und sein symbolischer Händedruck mit einem Numantiner (406) einzig und allein der poetisch-politischen Phantasie des Autors. Aus dem gleichen Grund verarbeitet Sastre, wie übrigens auch Cervantes selbst, die Sage, nach der die Numantiner am Ende den Freitod wählen, obwohl es heute allgemein als historisch gesichert gilt, daß Scipio viele von ihnen in die Sklaverei führen konnte[11]. Galbas Pressekonferenz (Szene 4) stellt ihrerseits eine frei erfundene Parodie auf das – in den Augen Sastres – manipulierte Nachrichtensystem der westlichen Welt dar. Die Rede Escipións vor den römischen Truppen stellt mit den einleitenden Worten »Caballeros del siglo XX« (358) ausdrücklich einen Bezug zur Gegenwart her. Dadurch wird offensichtlich, daß Sastre weder an der Vergangenheit an sich noch an der Geschichte Numancias interessiert ist, sondern lediglich deren politisches, ästhetisches und mythisches Potential für die Gegenwart – bezogen auf das Schlüsseljahr 1968 – dramatisch umsetzt. Wie viele Intellektuelle, Studenten und Jugendliche der 60er Jahre identifizierte sich Sastre damals – wie auch heute noch[12] – vorbehaltlos mit der kubanischen Revolution.

Das Drama beruht im Wesentlichen auf dem krassen Gegensatz zwischen Rom und Numancia, d. h. auf dem aggressiven Charakter des römischen (= amerikanischen) »Imperialismus« gegenüber dem sich verteidigenden numantinischen (= kubanischen) »Sozialismus«. Umfassendere politische Zusammenhänge der Gegenwart wie etwa der Ost-West-Konflikt sind im Drama Sastres nicht berücksichtigt worden. Auch die Invasion der Tschechoslowakei durch die Truppen des Warschauer Paktes nach dem sogenannten »Prager Frühling«, die manche Parallele zum Fall Kuba zeigte, bleibt unbeachtet[13].

Sastre zeigt – in Anlehnung an die Theorie von Lucien Goldmann[14] über die allgemeine Degradierung des Menschen – eine römische Gesellschaft, die eine völlig pervertierte Moralvorstellung besitzt. Selbst ihre vermeintlich positiven Werte – allen voran die Freiheit – entpuppen sich letzten Endes als bloße Farce. Belege dafür liefern an erster Stelle die Oberbefehlshaber des römischen Heeres. Sie werden von Sastre allesamt zu grotesken und esperpentischen Ungeheuern degradiert. Galba brüstet sich beispielsweise damit, 7000 Ureinwohner Spaniens ermordet zu haben (319), Lúculo seinerseits prahlt damit, alle Bewohner von Coca massakriert zu haben (320), was im übrigen historisch nachgewiesen ist[15]. Beide sind nicht nur Sadisten, sondern zeigen auch rassistische Züge. Galba ordnet die Numantiner, wie auch die anderen Keltiberer, den »razas inferiores« (339) zu, während sie Lúculo als »morenitos y de muy baja estatura« (320) beschreibt. Marcelo bezeichnet sie gar als »feroces y carnívoros« (322), wobei er *carnívoro* und *caníbal* verwechselt und dadurch seinen geringen Bildungsstand bloßlegt. Dennoch fühlen sich sämtliche römischen Generäle als Sendboten ihrer vermeintlich überlegenen Kultur. Paradoxerweise versuchen sie, ihre Vorstellungen von einer freien Gesellschaft anderen Völkern mittels Waffengewalt aufzuzwingen. Überzeugt von der Richtigkeit ihrer Mission stellen sie ihre Art der Kriegsführung, die ihrer Meinung nach den »convenciones caballerescas« entspricht, den »procedimientos indecentes« (339) des Guerillakrieges ihrer Gegner gegenüber.

Escipión verkörpert sämtliche Laster, die Sastre in der »imperialistischen« Gesellschaft zu erkennen glaubt. Aus der Sicht des römischen Generals versinnbildlicht Rom den Gipfel aller zivilisatorischen und kulturellen Leistungen, Numancia hingegen den der Barbarei und der Unterentwicklung. Sastre stellt Escipión als dünkelhaften, übertriebenen selbstbewußten Feldherrn dar, der durch seine überzogene Härte den Numantinern, aber auch seinen eigenen Leuten gegenüber auf die Zuschauer absurd und grotesk wirkt. Von der Würde des cervantinische Cipión ist bei Sastre nichts mehr zu verspüren. Der General degradiert seine rhetorisch übertriebene Ansprache an seine Soldaten selbst zu einer Art Unterrichtsstunde für Kinder, als er am Schluß Cayo Mario wie einen Schüler fragt: »¿Qué he dicho, Cayo Mario?« (359). Seine Beziehungen zu Polibio, die von den Historikern einstimmig als herzlich eingestuft werden[16], sind in den *Crónicas romanas* durch ihre autoritäre Arroganz gekennzeichnet. Escipión demütigt ihn wegen seiner nichtromanischen Abstammung – er war bekanntlich Grieche – und wirft ihm z.B. Schwerfälligkeit vor (»tu pensamiento no es tan ágil como sería de desear«, 363). Polibios zaghafter Versuch, seinem Berufsethos als Historiker zu folgen, ist ihm ein Dorn im Auge; deshalb weist er ihn – trotz der stets betonten Freiheit der römische Gesellschaft – an, sich an die offizielle Version der Ereignisse zu halten und keine »Geschichten« zu erzählen (361). Als Escipión gegen Ende des Dramas feststellt, daß Numancia völlig zerstört ist und er auf Trophäen verzichten muß, bricht er wie ein Kind in Tränen aus (415); dann befiehlt er als Diktator: »Polibio, quema todas tus notas y cuadernos. Soldados, nunca vinisteis a Numancia, bajo pena de muerte; ni nunca existió una ciudad con ese nombre.« (416). Polibio selbst erscheint in den *Crónicas romanas* als eine servile, unterwürfige Gestalt, als ein Geschichtsschreiber, der diesen Namen wegen seiner Parteilichkeit nicht verdient. Wie alle Figuren um Escipión ist er ein Schmeichler.

Von Numancia und den Numantinern besitzt Escipión ein ausgesprochen klischeehaftes Feindbild. Sie bieten ein willkommenes Objekt für seine Aggressivität und seinen Machtausübungsdrang. Schon seine erste Äußerung über Numancia brandmarkt seine Haltung: »Yo me comeré«, sagt er in Anlehnung an den historischen Satz Ferdinands des Katholischen vor Granada, »esa granada, grano a grano, por muy roja que sea.« (323). Er unterstreicht, er sei nicht nach Numancia gekommen, um über die Bedingungen eine möglichen Friedens zu verhandeln, sondern einzig und allein, um Numancia zu »liquidieren« (359). Die Zerstörung der Stadt ist für ihn kein moralisches Problem, sondern vielmehr Bestandteil eines nüchternen »Theorems« (360). Die humanitäre Seite, die Cayo Mario anzudeuten wagt, ist seiner Meinung nach ein Fall für die »Psychologie« (361). Sein einziges Gesetz ist das Recht des Stärkeren, dem Schwachen spricht er dagegen jegliches Recht ab.

Als die beiden Numantiner, Marandro und sein Begleiter, zu ihm kommen, um einen würdigen Frieden auszuhandeln, behandelt er sie genauso herablassend wie seine Untergebenen und duzt sie darüber hinaus. Während der Unterredung wagt Marandro spöttisch zu lachen, woraufhin Escipión ihn anherrscht: »Es falta de respeto esa risa, numantino,« (373). Gleich darauf kommentiert er im Gegenzug das Beifallsgelächter seiner Soldaten: »Ya oís, oh numantinos, la risa sana de mi ejército« (373). Später entgegenet er auf die Beschuldigung Marandros, das Wasser Numancias vergiftet zu haben: »Es muy bajo tu estilo« (375). Selbst auf die Bitte, die Kinder evakuieren zu dürfen, reagiert er zynisch: »La familia«, erwidert er in latinisierender Satzkonstruktion, »sagrada es«; und er fügt hinzu, gerade die Kinder und Frauen machten seine »fünfte Kolonne« aus (375).

Auch das Bild, das Sastre von den römischen Soldaten vermittelt, ist mit wenigen Ausnahmen nicht viel besser als das ihrer Anführer. Die Soldaten der dritten Szene stellen zwei naive Gestalten dar, die in den Krieg ziehen, ohne zu wissen warum, und schließlich Opfer, aber auch Helfer und Träger des »Imperialismus« werden. Der erste Soldat lebt als Imbißverkäufer beim Zirkus, bevor er gegen seinen Willen eingezogen wird (»a mí me metieron«, 324). Durch den Krieg verformt sich seine Persönlichkeit allerdings derart, daß er nun die scheußlichsten Greueltaten als witzig empfindet. Er prahlt beispielsweise damit, einer schwangeren Freiheitskämpferin die Brut (»la cría«) – man beachte auch die sprachliche Degradierung! – aus dem Leib gerissen zu haben, die dann schließlich die Schweine gefressen hätten (325). Der zweite Soldat, früher ein kleiner, aber »friedfertiger« (325) Taschendieb, gibt an, einem alten Mann den Bauch aufgeschlitzt und sich dann in dessen Gedärme verwickelt zu haben (326). Die Soldaten der siebten Szene dagegen haben sich trotz ihrer Einfalt eine gewisse Distanz zum Kriegsgeschehen bewahrt. Während eines symbolischen Gesprächs über das rauhe, kalte Klima Numancias wagen sie sich sogar zu fragen, ob es nicht besser wäre, so schnell wie möglich in ihre warme, grüne Heimat zurückzukehren (342). Lächerlich – wie auch in anderen Werken Sastres (z.B. in *Guillermo Tell tiene los ojos tristes)*[17] – wirken andererseits die Soldaten der dreizehnten Szene. Die Benutzung von Feldstecher und Fernrohr trotz nächster Nähe zu den herankommenden Numantinern stellt eine kritische Parodie auf die Übertechnisierung des Militärs dar, weist aber auch zugleich auf ihre Kurzsichtigkeit und Beschränktheit hin. Das zur Karikatur verzerrte Bild der römischen Welt wird durch das Auftreten von Wahrsagern, Prostituierten und Homosexuellen vervollständigt. Sastre will die groteske Darstellung der römischen Gesellschaft in seinen *Crónicas romanas* jedoch weder als bloße literarische Übung noch – von wenigen Ausnahmen abgesehen – als humoristische oder ironische Verzerrung der Wirklichkeit oder gar als Huldigung an das Absurde oder den Nihilismus verstanden wissen. Vielmehr versucht er mit Hilfe dieser Mittel, ein Abbild eines völlig degenerierten Gesellschaftssystems zu schaffen, das er ideologisch zutiefst ablehnt. Die Deformation soll den Brecht'schen Verfremdungseffekt (»efecto V«), zugleich aber auch den sogenannten »efecto A« (= anagnorisis = reconocimiento«) auslösen[18]. Der Verfremdungseffekt lebt in den *Crónicas romanas* in seltsamer »cohabitation« mit der gefühlsmäßigen Ablehnung des Bösen.

Die Stadt Numancia mit ihren 10 000 Einwohnern, einer Zahl, die von Schulten historisch belegt ist[19], stellt aufgrund ihrer gesellschaftlichen Struktur und im krassen Gegensatz zur römischen Welt einen annähernd idealen Staat dar. Sastre hat bewußt vom Bild des absoluten Idealzustandes Abstand genommen: erstens aus ideologischen Gründen, weil sich die gesellschaftliche Entwicklung Numancias (= Kubas) noch in ihren Anfängen befindet; und zweitens aus ästhetischen Gründen, weil nach Sastres Theorie der »tragedias complejas« der »héroe puro«, das ist in diesem Fall das Kollektiv Numancia, nicht möglich ist[20].

Dieser Theorie zufolge gibt es auch in Numancia Dissidenten und Verräter wie Aulaces (Szenen 1, 7 und 8), Betrüger wie Marquino und Caravino (Szenen 18 und 19) oder Spekulanten (400). Selbst unter den numantinischen Führern sind nicht alle vollkommen. Leoncio (Szenen 1 und 18) muß beispielsweise von Teógenes wegen seiner Intoleranz und heftigen Reaktion Andersdenkenden gegenüber zurechtgewiesen werden: »No siembres tú la [semilla] del terror« (315). Im ganzen gesehen stellt Numancia jedoch eine Utopie dar, in der Freiheit und Sozialismus koexistieren: Die Gärten, in denen die Numantiner Obst und Gemüse anbauen, gehören zum Gemeineigentum (»huertecillos interiores, municipales«, 379). Die Volksversammlungen (Szenen 1 und 16) bieten ein Modell für ein harmonisches Zusammenspiel zwischen Führung und Volk – selbst Frauen und Kinder sind darin vertreten und haben aktives Mitspracherecht. Weiterhin gilt die Religionsausübung als »acto libre« (385). Bis zur römischen Belagerung leben die Numantiner als ein fröhliches, immer zu Festen aufgelegtes Volk (379 und 399); die Tragik wird ihnen erst von den Römern auferlegt.

Anders als die grotesk und lächerlich erscheinenden Römer können die Numantiner weitgehend als Vorbilder menschlichen Verhaltens gelten. Teógenes, der »máximo líder numantino« (308), wie ihn Sastre in Anspielung auf Fidel Castro nennt, bildet geradezu den Gegenpol zum römischen Diktator Escipión als eine ausgeglichene und von seinem Volk respektierte Persönlichkeit. Seine Autorität liegt nicht nur in der Macht seines Amtes, sondern auch in seinem aufrechten Charakter begründet. Freundschaftliche Bekundungen seinen Kameraden gegenüber wie »mi buen Leoncio« (S. 385) oder »buen Leucón« (392) stehen in krassem Gegensatz zum kaltherzigen oder beleidigenden und Angst erregenden Umgangston Escipións. Teógenes gilt als primus inter pares. Anstatt Monologe und militaristische Ansprachen zu halten wie Escipión, bespricht er sich in den Volksversammlungen mit seinen Genossen und hört auf ihren Rat. Sein Verhalten gleicht aber eher dem eines traditionellen, klassischen Helden, als er sich angesichts der ausweglosen Situation, die durch die römische Belagerung entstanden ist, verpflichtet fühlt, seiner Frau und seinen Kindern eigenhändig den Tod zu geben (410).

Abgesehen von einigen individuellen Eigenschaften zeichnen sich auch die übrigen Führer Numancias durch ihre entschlossene Haltung bei der Verteidigung der Stadt aus. Selbst ihr männliches, ja machistisches Verhalten[21] ist im Sinne des Autors wohl positiv einzustufen. Das Erscheinen des Viriato (= Che Guevara) auf der Bühne wird – wie Ruggeri Marchetti zu Recht unterstreicht – nach den Regeln der klassischen Tragödie besonders sorgfältig vorbereitet[22]. Schon in der ersten Szene wird er von Marandro als »compañero« bezeichnet, der in Lusitanien tapfer kämpft (309). Die zweite Szene, die symptomatisch »Un espectro recorre España« genannt wird, baut systematisch – wenn auch mit den Mitteln der »tragedias complejas« – den Mythos des »heroico guerrillero« (316) auf, mit dem weniger die historische Gestalt Viriatos als vielmehr die des Che Guevara gemeint ist, durch dessen Tod 1967 »den Marxisten« – nach Sinclair – »ein Heiliger ihrer Art«[23] geschenkt wurde. Bemerkenswert ist dabei, daß der Mythos besonders durch den politischen Gegner gepflegt wird. Die römischen Kommandanten halten Viriato für ein Gespenst, das, nachdem es bereits totgesagt ist, wieder auftaucht und sich nach unerwarteten Attacken erneut in Luft auflöst. Galba stellt sich Viriato mit einem eisernen Kopf und »otros vulcánicos ingredientes« (319) vor, während seine Soldaten glauben, der Guerillero besäße riesige Ohren »enormes como soplillos« (342), mit denen er die Römer noch über viele Kilometer Entfernung hinweg aushorchen könne (342); er sei außerdem mit Flügeln ausgestattet, die ihn sogar befähigten, die Sonne zu verdunkeln (342).

Als Viriato aber tatsächlich auf der Bühne erscheint, erblicken die im Moment desillusionierten Zuschauer – ähnlich wie in *La sangre y la ceniza*[24] – einen hinkenden und asthmatischen Mann; kurz darauf jedoch erleben sie seinen heldenhaften Tod, so daß sie sich erneut mit ihm identifizieren können.

Das Bild Numancias als Idealstaat bliebe jedoch ohne seine Frauengestalten unvollständig. Mit ihrer Opferbereitschaft und Mütterlichkeit stellen sie einen direkten Gegenpol zu den Prostituierten des römischen Lagers dar. Eine dieser Figuren, mit denen sich das Publikum spontan identifizieren kann, verkörpert die Mutter in der zweiundzwanzigsten Szene, die aufgrund des Nahrungsmangels und der körperlichen Entkräftung nicht mehr in der Lage ist, ihr Kind zu stillen. Diese Szene der *Crónicas romanas* erinnert über den cervantinischen Einfluß[25] und vielleicht unbewußte religiöse Assoziationen hinaus – vor allem an Bilder der Not und des Hungers, die das Fernsehen fast täglich aus der dritten Welt vermittelt. Sastre verstärkt mit der lyrischen Form der Szene – einem Sonett – die Identifikation der Zuschauer mit den »Erniedrigten und Beleidigten«, mit den »Gefolterten und Massakrierten«: »auf deren Seite mußte man sein.«[26] Auch die distanzierenden, grotesken oder auch humoristischen Elemente, deren sich Sastre zur Charakterisierung der Numantiner bedient, unterscheiden sich grundlegend von denen, die er bei der Darstellung der Römer verwendet. Im Gegensatz dazu zeigt er keine moralischen Verzerrungen, sondern lediglich körperliche Defekte oder höchstens psychologische Überreaktionen, die ihrem Ekel, ihrer Wut, aber auch ihrer Ohnmacht den Angreifern gegenüber Ausdruck verleihen.

Diese Schwarz-Weiß-Malerei, diese radikale Gegenüberstellung von Gut und Böse, die trotz der postulierten Komplexität in ihrer Durchsichtigkeit eher an das Schema eines Märchens erinnert und charakteristisch für das politische Theater ist, rührt von der besonderen Absicht Sastres her, mit den *Crónicas romanas* eine Theaterform zu schaffen, die auch dem einfachen Volk leicht zugänglich ist. Der Zuschauer soll eine »expresión teatral popular« (301) erleben, die ihm die Parteinahme erleichtert. Die *Crónicas romanas,* »una obra para la lucha« (299) – wie Sastre betont – verfolgen vor allem das Ziel, den Zuschauer politisch zu motivieren und zu mobilisieren.

Bereits zu Beginn des Dramas wird der »Imperialismus« der Römer (= Amerikaner) in der stereotypen, phrasenhaften Manier östlicher Massenmedien verworfen. Das Publikum wird in die Handlung miteinbezogen und spielt in vielen Szenen eine aktive Rolle. In der ersten Szene wendet sich z. B. Marandro an die Zuschauer und ruft ihnen »¡Numantinos! ¡Ciudadanos!« zu (308), während am Ende Aulaces, der Verräter, nach Regieanweisung von lauten Buhrufen begleitet, die Bühne mitten durch den Zuschauerraum verläßt (317). Auf diese Weise werden die Theaterbesucher von Anfang an zu Verbündeten der Numantiner. So kann der von der Regie angegebene Applaus am Ende der grotesken Pressekonferenz Galbas auch nur als Hohn interpretiert werden (Szene 4). Nach der lächerlichen »tertulia« der Intellektuellen von Segeda in der fünften Szene erhebt sich »einer aus dem Publikum« (335) und überreicht ihnen ein Maschinengewehr, mit dem sie jedoch – wie alle Theoretiker bei Sastre – nichts anzufangen wissen. Auch Viriato betritt die Bühne aus dem Zuschauerraum (346), wobei die Identifizierung der Umstehenden mit dem Helden durch das Anklingen des Liedes »Adelante la heroica guerrilla« gesteigert werden soll. Während der Totenfeier für Viriato kaufen »einige Zuschauer« (350) Bilder von dem Ermordeten, die Menge jedoch reagiert zornig, zerstört den Wagen des Verkäufers und verteilt Maschinengewehre (350). Als Marandro zusammen mit einem Begleiter den Römern Frieden anbieten will, kommen die beiden ebenfalls aus dem Zuschauerraum auf die Bühne (370). Die römischen Soldaten hingegen richten ihre Gewehre bei der Bewachung ihres Lagers auf das Publikum, d. h. sie setzen es mit den Numantinern gleich (370). In einer Randbemerkung zu seinem Theaterstück legt Sastre dabei fest, daß die Versenkung, die Zuschauerraum und Bühne voneinander trennt, zugleich als Graben von Numancia fungieren soll (372). Leoncio seinerseits nimmt von einem Logensitz aus an der farcenhaften »Totenbeschwörung« des Priesters Marquino teil (388), während Escipión, Cayo Mario, Quinto Fabio und Polibio von der Bühne aus so auf die Logenplätze schauen, als ob sie dort die Hügel von Numanca erblickten (412).

Dieses anhaltende Einbeziehen des Publikums und des Zuschauerraums in den Handlungsablauf erreicht in der letzten Szene des Dramas eine neue Dimension, als einige Studenten auf die Bühne stürmen und die fiktive Besetzung des Theaters melden; es sei von der Polizei umstellt und der Autor Sastre festgenommen. So werden die Zuschauer zumindest für eine Weile in die revolutionäre Stimmung versetzt, die das Drama hervorrufen will.

Die Transparenz der Botschaft – ein Charakteristikum des politischen Theaters, wie bereits erwähnt – wird in den *Crónicas romanas* in einer erstaunlichen Komplexität dramatisch umgesetzt; über die bereits angegebenen Elemente des epischen Theaters Brechts, des »esperpento« Valle-Incláns und des absurden Theaters hinaus, die die dramatische Struktur von *Crónicas romanas* prägen, verwendet Sastre auch Bestandteile von Artauds »théâtre de la cruauté«, der griechischen Tragödie und der Pantomime.

Dieser Formenreichtum wird von einer sprachlichen Vielfalt ergänzt, die von volkstümlichen Ausdrücken und dem Argot über latinisierende Satzkonstruktionen bis hin zu ausgefeilter – wenn auch parodistischer – Rhetorik oder gar feinfühliger Lyrik reicht. Das Drama ist ohnehin eine Fundgrube für historische, vor allem aber für literarische Anspielungen wie z. B. aus dem *Cantar de mío Cid,* aus der Lyrik des Mittelalters, aus dem Werk des Cervantes, aber auch aus dem moderner Autoren. Auch biblische und kirchliche ›Einlagen‹ kommen nicht zu kurz.

Alfonso Sastre ist somit auf der Suche nach einem politisch-revolutionären, gleichzeitig aber auch volkstümlichen Theater, wie es etwa J. R. Sender in seinem »Teatro de masas« (1931) verlangte[27], ein gutes Stück vorangekommen. Er selbst fragt sich in seinem Vorwort zu *Crónicas romanas* zugleich zuversichtlich und selbstkritisch: »¿Desemboco con ella [d. h. *Crónicas romanas*] ¡por fin!, en un teatro probablemente revolucionario en España?« (299) Man kann dem Autor vielleicht vorwerfen, die politische Problematik seines Werkes stark vereinfacht zu haben, der Vorwurf der dramatischen Banalität aber wäre völlig unberechtigt. Es zeigt sich vielmehr, daß Sastre trotz der scharfen Zensur der Francozeit, die ihn zum großen Teil des Echos eines Publikums beraubte, als Dramatiker stets auf der Höhe seiner Zeit war.

## ANMERKUNGEN

T: Zitiert wird nach der Ausgabe: Alfonso Sastre, *La sangre y la ceniza. Crónicas romanas,* Edición de M. Ruggeri Marchetti, Cátedra, Madrid 1979. Eine deutsche Übersetzung liegt noch nicht vor. (Zur Bibliographie der Werke Sastres vgl. A. Sastre, *La taberna fantástica,* Edición, introducción y notas de M. de Paco, Cuadernos de la Cátedra de Teatro de la Universidad de Murcia, Murcia 1983, S. 31ff.)

L: F. Anderson, »Sastre and Brecht: the Dialectics of Revolutionary Theatre«, in: *Comparative Drama,* III (1969–1970), S. 282–296. F. Anderson, *Alfonso Sastre,* New York, Twayne, 1971. L. García Lorenzo, *Documentos sobre el teatro español contemporáneo,* S. G. E. L., Madrid 1981, W. Guiliano, *Buero Vallejo, Sastre y el teatro de su tiempo,* Las Américas, Madrid 1971. M. P. Holt, *The Contemporary Spanish Theatre (1949–1972),* New York, Twayne, 1975. A. C. Isasi Angulo *Diálogos del Teatro Español de la Postguerra,* Editorial Ayuso, Madrid 1974. A. van der Naald, *Alfonso Sastre. Dramaturgo de la revolución,* Anaya-Las Américas, Madrid 1973. O. Obregón, *Introducción a la dramaturgia de Alfonso Sastre,* Etudes Ibériques XII, Travaux de l'Université de Haute Bretagne, 1er trimestre, Rennes 1977. M. P. Pérez-Stansfield, *Direcciones del teatro español de postguerra: Ruptura con el teatro burgués y radicalismo contestatario,* University of Colorado, Diss. 1979 bzw. Madrid, Ediciones J. Porrúa Turanzas, 1983. M. Rouxel, *Les Problèmes Sociaux dans l'Oeuvre d'Alfonso Sastre,* Diss., Institut d'Études Hispaniques, 1964. M. Ruggeri Marchetti, *Il teatro di Alfonso Sastre,* Bulzoni, Roma 1975. M. Ruggeri Marchetti, »La tragedia compleja. Bases teóricas y realización práctica en *El camarada oscuro* de Alfonso Sastre«, in: *Actas del VI congreso de la Asociación Internacional de Hispanistas,* Toronto 1977. F. Ruiz Ramón, *Historia del teatro español. Siglo XX,* Cátedra, Madrid 1977 (3. Auflage), S. 384ff. A. San Miguel, »M. Servet y G. Galilei. Un diálogo correctivo de Alfonso Sastre con Bertolt Brecht«, in: A. San Miguel, R. Schwaderer und M. Tietz (Hg.), *Romanische Literaturbeziehungen im 19. und 20. Jahrhundert,* Festschrift für Franz Rauhut, Gunter Narr Verlag, Tübingen 1985, S. 267–277. A. San Miguel, »Zwischen Bewunderung und Distanz. Alfonso Sastres zwiespältiges Verhältnis zu Valle Inclán, in: H. Wentzlaff-Eggebert (Hg.) *Ramón del Valle-Inclán (1866–1936) – Akten des Bamberger Kolloquiums vom 6.–8. November 1986,* Niemeyer, Tübingen 1988, S. 179–188.

A: [1] A. Sastre, »Manifiesto del T. A. S.«, in: *Teatro,* Madrid, Taurus, 1964 (2. Auflage 1969), S. 97. Der vollständige Text dieses Manifestes findet sich auch in L. García Lorenzo, *Documentos sobre el teatro español contemporáneo,* Sociedad General Española de Librería, Madrid 1981, S. 85–88.

[2] Vgl. San Miguel (1987), s. L.

[3] Vgl. Anderson (1969/1970), s. L. und San Miguel (1985), s. L.

[4] Vgl. A. Sastre, *La revolución y la crítica de la cultura,* Ediciones Grijalbo, Barcelona–México 1971 (2. Auflage), S. 99ff.

[5] Vgl. A. Sastre, *La sangre y la ceniza, Crónicas romanas,* s. T.

[6] A. Sastre, *La taberna fantástica,* s. T., S. 33.

[7] S. T., »Introducción«.

[8] Sastre selbst weist darauf hin: »También son deliberadamente bien visibles los elementos de la *Numancia* de Cervantes elaborados en estas *Crónicas.* Se ha hecho así, como homenaje y tributo debidos – y jamás pagados – al gran Cervantes«. Ruggeri Marchetti, s. T., S. 303. Eine interessante Einführung in das historische Theater Spaniens nach dem Bürgerkrieg bietet Pérez-Stansfield, s. L., S. 219ff.

9 Siehe A. SCHULTEN, *Geschichte von Numantia,* Mit 11 Plänen und 13 Abbildungen, Verlag Piloty et Loehle, München 1933, S. 33. Vgl. auch RUGGERI MARCHETTI, s. T., »Introducción«, S. 105, Anmerkung 7.

10 Vgl. RUGGERI MARCHETTI, s. T., S. 112, Anmerkungen 16 und 17.

11 A. SCHULTEN, op. cit., S. 136.

12 »Vuelvo a Cuba« – schreibt SASTRE – »a los diez años de mi último viaje a aquella Revolución. ¿Qué encontraré allá después de tanto tiempo? Mientras tanto, Cuba ha dejado de ser definitivamente la *niña bonita* de los intelectuales de la izquierda europea [...]. Muy solos nos quedamos por entonces los pocos que apostamos por entonces públicamente por la revolución cubana [...]« *Escrito en Euskadi. Revolución y cultura (1976–1982),* Editorial Revolución, Madrid 1982, S. 148. Übrigens nennt SASTRE bei dieser Gelegenheit die Kubaner auch noch »numantinos a pesar suyo«, S. 150.

13 Am Ende der *Crónicas romanas* werden zwei Orte und zwei Daten genannt, die auf den Abschluß der Niederschrift des Dramas hinweisen: »Madrid 14 de abril de 1968« und »El Escorial 14 de diciembre de 1968«, S. 419. Die militärische Intervention in der Tschechoslowakei fand in der Nacht vom 20./21. August 1968 statt.

14 Vgl. A. SASTRE, *La revolución y la crítica de la cultura,* op. cit., S. 101 bzw. 106, Anmerkung 1 und L. GOLDMANN, *Pour une sociologie du roman,* Gallimard, Paris 1964, S. 15 ff.

15 Vgl. A. SCHULTEN, op. cit., S. 59 ff.

16 Vgl. A. SCHULTEN, op. cit., S. 84; weiterhin A. E. ASTIN, *Scipio Aemilianus,* Clarendon Press, Oxford, 1967, Stichwort »Polybius«, S. 372.

17 In *Guillermo Tell tiene los ojos tristes* handelt es sich um die zwei »guardias« des »cuadro cuarto«. Vgl. A. SASTRE, *Obras completas,* tomo I, Teatro, Prólogo de Domingo Pérez-Minik, Aguilar, Madrid 1967, S. 628–29.

18 A. SASTRE, *La revolución y la crítica de la cultura,* op. cit., S. 100.

19 A. SCHULTEN, op. cit., S. 130.

20 A. SASTRE, *La revolución y la crítica de la cultura,* op. cit., S. 102 ff.

21 Vgl. RUGGERI MARCHETTI, s. T., »Introducción«, S. 120–121.

22 »Viriato responde al arquetipo del héroe y Sastre prepara su aparición según los cánones más clásicos de la tragedia.« (RUGGERI MARCHETTI, s. T., »Introducción«, S. 121).

23 A. SINCLAIR, *Che Guevara,* Deutscher Taschenbuch Verlag, München 1970, S. 113. Zur literarischen Aktualität des Themas vgl. RUGGERI MARCHETTI, s. T., »Introducción«, S. 113.

24 »Miguel [Servet], con su peculiar cojera, avanza por el pasillo central [...], s. T., S. 239.

25 Vgl. CERVANTES, *Théâtre choisi* [textes bilingues], Volume 1: *Le siège de Numance. Le rufian bienheureux,* Textes établis, présentés et traduits par Robert Marrast, Librairie C. Klincksiek, Paris 1963, S. 112. Auf die Ähnichkeit mit Cervantes' *Numancia* hat bereits RUGGERI MARCHETTI, s. T., S. 402, Anmerkung 36, hingewiesen.

26 P. MOSLER, *Was wir wollten, was wir wurden. Studentenrevolte – zehn Jahre danach,* Rowohlt, Reinbek bei Hamburg 1977, S. 248.

27 Vgl. *Teatro de agitación política 1933–1939* (Rafael Alberti, Germán Bleiberg, Rafael Dieste, Miguel Hernández, María Teresa León), Prólogo y presentación Miguel Bilbatúa, Editorial Cuadernos para el diálogo, Edicusa, Madrid 1976, S. 23 ff.

*VOLKER ROLOFF*

# FERNANDO ARRABAL · EL ARQUITECTO Y EL EMPERADOR DE ASIRIA

»Der Traum ist ein Theater, ein Theater im Innern des Körpers. Der Träumer ist niemals er selber. Er ist Mime. Dieser Grundzug unterscheidet den Nachttraum vom Tagtraum und setzt ihn in eine geheime Verwandtschaft zur Literatur«[1]. In der Literaturgeschichte zahlreiche Beispiele zu finden, die diese Traumanalogie der Literatur bestätigen, wäre ein leichtes – und auch für die *mimetische* Struktur des Traums gibt es, wie Elisabeth Lenk zeigt, genügend Belege: besonders das spanische Theater kennt, von Calderóns *La vida es sueño* bis hin zu Valle-Inclán und Lorca, den von E. Lenk sogenannten »Hang des Traums zur Dramatisierung«, seinen »Rätselcharakter, das hermetische Element, die Lust am Versteckspiel, am Sinnlichen, an Farben und Tönen, am Bildhaften«, und auch seinen »Hang zur Karikatur, zum Grotesken, Absurden«[2]. In dieser Hinsicht kann man das Theater Arrabals, der immer wieder auf den Traum als Grundelement seiner theatralischen Phantasie hinweist[3], neben Valle-Inclán und Lorca als prägnantestes Beispiel für die ›Traumsprache‹ der spanischen Avantgarde des 20. Jahrhunderts herausgreifen. Daß der Spanier Arrabal, der seit 1955 in Paris lebt und seitdem in spanischer *und* französischer Sprache publiziert, damit zugleich an weiterreichende Traditionen der europäischen Literatur anknüpft, ist kein Widerspruch, sondern typisch für eine ganze Generation spanischer Exilschriftsteller und -künstler, die – vom Franco-Staat verfolgt, frustriert, verschwiegen – einerseits die internationale Atmosphäre der französischen Metropole bevorzugen und dort eine Fülle von Anregungen aufnehmen, andererseits aber doch immer wieder auf die bedrückenden, alptraumhaften Kindheitserfahrungen des spanischen Bürgerkrieges zurückgreifen[4].

Um die Darstellung und Analyse dieser, wie Arrabal es nennt, »realistischen Alpträume«[5] geht es – wenngleich verhüllter, weniger direkt als in anderen Werken des Autors[6] – auch in dem zuerst in französischer Sprache publizierten Stück *El Arquitecto y el Emperador de Asiria* (1967), dessen spanische Fassung erst 1975 erschien[7]. Dieses meistgespielte, bislang erfolgreichste Stück Arrabals zeigt, wie die beiden Protagonisten – der ironischerweise sogenannte »Kaiser von Assyrien«, der nach einer Flugzeugkatastrophe auf eine Insel verschlagen wird, und der »Architekt«, der hier als ›Primitiver‹ haust – ihre Träume inszenieren, wie sie alle möglichen Rollen bis ins Groteske und Absurde spielen, und zwar so, daß in jeder Phase dieser Rollenspiele die Analogien zwischen der Traumphantasie und verschiedenen Traditionen des

Theaters deutlich werde. So liegt es nahe, bei der Analyse des Stückes von der Traumform, der mimetischen Struktur des Traums auszugehen: das heißt, einer Ästhetik der Traumform, die nicht mehr – wie Freud und seine Nachfolger – nach einer rationalen Erklärung der Trauminhalte sucht, sondern umgekehrt die Spielformen des Traums in ihrer Analogie zu ästhetischen Phänomenen und literarischen Traditionen verständlich macht[8]. Dabei kommt es darauf an, den Traum nicht als individualpsychologisches Phänomen, als ein Ensemble von Inhalten, Botschaften, sondern als »assimilierende, tätige, integrierende *Form*« zu begreifen, die zugleich auch die Prämisse eines für den Traum verantwortlichen, identischen Subjekts in Frage stellt[9]. Ein erheblicher Teil der Arrabal-Literatur, die immer noch mit den reduktionistischen Formeln der Freudschen und nachfreudschen Hermeneutik operiert und dabei oft auf das biographische Ich des Autors zurückgreift, wäre im Prinzip von dieser Kritik betroffen; auch jene Interpretationen, die das psychoanalytische Instrumentarium differenzierter anwenden, die neben Freud z. B. C. G. Jung, R. Girard, J. Lacan und andere heranziehen und ohne Zweifel zu beachtenswerten Ergebnissen gelangen[10]. Wenn im folgenden eher die groteske, karnevaleske Spielfreude, die mimetische Kunst des Arrabalschen Theaters betont wird, so ergibt sich daraus auch, daß – trotz der Analogien – die Differenzen zwischen Traumstruktur und literarischem Text wichtig sind: die Vermittlungsinstanzen, die den Text gerade auch dort, wo er einer scheinbar ›naiven‹, alogischen, chaotischen Traumphantasie folgt, als Produkt einer sehr genauen Konstruktion und Reflexion des Autors ausweisen[11]. Es ist kein Zufall, daß Arrabal das Schreiben eines Theaterstücks mit der Kunst des Schachspiels vergleicht, d. h. als eine Form der ars combinatoria begreift, in der paradoxerweise äußerste Willkür und strengste Vorplanung, Chaos und Komposition aufs engste verbunden sind[12]. Mit dem beides umfassenden Begriff der Konfusion, der Arrabals literarästhetische und auch schachanalytische Überlegungen bestimmt[13], hat Arrabal, wie mir scheint, auch den methodischen Spielraum möglicher Interpretationen seines Theaters abgesteckt: im Sinne einer kombinatorischen Suche nach literarischen Begriffen, Figuren und Verfahrensweisen, die geeignet wären, die paradoxe Synthese von Chaos und Ordnung, die das Theater repräsentiert und reflektiert, zum Ausdruck zu bringen:

> Mais pour atteindre ce but, le spectacle doit être régi par une idée théâtrale rigoureuse, ou, s'il s'agit d'une pièce, la composition en sera parfaite, tout en reflétant le chaos et la confusion de la vie[14].

## Das Psychodrama

Schon die ersten Szenen des aus zwei Akten bestehenden *Arquitecto* enthalten genügend Indizien, die das Stück als ›Psychodrama‹ im Sinne der Freudschen Deutung des Ödipus-Dramas erscheinen lassen und geeignet sind, den Zuschauer zur entsprechenden Analyse zu verführen. Der Kaiser bringt mit der Sprache den Größenwahn der Moderne und die Macht der Zivilisation auf die Insel: Seine Versuche, den Architekten, der zunächst nur Tierlaute hervorbringt, zu belehren, ihm die Vorzüge der Zivilisation und Modernität zu verdeutlichen, geraten zur Farce, entlarven ihn als Hochstapler und Lügner: der Kaiser glaubt, durch sein Wissen zu imponieren und scheitert immer wieder kläglich, wohingegen der Architekt – der Tiermensch – in seiner unmittelbaren Beziehung zur Natur die eigentliche Macht besitzt und nach Lust und Laune demonstriert, z. B. durch die Fähigkeit, nach seinem Willen Tag und Nacht werden zu lassen, Berge zu versetzen, Tieren Befehle zu erteilen. Während der Arqui-tecto in diesem elementaren Sinne seinen Namen gleichsam rechtfertigt (»Debería llamarle Arqui, hace más fino« – 180), wird der Titel des »Emperador« als bloße Maske durchschaubar: Der »Kaiser von Assyrien«, der wie Alexander zu herrschen vorgibt, ist, wie sich herausstellt, nur auf der Flucht »vor seiner Existenz als Muttermörder«[15]. Er ist ein kleiner Angestellter, dem die Inselsituation Gelegenheit bietet, seine Schwäche, Erbärmlichkeit, seine immer gleichen megalomanen, erotischen und perversen Träume zu erzählen und sogar auszuspielen[16], zum szenischen Spiel auszugestalten, soweit es eben der Partner erlaubt:

> Arquitecto – Siempre sueñas lo mismo ... siempre el Bosco, siempre el Jardin de las Delicias ... (170)

Auch der psychoanalytisch ahnungslose Zuschauer soll merken, was hier gespielt wird. Ihm werden passende Erklärungen für die Traumphantasien des Emperador von den Akteuren selbst angeboten, wie im Lehrstück vorgeführt: von der Freudschen Regression, Evasion, vom Sadomasochismus und Ödipuskomplex bis hin zur Mutter-Imago, zur Nostalgie der ›archetypischen‹ Familie und Rückkehr in den hermaphroditischen Urzustand im Sinne C. G. Jungs: der Kaiser und der ›Archi‹-tekt bieten fast in jedem Moment ihrer Reden und Spiele jedem etwas. Sogar für den Fall, daß der Zuschauer noch nie etwas von Freud gehört haben sollte, ist vorgesorgt. In einem Gespräch über die Bedeutung der Träume schildert der Architekt den Traum des Stückes selbst: er habe geträumt, er befände sich alleine auf einer einsamen Insel und sei nach einem Flugzeugabsturz in panischer Angst davongelaufen:

> Arquitecto – [...] Yo sentía verdadero pánico; corría por todas partes y hasta quise enterrar mi cabeza en la arena, cuando alguien me llamó desde atrás y ...
> Emperador – No sigas. ¡Que sueños tan extraños! Freud, auxiliame.
> Arquitecto – ¿Es un sueño erótico, tambien?
> Emperador – ¿Y cómo no iba a ser erótico? (163)

Solche Stellen einer ironischen mise en abyme haben Autoren wie Lyons, Taylor und andere nicht davon abgehalten, die psychologische Interpretation des Stückes mit allem Ernst und mit größter Umsicht durchzuführen. Während Charles R. Lyons vor allem »the regressive nature of the action« betont, »the killing of the Terrible Mother which is the symbolic sexual union with the mother-imago«[17], deutet Diana Taylor das »Psychodrama« als Suche nach der Integration, wobei der Monolog am Ende des ersten Aktes eine Schlüsselrolle im Sinne einer psychodramatischen Entwicklung des Emperador, »en su búsqueda del equilibrio«, spiele[18]. Die Beziehung zwischen dem Kaiser und Architekten wird von Taylor im Sinne E.F. Edingers als Interaktion zwischen dem »Selbst« und dem »Ego«, bzw. als Opposition verschiedener Ebenen des Unbewußten verstanden: »Tenemos en la obra dos niveles de inconsciencia – la eterna, arquetípica encarnada en el Arquitecto y el inconsciente personal, compendio de la experiencia personal del individuo«[19]. B. Premer-Kayser, die ebenfalls von dem »psychodramatischen Substrat« in dem Stück ausgeht, sieht in dem Handlungsverlauf »auf der unterbewußten Ebene« eher ein Kräftemessen zwischen ›Sohn‹ und ›Vater‹ und erläutert daher den Prozeß des zweiten Aktes, in dem der Kaiser wegen Muttermordes verurteilt wird, als ein Modell der »Lösung des Ödipuskomplexes«: »Da auf der Handlungsebene der Kaiser seine Mutter getötet hat, kann er seine eigene Hinrichtung fordern, die sein ›Vater‹ [der Architekt] ausführen wird«[20].

Der Prozeß des zweiten Aktes, den die beiden Protagonisten mit großer Spielfreude, mit allen Mitteln der grotesken Ironie und allen Varianten der Theaterkunst – vom Bluff bis zur Katharsis – inszenieren, wird von der psychoanalytischen Interpretation also, wie man sieht, ganz ernst genommen. Das pathetische Geständnis des Kaisers:

> EMPERADOR – Que me oigan todos los siglos: en efecto, yo maté a mi madre. Yo mismo, sin ayuda de nadie. (220)

erscheint als Höhepunkt des Psychodramas – ganz im Sinne der Reaktion des Architekten, der mit der Frage »¿Se da cuenta de la gravidad de lo que dice?« die schlimmsten Konsequenzen andeutet; der zum Tode verurteilte Kaiser, der seine Todeswünsche erfüllt sieht, wird schließlich sogar den störenden Hinweis des »Richters« beiseite schieben – »Pero si todo esto era una broma más: tu juicio, tu proceso ...« (223) – und den sofortigen Vollzug des Urteils fordern:

> – Deseo que ... deseo ... bueno ... que me comas,... que me comas, Arquitecto; después de matarme tienes que comer mi cadáver entero. Quiero que seas tú y yo a la vez. Me comes entero ... Arquitecto, ¿me oyes? (224)

Fasziniert von dieser »großartigen Lösung des Ödipus-Komplexes«[21], die am Ende tatsächlich auf der Bühne gezeigt wird, haben die an Freud und Jung geschulten Interpreten sich des Stückes Arrabals bemächtigt, und werden genau in dem Maße, in dem sie den Prozeß mit den Mitteln der Psychoanalyse ›definieren‹, Opfer der Ironie des Autors – einer äußerst raffinierten Ironie, die den gesamten Prozeß des zweiten Aktes als Simulation, als Parodie des Ödipus-Dramas inszeniert und dabei die Frage der Grenze von Spiel und Ernst, von Traum und Wirklichkeit für den Zuschauer doch bis zuletzt offenhält. Auf diese Weise wird die Konfusion, die die Protagonisten auf der Ebene des Prozeßspiels selbst in allen Varianten vorführen, zu einem Prinzip des theatralischen Diskurses selbst. Die kannibalistische Mahlzeit, die die beiden Spieler am Ende vereinigt und das Paar auf groteske Weise durch Rollentausch zu neuem Leben erweckt, erscheint nicht nur als Parodie der aristotelischen Katharsis und des Freudschen Psychodramas, sondern darüberhinaus als ein karnevaleskes Spiel, das von dem Ernst der psychoanalytischen Hermeneutik selbst zu befreien sucht.

## Masken und Spiele

In dem Stück verwirklicht Arrabal nach einer Reihe früherer, schon tendenziell ähnlicher Versuche, in einer überzeugenden Weise die Konzeption eines »théâtre de simulations«, das die Künstlichkeit des traditionellen japanischen Kabuki-Theaters und bestimmte Formen surrealistischer Traumspiele zum Vorbild nimmt[22]. Im folgenden sollen einige Aspekte dieser Arrabalschen Ästhetik des Spiels verdeutlicht werden. Bereits Nietzsche hat in der *Geburt der Tragödie* den für das Theater konstituierenden Zusammenhang von Traum und Spiel betont: durch das Aufsetzen der Theatermaske »verwandeln sich die Menschen in Wesen, die es nicht gibt, in geträumte, mythische Wesen«[23], so wie der Emperador, der, wie Arrabal selbst anmerkt, ein armer Teufel ist, der Träume träumt, »die nichts mit seinem Leben zu tun haben«[24]. Die Traumspieler verwandeln sich in das, »was sie anbeten, und wovor sie Angst haben«. In der Maske steckt die Möglichkeit nicht nur der Verdoppelung, sondern der Vervielfältigung und Aufhebung des Ich, der Aufhebung der Identität und damit der Zwänge der Sozialisation: hinter den Masken dürfen Menschen obszön, orgiastisch, blasphemisch sein, sich in Tiere, Götter oder Dämonen verwandeln[25]. Es dürfte nicht leicht sein, ein Theaterstück zu finden, in dem so viele Masken, so viele Rollenspiele mit einer solchen Begeisterung und Raffinesse vorgeführt, erfunden, parodiert und auch pervertiert werden wie in *El Arquitecto*. Es ist daher auch kein Zufall, daß Arrabals Stück aus eben diesem Grunde von Schauspielschülern, die ein möglichst großes Repertoire der Verwandlungskunst nachweisen wollen, gern als Examensthema gewählt wird. Allein im ersten Akt spielen die beiden Protagonisten z.B. Pferd und Reiter, Geliebter und Geliebte, Sohn und Mutter, Beichtvater und

Beichtender, Elefant und Elefantenführer, Präsident und Sekretär, Shakespeare-Schauspieler, Kranker, Sterbender, Schriftsteller, Nonne, Wöchnerin, Mutter, Arzt, Affe, Kamel. In dem Prozeß-Spiel des zweiten Aktes erscheinen sie, von den zentralen Rollen ›Angeklagter und Richter‹ abgesehen, als Mutter, Kind, Gattin, Bruder, Freund, Blinder, Stier, Kuh, Wolfshund usw. Es liegt an der Vielzahl und vor allem der Verschachtelung der Spiele, daß man die theatergeschichtlich so bedeutsame Kategorie des »Spiels im Spiel«[26] für die Analyse von Arrabals Stück nur unter Vorbehalten anwenden kann. Da nicht einmal primäre und sekundäre Spielebenen klar zu unterscheiden sind, da alles, was zunächst ernst erscheint, zum Spiel werden kann, sogar der Tod, entfällt z. B. die traditionelle Funktion der Desillusion, des desengaño, der die barocke Konzeption des Spiels im Spiel kennzeichnet, aber auch in modernen Gestaltungen, wie bei Pirandello, eine Rolle spielt. Bei Arrabal sind die Rollen jederzeit verfügbar und austauschbar, so daß die Spiele oft gar nicht voneinander abgrenzbar sind, da kaum ein Spiel konsequent durchgehalten wird und beide Spieler in jedem Moment aus der Rolle fallen können. Die Verknüpfung erfolgt durch eine Überlagerung und Verschachtelung der Spiele, durch die Konfusion der Spiele im Arrabalschen Sinne: immer neue, bizarrere Spiele tauchen innerhalb eines ›anderen‹ Spiels auf, werden weitergeführt und später dann selbst dominant, wie z.B. das Prozeß-Spiel des zweiten Aktes. Die Spiele sind nahezu beliebig kombinierbar, vergangene Spiele bleiben jederzeit disponibel und thematisierbar. Eine solche Kombination und Darstellungsweise der einzelnen Spiele entspricht der seriellen Struktur der Träume, der alogischen Reihung von Traumepisoden, die als solche keine Einheit bilden. Darin steckt zugleich das Prinzip der karnevalesken Reihe, das im 20. Jahrhundert vor allem von den Surrealisten aktualisiert wurde[27], d.h. die karnevaleske Freude am Wechsel, an der unendlichen Verkettung, der Serie von Metamorphosen, und damit der Relativierung des Individuellen: »Der Karneval feiert den Wechsel, den Vorgang der Abfolge – nicht das, was der Wechsel jeweils bringt. Der Karneval ist funktionell und nicht substantiell«[28]. Insbesondere die beiden letzten Bilder des zweiten Aktes (226–234) sind ein Musterbeispiel des karnevalesken Schauspiels der Aufhebung von Individualität, der grotesken ›Verschlingung‹ der Körper, der farcenhaften Vermischung von Tier und Mensch und der Überwindung des Todes. Wie die karnevalesken Rituale Bachtins gewinnt dadurch auch das groteske Schauspiel Arrabals – vom kannibalistischen Menschenopfer bis hin zur Tierverwandlung und ›Wiederauferstehung‹ – eine rituelle, quasi mythische Dimension; wobei allerdings das Prinzip der ›ewigen Wiederkehr‹, das z. B. bei Nietzsche, bei C.G.Jung oder bei Eliade als eine ontologische, psychologische bzw. religiöse Kategorie fungiert, hier nur als ästhetische Kategorie benutzt wird[29]. Es erscheint bei Arrabal als literarisches Spiel, in dem die Mythen, Masken und

Rituale, wie die Rollenspiele selbst, austauschbar und multiplizierbar sind, ihre ursprüngliche sarkale Bedeutung längst verloren haben und daher dem freien Spiel der Parodien und Blasphemien ausgesetzt sind.

## Literarische Anspielungen

Das Prinzip der karnevalesken Reihe bestimmt die Spielsequenzen des Stückes, die Vervielfältigung und Mehrdeutigkeit der Rollen, aber auch die Technik der literarischen Anspielungen, die ihrerseits die Arrabalsche Mischung von Chaos und Konfusion spiegeln. Bezeichnend ist die Szene, in der der Kaiser, um dem Architekten zu imponieren, in die Rolle eines bedeutenden Schriftstellers schlüpft:

> ARQUITECTO – Quiero escribir. Enséñame a ser escritor. Tú tienes haber sido un gran escritor.
> EMPERADOR – *(Halagado.)* ¡Menudos sonetos! ¡Menudas piezas de teatro, con sus monólogos, sus apartes ...! Nunca hubo mejor escritor que yo. Los mejores me copiaron. Beethoven, D'Annunzio, James Joyce, Carlos V, el mismísimo Shakespeare y su sobrino Echegaray. (175)

Die Komik der ungleichartigen Reihe, die alles mit allem in einer willkürlichen[30] und absurden Weise kombiniert, hat immer auch die Funktion, die traditionelle Form der Gedankenordnung, der Rhetorik, lächerlich zu machen und damit auch die Suche nach ›tieferer Bedeutung‹ einzelner Sätze, Gedanken und Spielsequenzen zu relativieren. Das Prinzip der karnevalesken Mischung, das einzelne Sätze widerspiegeln, und das mit der surrealistischen Assoziations-, Montage- und Kombinationskunst verglichen werden kann, bestimmt auch die Art und Weise, wie Arrabal verschiedene literarische und mythische Traditionen aufnimmt und verbindet. Ein literaturgeschichtlich so bekanntes Motiv wie die Tierverwandlung, die in dem Stück von Anfang an – mit der Tierähnlichkeit und Tiersprache des Architekten – eine thematische und kompositorische Schlüsselstellung einnimmt, erscheint in so vielen grotesken, komischen Varianten und Mischungen[31], daß die verschiedenen Herkunfts- und Deutungsbereiche, die dem Zuschauer vertraut sind (Märchen, Mythos, archaische oder christliche Religionen, Psychologie, Symbolik, mittelalterliche oder barocke Tierallegorien usw.), hier völlig durcheinander geraten: Die Fusion verschiedener Traditionen, die in der kannibalistischen und zugleich auch christlich-mystischen Mahlzeit ihren Höhepunkt erreicht, führt hier letztlich nicht zu einer Form des Synkretismus, zur Polymythie, sondern zu einer Relativierung, wenn nicht sogar Auflösung aller vorgegebenen Interpretationsmöglichkeiten.

Es gehört zur Strategie der literarischen Spiele Arrabals, daß der literaturkundige Zuschauer und Leser überall textuelle und intertextuelle Zusammenhänge und Bezugspunkte entdecken kann, die der Autor mehr oder weniger raffiniert versteckt. So kann man die Lehrer-Schüler-Spiele der beiden Protagonisten sicherlich besser verstehen, wenn man (was die Arrabal-Interpreten im übrigen noch nicht bemerkt haben) die im Mittelalter beliebte Alexander-Farce *Le Lai d'Aristote*[32], die hier offensichtlich eine Vorlage bildet, zum Vergleich heranzieht. Alexander hat nach den Eroberungszügen aus Indien eine exotische Frau als Geliebte mitgebracht, die ihn von seinen Regierungspflichten abhält, wird deshalb von seinem Lehrer Aristoteles getadelt und zur Enthaltsamkeit überredet. Die Freundin rächt sich, indem sie, mit Alexanders Zustimmung, Aristoteles selbst verführt und ihn der Lächerlichkeit preisgibt. Der Philosoph läßt sich dazu überreden, das Pferd zu spielen, bewegt sich zur Freude Alexanders auf allen Vieren, die schöne Inderin auf dem Rücken. Der Witz der mittelalterlichen Farce beruht auf der farcentypischen Umkehrung der Lehrer-Schüler-Situation, der drastischen Demonstration, daß die Philosophie gegenüber der Liebe – besonders der Sexualität – machtlos ist. Auch bei Arrabal, der in verschiedenen Spielsequenzen auf die drastischen Mittel der mittelalterlichen Farcen- und Schwankkomik zurückgreift[33], wird der Kaiser, der hier die Rolle Alexanders und *zugleich* die des Philosophielehrers spielt[34], der Lächerlichkeit preisgegeben. Der philosophische Diskurs, zu dem der Kaiser mehrfach vergeblich ansetzt, bringt entweder nur erotische Phantasien zum Vorschein: »Mis mujeres ciegas enseñándome la filosofía, vestidas tan sólo con toallas rosas . . .« (153) oder wird durch Hinweise auf die ›natürliche‹ Überlegenheit des Arquitecto a priori entwertet:

> ARQUITECTO – ¿Me enseñas por fin la filosofía?
> EMPERADOR – ¿La filosofía? ¿Yo? *(Sublime.)* La filosofía . . .! ¡Qué maravilla! Un día te enseñaré esa extraordinaria conquista humana. Ese invento maravilloso de la civilización.
> *(Inquieto.)* Dime, pero ¿cómo haces eso de hacer la noche y el día?
> ARQUITECTO – Pues nada, es muy sencillo. Ni sé cómo lo hago. (166)

Aus dem Scheitern des Philosophie-Unterrichts ergeben sich dann jeweils, ähnlich wie in den Alexander-Farcen, die grotesken Reiterspiele:

> ARQUITECTO – ¿Hago yo de caballo?
> EMPERADOR – No, yo.
> *(El* EMPERADOR *se pone a cuatro patas. El* ARQUITECTO *se sube sobre él, como un jinete.)* (153)

Die Arrabalschen Reiterspiele entsprechen dem Typ der mittelalterlichen Farce insofern, als sie jeweils die prinzipielle Überlegenheit der Natur (repräsentiert durch den Architekten) gegenüber der Zivilisation demonstrieren, die Macht des Kreatürlichen und Animalischen gegenüber der Philosophie. Die Alexander-Farce zeigt aber auch, wie frei, unbekümmert, chaotisch, spielerisch Arrabal mit literarischen Vorlagen umgeht, wie er sie fast bis zur Unkenntlichkeit verfremdet, in ihre einzelnen Elemente zerlegt und ganz neu zusammensetzt.

Dies gilt auch für weitere Theatertraditionen, die in dem Stück, neben dem bereits erwähnten Ödipus-Drama und den mittelalterlichen Farcen, eine Rolle spielen und die jeweils das Prinzip der karnevalesken Mischung bestätigen. Der Begriff des »panischen Theaters«, den Arrabal dafür wählt[35], ist nur eine andere Formel für diese groteske Verbindung ganz verschiedener, scheinbar entgegengesetzter literarischer Traditionen und Themen: »La tragédie et le guignol, la poésie et la vulgarité, la comédie et le mélodrame, l'amour et l'érotisme, le happening et la théorie des ensembles ...«[36]

In der Reihe der Theatervorbilder, die in verschiedenen Spielsequenzen des *Arquitecto* fast wie in einer meta-theatralischen Revue aktualisiert werden, nimmt das Barocktheater eine besondere Stellung ein[37]. Dabei sind es nicht nur z.B. die religiösen Rituale des auto sacramental, die Freude an pathetischer Rhetorik, an Verkleidungen, Illuminationen, Illusionen und »coups de théâtre«, die von den Protagonisten spielerisch übernommen und parodiert werden. Arrabal fasziniert vor allem die barocke Neigung zum Grotesken und Maßlosen, die Verbindung von Traum und Theater, die Konzeption des Theaters als theatrum mundi:

> Le théâtre panique s'impose à nos par la démesure de son univers baroque qui illumine un monde délirant [...], un monde, où les costumes, les décors et la musique et ses instruments jaillissent d'un même ventre ...[38]

So vergleicht Arrabal – mit dem barocken Topos: »We are such stuff as dreams are made of« – z. B. Shakespeares *Tempest* und Calderóns *La vida es sueño* – beides Stücke, auf die in *El Arquitecto* schon durch das zentrale Motiv der Insel- und Machtträume des Kaisers[39] deutlich angespielt wird. Es ist evident, daß Arrabal auch hier den ursprünglichen Sinn der barocken Traummotive in parodistischer Weise verkehrt. Zwar werden in *El Arquitecto* wie in *La vida es sueño* oder auch in *El gran teatro del mundo* die Rollen vom Autor (bzw. Gott) zugewiesen und am Ende wieder weggenommen, zwar gibt es wie bei Segismundo in *La vida es sueño* Phasen der äußersten Konfusion von Traum und Wirklichkeit, zwar gibt es Träume im Traum und auch jene Momente des desengaño, die die Spiele der Protagonisten ganz plötzlich abbrechen, aber nie führen die Traumspiele Arrabals zur wirklichen Besinnung, zur christlichen Bekehrung oder irgendeiner anderen Art moralischer Reflexion: die barocke Einsicht in die mimetische Struktur des Traumes[40] ist für Arrabal nur ein Grund mehr, die Konfusion durch die Mittel des Theaters selbst zu steigern und dabei vor allem den Zuschauer in die panische Zeremonie des Spiels selbst mit einzubeziehen. Das Theater wird zu einem

> rêve proposé au spectateur, pour qu'il cherche et trouve en lui le déchirement entre sa vie réelle, médiocre, et sa vie inventée sans laquelle l'existence ne saurait être possible.[41]

Damit ist der Punkt erreicht, der es erlaubt, die literarhistorische und rezeptionsästhetische Position des Arrabalschen Theaters am Beispiel des *Arquitecto* näher zu bestimmen. Arrabals Stück ist trotz aller Freudschen und Jungschen Metaphorik kein Psychodrama, das dem Zuschauer Lösungen oder Therapien anbietet, sondern konzipiert als »pièce-jeu«[42], als Theater über Theater, in dem die Zuschauer als Partner zu einem Spiel eingeladen werden, dessen Ausgang offenbleibt. Darin liegt auch der Sinn der Schachmetaphorik, die in dem Stück – als ein weiteres Beispiel der Reflexion des Spiels im Spiel – auftaucht und zu allegorisierenden Deutungen Anlaß gegeben hat[43]. Es geht Arrabal aber nicht um textimmanente Kombinationen und Allegorien, sondern um eine Ästhetik des Spiels, in dem das Schachspiel *und* das Theaterspiel nicht nur in einzelnen Motiven, sondern strukturell vergleichbar sind. Das Schachspiel demonstriert, wie das Theater, den Zusammenhang von Ordnung und Konfusion, Logik und Wahnsinn: »Cet ordre qui est aussi un délire. Voyez une partie d'échecs. Il y a tellement de possibilités qu'on se perd dans cette structure et cela devient la chose la plus folle du monde«.[44]

Das Schachspiel fasziniert gerade deshalb, weil es trotz aller Strenge und Regeln, trotz einer imponierenden Tradition großer Schachmeister und Lehrbücher[45] nicht berechenbar ist, sondern durch immer neue Situationen die Möglichkeiten der Mathematik und des Computers überschreitet und damit – wie das Theater – letztlich auf die Imagination und Kreativität der Spieler selbst angewiesen ist. Dies ist im übrigen auch die Pointe des Schachromans *La torre herida por el rayo*[46], in dem Arrabal viele Motive des *Arquitecto* wieder aufgreift und variiert: hier gewinnt der kreative Spieler – mit der Intuition des Künstlers – gegen den Logiker und Rationalisten.

## Das Modell des surrealistischen Theaters

Bei dem Versuch, Arrabals Theater innerhalb der verschiedenen Avantgarde-Bewegungen des 20. Jahrhunderts zu situieren, wurden zunächst, nicht ganz ohne Gründe, die Beziehungen zum absurden Theater betont[47]. Arrabal selbst erwähnt in den Gesprächen mit A. Schifres z. B. Becketts *Fin de partie* als ein Stück, in dem, wie im *Arquitecto,* strukturelle Analogien sowohl zum Schachspiel als auch zur apokalyptischen Phantasie erkennbar sind[48]. Gleichwohl lassen sich die Besonderheiten der Arrabalschen Traum- und Spielästhetik, die im *Arquitecto* in exemplarischer Weise deutlich werden, besser verstehen, wenn man sie dem größeren Rahmen des surrealistischen Theaters zuordnet, einem »Theatermodell«, das von K. A. Blüher im Hinblick auf

Jarry und Apollinaire als »Synthese einer eigenen Welt« definiert wird, »die der Dramatiker in freier Kombination aus den Materialien der Wirklichkeit erschafft«[49]. Schon das surrealitische Theater der 20er und 30er Jahre verwendet Motive der Freudschen Traumanalyse, aber in einer spielerischen, dem eigentlichen Sinn dieser Analyse völlig entgegengesetzten Weise[50]. Die bei Arrabal dominierende Rolle der Traumästhetik, die karnevaleske Verspottung der aristotelischen Traditionen des Theaters und die gleichen intertextuellen Bezüge – von der mittelalterlichen Farcenkomik über Rabelais, Quevedo und Goya bis hin zu L. Carroll, Lautréamont und nicht zuletzt Jarry – bestätigen diesen, in der Arrabal-Literatur noch zu wenig beachteten, Zusammenhang[51].

Vor allem aber gehört Arrabal zu dem kleineren Kreis surrealistischer Künstler, die in ihrer Neigung zum grotesken Humor und zur Satire, in der Mischung von panischem Schrecken und Ironie, jene spanische Tradition aufnehmen und weiterführen, die schon um 1920 mit dem esperpento Valle-Incláns eine eigene Form des Theaters schaffen und mit der Vorliebe besonders für H. Bosch und Goya, in der surrealistischen Malerei – bei Picasso, Dalí und vielen anderen – ihre besten Entfaltungsmöglichkeiten finden konnte. Wenn man, wie Arrabal selbst, von der engen Beziehung zwischen dramatischem Spiel, Film und Bild ausgeht, so kann man auch Buñuel zu den Vorbildern zählen, die das surrealistische Theater Arrabals geprägt haben. Dies gilt umso mehr für die Filme Arrabals, die, wie z. B. *Viva la muerte* (1971), so gestaltet sind, als ob sie die groteske Traumphantasie der eigenen Theaterstücke durch die filmischen Mittel noch weiter steigern wollten – bis zur äußersten Grenze des panischen Schreckens, die auch schon Buñuel, z. B. in *Un chien andalou* und *L'Age d'or,* abtastet, um die Zuschauer zu schockieren.

Die besondere spanische Note, die Arrabal mit Picasso, Buñuel, Aub und Autoren der eigenen, jüngeren Emigrantengeneration wie Juan Goytisolo verbindet, liegt nicht zuletzt in der Auswahl und Behandlung der Themen. Es sind die Erfahrungen der spanischen Kindheit, die Erinnerungen an die Grausamkeiten des Bürgerkriegs[52], an die Zwänge und Tabus der katholischen Erziehung, an die faschistische Propaganda und Verfolgung, die die gesellschaftskritische Tendenz und kompensatorische Funktion der Werke begründen. Allen gemeinsam ist das Engagement gegen den Faschismus. Dies wird in der Prosa Arrabals (z.B. *Baal Babylone*), aber auch in einigen späteren Theaterstücken – vor allem in der von B. Premer-Kayser sogenannten Phase der »politischen Dramen« – noch deutlicher sichtbar als im *Arquitecto;* z. B. in *Et ils passèrent des menottes aux fleurs* (1969)[53], einem Stück, das u. a. an Arrabals eigene Erlebnisse in spanischen Gefängnissen anknüpft[54]. Nur vor dem Hintergrund solcher Erfahrungen kann man die Obsessionen des Autors, zugleich aber auch die karnevaleske Freude an den Tabuüberschreitungen, die ungeheure, spanisch-anarchistische Lust an den Provokationen und Blasphemien, die nicht nur *El Arquitecto,* sondern alle Werke Arrabals kennzeichnen, in ihrer ganzen Tragweite verstehen – und nur so wird die hartnäckige Bemühung des Dramatikers, Romanciers und Filmregisseurs verständlich, den, wie Borges es nennt, »zusammenhanglosen und schwindelnden Stoff, aus dem sich die Träume bilden, zu formen«[55].

## ANMERKUNGEN

T: *El cementerio de automóbiles – El Arquitecto y el Emperador de Asiria,* Ed. DIANA TAYLOR, Madrid 1984 (Cátedra). Erstausg.: *L'architecte et l'empereur d'Assyrie,* Paris 1967 (Bourgeois) – Erste Ausgabe in spanischer Sprache in *Estreno* 2,1 (1975) T1–T28 – Dt. Übers.: *Der Architekt und der Kaiser von Assyrien,* übers. von K. KLINGER, Köln/Berlin 1971.

L: A. SCHIFRES, *Entretiens avec Arrabal,* Paris 1969; B. PREMER-KAYSER, *Das dramatische Werk des Spaniers Fernando Arrabal,* Rüsselsheim 1977; B. GILLE, *Arrabal,* Paris 1970; J.-J. DAETWYLER, *Arrabal,* Lausanne 1975; TH. J. DONAHUE, *The Theatre of Fernando Arrabal, A Garden of Earthly Delights,* New York 1980; A. C. ISASI ANGULO, »Der Prozeß der Literarisierung und Neutralisierung des Ich im Theater Fernando Arrabals«, in: *Neophilologus* 59 (1975), S. 223–241; CH. R. LYONS, »The Psychological Base of Arrabal's ›L'Architecte el l'empereur d'Assyrie‹«, in: *French Review* 45 (1972), S. 123–136; B. STRAUSS, »Arrabal und Arrabaleskes. Der ›Architekt und der Kaiser von Assyrien‹ in Bochum«, in: *Theater Heute* 9 (1968), S. 26–29; D. MENDELSON, »Arrabal et le jeu dramatique des échecs«, in: *Littérature* 9 (1973), S. 101–107; A. und J. BERENGUER (Hgg.), *Fernando Arrabal,* Madrid 1979.

A: 1 E. LENK, *Die unbewußte Gesellschaft. Über die mimetische Grundstruktur in der Literatur und im Traum,* München 1983, S. 21.

2 Ebd. S. 14.

3 Vgl. z. B. SCHIFRES, s. L., S. 97ff.

4 Vgl. zur Biographie ARRABALS (geb. 1932), dessen Vater von den Truppen Francos 1936 verhaftet wird und der vermutlich 1942 im Gefängnis starb, A. SCHIFRES, s. L., S. 181ff.; J. und A. BERENGUER, s. L., S. 11–30 sowie ARRABALS autobiographischen Roman *Baal Babylone,* Paris 1959; zur Exilsituation z. B. K. KOHUT, »Entrevista con Arrabal« in: ders., *Escribir en Paris,* Frankfurt/Barcelona 1983, S. 37–66. Arrabal bezeichnet sich in diesem Gespräch als »exiliado religioso« (ebd. S. 41).

5 Vgl. SCHIFRES, S. 97.

6 Zu den frühen Theaterstücken Arrabals vgl. bes. PREMER-KAYSER, s. L. und A. BERENGUER, *L'exil et la cérémonie. Le premier théâtre de Arrabal,* Paris 1977.

7 Vgl. T (Ed. TAYLOR), S. 64.

8 Vgl. E. LENK, bes. S. 13–35.

9 Ebd. S. 302 und S. 17f.

10 Vgl. bes. TAYLOR, s. L., S. 38ff.; LYONS, s. L., PREMER-KAYSER, s. L., S. 181ff.; DAETWYLER, s. L., S. 66ff.; MENDELSON, s. L., S. 106ff.

11 Zu diesen Differenzen vgl. z. B. H. J. NEUSCHÄFER, »Die Methode der Traumdeutung. Möglichkeiten und Grenzen ihrer Applikation auf die Interpretation literarischer Texte« in: H. KRAUSS, R. WOLFF (Hgg.), *Psychoanalytische Literaturwissenschaft und Literatursoziologie,* Frankfurt 1982, S. 29–38.

12 Vgl. SCHIFRES, S. 105, 118; MENDELSON, s. L., und im folg. A. 45.

13 Vgl. zum Begriff der »confusion« SCHIFRES, S. 118, 142; sowie ARRABAL, *Le cimetière des voitures*, Paris 1968 (zuerst 1957), Einleitung: »L'idée de ›confusion‹ m'obsède. J'entends par confusion tout ce qui est contradictoire, inexplicable, inespéré, tout ce qui forme le coups de théâtre, et je pense, aujourd'hui, que rien n'est humain, rien n'est de la terre, s'il n'est pas confus. Je fais un théâtre qui représente cette confusion.« (S. 11)

14 ARRABAL, *Le Panique*, Paris 1973, S. 98.

15 Vgl. PREMER-KAYSER, S. 195.

16 Vgl. ARRABAL in SCHIFRES, S. 102.

17 LYONS, S. 130, 134; ähnlich Daetwyler, S. 69 (»Le retour au ventre maternel«).

18 TAYLOR, S. 41f.

19 Ebd. S. 46–7.

20 PREMER-KAYSER, S. 197.

21 PREMER-KAYSER, S. 197.

22 Vgl. ARRABAL, *La tour de Babel*, Paris 1979, Vowort, S. 10.

23 E. LENK (s. o. A. 1), S. 299; dort auch der Hinweis auf Nietzsches *Die Geburt der Tragödie aus dem Geiste der Musik* (zuerst Leipzig 1871).

24 ARRABAL in SCHIFRES, S. 102.

25 Vgl. E. LENK, S. 299.

26 Vgl. J. VOIGT, *Das Spiel im Spiel. Versuch einer Formbestimmung aus dem deutschen, englischen und spanischen Drama*, Göttingen 1954 (Diss.); M. SCHMELING, *Das Spiel im Spiel. Ein Beitrag zur vergleichenden Literaturkritik*, Bensberg 1977.

27 Vgl. P. BÜRGER (Hg.), *Surrealismus*, Darmstadt 1982 (dort M. RIFFATERRE, S. 207–230, und H. HOLLÄNDER, S. 244–312.

28 M. BACHTIN, *Literatur und Karneval. Zur Romantheorie und Lachkultur*, München 1969, S. 51.

29 Vgl. R. GRÜBEL in M. BACHTIN, *Die Ästhetik des Wortes*, Ffm. 1979, S. 59.

30 Vgl. die frz. Fassung (T.): »Beethoven, D'Annunzio, James Joyce, Charles Quint, Shakespeare lui-même, et son neveu Bernstein.« (S. 57)

31 Vgl. bes. S. 148ff., 153, 170, 173 usw., 226–234.

32 Vgl. z. B. HENRI D'ANDELI, *Le Lai d'Aristote*, Hg. M. DELBOUILLE, Paris 1951.

33 Zum Teil auch explizit, vgl. z. B. S. 163 (»¿Pero qué farsa es esta?«)

34 Vgl. schon in der ersten Szene den Hinweis des Emperador auf Aristoteles: »Hubieras necesitado que el mismísimo Aristóteles se dignara resucitar para eseñarte cuánto suman dos sillas más dos mesas« (S. 150).

35 Vgl. ARRABAL, »Le théâtre comme cérémonie panique« (1966), in: *Le Panique*, S.97–100.

36 Ebd. S. 98.

37 Vgl. dazu bes. PREMER-KAYSER, S. 90, 213ff.; SCHIFRES, S. 128ff.; DAETWYLER, S. 87ff.; DONAHUE, s. L., S. 27ff.

38 ARRABAL, »Le théâtre comme cérémonie panique«, S. 99–100.

39 ARRABAL in SCHIFRES, S. 128: »›Nous sommes fait de la même matière que nos rêves‹, dit Shakespeare dans *La tempête*, et c'est en ce sens qu'il faut comprendre aussi la pièce de Calderón *La vie est un songe.*«

40 Vgl. dazu in diesem Band bes. TEUBERS Analyse von *La vida es sueño.*

41 GILLE, s. L., S. 97; ähnlich ARRABAL in: SCHIFRES, s. L., S. 152: »Il faudrait que les spectateurs se passionnent pour le jeu et y participent carrément.«

42 SCHIFRES, S. 148.

43 Vgl. bes. S. 168ff. die Szene mit dem »Bishop of Chess«, dazu MENDELSON, S. 103f.

44 SCHIFRES, S. 118.

45 Vgl. ARRABAL, *Initiation aux échecs (sur Fischer)*, Paris 1974; ders., *Chroniques de l'Express. Les échecs féeriques et libertaires*, Paris 1980.

46 Erschienen in Barcelona 1983.

47 Zuerst bei M. ESSLIN, *Das Theater des Absurden*, Frankfurt 1964; vgl. zur Kritik dieser Zuordnung TAYLOR, S. 22f.

48 Vgl. S. 118.

49 K. A. BLÜHER, »Die französischen Theorien des Dramas im 20. Jahrhundert«, in: W. PAPST (Hg.), *Das moderne französische Drama*, Berlin 1971, S. 33–48, hier S. 36.

50 Vgl. H. HOLLÄNDER, »Ars inveniendi et investigandi: Zur surrealistischen Methode«, in: P. BLÜHER (Hg.), *Surrealismus*, Darmstadt 1982, S. 245–312: »zwar wird Freudsches Vokabular in extenso verwendet, aber mit gegenläufiger Tendenz, gegen alle Rationalität und Aufklärung« (S. 245).

51 Vgl. einige Hinweise bei PREMER-KAYSER, S. 136ff. (L. Carroll); zur Aktualisierung der Farcenkomik im 20. Jh. auch Vf., »Alltagssprache als Fremdsprache: Aspekte der modernen Farcenkomik bei Brecht, Sartre, Ionesco und Botho Strauß«, in: *Forum modernes Theater* 1, 1986, S. 15–34.

52 Vgl. dazu Anm. 4.

53 Vgl. Premer-Kayser, s. L., S. 115ff.; zu *Baal Babylon* s. o. Anm. 4.

54 Arrabal wird im Juli 1967 beim Signieren eines seiner Bücher in Barcelona wegen einer ›blasphemischen‹ Äußerung verhaftet und drei Wochen später – nach der Intervention von Freunden und bekannten Schriftstellern (u. a. Beckett) – freigelassen. Vgl. PREMER-KAYSER, S. 15, 119.

55 Vgl. J. L. BORGES, »Las ruinas circulares«, in: *Narraciones*, Ed. M. R. BARNATÁN, Madrid 1981, S. 93–99, hier S. 96 (»... el empeño de modelar la materia incoherente y vertiginosa de que se componen los sueños.«)

Der spanische Roman
Vom Mittelalter bis zur Gegenwart
herausgegeben von Volker Roloff und Harald Wentzlaff-Eggebert
Bagel

# Der spanische Roman

Der Band präsentiert in 20 Einzelinterpretationen, die einen Zeitraum von rund 500 Jahren umfassen, Meisterwerke des spanischen Romans. Er bietet damit – erstmals in deutscher Sprache – einen exemplarischen Überblick über die Geschichte der Gattung in Spanien.

Nach dem bewährten Muster der Sammelbände zur französischen Literatur verbinden sich mit der Analyse des Einzelwerks jeweils Hinweise auf die Entstehungsbedingungen, den sozio-kulturellen Kontext und gattungsgeschichtliche Zusammenhänge, die die herausragende Bedeutung des spanischen Romans für die Entwicklung europäischer Erzähltraditionen dokumentieren. So werden bei grundlegenden Werken – wie dem Ritterroman des *Amadís*, dem Schäferroman der *Diana*, dem mit drei Beispielen ausführlich behandelten Schelmenroman und dem *Don Quijote* – vor allem wirkungsgeschichtliche und komparatistische Aspekte hervorgehoben. Darüber hinaus findet der Leser neben repräsentativen Texten vielbeachteter Autoren wie Galdós, Baroja, Unamuno oder Valle-Inclán verschiedene Romane vom 17. Jahrhundert bis zur jüngsten Gegenwart vorgestellt, die die Eigenständigkeit, Vielfalt und kontinuierliche Experimentierfreude des spanischen Romans erkennen lassen.

Dazu gehören auch Werke, die in Deutschland noch nicht das Echo gefunden haben, das sie verdienen.

Der Band wendet sich an Hispanisten an Schulen und Hochschulen, die hier über den neuesten Stand der Forschung zu den Einzelwerken sowie über aktuelle Methoden und Fragestellungen der deutschsprachigen Hispanistik informiert werden. Er bietet aber auch dem Nicht-Hispanisten, der sich mit grundlegenden Werken der spanischen und europäischen Erzählkunst vertraut machen will, eine hervorragende Einführung und viele Anregungen für eine weitere Beschäftigung mit dem spanischen Roman.

## Inhalt